武蔵武士の諸相

北条氏研究会［編］

勉誠出版

【目次】

第一部◉武蔵武士とは何か

武蔵武士の概念と特色

菊池紳一

はじめに

「武蔵武士」という名称が使われたのは、八代国治・渡辺世祐著『武蔵武士』[1]が始めであろう。その後安田元久著『武蔵の武士団――その成立と故地をさぐる』[2]が、近年関幸彦編『武蔵武士団』[3]等が刊行されている。これらの書籍の中で扱われている「武蔵武士」の概念はいかなるものであったか、考えてみたい。

また、野口実は、武蔵国における武士団の存在形態を、Ⅰ．秩父平氏を出自とする一族を別格として、Ⅱ．後世「武蔵七党」と呼ばれた党的武士団、Ⅲ．足立氏などに代表される旧郡司系とみられる武士団、Ⅳ．秀郷流藤原氏の流れを汲む大田氏・大河戸氏の一族、Ⅴ．毛呂氏や長井斎藤氏のように十二世紀以降に武蔵国に来住した武士団に分類している。[4]筆者と見解が違う点もあり、この点についても考えてみたい。

最後に、武蔵武士はどのような特徴を持った武士なのか。現在の職能論を中心とした武士論に合致する武士だったのかを考えることにしたい。

一、武蔵武士の概念

最初に、前述した三冊を中心に、「武蔵武士」という名称がどのような武士に当てはめられていたのか、その言葉の範囲を確認しておきたい。

『武蔵武士』の凡例では「其（武蔵武士）の勢力の熾盛、及び其意気、武勇の伝ふべきものは、多く鎌倉時代にあるを以て、この時代を主として之を説きたり。」と述べ、特にその意味する内容を定義してはいない。そこでそこに扱われている武蔵武士について紹介し、考えてみたい。その構成は左記の通りである。

上編

第一章　緒言　　第二章　武蔵は武士道の本源地　　第三章　武蔵武士の勃興

第四章　武蔵武士の勢力分布　　第五章　武蔵武士と鎌倉幕府

下編

第六章　畠山庄司重忠　　第七章　比企藤四郎能員　　第八章　熊谷直実

第九章　金子家忠　　第十章　長井斎藤別当実盛　　第十一章　岡部六野太忠澄

第十二章　小野左衛門尉義成　　第十三章　足立藤内右馬允遠元　　第十四章　河越太郎重頼

第十五章　中条出羽守家長　　第十六章　庄三郎忠家　　第十七章　葛西三郎清重
第十八章　平山武者所季重

上編は、武蔵武士の歴史をまとめた部分で、武蔵武士の勃興から分布、さらに鎌倉幕府との関係を述べ、その存在の重要性を指摘する。このうち第二章では「武相の兵は天下に敵なし」と関東武士の剛勇を指摘し、第三章では「就中、武蔵武士は土地関東の中枢の位するを以て、関東武士の中堅となり」と武蔵武士の重要さを指摘する。さらに武蔵武士の端緒について、ひとつは皇族の子孫（嵯峨源氏）で最初に武蔵守になり下向し、ついで足立郡箕田郷（鴻巣市付近）を開発した。それが武蔵守源仕の子、箕田源二宛《あつる》である。もうひとつは桓武平氏で、平国香の五男武蔵守良文は大里郡村岡（熊谷市村岡付近）の地を開発し村岡五郎と称した。この両者の争いは「今昔物語」二五に見える。

第四章では、具体的に武蔵武士を紹介する。そこには秩父氏・野与党・村山党・横山党・猪俣党・児玉党・平児玉党・丹党・西党・私市党・その他の諸氏（武藤氏・熊谷氏・足立氏・長井氏・比企氏）を挙げている。桓武平氏、良文の子孫とされる秩父氏を筆頭に、同じく平氏を出自とする野与党・村山党、ついで小野姓の横山党・猪俣党を掲げ、児玉党と平児玉党を分けている点に特徴がある。ただ、都筑党が見えず、武藤氏が武蔵武士なのかは明確な説明はない。

下編は、源義朝・頼朝時代に活躍した武蔵武士個々の説明になっており、武蔵武士の代表的な人物が挙げられている。(5)

『武蔵の武士団――その成立と故地をさぐる』は、あとがきで、鎌倉幕府の成立には、源頼朝を支えた東国武士団があり、その中でも武蔵武士団の動向が重要であったと指摘している。その構成は左記の通りである。

一　鎌倉幕府成立と鎌倉武士
(1)武蔵国――坂東諸国の要衝　(2)武士団の発生と勢力関係　(3)頼朝挙兵と武蔵武士
二　秩父武士団の人々
(1)畠山重忠とその一族　(2)小山田有重の一門
(3)河越重頼と江戸重長　(4)豊島清光と葛西清重
三　源家譜代の武士たち
(1)足立氏とその一族　(2)大河戸氏と大河土御厨
(3)比企藤四郎能員　(4)熊谷二郎直実
四　武蔵七党
(1)武蔵の「党」的武士団　(2)横山党　(3)猪俣党
(4)児玉党　(5)野与党と村山党　(6)その他の諸党

『武蔵武士』と比較すると、一が上編に、二～四が上編第四章と下編に対応しており、二（秩父武士団の人々）と三（源家譜代の武士たち）を独立させている。彼らは、奥州合戦（前九年の役、後三年の役）以来源家（河内源氏）の家人として活躍した武蔵武士である。武蔵武士を、源氏譜代の武士とそれ以外を区別する考えは興味深い。また、注目すべきは三の(2)で、隣国下野の秀郷流の武士が武蔵に展開した大河戸氏を武蔵武士に加えた点であろう。

四（武蔵七党）の中で武蔵武士の特長である中小規模の同族武士団（党的武士団）の特徴が述べられる。「一般的にいって、同族的結びつきを保ち、しかも一族の各家々の力が平均的であり、それぞれが独立しながらも、いわば共和的な団結を維持している武士団をさす。」、そして「いわゆる武蔵七党のそれぞれについても同様な性質が見られるのである。」と述べる。そして武蔵七党として、小野姓の横山党・猪俣党から初め、武蔵北端の児玉党、次に平姓の野与党・村山党を挙げ、残りをその他の諸党でまとめる。『武蔵武士』と比較するとこの順も興味深く感じる。

『武蔵武士団』は、序で「武士団研究をふりかえる」として「武士団」という歴史の学問的用語の概念について触れ、最近の武士論を語る。その中で、荘園制（私権）研究から発した武士研究の源流を、農民自衛論から導かれた（有力農民の上昇の所産）とするものと、武士の発生を国衙領（公領）に求めるもの（軍事貴族の末裔）とがあることを指摘し、後者すなわち「国家公権に連なることが領主化（武士化）への前提だった」と述べる。そして、この考えが武蔵武士にもあてはまり、「武蔵武士のルーツも、農民からの成長を物語るものは皆無といえる。」と結んでいる。

全体の構成は左記の通りである。

『武蔵武士』『武蔵の武士団――その成立と故地をさぐる』と比較すると、武蔵武士に対する新しい視点が見られる。ひとつは、武蔵武士が全国的に活躍した源平の争乱（『平家物語』の世界）と南北朝動乱（『太平記』の世界）に注目したこと、その中に「血縁、婚姻関係」という視点を採用したこと、Ⅲ「武蔵武士団のその後」として、奥州合戦、承久の乱、蒙古襲来等を契機に展開した武蔵武士の東遷（北遷）・西遷を大きく取り上げたこと、Ⅳ「武蔵武士を歩く」として、都市化の中で薄れていく武蔵武士の遺跡等を再確認した点にある。(6)

この三冊を概観すると、一部例外は見られるが、武蔵武士とは、①時期は平安時代末から南北朝時代にかけて、②武蔵国内に名字の地（本貫地）を持つ武士と定義できよう。具体的にいえば、武蔵武士の代表的存在としては、秩父氏を出自とする畠山・河越・江戸氏等や旧郡司の権威・由緒を継承する比企氏、足立氏、豊島氏、そして平安時代からの豪族横山氏がいた。

それ以外は比較的中小規模のものが多く、擬制的なものも含めて同族（血縁）的集団（武士団）を形成していた。こうした同族的武士団を「党」と称するが、武蔵国の場合はこれを「武蔵七党」と総称している。ただし、この七党の数え方は一定せず、「武蔵七党系図」では横山・猪俣・野与・村山・西・児玉・丹の七党を載せるが、この他に私市（騎西）党を野与党の代わりに入れる数え方や、綴（都筑）・私市両党を村山・西両党の代わりに入れる数え方もある。

「武蔵七党」の名称は『平家物語』に「武蔵」を冠しないで見えるのが早い例である。「その後畠山が一族、河越・稲毛・小山田・江戸・葛西、其外七党の兵ども三千餘騎をあひぐして、」（巻五）とあり、河越氏以下、秩父平氏を出自とする諸氏族以外の中小武士団の意味で用いられている。また『曾我物語』巻第五には、源頼朝が上野国浅間山の麓で狩りをしに出向く途中の話として、「次の日は、大倉・児玉の宿々にて、便宜を窺ひけれども、七党の人々、用心厳しくしければ、其の日も打たで、暮れにけり。其の夜は、上野の国松井田の宿につき給ふ。」と、武蔵国内を北上する頼朝を警備している様子が記されている。

二、合戦記の表記

ここで、『保元物語』『平家物語』『承久記』等に見える武蔵武士の名乗りや紹介部分で、どのような表記になっているか確認しておきたい。

武蔵武士ばかりではなく、東国の武士団を羅列した記述には左記のように二段階に記されることが多い。『平家物語』（坂落）を見ると、「是を初て、秩父・足利・三浦・鎌倉、党には猪俣・児玉・野井与・横山・にし党・

都筑党・私の党の兵共」と。すなわち前半には武蔵国の秩父氏、下野国の足利氏、相模国の三浦・鎌倉両氏等の豪族的な武士が見え、それに続いて、中小武士団である武蔵七党に属する武士が党名で記される。ここには先祖についての記述はない。興味深いのは、畠山氏、河越氏ではなく「秩父」氏、また大庭氏や梶原氏ではなく「鎌倉」氏と表記されている点にある。おそらく伝承に基づいた記述であろう。

ところで、源頼朝に後白河院から使者が下され、その院宣を受け取る三浦義澄を選んだ際の記述では「三浦介義澄してうけとり奉るべし。其故は、八ヶ国に聞えたりし弓矢とり、三浦平太郎爲嗣が末葉也。其上父大介は、君の御ために命をすてたる兵なれば、彼義明が黄泉の迷暗をてらさむがためとぞ聞えし、」(『平家物語』)と、先祖についての記述が見える。また梶原景時の場合は「梶原大音声をあげてなのりけるは、昔八幡殿、後三年の御たゝかいに、出羽国千福金沢の城を攻させ給ひける時、生年十六歳でまさきかけ、弓手の眼を甲の鉢付の板にゐつけられながら、当の矢をゐて其敵をゐおとし、後代に名をあげたりし鎌倉権五郎景正が末葉、梶原平三景時、一人当千の兵ぞや、」(『平家物語』)とここにも先祖の由緒が記述される。(7)

しかし、梶原氏と同じ鎌倉一族の大庭氏では「この御馬は、相模国の住人大庭三郎景親が、東八ヶ国一の馬とて、入道相国にまいらせたり。」(『平家物語』)とあり、多くは先祖の記述はなく、「〇〇国住人」と記されることが多い。ここにも一部伝承の時代が組み込まれた記述が見られる。

武蔵武士の場合を見てみると、「武蔵国住人」を冠する場合がほとんどである。いくつか例示してみよう。「武蔵国住人、金子十郎家忠、音に聞えさせ給ふ筑紫の御曹司の御前にて、…」(『保元物語』)、「義朝の郎等に武蔵国の住人、長井斉藤別当実盛といふ者也、とゞめむとおもはばとゞめよ、」(『平治物語』)、「武蔵国の住人、大串次郎重親、宇治河の先陣ぞや、」(『平家物語』)、「武蔵国住人、熊谷次郎直実、子息小次郎直家、一谷先陣ぞや、」

（『平家物語』）、「保元・平治両度の合戦に先がけたりし武蔵国住人、平山武者所季重」（『平家物語』）、「武蔵国住人、河原太郎私高直、同次郎盛直、源氏の大手生田森の先陣ぞや、」（『平家物語』）、「武蔵国住人、猪俣小平六則綱」（『平家物語』）、「物そのもので候はね共、武蔵国住人、熊谷次郎直実」（『平家物語』）などである。

こうした傾向は、各々の武士が河内源氏との関わりの中でどのような伝承を持っていたのか、その伝承が武家社会に知られていたのか、などによって異なっている可能性がある。武蔵武士の場合、『吾妻鏡』を見ると、畠山氏や河越氏が秩父重綱の子孫であることや、(8) 横山氏が前九年合戦に従軍して活躍したことなどが記載されている。(9) 横山氏は、武蔵武士の中で最も早い時期に京都に知られた豪族であり、他の武蔵七党（村落領主レベル）よりも大族であったと見られる。

安田元久が、「鎌倉時代の武家の系図は、それぞれの一族の共通の祖とされる武将（有力武士）を家祖として作成されるのが普通であったと考えねばならない。」(10) と指摘したように、多くの武蔵武士は源頼朝の挙兵から鎌倉幕府確立までの間に、鎌倉殿（源頼朝）と主従関係を結び、武士としての家を興した可能性が高い。

三、鎌倉殿と安堵

前述したように、『武蔵の武士団――その成立と故地をさぐる』では、武蔵武士を、河内源氏譜代の武士とそれ以外の武士とに区別して考えており、また『武蔵武士団』では、「武蔵武士のルーツも、農民からの成長を物語るものは皆無といえる。」とし、「国家公権に連なることが領主化（武士化）への前提だった」と述べる。

この観点について検討することにしたい。そこで最初に鎌倉殿（源頼朝）の安堵の方法について考えてみたい。

治承四年（一一八〇）十月二十三日条によれば、源頼朝は、富士川の合戦から鎌倉に帰る途中、相模国国府で最初の大がかりな論功行賞を行っている。ここで御恩（所領安堵あるいは新恩給与）を受けたのは左記の武士（【表Ⅰ】参照。本貫地の国別で示した）で、ここから御家人制度が始まったと言っても過言ではないであろう。

【表Ⅰ】相模国府における論功行賞対象武士

伊勢国	（加藤）景員入道
甲斐国	（武田）信義、（安田）義定
伊豆国	北条殿（時政）、（狩野）親光、（工藤）景光、（天野）遠景、（宇佐美）祐茂、（宇佐美）実政、（大見）家秀
相模国	（三浦）義澄、（和田）義盛、（土肥）実平、（土屋）宗遠、（岡崎）義実、（大庭）景義、（飯田）家義
上総国	（上総）広常
下総国	（千葉）常胤、下河辺行平
近江国	（佐々木）定綱、（佐々木）経高、（佐々木）盛綱、（佐々木）高綱
信濃国	（市河）行房
その他	（頼朝側近）（藤原）盛長

ここに見える武士の本貫地をみると、西の伊勢（加藤氏）と近江（佐々木氏）は別な事情と考えるが、東海道は甲斐・伊豆・相模・上総・下総の五ヶ国であり、当時頼朝の支配下にあった安房・武蔵の武士は見えない。武蔵武士はこの戦いには参加していなかったのであろうか。また、甲斐の武田・安田両氏が見えるが、『吾妻鏡』は

富士川の戦いを源頼朝が主導した形式で示していることに関わって潤色した記述と考えられる。実際この戦いの主役は甲斐源氏であり、この段階で武田・安田両氏は頼朝の家人ではなく、同盟者であった。

それでは、鎌倉殿（源頼朝）は武蔵武士に対してどのような方法で安堵したのであろうか、考えてみたい。次の二種の安堵がなされていたと考える。

①『吾妻鏡』治承四年（一一八〇）十月八日条

八日丁亥、足立右馬允遠元日者有労之上、応最前召参上之間、領掌郡郷事不可有違失之旨、被仰云々、

右記①の足立遠元は、平治の乱にも登場する源義朝の有力な家人である。その安堵された所領は「領掌郡郷」と抽象的な表現であるが、本領安堵がなされたことは確かであろう(11)。

②『吾妻鏡』養和元年（一一八一）四月二十日条

廿日乙丑、小山田三郎重成聊背御意之間、成怖畏籠居、是以武蔵国多西郡内吉富幷一宮蓮光寺等、注加所領之内、去年東国御家人安堵本領之時、同賜御下文訖、而為平太弘貞領所之旨、捧申状之間、糾明之処無相違、仍所被付弘貞也、

右記②には、「去年東国御家人安堵本領之時、同賜御下文訖、」とあり、小山田有重の子稲毛（小山田）重成は、治承四年に東国御家人が本領を安堵された際に、その本領を申請して安堵の下文を賜っていたことが分かる。そ

の時期は、前述の相模国府の時ではなかったと思われる。

足立氏や畠山一族などは、本来河内源氏（義朝）の家人で、国衙の在庁官人でもあった豪族的領主である。それに加え金子家忠・平山季重等平治の乱で義朝に従って活躍した党的中小武士には、治承四年十月以降、個々に安堵がなされたと見ることができる。

一方、家人として把握されていない「武蔵国住人」（党的な中小領主）には、左記③のように、「本知行地主職」の安堵という形式が採られている。

③『吾妻鏡』治承四年十二月十四日条
十四日壬辰、武蔵国住人、多以本知行地主職、如本可執行之由、蒙下知、北条殿幷土肥次郎実平為奉行、邦通書下之云々、

これは、源頼朝が新たに家人となった中小の開発領主層に対して行った御恩であり、北条時政・土肥実平が奉行人に、藤原邦通が書記として安堵したことを示している。

④『吾妻鏡』治承四年十月五日条
五日甲申、武蔵国諸雑事等、仰在庁官人幷諸郡司等、可令致沙汰之旨、所被仰付江戸太郎重長也、
⑤『吾妻鏡』治承四年十一月十四日条
十四日壬戌、土肥次郎実平向武蔵国内寺社、是諸人乱入清浄地、到狼藉之由依有訴、可令停止之旨、加下

知之故也、

右記④⑤で分かるように、源頼朝は、江戸重長に「武蔵国諸雑事等」について、在庁官人や諸郡司等に指示して沙汰するよう命じたことや、相模武士で同国の検断を担当していた土肥実平に武蔵国内の寺社に対する保護を命じたのも、こうした「武蔵国住人」を把握するための準備段階であったのではなかろうか。

四、武蔵武士の所領

武蔵武士の所領は、文書にどのような表記で記載されているのか、確認しておきたい。承久の乱のあった承久三年（一二二一）以前の所領表記を、幕府の安堵・新恩給与に関する将軍家政所下文や関東下知状から一覧表にしたのが【表Ⅱ】である。

この【表Ⅱ】から見て取れる傾向は、武蔵武士（品川氏①、熊谷氏②、別符氏⑥、大井氏⑦⑫、小代氏⑨）の本領の表記が「職」ではないという点であろう。それに対して新恩給与で武蔵国以外に宛行われた所領（③④⑤）は「地頭職」と「職」の付く表記である。この違いは、開発領主が前提として安堵された本領は、得分としての「職」とは違った所領であったことを示している。⑥⑨のように、所領の記載がきめ細かく記されていることからも確認ができよう。

この中で前記の基準に当てはまらないのが⑧⑩⑪である。⑧は、「報恩寺年譜」という近世の編纂物であり、越生氏の本領が越生郷で、他の所領である吾那・春原広瀬郷は新恩の地頭職であった可能性もある。実際、宝治

【表Ⅱ】武蔵武士の所領表記

年月日・文書名	所領表記	備考
①元暦元年（一一八四）八月七日の源頼朝袖判下文	有限仏神事外品川郷雑公事	源頼朝、品河清実に雑公事を免除、田代文書、東六九、神五八
②建久二年（一一九一）三月一日の熊谷直実譲状	武蔵国大里郡内熊谷郷内（四至）	熊谷直実が子真家に譲与、熊谷家文書、埼九
③建仁三年（一二〇三）九月十六日の関東下知状写	越後国青木地頭職	幕府、小代行平を補任、小代氏古文書、埼一五
④建仁三年（一二〇三）十月五日の関東下知状写	越後国中河保地頭職	幕府、小代行平を補任、小代氏古文書、埼一六
⑤建仁三年（一二〇三）十一月七日の関東下知状写	安芸国見布乃庄地頭職	幕府、小代行平を補任、小代氏古文書、埼一七
⑥元久元年（一二〇四）十二月十八日の関東下知状写	武蔵国別符郷（別途詳細な記述あり）	幕府、別符氏の兄弟相論を裁許、集古文書、埼二二
⑦元久元年（一二〇四）十二月二十日の大井実春譲状写	武蔵国荏原郡内大杜郷幷永富（郷カ）（四至）	大井実春が同秋春に譲与、大井文書、東九三
⑧承元二年（一二〇八）三月十三日の関東下知状写	武蔵国吾那・春原広瀬郷・越生郷、地頭職	幕府、越生有弘の譲状に任せ、越生有高に地頭職を安堵、報恩寺年譜二、埼二八
⑨承元四年（一二一〇）三月二十九日の小代行平譲状	入西郡内勝代郷村々（吉田村・南赤尾村・越辺村）幷やしき等（別途詳細な記述あり）	小代行平、養子俊平に譲与、小代文書、埼三〇
⑩建暦三年（一二一三）九月一日の源親広下文写(12)	武蔵国多西郡内二宮、地主職	幕府、日奉直高・同忠久の相論を裁許し、直高を地主職に補任する。川上忠塞一流家譜、埼三一・東九六
⑪建暦三年（一二一三）九月一日の留守所下文写(13)	多西郡内二宮、当社地頭（主カ）職	留守所の施行状、薩藩旧記、埼三二・東九七

⑫建暦三年（一二一三）九月十九日の将軍家政所下文写　武蔵国荏原郡内大杜弁（永富郷）、地頭職　幕府、大井秋春に安堵する、大井文書、東九八

「埼」は『新編埼玉県史資料編5　中世1・古文書1』、「東」は『東京都古代中世古文書金石文集成第一巻　古文書編一』、「神」は『神奈川県史資料編1　古代中世(1)』を、数字は文書番号を示す。以下同じ。

元年（一二四七）六月四日の越生有高譲状写を見ると[14]、越生郷は「同国越生郷内台之屋敷弁水口之田・大豆土等」と記載され、「職」を付しては表記されていない。

⑩⑪を比較すると、⑩は「川上忠塞一流家譜」、⑪は「薩藩旧記」という近世の編纂物であり、同様の可能性がある。具体的には、⑩は「地主職」「地頭」、⑪は「当社地頭職」「地頭」と同じ案件について「地主職」「地頭（職）」が混在する。本来「地頭職」と記載のあった文書を書写する際、「地主職」と写し間違うことは、近世の言葉として可能性は低いと考える。逆に書写の際に、「地主職」を「地頭職」と置き換えて写してしまう可能性は高いのではなかろうか。鎌倉時代というと「地頭職」が有名であり、近世でも領主を「地頭」とも称していたからである[15]。

治承四年（一一八〇）十二月に源頼朝がまとめて安堵した「地主職」は、河内源氏累代の家人ではなく、一般的に武蔵国内に散在した開発領主（村落規模で、中小の領主）だった。源頼朝は、この時、武蔵の開発領主（武蔵武士）を御家人として認め、彼らを直接支配下に置き、いわゆる旗本として自らの軍団の中核としたのである。繰り返しになるが、源頼朝が江戸重長を「武蔵国諸雑事等」を沙汰する在庁官人や諸郡司等の上に立つ責任者に任じ、相模武士で同国の検断を担当していた土肥実平に武蔵国内の寺社に対する保護を命じたのも、こうした「武蔵国住人」を把握するための準備段階であったと考える。かれら武蔵武士が源平合戦で活躍した様子は『平家物

語』に詳しく描写されている。武蔵武士は、頼朝の指示によって、その代官である源範頼・同義経に分属させられて活躍したのである。これは奥州藤原氏を攻めた時も同様であった[16]。

五、源頼朝政権下における武蔵武士の役割――文武をテーマにして

源頼朝と主従関係を結び、御家人として認知された武蔵武士は、鎌倉政権の中でどのような役割を果したのであろうか。その役割を果たすことが可能な条件とは何だったのであろうか。源頼朝の時代に生きた武蔵武士について、こうした観点から、文武の活動について、いくつか確認してみたい。

①芸能と事務能力

最初に、「文」の代表として芸能及び吏僚としての側面を確認しておきたい。

まず、足立遠元[17]は、戦場におけるその活躍は『吾妻鏡』では確認できない。しかし、元暦元年（一一八四）十月六日に公文所の寄人に補任され、同年六月一日には頼朝主催の平頼盛の送別の宴に「京都に馴れる輩」の一人として列席、また文治二年（一一八六）正月二十八日に頼朝の妹婿一条能保夫妻が帰洛する際には遠元の家が出発地となっている。京都関係の接待や勝長寿院の万灯会の奉行人（文官）としての奉公に特徴が見られる。

源頼朝没後は、宿老として十三人の合議制の一人に選任され、永福寺阿弥陀堂の奉行人に指名され、承元元年（一二〇七）頃までの活動が知られる。

こうした遠元の活動の背景には、足立氏の持つ性格が顕れているように思う。すなわち、足立氏は古くから京

都との繋がりを持っており、足立遠元は、平治の乱後も、後白河院・上西門院に近侍する女婿光能を通して京都との繋がりは途絶えて折らず、平家の全盛期にも上洛していた可能性が高い。また、光能の子供たちは鎌倉幕府成立後も鎌倉と親交があった(18)。

次に、遠元同様、平頼盛の送別の宴に「京都に馴れる輩」の一人として見える畠山重忠を検討してみたい。重忠は、源頼朝挙兵時、京都大番役勤仕のため在京していた畠山庄司重能の子、小山田別当有重の甥に当たる。

元暦元年（一一八四）十一月六日に鶴岡八幡宮における御神楽の後、源頼朝は別当円暁主催の宴会に招かれるが、重忠はその場で今様を歌ったという。また、文治二年四月八日に源義経の妾静が舞曲を行い歌を吟じた時、重忠は銅拍子を務めている(19)。このような重忠の音楽に関する教養はいつ養われたのであろうか。注目すべきは「京都に馴れる輩」であろう。おそらく父重能の上洛に従って、在京中に養ったと考えるのが妥当ではなかろうか。また、こうした教養を維持できる環境が畠山氏の周辺に存在した可能性も大きい。たとえば、慈光寺あるいは平沢寺の行事における歌舞音曲も想定できよう。建久二年（一一九一）十一月十九日、重忠は頼朝の命により多好方に当座で神曲楽を学び、翌三年七月二十八日重忠は小山朝政・千葉常胤とともに勅使への贈物を調進する大役を果たした(20)。

建久五年六月二十八日には、重忠以下五人の御家人は源頼朝から東大寺の造像（二菩薩四天王）について催促を受けているが、これは京都との繋がりと経済力、そして教養・知識がなければできないことではなかろうか。ちなみに他の御家人は宇都宮朝綱・中原親能・武田信義・小笠原長清・梶原景時という有力な御家人や吏僚であった(21)。

また興味深い点は、建久六年の東大寺供養供奉のため上洛した折、重忠は栂尾の明恵上人を訪ね、浄土宗の法門を談じ、出離要道を承って退出したという(22)。重忠の浄土宗信仰に関わるエピソードである。

吏僚としては、文治元年（一一八五）九月二日京都に派遣された梶原景季（相模武士）と成尋（中条氏、横山党とされる）がいる。彼らの役目のひとつは勝長寿院供養の導師の御布施と堂の荘厳具（京都で調進したもの）の確認、引き取りであった。これは成尋の役目と考えられ、この供養の奉行として十月三日には鎌倉で披露されている。(23) こうした吏僚としての才能は子の中条家長に引き継がれている。

その他、建久五年十二月二日、御願寺の奉行を定めた際には、三浦義澄・畠山重忠・義勝房成尋の三人が永福寺の奉行人と定められ、同六年十月一日、武蔵国以下関東御分国の所課や本所の乃貢についての奉行人は比企能員と政所の所司二階堂行政であった。(24)

武蔵武士の持つ芸能と吏僚としての側面を見てみると、そこに名の挙がる者は、畠山重忠・足立遠元・成尋・比企能員であり、多くは豪族的領主に属する武士であった。

②軍役

次に軍役について見てみよう。源頼朝は、寿永二年（一一八三）十月宣旨によって、東海・東山両道の支配権を認められ、後白河院政を支える軍事政権となった。この間、京都では、後白河院と木曾義仲の間は疎遠となり、対立を深めていった。西海では平家が勢力を盛り返しつつあった。

源頼朝は、後白河院の要請を受け、弟の範頼・義経を代官として上洛軍を派遣する。『吾妻鏡』元暦元年（一一八四）正月二十日条によれば、範頼・義経は、義仲軍を破って入洛するが、この二人に従う軍勢の中に「河越太郎重頼・同小太郎重房・佐々木四郎高綱・畠山次郎重忠・渋谷庄司重国・梶原源太景季等」がいた。佐々木氏を渋谷氏の門客とすれば、相模国及び武蔵国の武士が従っていたことになる。このうち武蔵武士の河越父子は義経の縁戚となる平姓秩父氏であり、畠山重忠もその一族であることはよく知られているところであろう。

次に、『吾妻鏡』同年二月五日条では、範頼・義経二人に従って一ノ谷合戦で戦った御家人の交名が記されている。甲斐・相模・武蔵・下総・下野の武士が多いが、国単位で二人に従ったわけではなく、各国の武士が二人に分属している。[25]武士の数としては武蔵国が最も多い。この中に平姓秩父一族の河越氏や江戸氏、秩父平氏一族の豊島氏、横山氏や村山党の金子氏等は見えないが、『平家物語』によれば、江戸重春・河越重房・玉井資重・藤田行泰（以上範頼に従う）・長野重清・金子家忠・同親範・別符清重・成田助忠・人見四郎・岡部忠澄（以上義経に従う）等の名が見え、これ以外にも秩父氏や猪俣・児玉・野与・横山・西・都筑・私市の諸党を記載する場面もある。『吾妻鏡』で範頼に従っているのは、平姓秩父一族の畠山・小山田氏、中条氏（横山党）、庄・塩谷・秩父・小代等氏（児玉党）、河原・久下氏（私市党）であり、義経に従っているのは、平山・小河氏（西党）、猪俣氏（猪俣党）、大河戸氏（秀郷流大田氏）、熊谷氏（桓武平氏北条流）であるが、『平家物語』の記述を加味すれば、数多くの武蔵武士が参戦したことは確かであろう。[26]この背景には鎌倉にいる源頼朝の意向が反映されていたと考える。

なお、『吾妻鏡』同年八月十八日条によれば、武蔵国住人甘糟広忠（猪俣党、「雖非有勢者」とされる）が平家追討のため西海に向かいたいと申請し、源頼朝はこれに感じて広忠の知行地の万雑公事を免除したという。この背景には、同年六月五日の小除目で武蔵守に頼朝の推挙する平賀義信が補任され、武蔵国が頼朝の知行国となったことがあり、[27]知行国主としての権限を行使し、年貢以外の万雑公事徴収権を広忠に与えたのである。西海に出陣するには頼朝の許可を必要としていたことは明確であるが、その負担する費用も莫大であったのではなかろうか。頼朝による、西海出陣奨励策と言ってもよいであろう。

次に文治五年（一一八九）の奥州藤原氏攻めの鎌倉方の陣容を見てみよう。同五年六月二十七日、侍所別当和田義盛と所司梶原景時による軍勢催促が始まり、鎌倉に参集する御家人は約千人と推定されている。源頼朝からは特別に武蔵・下野両国については、下向の途中であるとして、両国の御家人は準備をして進軍する途中で参会するよう指示が出されている。同年七月十七日には陣容の全体像が示され、奥州への侵攻は三手に分けられた。大手軍は源頼朝が率い、先陣を畠山重忠に命じ、武蔵・上野両国の御家人は加藤景廉・葛西清重に従うこととされた。東海道軍は千葉常胤・八田知家が一族と下総・常陸両国の御家人を率いて太平洋側を北上し、北陸道軍は比企能員と宇佐美実政が主に西上野国の御家人（高山・小林・大胡・左貫等）を催促しつつ日本海側を北上し、出羽国に侵攻するとされた。(28)

ここで確認したいのは、奥州合戦において武蔵武士は、源頼朝の意向によって、畠山重忠が先陣を務め、工兵部隊を準備するよう命じられ、その他の武蔵武士（中小武士）は加藤景廉・葛西清重に付属させられた点である。

その他源頼朝の使者として京都や西海に派遣された武蔵武士もいる。文治元年（一一八五）三月十四日に鬼窪行親（野与党）が西海にいる源範頼に書状を持参、同年八月二十八日に勅使河原有直（丹党）が京都の後白河院に頼朝の返書を持参している。(29)

また前述した例ではあるが、同年九月二日京都に派遣された梶原景季（相模武士）と成尋（中条氏、横山党とされる）は重要な役目を帯びていた。一つ目は勝長寿院供養に関わる吏僚としての役目である。二つ目は平家に縁座した流人を配所に下すためである。三つ目は在京する源義経の動向を探るためであった。(30)

文治二年六月十八日には、水尾谷藤七（武蔵国入間郡水尾谷）が平頼盛を弔うため使者として上洛している。(31)

同年八月四日に使節として上洛した比企朝宗も重要な役割を担っていた。表向きは後白河院の熊野詣での用途を持参したが、九月には朝宗は源義経探索のため五百騎を率いて南都に入りそこに滞在して捜索を行っている。(32)

③鎌倉の儀式等における役割

源頼朝は、治承四年（一一八〇）十月六日、武蔵武士畠山重忠を先陣、御後に千葉常胤を従えて相模国に入った。[33] おそらく鎌倉街道上道を南下したものと推定される。このとき何故、頼朝に臣従してまもない重忠が先陣を務めたのか、理由は未詳である。鎌倉に至る道程に反頼朝勢力が潜んでいる可能性や道案内としての適性（同年八月に武蔵国軍の先陣として南下した経験を持つ）が考えられよう。別な角度から見ると、武蔵国府から南下して相模国に進軍する源頼朝軍のシンボルとして重忠が適任であった可能性もある。その背景には、畠山氏が武蔵国において有力な河内源氏の家人（郎党）の一人であり、進軍する行列の先登に立つ、立派な装束（甲冑等や馬など）を着けることのできる存在であったこともあろう。また、当時平家に従って在京する重忠の父重能や叔父小山田有重へのアナウンスの意味もあった可能性もある。一方当時在庁官人畠山氏が頼朝に帰順し従ったという風聞を広めることも視野に入っていたのではなかろうか。

畠山重忠は、文治五年の奥州合戦の際にも先陣を命じられ特別な任務を与えられたことはすでに指摘した。翌建久元年（一一九〇）九月十六日重忠は頼朝の上洛供奉のため鎌倉に入った。十月二日には諸御家人が競望した先陣に重忠が指名されている。後陣には鎌倉入りの時と同様千葉常胤が指名されている。十一月七日頼朝入洛の行列の先陣を重忠が務め、その装束と従う郎党は「着黒糸威甲、家子一人、郎等十人等相具之、」と記されている。[34] この交名を見ると、先陣随兵百八十騎のうち六十三騎、水干輩十騎のうち一騎、後陣随兵百三十八騎のうち五十二騎、合計三百二十八騎のうち百十六騎が武蔵武士であった。約三分の一強を占めており、頼朝軍団の大きな勢力であったことは確かであろう。

頼朝は、同年十一月九日には参院、ついで参内しているが、この時の先陣は筆頭が三浦義澄、次いで小山朝政・小山田（稲毛）重成が進み、御調度役を丹党の中村時経（紺青丹打上下、御入洛日所着給之水干也、）が、布衣侍六人（各具調度懸、二騎列之、）のうち四番目に畠山重忠が従った。(35)

建久六年、源頼朝は東大寺供養に参列するため上洛するが、二月十日に再び畠山重忠が先陣を命じられた。同十四日鎌倉を発つ時も重忠が前陣を進んでおり、左記のようにこの時は多くの行列で重忠が先陣を務めている。先陣は、合戦の場合だけでなく、源頼朝が京都等で出向する場合の行列で務めるのも名誉なことであったと考えられる。但し、前述したように、黒糸威甲を着用し、家子一人、郎等十人等を伴うなど、その任に堪えられる経済力が必要であった。左記の【表Ⅲ】から畠山氏ばかりではなく、平姓秩父氏の一族（稲毛重成・榛谷重朝）は河内源氏の家人としての由緒を持ち、重忠等はそれを果たしうる存在であったのである。

【表Ⅲ】建久六年源頼朝上洛の際の平姓秩父氏の位置（典拠は『吾妻鏡』）

月日	事柄
二月十日	頼朝、重忠を先陣に定める。
二月十四日	頼朝、重忠を前陣に鎌倉を発つ。
三月九日	頼朝、石清水八幡宮・左女牛若宮に参詣、先陣六騎の先登は重忠。重成も先陣の一人。
三月十日	頼朝、東大寺東南院に入る。先陣は重忠と和田義盛。（武蔵武士は、将軍の御後に毛呂季光・足立遠元・比企能員等の他、随兵に六十五騎が見える）
三月十二日	東大寺供養、和田義盛、重忠・重成が先陣。（後陣に比企能員・江戸重長）
三月二十七日	頼朝、参内す。随兵八騎に重朝が見える。（重忠見えず）

四月十日	頼朝、参内す。随兵十騎に重朝が見える。（重忠見えず）
四月十五日	頼朝、石清水八幡宮参詣。随兵二十騎のうち後陣に重朝、足立遠元、比企能員が見える。（重忠見えず）
五月二十日	頼朝、四天王寺に参詣。先陣の筆頭に重忠。小野成綱・重朝・能員も先陣に見える。
六月三日	頼家、参内す。供奉人に重朝が見える。（重忠見えず）

ここで、重忠の従兄弟である榛谷重朝について確認しておきたい。重朝は、平姓秩父氏の小山田有重の子、稲毛重成の弟である。弟に小沢重政と小山田氏を継承した行重がいる。重朝は、養和元年（一一八一）四月七日、源頼朝の御寝所の近辺祗候衆の一人に選ばれた。選ばれた理由は「殊達弓箭之者、亦無御隔心之輩」であったという。この時の祗候衆は、伊豆国の宇佐美実政・北条義時、相模国の和田義茂・梶原景季・三浦義連、武蔵国の榛谷重朝、下総国の下河辺行平・結城朝光・葛西清重・千葉胤正、常陸国の八田知重の十一人である。(36) この顔ぶれは、北条時政・和田義盛・梶原景時・三浦義澄・千葉常胤・八田知家・小山朝政等の次世代の若い御家人が含まれている点にある。またこれらの氏族のほとんどは、本所の滝口に祗候する伝承を持つ「小山・千葉・三浦・秩父・伊東・宇佐美・後藤・葛西以下家々十三流」あるいは「小山・下河辺・千葉・秩父・三浦・鎌倉・宇都宮・氏家・伊東・波多野」に含まれる。(37) ここでは「秩父」「鎌倉」という名称が用いられており、平安時代末期以来の由緒と経験を持つ家の子弟が選ばれたことを示している。

それでは、重朝の弓馬の芸について、『吾妻鏡』の記事を中心に見ると左記の【表Ⅳ】のようになる。重朝は、下河辺行平と並び称される弓の達者であった。

【表Ⅳ】榛谷重朝の弓馬の事跡

年月日	記事内容	典拠
寿永元年六月七日	頼朝、由比浦で牛追物を行う。重朝、射手を勤める。	吾妻鏡
文治三年八月二十日	頼朝、源行景の献上する弓を祗候の御家人に分与する。重朝、兄重成らとともに拝領する。	吾妻鏡
文治三年十月二日	頼朝、由比浦で牛追物を行う。重朝、射手を勤める。	吾妻鏡
文治四年正月六日	御的始あり。重朝、一番の射手を勤める。	吾妻鏡
文治五年正月三日	御弓始あり。頼朝の命により、重朝、下河辺行平の立合を勤める。	吾妻鏡
同年正月九日	若君方弓始あり。重朝五番の射手を勤める。念人に重成、足立遠元、江戸重長がいる。	吾妻鏡・御的日記
建久元年八月十五日	鶴岡八幡宮放生会に、重朝、頼朝の御調度懸を勤める。	吾妻鏡
建久二年正月五日	御弓始あり。重朝、一番で下河辺行平の立合を勤める。	吾妻鏡
同年九月二十一日	稲村崎辺で、小笠懸あり。重朝、射手を勤める。	吾妻鏡
建久三年正月五日	御的始あり。重朝、小野成綱とともに射手を勤める。	吾妻鏡
建久四年三月二十一日	頼朝、下野国那須野・信濃国三原等の狩に向かう。狩猟に馴れる輩として弓馬の達者二十二人の一人に、重朝選ばれる。	吾妻鏡
同年八月十六日	鶴岡八幡宮放生会馬場の儀が行われる。重朝、射手を勤める。	吾妻鏡

建久五年閏八月一日	頼朝、三浦に渡御す。三崎津にて小笠懸あり。重朝、射手を勤める。	吾妻鏡
同年十月九日	頼朝、小山朝政の家に渡御す。弓馬堪能を集め、流鏑馬以下の作物の射る様を談ず。重朝、召される。	吾妻鏡
同年十一月二十一日	頼朝、御霊前浜にて千番の小笠懸を行う。重朝、射手を勤める。	吾妻鏡
建久六年八月十六日	鶴岡八幡宮放生会馬場の儀が行われる。重朝、流鏑馬の五番の射手を勤める。	吾妻鏡

その他特記することとしては、建久元年八月十五日重朝は、鶴岡八幡宮放生会に参列する頼朝の御調度懸を勤めているが、左記の【表V】のように、他にも武蔵武士である河勾実政（野与党）や中村時経・勅使河原有直（丹党）等の武蔵武士が勤める例が見られる。調度懸とは、平安時代末期、「非常警固のために衛府官や武士が出向する際に、所用の弓矢の調度を馬副の召具の従者に懸けさせて供奉するのを例とし、その係の役を調度懸けという。」[38]である、この場合は「御」が頭に付されており、頼朝の調度（弓矢）を懸ける役と考えてよいであろう。『吾妻鏡』建暦二年（一一八二）正月十九日条には将軍源実朝の言葉として「先召大須賀四郎胤信、被仰可懸御調度由之処、固辞之、仰云、於当役者、右大将家御時、以二十之箭可射取廿人敵之者可候之由、被定畢、然者奉之勇士者、可備面目之処、称下劣之職、遁避条甚自由也、早可止出仕之旨、蒙御気色云々、和田新左衛門尉常盛随此役云々、」とあり、父頼朝の時代に二十の箭をもって二十人の敵を射取るほどの勇士の役職とされていたことを示している。左記の【表V】の顔ぶれを見ても頷けるであろう。

以上、源頼朝政権下における武蔵武士の役割として、①芸能と事務能力、②軍役、③儀式等における役割について考えてみた。建久元年十一月七日の入洛の交名で確認したように、頼朝に従う約三百三十騎の御家人のうち

【表Ｖ】源頼朝時代の御調度懸（典拠は『吾妻鏡』）

年月日	御家人名	備考
寿永元年正月三日	佐々木高綱	頼朝、御行始。
同年十月十七日	小山宗政	政子と若公（頼家）営中に入る。
元暦元年七月二十日	河勾実政	鶴岡八幡宮へ春日社勧請に頼朝参列する。
文治元年十月二十四日	愛甲季隆	勝長寿院供養。佐々木高綱、御鎧を着す。
文治五年六月九日	佐々木高綱	鶴岡八幡宮御塔供養。梶原景季、御甲を着す。
同年七月一日	勅使河原有直	鶴岡八幡宮放生会。
建久元年八月十五日	榛谷重朝	鶴岡八幡宮放生会。佐々木盛綱、御甲を着す。
同年十一月九日	中村時経	頼朝、参院する。「紺青丹打上下、御入洛日所着給之水干也、」
同年十一月十一日	武藤資頼	頼朝、六条若宮と石清水八幡宮に御参。
同年十二月一日	中村時経	頼朝、右大将拝賀。「騎馬、負御入洛日御箭、着麴塵水干袴、立烏帽子、」
建久二年正月十一日	小早河遠平	頼朝、鶴岡八幡宮に参る。
同年二月四日	勅使河原有直	頼朝、二所参詣に出発。
同年三月十三日	愛甲季隆	頼朝、鶴岡若宮遷宮に参列。河匂政頼、御甲を着す。
同年七月二十八日	橘公長	頼朝、新邸渡御。河匂政頼、御甲を着す。

建久三年十一月二十五日	勅使河原有直	頼朝、永福寺供養に参列。佐々木盛綱、御甲を着す。
建久四年正月一日	八田知家	頼朝、鶴岡八幡宮参詣。
同年八月十五日	宇佐美祐茂	鶴岡八幡宮放生会。梶原景季、御甲を着す。
同年十一月二十七日	愛甲季隆	永福寺薬師堂供養。
建久五年十二月二十六日	愛甲季隆	永福寺内新造薬師堂供養。
建久六年正月十三日	海野幸氏	頼朝、鶴岡八幡宮に参る。小倉野三、御甲を着す。
同年三月十二日	愛甲季隆	頼朝、東大寺供養に参る。佐々木経高、御甲を着す。
同年八月十五日	望月重隆	鶴岡八幡宮放生会。

三分の一強の百十六騎が武蔵武士であった。また、『吾妻鏡』文治五年七月十九日条の「自鎌倉出御御供輩」（交名）でも約三分の一弱、同書建久六年三月十日条の南都に着いた時の頼朝の行列（交名）でも約四分の一が武蔵武士であった。武蔵武士が、頼朝が直に把握する武士団の大きな勢力のひとつであったことは確かであろう。

『吾妻鏡』という編纂物の性格もあるであろうが、武蔵武士の中で同書に登場し活躍する武士は限られている。吏僚としての面では、「京都に馴れる輩」として足立遠元が特筆されるが、その他成尋（中条氏）、比企能員である。芸能の面では「京都に馴れる輩」として畠山重忠が特筆される。

儀式等に登場する武蔵武士で特筆されるのは、頼朝の信頼が篤く先陣を任された畠山重忠と弓矢に長けた存在で流鏑馬等の儀式に登場する榛谷重朝であろう。それに「勇士の役職」とされる御調度懸を勤める河匂実政、勅使河原有直、榛谷重朝、中村時経等もいる。

軍役では、源頼朝の信頼の篤い畠山重忠が特筆されるが、一方頼朝の使者として活躍した鬼窪行親・勅使河原有直・成尋（中条氏）・比企朝宗等がいる。それ以外に人数が多いのは、源平合戦や奥州合戦で活躍した武蔵七党といわれる中小武士である。

以上を概観すると、平姓秩父氏の畠山・榛谷両氏と足立・比企両氏等の豪族的武士の活躍が特筆され、丹党の勅使河原・中村両氏、猪俣党の河匂氏、野与党の鬼窪氏、中条氏が続いている。

まとめにかえて

以上、源頼朝の時代を中心に武蔵武士の動向を検討してみた。最初の課題である武蔵武士とは、①時期は平安時代末から南北朝時代にかけて、②武蔵国内に名字の地（本貫地）を持つ武士と定義できると思う。

次に、武蔵武士の存在形態については、野口実説を土台として考えると、Ⅰ．平姓秩父氏を出自とする畠山・河越・江戸等の一族を別格として、Ⅱ．足立氏・比企氏・豊島氏・吉見氏などに代表される旧郡司系とみられる武士団、Ⅲ．横山氏を別格として、後世「武蔵七党」と呼ばれた党的武士団、Ⅳ．秀郷流藤原氏の流れを汲む大田氏・大河戸氏の一族、Ⅴ．その他、毛呂氏・長井斎藤氏・大井氏・品川氏等の武士団と考えられる。

最後に、武蔵武士の特徴としては、Ⅰ・ⅡやⅢの一部のように、武蔵国の在庁として活躍した武士がおり（①）、Ⅰ・ⅡやⅢ・Ⅳ・Ⅴの一部のように河内源氏の代々の家人（郎党）という伝承を持つ武士（②）がいる。但し、Ⅲの党的武士団の多くは、村落の開発領主であり、頼朝に従って、主従関係を結んだ時から武士として、御家人として活動が始まったと考えられる（③）。

この点熊谷直実のエピソードは興味深い。『吾妻鏡』建久三年十一月二十五日条によれば、この日武蔵国熊谷と久下との境相論について、頼朝の御前で熊谷直実と久下直光の対決が行われた。この記事の後半にこの二人の因縁について説明がある。その内容は、平家の時代、直実が直光の代官として京都大番役勤仕のため上洛していた時に起きた事件が記されている。すなわち、直実が在洛していた折、直光の代官と言うことで同輩に侮られたという。一人前の武士として扱われなかったのである。おそらく、そこで直実は平知盛の家人となり多年在洛していたという。この話のポイントは、代官は一人前の武士ではなく、武家の棟梁の家人は一人前として認められるという点にあろう。

武蔵武士は、現在の職能論に合致しない武士も数多く存在したのではなかろうか。①の中には吏僚や芸能に長けた武士もおり、②には弓矢や馬等の武芸に通じた武士もいた。③の多くは地主職（村落領主の開発領主権権）を安堵され、頼朝に従って各地を転戦したのである。

源頼朝没後、武蔵武士は、幕府の政争や武蔵国支配についての政策によって左右されるようになる。比企氏は、二代将軍源頼家の外戚であったが故に幕府の政争に巻き込まれ、北条時政によって滅ぼされた[39]。ついで三代将軍源実朝が、武蔵武士の指揮権を北条時政に付与した頃から変化が起きる。北条時政夫妻による畠山重忠一族の追討事件の背景には幕政や武蔵支配をめぐる権力争いがあったと考えられる[40]。この権力争いの結果、時政夫妻は没落し、畠山氏の一族稲毛・榛谷両氏も滅亡した。結果北条義時が執権となって政権を掌握した。義時による挑発は和田義盛への挙兵を喚起させ、義盛に与した横山氏も没落した。

こうした一連の事件と源実朝暗殺事件を契機として、後鳥羽上皇は北条義時追討の命を下した。これが承久の乱である。この頃には北条氏軍の中核は武蔵武士となっていた。(41) この乱の結果は、武蔵武士にバブルを将来する。(42) 承久没官地は、この戦いで活躍した武蔵武士に恩賞として与えられ、西国に進出する契機となった。

一方、北条氏による武蔵国支配は、北条泰時・同経時の時期を経て、同時頼の時には得宗分国化し、その子時宗に武蔵国務が相伝されるようになった。(43) これは、幕府政所に依拠した統治支配と北条氏の指揮下にあった武蔵武士に対する主従制的支配がいっそう進んだことを示している。

今後の課題としては、武蔵武士に対する御公事の支配の方法を検討することにある。すなわち、建長帳(44)と建治帳(45)を題材として、鎌倉時代中期の鎌倉幕府による武蔵武士の把握方法について考えてみたい。例えば、建治帳における武蔵武士の割合は総人数の約三分の一を占めており、(46) その重要性は変化がない。武蔵武士の存在形態Iの河越氏は建長帳・建治帳ともに「河越次郎(重時)跡」「河越三郎(重員)(跡)」の二流に分かれており、同じくIIの足立氏は建長帳では「足立左衛門尉(遠元)跡」であるが、建治帳では「足立八郎左衛門尉(元春)跡」「足立九郎左衛門尉跡」の二流に分かれている。負担額は、IIIにあたる「中条出羽前司(家長)跡」の百貫が破格に多いが、河越氏・足立氏は各々合わせると三十貫になり、「江戸入道跡」の二十貫がこれに次ぐ。両者の比較によって、様々な論点が見出し得ると思う。

蒙古襲来によって、西国に所領を持つ東国武士は下向を命じられる。惣領家が下向したのち、武蔵武士の北条氏被官化が促進されたと考えられる。西遷・北遷した武蔵武士については史料の残存が豊富な氏族については研究が進んでいるが、北条氏の被官となった武蔵武士も数多く、その存在形態は今後の課題であろう。(47)

例えば、文永九年(一二七二)二月十一日、鎌倉で名越流北条氏の時章・教時兄弟が殺害され、四日後京都では時宗の異母兄で六波羅南方の時補が北方時茂によって殺害された。いわゆる二月騒動である。前者は、得宗被官（御内人）が前将軍宗尊親王との陰謀を想定して先制攻撃をかけたものと考えられている。後者は、鎌倉の指示によって時宗の対抗馬になりうる時輔を討ったものである。前者の討手五人（大蔵次郎左衛門尉・渋谷新左衛門尉・四方田滝口左衛門尉・石河神次左衛門尉・薩摩左衛門三郎）のうち、大蔵頼季・四方田時綱の二人は武蔵武士であった。

武蔵武士は、この後南北朝の内乱を乗り越えるが、大名となる者はほとんど無く、国人領主クラスのものが多かった。この背景には、Ⅲにあたる規模から抜け出せない姿が見られるようである。

注

（1）有峰書店、一九七一年三月。

（2）有隣堂、一九八四年十二月。

（3）吉川弘文館、二〇一四年三月。

（4）野口実「中世成立期における武蔵国の武士について――秩父平氏を中心として」（『古代文化史論攷』一六、一九九七年、のち岡田清一編『河越氏の研究』に再録）。

（5）この中で、葛西清重は下総国葛西御厨を名字の地とする武士で、武蔵武士ではないが、秩父氏の流れを汲む豊島氏の一族で、頼朝挙兵時には共に行動し、武蔵国にも所領（丸子保）を宛行われていた。

（6）前記三冊以外にも、福島正義著『武蔵武士――そのロマンと栄光』（さきたま出版会、一九九〇年）、田代脩著『武蔵武士と戦乱の時代　中世の北武蔵』（さきたま出版会、二〇〇九年）、成迫政則著『武蔵武士（上）事跡と地頭の赴任地を訪ねて』（まつやま書房、二〇〇二年）、同著『武蔵武士（下）十三氏の興亡と遺跡を訪ねて』（まつやま書房、二〇〇五年）、同著『武蔵武士（続）源範頼の子孫吉見氏、本田氏、安達氏、大串氏など十四氏の業績と赴任地を探る』（まつやま書房、二〇〇七年）の他、北条氏研究会編『武蔵武士を歩く――重忠・直実のふるさといたまの史跡』（勉誠出版、二〇一五年）等がある。参照されたい。

（7）こうした例は、次に示すように、源氏や平家の場合も見られる。「清和天皇十代の後胤、六孫王の末葉、摂津守頼光のおと丶（弟）、大和守頼親に五代、中務丞頼治が孫、下野守親治が嫡子、大和国の住人、宇野七郎親弘と申者なり、」（『保元物語』）、「此門の大将軍は信頼卿とみるはひがことか、かく申は、桓武天皇の苗裔、大宰大弐清盛の嫡子、左衛門佐重盛、生年二十三、」（『平治物語』）と見える。

（8）平姓秩父氏の伝承については、拙稿「武蔵国留守所惣検校職の再検討——「吾妻鏡」を読み直す」（『鎌倉遺文研究』二五号、二〇一〇年四月）を参照されたい。

（9）『吾妻鏡』文治五年九月六日条。

（10）「中世武家系図の資料的価値について」（『姓氏と家紋』四七号、一九八六年）。紀伊国湯浅氏と豊後国大友氏の系図を例として述べている。

（11）拙稿「足立遠元と藤九郎盛長」及び「鎌倉時代の足立氏」（以上本書所収）を参照されたい。

（12）「薩摩川上忠塞一流家譜」所収。近世の写本（『新編埼玉県史資料編5　中世1・古文書1』三一一号文書）。

〇源親広下文写

下　武蔵国多西郡内二宮(多摩郡)神官・百姓等
　可令早以日奉直高為地主職事
右、直高(日奉)与忠久対決之処、直高者、元暦二年六月九日祖父宗弘(日奉)帯譲与嫡男弘直(日奉)証文之上、弘直為地頭之条、
文治三年十二月十二日武蔵前司(平賀義信)入道所成下之国符顕然也、忠久者、治承五年十月十日宗弘帯譲賜久長之仮名
状、而此状判形与直高所令帯之証文判形依違之間、被尋類判之処、直高之伯父小河二郎自宗弘之手、所分得
小河郷(多摩郡)譲状之判形与分賜弘直之譲状判形同事也、仍任文書道理、以直高所補任地主職也、神官百姓等宜承知、
不可違失、故下、
　　建暦三年九月一日
遠江守源朝臣(親広)（花押影）

※この文書は、政所別当源親広が、関東御分国（将軍家知行国）である武蔵国内の武士の相論に当たって発給したものある。内容は、直高が去る元暦二年六月九日付の祖父宗弘が嫡男弘直に与えた譲状を帯びており、また文治三年十二月十二日付の武蔵守平賀義信の国符が明確である。一方忠久は、証拠文書として治承五年十月十日の宗弘が久長に譲ったとする仮名状を提出したが、これと前記譲状にある花押が相違するので調べたところ、直高の叔父小河二郎が宗弘から小河郷を譲られた花押と前記譲状と同じであった。結果、多摩郡二宮の地主職に小河直高を補任するとする裁許状である。小河氏は日奉姓西党の一族である。幕府政所の奉行人が、このような村落領主の相論に対して裁許を下している点、武蔵国の特殊性が垣間見られる。弘直だけを「地頭」と記載しているが「地主」の間違いであろう。

（13）「薩藩旧記二」所収小川氏文書。近世の写本（『新編埼玉県史資料編5　中世1・古文書1』三二号文書）。
○武蔵国留守所下文写

留守所下　二宮（多摩郡）神宮〔官〕幷百姓等
　可早任御下文状、以日奉直高為当社地頭職事
右、九月一日御下文同七日到来、子細云々具也者、任御下文状、以彼直高可為地頭之状、所仰如件、宜承知、
依件用之、以下、
　建暦三年九月七日
散位日奉宿禰（花押影）
散位日奉宿禰（花押影）
散位橘朝臣（花押影）
目代藤原（花押影）

※本文書は、前記源親広下文を受けて出された武蔵国留守所下文である。すなわち幕府政所の命を遵行したものである。この文書ではすべてを「地頭」としているが「地主」の書き間違いであろう。

（14）「報恩寺年譜二」。例言は、【表I】に準じる。

「報恩寺年譜二」の所領表記

年月日・文書名	所領表記	備考
①宝治元年（一二四七）六月四日の越生有高譲状写	武蔵国吾那上下、同国越生郷台之屋敷幷水口之田・大豆土等、春原庄広瀬郷内弥平太在家・源藤次在家・弥次郎在家・紀平太在家幷田一町等、播磨国賀古庄天王寺領三分一等、但馬国日置郷	越生有高、所領を同有直に譲与、報恩寺年譜二、埼五九、
②宝治元年（一二四七）十月一日の藤原頼嗣袖判下文写	武蔵国吾那、入西郡越生郷水口田・豆土等、春原庄広瀬郷内田在家、播磨国賀古庄田在家、但馬国日置郷等地頭職	藤原頼嗣、越生有高の譲状に任せ同有直に安堵、報恩寺年譜二、埼六一
③建治二年（一二七六）十二月十一日の関東下知状写	武蔵国越生郷之屋敷田在家、同国吾那保之在家野畠山、同国春原庄広瀬名之田在家、但馬国日置郷、播磨国賀古庄之田在家	幕府、越生長経に安堵、報恩寺年譜二、埼九八
④弘安五年（一二八二）五月二十六日の越生長経譲状写	武蔵国吾那、越生之屋敷名田・五郎入道在家・次郎在家・新三郎入道在家・田一町・水之口前田等、但馬国日置之郷、紀伊国伊都賀庄、鎌倉由井堂之下之谷地堂	越生長経、同豊王丸に譲与する、報恩寺年譜二、埼一一〇
⑤永仁五年（一二九七）十一月二十三日の関東下知状写	武蔵国吾那、越生郷田畠在家、但馬国日置郷、紀伊国糸我庄、播磨国賀古庄内一分地頭職	幕府、越生長経の譲状に任せ同経村に安堵する、報恩寺年譜二、埼一五七

（15）「地主」は、古代では田堵や名主も含むが、基本的には、近世では、所有地を貸付、その地代で生活する地主を想定するであろう。「地頭」は、近世にも領主のことを地頭と称しており、また中世鎌倉幕府の職名を想定することが多かったのではなかろうか。

（16）拙稿「武蔵国留守所惣検校職の再検討――『吾妻鏡』を読み直す」（『鎌倉遺文研究』二五号、二〇一〇年四月）、同「武蔵国留守所惣検校職の再検討」（『秩父平氏の盛衰――畠山重忠と葛西清重』、勉誠出版、二〇一二年五月）等参照。

（17）足立遠元の活動の詳細については、拙稿「足立遠元と藤九郎盛長」（本書所収）を参照されたい。

（18）詳細は拙稿「鎌倉時代の足立氏」（本書所収）及び「足立郡・埼玉郡の武蔵武士と伝承――さいたま市域を中心に――」（『さいたま市アーカイブスセンター紀要』一号、二〇一七年三月）を参照されたい。

（19）『吾妻鏡』各日条。

（20）『吾妻鏡』同日条。同書建久五年十一月四日条によれば、鶴岡八幡宮御神楽で重忠と梶原景季が付歌に祇候したという。

（21）『吾妻鏡』同日条。

（22）『吾妻鏡』建久六年四月五日条。こうした芸能人、吏僚としての役割は、頼朝没後にも引き継がれ、『吾妻鏡』正治元年（一一九九）五月七日条では乙姫を診察するため京都から下向した丹波時長の宿所として「畠山次郎重忠南御門宅」が宛てられたことからも類推される。

（23）『吾妻鏡』各日条。

（24）『吾妻鏡』同日条。

（25）国別に分類すると左記のようになる。

姓名	国名	大将	氏族
山田重澄	尾張	義経	尾張源氏
原　清益	駿河	義経	
武田有義	甲斐	範頼	甲斐源氏
板垣兼信	甲斐	範頼	甲斐源氏
安田義定	甲斐	義経	甲斐源氏

田代信綱	伊豆	義経	桓武平氏直方流
梶原景時	相模	範頼	鎌倉一族
梶原景季	相模	範頼	鎌倉一族
梶原景高	相模	範頼	鎌倉一族
海老名太郎	相模	範頼	横山党
曾我祐信	相模	範頼	藤原南家狩野一族
土肥実平	相模	義経	桓武平氏
三浦義連	相模	義経	桓武平氏
糟屋有季	相模	義経	秀郷流藤原氏
平佐古為重	相模	義経	三浦一族ヵ
畠山重忠	武蔵	範頼	平姓秩父氏
稲毛重成	武蔵	範頼	平姓秩父氏
稲毛重朝	武蔵	範頼	平姓秩父氏
稲毛行重	武蔵	範頼	平姓秩父氏
中条家長	武蔵	範頼	横山党
猪俣則綱	武蔵	義経	猪俣党
安保実光	武蔵	範頼	丹党
中村時経	武蔵	範頼	丹党
庄忠家	武蔵	範頼	児玉党
庄広方	武蔵	範頼	児玉党
塩谷惟広	武蔵	範頼	児玉党
庄家長	武蔵	範頼	児玉党
秩父行綱	武蔵	範頼	児玉党
小代行平	武蔵	範頼	児玉党

河原高直	武蔵	範頼	私市党
河原忠家	武蔵	範頼	私市党
久下重光	武蔵	範頼	私市党
平山季重	武蔵	義経	西党
小河祐義	武蔵	義経	西党
大河戸広行	武蔵	義経	秀郷流大田氏
熊谷直実	武蔵	義経	桓武平氏北条流
熊谷直家	武蔵	義経	桓武平氏北条流
下河辺行平	下総	範頼	秀郷流大田氏
千葉常胤	下総	範頼	千葉一族
相馬師常	下総	範頼	千葉一族
国分胤道	下総	範頼	千葉一族
東胤頼	下総	範頼	千葉一族
大内惟義	信濃	義経	信濃源氏
山名義範	上野	義経	新田一族
小山朝政	下野	範頼	秀郷流大田氏
長沼宗政	下野	範頼	秀郷流大田氏
佐貫広綱	下野	範頼	秀郷流足利氏
小野寺通綱	下野	範頼	秀郷流足利氏
中原親能	（吏僚）	義経	中原氏

（26）『吾妻鏡』同年二月十五日条には「凡武蔵・相模・下野等軍士、各所竭大功也、追可注記言上云々、」と記されて

いる。『吾妻鏡』同年三月五日条では、「武蔵国住人藤田行能」が一谷で戦死し、その子能国に本領安堵がなされた。『吾妻鏡』同年三月二十二日条では、源頼朝の下知によって、武蔵武士である大井実春が平家の残党を追討するために伊勢国に進発し、同年五月十五日条では、実春は、波多野盛通・山内経俊や大内惟義の家人等とともに志太義広を討ち取っている。

なお、同年八月、源範頼は、平家追討のため西海に向かうが、それに従った武蔵武士には、比企朝宗・同能員・大河戸広行・同行元・中条家長らの名が見える（同年八月八日条）。その後苦戦を強いられたが、翌文治元年（一一八五）正月、範頼は周防国から豊後国に渡海した。この時従った武蔵武士には比企朝宗・同能員・大河戸広行・行元・中条家長・品河清実らの名が見える（『吾妻鏡』文治元年正月二十六日・二月一日条）。一方、源義経に従って四国に渡海した武蔵武士に金子家忠・同近則兄弟がいる（『吾妻鏡』文治元年二月十九日条）。

(27) 『吾妻鏡』同年六月二十日条。拙稿「鎌倉幕府の政所と武蔵国務」（『埼玉地方史』六五号、二〇一一年三月）を参照されたい。

(28) この記述に疑問がないわけではない。東海道軍に安房・上総両国の御家人が加わり、北陸道軍に信濃・越後両国の御家人が参陣した可能性があろう。

(29) 『吾妻鏡』各同日条。

(30) 『吾妻鏡』同年九月二日、九月十二日、十月三日の各条。

(31) 『吾妻鏡』同日条。

(32) 『吾妻鏡』同年八月四日、九月二十九日、十月十日、十二月十五日の各条。

(33) 『吾妻鏡』同日条。『吾妻鏡』の記述からは鎌倉に入ったとも受け取れるが、藤沢あたりに宿泊したのであろうか。翌七日鶴岡八幡宮（現在の元八幡）を遙拝し、父義朝の亀谷旧跡に至った。どの道を通ったかは明確には記されていないが、後の大仏切り通しか化粧坂切り通しであろう。同九日には、大庭景義の奉行として、山内にあった知家事兼道の宅を移築することになり、同十五日に頼朝は移築された新邸に入っている。

(34) 『吾妻鏡』各同日条。

(35) 『吾妻鏡』同日条。この後、源頼朝は、十一月十一日には六条八幡宮と石清水八幡宮に参詣、同二十九日に参院、十二月一日に右大将拝賀で参院・参内、同二日に直衣始で参院・参内している。武蔵武士で重忠以外で目に付くのは小山田（稲毛）重成であろう。但し、同十二月十一日の御家人の任官で頼朝が勲功賞として推挙したのは、武蔵武士では足立遠元（任左衛門尉）と比企能員（任右衛門尉）二人だけであった。

(36)『吾妻鏡』同日条。

(37) 前者は『吾妻鏡』承元四年五月十一日条、後者は同書寛喜二年閏正月二十六日条。

(38)『有職故実大辞典』の「調度懸」の項目。

(39) 拙稿「源頼朝の構想――子供たちと武蔵武士――」（本書所収）で関説した。

(40) 拙稿「大蔵合戦・畠山重忠の乱再論」（本書所収）で関説した。

(41)『吾妻鏡』承久三年五月十九日条によれば、北条政子が「不上洛者、更難敗官軍歟、相待安保刑部丞実光以下武蔵国勢、速可参洛者」と北条泰時の岳父安保実光以下の武蔵国勢の到着を待って上洛するよう指示しており、武蔵武士が北条軍の有力なファクターであったことを示している。続いて、同年月二十一日条によれば、大江広元が「上洛定後、依隔日、已又異議出来、令待武蔵国軍勢之条、猶僻案也、於累日時者、雖武蔵国衆漸廻案、定可有変心也、只今夜中、武州雖一身、被揚鞭者、東士悉可如雲之従竜者」と武蔵国の軍勢の到着を待たずに北条泰時が上洛するよう提案している。

(42) 鈴木宏美「武蔵武士と承久の乱」（本書所収）参照。

(43) 拙稿「武蔵国留守所惣検校職の再検討――「吾妻鏡」を読み直す」（『鎌倉遺文研究』二五号、二〇一〇年四月）や拙著「鎌倉幕府の政所と武蔵国務」（『埼玉地方史』六五号、二〇一一年三月）等を参照されたい。

(44)『吾妻鏡』建長二年三月一日条の閑院内裏雑掌目録。

(45)「六条八幡宮造営注文」（国立歴史民俗博物館所蔵「田中穣氏旧蔵典籍古文書」）。海老名尚・福田豊彦「『田中穣氏旧蔵典籍古文書』「六条八幡宮造営注文」について」（『国立歴史民俗博物館研究報告』四五集、一九九二年十二月）で紹介された。

(46) 鈴木宏美「「六条八幡宮造営注文」にみる武蔵国御家人」（『埼玉地方史』四〇号、一九九八年六月）。

(47) かつて北条氏研究会編『北条氏系譜人名辞典』（新人物往来社、二〇〇一年六月）では、主な北条氏の被官を立項し、末尾の付録に「北条氏被官一覧」を付したが、被官として判断する基準が難しかったことを覚えている。

❖コラム…

軍記物語と武蔵武士――『保元物語』を中心に――

菊池紳一

軍記物語の始まりは『将門記』といわれ、平安時代末期から南北朝時代にかけての中世前半の『平家物語』『太平記』を頂点とする。このうち『保元物語』『平治物語』『平家物語』は軍記物語の出発点に位置し、いずれも古態は承久の乱後～十二世紀半ばにかけて成立したとされる。これに『承久記』を加えて「四部合戦状」ともいう。武蔵武士は、これらの軍記物語にその活躍の姿が詳細に描かれている。

軍記物語は、合戦を中心に歴史上の事件を扱い、史実に従って年代記的に構成・叙述することを原則とするが、改作を積み重ねた物語的要素も多く含まれ、中国の故実を交えるなど、その中には虚構性を帯びた叙述も交えて、時代を生き抜く人間の姿を描くことが多い。また作者が明確でなく異本も多く存在するため、史実と乖離する叙述に及ぶこともある。歴史が文芸・宗教と重なっていた時代の所産であって、これらを史料として利用するには検討を要する。

本稿では、こうした観点から、『保元物語』の代表的テキストである半井本・鎌倉本・京図本・金刀本・古活字本等の諸本から、上巻の「官軍勢汰へ幷びに主上三条殿に行幸の事」に見える武蔵武士を抜き出して比較検討することにしたい(1)。ここには、源義朝に従う武士が、鎌田政清以下、近江・美濃・尾張・三河・遠江・駿河・伊豆・相模・安房・上總・下總・武藏・上野・下野・甲斐・信濃等十六ヶ国にわたって記載されており、その中でも武蔵武士は最も数が多い。

これを一覧表にしたのが【表Ⅰ】(『保元物語』に見える武蔵武士)である。最も左側の覧は『保元物語』の「官軍勢汰へ幷びに主上三条殿に行幸の事」には見えず、他の箇所に見える武蔵武士、表の「※」印を付した武士は『保元物語』の「官軍勢汰へ幷びに主上三条殿に行幸の事」及び他の箇所にも見える武蔵武士である。

【表Ⅰ】『保元物語』に見える武蔵武士

半井本	鎌倉本・文保本	京図本	金刀本	古活字本	氏族	本貫地・備考
		平山武者所季重			西党	多摩郡平山
※豊島ノ四郎	※豊嶋四郎	豊嶋四郎	豊嶋四郎	※豊嶋四郎	秩父平氏	豊島郡
安達四郎遠光					足立氏	足立郡
※中条ノ新五	※中条新五		中条新五	※中条新五	（成田氏族カ）	幡羅郡中条保
※同　新六	※同　新六		同　新六	※同　新六	（同　上）	同　上
※成田太郎	※成田太郎		成田太郎	※成田太郎	成田氏族	埼西郡成田
※箱田ノ次郎	※箱田次郎	箱田次郎	筥田次郎	※箱田次郎	成田氏族	（埼玉郡箱田村）
川上太郎	河上太郎	河上大郎	河内太郎	河上三郎	（成田氏族カ）	（埼玉郡川上邑）
別府ノ次郎	別府次郎	別府次郎	別府二郎	※別府次郎	成田氏族	幡羅郡別府郷
ナラノ三郎	奈良三郎	奈良三郎	奈良三郎	※奈良三郎	成田氏族	幡羅郡奈良
※玉井ノ四郎	※玉井四郎	玉井四郎	玉井四郎	※玉井四郎（三郎）	成田氏族	（幡羅郡玉井荘）
長井斉藤別当真守	長井斉藤別当実盛	長井斉藤別当真盛	長井斉藤別当	※長井斉藤別当実盛	斉藤氏	幡羅郡長井荘
同　三郎	同　三郎	同　真俊	同　三郎	同　三郎実員	同　上	同　上
[横山ニハ]	[児玉には]		[西には]	[横山に]		
悪二	悪次	悪次郎	日次悪次	悪次	横山党？	？
				悪五		
平山六二	平山	平山城大郎	平山	平山	西党	多摩郡平山
源五二郎		同　次郎				
熊谷ノ次郎直実		熊谷次郎直実			熊谷氏	大里郡熊谷郷
		久下権守			野与党	大里郡久下郷
榛沢六郎成清			丹治成清		丹党	（榛沢郡榛沢）
			榛沢丹六		丹党	同　上

アキハラト	粟飯原		粟飯原太郎	相原	横山党	相模国高座郡粟飯原郷
[猪俣ニハ]	[猪俣に]		[猪俣には]	[猪俣に]		
岡部ノ六郎	岡部六弥太	岡部六弥太	岡部六弥太	岡部六弥太	猪俣党	(榛沢郡岡部)経澄のこと
近平六	金平六	小平	金平六		猪俣党	猪俣金平六範綱のこと
河句(勾)三郎	河句三郎		河句三郎		猪俣党	(都筑郡河匂邑)
手墓ノ七郎	手科七郎		手薄加七郎			榛沢郡手墓村
[児玉ニハ]	[児玉ニ]		[児玉には]	[児玉に]		
庄ノ太郎			庄　太郎	庄の太郎	児玉党	児玉郡本荘
同　次郎	庄　次郎		同　三郎	同　次郎	同　上	同　上
	秩父武者		秩父武者		児玉党	
[村山ニハ]			[村山には]	[村山に]		
※金子十郎家忠	※(金子十郎家忠)	※金子十郎(家忠)	※金子十郎(家忠)	※金子十郎家忠	村山党	入間郡金子郷
		同　与一			村山党	(同　上)
※仙波ノ七郎	※(仙波七郎)	※仙波十郎(七郎)	仙波七郎	※仙波七郎	村山党	入間郡仙波
※山口六郎	※(山口六郎)	※山口六郎	山口六郎	※山口十郎	村山党	入間郡山口郷
[高家ニハ]	[高家には]		[高家]	[高家に]		
河越	河越	河越大郎	河越	河越	平姓秩父氏	入間郡河越荘
諸岡	諸岡		諸岡	諸岡	(平姓秩父氏)	久良郡諸岡郷
秩父武者				秩父武者	(同上)	秩父郡
畠山庄司重能 少山田別当重等		畠山庄司重能 小山田別当有重	畠山庄司重能 小山田別当有重	畠山庄司重能 小山田別当有重		「官軍勢汰へ幷びに主上三条殿に行幸の事」の他の箇所に見える武蔵武士

一覧表にしてみると、大凡共通するのは、一族ごとにまとめて記載され、最後に「高家」が見える点であるが、いくつかの特徴・疑問が見られる。以下、簡単にまとめる。

①全体を俯瞰すると、武蔵武士の表記には四種類ある。一つは名字だけ、二つ目は名字と通称、三つ目は名字・通称と実名、四つ目は通称だけである。このうち二つ目が一番多く、三つ目が次に位置する。

②冒頭は殆どは豊島四郎であるが、京図本だけ平山季重が記載され豊島四郎が二番目である。

③平山氏は、半井本以下の諸本の同位置に平山六二・平山等が見えており、平山季重は京図本だけに記載があり、系統を異にする氏族かもしれない。

④半井本の二番目に記載される安達四郎遠光は、他の諸本には記載がない。

⑤京図本には他の諸本に見える中条新五・同新六、成田太郎が記載されない。

⑥京図本には、他の諸本に見える「横山ニハ」「猪俣ニハ」「児玉ニハ」「村山ニハ」「高家ニハ」（以上半井本の記載を代表させた）等の所属する武士団等の記載がない。

⑦悪次の前に、半井本に「横山ニハ」、古活字本に「横山に」とあるが、鎌倉本は「児玉には」、金刀本は「西には」と所属する武士団の記載が異なる。

⑧半井本と京図本には熊谷直実が記載されるが、他の諸本には見えない。

⑨京図本にだけ、熊谷直実とセットで久下権守が記載される。

⑩京図本には、粟飯原（相原）氏が見えない。

⑪京図本と古活字本には、河勾・手墓両氏の記載がない。

⑫秩父武者の記載の位置が、半井本・古活字本では「高家ニハ」「高家に」にあり、鎌倉本と金刀本は「児玉ニ」「児玉には」にある。京図本には見えない。

⑬鎌倉本・京図本には、金子・仙波・山口等に「村山ニハ」等の記載がない。

⑭諸本の「高家」を比較すると、河越は共通するが、京図本だけに諸岡がなく、半井本・古活字本に秩父

武者がある。

以上の諸点について、すべてを検証することは難しいが、『保元物語』の他の箇所や他の史料に所見があるものについて確認してみたい。

①の三つ目（名字＋通称＋実名）の武士を挙げると、平山武者所季重・安達四郎遠光（足立遠元カ）・長井斉藤別当実盛・熊谷次郎直実・榛沢六郎成清・金子十郎家忠である。いずれも『平治物語』あるいは『平家物語』に登場して活躍する著名な武蔵武士である。このうち、『平治物語』『平家物語』に見えない武士は榛沢六郎成清だけである。『平治物語』には他の五人が三回登場し、これに岡部六弥太忠澄・猪俣金平六範綱の二人を加えた武蔵武士七人が同じ場面に登場する。『保元物語』にも、岡部六弥太・金平六（ともに猪俣党）として確認できる。金子家忠や斉藤実盛は、『保元物語』他の戦いの場面にも登場しており保元の乱に参戦したとみてよいであろうが、他の四人は後世付け加えられた人物と考えられ、榛沢成清を除く三人は『平治物語』の影響を受けた可能性もあろう。(2)

半井本と金刀本に見える榛沢成清は、畠山重忠の乳母で、元久二年（一二〇五）に重忠とともに討死をとげた。榛沢丹六とともに『平治物語』『平家物語』にも見えず、後世の付け加えと思われる。

②の豊島氏であるが、前九年合戦の際、源頼義が安倍貞任に敗れて主従七騎になった中に豊島恒家が見え、河内源氏の家人であった。(3) 豊島四郎については、『豊島・宮城文書』(4) 所載の系図には見えないが、『保元物語』の他の箇所にその活躍は見える。

③の平山氏について、京図本だけに見える平山季重は、『保元物語』の他の箇所には見えず、後世の付け加えと思われる。季重は、『平治物語』では源義朝の長男義平に従った、平重盛の軍勢との待賢門の戦いが有名であり、『平家物語』でも源義経に従って大活躍する様子が記載される。

④同様に、半井本の二番目に記載される安達四郎遠光は、他の諸本には記載がない。これも後世の付け加えと思われる。なお、「光」「元」の崩し字は似ており、足立遠元とも考えられるが、『保元物語』の他の箇所には見えない。

遠元は、『平治物語』では源義朝に従って活躍している。[5]

⑤⑥⑧⑨⑩⑪⑫⑭などから、京図本は他の諸写本とは異なる記載が多く見られ、逆に記載がない場合も見られる。京図本は、「本文や構成だけでなく文体にいたるまで他類と著しく異なる。」と評されており[6]、史実とは異なる可能性が大きい。

⑦については未詳である。

⑧⑨の熊谷直実は、永治元年（一一四一）直貞の次男として生まれたとされる。[7]この時十六歳である。『吾妻鏡』建久三年（一一九二）十一月二十五日条によれば、平家の時代に直実の姨母の夫である久下直光の代官として上洛したこともあり、源義朝に従って在洛することは可能性が低いように思う。注（2）参照。

⑫は、この「秩父武者」が誰を指すのか不明であるが、「党家系図（児玉党）」に、秩父重綱の養子となった行重の子に「平武者」を通称とする行弘が見える。[8]この人物とすれば、児玉秩父氏であり、半井本・古活字本は「秩父」という名字につられて「高家」に入れてしまったのであろう。

⑭に関しては、木村茂光の指摘がある。すなわち、「河越・諸岡」などと苗字だけで記される武士が非常に少ない点を挙げ、前年の大蔵合戦の際源義平に味方した畠山・小山田両氏や三浦氏が上洛、参加していない点を確認し、「高家」の部分はなんらかの理由で後で挿入されたものとして、保元の乱には河越氏は参加していなかったと判断している。[9]興味深い指摘である。

これに付け加えるならば、諸岡氏のことであろう。諸岡氏は武蔵国久良岐郡諸岡保（神奈川県横浜市港北区）を名字の地とする武士で、河越氏から分かれたとされる氏族である。系図によっては葛貫能隆の弟が称したとするものもあるが、これは考えにくい。大蔵合戦後、討たれた秩父重隆の子孫は逆境にあったと考えられ、武蔵守の管轄する保の領主になる可能性は低い。また、この系統が南武蔵に展開するのは、平治の乱後武蔵国が平清盛の知行国になってからであろう。とすれば、保元の乱の時点でこの諸岡氏は成立していなかった可能性が大きい。重隆の孫で能隆の子とされる河越重頼の弟重経から始まったと考えてよいと思う。

なお、「高家」とは「豪家」と同じ意味で、国語辞典によれば「家柄のよい家」「武家の名門、由緒正しい武家の家柄」という意味が該当しよう。(10)『平家物語』『源平盛衰記』などに見えている。(11)

かつて筆者は、武蔵武士を党的武士と高家に分けて記述されている点について、それは「秩父氏族が武蔵の武士団の中で秀でた存在であった。」と述べたことがある。(12)しかし、そんな単純なものではなかったようである。『保元物語』に関して言えば、もっとも古い原型は、承久の乱後〜十二世紀半ばに成立したとされており、『平治物語』『平家物語』や『吾妻鏡』の内容にも影響された可能性は高い。保元の乱・平治の乱そして源平合戦、源頼朝没後の幕府内部の政争など、武蔵武士は時の権力者の転変に翻弄されている。戦記物語の扱いは、今後も注意深く行わなければならないだろう。

注

(1)『保元物語六本対観表』(和泉書院、二〇〇四年十月)による。諸写本の解題は、同書の解説や『古典文学大系31　保元物語 平治物語』(岩波書店、一九六一年七月)の解説を参照されたい。

(2)安達四郎遠光(足立遠元ヵ)は半井本、平山武者所季重は京図本、熊谷次郎直実は半井本と京図本に見えるだけで、他の戦いの場面では確認できない。

(3)「源威集」(佐竹本)、『豊島氏編年史料Ⅰ』(豊島区立郷土資料館調査報告書第八集、一九九二年)。同書所収の「武州豊島郡平塚村上中里村平塚明神の社弁別当城官寺縁起」にも、後三年の役後、上洛する源義家・同義光兄弟を豊島氏が平塚城に迎え、鎧一領と十一面観音を拝領し家宝としたという伝承を載せる。この件は、金輪寺本「豊島系図」や豊島泰盈本「豊島系図」(『豊島・宮城文書』、豊島区立郷土資料館調査報告書第四集、一九八八年)の豊島近義の注記にも記載がある。

(4)豊島区立郷土資料館調査報告書第四集、一九八八年。

(5)足立遠元については、本書所収の拙稿「足立遠元と藤九郎盛長」「鎌倉時代の足立氏」及び「足立郡・埼玉郡の武蔵武士と伝承――さいたま市域を中心に――」(『さいたま市アーカイブスセンター紀要』一号、二〇一七年三月)を参照されたい。

(6)『保元物語　平治物語』(日本古典文学大系31、岩波書店、一九六一年)解題。

（7）『源平合戦辞典』熊谷直実項（菊池勇次郎筆）。
（8）「小代系図」には「秩父平武者」と注記する。木村茂光氏も秩父行弘に比定する（同「大蔵合戦前後の河越氏と河越荘」、河越館の会編『河越館の会シンポジウム報告書』、二〇一五年三月）。
（9）注（8）木村氏論考参照。
（10）『日本国語大辞典』（小学館、一九七四年）。
（11）『平家物語』には「わづかに廿余騎にぞなりにける。樋口次郎けふすでに宮こへ入と聞えしかば、党も豪家も七条・朱雀・四塚さまへ馳向」という記述があり、「党」（おそらく中小武士団）と比較する形で記述される。『源平盛衰記』にも、北条時政の言葉として「東八箇国には、党も高家も、大名小名君の御家人ならぬ者は候はず」、「都に近き近江国には勢多の橋、其流の末に、山城国には宇治橋、二の難所あり、定て橋は引ぬらん、…よき馬共を支度して、宇治・勢多を渡して高名あるべしとぞ被議ける。懸りければ、大名小名、党も高家も面々に其用意あり」、「秩父、足利、三浦、鎌倉、党も高家も、我も々々と打浸々々渡しけり、…是に続て、党も高家も力を得て、打浸し々々渡けり」、「義経の軍兵は、党も高家も雲霞の如して、我先々々と隙を有せず進けり」「此等を始として、高家には秩父、足利、三浦、鎌倉、武田、吉田、党には小沢、横山、児玉党、猪俣、野与、山口の者共、我も我も白旗さゝせて」、「是を見て、党も高家も面々に、轡を並て三千余騎、我先〳〵にと攻付たり」などと見える。
（12）拙著「武蔵国における知行国支配と武士団の動向」（『埼玉県史研究』一一号、一九八三年。のち一部を改稿して清水亮編『中世関東武士の研究第七巻　畠山重忠』所収、二〇一二年六月）。

第二部◉畠山流の興亡

大蔵合戦・畠山重忠の乱再考

菊池紳一

はじめに

畠山重忠については、貫達人『畠山重忠』(1)や清水亮編『シリーズ・中世関東武士の研究 第七巻 畠山重忠』(2)に掲載された諸論考に詳しい。菊池も「武蔵国留守所惣検校職の再検討――「吾妻鏡」を読み直す」(3)や「平姓秩父氏の性格――系図の検討を通して」(4)でも触れたことがある。

本稿では、畠山重忠の乱を検討し直すため、①『吾妻鏡』治承四年（一一八〇）八月二十六日条に見える「家督」を検討するとともに、②畠山氏一族の長（家長）について考え、ついで③畠山重忠は菅谷を本拠としていたのか、最後に④畠山重忠がなぜ二俣川を通って鎌倉に向かおうとしたのか考えてみたい。

なお、畠山重忠の乱については、前述の他、本郷和人『新・中世王権論』(5)、永井晋『鎌倉幕府の転換点「吾妻鏡」を読みなおす』(6)、石井進編著・別冊歴史読本『鎌倉と北条氏』(7)なども参照した。

なお、秩父重綱以前を秩父平氏、重綱が比企郡に移住した後、その子重弘・重隆の時期を平姓秩父氏と称する。また、秩父郡の故地（秩父の牧）は、婚姻関係（妻の実家）のある児玉の一族二人を養子にして管理を任せた。この系統が秩父の名字を継承するが、児玉秩父氏と称することにする。(8)

一、秩父家の家督

最初に課題①の秩父氏の「家督」について考えてみたい。『吾妻鏡』治承四年（一一八〇）八月二十六日条を掲出する。

◎廿六日丙午、武蔵国畠山次郎重忠、且為報平氏重恩、且為雪由比浦会稽、欲襲三浦之輩、仍相具当国党々、可来会之由、触遣河越太郎重頼、是重頼於秩父家、雖為次男流、相継家督、依従彼党等、及此儀云々、江戸太郎重長同与之、今日卯剋、此事風聞于三浦之間、一族悉以引籠于当所衣笠城、各張陣、東木戸口大手、次郎義澄・十郎義連、西木戸、和田太郎義盛・金田大夫頼次、中陣、長江太郎義景・大多和三郎義久等也、及辰剋、河越太郎重頼・中山次郎重実・江戸太郎重長、金子、村山輩已下数千騎攻来、義澄等雖相戦、昨由比戦、今両日合戦、力疲矢尽、臨半更捨城逃去、欲相具義明、義明云、吾為源家累代家人、幸逢于其貴種再興之秋也、盍喜之哉、所保已八旬有余也、計余算不幾、今投老命於武衛、欲募子孫之勲功、汝等急退去兮、可奉尋彼存亡、吾独残留于城郭、模多軍之勢、令見重頼云々、義澄以下涕泣雖失度、任命憖以離散訖、（下略）

これは、拙稿(9)で一度検討した条であるが、「秩父家」という別な角度から考えてみたい。ここに見える「家督」の意味については、以前拙稿(10)で説明したことがある。そこでは、

大蔵合戦後、「平姓秩父氏の家督」も変化していった。秩父重隆没後、秩父を称するのは、重綱の養子行重（秩父平太）・行高（秩父平四郎）の子孫であった。末子が秩父平氏の故地を継承したのである。それ以外の子孫は、各々の在地名を名字とし武蔵各地に進出していった。このうち聖地平沢寺・菅谷周辺を継承したのは、畠山重能、ついで重忠であった。河越氏や高山氏・江戸氏などがこの地を支配下に置いたとは考えにくい。一族意識は共有しても、各々対等な別の武士団として活動するようになったのではなかろうか。

すなわち、平姓秩父氏の家督は、重綱から重隆へ、大蔵合戦後、重能から重忠に継承されたと考えたい。重忠の滅亡が、小山田有重の子孫（稲毛・榛谷氏）との対立も一因であったことは周知のことであり、最後の「家督」重忠との一族内の対立も考慮する必要があろう。

と述べたが、その後「秩父家」を検討するにしたがって、その「家督」が存在したのか疑問が生じた。大蔵合戦後、平姓秩父氏は消滅し、畠山、河越、江戸、高山等の一族が分立したのである。各々が在地名を名字とすることがこれを暗示している。大蔵合戦以降、平姓秩父氏の聖地平沢寺・菅谷周辺を継承したのは大蔵合戦の勝者である畠山重能であり、これを引き継いだのはその子重忠であったと考えられる。河越氏や他の一族がこのあたりを継承したとは考えにくい。

源頼朝が鎌倉に幕府を開いた時に、畠山重能から子の重忠へ世代交代があったと考えられる。その契機は鎌倉

殿との主従関係という新しい枠組みであった。すなわち、畠山、河越、江戸、高山等の氏族は、各々鎌倉殿と主従関係を結び、御家人役を果たす存在になったのである。

次に、『吾妻鏡』における「〇〇家」という表記について確認しておきたい。「源家」や「平家」という表記は『吾妻鏡』に数多く見出すことができる。しかし、関東の武士の家名としては「〇〇家」という表記はほとんど見られない。特別な表現と言ってよいであろう。[11]『吾妻鏡』に見える「秩父」を苗字とする記述は、大きく二つに別けられる。ひとつは、平姓秩父氏の時代で秩父重綱、同重弘を指すもの、もうひとつは、重綱が鎌倉街道上道沿いの菅谷・平沢付近に移住後、秩父郡の本拠と秩父の苗字を引き継いだ重綱の養子行重・行高（重綱の妻の兄弟、児玉党の出身）の子孫を指す場合である。[12]すなわち、平安末期の大蔵合戦以後、「秩父家」（平姓秩父氏）は消滅したのである。以降、秩父氏を称するのは、秩父郡の故地を引き継いだ児玉秩父氏だけだったのである。

「家督」の意味については、以前拙稿で説明したことがある。国語辞書の意味としては、①「中世、一門、一族の首長のこと。棟梁。」、②「家を継ぐべき子。嫡子。惣領。あととり。家督相続人。」とある。このうち、早くから用いられたのは②の意味で、①の意味は十四世紀以降から使用されると考えられている。[13]そこで、この記事の内容と「吾妻鏡」の編纂が十三世紀末〜十四世紀初頭のことでもあり、この「家督」は①の意味と理解したい。とすれば、この記事は「秩父家」の正当な継承者は大蔵合戦の勝者である畠山氏ではなく、敗者である河越氏と主張するため、このような潤色が加えられたと考えられる。[14]

平姓秩父氏は、初代秩父重綱、二代秩父太郎大夫重弘、三代秩父二郎大夫重隆で途絶える。大蔵合戦後は畠山・河越・江戸・高山等の諸流に分かれ、それぞれが独立した動きを示すようになる。それぞれ武蔵国内や上野国に展開、盤踞し、勢力圏を広げつつ競合していた存在であったと考えてよかろう。

二、畠山流の家長

大蔵合戦の翌年、保元元年（一一五六）に京都で保元の乱が起きる。『保元物語』によれば、その時、畠山重能・小山田有重は上洛していなったという。[15]一方、河越氏は「高家」として上洛したことになっている。敗れた側の河越流が上洛し、勝った側の畠山・小山田氏が上洛できなかったのはなぜであろうか。また、相模国の三浦義明も上洛していなかったという。

秩父平氏から分かれた畠山・河越・江戸等の氏族の系図については、拙稿「平姓秩父氏の性格——系図の検討を通して」[16]で整理したことがある。この中で、「三、平姓秩父氏畠山流」について検討し、「1、重能の子孫」「3、有重の子孫」についても論究した。[17]ただ、見直すべき見解も出てきており、本稿で考えてみたい。

重能は、大蔵合戦の際、拙稿では「大蔵合戦で畠山重能は、源義平方に味方し、叔父の秩父重隆とその「養君」である源義賢を攻め滅ぼした。この戦いにおける重能の役割は、大蔵の北側を遮断すること、すなわち源義賢の勢力圏（西上野）からの援軍を防ぐことにあったと考えられる。」と述べたが、ただ、重能が実際に戦いに参加したとする『源平盛衰記』[18]の記事をどのように考えるかは一考の余地があろう。重能はこの戦いの中で、源義賢の子駒王丸（後の義仲）を斎藤実盛とともに逃がしており、重能の立場は微妙であったと考えられる。

ここで木村茂光「大蔵合戦前後の河越氏と河越荘」[19]の指摘が興味深い。それは、葛貫能隆・河越重頼父子の婚姻関係である。①能隆の女が児玉党の小代行平に嫁し、②重頼と比企尼の次女との間の女が秩父行俊（児玉秩父氏）に嫁して、児玉党との間に二重の婚姻関係を持っていたという点である。婚姻関係が武士の行動の要因の十分条件とは考えられないが、それぞれの武士に影響を与えた可能性が高いと思われるからである。課題は、この婚姻が大蔵合戦の前か後かによって意味が異なる点であろう。

まず、大蔵合戦当時の重頼の年齢を考えてみたい。重頼については、生年は未詳であるが、保元の乱に上洛したとすれば、十代半ば以降であったと思われる。但し、これは『保元物語』の記述を採用した場合で、確実性は低い。別な角度で検討してみたい。元暦元年（一一八四）、その女（伝承では郷御前、京姫とも言う）が在京する源義経に嫁いでいる。彼女の生年は不明であるが、嫁いだ時の年齢を十五〜二十歳と仮定すると、生年は永暦元年（一一六〇）〜永万元年（一一六五）になる。とすれば、彼女の生まれた時、父重頼が二十〜三十歳と仮定すると、その生年は天承元年（一一三一）〜久安元年（一一四五）となる。推定に推定を重ねたため、生没年に大きな幅があるが、大蔵合戦のあった久寿二年（一一五五）には、重頼は十〜二十五歳であったことになる。

結果、①は大蔵合戦の前か後か、両方の可能性があり、②は大蔵合戦後に婚姻関係を結んだことになる。①が同合戦の前だった場合、小代行平は源義平方に与しており、義平が大蔵館に奇襲をかけた際、その出発地となったのが行平の本拠小代郷であったという。[20]行平は、この婚姻関係に縛られず重隆に敵対したことになる。一方、①が同合戦の後だった場合、能隆と行平との間に和解が成立し、婚姻関係が結ばれたと考えられる。②は同合戦後のことであり、重綱後妻の兄弟である行重・行高兄弟は、重綱の養子となり、秩父氏（児玉秩父氏）を名乗って秩父郡の本領を継承しており、行重の孫行俊との婚姻は両者の絆を確認する意味があったと考えられる。[21]但し、「党家系図（児玉党）」の行俊の注記に「平治乱於中御門討死、廿五歳、」とあり、[22]年代的に重頼の女との婚姻には無理があるかもしれない。また、江戸重継の女は最初行俊に嫁ぎ、畠山重能に再嫁して重忠を生んでおり、[23]これも一族の絆を固める婚姻であった。

前述の拙著において、この合戦の背景に「ア、重隆と甥畠山重能、秩父行重・行高（義兄弟）との対立」と

「イ、鎌倉を中心に、南関東の武士団を勢力下に置き北上しつつあった源義朝・義平父子への対策」とがあることを示したが、前者（ア）については、大きな深刻な対立はなかった可能性があろう。大蔵合戦は、義平と義賢との対立が主であり、平姓秩父氏[24]との対立は従であった。すなわち、義平が大蔵館に奇襲をかけた時、大蔵館にいた重隆も討たれたと推定する。しかし、この戦いの結果は、平姓秩父氏内部の大きな対立は生まなかったと考える。

畠山流の場合、前述したように『保元物語』には重能・有重兄弟[25]がセットで記載されているが、『平家物語』『吾妻鏡』にも同様に二人セットで登場する。後者の場合、この兄弟は治承四年（一一八〇）七月に京都大番役を勤めるため上洛していた。二人は寿永二年（一一八三）まで帰国を許されず、平家の命により、木曽義仲軍の進軍を阻止するため北陸へ派遣され、加賀国篠原に陣して戦った[26]。その後二人とも関東に下向したようで[27]、有重については、『吾妻鏡』元暦元年（一一八四）六月十六日条に見え、源頼朝が一条忠頼を誅殺した時に、子の稲毛重成・榛谷重朝とともに御所で戦っている。一方、その後の重能の動向は不明である。おそらく、畠山氏の家督は重忠が嗣ぎ重能は畠山に隠居したのではなかろうか。

すでにこの時点では、鎌倉殿源頼朝との間に、畠山重忠とその叔父小山田有重は主従関係を結んだと考えられる。畠山重忠との一族意識はあったとしても、世代交代が進むと、その意識は薄れ、利害関係によってその関係は流動的になっていったと考えられる。以下、畠山重忠の乱に即して、その一族の動向を確認してみたい。

畠山重忠の乱の経緯は次のごとくである。その発端は元久元年（一二〇四）十一月四日に起きた、京都の平賀朝雅亭における酒宴の際の、亭主朝雅と重忠の子重保との間の口論（悪口）であったという。翌日重保とともに上洛した北条時政・後妻牧方の間の子政範が急病のため死亡した。この知らせは鎌倉に報告され、朝雅と重保との口論の件と共に鎌倉に届いた。これが伏線とされる。

翌年四月十一日、武蔵国の所領（稲毛庄カ）に隠居していた重忠の従兄弟稲毛入道重成が岳父北条時政に呼ばれ、重成は郎党を伴って鎌倉に参向した。『吾妻鏡』によれば、鎌倉に不穏な形勢があるとの噂が広がり、御家人たちが集まりはじめた。しかし、この騒ぎは静まり同五月三日には大半の御家人が帰国したと記す。

ここで人間関係を整理しておきたい。北条時政と先妻との間に生まれたのは、政子・義時・時房や畠山重忠の妻であり、後妻（牧方）との間に生まれたのが、政範（嫡子）と平賀朝雅の妻・稲毛重成の妻（稲毛女房）である。

同六月二十日、稲毛重成に招かれた重忠の子重保が鎌倉に入った。翌二十一日、牧方は朝雅の訴えを受け、重忠父子を誅すべきであると時政に訴えた。時政は子義時・時房兄弟にこれを相談するが、二人は故源頼朝以来の重忠の忠勤を訴え、謀反を起こすはずがないと反対し、時政は重ねて言葉が出なかったという。しかし、牧方の使者大岡時親が、「牧方に対し継母だから讒者にしようとしているのか、」と迫られ、しぶしぶ義時は重忠討伐に同意した。

鎌倉は、翌二十二日は早朝から大騒ぎとなった。謀反の輩を誅すべく先を争って軍兵が由比浜へ走った。その中に郎従三人を従えた重保もいた。そこで時政の命を受けた三浦義村は、佐久間太郎らに命じて重保を取り囲み、郎従ともども討ち取ったのである。

一方、鎌倉に向かいつつあった畠山重忠を討ち取るため、大軍が派遣され、二俣川で重忠以下畠山一族は討ち取られることになる。この時、重忠に従っていた一族郎党は、二男重秀、郎従本田近常・榛沢成清だけであり、畠山一族は、家督（家長）重忠を中心に、その兄弟と子の範囲であった。弟長野重清は信濃に、弟重宗は奥州にいたのである。

平姓秩父氏畠山流の姻戚関係(28)

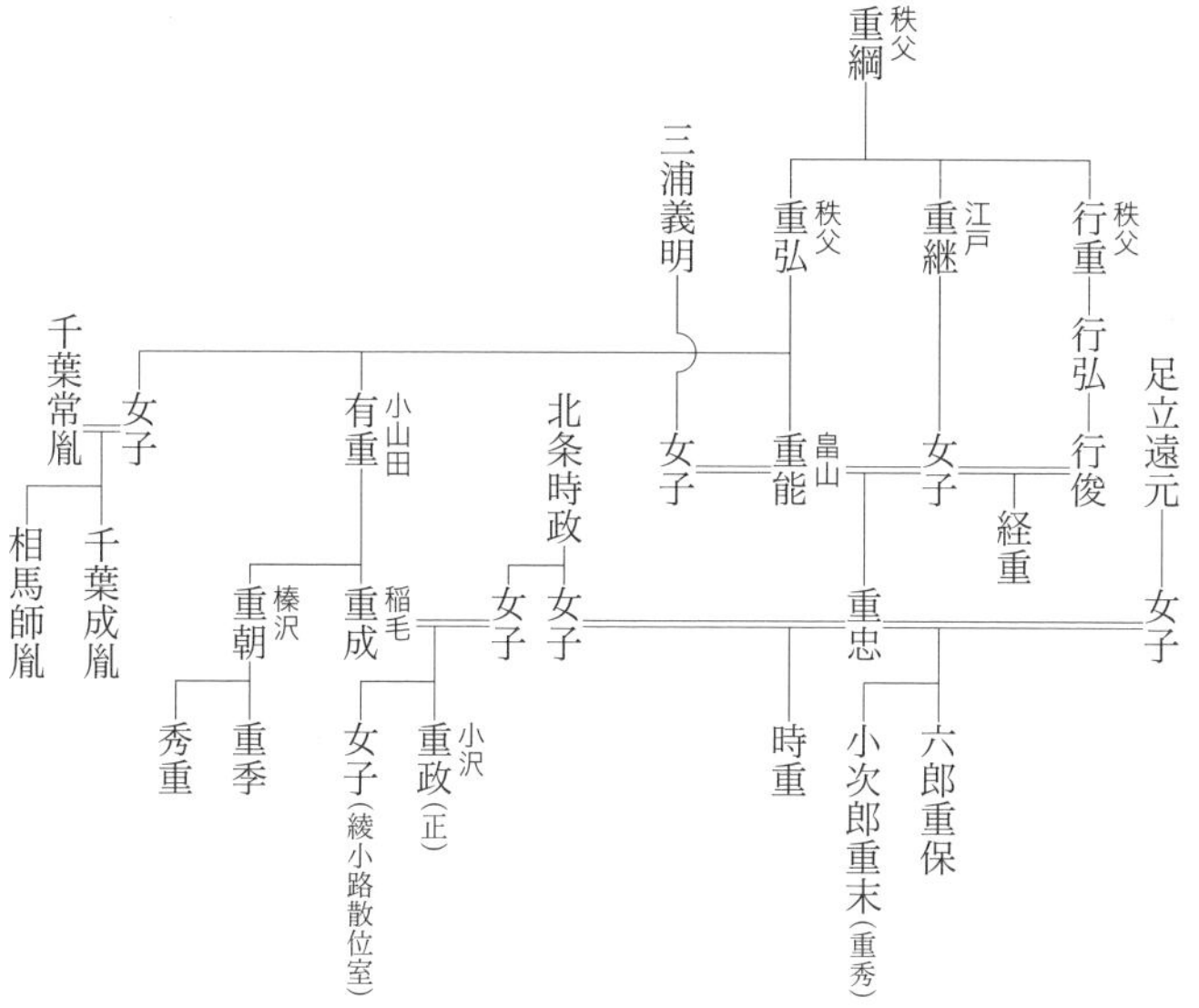

翌二十三日、親族の好を変じて畠山一族を滅亡させた稲毛重成の一族は、榛谷重朝、その嫡男重季・秀重父子は三浦義村に、重成・小沢重政父子は大河戸三郎・宇佐美与一に各々討たれている。この一族は故有重の子重成・重朝兄弟と各々の子が一族として認識されていたことを示している。

三、畠山氏と菅谷

次に本章では、畠山重忠は「菅谷」を本拠としていたのかというテーマを考えてみたい。確認であるが、畠山氏の名字の地は、武蔵国男衾郡畠山（現在の埼玉県深谷市畠山）である。この地について、「移住した秩父重綱は、畠山に長男重弘を置いた。ここは、荒河の河岸段丘の右岸にあたり、赤浜の渡河点の東にあたる。ここに立った時の印象では、鎌倉街道の東側にあたる要地で、個人的な感想では牧場として最適な場所に思えた。」と述べたことがある。(29)この重弘は、「秩父太郎大夫」を称しており、重綱の家督（跡継ぎ）であった。おそらく重綱在世時に早世したためか、弟の重隆が重綱の家督（跡継ぎ）となったのであろう。[30] 重隆が「秩父二郎大夫」と称していることからもこれは想定できよう。畠山の地を継承したのは、重弘の子の重能で、畠山庄司と称した。その子が重忠（畠山庄司次郎）である。重忠の伝承は畠山の地に集中しており、重忠と畠山の関係を暗示している。[31]

秩父重綱の本拠（菅谷・平沢一帯）は、次男重隆が継承したと考えられる。この重綱の本拠がどこにあったのかは、確定はできないようである。植木弘によれば、「菅谷館跡を中心とした半径二キロメートルほどの範囲（「武蔵嵐山」＝菅谷を中心とした地域）について、「重綱が経筒を埋納し、重忠の年代に阿弥陀堂と考えられる四面堂が建てられた平澤寺、重綱に家督を譲られた秩父重隆が源義賢を養君に迎えたとされる大蔵館跡がある。」と述べ、さらに秩父氏と縁の深い慈光寺の存在を挙げて、「武蔵嵐山の地は秩父平氏嫡流にとって各別な存在」と指摘している。植木は菅谷館が畠山重忠の居館であったことを前提としているが、「残念ながら畠山重忠の居館であったことを示す物証はない。」とも述べている。[32] ここで『吾妻鏡』に記載のある「菅谷」という地名の範囲を現在の大字の範囲に限定する必要もない。植木の言う「武蔵嵐山」≒「菅谷」の範囲と想定して、重綱の居館≒重忠の居館と考えることも可能であろう。

源義賢が討たれた大蔵館は、おそらく元は重隆の館であった。重綱は次子重隆を、交通の要衝である大蔵に配していた。重綱没後、重隆は、大蔵館からこの重綱の居館を継承して移ったのである。

岡陽一郎は、奥州藤原氏の平泉における衣河の位置付けを、「客人である両人（藤原基成・源義経）は平泉政権運営に大きく関与する反面、平泉藤原氏当主に匹敵する官位や血筋を持ち、特に義経に至っては自分自身の郎党をも抱えていることで、平泉藤原氏のイエ内部の秩序に収まらないどころか、それを脅かしかねない面を有していたことは見逃せない。そんな彼らが平泉に住み、平泉側の人士と日常的に交流したのでは、場合によっては従来からの秩序とは違う人間関係が生まれ、平泉藤原氏のイエを脅かす可能性もある。そこで平泉藤原氏は二人を衣河に住まわせ、平泉側の人間との接触を抑制し、あわせて二人が自分たちとは異なる集団の出身であることを、可視化することで人々に理解させたとしたい。」と述べている。衣河は、水陸交通の結節点であり、平泉とは衣川を挟んで相対し、この地区に政治拠点が置かれていた。(33)

大蔵は交通の要衝であり、「武蔵嵐山」とは都幾川を挟んで対岸に位置している点、衣河と似た要素を持っている。すなわち、重隆は「武蔵嵐山」の地ではなく、秩父氏以上の官位や血筋である源義賢を大蔵に招き、養君としたのである。大変興味深い。

大蔵合戦後、この「武蔵嵐山」の地は勝者側の畠山重能が継承したと考えるのが自然であろう。重隆の子能隆は葛貫、孫重頼は河越を名字としており、「秩父」という名字もこの地も継承してはいない。ただ、勝者は源義平であり、義平（義朝）がこの地を重能が継承することを認めたと考えてよいだろう。とすれば義平は何らかの上級領主権を留保していたとしても不思議はない。(34)

畠山重能の跡は子の重忠が継承したと考える。以下、畠山氏の名字の地畠山とこの「武蔵嵐山」はどのような関係であったのか、考えてみたい。

元暦元年（一一八四）以降の重忠の動向を見てみると、『吾妻鏡』の記事は半年に一度ほどではあるが、在鎌倉の御家人として、様々な行事に参加している様子が見て取れる。(35) 正治元年（一一九九）頃には鎌倉の屋敷は御所の南御門にあった。(36)

ところが、文治三年（一一八七）に事件が起きる。(37) 同年六月、重忠が地頭職を持つ所領伊勢国沼田御厨で、眼代内別当真正が員部大領家綱所従等の宅を追補し資財を没取するなどの濫妨をはたらいたのである。九月、そのために重忠は所領四ヶ所を没収され、囚人として千葉胤正に召預けられた。『吾妻鏡』の記述から考えるとこの時重忠は在鎌倉であったと思われる。囚人となった重忠は寝食を断ち、十月それを見かねた胤正の報告によって頼朝は重忠を召しだしこれを赦免した。重忠は謹慎するためか、その場から帰国している。その約一ヶ月半後の十一月十五日、梶原景時が「畠山次郎重忠、不犯重科之処、被召禁之条、称似被捨捐大功、引籠武蔵国菅谷館、欲発反逆之由風聞、而折節、一族悉以在国、緯已符合、争不被廻賢慮乎云々、」と訴えた。景時は重忠が菅谷館(38)に引き籠もっていると認識している。これに対し頼朝は、小山朝政・下河辺行平・結城朝光・三浦義澄・和田義盛等の有力御家人を集めて協議し、重忠の弓馬の友である行平が使者に指名され、武蔵国に向かった。十一月二十一日、行平は重忠を伴って鎌倉に戻った。行平の報告では、「去十七日向畠山館、相触子細於重忠、」と『吾妻鏡』にある。行平は「畠山館」に向かっている(39)。重忠の所在地について、景時の情報と行平の向かった場所が異なっていたことになる。畠山氏は、秩父氏の故地「武蔵嵐山」を継承してはいるが、名字の地畠山から移住したとは考えにくい。「畠山」という名字を変えていない点からも確認できよう。「武蔵嵐山」にあった「菅谷館」は畠山重忠にとってセカンドハウス(別宅)的な意味を持っていたのではなかろうか。

次に重忠の居所が分かる史料は、『吾妻鏡』元久二年(一二〇五)六月二十二日条である。そこには二俣川における合戦(重忠が討死する)が記載されており、「午剋各於武蔵国二俣河、相逢于重忠、重忠去十九日出小衾郡菅屋館、今着此沢也、」とある。この「小衾郡菅屋館」の解釈は難しい。というのも畠山は男衾郡にあり、菅谷は比企郡にあるからである。この「小衾郡」を誤記とする考え方が一般的であろうか。しかし、前述した立場に立てば、男衾郡の畠山館を出て、菅谷館を経て鎌倉に向かったと理解することもできよう。『吾妻鏡』は編纂物で

あり、編纂上のミスでこのような表記になったのではなかろうか。(40)

四、畠山重忠と二俣川

前章で重忠は、男衾郡の畠山館を出て、菅谷館を経て鎌倉に向かったと考えた。本章では、畠山重忠は何故二俣川を通って鎌倉に向かったのかを考えてみたい。

畠山重忠が、武蔵国から鎌倉に向かった記録としては二度知られている。一度目は治承四年（一一八〇）八月の平家方として源頼朝追討の時と、二度目は二俣川合戦の時である。別々に検討してみたい。

（一）治承四年の南下

『吾妻鏡』治承四年八月二十四日条には左記のように記載する。

廿四日甲辰（中略）三浦輩出城来于丸子河辺、自去夜相待暁天、欲参向之処、合戦已敗北之間、慮外馳帰、於其路次由井浦、与畠山次郎重忠数剋挑戦、多々良三郎重春幷郎従石井五郎等殞命、又重忠郎従五十余輩梟首之間、重忠退去、義澄以下又帰三浦、此間、上総権介広常弟金田小大夫頼次率七十余騎加義澄云々、

三浦輩が、源頼朝が石橋山で敗れたことを知り、丸子河（酒匂川）から三浦に帰陣する途中、畠山重忠と鎌倉の由井浦で遭遇戦になり、双方損失を出して重忠が軍を引いたと記されている。

この時の重忠の行動について、拙稿「秩父氏の諸流と源平争乱」(41)の中で次のように述べた。

当時武蔵国は平知盛の知行国であり、源頼朝挙兵の知らせは武蔵国府（目代）からそれぞれ国内の武士に伝えられ、軍勢催促が行われたと考えるのが自然であろう。重忠は、武蔵国軍の先発隊として南下し、由比浜で三浦一族と戦ったが敗れ、その二日後に河越・江戸氏や村山党・児玉党などの武蔵武士を中核とする本隊が到着して衣笠城攻めが行われたのである。村山党は入間郡、すなわち河越氏の勢力圏に分布する武士であり、河越氏に従って参戦した。畠山重忠が乳母子半沢成清以下、武蔵国北部の勢力下にある武士を率いていた。おそらくこの時期の秩父一族は、それぞれ武蔵国内に盤踞し、勢力圏を広げつつ競合していた存在であった。

この中で大事な視点が欠けていたと思う。それは、重忠が先陣として何を目的にどこに向かって進軍していたかという点である。重忠は、源頼朝の挙兵を受けてその追討のため組織された武蔵軍の先陣として南下してきたのであり、三浦氏を討つためではなかったのである。とすれば、武蔵国府（現東京都府中市）から、関戸で多摩川を渡河し、多摩丘陵を越えて、現在の町田市を経て、境川沿いを南下し藤沢に至り（以上、鎌倉街道上道）、西に方向を変えて進軍したと推定される。

この点について、今野慶信「相模武士と交通」(42)では「延慶本平家物語」を元に興味深い指摘をしている。すなわち、「三浦軍の後方には、平家方の畠山重忠が武蔵の党ノ者共、総勢五百余騎で金江河（金目川）に布陣していたので、兜の緒を締めて、小磯ケ原（現大磯町）を通過し、波打ち際を下って、畠山軍の金江河に接近した。」と。

重忠は西に向かって進軍していたのである。その後、三浦軍は浜沿いの道を三浦に向かい、これに気付いた畠山軍はこれを追撃したが、追いつけなかった。一方、和田義茂は「上ノ大道」を経て藤沢・梶原を経て化粧坂を越えて鎌倉に入った。さらに武蔵大路から六浦道に入り、犬懸谷から南下、釈迦堂谷を経て名越に出、由比が浜で畠山重忠と遭遇し戦いになった。この戦いは重忠の敗戦となり、退却した重忠は、後日武蔵国軍本体と合流し、三浦の衣笠城攻めにいたるのである。

（二）二俣川合戦

畠山重忠の本拠は武蔵国男衾郡畠山である。ここからどのようにして鎌倉に至ったかについては、『吾妻鏡』建久元年九月十六日条に「十六日丁卯、畠山次郎重忠自武蔵国参上、是為御上洛供奉也、」とあるぐらいで、具体的な史料は見いだせない。

おそらく畠山の西を通る鎌倉街道上道を鎌倉に向かったと推定されるだけである。略述すれば、鎌倉街道上道は、畠山の西、赤浜で荒川を渡河して南に向かう。前述の「武蔵嵐山」を西に見て都幾川を渡り、大蔵宿を経て山道を登り、笛吹峠を越えて南に向かう。重忠もこの道を通って鎌倉に向かい南下したと考えられる。武蔵国の国府があった府中を通り南下した重忠は、関戸で多摩川を渡河した。

ここで重忠が二俣川に向かうには二つのルートが考えられる。ひとつは、関戸の渡から南東に道を取り、現在の小沢城址の西を通る鎌倉街道を経て、狛江、市尾を経て鶴ヶ峰（二俣川）に向かった推定される。小沢郷は、畠山氏の一族小沢氏の本拠であった。もうひとつは、関戸の渡から多摩丘陵を越えて、現在の町田市本町田で上道から分かれ(43)、長津田を経て鶴ヶ峰（二俣川）に至る道である。このルートは畠山氏の一族小山田氏の本拠小山田保の東側を南下する。いずれにしても、二つのルートは鶴ヶ峰（二俣川）付近で合流する。この鶴ヶ峰が二俣川古戦場である。ここには、畠山重忠に関連する伝説が数多く残されている。(44) また、この地は榛谷御厨の西側に位置している。榛谷御厨もまた、畠山氏の一族榛谷氏の本拠であった。

一方、鎌倉方の対応を見てみよう。北条時政は、鎌倉に向かう途中の畠山重忠を、謀叛の罪で討つべく大軍を派遣する。大手の大将軍北条義時に従ったのは、先陣の葛西清重、後陣の堺常秀・大須賀胤信・国分胤通・相馬義胤・東重胤（以上千葉一族）、その他に足利義氏・小山朝政・三浦義村・三浦胤義・長沼宗政・結城朝光・宇都宮頼綱・八田知重・安達景盛・中条家長・中条苅田義季・狩野介入道・宇佐見祐茂・波多野忠綱・松田有経・土屋宗光・河越重時（次郎流）・河越重員（三郎流）・江戸忠重・渋河武者所・小野寺秀通・下河辺行平・薗田成朝の他、大井氏・品河氏・春日部氏・潮田氏・鹿島氏・小栗氏・行方氏、児玉党・横山党・金子党・村山党等で、中核は武蔵武士であった。これを見ても、重忠が武蔵武士を統括する存在（武蔵国留守所惣検校職）でなかったことは明白である。(45)

北条義時の率いる主力の通った道は『吾妻鏡』に記されていないが、「前後軍兵、如雲霞兮、列山満野、午刻各於武蔵国二俣河、相逢于重忠、」と記されており、鎌倉街道中道を北上したものと思われる。一方、北条時房・和田義盛の搦め手は、鎌倉街道上道を北上し、重忠の背後である多摩川の渡・関戸（多摩市関戸）に派遣されている。こうした経緯を見ると、幕府方（北条時政）は畠山重忠が鎌倉に至る道をあらかじめ把握していたことが確認できよう。幕府軍は用意周到に、重忠の後方、多摩川の渡である武蔵国関戸渡を押さえる方途をとった。

畠山重忠の進んだ道は、重忠に敵対する小沢氏や小山田氏の本拠であり、そこからの注進があったのかもしれない。しかし、この道は重忠が普段が鎌倉に参上する際に使用した道だったと考えられる。とすれば、重忠は二保川からどのようにして鎌倉に入ったのであろうか。この時期、小袋坂（巨福呂坂）の切通や亀谷（亀ヶ谷坂）の切通は開通していなかった。山内道・朝比奈切通が整備されるのは執権北条泰時の時代である。

江戸時代に称された鎌倉七口を前提に考えれば、化粧坂か朝比奈切通を通ったと考えるのが普通であろう。しかし、前者は、二俣川から横浜市旭区と戸塚区の境界（武蔵国と相模国の境界）を南方に越えて相模国山内庄内に入る。(46)ここから同庄内を縦貫し化粧坂に至るのはかなりの迂回路となる。上道の藤沢を経由するほうが近いであろう。後者は、帷子川沿いに沿って下流に向かい、途中和田義盛の信仰したと伝える稲荷社のある保土ケ谷区和田町（近世の和田村）付近を経て帷子（保土ヶ谷区、中世の帷子郷、臼田氏の所領）で鎌倉街道下道に合流する、これもかなりの迂回と思われるが、どちらかというとこの可能性が高いと思う。

ここで仮説（菊池私案）を提示したい。鎌倉七口を前提とはせずに、別な鎌倉への入り口があったとして考えてみたい。それは、二階堂の奥、のちの永福寺の北からの山越えルートである。永福寺は、鶴岡八幡宮や勝長寿院と並んで源頼朝が建立した寺院である。頼朝は、文治五年（一一八九）の奥州合戦の際にみずから実見した中尊寺の二階大堂（大長寿院）を模して、源義経・藤原泰衡をはじめとする数万の怨霊の鎮魂のため、建立した寺院である。現在、永福寺跡周辺の地名が「二階堂」というのも、この二階建ての建物が由来である。畠山重忠も永福寺建立には協力し、重忠に関わる伝説も残されている。(47)

永福寺が鎌倉の入り口に位置していれば、鎌倉に入る峠から永福寺が見下ろせ、北から鎌倉に入る御家人や旅人に、永福寺の威容が目に焼き付くことになったのではなかろうか。また、杉本城に至ると、釈迦堂谷の切り通しを経て名越に至ることができる。三浦氏にとっても重要な道筋になると思う。

畠山重忠は、二俣川から武蔵・相模両国の国境沿いを南下し、この山を越えて鎌倉に入れば、御所の東側からその前を通過し、まもなく南御門にあった自邸に着くことができたのである。

まとめにかえて

最後に各章の結論をまとめておきたい。
①『吾妻鏡』治承四年（一一八〇）八月二十六日条「家督」の検討。
大蔵合戦後、「秩父家」（平姓秩父氏）の家督は消滅し、畠山・河越・江戸・高山等の諸流に分かれ、独立した動きを示すようになった。
②畠山氏一族の長（家長）について。
大蔵合戦において、源義賢と同義平の対立が主であり、平姓秩父氏内部の対立は従であった。畠山重能・小山田有重兄弟の世代は共に行動しているが、その子の世代では、鎌倉殿（源頼朝）との主従関係は個々に結ばれ、婚姻関係の影響もあって、畠山氏と小山田氏系は対立を深めた。
③畠山重忠は菅谷を本拠としていたのか。
大蔵合戦前において、「武蔵嵐山」は秩父重隆が継承しており、大蔵に源義賢を養君として迎えた。合戦後、「武蔵嵐山」の地は畠山重能が継承したが、本拠は畠山に置いていた。その子重忠は、父同様、本拠は畠山に置き、「武蔵嵐山」は別宅としていた。
④畠山重忠がなぜ二俣川を通って鎌倉に向かったのか。
二俣川から鎌倉に至る道筋を考えると、鎌倉街道下道から朝比奈切通を経て行ったと思われるが、私案では武

蔵・相模両国の国境沿いを南下し、永福寺の北から入った可能性を推定した。
畠山重忠については、検討したい論点がまだまだ存在する。今後も検討を重ねたいと思う。

注

（1）吉川弘文館〈人物叢書〉、初版一九六二年。
（2）戎光祥出版、二〇一二年。
（3）『鎌倉遺文研究』二五号、二〇一〇年四月。同趣旨の拙稿に「武蔵国留守所惣検校職の再検討」（『秩父平氏の盛衰――畠山重忠と葛西清重――』、勉誠出版、二〇一二年）がある。参照されたい。
（4）『埼玉地方史』六六号、二〇一二年十一月。
（5）新人物往来社、二〇〇四年。
（6）日本放送出版協会、二〇〇〇年。
（7）「畠山重忠」項（菊池紳一、六五～六八頁）、新人物往来社。
（8）拙稿「平姓秩父氏の性格――系図の検討を通して」（注（4））。
（9）前述の拙稿「武蔵国留守所惣検校職の再検討――『吾妻鏡』を読み直す」。河越氏が秩父家の家督で、武蔵国内の武士を従えていたという記事は、『平家物語』『源平盛衰記』には見えず、『吾妻鏡』だけに見られるもので、この『吾妻鏡』の記事では、河越氏が「家督」で秩父氏の正統な継承者であると記述しているが、なぜ「家督」を「惣検校職」と記述しなかったのか、武蔵国留守所惣検校職が当時存在しなかった可能性を暗示する。なお、木村茂光「大蔵合戦再考――一二世紀武蔵国の北と南――」（『府中市郷土の森博物館紀要』、二〇一三年三月）の4で、「これまでの研究は留守所総検校職と秩父氏の家督を一体のものと考え過ぎていたように思う。」「源平内乱期には留守所検校職は形骸化（廃れていた）と考えざるを得ない。」「すなわち、源平内乱期の秩父氏の家督は河越氏・畠山氏・江戸氏など一族の間で移動していると言わざるを得ない。」「秩父氏の家督は河越氏・畠山氏のなかで問題になっているのは留守所総検校職の継承ではなく、秩父氏の家督をめぐる問題だったのである。」などと指摘している。木村氏は、この「秩父家の家督」が、どのように誰が決めたのか、どのような権限を持ったのかなどには触れていない。江戸重長の場合は、源頼朝が指名したように読めるが、検討を要する課題である。また、北条泰時の時代に見える武蔵国留守所惣検校職は、譲状によって継承されること、武蔵守（武蔵国の国務沙汰を掌握する、知行国主あるいは目代等）によって承認をうけること等も参考になるかもしれない。また、河越氏内部の問題ではあるが、二郎流ではなく三郎流が武蔵国留守所惣検校職に任命された点も検討課題であろう。三郎流は得宗被官と考えられ、その存在は鎌倉時代後半（十四世紀初め）まで確認できるが、南北朝時代には二郎流が家督となっている。

(10) 前述の「平姓秩父氏の性格——系図の検討を通して——」（注（4））。

(11) ちなみに『吾妻鏡』には「秩父氏」という表記も見られない。

(12) 『吾妻鏡』に見える「秩父」を名字とする記載は左記の通りである。

	『吾妻鑑』年月日	平姓秩父氏	児玉秩父氏	その他
1	寿永元年八月十八日条	秩父大夫重弘女		
2	元暦元年二月五日条		秩父武者四郎行綱	
3	元暦元年二月七日条			※秩父（之輩）
4	文治四年三月十五日条	秩父三郎重清（畠山重忠弟長野重清のこと）		
5	建久元年十一月七日条		秩父平太	
6	承元四年五月十一日条			※秩父（家）
7	承久三年六月十八日条		秩父平次五郎 秩父次郎太郎	

8	嘉禄二年四月十日条	秩父出羽権守（重綱）		
9	寛喜二年閏一月二十六日条			※秩父（家）
10	寛喜三年四月二十日条	秩父権守重綱		
11	嘉禎四年二月十七日条		秩父左衛門太郎	
12	建長六年一月四日条		秩父弥五郎	

※印を付した3・6・9については、所謂「秩父家」とも考えられる。3は一ノ谷合戦の記事で、「其後蒲冠者幷足利・秩父・三浦・鎌倉之輩等競来」と「秩父」「鎌倉」という当時の武士の名字ではない表記で記載があり、おそらく秩父一族・鎌倉一族という意味であろう。6は朝廷からの要請で「本所滝口」に伺候するよう命じられた氏族（御家人）で、「小山・千葉・三浦・秩父・伊東・宇佐美・後藤・葛西以下家々十三流奉之云々」とある。9も院宣によって「滝口」に伺候するよう命じられた滝口伺候の経歴を持つ氏族（御家人）で、「小山・下河辺・千葉・秩父・三浦・鎌倉・宇都宮・氏家・伊東・波多野、此家々可進子息一人之旨、今日被仰下」とある。傍線の五氏は二つの記事に共通に見られるので、重複を除くと十二流になる。「十三流」とあるが、残りの一氏族は未詳である。米谷豊之祐「滝口武士考序説――特に十二世紀後期における様態――」（『大阪城南女子短期大学紀要』九号、一九七四年九月）に記載される十二世紀後期の滝口武士には、ここに見える氏族が見えず、別な氏族が所見することはどのように考えればよいのであろうか。例えば、米谷氏は山内首藤俊通・俊綱父子をあげるが、『吾妻鏡』には見えない。とすれば、氏家氏の祖公頼や下河辺氏の祖行平が源頼朝と同時代の人物であり、前記十三流は源頼朝の時代のこととも考えられるが、「秩父」「鎌倉」という当時の武士の苗字ではない記載がある。小山氏あるいは千葉氏、三浦氏等の家伝が反映された記事とも推定されるが、今後の研究を待ちたい。

(13) 高橋秀樹「「家」研究の現在」（高橋秀樹編『婚姻と教育』所収、二〇一四年九月、竹林舎『生活と文化の歴史

学』四）。高橋秀樹もこの記事を「河越氏の正統性を主張する言説が原史料として利用され、編纂の際に用語の書き換えが行われたのだろう。」と指摘する。

(14) 注（3）拙稿及び注（4）拙稿参照。（この時の武蔵国軍の動きについては、後者を第四章第一節で引用したので参照されたい。）

これを補強すると、治承三年に駿河国は平宗盛の知行国であり、その目代橘遠茂が駿河国軍の中心となって軍勢を動かしている。平知盛の知行国であった武蔵国も同様の動きをしたと考えてよいであろう。

東国の混乱時において、各国の情勢が各知行国から京都の知行国主を通して京都へ情報が伝達されていたことは、安房国とその知行国主藤原経房（『山槐記』治承四年十月七日条）、越後国とその知行国主藤原光隆（『玉葉』養和元年七月一日条）、伊豆国とその知行国主平時忠（『玉葉』治承四年九月三日条）等の例からも知られる。京都にいる知行国主は各々の知行国の状況を知り得る情報網を持っていたのである。武蔵国だけ、武士が自主的に行動を起こしたとは考えにくい。

また、平清盛の命で関東に下向した大庭景親の行動も考慮して検討しなければなるまい。

(15) 『保元物語』。保元の乱に敗れた後の源為朝の言葉として、「是よりいそぎ東国へ御下向あつて、今度の合戦に参向候はぬ三浦介義明・畠山庄司重能・小山田別当有重なんどを召寄て仰合られ」とある。木村茂光「大蔵合戦後の河越氏と河越荘」（河越館の会『河越館の会シンポジウム報告書』、二〇一五年三月）では、「大蔵合戦が秩父平氏、敗者の重隆・能隆だけでなく勝者の畠山氏らに与えた打撃と混乱は並大抵のものではなかったと考えられる。」と述べるが、相模国の三浦義明も上洛していなかった点を含めて考える必要があろう。

(16) 注（4）に同じ。

(17) 前述拙稿に置いて「1、重能の子孫」「3、重能・重忠の姻戚関係」「2、有重の子孫」としたが、誤植があり「1、重能の子孫」「2、重能・重忠の姻戚関係」「3、有重の子孫」と訂正したい。

(18) 「近は御舎兄悪源太殿［源義平］、上野国大蔵の館にて、多古の先生殿［源義賢］を攻られける時、父の［畠山］庄司重能、又此旗を差て即攻落し奉り候ぬ。」とある（［　］内は筆写注）。『源平盛衰記』（国民文庫、古谷知新、国民文庫刊行会、一九一〇年）による。底本は内閣文庫蔵慶長古活字本及び古本系の古活字版という。

(19) 河越の会編『河越館の会シンポジウム報告書』（二〇一五年三月）所収。

（20）前述拙稿において、小代宗妙（伊重）置文写の一部を引用した後に、「この記述の中で注目されるのは、「悪源太殿」（源義平）が「伯父帯刀ノ先生殿」（源義賢）を討った時、小代郷に屋形を造って拠点としたことである。小代郷は大蔵の東南にあり、大蔵と同じ都幾川の下流右岸に位置し、直線距離にして約六㎞程度のきわめて近い場所である。この記述から、源義平は、小代郷に屋形を建てここを拠点として大蔵攻めを敢行したしたことがうかがわれ、大蔵の隙をねらって急襲したことが想定される。」と述べた。また、関幸彦編『武蔵武士団』（吉川弘文館、二〇一四年）所収、拙稿「秩父氏の諸流と源平争乱」も参照されたい。

（21）木村茂光「大蔵合戦と秩父一族」（『初期鎌倉政権の政治史』、二〇一一年）では、『新編武蔵国風土記稿』によって、行重の孫行俊が葛貫に住み、隣村の宿谷を開発したという伝承を紹介している。

（22）『新編埼玉県史別編４　年表・系図』（埼玉県、一九九一年）所収。

（23）拙稿「平姓秩父氏の性格――系図の検討を通して」（注（４））を参照されたい。

（24）拙稿「平姓秩父氏の性格――系図の検討を通して」（注（４））を参照されたい。「「平姓秩父氏」という文言を、秩父重綱の子孫（畠山・河越・高山・江戸等）に限定して、狭義で使用することとする。」と規定した。

（25）この二人は、諸系図では兄弟として見える（拙稿「平姓秩父氏の性格――系図の検討を通して」（注（４））を参照）。但し、峰岸純夫「鎌倉悪源太と大蔵合戦」（『三浦古文化』四三号、一九八八年、のち岡田清一編『河越氏の研究』、名著出版会、二〇〇三年所収）の秩父・児玉両氏関係系図では、①重能の父重広の注記に「秩父九郎大夫」とし、②有重を重能の叔父（重広の兄弟）に記載する。この系図には、「武蔵七党（有道氏）桓武平氏諸流系図（中条敦氏所蔵）、児玉系図（小代文書所収）により作成」と注記があるが、桓武平氏諸流系図を確認すると、重広の注記は「秩父太郎大夫」であり、有重は重能の兄弟に記載される。前記①②は何を根拠にしたか不明である。この系図は、木村茂光「大蔵合戦と秩父一族――源平内乱期武蔵国の政治情勢――」（『中世内乱史研究』一四号、一九九三年、のち岡田清一編『河越氏の研究』、名著出版会、二〇〇三年所収）の秩父・児玉両氏関係系図にそのまま継承され、同「一二世紀前半の武蔵国の政治情勢と村山氏」（『初期鎌倉政権の政治史』、同成社中世史選書11、二〇一一年十月）の秩父氏略系図にも継承されている（注記に「注20峰岸純夫論文所収の「秩父氏系図」と豊島泰盈本「豊島氏系図」『豊島宮城文書』から作成」とある）。また最近刊行された木村茂光著『頼朝と街道　鎌倉政権の東国支配』（吉川弘文館、二〇一六年十月）にも後者の秩父氏略系図が転載されている。峰岸・木村両氏は影響力の大きい方であり、前記①②の根拠を示していただきたい。
(26)『平家物語』。重能・有重が在京していたことは、『吾妻鏡』治承四年九月二十八日条、治元年（一一八五）七月七日条等に見える。
(27)『吾妻鏡』文治元年（一一八五）七月七日条によれば、在京する宇都宮朝綱及び畠山重能・小山田有重兄弟が関東下向を希望した時、平宗盛はこれを許さなかったが、平家の家人平貞能が間に入り宗盛を宥めて関東に下向し源頼朝軍に加わったという。朝綱は、寿永元年（一一八二）八月十三日条（頼家生誕の記事）に在鎌倉が確認できるが、重能・有重はすぐには下向しなかったようで、北陸の合戦に加わっている。
(28) 拙稿「平姓秩父氏の性格――系図の検討を通して」（『埼玉地方史』）より転載し、加筆した。
(29) 注（28）拙稿参照。
(30) 似たような事例は、相模国の三浦氏にも見られる。三浦義明の長子は義宗で、彼は杉本太郎と称している。「延慶本平家物語」や『系図纂要』によると、長寛元年（一一六三）の秋に、安房国長狭城を攻めた際に負傷し、三浦に帰った後、その傷がもとで没した。時に三十九歳であったという。この時長子義盛は十七歳（久安三年〈一一四七〉生と伝える）であった。結果、次子義澄が義明の家督（跡継ぎ）となっている。
(31) 山野龍太郎「畠山重忠伝承」（北条氏研究会編『武蔵武士を歩く　重忠・直実のふるさと　埼玉の史跡』、二〇一五年一月、勉誠出版）、落合義明「秩父平氏の本拠を探る」（『秩父平氏の盛衰――畠山重忠と葛西清重――』所収、二〇一二年五月、勉誠出版）参照。
(32) 植木弘「秩父氏の聖地――武蔵嵐山」（『秩父平氏の盛衰――畠山重忠と葛西清重――』所収、二〇一二年五月、勉誠出版）参照。
(33) 岡陽一郎「境界と貴人　武士論あるいは都市論」（藤原良章編『中世人の軌跡を歩く』、高志書院、二〇一四年）、同「秀衡の確信」（柳原敏明『東北の中世史一　平泉の光芒』、吉川弘文館、二〇一五年）。
(34) 植木氏は、「文治四年（一一八八）七月、平澤寺院主に僧永寛が補任されたのをどのように解釈するかが一つの問題となる。」と指摘しているが、これは、頼朝がこの上級領主権（補任権か進止権）を行使したとみればよいのではなかろうか。
(35) 左記のように、この時期は「馴京都之輩」として、音楽に長じた人物として登場する。

①元暦元年六月一日　平頼盛の帰洛にあたり、源頼朝餞別の宴を催す。「馴京都之輩」として召される。
②元暦元年十一月六日　鶴岡八幡宮の神楽が行われ、頼朝参詣。別当坊で郢曲が行われ、重忠今様を歌う。
③文治元年十月二十四日　勝長寿院供養。重忠先陣の随兵の筆頭として従う。
④文治二年四月八日　源頼朝夫妻鶴岡八幡宮参詣。静の舞を見る。重忠銅拍子を勤める。

(36)「吾妻鏡」正治元年五月七日条。

(37) 以下の叙述は「吾妻鏡」による。

(38) この地は、重能が継承した「武蔵嵐山」内にある居館（重綱・重隆の旧居館かそれを継承する館）と考える。

(39)「吾妻鏡」における館・宅・家等の表記は、「御家人名＋地名＋家等」と地名がなく「御家人名＋家等」とする場合が多いが、後者は名字だけの場合は少なく、通称を記載する場合が多い。「地名＋家等」の場合は前後で誰の「家等」か分かる場合である。「畠山館」はこれに該当する。『吾妻鏡地名寺社名等総覧』（勉誠出版、二〇一五年六月）付録「御家人宅等」参照。

(40) この点は本書所収の川島優美子「鎌倉街道をめぐる武蔵武士と鎌倉幕府――関渡と地域開発――」も関説している、参照されたい。

(41) 関幸彦編『武蔵武士団』（吉川弘文館、二〇一四年三月）第一章。

(42)『馬の博物館研究紀要』一九号（二〇一四年四月）。

(43) 上道は、現在の町田市本町田から南に向かい、境川沿い（瀬谷が原）を南下し藤沢に向かう。鎌倉街道については、拙稿「鎌倉街道と「いざ鎌倉」」（福田豊彦・関幸彦編『「鎌倉」の時代』（山川出版社、二〇一五年一月）参照。

(44) 本書所収の久保田和彦「鎌倉御家人畠山重忠と二俣川合戦」を参照されたい。

(45) 拙稿「武蔵国留守所惣検校職の再検討――「吾妻鏡」を読み直す」（『鎌倉遺文研究』二五号、二〇一〇年四月）参照。この時武蔵武士は北条時政の指揮下にあった。

(46) 山内庄は、後白河院領の荘園で、源頼朝が挙兵した際、山内首藤経俊は平氏側につき、没収されて関東御領となった。現地の支配権は、土肥実平に与えられたが、和田合戦で実平の孫惟平が和田方につき敗北したため、北条義時が支配した。以降、北条得宗家の支配下に置かれた（『講座日本荘園史5　東北・関東・東海地方の荘園』（吉川弘文館、一九九〇年五月）。泰時により山内道（巨福呂坂切通）が整備され、泰時の常楽寺、時頼の建長寺、

（47）時宗の円覚寺などが建立されている。
『吾妻鏡』建久三年（一一九二）六月十三日条によれば、源頼朝が新造御堂（永福寺）に渡り、重忠以下御家人数人が梁棟を引く姿を見て感動したことが記されている。また、同九月十一日・十三日条によれば、頼朝の見る前で、二階堂前の池石を重忠以下の御家人が静玄の指示に従って安置したことが記されている。

❖コラム…

大蔵合戦の記憶

永井　晋

一、大蔵合戦の歴史的背景

久寿二年八月十六日、武蔵国比企郡の大蔵館で、源義賢と秩父重隆が源義朝の長子悪源太義平によって攻め滅ぼされた。大蔵合戦である。

この合戦は、想定外の後白河天皇即位によって京都の政局の緊張が高まっているなかで、河内源氏の内訌と、武蔵国で勢力を拡大する平姓秩父氏の内訌が絡まって起きた私合戦として報告されている。大蔵合戦は保元の乱に影響を与えた前哨戦という政治史的な位置づけが重視されているが、この合戦によって生じた対立関係は治承寿永の内乱に持ち越され、反平氏政権の兵を挙げた東国の諸勢力の動向に大きな影響を与えている。一地方の合戦ではあるが、その後の歴史に大きな影響を与える伏線となる事件なので、本稿では治承寿永の内乱の時に大蔵合戦がどのように語られたかを見ていくことにしよう。

大蔵合戦そのものに関する研究は、峰岸純夫「鎌倉悪源太と大蔵合戦」（『三浦古文化』四三号、一九八八年）がひとつの到達点といえる。その後、河内源氏の状況については元木泰雄「源義朝論」（『古代文化』五四—六号、二〇〇二年）、秩父一族の動向については徳田由一「『平家物語』諸本にみえる畠山庄司重能」（『国語国文』六九—五号、二〇〇〇年）や菊池紳一「平姓秩父氏の性格——系図の検討を通して」（『埼玉地方史』六六号、二〇一二年）、木村茂光「大蔵合戦再考」（府中市）『郷土の森博物館紀要』二六号、二〇一三年）などの研究によって、合戦の当事者となった人々や家の抱える事情が次第に明らかにされてきている。

それらを整理して、最大公約数的な理解を提示すると、次のようになる。

源義朝は為義の長子で、坂東では摂関家領荘園の荘官から協力的な立場を取り付けて勢力を拡大した。上洛にあたり、義朝は長子義平に鎌倉を中心とした勢力圏の維持拡大を託した。京都で鳥羽院に仕えるようになった義朝は、鳥羽院の殿上人に列する南家の藤原季範女を正室に迎え、鳥羽院政派の武家として立場を明確にしていった。

一方、源為義が嫡子に指名した義賢は、仕事上の失敗で近衛天皇の春宮帯刀先生を解任され[1]、信濃国に下向した後、多胡氏に迎えられて上野国に進出した。義賢は多胡庄を拠点に南上野・北武蔵に勢力を伸ばしていった。その頃、秩父盆地から比企丘陵に勢力を伸ばしていた平姓秩父氏の秩父重隆は、義賢を婿君に迎え、大蔵館に招いた。摂関家に仕える為義の子として坂東に根付こうとする義賢は、崇徳上皇・藤原頼長側の武家と見なされていた。義朝と義賢は、鳥羽院政派と崇徳上皇派の対立という京都の権力抗争の中で、異なる派閥に属したとみなされていた。代理戦争という峰岸氏の解釈は、ここからうまれる。

平姓秩父氏は、天仁元年の浅間山大噴火以後に開発領主として勢力を拡大させ、嵐山町平沢に寺院（持仏堂）を久安四年以前に建立した。十二世紀前半に武蔵国西部で急速に勢力を拡大させた家なので、領主として成立した個々の家は自立性が高く、惣領を中心とした一族の結びつきは緩やかなものであった。秩父一族の惣領が武蔵国留守所を主導する「武蔵国留守所惣検校職」の地位に就いていたという『吾妻鏡』の記録は、鎌倉時代中期にこの地位を確保した河越氏の伝承を遡及して語り伝えたものを採録した可能性がある。この時期の秩父一族は、一族としての結合とそれぞれの家の自立性が相反する力として作用する流動的な状況にあったのであろう[2]。

この事件とは本質的に無関係であるが、たまたまその場所に居合わせてしまったが故に、木曾義仲を落ち延びさせる役割を果たしたのが斎藤実盛である[3]。

この事件が起きた時、京都の人々は後白河天皇即位に向けた多忙な日程をこなしていた。美福門院が養子に迎えた守仁親王を春宮として立太子したことで、後白河天皇の立場が近衛天皇から二条天皇につなぐ中継ぎの役割であることが明らかになった。皇位継承の道を閉ざされた崇徳上皇側が、どのように動くかが政局の流れを決める鍵である。藤原頼長の日記『台記』や『百錬抄』に記載のあることから、大蔵合戦の情報が京都に伝わっていたことは確かである。ただ、京都の人々は皇位継承問題に意識が集中しており、地方の騒乱は黙殺された。

以上が、この事件の要旨である。京都の人々は鳥羽院政派と崇徳上皇支持派の確執に関心が向いていたので、武蔵国で起きた事件には無関心であった。しかし、河内源氏の分裂は決定的なものとなり、為義派・義朝派・中立の三勢力に分かれることになった。また、この分裂は次の世代に持ち越され、二十年後の治承寿永の内乱における東国の諸勢力の動向に影響を与えることになる。京都で黙殺された大蔵合戦が、『平家物語』に登場する東国の武家によって語られるのは、当事者となった人々にとって忘れがたい記憶として、語り継がれたためである。

本稿は、『平家物語』の諸本で語られる大蔵合戦を、語る人と語られる場面から考えていくことで、この合戦が治承寿永の内乱にどのような影響を与えていくのかを明らかにしたいと考えている。

二、同時代の記録と『平家物語』

はじめに、京都に届けられた合戦の報告を確認しておこう。『台記』久寿二年八月二十七日条には「或人、□□□□源義賢、為兄下野守義朝之子、於武蔵国被殺」と記されている。ここには、合戦の経緯も原因も記されていない。十月十三日条には、「伝聞、下野守源義朝承　院宣、為討前左衛門尉源頼賢、下向信濃国云々、義賢与頼賢成親子之約、而義賢為義朝子被殺、頼賢為報其仇、去月逃信濃国、遂侵凌院御荘、故使義朝討之」と続報が伝わっている。弟の頼賢が義賢の子となる約束をしていたので、仇討ちのために信濃国に下向したが、院領荘園を荒らしたことから源義朝に対して追捕の命令を下されたというのである。軍勢を集めるに際し、院領荘園に不法侵入や兵粮の徴発を行ったことが、追捕の理由となっている。源義朝に対して追捕の命令を下したことから、鳥羽院は義朝と為義の関係を回復不可能なまでに決裂させようと考えていたことが推測される。

『台記』から現場で起きたことは明らかにならないが、『平家物語』諸本で大蔵合戦を語るのは、事件の当事者やその縁者なので、現場で起きたことが伝わってくる。場面は、畠山重忠の源頼朝参陣、木曾義仲の挙兵、斎藤別当実盛の最期を伝える三ヶ所である。以下、読本系『平家物語』の中でも鎌倉時代に成立した延慶本に、木曾義仲や北陸の武者について詳しく記す長門本、玉石混淆の集成本『源平盛衰記』、語り物系の覚一本を適宜参照することで叙述を進めていこう。

三、斎藤別当実盛の判断

久寿二年八月十六日、武蔵国比企郡の大蔵館には源義賢・駒王丸（義仲幼名）・秩父重隆がいた。重隆の子能隆は不在だったと推測されている。この日以前に、畠山重忠の父重能は源義平に味方して武蔵国畠山庄から比企郡の菅谷に進出し、後に鎌倉街道上道に代わる古代の官道を北側から封鎖して北武蔵や上野国南部に居る義賢の郎党との連絡を断ち、義賢の郎党や好意的な勢力の動きを封じる場所を占めていた。また、源義朝の長子悪源太義平は、児玉党小代氏の岡の屋敷に進出していた(4)。合戦の日、畠山重能は菅谷から都幾川を渡河して大蔵に攻め込み、悪源太義平は比企丘陵から平野部に開けた東側に面する小代氏館から、大蔵館に攻め込んだと推測される。この合戦では、遊女と伝えられる木曾義仲の母が駒王丸を連れて脱出に成功するが、これは唯一の退路である比企丘陵を南側に上って笛吹峠にいたる道（後の鎌倉街道上道）を南下する方向に向かったと考えてよいだろう。比企丘陵を越えれば、重隆の本拠地河越（埼玉県川越市）や大蔵合戦後に拠点を移した葛貫（埼玉県入間市）がある。この展開をみると、源義平は畠山重能と日時などを約束した上で急襲をかけたとみてよいのだろう。

合戦に勝利した義平は、畠山重能に駒王丸の捜索を命じて、鎌倉に帰還する。重能は首尾よく駒王丸を発見するが、義平の命に背いて駒王丸を殺さず、折良く、京都から武蔵国長井庄に帰る斎藤別当実盛と遭遇し、駒王丸を落とすように託している。事情を知らない斎藤実盛は街道を通って武蔵国府から北上していたのであろうから、大蔵館に移ってきて土地勘のない義仲の母も一時身を潜めた後に河越をめざしてを南下していたと推測される。

斎藤実盛の所領武蔵国長井庄（埼玉県熊谷市、旧妻沼町）から、後に木曾義仲最期の日まで行動を共にすることになる那波弘澄の本領上野国那波郡（群馬県伊勢崎市）まで遠くはない。『平家物語』は、那波氏に対して「今参り」という呼び方をしないので、義賢の代から仕えた重代の郎党と推定してよい。重能が実盛と遭ったのは偶然であろうが、実盛なら安全に義賢の勢力圏に落とせると判断したと考えたことは間違いないであろう。ただ、実盛が上野国の多胡氏や那波氏ではなく、信濃国の中原兼遠に預けるとは予想もしていなかったであろう。

畠山重能が駒王丸を助けたのは、武蔵国畠山庄で生きていく以上は、武蔵国の豪族庄氏をはじめとした義賢の旧臣と境を接していくことになるためである。彼らから復讐の対象と見られることは、畠山家を危険に陥れる要因となる。義平に与して大蔵館を襲ったものの、その責任は総大将である義平にあり、重能は軍勢催促に応じただけという立場を取りたかったのであろう。重能は源義賢を婿君と迎えることで勢力拡大をはかる惣領秩父重隆を除けばよいので、河内源氏の内訌にまで深入りしたくないというのが駒王丸を見逃した理由と考えられる。

斎藤実盛の立場で考えれば、駒王丸を那波一族に預ければ、多胡氏・那波氏が保護して養育することは間違いないが、静かにしているとは考えないだろう。すぐに動くか、駒王丸の成長を待ってから動くかは判断つかないが、いずれは秩父一族の中から味方を見つけて報復の戦いを起こすことが予想される。斎藤家が名のある武者として誇りをもつのであれば、駒王丸を助けた恩人として、義仲の側に居ないわけにはいかない。『平家物語』諸本が語る斎藤実盛最期の一段を思いおこす必要がある。実盛が義仲を保護したのは幼少期の短い期間であるが、義仲は生涯の知己と考えている。

『源平盛衰記』は七日間に及ぶ熟考の上、実盛の決断で信濃国の中原兼遠に預けたと伝える。中原氏は、木曾谷を含む信濃国南西部の豪族である。木曾谷から東山道を西に抜ければ、摂津源氏が親しくする美濃源氏の土岐氏や、源仲正の縁者美濃国池田郡司紀氏・頼政の一族山県氏の勢力圏に出る。実盛は、義仲が東に勢力を伸ばして坂東に出てくる可能性の低い保護者として、中原兼遠を選んだ可能性が高い。畠山重能との約束も守り、斎藤家の安全を考えた上での判断と考えてよいだろう。

四、畠山重忠の詭弁

延慶本『平家物語』の中で、畠山重忠は源頼朝のもとに帰順するにあたって、頼朝とのつながりを強調するために大蔵合戦を先例としてあげている。

畠山重忠は、治承四年の源頼朝挙兵で、頼朝の軍勢が下総国から武蔵国に入った時に、帰順している。その時に源氏の白旗を掲げて参陣した理由を次のように説明する。

延慶本『平家物語』第二末「畠山兵衛佐殿へ参ル事」

（前略）次ニ旗ノ事ハ、御前祖八幡殿、武衡家衡ヲ追討セサセ給候シ時、重忠ガ四代ノ祖父、秩父十郎武綱初参シテ、此旗ヲ指テ御共仕テ、先陣ヲカケ、即彼武衡ヲ追討セラレニキ、近ハ御舎兄悪源太殿、多胡先生殿ヲ大倉ノ館ニテ攻ラレシ時ノ軍ニ、重忠ガ父、此旗ヲ指テ、即時ニ討落シ候ニキ、源氏ノ御為、旁重代相伝ノ御悦也、（後略）

畠山重忠は、源頼朝との結びつきを説明するにあたり、先祖秩父武綱が八幡太郎義家のもとに初参した事、大蔵合戦で父重能が頼朝の兄義平に味方したことをあげている。

これに先立つ小坪合戦・衣笠城合戦では、畠山氏は一族の惣領河越重頼に軍勢催促を依頼して源頼朝に味方した三浦氏と戦い、三浦介義明を討っている。源頼朝の挙兵を反乱として追討する合戦を既に行ったので、この参陣が簡単に認められるとは考えていなかったであろう。重忠の交渉の凄みは、その弱みを見せず、通常の参陣で頼朝の陣営に入ろうとしたことである。(5)

大蔵合戦を先例としてあげなければならないのは、畠山氏が保元・平治の乱に参加していないためである。『保元物語』の「為義降参ノ事」には、「今度ノ軍ニ上リ合ヌ義明・畠山庄司重能・小山田別当有重ヲ」と重能の在国が明記されている。『平治物語』には、義朝の陣営に加わった武者を列記するに畠山氏の名前は出てこない。徳田氏が指摘するように、源頼朝と畠山氏との関係は重忠の参陣によって再設定されたと考えてよい。重忠は大蔵合戦を家の例としてあげるが、『平治物語』「待賢門の軍の事」では「十五の年、武蔵国大蔵の城の合戦に、伯父帯刀先生義賢を手にかけて討ちしよりこのかた、度々の軍に一度も不覚せず」と、義平は己の武勲として大蔵合戦を語っている。源頼朝の判断としても、大蔵合戦の主体は義平であり、畠山氏は義平の要請に応じて出陣した与党である。

畠山氏の動向を順を追って整理すると、大蔵合戦で悪源太義平に付き、保元・平治の乱は在国していて京都の政変に関与せず、平氏一門が武蔵国の知行国主・国守を務めた時代には平氏の家人となり、頼朝挙兵以後は、京都に居て平氏家人として活動する畠山重能と武蔵国に在国して源頼朝に属する畠山重忠に分かれたという流れになる。

畠山重忠は源頼朝との接点を持っておらず、秩父武綱以来代々源氏に仕えた重代の家人という大変な詭弁を使い、重代の家人として出陣したと訴えた。大蔵合戦を先例として持ち出さなければならない程、重忠と頼朝との関係は希薄なのである。にも拘わらず、重忠はその話を強引に押し通し、降参ではなく、参陣の手続きで頼朝の傘下に入ろうとした。頼朝もまた、三浦氏に恨みを忘れて畠山氏と向かい合うよう言い含め、畠山氏の参陣を認めた(6)。

畠山重忠が許されたのを確認した追討側の人々は、源家とのつながりを主張して次々と参陣した。『吾妻鏡』は、石橋山合戦で大庭景親に与した武士の十人に一人が処罰されただけだったと記す。源頼朝が畠山重忠の発言を詭弁と知りつつも容認したことで、源家重代の家人を主張する武士は参陣を認める先例を開いたのである。

五、斎藤実盛の最期

延慶本『平家物語』で大蔵合戦が語られる第二の場面が、第三本「木曾義仲成長スル事」である。中立的な延慶本や木曾義仲の勢力圏であった北陸の説話を多く載せる長門本系の写本は木曾義仲に対して好意的な標目をたてるが、『源平盛衰記』などは「木曾謀叛事」の標目をたてる。いずれにせよ、義仲の誕生から挙兵までを語る一段であり、『平家物語』が大蔵合戦の時の義仲の年齢を二歳と数える(7)ことは共通している。この一段に、帯刀先生義賢の上野国多胡庄下向、秩父重隆の婿君となって大蔵館に入る経緯、義仲が大蔵館を脱出して中原兼遠に庇護されるまでの経緯が記されている。

この一段に限らず、『平家物語』の義仲関係説話は、義仲の目線で語られるものが多い。これは、生き残った義仲の縁者や旧部下が話者となって語り継いだ説話を収録したためと思われる。たとえば、木曾義仲の上野国進出から最期の日まで行動を共にした多胡家包（兼）は、義仲の軍勢を包囲して逃すまいとする源範頼の軍勢の中から知り合いだから討たずに捕らえよと声があがり、多くの敵に囲まれて取り押さえられた(8)。多胡氏が所領に在国する御家人として残ったことは、承久の乱の合戦交名にみえる多胡宗内(9)、元亨三年六月二十日付の鎌倉将軍家から称名寺への寄進状に見える多胡平内左衛門尉氏家(10)など、多胡を名字とする人々が鎌倉幕府の御家人として残ったことからもうかがえる。木曾義仲に対して好意的に語る説話は、このような生き残りの人々が語り継いだものと考えてよいだろう。

斎藤別当実盛が、京都から武蔵国長井庄に戻る道中で大蔵合戦に遭遇してしまった部外者であることは既に述べた。実盛が義仲を信濃国に落とす話は『源平盛衰記』に見えるが、諸本に共通して見える斎藤実盛最期の説話は、実盛が義仲を幼少の時から知っていたことを伝える。文章表現の操作によって内容に変化が生じていても、実盛が乳飲み子の義仲を保護したことは間違いなく、『源平盛衰記』の表現「送り遣わす」は護衛を附けて送り届けたことを意味している。義仲が終生の恩人として斎藤実盛を重んじるのは、実盛が大蔵合戦の後で匿って育て、中原兼遠のもとに届けたことを生涯忘れなかったことを示している。

木曾義仲が斎藤実盛をどう考えていたかは、次の一段に表れている。

『源平盛衰記』巻第二十九「真盛被討、付朱買臣錦袴並新豊県翁事」

親父帯刀先生をば悪源太義平が討たりける時、義仲は二歳に成けるを、畠山に仰て、尋出して必失べしと伝へたりけるに、如何が稚者に刀を立んとて、我は不知由にて、情深く此斎藤別当が許へ遣して養へと云ければ、請取養はんとしけるが、七箇日置て、東国は皆源氏の家人也、我人に憑まれて此児を養立ざらんも人ならず、育おかんもあたりいぶせしと案じなして、木曾へ遣しける志、偏に真盛が恩にあり、

この文章は、義仲が実盛に対して抱く思いを伝えているとみてよいだろう。大蔵合戦当時の源義朝の勢力圏の北端はまさに小代（埼玉県東松山市）であり、上野国との境とな

る長井庄（埼玉県熊谷市）までは及んでいない。畠山重能と源義平との関係が河越氏（秩父氏惣領家）を潰すための一時的なものとしか考えられない以上、義仲を実盛に託した重能がそれを理由に斎藤氏を討つとは考えられない。斎藤実盛は、「中にも武蔵国住人長井斎藤別当実盛は、本加賀国の者にて、今度は殊に勇て下けり」(11)と北陸道追討使の武将として出陣したように、長井庄を重代相伝の所領としていない。武者として武勇は知られていても、武蔵国の中での地縁的なつながりは薄かったとみてよいだろう。寿永二年の北陸道合戦で、斎藤実盛は出陣する。実盛は平維盛の家人であり、越前斎藤の一族であることから、地元の事情に通じた人物として必要とされたと推測してよいだろう。

延慶本『平家物語』第三末「実盛打死スル事」では、篠原合戦に出陣した木曾義仲の配下信濃国住人手塚太郎光盛が名乗りを上げて実盛に挑もうとするのに対し、「ワギミヲサグルニハアラズ、思様アレバ名乗リハスマジ」と、実盛は貴殿を見下しているのではなく、名乗れない事情があるのだと伝えている。長門本は実盛の軍勢を三百騎、手塚光盛の軍勢を二百五十騎と伝える。ただ、平氏方の敗勢は明らかであり、実盛の軍勢から多くの者が落ちていったので、実盛一人が残ることになったと孤立した理由を伝える。武装から名のある武者と判断している光盛はなんとか名前を聞き出そうとするが、実盛は「木曾殿ハ御覧ジ、知リタラム」と、義仲なら覚えているから名乗らなくても心配はないと応じた。実盛は、義仲の身近にいる人々なら自分を恩人として迎えるであろうことを知っていたので、実盛と気づかない手塚光盛を都合のよい相手と考えたであろう。実盛の他にも、大庭景親の弟俣野景久・伊東祐親の子祐清など、名のある武者として誇りを持つが故に篠原を死に場所と考えた東国の武者がいたことを『平家物語』諸本は伝える。篠原合戦から実盛の最期と続く物語は、頼朝・義仲の挙兵に始まる東国の動乱を生き延びた坂東の平氏家人がここを死に場所と考えて戦ったことを伝える。実盛は、それを象徴する人物である。

手塚光盛が実盛の首を持って義仲の前で披露した時、義仲とその周囲の人々は実盛の昔語りをはじめ、涙する場面に展開していく。そこでは、斎藤実盛は生まれ故郷である北陸に出陣すること、そこで義仲と戦うこと、六十を越える老齢であることを侮られないように墨で白髪を染めていたこと、生きて帰れないことを考えて、身分相応の地方豪族の武装ではなく、一軍の将にふさわしい甲冑で出陣することを平宗盛に申し出て許されたことなど、義仲達が知り得ない情報も説明に加えられている。それらは、大蔵合戦で木曾義仲を助けた縁が、斎藤実盛に北陸の戦場が死ぬのにふさわしい場所と考えさせた理由となったことを伝える。

篠原合戦に敗れた後、平氏は木曾義仲の進撃を止められず、都落ちをする。京都を離れる時、平宗盛は平氏に最後まで従おうと都落ちに加わろうとする畠山重能に対し、汝の身は共にあっても心は故郷にあると暇を出す。[12] この時、宇都宮朝綱も共に暇を給わっているが、『吾妻鏡』には重能の名前は出てこない。重忠が既に中核となって働いているため、武蔵国に戻っても隠棲の扱いになったと推測してよいのであろう。

同じ頃、小松家では、平維盛が妻に対して新たな夫を迎えることを勧め、嫡子六代を京都に残すことにした。六代を守るため、斎藤実盛の子宗貞・宗光に京都に残ることを命じた。この兄弟は、六代が北条時政に捕らえられ鎌倉に護送される時も側を離れずに従ったことから、六代を預かることになった神護寺の文覚上人は、この兄弟もあわせて養うことにした。六代が成長して出家を遂げ、山伏として回国の修行に出る時、この兄弟も同行したと長門本『平家物語』は記している。これが、斎藤兄弟について記した最後の記述となる。[13]

大蔵合戦が東国の人々に影響を与えた最大のものは、頼朝と義仲の間に横たわり続けた相互不信だと推測している。しかし、両者の間には、上野国をどちらの勢力圏に組み込むかという実効支配の領域をめぐる問題、義仲に与しようとした志太義広を頼朝に属する小山朝政が討った野木宮合戦をはじめ、複雑な問題がいくつもある。この問題は大きすぎて扱えないので、本稿では大蔵合戦が大きな影響を与えた人々のみを扱った。

畠山氏は、源頼朝との関係を説明する家の歴史の一コマとして大蔵合戦を利用した。畠山重忠が鎌倉幕府の有力御家人として地位を確かなものとし、当事者の畠山重能が世代交代で退いたことで重忠は頼朝の重代の家人と主張できるようになった。本来、合戦とは無関係であるはずの斎藤実盛は、平氏の家人という立場を最後まで守り、かつ、木曾義仲の前で恥ずかしくない最期を遂げるべく準備をして寿永二年の北陸道の合戦を戦い、死んでいった。義仲との関係は実盛の子供たちには引き継がれず、実盛の子供達は平維盛に命じられた六代御前を守ることに力を尽くし、姿を消していった。

注

（1）『古今著聞集』闘諍　第二十四「一　滝口源備宮道惟則闘諍の事」は、義賢失職の原因となった事件を伝える。

（2）武蔵国留守所惣検校職については、岡田清一「武蔵国留守所惣検校職について――執権北条政治体制成立史の一駒」（『学習院史学』一一号、一九七四年）。それに対して、菊池紳一「武蔵国留守所惣検校職の再検討――『吾妻鏡』を読み直す」（『鎌倉遺文研究』二五号、二〇一〇年）で、河越氏が秩父氏の惣領であることを示すために潤色した資料を提出し、それを『吾妻鏡』が採録したことの反映として現在の記事があると述べている。

（3）斎藤別当実盛の関与は、『源平盛衰記』巻第二十六「木曾謀叛事」にみえる。この説話は、寿永二年の篠原合戦で斎藤実盛の首実検が行われた際に再び語られることになる。『源平盛衰記』は、実盛が義仲を落とす先を迷った末に決めたら郎党を護衛に付けて信濃国に送ったと記すが、延慶本『平家物語』第三末「実盛打死スル事」では、幼い義仲を一年養った後に中原兼遠のもとに送ったので、義仲は実盛の顔を覚えているという前提で物語りが展開していく。大蔵合戦での偶然の出会い、実盛の保護、篠原合戦での悲劇の再会という物語の展開の骨子は揺るがないと考えてよいだろう。

（4）小代氏の岡の屋敷は、石井進「武士の置文と系図」（『鎌倉武士の実像』平凡社選書、一九八七年）で、解説されている。この館は、埼玉県教育委員会編『埼玉の中世城館跡』（同、一九八八年）で所在地が比定されていないので、推定地不明である。

（5）拙稿「平家は当時一旦の恩、佐殿は相伝四代の君なり――榛沢成清の一言」（『埼玉県史研究』三二号、一九九七年、『畠山重忠』シリーズ・中世関東武士の研究　第七巻、戎光祥出版、二〇一二年に再録）。

（6）『吾妻鏡』治承四年九月十日条。ただし、畠山氏と三浦氏との和解が源頼朝の面子を重んじた表面的なものであったことは、野口実「鎌倉武士と報復――畠山重忠と二俣川の合戦」(『古代文化』五四―六号、二〇〇二年、『畠山重忠』シリーズ・中世関東武士の研究　第七巻、戎光祥出版、二〇一二年に再録)に詳しい。

(7)『吾妻鏡』治承四年九月七日条は「三歳嬰児」と記述する。どちらが正しいかは、確定できない。

(8)延慶本『平家物語』第五本「義仲都落ル事、付義仲被討事」。

(9)『吾妻鏡』承久三年六月十八日条

(10)『金沢文庫古文書』五三二五号

(11)『源平盛衰記』巻第二十八「源氏追討使事」。ただ、延慶本『平家物語』は実盛を「越前国住人」で「近年所領ニ付キテ武蔵国ニ居住ツカマツル」と記している。越前斎藤の一族で、武蔵国長井庄を所領として得て下向したことで、本領とするようになったと見るのがよいのであろう。

(12)延慶本『平家物語』第三末「筑後守貞能都へ帰リ登ル事」。

(13)延慶本『平家物語』第三末「惟盛与妻子余波惜事」・長門本『平家物語』巻第十九「六代御前御事」・長門本『平家物語』第十九「志太三郎先生義憲自害事」。

鎌倉御家人畠山重忠と二俣川合戦

久保田和彦

はじめに

鎌倉武士の典型とされる畠山重忠は、長寛二年（一一六四）に武蔵国男衾郡畠山［現埼玉県大里郡川本町］を根本私領とした畠山庄司重能の嫡男として生まれた。母は相模国の三浦大介義明の娘である。幼名は氏王丸、通称は庄司次郎。重忠は鎌倉御家人・武蔵武士の典型とされた。畠山氏は桓武平氏良文流の流れをくむ秩父氏の一族で、国衙の在庁官人を務め、広大な秩父牧も掌握する武蔵国の有力な豪族で、同族には河越・江戸・河崎・小山田・稲毛・榛谷の諸氏がいる。(1)

治承四年（一一八〇）八月、源頼朝が伊豆で挙兵すると、重忠は平家方として三浦氏と戦うが、その後まもなく頼朝に仕え、源平合戦や奥州合戦で大活躍したことが『吾妻鏡』に記録されている。その人物は実直で思いやり深く、また怪力の持ち主と伝えられる一方で、音曲にも秀でているなど、豊かなエピソードをもっている。

重忠は元久二年（一二〇五）六月、幕府内部の勢力争いにまき込まれ、北条時政の陰謀により、四十二歳の若さで、武蔵国都築郡二俣川で非業の最期を遂げる。本稿は、鎌倉御家人・武蔵武士の典型とされた畠山重忠の人物像を、横浜市旭区二俣川地域に残された重忠の遺跡を中心に紹介してみたい。(2)

一、畠山重忠の系譜と故郷

畠山氏は、桓武平氏の流れをくむ秩父氏の一族である。桓武平氏の系図は多数あるが、代表的な系図は『尊卑分脈・諸家大系図』(3)である。本書は、正二位権大納言洞院公定が諸氏の系図を集成・編集したもので、永和三年（一三七七）一月〜応永二年（一三九五）三月の間に成立し、古記録・古文書など他の確実な史料によって裏づけられる記載が多いとされる。また、年未詳『佐野本系図』(4)によると、秩父氏は古代末期、武蔵国の各地に独立的地域支配を実現した同族的武士団である。桓武平氏平良文の孫将常は武蔵権守となり、秩父郡中村郷に本拠を置き、秩父盆地一帯を開発して秩父氏を称した。その子武基は秩父牧の別当となり、さらに武基の孫重綱以来、秩父氏は代々武蔵国惣検校職を務めたという。(5)畠山氏は秩父氏の一族で、秩父権守重綱の孫重能が武蔵国男衾郡畠山荘の開発領主となり、畠山庄司を称したことに始まる。

埼玉県大里郡川本町には重忠が誕生したと伝えられる畠山館跡があり、現在も「重忠産湯の井」と呼ばれる古井戸や伝重忠墓を始めとする六基の五輪塔が残されている。江戸時代末に編纂された『新編武蔵風土記稿』(6)巻二二四の畠山村には「畠山次郎重忠墓」が立項され、「観音堂の後にあり。宝暦一三年（一七六三）住持光龍が再造する所なり。碑面に重忠廟と題す。此碑の左右に五輪の塔二基あり。是も畠山氏の族の墓なるにや。古色甚しくして、文字は皆読べからず。按に重忠が元久二年に討死せし後、かの後室再嫁し、後の夫義純其遺跡を領し、ことに当寺は重忠中興の故をもって、ここに墳墓を造りしは拠なしとせず。」と記述されている。

畠山館跡から北西五〇〇mには、白田山観音院満福寺という新義真言宗豊山派の寺がある。平安時代の開基で、畠山重忠が寿永年間（一一八二〜八五）に再興し、自ら菩提寺としたと伝えられる。現在の建物は江戸期以降のものであり、境内には板碑などが遺されている。満福寺の北には井椋神社が鎮座し、畠山氏の進出時に、現秩父郡吉田町にある椋神社（式内社）を勧請したと伝えられる。椋神社は代々秩父の守り神として尊敬され、畠山氏の守護神であった。

また、『新編武蔵風土記稿』巻一九五の菅谷村には、重忠の居館跡とされる「古城蹟」が立項され、「凡三丁四方の地にして、南の一方は都幾川をもて要害とし、其余の三方は堀ありて、所々に堤の形残れり。其内は総て陸田となりたれど、今も本丸・二丸・三丸等の名あり。」と記されている。菅谷館跡は埼玉県のほぼ中央、都幾川の左岸、鎌倉街道に近い比企丘陵の台地上に築かれた畠山重忠の居館跡で、戦国時代に数回にわたり拡張・整備され、五郭の縄張りとなった。現在の堀・土塁などの遺構は、戦国時代の城跡のものである。畠山重忠は、地元の人々から「しげただdescribed」と呼ばれて長い間尊敬され、その館跡も大切に保存されてきたのである。

二、畠山重忠と源平合戦

平清盛が全盛を極める治承四年（一一八〇）八月、源頼朝が伊豆で平家打倒の兵を挙げた。当時、平家に仕えていた畠山重忠は、河越重頼・江戸重長ら秩父一族とともに、源氏に味方した相模国三浦氏の居城衣笠城を攻撃し落城させた。三浦氏は重忠の母の実家であり、この合戦で重忠の祖父三浦義明が討死している。

源頼朝が房総を平定し武蔵国に入ると、重忠も頼朝に従うことを決意。以後、相模入国の先陣をつとめ、木曽義仲や平家の追討に大活躍する。義仲との宇治川合戦では、重忠が雪解け水で増水した宇治川を徒歩で渡っていると、味方の大串重親がしがみついてきたので、重親を向こう岸に投げたといわれ、重忠の怪力が知られる。(7)

木曽義仲を滅ぼした源範頼・義経の鎌倉軍は、元暦元年（一一八四）二月、摂津国一の谷に陣を構える平家を攻撃した。義経の率いる別働隊が裏山の鵯越から奇襲攻撃をかけ、鎌倉軍が勝利した合戦である。この合戦に重忠も従軍するが、鵯越で愛馬三日月を背負って下りた重忠のエピソードは有名である。しかし、『吾妻鏡』では、重忠は大手の大将源範頼に従っている。鵯越は一の谷の裏山にある断崖絶壁だが、この難所を重忠は本当に馬を背負って下りたのか。重忠は、『吾妻鏡』では範頼に、(8)『平家物語』では義経に従ったと記されている。(9)重忠馬担の話は『延慶本平家物語』(10)と『源平盛衰記』(11)のみに登場し、『盛衰記』では範頼を見限った重忠が義経軍に乗り換えたと、『吾妻鏡』の記述との辻褄を合わせている。重忠の誕生地である川本町の畠山館跡公園に、鵯越で愛馬を背負う畠山重忠像が建立されている。この話は、重忠の怪力ぶりと心根の優しさを物語るために、後世に作られたものと考えられる。

平家滅亡後、頼朝と対立した義経は、平泉の奥州藤原氏に身を寄せた。文治五年（一一八九）、奥州藤原氏四代泰衡は義経を自害させるが、頼朝はこれを許さず、同年七月に自身が大軍を率いて奥州に出陣した。この合戦で重忠は先陣をつとめ、奥州藤原氏の築いた阿津賀志山［福島県］の堀を、工夫を使って埋めてしまうなど大活躍する。

『島津家文書』には、合戦が終わったあと、頼朝が重忠に宛てて軍勢の乱暴を監視するように命じた文書が残されている【史料Ⅰ】。袖（文書の最初）に頼朝の花押が据えられた正文（古文書の原本）である。薩摩の島津家には、初代島津忠久の正室に重忠の娘（畠山の尼御前）が嫁し、忠時が生まれる。そして忠時の子孫が代々島津家を継いだため、畠山氏とのゆかりが深く、『島津家文書』所収「年未詳島津氏重書目録〈前欠〉」【史料Ⅱ】十二行目に「畠山殿自筆状　正月十三日」の記載があり（傍線部）、日付が一日違いであるが、【史料Ⅲ】の「年未詳正月十四日平某書状案」のことと思われる。

【史料Ⅰ】(12)

（花押）（源頼朝）

あす〔明日〕は、こふ〔国府〕のこなた〔此方〕に、
ちむのはら〔陣の原〕といふところニ
御すく〔宿〕候へし、いくさ〔戦〕たちニハ、
こふ〔国府〕にはすく〔宿〕せすと申
なり、かまへてひか〔僻〕事すな、
あかうそ三郎（島津忠久）を、やう〳〵ニ
せんニこ〔請〕ひたるもの丶つい
ふくしたるなり、たうしハ
ほうてう〔北条〕・庄司次郎（畠山重忠）ハ、
けふのひくわんニいらす、しむ
へう〔神妙〕なり、このくにハきはめ

てしむこく〔深刻〕なり、かまへて〱
らうせき〔狼藉〕すな、くしたるものともニ、みな
ふれ〔触〕まわすへし、けふらう
せき〔狼藉〕したるものともは、
こさた〔御沙汰〕あるなり、けふの
ひくわんニいらぬほとに、あす〔明日〕の
すく〔宿〕にていりなんハ、いこん〔遺恨〕
のことにてあるへきなり、

八月十五日　盛時奉

庄司次郎（畠山重忠）殿

【史料Ⅱ】(13)（**【写真Ⅰ】**）

（前欠）

一　大隅薩摩両国奉行事　建久八年十二月三日
一　嶋津庄内薩摩方補任事　建暦三年七月十日
□　越前国薩摩国安堵御下文　加〔嘉〕禄三年十月十日
□　□□御教書　五月十九日
一　武蔵守殿かんなかきの御書　七《承久三》月十二日

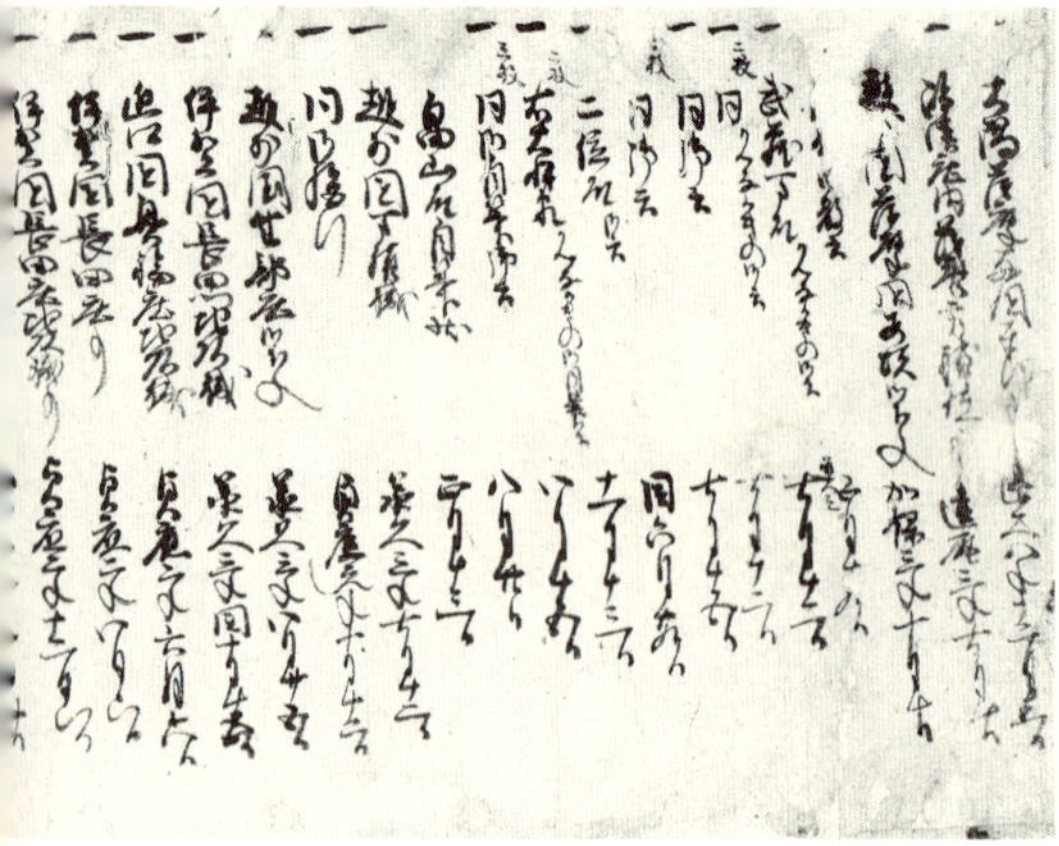

【写真Ⅰ】　年未詳島津氏重書目録〈前欠〉
島津家文書（東京大学史料編纂所所蔵）

一　二枚同かんなかきの御書　七月十二日
一　同御書　七月十五日
□　二枚同御書　閏六月廿九日
一　二位殿御書　十一月十三日
一　二枚右大将家かんなかきの御自筆御書　八月十五日
一　三枚同御自筆御書　八月廿日
□　畠山殿自筆状　正月十三日
一　越前国守護職　承久三年七月十二日
一　同御施行　貞応元年十月十二日
（中略）
右、目六如件、

【史料Ⅲ】(14)（【写真Ⅱ】）

六郎（畠山重保）ならひニ二郎（畠山重忠）りやう人かかんとうは、ちは〔千葉〕殿おほせによりてゆるし候ぬ志けたゝ〔重忠〕かゐこんニをきてハ候へからす候、
正月十二（四）日　平在判
（裏花押）

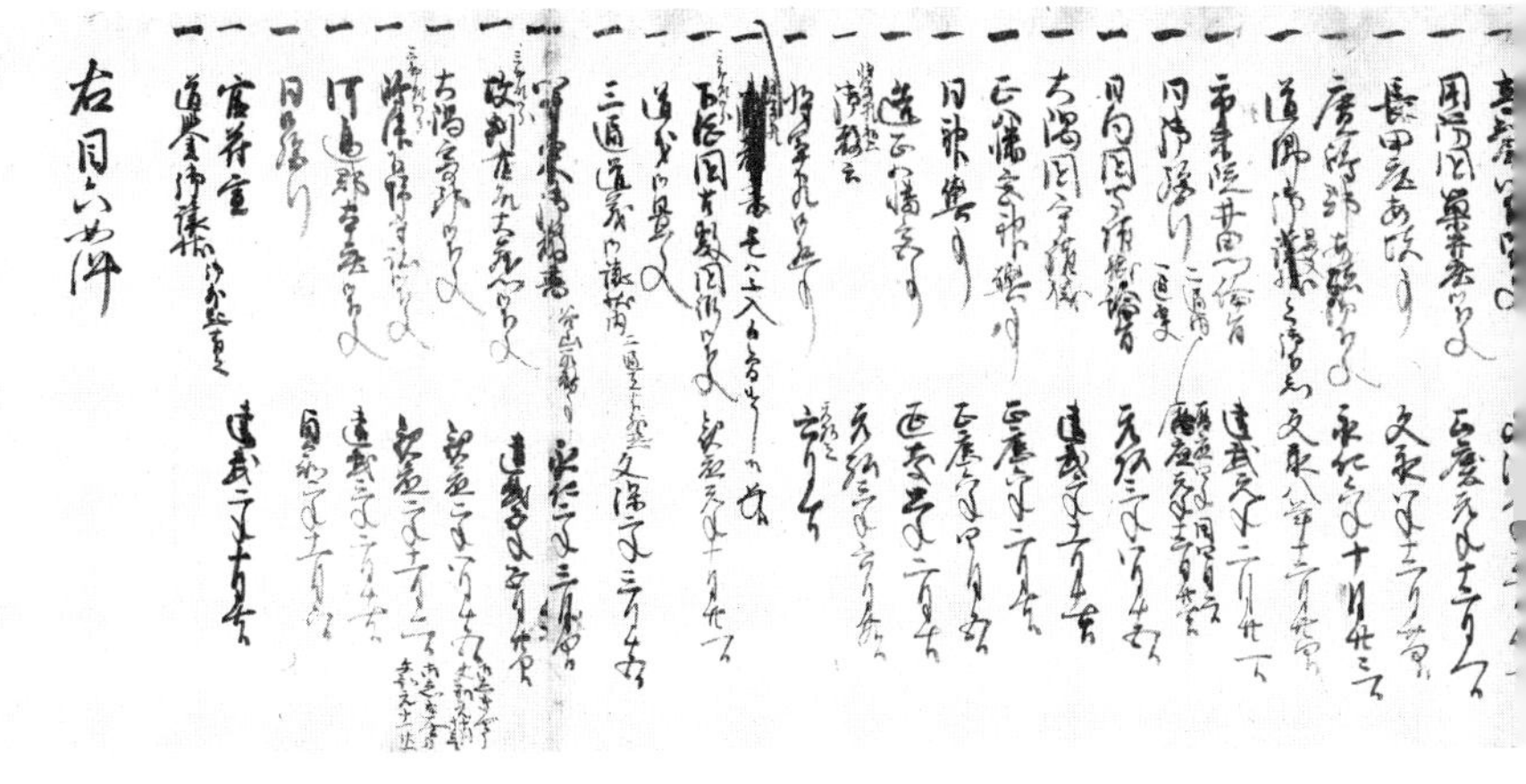

【写真Ⅱ】年未詳一月十四日平某書状案　島津家文書（東京大学史料編纂所所蔵）

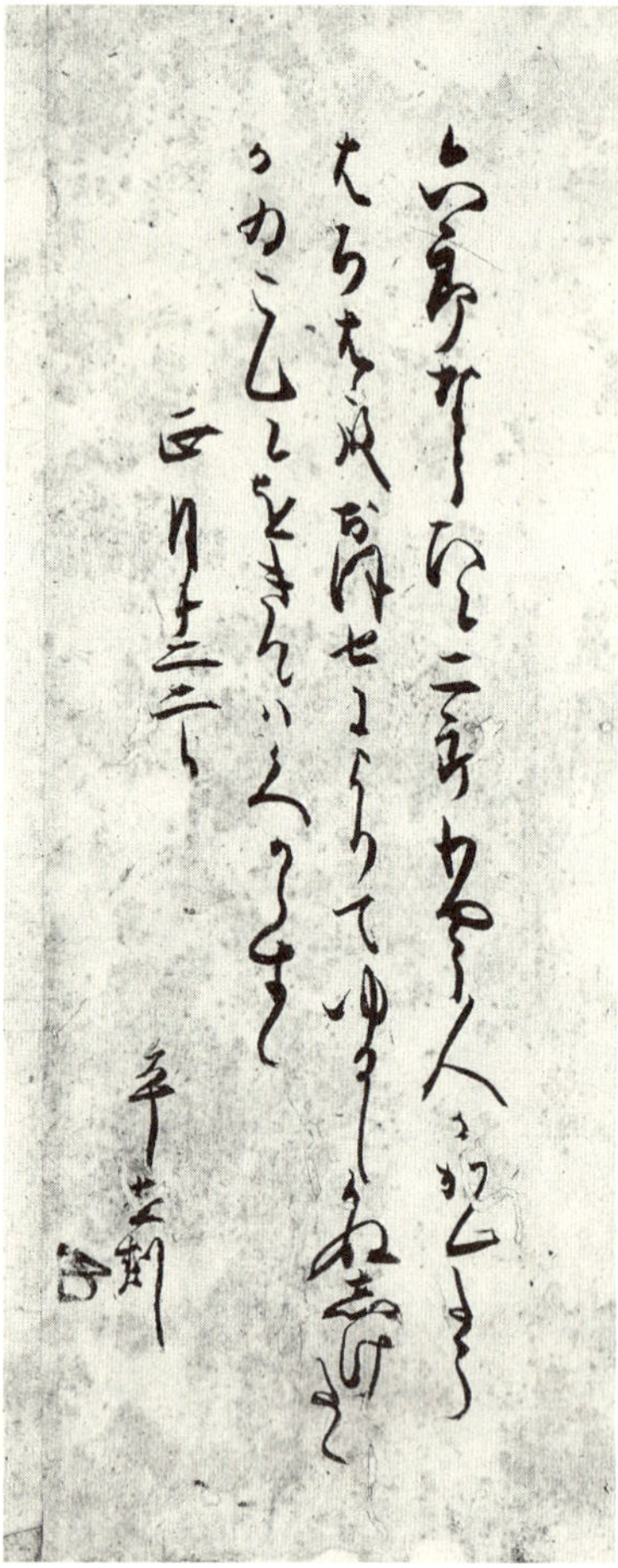

【史料Ⅲ】の本文二行目の最後に「志けた丶（重忠）」（傍線部）とあるが、当時は他人に実名を呼ばれることを忌み嫌い、仮名（通称）で呼ぶことが慣例になっている。本文書に重忠が実名で出てくることは、差出人平某＝重忠となり、この書状案は重忠文書の唯一の遺品となる。

畠山重忠は頼朝が最も信頼した御家人の一人で、治承四年十月の頼朝の相模入国以来、しばしば頼朝出行随兵の先陣をつとめた。建久元年（一一九〇）十一月、頼朝は平治の乱で伊豆国に流されて以来三十年ぶりの上洛を果たした。名誉ある上洛の先陣役を多くの御家人が望んだが、頼朝は重忠を指名した。重忠は後白河法皇をはじめとする都人の見物する中、黒糸威の甲冑を着し、家子一人・郎等十人を従えて行列の先頭を進んだ。【表Ⅰ】は、『吾妻鏡』に記録された頼朝の随兵一覧であるが、二十八回中十二回におよび重忠が先陣をつとめている。

【表Ⅰ】将軍源頼朝出行随兵一覧

№.	年号 年月日	西暦	出行内容	先陣	後陣	最末	重忠の位置
1	治承 四年十月六日	一一八〇	相模国に着御。	**畠山重忠**	千葉常胤		先陣
2	治承 四年十二月十二日	一一八〇	新造御亭に移徙。	和田義盛		**畠山重忠**	最末
3	文治 元年十月二十四日	一一八五	南御堂（勝長寿院）供養のため出行。	**畠山重忠**	足利七郎太郎	勅使河原三郎	先陣
4	文治 元年十月二十九日	一一八五	義経・行家の叛逆を征するため上洛。	土肥実平	千葉常胤		
5	文治 二年一月三日	一一八六	鶴岡八幡宮に参詣。	武田有義		小山宗政	
6	文治 四年三月十五日	一一八八	鶴岡八幡宮の大般若経供養のため出行。	小山朝政	佐貫広綱	三浦義村	御後（布衣）
7	文治 五年六月九日	一一八九	鶴岡八幡宮の御塔供養のため出行。	小山朝政	小山朝光	梶原朝景	御後（布衣）
8	文治 五年七月十九日	一一八九	奥州合戦のため鎌倉発向。	**畠山重忠**		金子高範	先陣
9	建久 元年十月三日	一一九〇	上洛のため鎌倉進発。	**畠山重忠**	梶原景時	千葉常胤	先陣
10	建久 元年十一月六日	一一九〇	入京行列。	**畠山重忠**	梶原景時	千葉常胤	先陣
11	建久 元年十一月九日	一一九〇	院参（後白河法皇との対面）のため六波羅出発。	三浦義澄	千葉胤正	武田信義	布衣侍
12	建久 元年十一月十一日	一一九〇	六条若宮および石清水八幡宮に参詣。	小山朝政	**畠山重忠**	和田義盛・梶原景時	後陣
13	建久 元年十二月一日	一一九〇	右大将拝賀のため院参。	北条義時		**畠山重忠**	最末
14	建久 元年十二月十三日	一一九〇	関東（鎌倉）に下向。	**畠山重忠**	梶原景時	千葉常胤	先陣
15	建久 二年二月四日	一一九一	二所（箱根・伊豆山神社）参詣のため鎌倉進発。	下河辺行平	村上判官代	本間右馬允	御後（浄衣）

16	建久二年六月二十八日	一一九一	新造御亭に移徙。	三浦義連	北条義時	阿佐利長義	供奉人
17	建久三年十一月二十五日	一一九二	永福寺供養のため出行。	武田信光	下河辺行平	佐々木義清	御後（布衣）
18	建久四年十一月二十七日	一一九三	永福寺薬師堂供養のため出行。	**畠山重忠**	北条時連	新田忠常	先陣
19	建久五年八月八日	一一九四	日向山に参詣。	**畠山重忠**	武田信光	佐々木義清	先陣
20	建久五年十二月二十六日	一一九四	永福寺新造薬師堂供養のため出行。	北条義時		梶原景時	
21	建久六年二月十四日	一一九五	上洛のため鎌倉進発。	**畠山重忠**			先陣
22	建久六年三月九日	一一九五	石清水八幡宮および左女牛若宮に参詣。	**畠山重忠**	下河辺行平	和田義盛	先陣
23	建久六年三月十日	一一九五	東大寺供養のため南都東南院に着御。	**畠山重忠**	梶原景時	藤原頼房	先陣
24	建久六年三月十二日	一一九五	東大寺供養のため出行。	和田義盛	下河辺行平	梶原景時	先陣
25	建久六年三月二十七日	一一九五	参内（後鳥羽天皇と対面）。	北条義時		千葉常秀	
26	建久六年四月十日	一一九五	参内（後鳥羽天皇と対面）。	小山朝政		千葉胤信	
27	建久六年四月十五日	一一九五	石清水八幡宮に参詣。	北条義時	千葉胤正	南部光行	
28	建久六年五月二十日	一一九五	天王寺に参詣。	**畠山重忠**	北条義時	和田義盛	先陣

三、畠山重忠の人物像

畠山重忠の人物像は、実直で思いやり深く、また怪力の持ち主と伝えられる一方で、音曲にも秀でているなど、豊かなエピソードをもっている。[15] 鎌倉二階堂に遺跡の残る永福寺は、源義経や藤原泰衡をはじめ奥州合戦の戦没者の慰霊のため、源頼朝が建立した寺院で、頼朝がその荘厳さに驚嘆した平泉の二階大堂大長寿院を模して、建久三年工事に着手した。工事の際、重忠は庭池の大石を一人で運び、見物の人々を驚かせた。永福寺は十五世紀中ごろ廃寺となり今はないが、永福寺跡として昭和四十一年に国の史跡となった。この永福寺跡は、鎌倉市が昭和五十八年から発掘調査を進め、二階堂を中心に壮大な伽藍跡が確認された。重忠が運んだと伝えられる大石は、戦前の調査で池の中から発見され、現在も池の端に立っている。江戸東京たてもの園所蔵の絵馬「重忠力持石」は、永福寺庭池の大石を運ぶ重忠の姿を、歌舞伎の荒事風に描いている。

また、鎌倉時代に成立した説話集『古今著聞集』[16] 巻十に、関東八ヶ国随一と称し、頼朝の前で天下無敵であると自慢した大力の相撲人長居との取り組みで、重忠は長居の両肩の骨をつかみ砕き気絶させたという話が掲載されている。重忠は音曲・今様などの風流な技にも秀でていた。都で有名な白拍子で、義経最愛の静御前が文治二年鎌倉に連行され、鶴岡八幡宮で舞を披露したとき、重忠は伴奏者として銅拍子という楽器を演奏した。銅拍子とは、本来仏教の儀式に使う楽器で、小さなシンバルのような形をしており、両手に持って打ち鳴らした。[17]

四、二俣川合戦に関する遺跡

元久二年六月二十二日、鎌倉由比ガ浜で謀反の騒ぎがあり、そこに向かった畠山重忠の子重保は、北条時政の命を受けた三浦義村らに殺害される。重忠は十九日に菅谷館を出発して鎌倉に向かい、鎌倉街道の上ノ道を南下、武蔵府中から中ノ道に入り、荏田・中山・白根・鶴ヶ峰を経て二俣川に到着した。ここで重保の死および自分を討つために北条氏の大軍が鎌倉を進発したことを知る。重忠の軍勢は二男重秀、郎従本田近常以下わずか百三十四騎で、勝目は全くなかった。四時間に及ぶ激闘の末、重忠は四十二歳で非業の最期を遂げた。『吾妻鏡』(18)によると、二俣川で奮戦する重忠に愛甲三郎季隆の発した矢が命中し、季隆は重忠の首を取り、総大将北条義時に献じたと記されている。

畠山父子滅亡の原因は何か。前年の夏、三代将軍実朝の御台所を迎えるため上洛した畠山重保は、北条時政の後妻牧の方の娘婿である平賀朝雅と口論した。これを恨んだ朝雅が北条時政を動かし、畠山父子の討伐を計画させたと『鎌倉北条九代記』には記されている。しかし、事件の真相は、北条氏が武蔵国を掌握するためには、この国に勢力を持つ畠山氏が邪魔だったからである。(19)重忠が二俣川で戦死してから十五年後、京都にあった天台座主慈円は『愚管抄』(20)を著し、その中で「重忠ハ武士ノ方ハソノミタリテ第一ニ聞ヘキ」と述べ、「重忠は武士として第一級の人物であったという評判が聞こえていた」と記している。

相鉄線鶴ヶ峰駅から鎧橋を渡り、三〇〇mほど西に行くと、横浜市旭区役所がある。この付近一帯には鎌倉御家人畠山重忠に関する遺跡が集中してみられ、激戦の跡を物語る。区役所のそばには、畠山重忠公碑や首塚があり、区内には他に六ツ塚・駕籠塚・すずり石水など、重忠ゆかりの史跡がある。

昭和三十年六月二十二日、重忠没後七五〇年を記念して、地元鶴ヶ峰と埼玉県川本町の有志により畠山重忠公碑は建立された。碑は水道道が厚木街道と交差する所の、やや奥まった場所に二俣川を背にして建っている。

『新編武蔵風土記稿』巻八十二の今宿村には「首塚」「六塚」「駕籠塚」「旧趾矢箆《やの》ヶ淵」「鎧ヶ淵」が立項され、「首塚　字鶴ヶ峰にあり、わづか一坪ばかりのところなり、」「六塚　同じ辺にあり、由来を伝へず、」「駕籠塚　東北の隅にあり、」「旧趾矢箆ヶ淵　村の東界ひ鶴ヶ峰にあり、古へ畠山次郎重忠此地にて討死のとき、此処へ矢

【写真Ⅲ】首塚（旭区鶴ヶ峰本町）

【写真Ⅳ】六ツ塚遺跡・霊堂（薬王寺、旭区鶴ヶ峰本町）

【写真Ⅴ】駕籠塚（旭区鶴ヶ峰本町）

箆二筋を立おきしが、其竹自然と根を生じ、年々二本づつ生せしにより、この名がおこれりと云、其竹近き頃迄もありしが、今は絶たりと、」「鎧ヶ淵　これも矢箆ヶ淵のつづきにあり、」と記載されている。

重忠の首は愛甲三郎季隆によって斬られ、帷子川清流の河原井戸で洗い清められた。【写真Ⅲ】は首塚に建つ七重の石塔で、重忠の首が斬られた場所に建っている。今は西向きであるが、以前は南を向いていたという。愛甲季隆は武蔵七党の一つ横山党山口季兼の三男で、文武両道、特に弓術が抜群で、儀式典礼にも通じた武士である。『武蔵七党系図』[21]の愛甲季孝（隆）の注記にも、「討取畠山重忠」と見える。

旭区鶴ヶ峰本町には、重忠をはじめ、一族郎党百三十四騎を六ヶ所に埋葬したと伝えられる六ツ塚遺跡【写真Ⅳ】がある。霊堂である薬王寺には、重忠の霊が祀られ、毎年命日の六月二十二日に盛大な慰霊祭が催される。また、重忠の内室菊の前は、合戦の報に接し急ぎ駆けつけるが、この地で重忠戦死の知らせを聞き、乗駕中で自害する。遺体は駕籠ごとその場所に埋葬された。以前は浄水場の中に竹で囲まれた大きな塚があったが、昭和三十年に場外に移され、四十九年に現在の姿に整備された【写真Ⅴ】。旭区万騎が原は、牧ヶ原といわれていたが、鎌倉時代、北条勢が数万騎で陣を構えたことから、この字を当てるようになったと伝えられる。明治二十五年十月、土地の有志五十七人により建立された畠山重忠公遺烈碑が残されている。

畠山重忠の誕生地川本町畠山にも、重忠主従の墓所と伝えられる地があり、現在六基の五輪塔が残されている。重忠の墓とされるのは、高さ二mほどの五輪塔である。また、鎌倉市由比ガ浜にある畠山重保の墓と伝えられる石塔は、関東型式の宝篋印塔で、由比ガ浜の一ノ鳥居の傍にある。高さ三四五・五cm、安山岩製で、基礎には「明徳第四癸酉霜月三日大願主比丘道有」という銘がある。明徳四年（一三九三）に造られたものであり、すでに室町時代中期には重保の墓と伝えられている。

以上のように、二俣川合戦に由来する多数の遺跡が、二俣川が所在する横浜市旭区を中心にこれほど残されているる理由は何であろうか。

五、その後の畠山重忠

埼玉県立嵐山史跡の博物館・葛飾区郷土と天文の博物館編『秩父平氏の盛衰――畠山重忠と葛西清重』（勉誠出版、二〇一二年）には、畠山重忠に関する論考が多数掲載されている。詳細は同著作を読んでいただきたいが、重忠死後の評価や伝承についての指摘がある。

岡田清一氏(22)は、『吾妻鏡』が重忠を高く評価する理由は、北条氏から分家した江馬氏の初代で、北条氏の正統な後継者ではなかった北条義時が、時政を否定して北条氏を継承する正統性、得宗家の継承者としていかにふさわしいかを描くためとする。すなわち、義時の北条氏の継承は時政の重忠誅戮という失政にあり、重忠がいかに武略に通じていたか、いかに「性稟清潔」であったか、いかに音曲にも秀でていたかを描き出し、そうした重忠を誅戮した時政を否定している、とされる。そして、『吾妻鏡』の描いた重忠像が、近代の修身教育によって再生産され、現在の重忠像が定着していく、という。

田代脩氏(23)は、『吾妻鏡』は、畠山重忠の人柄や性格を好意的に描いていると述べ、その理由として、悲劇的な最期を遂げる重忠に対する人びとの愛惜の情がしのばれる、とする。重忠の性格としては、潔癖さと強い正義感、毅然とした態度、戦功に固執しない恬淡さ、礼節を重んじ気配りを心得た誠実な人柄、などを指摘する。そして、『吾妻鏡』の重忠に対する好意的な表現が、後世、重忠に対するさまざまな伝説を各地に生んでいく、とする。

村松篤氏(24)は、畠山重忠の伝承地を詳細に検討し、全国の一都一道二府二十六県にわたる二百ヶ所を越える重忠の伝承を紹介する。そして、これらの伝承が残された理由として、鎌倉幕府における有力御家人として名だたる武将である畠山重忠を誇りとして今に伝えた、と述べている。

『吾妻鏡』が畠山重忠の人柄や性格を好意的に描いていること、全国に多くの伝承が残されていること、重忠が討ち死にした横浜市旭区二俣川にも多くの遺跡が残されていること、その理由を『吾妻鏡』の編纂意図だけで説明することはできないと、私は思う。『吾妻鏡』編纂以前である（文暦二年）閏六月二十九日の北条泰時書状案【史料Ⅳ】がある。

【史料Ⅳ】㉕

仰給候事、こまかにうけ給候ぬ、さい
京して御心さしのわたらせ給候し事ハ、
いかてかをろかのき候へき、たゝし御殿人
のらうせきして候し事ハ、をろかならす
思ひまいらせ候、とてもちからなき事にて候
也、申させ給候御をんの事ハ、かみよりも
御さた候へきよし、おほせくたされて候し
事にて候、ひんきの時ハ、申さたすへく候
也、兼又、はたけやま殿〔畠山重忠〕なんとにも、御ゆか
り候へハ、いよいよおろかならすこそ思ひ
まいらせ候事にて候へ、なにしにかハ御ふ
しん候へき、あなかしく、

閏六月二九日　　在判

豊後修理亮〔島津忠時〕殿　　　　泰時

薩摩の島津家は畠山氏とのゆかりが深く、二代忠時の母は重忠の娘である。【史料Ⅳ】は、文暦二年（一二三五）と推定される鎌倉幕府三代執権北条泰時書状であるが、泰時は忠時宛の書状で、「はたけやま殿なんとにも、

御ゆかり候へは、いよいよおろかならす」と述べ、島津家と畠山重忠との関係を強調している。重忠の死より三十年後、泰時の書状には、重忠に対する高い評価を読み取ることができる。

江戸時代に作られた浄瑠璃や歌舞伎の中に、重忠が登場する作品がいくつかある。主要な作品は、「出世景清」「壇浦兜軍記」「ひらかな盛衰記」などで、「出世景清」は貞享二年（一六八五）、近松門左衛門が初代竹本義太夫の為に書き下ろした浄瑠璃である。岡田清一氏[26]は、近世の浄瑠璃などに描かれる重忠像は、あくまで娯楽の対象としての再生にすぎない、と述べるが、近世に残された重忠に関する様々な史料は、重忠を娯楽の対象とだけ評価することはできないように思う。

神奈川県立公文書館には、明和九年（一七七二）写の「文治二年頼朝分限帳」という史料が所蔵されている。江戸時代の名鑑である『頼朝分限帳』は、「征夷大将軍源頼朝御世、諸大名知行高覚帳」ではじまり、鎌倉御家人一二五人の知行高が列記される。その中で、畠山重忠は三十五万石と上位の大名にランクされている。

神奈川県立公文書館に寄託されている相模国大山大工棟梁手中家文書[27]の中に、日本武尊から豊臣秀吉にいたる歴史上の武将を描いた「武将百人画像」という史料がある。江戸時代の史料であるが、その五十八番目に、畠山重忠が描かれている。

横浜市旭区今宿南町に鶴遊山清来寺という寺院がある。清来寺は、鶴遊山万亀院と号する浄土真宗本願寺派の寺院で、古くは天台宗で厚木にあったが、口伝によると、寛永年間（一六二四〜四四）にこの地に移されたという。安貞元年（一二二七）、浄土真宗の宗祖親鸞が関東巡教の時、住職清運が帰依して改宗した。慶安二年（一六四九）、江戸幕府三代将軍家光より十余石の朱印地を給わる。この清来寺には、「夏野の露」と呼ばれる巻物が伝来する。この巻物は、江戸時代末期に、十九代住職の曾我宥欣が、畠山重忠の武勇をたたえるため、近在の人々に呼びかけ歌の形で編集したものである。

最後に、江戸時代後期に編纂された『新編武蔵風土記稿』『新編相模国風土記稿』(28)に記載された畠山重忠に関する数多くの伝承を紹介したい。【表Ⅱ】は、貫達人著『畠山重忠』を参考にして、両風土記稿に見える重忠伝承をまとめたものである。

【表Ⅱ】を見ると、『新編武蔵風土記稿』には五十三ヶ所、『新編相模国風土記稿』には六ヶ所の重忠伝承が記載されている。【表Ⅱ】の分析は別途の課題であるが、武蔵国・相模国の多くの土地で、多くの人々によって重忠とのゆかりが大切に伝承されてきたことは間違いない。これは、『吾妻鏡』の編纂意図をはるかに超える内容ではないかと思う。

【表Ⅱ―1】『新編武蔵風土記稿』に見る重忠伝説

No.	伝承内容	巻	郡名	村名	現在地名
1	六郷の渡付近に重忠居住の所。	四〇	荏原郡	八幡塚村	大田区南六郷
2	八幡社御神体である銅像は重忠の守本尊で、軍陣に臨むとき甲の立物に付けた。	四六	荏原郡	碑文谷村	目黒区碑文谷
3	旧家百姓友右衛門（宮野氏）の先祖は重忠家人。	四六	荏原郡	碑文谷村	目黒区碑文谷
4	法泉寺東南の山の寺院を天楼台という。これは雑色の雲が空になびいたのを見て、重忠が「これ星宿にあらず、天楼台の現るなるべし」と言ったため。	五九	橘樹郡	菅村	川崎市多摩区菅
5	旧跡館跡は重忠一族小宮筑後守入道重康が居住。	六三	橘樹郡	今井村	川崎市中原区今井西町

6	小名六郎谷は重保と関係。	七六	久良岐郡	宿村	横浜市金沢区釜利谷町
7	東光寺に重忠の鞍が伝来。	七六	久良岐郡	宿村	横浜市金沢区釜利谷町
8	重忠戦死の旧跡あり。重忠この山中で自害と伝承。	七六	久良岐郡	宿村	横浜市金沢区釜利谷町
9	旧家者百姓藤右衛門（市川氏）は重保の庶流。	七六	久良岐郡	宿村	横浜市金沢区釜利谷町
10	重忠旧領と伝える。村内に二俣川と呼ばれる川がある。	七六	久良岐郡	坂本村	横浜市金沢区釜利谷町
11	重保墓の五輪塔あり。重保この山中で自害と伝承。	七六	久良岐郡	坂本村	横浜市金沢区釜利谷町
12	首塚が字鶴ヶ峰にあり。わずか一坪ばかり。	八二	都筑郡	今宿村	横浜市旭区今宿町
13	六塚あり。由来を伝えず。	八二	都筑郡	今宿村	横浜市旭区今宿町
14	旧址矢篦ヶ淵（重忠の立てた矢篦により毎年二本の竹が生える）あり。	八二	都筑郡	今宿村	横浜市旭区今宿町
15	旧址鎧ヶ淵は矢篦ヶ淵のつづきにあり。	八二	都筑郡	今宿村	横浜市旭区今宿町
16	旧跡古戦場は鶴ヶ峰の辺。	八三	都筑郡	二俣川村	横浜市旭区鶴ヶ峰本町
17	旧家百姓佐兵衛（井田氏）の家系によると、重忠四男重政が家臣久米川新七郎に伴われ三河国額田郡井田村に住し、井田氏を称す。	九一	多摩郡	是政村	府中市是政
18	八幡宮の傾城松は重忠に由来する。	九二	多摩郡	恋ヶ窪村	国分寺市東恋ヶ窪・西恋ヶ窪
19	小名片所に重忠屋敷あり。	一〇三	多摩郡	小山村	町田市小山町
20	正八幡社は重忠の建立。	一〇七	多摩郡	川口村	八王子市川口町

21	慈勝寺は重忠伯母の円寿院理体大尼の開創。	一〇八	多摩郡	下草花村	あきる野市草花
22	馬次の亭長の子孫野口氏の亭は重忠の旅館。	一〇九	多摩郡	平井村	西多摩郡日の出町平井
23	明王堂は頼朝の命により重忠が造営。	一一四	多摩郡	柚木村	青梅市柚木町
24	重忠、御獄神社に大鎧・星兜・太刀（宝寿丸）を奉納。	一一四	多摩郡	御獄村	青梅市御岳
25	柵跡は重忠が甲信越三国の警備のため陣営を構えた場所。	一一四	多摩郡	御獄村	青梅市御岳
26	重忠戦死の地。	一一六	多摩郡	二俣尾村	青梅市二俣尾
27	不動堂の太刀は重忠所持。	一一七	多摩郡	上成木村	青梅市成木
28	「安楽寺縁起」によると、頼朝が重忠に弘法大師の彫刻した愛染明王像を奉納させた。	一一七	多摩郡	下成木村	青梅市成木
29	小名小屋ノ台は、奥州合戦の際に重忠が宿陣。	一二四	多摩郡	堀之内村	杉並区堀ノ内
30	奥州合戦の際、八幡社に重忠が宿陣。	一二四	多摩郡	和田村	杉並区和田
31	永福寺にある五輪塔は重忠の墓碑。また水判土庄は重忠旧領。	一五四	足立郡	神田村	さいたま市大久保領家
32	円乗院は重忠の草創。	一五五	足立郡	与野町	さいたま市与野
33	金剛寺は重忠の草創。本尊正観音は重忠の守護仏。	一五五	足立郡	道場村	さいたま市道場
34	城址は重忠城址。	一五五	足立郡	道場村	さいたま市道場
35	如意輪寺観音堂の本尊は重忠尊信の霊仏。	一五五	足立郡	田島村	さいたま市田島

36	慈光寺二十七世の住持厳耀は重忠の大伯父で、寺に重忠の墓あり。同寺観音堂の本尊十一面観音は重忠の身長に等しく、重忠丈競べの本尊と称する。	一九二	比企郡	平村	比企郡都幾川村
37	正法寺にある鏡面の千手観音は重忠の守本尊。	一九二	比企郡	平村	比企郡都幾川村
38	真光寺は重忠の開基。	一九三	比企郡	日影村	比企郡玉川村日影
39	古城址は重忠居城の地。	一九五	比企郡	菅谷村	比企郡嵐山町菅谷
40	満福寺は重忠の再興。本堂西の観音堂の本尊十一面観音は、重忠の守護仏。	二二四	男衾郡	畠山村	大里郡川本町畠山
41	普済寺の開基岡部六弥太忠澄の妻は重忠の妹。	二三二	榛沢郡	普済寺村	大里郡岡部町普済寺
42	有馬山は重忠が実は討死をせず、しのび隠れた所。重忠はその後、土佐国に逃れて没し、子孫も現存する。	二四八	秩父郡	下名栗村	入間郡名栗村下名栗
43	八幡社は建久年中に重忠が創建。時雨桜は重忠の手植え。	二五〇	秩父郡	坂本村	秩父郡東秩父村坂本
44	総持寺は重忠の開基。重忠の法号は「重忠院殿龍岳雲公大居士」。	二五一	秩父郡	本野上村	秩父郡長瀞町本野上
45	秩父三十三所第二番観音の本尊は重忠の守本尊。	二五三	秩父郡	山田村	秩父市山田
46	武甲山秩父神社に宗近の太刀、長柄の銚子を奉納。	二五四	秩父郡	横瀬村	秩父郡横瀬町横瀬
47	生川は重忠の出生地にちなむ名称。	二五四	秩父郡	横瀬村	秩父郡横瀬町横瀬
48	根古屋城址は、秩父武光より重能までの居跡。	二五四	秩父郡	横瀬村	秩父郡横瀬町横瀬
49	二十六番観音は、重弘より重忠まで代々信仰他と異なる。	二五六	秩父郡	下影森村	秩父市下影森
50	旧家者秀三郎（彦久保氏）所蔵の「秩父系図」には、重保の子重利とその子孫の記述あり。	二五八	秩父郡	阿熊村	秩父郡吉田町阿熊

51	若宮八幡宮は、重忠が鎌倉の鶴岡八幡宮を勧請して創建。	二六〇	秩父郡	下吉田村	秩父郡吉田町下吉田
52	縁起によると、建久六年後鳥羽天皇が郡主重忠の上表により、方面十余里の地を奉納。	二六五	秩父郡	三峯山	秩父郡大滝村大滝
53	三峯権現社には、養和二年の重忠願文あり。長刀（天国）・兜は重忠の奉納。	二六五	秩父郡	三峯山	秩父郡大滝村大滝

【表Ⅱ―2】『新編相模国風土記稿』に見る重忠伝説

№.	伝承内容	巻	郡名	村名	現在地名
1	産川の名は、重忠の娘の護王姫がここで生まれたことに由来。	六五	高座郡	上今泉村	海老名市上今泉
2	畠山六郎重保の石塔の西方を畠山屋敷とする伝承あり。	八六	鎌倉郡	雪ノ下村	鎌倉市由比ガ浜
3	長谷観音にある勢至菩薩像（安阿弥作）は、重忠の持仏堂の本尊。	九六	鎌倉郡	長谷村	鎌倉市長谷
4	白田山長徳寺の本尊地蔵（運慶作）は、重忠の守護仏。	一〇九	三浦郡	長柄村	葉山町長柄
5	貝吹松は、重忠と和田義盛が合戦をした際に、陣貝を吹いた旧跡。	一一〇	三浦郡	荻野村	横須賀市荻野
6	城址は小名を畠山といい、畠山六郎重保の城址と伝承。	一一四	三浦郡	木古庭村	葉山町木古庭

注

（1）畠山重忠に関する編著作には、貫達人著『畠山重忠』（吉川弘文館・人物叢書、一九六二年）、埼玉県立嵐山史跡の博物館・葛飾区郷土と天文の博物館編『秩父平氏の盛衰――畠山重忠と葛西清重』（勉誠出版、二〇一二年、以下、嵐山論集と略記する）、清水亮編『畠山重忠』（シリーズ中世関東武士の研究・第七巻、戎光祥出版、二〇一二年）がある。その他の主要な論稿には、栗山欣也「文治五年奥州合戦における畠山重忠――特にその関連史跡について」（『埼玉県立歴史資料館研究紀要』一四、一九九二年）、野口実「鎌倉武士と報復――畠山重忠と二俣川の合戦」（『古代文化』五四―六、二〇〇二年）、また『武蔵野』三四二（二〇〇五年）で畠山重忠の特集が企画された。

（2）本稿は、神奈川県立公文書館の平成十四年度第三回企画展示「鎌倉御家人畠山重忠と二俣川の歴史」において、筆者が調査した内容を中心としている。

（3）『編纂本朝尊卑分脈図・諸家大系図』巻四、国立公文書館所蔵。

（4）『佐野本系図』は彰考館蔵本写・巻十八、東大史料編纂所所蔵。

（5）武蔵国惣検校職に関しては、岡田清一「武蔵国留守所惣検校職について――北条執権政治体制成立史の一齣」（『学習院史学』十一、一九七四年）が長く通説の位置を占めていたが、近年、菊池紳一氏が精力的に再検討をすすめている。同「武蔵国留守所惣検校職の再検討――『吾妻鏡』を読み直す」（『鎌倉遺文研究』二五、二〇一〇年）、同「武蔵国留守所惣検校職の再検討」（嵐山論集）。菊池氏の論稿に対しては、嵐山論集に掲載された岡田清一「畠山重忠――虚像と実像」、峰岸純夫「河越氏・畠山氏等秩父家と武蔵国留守所惣検校職」で疑問と批判されている。

（6）国立公文書館所蔵。刊本は雄山閣から全十三巻で一九五七年に出版された。

（7）埼玉県庄和町（現在は春日部市の一部）の富多神社には、重忠が宇治川で大串重親を向こう岸に投げようとしている絵馬が所蔵されている。

（8）『吾妻鏡』元暦元年二月五日条。『吾妻鏡』は、新訂増補国史大系本（吉川弘文館、一九七七年）を利用。

（9）『平家物語』巻第九「三草勢揃」。『平家物語』は、日本古典文学大系本（岩波書店、一九六〇年）を利用。

（10）『延慶本平家物語』巻第五「逆落」。『延慶本平家物語』は、勉誠出版（一九九〇年）を利用。

(11)『源平盛衰記』は、冨倉徳次郎校訂『源平盛衰記』(岩波文庫、一九四四年)を利用。

(12)(文治五年)八月十五日源頼朝御教書(島津家文書、竹内理三編『鎌倉遺文』第一巻四〇一号)。以下、『鎌倉遺文』収録文書は『鎌』一―四〇一と表記する。史料中の[　]で表記した漢字は筆者が推定した。

(13)年未詳島津氏重書目録〈前欠〉(島津家文書、東京大学史料編纂所所蔵)。この文書は『鎌倉遺文』には収録されていない。

(14)年未詳一月十四日平某書状案(島津家文書、東京大学史料編纂所所蔵)。この文書も『鎌倉遺文』には収録されていないが、治承五年(一一八一)の文書として『平安遺文』(第一一巻三九一号)に収録されている。また裏花押は発給者のものではなく、案文作成者の継目の花押の一部である。

(15)畠山重忠の人物像については、注(1)の貫達人著書をはじめ、嵐山論集に収録された諸論稿、特に岡田清一「畠山重忠――虚像と実像」、田代脩「畠山重忠とその時代」、若松良一「鎌倉御家人畠山重忠の軌跡」に詳述されている。

(16)『古今著聞集』は、日本古典文学大系本(岩波書店、一九六六年)を利用。

(17)神奈川県立図書館には、江戸時代に製作された「於鶴岡若宮静歌舞ノ図」の表題を持つ錦絵が所蔵されている。

(18)『吾妻鏡』元久二年六月二十二日条。

(19)菊池紳一「武蔵国留守所惣検校職の再検討――『吾妻鏡』を読み直す」(『鎌倉遺文研究』二五、二〇一〇年)には、「武蔵国支配を推し進めようとする北条時政にとって、娘婿とはいえ、源頼朝以来の功臣で人望の厚かった畠山重忠は目の上のたんこぶであった」と述べられている。一方、岡田清一「畠山重忠――虚像と実像」(嵐山論集)は、「功臣・人望という抽象的観念での重忠評価は、元久二年の政変を正確に把握したとはいえまい。」と菊池論文を批判するが、菊池論文が功臣・人望という抽象的観念だけで重忠を評価しているとは言えない。

(20)『愚管抄』は、日本古典文学大系本(岩波書店、一九六七年)を利用。

(21)『武蔵七党系図』は、神奈川県立公文書館所蔵の明治十二年写本を利用した。

(22)岡田清一「畠山重忠――虚像と実像」(嵐山論集)。

(23)田代脩「畠山重忠とその時代」(嵐山論集)。

(24)村松篤「全国に及ぶ重忠伝承」(嵐山論集)。

（25）（文暦二年）閏六月二十九日北条泰時書状案（島津家文書、東大史料編纂所所蔵）。『鎌』七―四七八五。
（26）岡田清一「畠山重忠――虚像と実像」（嵐山論集）。
（27）手中家文書には、岡田清一氏が紹介された『幼学綱要』も含まれる。明治十四年、宮内省から勅撰の修身書である『幼学綱要』が発刊され、全国の小学校に配布された。筆者は明治天皇の侍講元田永孚で、孝行・忠節など二〇の徳目をたて、日本と中国の二二九の例話を並べ、児童にも理解しやすいように構成されている。この本で、重忠は誠実な武士と評価されている。事例は、伊勢国沼田御厨でおこった地頭重忠の代官が行った不正事件で、囚人となった重忠は、適任の代官を任命しなかった自身の不徳を恥じ、絶食して謹慎した。
（28）『新編相模国風土記稿』は、天保十二年（一八四一）に成立した相模国の地誌で、全一二六巻からなる。刊本は雄山閣から全六巻で一九八五年に出版された。

畠山重忠の政治的遺産

山野龍太郎

はじめに

畠山重忠は、鎌倉幕府の草創期に活躍した御家人として有名である。畠山氏は、武蔵国男衾郡の畠山（埼玉県深谷市）を本領とした東国武士で、武蔵国を中心に勢力を広げた平姓秩父氏の一族である。畠山氏の嫡男だった重忠は、治承四年（一一八〇）、源頼朝に帰順して、治承・寿永の内乱で多くの武功を挙げるなど、鎌倉幕府を支える御家人として活動した。しかし、元久二年（一二〇五）六月、畠山重忠の乱が起きて、北条時政から謀叛の嫌疑をかけられたことにより、二俣川の合戦で討手の大軍と戦って非業の死を遂げたという。このように、平姓秩父氏の畠山氏は、北条氏との権力闘争に敗れて滅亡した有力御家人として位置づけられるだろう(1)。

重忠の名前が後世に知られるようになった最大の要因は、いわゆる源平合戦を題材にした軍記物語などに、戦場での勇猛果敢な活躍ぶりが描かれて、世上の人気を博したためである。重忠を英雄として美化する風潮は、畠山氏が滅亡して間もない時期から始まっていたらしく、延応二年（一二四〇）には『畠山物語』という四巻の書物が成立していたことが確認できる。(2) また、『平家物語』の諸本に描かれた華々しい活躍は、重忠を美化する認識の典型を示すものといえるだろう。重忠の英雄譚は、軍記物語や奈良絵本などの文芸作品に昇華されて、重忠像の形成に大きな影響を与えたのである。(3)

こうした重忠像は、中世の歴史を編纂した記録にも顕著に表れている。たとえば、『吾妻鏡』は、鎌倉後期に成立した鎌倉幕府の歴史書で、畠山氏に関する基本文献としても利用価値が高いが、重忠について清潔で廉直な武士として好意的に評価している。『吾妻鏡』には、北条氏の正当性を主張する曲筆があるといわれており、重忠の描写にも同様の意図が指摘されているが、いずれにしても、重忠を美化する認識が鎌倉期の御家人社会に浸透していたことは確実だろう。(4)

また、重忠にまつわる伝説は、日本各地の二百ヶ所を超える地域で確認されており、北は北海道から南は鹿児島県まで、一都一道一府二十六県の範囲に分布している。こうした伝承地の全国的な広がりをみても、重忠が広く人々に親しまれる存在だったことは明らかである。(5)

このように、物語・記録・伝説などの別を問わず、重忠を美化する風潮には、きわめて根強いものがあった。(6) しかし、その反面、重忠の実像を解明しようと試みる場合に、こうした史料の現状が大きな制約となることは否定しがたい。畠山氏は、畠山重忠の乱で嫡流が断絶した影響で、まとまった重代相伝の文書が残っていないので、その活動について検討するためには、後世の編纂物などに多くを頼らざるを得ないという状況にある。ところが、後世に成立した史料には、重忠を美化する認識が投影されがちなので、よほど慎重に史料批判を行わないと、実態から乖離した理想の重忠像を再生産する結果になりかねない。

　ただし、戦後の東国武士論は、同時代の古文書や古記録を分析することで、軍記物語などに描かれた英雄譚を相対化する形で研究が進められてきた。したがって、重忠の実像を客観的に把握するためには、鎌倉期の信頼できる史料を活用することが不可欠の課題となるだろう。

　本稿で、畠山氏について考える史料として利用したいのは、東京大学史料編纂所が所蔵する島津家文書である。(7)島津家文書とは、薩摩藩主の島津家に相伝された武家文書で、平安末期から近世に至る文書や家譜などで構成された膨大な資料群である。家祖の島津忠久に始まる島津氏歴代の文書を中核とするが、一族の町田氏・樺山氏、他家の比志島氏・禰寝氏・二階堂氏などの文書も含まれている。そして、他家から流入した文書の一つに、畠山氏に由来する史料も存在することが従来から指摘されてきた。(8)となると、島津家文書から畠山氏に関連する文書を抽出すれば、重忠の実態を伝える良質な史料が発掘できるのではないかと期待される。そこで、鎌倉期の島津家文書を検討することで、重忠の政治的な活動について解明してみたい。

　また、畠山氏の実態を分析するのと併行して、重忠を英雄視する認識の形成について追究することも必要だろう。というのは、鎌倉武士の理想を体現した重忠像が広範に定着したこと自体に、一つの歴史的事実としての意義が認められるからである。鎌倉期の御家人が継承したのは、文書や所領などの財産だけではない。先祖が遺した事績は、子孫が自身の立場を主張するための先例としても効果を発揮した。そこで、重忠の記憶も含めて広義の政治的遺産として捉えて、その伝来や形成の過程について検討を進めていきたい。

　第一章では、重忠の発給文書を検討することで、畠山氏をめぐる縁者の構成などを明らかにする。第二章では、島津氏が重忠の遺産を継承して、先祖の故実を形成していった動きについて探究する。そして第三章では、島津氏の政治的な活動をもとに、御家人社会に定着した重忠の記憶について考察してみたい。

一、畠山重忠の縁者

（一）島津氏重書目録の検討

重忠の縁者について考える前提として、まずは島津家文書から重忠に関連する鎌倉期の文書を抽出してみたい。そのために利用したいのは、島津家文書に伝わる年未詳の島津氏重書目録である。(9) これは、島津氏が所蔵していた文書のリストで、一条ごとに文書名と年月日を記載した形式の目録である。前欠の史料なので全体像を把握できないが、現状では鎌倉初期から室町初期までの文書を含む四十七条で構成されている。そこで、便宜的に①〜㊼という番号を付けて、それぞれの項目に記載された文書を島津家文書の対応する文書と照合しながら点検してみた。

最初の①〜③は、鎌倉初期の文書で、島津氏の基盤である薩摩国の守護職や地頭職などの補任状である。また、後半の⑬〜㊼は、おおよそ鎌倉中期から室町初期までの文書で、島津氏の全国的な所領を保証した補任状や譲状などが中心となっている。これらの項目は、いずれも所領の地名を付けた文書名で記載されており、土地の権利書としての意識が強かったことがわかる。つまり、この島津氏重書目録の基本的な性格は、島津家が相伝する所領の権利に関する文書を列挙したものだったと判断できる。

ところが、④〜⑫の文書については、年月日の記載形式からも、やや性格を異にしていたと推定される。というのも、この目録に記載された文書の年月日は、原則として年号まで明記されているが、この部分については月日だけの書状で構成されているからである。

（前略）

④　□（　）□□（北条義時）御教書　五月十九日

⑤　一　武蔵守殿（北条泰時）かんなかきの御書　承久三　七月十二日

⑥　一二枚同かんなかきの御書　七月十二日

⑦　□（　）同御書　七月十五日

⑧　一二枚同御書　閏六月廿九日

⑨　一　二位殿（北条政子）御書　十一月十三日

⑩　一二枚右大将家（源頼朝）かんなかきの御自筆御書　八月十五日

⑪　一三枚同御自筆御書　八月廿日

⑫　□（　）畠山殿（畠山重忠）自筆状　正月十三（十四カ）日

（中略）

右、目六如件、

また、文書名をみると、具体的な所領の地名が記載されず、発給者の人名を意識した表記となっている。すなわち、これらの項目は、所領に関連する文書というよりは、差出人の名前に意義がある文書と認識されていたのだろう。それぞれの発給者を調べると、④は北条義時、⑤・⑥・⑦・⑧は北条泰時、⑨は北条政子、⑩・⑪は源頼朝、⑫は畠山重忠に比定できる。いずれも鎌倉幕府の草創期を支えた錚々たる顔ぶれであり、島津氏の政治的な活躍が一覧できる構成となっている。これらの文書群は、島津氏が鎌倉初期から御家人社会で活動してきたことの証明として配列されたと考えられる。

そして、島津氏重書目録の⑫には、重忠の自筆状が記載されており、畠山氏の発給した文書が、島津家文書に含まれていたことを確認できる。重忠の実態について検討するには、ここに挙げられた文書を利用することが有効だろう。したがって、重忠の発給文書を含む④～⑫の九通を、鎌倉期の関連文書として把握して、重忠の縁者や政治的な意義などについて考えていくことにしたい。

島津氏重書目録・島津家文書　対照表⑩

No.	島津氏重書目録	和暦年月日	西暦	文書名	島津家文書	鎌倉遺文	備考
④	□□御教書	（承久三）五・一九	一二二一	北条義時書状案	三〇一号	二七四七号	
⑤	武蔵守殿かんなかきの御書	「承久三」七・一二	一二二一	北条泰時書状案	三〇一号	二七六六号	
⑥	同かんなかきの御書	（承久三）七・一二	一二二一	北条泰時書状	一八号	二七六五号	正文が現存
⑦	同御書	（承久三）七・一五	一二二一	北条泰時書状案	三〇一号	二七七六号	
⑧	同御書	（文暦二年）閏六・一九	一二三五	北条泰時書状案	三〇一号	四七八五号	
⑨	二位殿御書	（貞応二ヵ）十一・十三	一二二三	北条政子書状案	三〇一号	三〇一六号	従来は北条泰時書状案
⑩	右大将家かんなかきの御自筆御書	（文治五年）八・一五	一一八九	源頼朝御教書	一九三号	四〇一号	正文が現存
⑪	同御自筆御書	（文治五年）八・二十	一一八九	源頼朝書状案	三〇一号	四〇二号	
⑫	畠山殿自筆状	（元久二ヵ）一・十四	一二〇五	畠山重忠書状案	三〇一号	――	従来は平某書状案

次に、島津氏重書目録に記載された④〜⑫の文書について、島津家文書に現存しているのかを照合すると、⑫を除いた項目に関しては、比較的容易に対応する文書を見出すことができた。

ただし、その大半は案文という形で伝わっており、正文の失われた文書が多かったことが看取できる。たとえば、⑤・⑥・⑦・⑧の泰時の発給文書のうちで、正文が残っているのは、わずかに⑥の北条泰時書状だけである。また、⑩・⑪の頼朝の発給文書についても、⑩の源頼朝御教書は正文が残っているが、⑪は源頼朝書状案という形で案文だけが伝わっている。このように、武家文書の白眉と称される島津家文書だが、伝来の過程で火災などの被害を受けた影響で、案文や写だけが残された文書が少なくなかったらしい。

さて、ここで大きな問題となるのは、⑫の「畠山殿自筆状」である。これは、重忠によって発給された書状とみられるが、これまでの説による限り、対応する文書を見出すことは至難である。なぜならば、重忠が発給した文書は一通も残っていないといわれており、島津家文書を扱った研究でも、重忠の書状が注目されることは少なかったからである。しかし、重忠の文書は現存しないという先入観を排して、人名比定などを再検討すれば、これに合致する文書を見出すことは決して不可能ではないと考える。

そこで、⑫の「畠山殿自筆状」について、島津家文書から該当する書状を探ることで、重忠の発給文書を発掘してみたい。

(二)　畠山重忠の発給文書

島津氏重書目録の⑫「畠山殿自筆状　正月十三日」は、島津氏が所蔵していた重忠の自筆書状と考えられるが、これに対応する可能性が高いのが、これまで平某書状案といわれてきた次の文書である。

六郎ならひに二郎りやう《（両）》人かかんたう《（勘当）》は、ちは《（千葉）》殿おほせ《（仰）》によりてゆるし《（許）》候ぬ、しけたゝ《（重忠）》かゐこん《（遺恨）》にをきてハ

候へからす候、

正月十三《（四）》日　　　　平在判[11]

正月十四日、平姓の人物がしたためた書状で、「六郎」と「二郎」の勘当が「ちは殿《（千葉）》」の仲裁によって許されたという内容である。「しけたゝ《（重忠）》」に遺恨はないと述べており、この人物は重忠に比定できるので、畠山氏の関係者に言及した鎌倉初期の文書であると推定される。このように、この書状が貴重な史料であることは容易に察せられるが、従来の研究でこの文書が活用されることは少なかった[12]。それは、情報が断片的で、状況の把握が難しく、発給者や受給者も定かでなかった点が影響しているのだろう。

ところが、最近になって、この平某書状案について、島津氏重書目録の「畠山殿自筆状」に該当するとして、重忠文書の唯一の遺品だと指摘する説が提起された[13]。そこで、この説の当否について、あらためて論拠を検証しながら確かめてみたい。

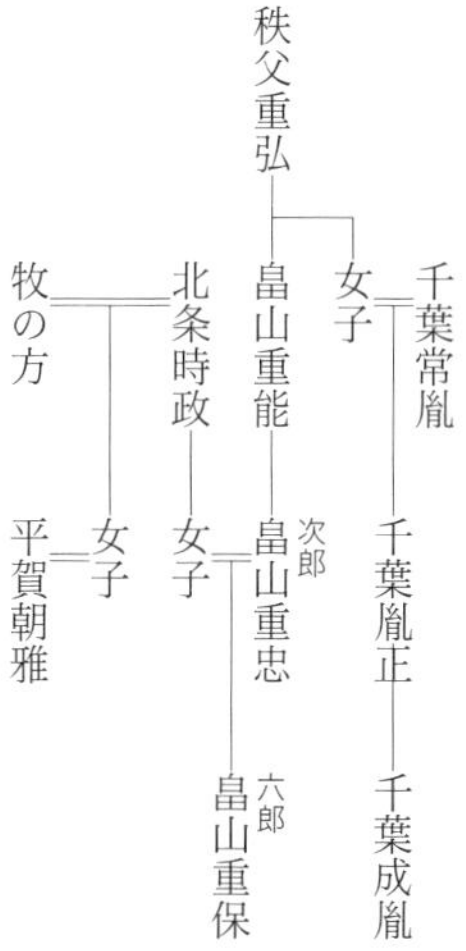

まず、書状の発給者は「平在判」と署名しているので、官職を持たない平姓の人物だったことがわかる。重忠は、桓武平氏の流れを汲む平姓秩父氏の代表的な人物であり、元久二年六月に亡くなるまで公的な官職を持たなかった。したがって、発給者の署名は、重忠の立場と完全に一致していることが了解される。

また、書状で「しけた《（重忠）》」と呼称している点も、重忠が発給者だったことの傍証といえるだろう。当時の武士社会では、お互いを実名（諱）で呼称することを避けて、通称である仮名（字）を用いる慣例があった。重忠の場合、「次郎」という通称を用いており、「重忠」という実名で呼ばれることはなかった。とすれば、書状に「しけた《（重忠）》」とあるのは、重忠が自分に対して用いた呼称とみるべきであり、重忠が発給者だったことを示唆するものだろう。

しかし、島津氏重書目録には「正月十三日」とあるのに対して、実際の書状は「正月十三日」[四]であるという問題がある。ただ、これは目録を作成する過程で生じた単純な誤記として説明できるだろう。また、島津氏重書目録では「自筆状」とあるのに対して、現存するのは案文だという相違があるが、島津家文書には後世に正文の失われた文書が多かった点を考慮すれば、やはり致命的な難点とはいえないはずである。

このように、正月十四日の平某書状案が、⑫の「畠山殿自筆状」に該当するという説に大きな矛盾はなく、おおむね妥当な見解として認めてよいと考えられる。したがって、島津家文書の平某書状案は、畠山重忠書状案と名付けるべき文書であり、重忠が自身の関係者について語った稀有な史料であると断定できるだろう。

（三）畠山重忠書状案の検討

続いて、畠山重忠書状案を具体的に分析しながら、畠山氏の縁者について検討していきたい。まずは、勘当された「六郎」と「二郎」という二人の人物である。「六郎」は、重忠の息子である畠山重保に比定できる。重保は畠山氏の嫡男で、時政の娘を母に持っており、六郎を通称として用いていた。また「二郎」は、重忠の通称と一致しているので、重忠のことを指していると判断できる。すなわち、この重忠の書状は、重保と重忠が勘当を許された件について、自分には何の遺恨もないと述べたものだったと解せられる[14]。

では、重忠と重保の父子を勘当したのは誰だったのだろうか。書状の内容から手がかりを得るのは難しいが、これに関連すると思われる事件が、『吾妻鏡』に記録されている。元久元年（一二〇四）十一月、重保は、坊門信清の娘を源実朝の正室に迎えるため上洛して、京都守護の平賀朝雅と酒宴の場で口論を起こしたという[15]。朝雅は、武蔵守に補任されていた源氏一門の有力者で、時政と牧の方との間に生まれた娘を妻に迎えていた。この騒動は、鎌倉にいた時政や牧の方にも伝わり、畠山氏に対する心証を著しく悪化させることになった。とすれば、重保と重忠を勘当したのは、朝雅を娘婿とする時政だったのではないだろうか。時政は、重保の祖父であり、重忠の義父に当たる人物である。また、幕府の政所別当として実権を握っており、二人を勘当するのに相応しい存在といえる。時政は、朝雅と口論した重保に対して勘当を言い渡して、その父の重忠にも同様の処分をくだしたのだろう。このように、この書状は、元久元年十一月に起きた重保と朝雅の対立に関連する史料であり、その翌年の元久二年正月に発給されたと推定される。

また、仲裁に乗り出した「ちは殿《（千葉）》」とは、下総国千葉郡千葉荘を本領とする有力御家人の千葉氏を指している。これを千葉常胤と考える説もあるが、元久二年の書状だったとすれば、この時期の当主である千葉成胤に比定するべきだろう[16]。千葉氏が仲裁役を務めたのは、畠山氏の親戚として交流があったためと考えられる。重忠の祖父は秩父重弘であり、その娘が常胤の正室となって、胤正が誕生している。成胤は、その胤正の息子であり、重忠にとって従兄弟違《いとこちが》いという関係に当たっていた。ちなみに、従兄弟に当たる胤正は、重忠が代官の非法を伊勢神宮から訴えられた時、重忠の身柄を預かって、頼朝に恩赦を働きかけたこともある[17]。このように、千葉氏が畠山氏のために尽力した背景には、平姓秩父氏との婚姻関係が作用していたと考えられる。

ところで、成胤が仲裁を持ちかけた場であるが、これは各地から御家人が集まる鎌倉の地だった可能性が高いだろう。そのことは、勘当が解かれたことを伝える書状の日付が、正月十四日となっている点から推測できる。この前日の正月十三日は、まさしく頼朝の命日に当たっており、鎌倉では恒例の仏事が実施されていたと思われる。[18]『吾妻鏡』に記事はないが、元久二年は頼朝の七回忌に当たっているため、例年にも増して大規模な供養が開催されたはずである。おそらく成胤は、御家人が鎌倉の仏事に参集する機会に、北条氏と畠山氏が話し合う場を設けて、重忠父子の勘当を許すように時政を説得したのだろう。

なお、この日が頼朝の命日だったことも、時政が二人を許す要因になった可能性がある。たとえば、承元三年（一二〇九）六月十三日、将軍の実朝は、御家人を殺害した土屋宗遠の釈明に対して、頼朝の月違いの命日に当たることを理由にして特別に恩赦している。[19]時政の場合も同様にして、頼朝の七回忌に当たる点を考慮して、成胤の説得を受け入れる形で、重保と重忠の勘当を許したという想定ができるだろう。

では、重忠が勘当を許されたことを報告した書状の受給者とは誰だったのだろうか。この書状には宛所がないので、状況証拠から類推するしかないが、かつて島津家文書に「畠山殿自筆状」が存在した点を重視すれば、島津氏に宛てられた可能性が高いだろう。島津家文書に自筆状が伝来していたのは、島津氏が受け取った書状の正文が、そのまま島津氏の手元に残された結果と考えられるからである。したがって、この文書の受給者は、島津氏の当主である忠久だったと推定される。

このように、島津家文書に伝来する畠山重忠書状案は、元久二年正月十四日、時政から勘当されていた重忠父子が、成胤の仲裁によって許されたことを、忠久に報告した書状だったと評価できるだろう。こうした理解を前提にして、書状が発給される背景となった御家人社会の動きについて再構成してみよう。

元久元年十一月、実朝の正室を迎えるため上洛した重保は、朝雅と酒宴の場で口論を起こして、朝雅に肩入れする祖父の時政から怒りを買った。時政は、口論の張本人である重保と、その父である重忠の二人に対して、勘当という厳しい処分を言い渡した。しかし、重忠の親族である成胤が仲裁に乗り出して、同二年正月十三日、鎌倉で頼朝の七回忌が催された機会に、重忠父子の勘当を許すように働きかけたと思われる。こうして時政は、成胤の説得に応じて、二人の勘当を許すことを了承した。喜んだ重忠は、その翌日に書状をしたためて、問題が解決したことを忠久に報告したのである。

こうした経過を踏まえた上で、あらためて問題にしたいのは、重忠が自分たちの勘当を許されたことを忠久に報告したのはなぜかという点である。それは、忠久が畠山氏と交流を持っており、重保や重忠が勘当されたことに心を痛めていたからではないだろうか。また、重忠の側でも、忠久が心配していることを承知していたので、勘当を許された翌日に書状を書き送って、遺恨が解消されたことを伝えたと考えられる。この書状をめぐる一連の動きは、すべて重忠を取り巻く親族を中心に展開しており、こうした関係性の一環に島津氏も連なっていた可能性は大きい。つまり、重忠と忠久は、単なる御家人の同輩という以上に、深い紐帯で結ばれていたと推察されるのである。

そこで、島津家に伝わる系図を参照すると、重忠の娘が忠久の正室となって、嫡男の島津忠時が誕生したことがわかる。[20] 忠久にとって、重忠は義父であり、重保は義理の兄弟という関係に当たっていた。この系譜には年齢的な疑問が指摘されており、[21] 婚姻の世代に何らかの錯誤が生じた可能性もある。しかし、重忠父子の勘当という身内の事情について、忠久が書状で報告を受けているのは、両者が近親者だった

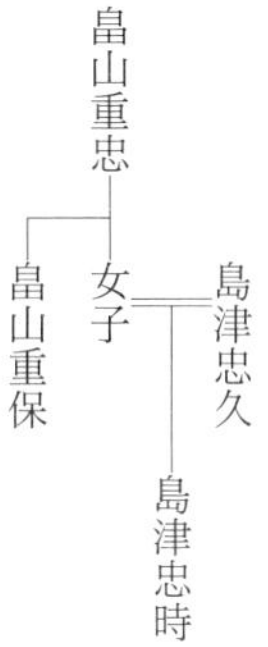

ことを示唆する事実といえるだろう。少なくとも、島津氏が畠山氏と婚姻関係を結んでいたという伝承には、一定の史実が反映されていたと考えなければならない。したがって、今後は畠山氏と島津氏の縁戚関係を前提にして、政治的な関係性の実態などを考察していく必要があるだろう。

そして、重忠父子の勘当が許されてから五ヵ月が経った元久二年六月、畠山重忠の乱が起きて、二人は北条氏によって滅ぼされることになる。『吾妻鏡』によれば、朝雅と口論した重保に対して恨みを抱いていた牧の方が、夫の時政に重忠父子の叛意を讒言したのが発端とされている。その結果、まず重保が鎌倉の由比浜で誅殺され、武蔵国の菅谷館から鎌倉に向かった重忠も、義時の率いる大軍と二俣川で戦って討死したという。こうして、重忠の直系は途絶えて、武蔵国で権勢を誇った平姓秩父氏の勢力は大きく後退することになった。

この事件の背景には、武蔵国の支配をめぐる北条氏と畠山氏の対立などが想定されているが、(22)重忠の書状から読みとれるように、畠山氏が一時的にでも許されている事実は、どのように理解すればよいのだろうか。重忠は遺恨がないと語っていたが、武蔵国の権力闘争によって生じた北条氏との亀裂は、当人が思っている以上に深刻なものだったのかもしれない。

以上のように、⑫の「畠山殿自筆状」を検討することによって、重忠の縁者である北条氏・千葉氏・平賀氏・島津氏などの関係性が明瞭に浮かび上がってきた。もちろん、これは推測を重ねて導かれた一つの解釈にすぎず、今後の研究で修正される可能性もあるが、この書状が鎌倉初期の政治史を考える上で重大な内容を含んでいることに異論はないだろう。

島津家文書の畠山重忠書状案は、畠山重忠の乱が起きる背景となった御家人社会の動静について物語る史料として、今後さらに詳細な検討が続けられなければならないだろう。

二、畠山重忠の遺産

（一）畠山重忠の家伝文書

重忠の一族は、元久二年六月の畠山重忠の乱によって滅亡した。しかし、畠山氏の名跡が断絶したわけではなく、北条氏の承認によって家名の存続が図られたという。『吾妻鏡』によれば、承元四年（一二一〇）五月、重忠の後家が所領を安堵されている。[23]この重忠の後家は、時政の娘であり、やがて足利義純と再婚して泰国を産んだ女性である。そして、泰国が畠山氏の名跡を継承して、源姓畠山氏として発展していった。室町幕府の管領となった畠山氏は、泰国を家祖とする源姓畠山氏の一族である。重忠の遺産は、基本的には源姓畠山氏の系統に継承されたと考えられる。[24]

しかしながら、畠山氏の縁者だった島津氏の系統にも、重忠の遺産が継承されたことが確認できる。それを具体的に裏づけるのが、島津氏重書目録の⑩「右大将家かんなかきの御自筆御書　八月十五日」に該当する源頼朝御教書である。

（花押《（源頼朝）》）

あす《（明日）》は、こふ《（国府）》のこなた《（此方）》にちむ《（陣）》のはら《（原）》といふところニ御すく《（宿）》候へし、いくさ《（兵）》たちニハ、こふ《（国府）》にはすく《（宿）》せすと申なり、かまへて《（構）》ひか《（僻）》事すな、あかうそ三郎を、やう〱ニせんニこひたるもの丶、ついふくしたるなり、たうし《（当時）》ハほうてう《（北条時政）》・庄司次郎《（畠山重忠）》ハ、けふ《（今日）》のひくわん《（非勘）》ニいらす《（入）》、しむへう《（神妙）》なり、このくに《（国）》ハきはめて《（極）》しむこく《（神国）》なり、かまへて《（構）》〱らうせき《（狼藉）》すな、御人《（具）くしたるもの》ともニ、みな《（皆）》ふれ《（触）》まわす《（廻）》へし、けふ《（今日）》らうせき《（狼藉）》したるものともは、こさた《御沙汰》あるなり、けふ《今日》のひくわん《非勘》ニい《入》らぬほと《程》に、あす《明日》のすく《宿》にてい《入》りなんハ、ゐこん《遺恨》のことにてあるへきなり、

八月十五日《文治五年》　　盛《平》時□《奉》

庄司次郎《畠山重忠》殿[25]

文治五年（一一八九）八月十五日、奥州合戦の陣中において、右筆の平盛時を奉者として発給された源頼朝御教書である。

頼朝は、藤原泰衡を追討するため、幕府軍を東海道・北陸道・下道の三道に分けて、それぞれ奥州平泉の攻略に向けて進発させた。重忠は、頼朝から大手軍の先陣を任されて、七月十九日に鎌倉を出陣している。[26] 最大の激戦地となった阿津賀志山（福島県伊達郡国見町）では、奥州藤原氏が防塁を築いて抗戦したが、重忠の率いる人夫が堀を埋めて、八月八日に幕府軍の攻撃が開始された。重忠は、最前線で激しい戦闘を繰り広げており、十日に頼朝の軍勢は阿津賀志山を突破して、十二日には陸奥国の国府がある多賀に到達した。[27] さらに十四日、頼朝は泰衡を追跡して、国府から玉造郡に向かっている。[28]

十五日の源頼朝御教書は、こうした戦況で先陣の重忠に宛てられた文書であり、明日は国府の付近に宿営することを指示して、軍勢たちに狼藉をさせないように厳命している。『吾妻鏡』における幕府軍の行程とも合致しており、重忠が軍勢を統制する役割を果たしていたことが読みとれる。

さらに文書の形態を詳細に検討すると、書体や様式などに問題はなく、頼朝の花押の形状や、盛時を奉者とする点などからも、頼朝が発給した真正な御教書であると判定できる。[29] また、宛所には「庄司次郎殿」とあり、重

忠が受給者だったことを示している。したがって、この源頼朝御教書は、島津氏が作成した案文などではなく、重忠の手に渡った文書の正文とみて間違いない。すなわち、この文書は、畠山家が所蔵していた重忠の遺産であり、本来ならば島津家に伝来するはずのない史料であった。

とすると、畠山氏から島津氏のもとに、文書が移動する機会があったと考えなければならない。むろん、それは畠山氏と島津氏との縁戚関係を介した移動だったとみるべきだろう。このように、畠山氏の遺産が、島津家に継承されたことが、文書の正文という具体的な物証から裏づけられるのである。

現在のところ、畠山氏の家伝文書だったと確実に断定できるのは、⑩の源頼朝御教書だけである。しかし、島津氏が継承した重忠の遺産が、この文書一点だけだったとは考えにくい。畠山氏の遺産は、複数の文書群として島津氏のもとに渡ったと想定するべきだろう。たとえば、島津氏重書目録の⑪「同御自筆御書　八月廿日」に該当する源頼朝書状案は、文治五年八月二十日、奥州合戦で先陣として宿営する武士たちに対して、二万騎の幕府軍が集結してから進攻するように指示した文書である。(30)奥州合戦で先陣を勤めたのは重忠なので、この書状を受け取った受給者も重忠だったと考えられる。島津家文書に現存する書状は案文であり、畠山氏から入手した文書の現物とはいえないが、島津氏重書目録には「同御自筆御書」とあるため、かつて自筆の正文が存在していたことは明らかである。したがって、この源頼朝書状案も、島津氏が継承した重忠の遺産に由来する可能性が高いだろう。

このように、島津氏が獲得した文書は、単独の文書ではなく、複数の文書群で構成されていたと推定される。かつて畠山氏が所蔵していた文書は、重忠の滅亡によって大部分が散逸したが、その一端が縁者の島津氏に継承されて、島津家文書の一部として現在に伝えられたのである。

（二）畠山重忠の相伝所領

島津氏は、畠山氏が持っていた文書だけでなく、その所領も継承していた可能性がある。島津氏が重忠の文書群を獲得していたとすると、当然その中には、所領の権利を認める文書も含まれていたと考えられる。そして中世社会において、所領を保証する文書の移行は、すなわち所領の権利そのものの移行を意味していた。とすれば、畠山氏から島津氏に文書が移動するのに伴って、重忠が知行していた遺領の一部も、島津家に継承されたのではないだろうか。

事実、畠山氏から島津氏に相伝されたと思われる所領の存在も確かめられる。元亨元年（一三二一）九月、島津忠宗は、息子の島津貞久に置文を残して、「むさしのくに（武蔵国）はちかた（鉢形）の越訴事」などを裁許することを命じている。[31] 武蔵国の鉢形で訴訟が起きており、その裁許を島津氏が担当していたのである。これは、武蔵国男衾郡の鉢形（埼玉県大里郡寄居町）が、島津氏の所領となっていたことを示している。男衾郡は、畠山氏が根拠地とした地域なので、鉢形の所領は重忠の遺領だった可能性が高いだろう。[32] このように、島津氏が継承した重忠の遺産は、単なる文書にとどまらず、その文書が保証する所領にも及んでいたのである。

では、重忠が持っていた文書や所領は、どのような経緯によって島津氏に相伝されたのだろうか。そうした事情を詳述した史料はないが、島津家の系図によれば、重忠の娘が忠久の妻となって、嫡男の忠時が誕生しており、畠山氏から島津氏に連なる系譜が明記されている。畠山氏の娘が島津氏に嫁いだことは事実とみてよいので、重忠の遺産は、こうした婚姻関係を通じて島津氏に相続されたと考えられる。

重忠の一族が持っていた所領は、畠山重忠の乱の直後に没収されて、勲功を挙げた武士に分配されたが、承元四年五月、重忠の後家に対して遺領が安堵されている。[33] 重忠の遺領は、重忠の後家に預けられて、嫡男の泰国に継承されることで、源姓畠山氏の所領として維持されたのである。とすれば、島津氏に嫁いだ畠山氏の娘に対しても、同様にして遺領が安堵されたと考えてよいのではないだろうか。すなわち、男衾郡の鉢形などの遺領は、畠山氏の娘に預けられてから、島津氏の嫡男に継承されたと想定されるのである。

このように、島津氏は、畠山氏の縁者という立場で、重忠に由来する文書や所領などを相伝していった。奥州合戦に関連する頼朝の文書や、男衾郡に所在する鉢形の所領は、畠山氏から島津氏に継承された遺産の一部だったと推定される。島津氏は、こうした重忠の政治的遺産を受け継ぐことによって、御家人社会で活躍する基盤を固めていったのである。

（三）畠山重忠の遺産と奥州合戦の由緒

島津氏は、畠山氏から継承した遺産を利用しながら、自身の政治的な立場を主張していった。島津家に伝わる家譜には、家祖の忠久が奥州合戦で先陣の副将を勤めたという功労が特筆されている。奥州合戦では、重忠が先陣として参戦しているので、忠久は重忠に従って武功を挙げたことになる。だが、こうした忠久の事績は、どこまで信頼できるものなのだろうか。ここでは、忠久の奥州合戦における活躍について検証することで、島津家における重忠の遺産の意義について確認していきたい。

島津氏は、先祖が奥州合戦で活躍したことを誇りとしており、近世の島津家が残した史料には、忠久が副将に抜擢されたという説明が散見している。たとえば、薩摩藩の島津斉彬が編纂させた『薩藩旧記雑録』には、「文治五年之秋　大将（源頼朝）軍奥州時、賜先鋒于畠山重忠、乃依重忠之求、使忠久為副将、重忠輔翼之、是時　大将自書教書賜于重忠、其書存当家也」という記述がみられる。(34) 奥州合戦において、先鋒を任された重忠の求めによって、忠久が副将になったと述べており、この時に頼朝が重忠に与えた「大将自書教書」が島津家に存在しているという。また、「忠久将先鋒之事、雖不載東鑑、右大将《（源頼朝）》之御書中昭晰也、是以此御書、自昔時当家相伝、深蔵笥底」という記述もある。[35] 忠久が先鋒となったことは、『吾妻鏡』には載っていないが、「右大将之御書」に明らかであり、その御書が島津家に相伝するというのである。

奥州合戦における忠久の活躍を物語る記述は枚挙に暇がないが、これらの故実の裏づけとなった「大将自書教書」・「右大将之御書」とは、畠山氏から継承した⑩の源頼朝御教書のことを指している。島津氏は、この文書を忠久と関連づけて解釈することで、先祖が奥州合戦で副将として活躍したという説を主張したのである。

その直接の論拠となったのは、源頼朝御教書における次の一節だった。

あかうそ三郎を、やう〱ニせんニこひたるものゝ、ついふくしたるなり、

では、島津氏は、この源頼朝御教書の一節をどのように解釈して、家祖である忠久の由緒を主張したのだろうか。『薩藩旧記雑録』の注釈を参考にしながら、詳しく確認していきたい。

まず、「あかうそ三郎」という人物について、「あかう／そ／三郎」に分割して説明している。「あかう」は、我が子という意で、頼朝が息子を呼んだ語であり、[36]「そ」は、所という意で、人物を指した用法であり、[37]「三郎」は、島津氏の家祖となった忠久の通称であるという。[38] つまり、「あかうそ三郎」とは、頼朝が息子の忠久のことを表記した呼称となる。また、「せんニこひたるものゝ」とは、「専ニ請ひたる者の」という意で、忠久が従軍を申請したことを意味しているという。[39] そして、「ついふくしたるなり」は、「付副したるなり」という意で、頼朝

や重忠に付き従ったことを示しており、忠久が先陣の副将となったことを表しているという。(40)このように考えると、頼朝が忠久の申請を承認して、先陣の重忠に従軍させたことになり、忠久が先陣の副将として活躍したことが読みとれるというのである。こうした説明は、島津氏の家譜などに採用されて、広範に流布する言説となっていくが、その論拠は「あかうそ三郎」以下の解釈にあり、いずれも源頼朝御教書から派生した説だったと判断できるだろう。

しかしながら、実際には、この源頼朝御教書の一節から、奥州合戦における忠久の活躍を読みとることは困難だと言わざるを得ない。そもそも「あかうそ三郎」を「我が子の三郎」という意にとって、頼朝の息子である忠久を指すという説は、明白な誤りであると断定できる。この説は、忠久の父親が頼朝だったという島津家の先祖認識に基づく説明である。忠久が頼朝の落胤だったという伝承は、すでに室町期の「山田聖栄自記」などに原型がみられるが、(41)現在の学界では否定されているため、(42)「あかうそ三郎」を忠久とする解釈が成立する余地はない。この人物は、出羽国由利郡赤宇曾郷（秋田県由利本庄市）か、陸奥国胆沢郡赤生津（岩手県胆沢郡前沢町）を名字の地とする武士であり、奥州藤原氏に属する敵方の勢力だったと考えられる。(43)また、それに続く「せんニこひたるもの丶、ついふくしたるなり」という部分は、「先ニ請ひたるものの、追捕したるなり」と読むべきだろう。つまり、「あかうそ三郎」は、早々に幕府軍への投降を試みたが、結局は追捕された人物だったと推定される。

このように、忠久が先陣の副将だったという説について検証した結果、その根幹となる史料的な論拠が疑問視されるという結論に至った。となれば、忠久が奥州合戦の前線にいたという論拠も崩れることになり、必ずしもこの合戦で輝かしい武功を挙げたとはいえなくなる。忠久が副将に抜擢されたという島津家の主張は、源頼朝御教書を独自に読解した一つの解釈にすぎなかったと考えるべきだろう。

島津氏の家祖である忠久は、近衛家の家司だった惟宗氏の出身で、摂関家と頼朝を結びつける役割を期待されて、鎌倉に下向して御家人として迎えられたと推定されている(44)。したがって、東国武士が名誉とした先祖の武功という点では、何ら特筆すべき戦歴を持たなかったと想像される(45)。そこで島津氏は、将軍のもとでの実績を誇示するために、重忠の政治的遺産を積極的に利用したのだろう。重忠に宛てた源頼朝御教書をもとに、奥州合戦における活躍を主張したのは、先祖の武功を創出しようとする試みの一例といってよい。島津氏は、重忠に由来する遺産を家の歴史に組み込むことで、家祖の忠久が奥州合戦の先陣として活躍したという由緒を形成していったのである。

ただし、ここで注意しておきたいのは、忠久が奥州合戦に参加したこと自体が虚構だったわけではない点である。島津家文書には、文治五年二月、忠久に対して、島津荘の庄官を率いて関東に参上することを命じた源頼朝下文が残されており、忠久が奥州合戦に参戦したことは、島津家でも周知の事実であった(46)。したがって、忠久が重忠に従って参戦していたという可能性も、一概に否定することはできないだろう。

しかし、『吾妻鏡』にも忠久の奥州合戦における記載はなく、戦場でどのような役割を担ったのかは不明だった。そこで、島津氏は、自身の家に伝来した文書を博捜して、忠久の戦場での役割を裏づける記述を求めたのだろう。奥州合戦で重忠に指示した源頼朝御教書は、そうした島津氏の要求に応える格好の素材であった。こうして、奥州合戦で先陣の重忠に宛てた文書が、忠久の従軍を物語る論拠として再解釈されて、重忠に従って先陣の副将を担ったという故実が確立されたのである。畠山氏から継承した重忠の遺産は、家祖の忠久による武功の証明として、特別な意味を付与されていたと考えられる。

こうした奥州合戦における忠久の由緒には、忠久の頼朝落胤説による影響が顕著なので、室町期以降に生まれた解釈とみるべきであり、近世大名に成長した島津家が推進した説だった可能性が高いだろう。(47) 源頼朝御教書の原本には、元禄十四年（一七〇一）三月、儒学者の林鳳岡による跋文が付されており、奥州合戦で忠久が活躍したという認識が提示されている。奥州合戦の由緒に理論的な根拠を与えたのは、島津家の依頼を受けた近世の儒学者たちであったかもしれない。

このように、先祖の武功を強調する島津氏の認識が明らかになったが、島津氏が重忠との関係から戦場で活躍したという解釈は、鎌倉期の政治的な活動を背景にして形成された可能性がある。鎌倉期の島津氏は、畠山氏の由緒を含めた政治的遺産を継承して、重忠を先例として意識しながら活動していたからである。

三、畠山重忠の記憶

（一）京都大番役における島津忠時

鎌倉期の御家人社会は、畠山重忠の乱で滅ぼされた重忠に対して、どのような認識を持っていたのだろうか。重忠の英雄譚が本格化する以前の記憶について、島津家文書に示された島津氏の認識をもとに検討してみたい。まず、重忠と島津氏との関係がうかがえる史料として、島津氏重書目録の⑧「同御書　閏六月廿九日」に該当する北条泰時書状案が挙げられる。

仰給候事、こまかに（細）うけ給候ぬ、さい京（在）して御心さしのわたらせ給候し事ハ、いかてかをろか（愚）のき（儀）候へき、たゝし御殿人のらうせき（狼藉）して候し事ハ、をろか（愚）ならす思ひまいらせ候、とてもちから（力）なき事にて候也、申させ給候御をん《（恩）》の事ハ、かみ《（上）》よりも御さた《（沙汰）》候へきよし《（由）》、おほせ《（仰）》くた《（下）》されて候し事にて候、ひんき《（便宜）》の時ハ、申さた《（沙汰）》すへく候也、兼又、はたけやま《（畠山重忠）》殿なんとにも、御ゆかり《（所縁）》候へハ、いよ〱おろか《（愚）》ならすこそ思ひまいらせ候事にて候へ、なにしに《（ふ脱カ）》かハ御ふしん《（不審）》候へき、あなかしく、

閏六月廿九日《（文暦二年）》　在判

泰時《（北条）》[48]

豊後修理亮殿《（島津忠時）》

文暦二年（一二三五）閏六月二十九日、忠久の息子である忠時が、京都から窮状を訴えてきたのに対して、執権の泰時が返答した書状である。後半に「はたけやま《（畠山重忠）》殿なんとにも、御ゆかり《（所縁）》候へハ」とあるので、島津氏と畠山氏の縁戚関係を示唆する傍証として、しばしば利用されてきた史料でもある。[49] しかし、これまでの研究は、この文言だけを切りとって論じる傾向があり、文書全体の意図を十分に汲みとってこなかったと思われる。そこで、この書状で泰時が述べている内容について、その政治的な背景なども含めて分析していきたい。

最初に泰時は、忠時からの訴えに対して、在京活動に意を尽くしている功労を認めた上で、御殿人が狼藉を起こした件について、並々ならぬ配慮をしているが、自分では力が及ばないと記している。

この狼藉に該当する事件が、藤原定家の日記『明月記』に記録されている。文暦二年六月十四日、閑院内裏の大番役を勤める武士が、衛府に属する下級職員である吉上と闘乱を起こしたという。この事件は、六波羅探題の極楽寺重時が公家に訴えたことで、張本人の吉上が招喚されて和解するという形で決着したらしい。[50] このように、泰時の書状にある御殿人の狼藉とは、宮中を警備する衛府の役人が、京都大番役を勤める御家人に乱暴を働いた事件とみてよいだろう。とすれば、忠時が在京していたのは、守護人として京都大番役に従事するためだったと

考えられる。忠時は、薩摩国の守護職を相伝していたので、[51]京都に御家人を動員して内裏を警固していたのだろう。文暦二年に薩摩国が京都大番役を勤仕したことは、これまでに知られていなかった事実である。[52]そして、忠時は、自身が統率する御家人が、内裏で大きな騒ぎを起こしたことで、面目を失うような状況に陥っていたと思われる。

また、『吾妻鏡』によれば、文暦二年七月二十三日、京都大番役の交代が遅れて一～二ヵ月を超過しているので、遅参した御家人には二ヵ月の勤仕を追加するように、幕府から六波羅探題に通達されている。[53]時期的にみても、こうした幕府による決定は、忠時の訴えに対応するものだった可能性が高いだろう。鎌倉期の京都大番役は、期限が三ヵ月か六ヵ月と定められており、本来ならば六月が終了した時点で帰途に就けるはずだった。しかし、文暦二年は閏六月まであるため、忠時は通常より延長して勤仕せざるを得なかった。しかも、交代要員が一向に到着しないという事態に悩まされていたと想像される。[54]

こうして忠時は、在京活動で直面した様々な苦難をしたためて、相応の恩賞をいただけるように、鎌倉の泰時に訴えたのだろう。泰時は書状において、忠時が求める恩賞については、将軍の九条頼経からも了承を得たので、機会があれば与えることを約束している。

さらに泰時は、忠時が重忠とも所縁のあることに触れて、いよいよ並々ならぬ配慮をすると言い添えている。島津氏と畠山氏の関係は、こうした忠時に対する労わりの文脈として登場するのである。泰時は、京都大番役で苦慮する忠時に向けて、重忠との紐帯に言及することで激励している。すなわち、島津氏にとって縁者の重忠は、在京活動の士気を高める特別な存在として記憶されていたと考えられる。

では、在京して御家人を統率する島津氏にとって、畠山氏が精神的な支えとなり得たのはなぜなのだろうか。

重忠に対する忠時の認識について、さらに島津家文書を手がかりに追究してみたい。

（二）承久の乱における島津忠時

島津氏は、京都大番役を遂行するに当たって、畠山氏との所縁を強く意識していたとみられるが、在京活動を展開する忠時にとって、重忠はどのような存在として認識されていたのだろうか。忠時が抱いていた認識については、承久三年（一二二一）に起きた承久の乱における行動に、端的に表れているように思われる。

次に掲げたのは、島津氏重書目録の④「□□御教書　五月十九日」に該当する北条義時書状案である。

三郎兵衛殿（島津忠時）、むさしのかみ（北条泰時）と京上事、承了、神妙候、恐々、
五月十九日（承久三年）　　在判（北条義時）[55]

承久三年五月十九日、忠時が泰時と一緒に京都に攻め上ることを、執権の義時が承認している書状である。忠時は、承久の乱において、泰時に従って京方の軍勢と戦ったのである。しかも、義時の感心する口ぶりからすれば、忠時は強制的に動員されたわけではなく、積極的に志願して泰時に付き従ったとみるべきだろう。この文書は、忠時の活動が確認できる初見でもあり、おそらく忠時は初陣として戦場に臨んだものと推定される。

この日、義時は東国の武士たちに対して、北条時房と泰時が出陣することを告げて、一族を挙げた参戦を呼びかけている。[56]泰時は、京方との衝突が予想される幕府軍の先陣を担っていたのである。それでは、忠時は、なぜ身の危険を冒してまで、先陣の泰時に従うことを決意したのだろうか。もちろん、主戦場で武功を挙げて恩賞を

獲得したいという打算も働いたと思われるが、幕府軍の先陣という立場に対して、忠時が特別な思い入れを持っていたという事情もあったのではないか。

この文書が発給された五月十九日は、『吾妻鏡』によれば、鎌倉で義時を中心とする評議が行われて、京都に軍勢を派遣することが決定された日に当たっていた。そして、『慈光寺本承久記』によれば、幕府軍の陣容を決める評議の場において、義時が「故大将《（源頼朝）》殿ノ御時、軍ノ先陣ヲバ畠山庄司次郎重忠コソ承シカドモ、其人共ハ今ハナシ。今度ノ先陣、誰ニカ有ベキ」と発言している。[57] 朝廷との軍事衝突を覚悟した緊迫した場面で、かつて先陣を勤めた重忠の記憶が呼び起こされたのである。すなわち、承久の乱における幕府軍の先陣は、頼朝の時代に先陣を担った重忠のことを意識しながら決定されたと考えられる。

なお、頼朝の時代における重忠の先陣とは、頼朝の二度にわたる上洛のことを指している。建久元年（一一九〇）、頼朝が後白河法皇の要請で上洛した時、重忠が名誉ある先陣に抜擢されて、多数の御家人たちを従えながら入京している。[58] また、建久六年（一一九五）、頼朝が東大寺供養で上洛した時にも、重忠が先陣となって東海道を先導している。[59] 評議の場における義時の発言は、こうした先例を念頭に置いたものであり、重忠の存在は、御家人を率いて京都に進軍する先陣として印象づけられていたのである。

したがって、承久の乱で幕府軍の先陣に選ばれた人物には、二度の上洛で面目を施した重忠と同様の働きが期待されたとみてよいだろう。評議の結果、白羽の矢が立ったのは、時房と泰時の二人であった。とりわけ泰時の果たした役割は大きく、東国の軍勢を待たずに十八騎のみで先発して、各地の武士を糾合しながら東海道を進軍している。こうして幕府軍は、東海道・東山道・北陸道に分かれて、それぞれ複数の大将軍に統率されながら京都を目指したのである。

さて、④の北条義時書状案によれば、重忠と親しい間柄にあった忠時は、先陣の泰時に従軍することを志願して認められているが、その泰時が重忠の先例を踏まえて先陣に選ばれていた点は、きわめて示唆的な関係にあるといわなければならない。思うに島津氏は、重忠の縁者であることを背景にして、重忠の先例を踏襲することを意図した行動をとったのではないだろうか。つまり、忠時が先陣に従軍することを望んだのは、自身を重忠に重ね合わせた決断だった可能性がある。それゆえに、あえて先陣の一翼を担うことを願って、先陣となった泰時の軍勢に身を投じたのではないかと考えられる。(60)

承久の乱で、東海道・東山道を進む幕府軍は、美濃国の大井戸渡・摩免戸・墨俣などで京方の軍勢を破り、六月七日、美濃国の野上宿・垂井宿に陣を設けて、京近郊の要所を攻める配置について評議した。そして、六月十三日から十四日にかけて、京方の防衛線である宇治・勢多などで激しい戦いが繰り広げられた。この宇治川合戦では、鎌倉方に多数の死傷者が出ており、忠時の親族である若狭忠季も討死している。また、泰時の従者からも十名の死者が報告されており、忠時も命懸けの戦闘を強いられたはずである。(61)

ところで、この宇治川の戦場は、寿永三年（一一八四）正月、鎌倉方の源範頼と源義経が、京方の木曾義仲と戦って勝利した故地でもあった。寿永の宇治川合戦では、重忠が二十一歳にして五百騎の軍勢を率いて活躍したといわれており、烏帽子子の大串重親を大力で対岸に投げ飛ばして、先陣として渡河させたという逸話が知られている。(62)承久の乱における忠時は二十歳だったので、重忠とほぼ同年齢で宇治川の戦場に立ったことになる。京方の軍勢を相手に奮闘する忠時の脳裏には、御家人社会に語り継がれる重忠の勇姿が想起されていたに違いない。忠時は、この戦いで七人の敵を討ち取って、二人を生虜にするという目覚ましい戦果を挙げている。(63)

こうして幕府軍は、宇治川合戦などで勝利して京方の防衛線を破ると、ついに入京して朝廷を制圧することに成功した。泰時は、鎌倉へは戻らずに在京を継続して、初代の六波羅探題として戦後処理に当たっている。忠時は、島津氏重書目録⑤・⑥・⑦の北条泰時書状によると、しばらく西国に滞在して、泰時と連携しながら活動していたと考えられる。忠時の奉公に感激した泰時は、数度に渡って忠久に書状を送って、その息子の働きぶりに感謝の意を表している。(64) 忠時は、承久の乱で先陣の一員に加わることで、後に執権となる泰時から厚い信頼を得て、島津氏の発展に大きく貢献したのである。

このように、島津家文書を中心に忠時の活動を追ってみると、承久の乱における忠時が、重忠との関係を理由にして、先陣の泰時に従うことを承認されたことは、歴史的な事実とみて差し支えないと思われる。治承・寿永の内乱で多くの武功を挙げて、幕府軍の先陣として上洛を遂げた重忠は、島津氏にとって崇敬すべき対象として記憶されていたのである。

(三) 畠山重忠の記憶の政治的意義

承久の乱における忠時が、先陣の泰時に従って京都に攻め上ったのは、重忠を踏襲することを意識した行動だったと考えられる。こうした忠時の活動が功を奏して、島津氏は恩賞として全国的な拠点を獲得するに至った。島津氏の当主である忠久は、承久の乱の勲功として、信濃国の太田荘の地頭職を与えられて、(65) 越前国の守護職にも任じられている。(66) 忠久の次男である忠綱は、越前国の守護代となって、子孫は越前島津氏として発展していった。また、忠久の嫡男である忠時は、宇治川合戦で討死した忠季の跡を継承して、若狭国の守護職に任じられており、国中に生じた京方の没官領を預けられたという。(67) さらに、越前国の生部荘と久安保重富、(68) 伊賀国の長田郷、(69) 近江国の興福寺荘、(70) 讃岐国櫛無保などの地頭職を得ていたことも確認できる。(71)

これらの勲功の所領は、島津氏の全国的な展開を支える基盤を形成したと考えられる。島津氏にとって、承久の乱で泰時に従軍した忠時の行動が、御家人として飛躍する重要な契機となったことは疑いない。そして、先陣に身を置くという忠時の決断が、重忠との関係に基づいて承認されたとすれば、島津氏の政治的な発展は、重忠の政治的遺産に保証される側面があったと評価することもできるだろう。

さて、こうした島津氏の認識を前提にして、あらためて⑧の北条泰時書状案の内容について考えてみたい。文暦二年閏六月、京都大番役で御家人の統率に苦慮する忠時に対して、泰時は「はたけやま《（畠山重忠）》殿なんとにも、御ゆかり《（所縁）》候へハ」と述べて、重忠との結びつきを強調しているが、これは重忠が二度の上洛で先陣を勤めたという故実を踏まえた言葉だったのではないだろうか。泰時は、承久の乱で忠時と行動を共にした経験から、重忠を先例として重んじる忠時の認識について熟知していたと思われる。そこで、京都まで御家人を先導した重忠の事績を想起させることで、京都で御家人を統率する忠時のことを鼓舞しようと考えたのだろう。島津氏にとって、重忠は行動の規範となるような特別な存在であり、在京して御家人を統率する際にも、精神的な支えとして効力を発揮したと想察されるのである。

このように島津氏は、重忠との関係を強く意識しながら発展した御家人であった。島津氏は、重忠の財産だけでなく、重忠の記憶をも含めた政治的遺産を継承する一族だったのである。後世になって、奥州合戦で忠久が副将を勤めたという解釈が生まれた淵源も、重忠との関係を重視する島津家の認識に求めることができるだろう。

そして、こうした重忠の記憶は、島津氏だけに限定された話ではなく、御家人社会にも広く共有されるものだった。承久の乱における義時が、重忠の先例を意識しながら幕府軍の先陣を決定したのは、政治の舞台で重忠の記憶が参照された例証といってよい。鎌倉幕府の草創期に活躍した御家人の記憶は、先祖たちの遺した先例として御家人社会に深く刻まれており、幕府の政治的な活動を規定する故実としても機能したのである。

また、御家人社会に蓄積された重忠の故実は、重忠の英雄譚が生成される思想的な基盤を形成したと推測される。延応二年には成立が確認できる『畠山物語』は、重忠の記憶を理想化して結実させた物語だったと考えてよいだろう。(72) 鎌倉末期に東国で成立した『真名本曾我物語』には、重忠が曾我兄弟に理解を示して激励する人物として肯定的に描かれており、中世社会に流布していた重忠像の一端を知ることができる。(73) 鎌倉後期に北条氏の周辺で編纂された『吾妻鏡』にも、重忠の英雄譚が原史料として取り込まれた可能性が高く、重忠を御家人の模範として評価する認識が定着していた様子がうかがえる。(74)

さらに想像をたくましくすれば、こうした鎌倉初期の先祖たちの「神話」を共有することで、御家人に精神的な連帯が生まれて、幕府の構成員としての意識が醸成される側面もあったのではないかと考えられる。

このように、御家人の政治的な活動について、先祖の記憶という観点から追究することは、今後の東国武士論における重要な課題といえるだろう。

おわりに

以上、鎌倉期の島津家文書を中心にしながら、重忠の政治的遺産について考察してきた。まずは、本稿で論じてきた内容を要約しておきたい。

島津家文書には、元久二年正月十四日に重忠が発給したと推定される書状案が伝来している。この文書は、畠山重保と平賀朝雅の対立を発端として、北条時政から勘当という処分を受けた重忠父子が、千葉成胤の仲裁によって許されたことを島津忠久に報告した書状だったと考えられる。この事件は、畠山重忠の乱が起きる前提でもあり、鎌倉初期の政治情勢を検討する上でも重要な意味を持っている。また、一連の騒動は、重忠の縁者を中心として展開しており、畠山氏と島津氏が婚姻関係にあったことがうかがえる。

島津家文書には、奥州合戦で重忠に宛てた源頼朝御教書が伝来しており、重忠の遺産が島津氏に継承されていたことが実証できる。島津氏は、畠山氏との婚姻関係を通じて、重忠の遺産である文書や所領などを獲得した。そして、島津氏は、重忠の遺産である源頼朝御教書を利用することで、家祖の忠久が奥州合戦で副将になったという由緒を形成していった。

鎌倉期の島津氏は、重忠を規範として仰ぎながら、政治的な活動を展開していた。承久の乱では、忠時が泰時に従うことを志願して、先陣の軍勢に属して武功を挙げている。また、京都大番役で御家人を統率する際にも、重忠による二度の上洛を意識していたと思われる。こうした島津氏の活動は、幕府軍の先陣として活躍した重忠の事績を踏まえていた可能性が高い。さらに、重忠の記憶は、島津氏だけでなく、北条氏を含む幕府の首脳部にも共有されて、御家人社会の財産として定着していったのである。

このように、鎌倉初期に光芒を放った重忠の軌跡は、畠山氏の滅亡後にも忘却されることなく保持されていた。重忠の記憶は、御家人社会に浸透することで純化されて、理想的な英雄像として、後世の物語・記録・伝説などに多大な影響を与えたと推察されるのである。

最後に、武蔵国を本領とした畠山氏の子孫が、東国から遠く離れた九州地方で存続していたと思われる点に論及しておきたい。重忠の直系に連なる子孫は、畠山重忠の乱で姿を消したが、畠山氏の末裔と推定される一族が、九州地方に点々と足跡を残していることが確認できる。

弘安八年（一二八五）九月の豊後国図田帳案には、豊後国大分郡阿南荘吉藤名の領主として、「畠山十郎重末」が記載されている。(75) この人物は、平姓秩父氏の通字である〝重〟を称しており、重忠の一族だった可能性がきわめて高い。(76) 島津氏の家祖である忠久は、嘉禄二年（一二二六）正月に豊後守に任じられて、(77) 安貞元年（一二二七）六月に死去するまで、その地位にあったことが知られている。(78) とすると、畠山氏の子孫が豊後国に西遷した背景として、豊後守だった忠久の影響力を想定することができるかもしれない。

また、『蒙古襲来絵詞』によれば、弘安四年（一二八一）閏七月、弘安の役において、忠時の孫である島津忠光に属した人物として、「はたけやま《（畠山）》のかくあみたふ《（覚阿弥陀仏）》」が確認できる。(79) この畠山覚阿は、島津氏の被官として働いているので、島津氏との関係を通じて西遷した一族だったと考えられる。さらに注目されるのは、畠山氏が「ほんた《（本田）》の四郎さゑ《（左衛）》門かねふさ《（兼房）》」と共に竹崎季長らの証人となっており、本田氏と連携しながら活動していた点である。本田氏は、武蔵国男衾郡の本田郷（埼玉県深谷市）を本領とした東国武士で、畠山氏の根本被官として名の知られた存在だった。鎌倉初期の本田近常は、重忠の側近として行動を共にして、最期は二俣川の合戦で自害している。(80) そして、本田氏の一族には、畠山氏を通じて島津氏の被官となって、薩摩国に移住した人物がいたことが指摘されている。(81) 建久七年（一一九六）七月、本田貞親が忠久に供奉して島津荘に下向したといわれており、(82) 宝治二年（一二四八）七月には、本田五郎兵衛尉が薩摩郡宮里郷の地頭代として在国している。(83) 畠山氏と本田氏は、ともに島津氏の被官として薩摩国に渡って、弘安の役で忠光に従って活動していたのである。年代的にみると、本田氏が先行して九州に下向して、重忠の没落後に畠山氏が西遷したと考えるのが自然だろう。

このように、重忠の一族とみられる畠山氏が、鎌倉後期に九州地方の武士として存続していたことが判明する。これらの畠山氏は、正確な系譜こそ未詳だが、重忠の滅亡後、縁戚関係にあった島津氏に導かれて、武蔵国から西遷した一族だったと推定できるだろう。忠久は、島津荘の所領支配に携わる要員として、権力闘争に敗れた御家人の関係者を採用しており、畠山氏もその一員だったと考えられている[84]。また、島津氏は、重忠の政治的遺産を継承して発展したので、自身の家の由緒を支える存在として、畠山氏の子孫を積極的に保護した可能性もあるだろう。このように、平姓畠山氏の重忠は、畠山重忠の乱によって滅亡したが、その子孫たちは縁者や被官との人脈を利用して、島津氏の本拠地である九州地方で命脈を保ったのである[85]。

一方、武蔵国で重忠の遺領の中核部分を相伝したのは、畠山氏の名跡を継承した源姓畠山氏だったといわれている。源姓畠山氏は、足利氏の一門として鎌倉を中心に活動しており、鎌倉後期には在京して六波羅評定衆に任じられたという[86]。そして、室町期になると飛躍的な発展を遂げて、幕府の管領として政治的な地位を盤石なものとした[87]。

このように、重忠の後継者というべき氏族として、平姓畠山氏と源姓畠山氏が併存していたことを指摘できる。二つの畠山氏が、相互をどのように意識していたのかは判然としないが、それぞれが重忠の政治的遺産を継承すべき存在として活動を続けていたと想像される。

こうした重忠の政治的遺産を研究することは、畠山氏の政治的な影響力を明らかにするだけでなく、武士像の歴史的な変遷を跡づけることにもつながるものと思われる。今後、このような視角から史料を読み直すことで、東国武士の内面にも踏み込んだ実像が総体的に解明されていくことを期待したい。

注

（1）重忠に関する研究は枚挙に暇がないが、主要な参考文献の一部を以下に列挙する。貫達人『畠山重忠』（吉川弘文館、一九六二年）、八代国治・渡辺世祐『武蔵武士』（有峰書店、一九七一年）、安田元久『武蔵の武士団――その成立と故地をさぐる――』（有隣堂、一九八四年）、岡田清一編『河越氏の研究』（名著出版、二〇〇三年）、埼玉県立嵐山史跡の博物館・葛飾区郷土と天文の博物館編『秩父平氏の盛衰――畠山重忠と葛西清重――』（勉誠出版、二〇一二年）、清水亮編著『畠山重忠』（戎光祥出版、二〇一二年）。

（2）（延応二年（一二四〇））七月十一日頼舜書状（「東山御文庫所蔵藤原定家書写『平範記』紙背文書」、『鎌倉遺文』八巻五五九五号）、（仁治元年（一二四〇））七月十六日守康書状（「東山御文庫所蔵藤原定家書写『平範記』紙背文書」、『鎌倉遺文』八巻五六〇七号）。

（3）武久堅「『畠山物語』との関連――延慶本平家物語成立過程考――」（『文学』第四十四巻第一〇号、一九七六年）、徳田和夫「畠山氏の物語と奈良絵本「いちもち」――六郎重保の伝承と語り物――」（同『お伽草子研究』三弥井書店、一九八八年）、若松良一「鎌倉御家人畠山重忠の軌跡」（埼玉県立嵐山史跡の博物館・葛飾区郷土と天文の博物館編『秩父平氏の盛衰――畠山重忠と葛西清重――』勉誠出版、二〇一二年）。

（4）『吾妻鏡』における重忠の評価には、北条氏を正当化する論理が内包されていたという。畠山重忠の乱では、北条義時が重忠を擁護したにも関わらず、時政が畠山氏の誅殺を強硬に主張して追討を進めた。そして、重忠の無実が証明されたことで、時政は政治的に失脚して、庶流の義時が実権を握ったとされる。したがって、義時の子孫たちが正統性を主張するためには、重忠を誅殺した時政の行為を否定する必要があった。こうした事情から、重忠の優れた人間性が強調されるようになったと考えられる。五味文彦『増補吾妻鏡の方法』（吉川弘文館、二〇〇〇年）。

（5）村松篤「武蔵武士畠山重忠ゆかりの地」（清水亮編著『畠山重忠』戎光祥出版、二〇一二年、初出二〇〇五年）、拙稿「畠山重忠伝承」（北条氏研究会編『武蔵武士を歩く――重忠・直実のふるさと　埼玉の史跡――』勉誠出版、二〇一五年）。

（6）岡田清一「畠山重忠――虚像と実像――」（埼玉県立嵐山史跡の博物館・葛飾区郷土と天文の博物館編『秩父平氏の盛衰――畠山重忠と葛西清重――』勉誠出版、二〇一二年）。

（7）東京大学史料編纂所編『大日本古文書』家わけ第十六　島津家文書之一（東京大学出版会、一九七一年）。島津家文書の概要については、山本博文・石上英一「東京大学史料編纂所所蔵島津家文書の情報化」（文部省科学研究費補助金重点領域研究「沖縄の歴史情報研究」総括班研究成果報告書、課題番号六二〇八一〇二、一九九八年）を参照した。

（8）野口実「鎌倉武士と報復――畠山重忠と二俣川の合戦――」（清水亮編著『畠山重忠』戎光祥出版、二〇一二年、初出二〇〇二年）。

（9）（年未詳）島津氏重書目録（『島津家文書』、『大日本古文書』家わけ第十六　島津家文書之一、一六三号）。

（10）「島津氏重書目録」の欄は、島津氏重書目録に記載された文書名であり、「和暦年月日」以下の欄は、それに対応する島津家文書の情報である。なお、⑨の「二位家御書」は、これまで北条泰時書状案といわれてきた文書であるが、ここでは北条政子書状案と名付けるべき文書であると判断した。この文書は、島津忠時に恩賞を約束した仮名書きの書状で、政子の発給とみて大過ないと考えるが、その年代比定や政治的な背景なども含めて、今後のさらなる検討が必要だろう。

（11）（元久二年（一二〇五）カ）正月十四日平某書状案（『島津家文書』、『大日本古文書』家わけ第十六　島津家文書之一、三〇一号、『平安遺文』一一巻補三九一号）。『平安遺文』は、治承五年（一一八一）の文書として、発給者を平盛時と推定しているが、いずれも確実なものではない。なお、署名の裏面に花押が確認できるが、これは発給者の裏花押ではなく、案文の作成者が据えた継目裏花押の一部とみられる。

（12）注（8）前掲論文は、この書状を元久二年の文書と推定して、畠山氏と千葉氏の関係などに言及している。本稿も基本的にはこの説を支持して論を進めたい。

（13）久保田和彦「鎌倉御家人列伝」（福田豊彦・関幸彦編『「鎌倉」の時代』山川出版社、二〇一五年）。

（14）「六郎」と「三郎」については、重忠の息子である重保と重秀（重季）の兄弟に比定することも可能かもしれない。その場合、重忠が自分の息子たちの勘当を許したことを伝える書状だったという可能性が浮上するだろう。ただし、重秀（重季）の通称は「小次郎」であり、重忠の「次郎」とは明確に使い分けられている。本稿では、史料の表記を尊重して、「三郎」は重忠を指していると解釈した。

（15）『吾妻鏡』元久元年（一二〇四）十一月廿日条。

(16) 注（8）前掲論文。
(17)『吾妻鏡』文治三年（一一八七）九月廿七日条、十月四日条。細川重男「鎌倉期の血縁、婚姻関係」（関幸彦編『武蔵武士団』吉川弘文館、二〇一四年）参照。
(18) 頼朝は、正治元年（一一九九）正月十三日に死去しており、遺骨は鎌倉の右大将家法華堂に埋葬されて、毎月の命日ごとに恒例の仏事が営まれた。年忌法要については、少なくとも建長四年（一二五二）の五十四回忌まで継続されていることが確認できる。榎本栄一「『吾妻鏡』における仏典と法会・修法について」（『東洋学研究』第二四号、一九八九年）。
(19)『吾妻鏡』承元三年（一二〇九）六月十三日条。
(20) 尚古集成館編『島津氏正統系図』（島津家資料刊行会、一九八五年）。
(21) 重忠は『吾妻鏡』によれば長寛二年（一一六四）の誕生だが、忠久は『山槐記』によって治承三年（一一七九）に左兵衛尉に任官していたことが確認できる。したがって、忠久は重忠よりも年上だったと想定されるという。野口実「惟宗忠久について」（同『中世東国武士団の研究』高科書店、一九九四年）。
(22) 清水亮編著『畠山重忠』（戎光祥出版、二〇一二年）。畠山重忠の乱が、武蔵国の武士社会に及ぼした政治的な影響については、拙稿「畠山重忠の乱と河越氏の復権」（『武蔵野ペン』第一六七号、二〇一六年）なども参照。
(23)『吾妻鏡』承元四年（一二一〇）五月十四日条。
(24) 渡政和「鎌倉時代の畠山氏について」（注（22）前掲書、初出一九九〇・一九九一年）、彦由三枝子「足利氏と畠山氏――岩松畠山氏の成立――」（注（22）前掲書、初出二〇〇五年）、湯山学『中世南関東の武士と時宗』湯山学中世史論集5（岩田書院、二〇一二年）。
(25)（文治五年（一一八九））八月十五日源頼朝御教書（『島津家文書』、『大日本古文書』家わけ第十六　島津家文書之一、一九三号、『鎌倉遺文』一巻四〇一号）。
(26)『吾妻鏡』文治五年（一一八九）七月十七日条、同十九日条。
(27)『吾妻鏡』文治五年（一一八九）八月十二日条。
(28)『吾妻鏡』文治五年（一一八九）八月十四日条。
(29) 黒川高明『源頼朝文書の研究』研究編（吉川弘文館、二〇一四年）。

(30)（文治五年（一一八九））八月二十日源頼朝書状案（『島津家文書』、『大日本古文書』家わけ第十六　島津家文書之一、三〇一号、『鎌倉遺文』一巻四〇二号）。この文書は、『吾妻鏡』同日条にも利用されている。

(31) 元亨元年（一三二一）九月六日島津道義〈忠宗〉置文（『島津家文書』、『大日本古文書』家わけ第十六　島津家文書之一、一四六号、『鎌倉遺文』三六巻二七八五七号）

(32) 湯山学『中世南関東の武士と時宗』湯山学　中世史論集5（岩田書院、二〇一二年）。

(33) 注（23）前掲史料。

(34)『薩藩旧記雑録』巻二（鹿児島県維新史料編さん所編『鹿児島県史料』旧記雑録前編1、鹿児島県、一九七八年）七〇頁。

(35)『薩藩旧記雑録』巻二（鹿児島県維新史料編さん所編『鹿児島県史料』旧記雑録前編1、鹿児島県、一九七八年）六八頁。なお、この記述は、島津家の家譜からの引用で、「右大将」などが擡頭にして書かれている。

(36)『薩藩旧記雑録』には「則あかうハ吾子也、（中略）然則あかうハ二品《（源頼朝）》対重忠、指御子忠久言之」とある。

(37)『薩藩旧記雑録』には「所者方也、如某方也、古文書之中多有之詞也」とある。

(38)『薩藩旧記雑録』には「三郎者、二品《（源頼朝）》之長庶子島津之元祖従五位下太夫判官兼豊後守忠久幼名也」とある。

(39)『薩藩旧記雑録』には「専ニ也、ニ者助語也」「為請者之也、ひ者比也者、是指忠久言之御詞也」とある。

(40)『薩藩旧記雑録』には「為付副也、（中略）忠久付副于二品《（源頼朝）》而総轄而在先陣也、又一説二品已命先陣於重忠之後、応諸軍之需而使忠久為副将」とある。

(41)「山田聖栄自記」（鹿児島県史料刊行委員会編『鹿児島県史料集』鹿児島県立図書館、一九六七年）。

(42) 代表的な研究としては、朝河貫一『島津忠久の生ひ立ち――低等批評の一例――』（慧文社、二〇〇七年、初出一九三九年）、竹内理三「島津氏源頼朝落胤説の起り」（『日本歴史』第四九号、一九五二年）、井原今朝男「鎮西島津荘支配と惣地頭の役割――島津荘と惟宗忠久――」（同『日本中世の国政と家政』校倉書房、一九九五年、初出一九七七年）などが挙げられる。

(43) 吉川徹「あかうそ三郎について」（『鶴舞』第四五号、一九八二年）、遠藤巖「あかうそ三郎」（『六軒丁中世史研究』第八号、二〇〇一年）。

(44) 保立道久「源義経・源頼朝と島津忠久」（『黎明館調査研究報告』第二〇号、二〇〇七年）。

(45) 鎌倉期の東国武士が、源氏のもとでの先祖武功を重視していたことは、今野慶信「東国武士団と源氏臣従譚」（『駒沢大学史学論集』第二六号、一九九六年）、入間田宣夫『中世武士団の自己認識』（三弥井書店、一九九八年）などを参照した。
(46) 文治五年（一一八九）二月九日源頼朝下文（「島津家文書」、『大日本古文書』家わけ第十六　島津家文書之一、九号、『鎌倉遺文』一巻三六四号）。
(47) 忠久が頼朝の息子だったという説は否定されているが、源頼朝御教書の「あかうそ三郎」を忠久に比定する説は、島津家文書を翻刻した多くの史料集に採用されており、現在の研究にも少なからぬ影響を及ぼしている。
(48) （文暦二年（一二三五））閏六月二十九日北条泰時書状案（「島津家文書」、『大日本古文書』家わけ第十六　島津家文書之一、三〇一号、『鎌倉遺文』七巻四七八五号）。
(49) 五味克夫「薩摩国島津氏の被官について」（同『南九州御家人の系譜と所領支配』戎光祥出版、二〇一七年、初出一九六四年）、注（8）前掲論文。
(50) 『明月記』文暦二年（一二三五）六月十四日条。木村英一『鎌倉時代公武関係と六波羅探題』（清文堂出版、二〇一五年）。
(51) 島津氏は、かつて若狭国・越前国・日向国・大隅国の守護職も兼任していたが、文暦二年の時点で補任が確認できるのは薩摩国の守護職だけである。佐藤進一『増訂鎌倉幕府守護制度の研究』（東京大学出版会、一九七一年）、伊藤邦彦『鎌倉幕府守護の基礎的研究【国別考証編】』（岩田書院、二〇一〇年）。
(52) 五味克夫「薩摩国御家人の大番役勤仕について――付、宮里郷の地頭・郡司・名主等について――」（同『鎌倉幕府の御家人制と南九州』戎光祥出版、二〇一六年、初出一九七六年）。
(53) 『吾妻鏡』嘉禎元年（一二三五）七月廿三日条。
(54) 幕府から六波羅探題に通達された内容には、京都の刃傷・殺害に加担する武士がいた場合は検非違使庁の処置とする決定も含まれていた。場合によると、京都大番役で在京していた武士が、こうした事件に関与していた可能性もあるかもしれない。
(55) （承久三年（一二二一））五月十九日北条義時書状案（「島津家文書」、『大日本古文書』家わけ第十六　島津家文書之一、三〇一号、『鎌倉遺文』五巻二七四七号）。以下、承久の乱の経過については、長村祥知『中世公武関係と承久の乱』（吉川弘文館、二〇一五年）を参考にした。
(56)『吾妻鏡』承久三年（一二二一）五月十九日条。
(57)『慈光寺本承久記』上（新日本古典文学大系四三、岩波書店）三二九頁。なお、『慈光寺本承久記』は、諸本の中でも史料的な価値が高いとされる写本である。野口実「慈光寺本『承久記』の史料的評価に関する一考察」（『京都女子大学宗教・文化研究所研究紀要』第一八号、二〇〇五年）参照。
(58)『吾妻鏡』建久元年（一一九〇）十月二日条、同十一月七日条。
(59)『吾妻鏡』建久六年（一一九五）二月十日条、同十四日条。
(60) 承久三年五月二十二日、泰時が十八騎で鎌倉を進発しているが、『吾妻鏡』に忠時の名前は記されていない。忠時は、泰時の従者として同行を許されたので、正式な御家人の交名には記されなかったのだろう。『吾妻鏡』承久三年（一二二一）五月廿一日条、同廿二日条。
(61)『吾妻鏡』承久三年（一二二一）六月十八日条。
(62)『延慶本平家物語』（第五本）七「兵衛佐ノ軍兵等付宇治勢田事」（北原保雄・小川栄一編『延慶本平家物語』本文篇下、勉誠社、一九九〇年）二〇三頁、『高野本平家物語』巻第九「宇治川先陣」（新編日本古典文学全集四六、小学館）一六八頁。
(63) 注（61）前掲史料。
(64)（承久三年（一二二一））七月十二日北条泰時書状（「島津家文書」、『大日本古文書』家わけ第十六　島津家文書之一、一八号、『鎌倉遺文』五巻二七六五号）、（承久三年（一二二一））七月十五日北条泰時書状案（「島津家文書」、『大日本古文書』家わけ第十六　島津家文書之一、三〇一号、『鎌倉遺文』五巻二七七六号）。
(65) 承久三年（一二二一）七月十八日関東下知状案（「島津家文書」、『大日本古文書』家わけ第十六　島津家文書之一、三〇一号、『鎌倉遺文』五巻二七七七号）。
(66) 承久三年（一二二一）七月十二日関東下知状（「島津家文書」、『大日本古文書』家わけ第十六　島津家文書之一、一七号、『鎌倉遺文』五巻二七六四号）。注（51）前掲論書。
(67) 承久三年（一二二一）七月十二日北条泰時書状案（「島津家文書」、『大日本古文書』家わけ第十六　島津家文書之一、三〇一号、『鎌倉遺文』五巻二七六六号）。

（68）承久三年（一二二一）八月二十五日関東下知状（「島津家文書」、『大日本古文書』家わけ第十六　島津家文書之一、二〇号、『鎌倉遺文』五巻二八一一号）。
（69）承久三年（一二二一）閏十月十五日関東下知状（「島津家文書」、『大日本古文書』家わけ第十六　島津家文書之一、二一号、『鎌倉遺文』五巻二八七六号）。
（70）貞応二年（一二二三）六月六日関東下知状（「島津家文書」、『大日本古文書』家わけ第十六　島津家文書之一、二二号、『鎌倉遺文』五巻三一一六号）。
（71）貞応三年（一二二四）九月七日関東下知状（「島津家文書」、『大日本古文書』家わけ第十六　島津家文書之一、二五号、『鎌倉遺文』五巻三二八一号）。
（72）注（3）前掲論文。
（73）『真名本曾我物語』（笹川祥生・信太周・高橋喜一編『真名本　曾我物語2』東洋文庫四八六、平凡社、一九八八年）。
（74）注（6）前掲論文。
（75）弘安八年（一二八五）九月三十日豊後国図田帳案（「内閣文庫所蔵文書」、『鎌倉遺文』二〇巻一五七〇一号）。
（76）「畠山十郎重末」については、「桓武平氏諸流系図」に、重忠の息子で十郎と称した時重がいるので、この人物の子孫だった可能性が考えられるだろう。この点については菊池紳一氏の御教示を得た。また、明確な根拠はないというが、重忠の弟である長野重清の子孫とする説もある。瀬野精一郎『鎮西御家人の研究』（吉川弘文館、一九七五年）二八〇頁。
（77）『明月記』嘉禄二年（一二二六）正月廿四日条。
（78）『吾妻鏡』安貞元年（一二二七）六月十八日条。嘉禄三年（一二二七）六月十八日島津忠久譲状（「島津家文書」、『大日本古文書』家わけ第十六　島津家文書之一、二六号、『鎌倉遺文』六巻三六二一号）。
（79）『蒙古襲来絵詞』下巻十四段（小松茂美編『蒙古襲来絵詞』日本絵巻大成一四、中央公論社、一九七八年）。島津氏の人名比定については、石井進「『竹崎季長絵詞』の成立」（同『石井進著作集』第七巻、岩波書店、二〇〇五年、初出一九七一年）九四―九七頁を参照した。
（80）「本田氏と榛沢氏」（川本町編『川本町史』通史編、川本町、一九八九年）、清水亮「在地領主としての東国豪族

的武士団――畠山重忠を中心に――」（注（22）前掲書、初出二〇一〇年）。
（81）五味克夫「東国武士西遷の契機――薩摩国の場合――」（同『鎌倉幕府の御家人制と南九州』戎光祥出版、二〇一六年、初出一九六四年）、成迫政則『武蔵武士』続（まつやま書房、二〇〇七年）。
（82）『薩藩旧記雑録』巻二（鹿児島県維新史料編さん所編『鹿児島県史料』旧記雑録前編1、鹿児島県、一九七九年）五一頁。ただし、島津氏の九州下向を鎌倉初期とするのは疑わしいという説もある。
（83）宝治二年（一二四八）七月十九日弾正忠宗□下知状写（『薩藩旧記雑録』、『鎌倉遺文』一〇巻六九九〇号）。
（84）注（8）（21）前掲論文。
（85）九州地方の畠山氏は、鎌倉後期になって初めて史料に登場する一族である。したがって、畠山氏が九州に下向した時期が、多くの西遷御家人と同様に蒙古襲来の前後まで遅れる可能性も十分に考えられるだろう。
（86）森幸夫『六波羅探題の研究』（続群書類従完成会、二〇〇五年）六一・六四頁。
（87）鎌倉期の源姓畠山氏については、嫡流の系譜や相伝の所領、地域社会での活動などに不明瞭な点が多く残されている。これらの課題については、別稿であらためて論じることにしたい。

❖コラム…

小山田氏の汚名について

池田悦雄

二〇一六年のNHK大河ドラマ『真田丸』は、視聴率も例年になく高く、俳優陣の力演も評判になった。たとえば平岳大は、偉大な亡父に萎縮した武田勝頼の悲哀を背中で表現したし、草刈正雄もしたたかに群雄の間を泳ぐ小領主真田昌幸を、老獪に演じた。

そんな中で、たった二話で消えてしまった温水洋一演じる小山田信茂の惨めさも印象的だった。武田勝頼を裏切り孤立させて、自害に追い込む。その功績をひっさげて織田信長に臣従を申し出るが、信長はそれを許さない。「主君」に対する家臣の裏切りを責め、処刑するのである。得意満面織田の陣に乗り込んだ温水が、襟元をつかまれその場から引きずり出される姿は、あまりにも哀れだった。

ところで、現実の小山田信茂は甲斐郡内の国衆であって、武田氏に忠誠を誓った家臣というよりは、あくまで武田に協力した同盟国の領主である。落ちていく勝頼を裏切ったのは、武田氏と一緒に滅亡するより、独自存続の道を模索したからにすぎない。それにもかかわらず信長によって不名誉な死を強制され、またこの『真田丸』でも惨めな扱いをされなければならなかったのはなぜなのだろうか。

小山田氏は、平姓秩父氏の秩父太郎大夫重弘の次男有重にはじまる。小山田信茂はその五男行重の末裔だとされる。行重は稲毛三郎重成、榛谷四郎重朝の弟であり、いとこは畠山重忠である。武蔵国の大族平姓秩父氏は、陰謀によって畠山重忠が誅殺され、なおかつ稲毛・榛谷兄弟も陰謀の罪を咎められ誅殺されている。この陰謀の罪により、小山田一族には平姓秩父一族を崩壊に導いた裏切り者の汚名がついて回る。信長が見せしめの為に小山田信茂を選んだのは、小山田という名が理由だったのではないだろうか。

治承四年（一一八〇）、源頼朝は伊豆で挙兵する。このとき頼朝には直属の軍隊はなく、舅の北条時政一族だけが頼みであり、石橋山での敗戦後は三浦一族が大きな支えとなった。しかし、房総半島を経て武蔵国にいたるころには、下野・上野そして武蔵の武士団を傘下に加えることに成功する。こうして、鎌倉殿の地位を確固たるものにしてみれば、野心まんまんの舅時政も、我欲が透けて見え何を考えているのか分からない三浦義澄も煩わしくなっていったことだろう。挙兵の時を思えば、舅時政には一目も二目も置かねばならないが、鎌倉殿として多くの武士団を率いる立場となれば、北条氏はしょせん伊豆の土豪にすぎないという思いもあったろう。一方時政も、有力御家人に娘たちを嫁がせ、着々と姻戚関係を築き、単なる鎌倉殿の舅ではない存在になろうとする。二人の対立は決定的であった。

同年十二月十二日、頼朝は新造なった大蔵の御邸に入る。しかし、翌養和元年三月になっても諸国は未だ静謐ならず、頼朝は畏怖無きにあらざる状態だった。そこで翌四月、御家人等の中、殊に弓箭に達する者で、御隔心無きの輩十一人を選び寝所の警固を命じる。頼朝親衛隊の発足であった。十一人とは、江間四郎、下河辺庄司行平、結城七郎朝光、和田次郎義茂、梶原源太景季、宇佐美平次實政、榛谷四郎重朝、葛西三郎清重、三浦十郎義連、千葉太郎胤正、八田太郎知重であり、いずれも有力御家人の二世世代だった。もちろん頼朝には将来を担う人材を身近に置いて、彼らの所属する一族から切り離して、直属軍の将として育成しようという目的もあった。流人から出発して、直属の武士団をもたない頼朝にとって、この十一人の選抜は直属軍編成の第一歩だったのである。

寝所警固の十一人は、いずれも頼朝の直属軍の将たるにふさわしい人材、あるいは縁故の深い者たちであった。江間四郎は義弟の北条義時である。この時十八歳、北条一族の中ではもっとも信頼していた。和田義盛の弟和田義茂は、由比ヶ浜合戦での猪突猛進ぶりが気に入ったのかもしれない。十九歳の梶原景季は、頼朝の寵臣景時の嫡男であり、後に宇治川の先陣争いで武名をあげる。宇佐美実政は伊豆の豪族工藤氏の分家であり、頼朝の伊豆挙兵時にはすでに頼朝軍中にいたようである。榛谷重朝は平姓秩父氏から武蔵武士団の代表として選ばれた。石橋山の戦では兄稲毛重成とともに大庭景親の軍勢に属したと思われるが、帰順後は忠実に頼朝に仕えた。父は小山田有重であり、保元の乱に敗れた源為義が東国で頼るべき一人としてあげるほど信認されていた。葛西清重も、平姓秩父氏の豊島清元の三男である。下総葛西を本領とし、頼朝から「忠節の者である」と期待され、敵側に属した平姓秩父氏の切り崩しに活躍している。三浦（佐原）義連は、相模の豪族三浦義明の子で、義澄の弟である。上総広常・岡崎義実のふたりが口論から闘争になろうとしていた時、二人の間に入って制止をした豪傑である。千葉胤正は最年長の四十歳。下総の大豪族千葉氏の当主の嫡男で、父常胤を説得して頼朝の挙兵に参加させた功績がある。結城（小山）朝光は下野の豪族小山政光の子で、兄は小山朝政である。十五歳の若輩であったが、頼朝の乳母の寒河尼が母である縁で選ばれている。下河辺行平も小山氏の一門で、父行義は小山政光の弟である。八田知重は、下野の豪族宇都宮氏の一族、常陸の八田知家の子。彼も寒河尼の甥という関係から選ばれた。

このように、頼朝にとって乳母とその一族は縁深く信頼しうる存在だった。ところで頼朝の乳母はこの寒河尼だけではない。土肥一族の摩々尼、相模の豪族山内一族の山内尼、武蔵の豪族比企掃部允の妻のちの比企尼も、父義朝が主従関係の強化という狙いで募った乳母たちだった。

こうして舅や三浦氏などからの自立を目指した頼朝の直属軍編成だったが、現実はそれほど簡単なことではなかった。選抜された者たちは、小山・宇都宮・三浦氏等々、それぞれ自立性の高い豪族的武士団の一員である。信頼する義弟北条義時でさえ、北条氏の嫡男として一族の利を第一とする立場である。だからこそ愛妾亀の前問題から、舅北条時政との関係が悪化し、時政が伊豆へ引き上げた際、頼朝はまっさきに梶原景季を義時のもとに遣わしている。戻った景季から義時が時政に従わなかったとの報告を受けて大感激するのである。義時が父よりも自分を選んだことに対する感激だった。逆をいえば、義時が時政と共にあることが当然であった。いつ裏切るか分からない。頼朝の偽らざる義時に対する感情だった。他の者たちも同様に出身武士団の利益を第一としたはずである。

その点武蔵武士団は違った。武蔵国は中小武士団の自立性が高く、大武士団として組織化されてはいなかった。平姓秩父氏ですら、武蔵国内では有力だとはいえ、他の武士とは上下関係ではなくまとめ役という立場だった。さらに、平姓秩父氏をはじめ武蔵武士の多くが、頼朝挙兵時に敵方についたという負い目もあった。だからこそ武蔵国の中小武士団こそが、頼朝直属の軍隊として編成するのにもっとも適していたのである。そして、頼朝が榛谷重朝に期待した役割こそが、武蔵武士を頼朝直属軍に編成することだった。重朝は弓の技術に長けた数ある御家人の中にあって、特別な存在である。頼朝が催した射芸にまつわる行事は、正月の弓始めや鶴岡八幡宮・放生会の流鏑馬、大規模な巻狩りなどがあるが、『吾妻鏡』に記されたこれらの行事にもっとも多く選出された。与えられた役割を堅実に果たす重朝を、頼朝が寵愛していたからこそだと知られる。

残念ながら、榛谷重朝が頼朝直属軍編成に果たした具体的な仕事については明らかではない。ただその一端を思わせるものとして、『吾妻鏡』の建久四年（一一九三）十一月十八日の記述に注目したい。「武蔵国の飛脚参じ申して云う、昨夕、當国太田庄鷲宮の御宝前に血流る、凶恠たるの由と云々、即ち卜籤するの処、兵革の兆と云々」。

前年、弟範頼を伊豆に流し、ついで殺すという血なまぐさい事件がおこったばかり。関東の安穏を目途としている頼朝は驚き、早速その対策を講じた。「十九日、神馬鹿毛を鷲宮に奉る、又社壇を荘厳す可きのむね仰下さる、榛谷四郎重朝使たりと云々」。

この鷲宮神社は武蔵国太田荘の鎮守である。太田荘は武蔵国最大の荘園で、藤原秀郷の子孫の太田大夫行尊が開発し八条院領太田荘として成立した。奥州へ抜けるための要衝であるとともに、平安後期から開発の進んだ沃地で、以後太田氏が荘官として相伝してきた。太田氏はもともと下野国を出自とし、下野武士団と強いつながりを持っており、下野の豪族小山氏の本家であった。

この怪異に対して、頼朝は榛谷重朝を使者として派遣し、無名だった鷲宮神社は以後幕府にとって特別な神社となっていく。翌年、隣接する大河土御厨の久伊豆神社の神人殺傷問題から、太田氏は突然荘司職を没収され、太田荘は将軍家直轄領（関東御領）に編入される。考えうるのは建久四年の怪異の始末と、この太田氏の没落が、ともに頼朝の意志によるということである。もちろん、この時榛谷重朝がどのような役割を果たしたかは明らかではないが、頼朝の意志を受けて、鷲宮神社との協力により、太田氏を没落させ武蔵国から下野武士団を排除するなんらかの工作を行ったことは想像できる。

　建久九年（一一九八）、頼朝は稲毛重成が催した相模川の橋供養に参列後体調を崩し、翌年死去する。独裁者頼朝の死により、その直属軍は迷走する。頼朝直属軍の将来の方向性をめぐって、畠山重忠と小山田一族の間にすきま風が吹く。そして、将軍頼家はこの直属軍を引き継ぐことはできず、最終的に武蔵国支配権を掌握し、頼朝直属軍を指揮下に置いたのは北条時政だった。

　元久二年（一二〇五）六月時政は武蔵国の守護であった女婿平賀朝雅の讒言を受け、重忠父子を誅殺する。この時、北条義時に率いられた重忠討伐軍中に、児玉・横山・金子・村山党等の武蔵武士が参加していたことは重要である。頼朝直属軍の一員であった彼らは、すでに北条氏の統制下にあった。そして、かつてのリーダーを葬り去ったのであった。直後、小山田一族の榛谷重朝・稲毛重成も相次いで誅殺される。この榛谷重朝・稲毛重成の突然の殺害はなぜか。その理由を、『吾妻鏡』は稲毛重成が謀曲によって無実の畠山重忠を誅殺させたからと記す。おそらく当時小山田一族と畠山重忠との間に、何らかの対立があったのだろう。それは時政がねらう、頼朝直属軍をめぐっての対立ではなかったか。その対立があったからこそ、実際には重忠父子の殺害にまったく関わっていなかった稲毛重成を、謀曲の徒に仕立てたのであった。武蔵国の有力御家人小山田一族は、こうして汚名を着せられ滅びていったのであった。

第三部◉武蔵諸氏の動向

足立遠元と藤九郎盛長

菊池紳一

足立氏と安達氏は同族か否か。この議論が始まってからだいぶ時間が経っている。本稿の目的は、『吾妻鏡』等における記述から、この両者が一族であるのか、別な氏族であるのか、情報を整理し、考察することにある。

私がこの議論に始めて関わったのは、『与野市史調査報告書』第五集（一九八三年一月）に「鎌倉時代の足立氏について」を書いた時からだったと思う。その後、『与野市史通史編上』（一九八六年七月）、『新編埼玉県史・通史編二・中世』（一九八八年三月）、『桶川市史通史編』（一九九〇年三月）、『鳩ヶ谷市史通史編』（一九九二年十二月）などの執筆を通して、安達氏は武蔵武士ではないことを前提に、すなわち両氏は別な氏族であるとしてきた。

同様に細川重男は、『鎌倉政権得宗専制論』(1)の中で左記の金澤①を批判し、両氏は別族で、『尊卑分脈』を論拠に、安達氏は三河国の小野田氏の子孫と指摘した。

一方、両氏が同族とする説は、早くは中島竦「安達氏と足立郡」（『史学』四巻二号、一九二五年三月）があり、「安達」と「足立」が「必同読通用」であり、盛長は足立氏と同族の足立郡の人と指摘する。

その後、金澤正大による一連の研究がある。(2) 最初は一九七九年の金澤①で、この論考の大半は治承・寿永内乱期の遠元の事蹟を検討したものであるが、「一、足立遠元をめぐる系譜」が、『尊卑分脈』を論拠にして、遠元・盛長の両者を伯父甥の関係――盛長が遠元の父遠兼の弟――と指摘している。その後間があって、二〇一三年に金澤②・金澤③が発表された。金澤②は、金澤①では触れられなかった時期も含めて検討したもので、両者の関係については基本的には前稿（金澤①）を踏襲している。金澤③は細川論文に対する反論で、『尊卑分脈』「足立系図」等の検討を通して金澤①以来の主張を述べている。金澤⑤は、『吾妻鏡』文治五年七月十九日条に見える奥州合戦進発の交名を分析したもので、金澤③を補強したものと考えられる。

ここで考えなければならない課題は、この対立が基本的には『尊卑分脈』の史料的価値をどこまで認めるか（論点①）にかかっていること。また遠元・盛長両者が伯父甥の関係にあるか否か、足立氏と安達氏は同族か否かが、鎌倉幕府の政治にどのような影響をもたらしたのか（論点②）であろう。そのため左記の順番で検討を進めたい。

一、足立氏と安達氏の系図について（論点①）
二、足立遠元について
三、藤九郎盛長について
四、遠元・盛長の関係について（論点②）

なお、遠元・盛長については、『吾妻鏡』における二人の動向を別途【表Ⅰ】「足立遠元・藤九郎盛長の動向比較（『吾妻鏡』）」として掲出したので参照されたい。

【表Ⅰ】足立遠元・藤九郎盛長の動向比較（『吾妻鏡』）〈備考欄の＊は、二人が同日条に見えるもの〉

番号	年月日	遠元表記	遠元の動向	盛長表記	盛長の動向	備考
1	治承三年三月二日			盛長	源頼朝、武蔵国慈光寺に洪鐘を寄進する。盛長使者を勤める。	文治五年六月二十九日条
2	治承四年六月二十四日			藤九郎盛長	源頼朝の使者として、平家追討のため、源家累代の家人を招く。	副使中原光家
3	治承四年七月十日			藤九郎盛長	相模国内の家人のうち、平家追討に従わない波多野義常・山内首藤経俊等について報告する。	
4	治承四年八月四日			盛長	これより先、源頼朝に、洛陽放遊の客藤原邦通を推挙するという。	
5	治承四年八月十七日			藤九郎盛長	源頼朝の挙兵当日、伊豆国三島社祭礼に際し、神事以前に頼朝の使者として奉幣する。盛長の僮僕が、釜殿で山木兼隆の雑色を捕らえる。	
6	治承四年八月二十日			藤九郎盛長	源頼朝に従って、伊豆国から相模国土肥郷に赴く。	交名
7	治承四年八月二十三日			盛長	源頼朝に従って、相模国石橋山に陣する。	
8	治承四年九月四日			藤九郎盛長	源頼朝の使者として参向するよう伝えるため、下総の千葉常胤のもとに向かう。	
9	治承四年九月九日			盛長	千葉から帰参し、常胤父子の意向を報告する。	
10	治承四年十月二日	足立右馬允遠元	源頼朝、武蔵国に入る。足立遠元、以前からの命により、お迎えとして参上する。			
11	治承四年十月八日	足立右馬允遠元	遠元、最前の参上により、領掌する郡郷を安堵される。			

12	治承四年十月二十三日			盛長	源頼朝、相模国府に着く。この日最初の勲功賞が行われ、その中に盛長が見える。
13	治承四年十二月十二日			藤九郎盛長	源頼朝の鎌倉の新造御邸御移徙の儀が行われ、盛長、供奉人の中に見える。
14	治承四年十二月二十日			藤九郎盛長	新造御邸で椀飯・御弓始があり、その後源頼朝は御行始の儀で藤九郎盛長甘縄の家に渡御する。
15	治承四年十二月二十二日			藤九郎盛長	これより先、源頼朝の命により盛長上野国の新田義重を召喚する。この日、新田義重山内付近まで参向し、盛長に付して謝罪し許される。
16	寿永元年正月三日			藤九郎盛長	源頼朝、御行始を行い、藤九郎盛長甘縄の家に渡御す。
17	寿永元年四月五日	足立右馬允	源頼朝、腰越内江島に出御す。足立遠元供奉する。		
18	元暦元年四月一日			藤九郎盛長	源頼朝、伊豆国北条より鎌倉に帰着する。盛長、盃酒を献上する。
19	元暦元年六月一日	足立右馬允遠元	源頼朝、帰洛餞別のため平頼盛を招く。足立遠元ら京都に馴れる輩として列席する。		
20	元暦元年七月十六日			藤九郎盛長	源頼朝、渋谷高重に御感のあまり、その所領上野国黒河郷に国衙使の入部を止め、別納とするよう下文を与え、上野の国奉行人盛長に仰せ含める。
21	元暦元年八月二十八日	足立右馬允	新造の公文所に門を立てる。中原広元・足立遠元らが参集し、大庭景能が酒を勧める。		
22	元暦元年十月六日	足立右馬允藤内遠元	新造公文所の吉書始が行われ、遠元ら寄人として参列する。		

23	文治元年四月十三日	右馬允遠光(元)	幕府、武蔵国威光寺領を押領する小山有高に対し、返付するよう政所下文を下す。遠元も連署する。			
24	文治元年六月七日	足立馬允	源頼朝、平宗盛を召し御簾の中より覧ず。遠元ら伺候する。			
25	文治元年九月五日	右馬允遠元	小山有高の威光寺領に対する押妨を停止する。遠元ら署判を加える。			
26	文治元年十月二十四日	足立右馬允遠元	勝長寿院供養が行われる。遠元ら御後（五位・六位）の最末に列す。遠元馬を引く。	藤九郎盛長	勝長寿院供養が行われる。盛長ら先陣の随兵に列す。	＊交名
27	文治二年正月二日			藤九郎盛長	源頼朝夫妻、甘縄神明宮に参詣し、帰路盛長の家に入御する。	
28	文治二年正月三日	足立右馬允遠元	源頼朝、鶴岡八幡宮に参詣する。遠元ら供奉する。			
29	文治二年正月二十八日	足立右馬允遠元	一条能保夫妻、遠元の家から門出し帰洛する。源頼朝夫妻、餞別のため遠元の家に渡御する。			
30	文治二年八月二十日			藤九郎盛長	小御所の東、修理を行い、この日移徙儀が行われる。盛長が上野国役として沙汰する。	
31	文治二年十月二十四日			藤九郎盛長	盛長の沙汰として甘縄神明の修理を行い、この日源頼朝が観臨する。	
32	文治二年十二月一日	遠元	千葉常胤、下総国より参上し、源頼朝に盃酒を献ず。遠元・盛長ら宿老として伺候する。	盛長	千葉常胤、下総国より参上し、源頼朝に盃酒を献ず。遠元・盛長ら宿老として伺候する。	＊
33	文治三年四月四日			藤九郎盛長	若宮別当円暁の源義経に関わる夢想により、盛長、上野国金剛寺の住僧に祈禱を行うよう指示される。	
34	文治三年八月十五日	足立右馬允遠元	源頼朝、鶴岡八幡宮放生会に御出す。遠元等扈従する。			

35	文治三年九月九日	遠元	源頼朝夫妻、重陽にあたり、白菊が咲く比企尼の家に渡御す。遠元ら宿老供奉する。			
36	文治四年三月十五日	足立右馬允	鶴岡八幡宮で、梶原景時宿願の大般若供養が行われ、源頼朝も御出する。遠元ら御後に供奉する。	藤九郎	鶴岡八幡宮で、梶原景時宿願の大般若供養が行われ、源頼朝も御出する。盛長ら御後に供奉する。	*交名
37	文治四年七月十日	足立右馬允遠元	源頼家の着甲始あり。遠元、頼家を抱いて甲冑以下の着脱を補助する。			
38	文治四年七月十五日	遠元	勝長寿院にて、故義朝のため万灯会が行われ、源頼朝夫妻も列す。遠元らが奉行する。			
39	文治五年四月十八日	足立右馬允遠元	御所にて北条時連（のちの時房）元服する。源頼朝が出御し、遠元らが列座する。			
40	文治五年六月九日	足立右馬允遠元	鶴岡八幡宮の御塔供養が行われ、源頼朝が出御する。遠元、盛長ら御後に供奉する。	藤九郎盛長	鶴岡八幡宮の御塔供養が行われ、源頼朝が出御する。遠元、盛長ら御後に供奉する。盛長、三の御馬を引く。	*交名
41	文治五年七月十九日	足立右馬允遠元	源頼朝、奥州藤原泰衡征伐のため鎌倉を発つ。遠元、盛長ら鎌倉から供奉する。	藤九郎盛長	源頼朝、奥州藤原泰衡征伐のため鎌倉を発つ。遠元、盛長ら鎌倉から供奉する。	*交名
42	文治五年八月十八日			藤九郎盛長	盛長、囚人として預かる平家一門の筑前房良心を伴って奥州に下向し、その勲功により良心赦免される。	
43	建久元年四月十一日	遠元	源頼家、始めて小笠懸を射る。遠元らその場に伺候する。			
44	建久元年十一月七日	足立右馬允	源頼朝入洛する。御後の水干の輩の五番に遠元が従う。	藤九郎	源頼朝入洛する。後陣の三十八番に盛長が従う。	*交名
45	建久元年十一月十一日	足立右馬允遠元	源頼朝、新大納言として六条八幡宮、ついで石清水八幡宮に参詣する。遠元、御後に従う。			

46	建久元年十一月二十九日	足立右馬允遠元	源頼朝、後白河院御所に参る。従う布衣侍十二人の中に遠元がいる。			
47	建久元年十二月一日	前右馬允遠元	源頼朝、任右近衛大将の拝賀を行う。遠元、布衣侍七人の一人として従う。			十二月三日
48	建久元年十二月十一日	藤原遠元	源頼朝、参院し、仰せにより家人の官途を推挙する。遠元、左衛門尉に補任される。			
49	建久二年三月四日			藤九郎盛長	鎌倉小町大路辺より出火し大火となる。源頼朝、盛長甘縄宅に避難する。	
50	建久二年三月十三日			盛長	鶴岡若宮仮殿に遷宮する。盛長等三人奉行する。	
51	建久二年六月九日	遠元	近々一条能保の女、九条良経に嫁すにより、装束や長絹を送る。絹百疋を遠元、盛長らに宛て課す。	盛長	近々一条能保の女、九条良経に嫁すにより、装束や長絹を送る。絹百疋を遠元、盛長らに宛て課す。	*
52	建久二年七月二十八日			藤九郎盛長	新造の寝殿・対屋御厩等造畢するにより、源頼朝、盛長甘縄宅より移徙す。	
53	建久二年八月十八日	足立左衛門尉	源頼朝、御家人が新造御厩に献上した馬を見る。遠元ら十六人献上の馬が立てられる。			
54	建久三年八月九日			藤九郎盛長	北条政子が男子平産するにより、盛長ら六人、御護刀を献上する。	
55	建久三年八月十一日			藤九郎盛長	盛長ら、三夜事を沙汰する。	
56	建久三年十一月五日			藤九郎盛長	新誕生の若君（実朝）、盛長甘縄家に御行始する。盛長、御剣を献ず。	
57	建久三年十一月二十五日	足立左衛門尉遠元	永福寺供養あり。源頼朝御出。遠元、御後供奉人に見える。			

58	建久三年十一月二十九日	遠元	新誕若君の五十日百日の儀が行われる。遠元、盛長ら十字餅を献ず。	盛長	新誕若君の五十日百日の儀が行われる。遠元、盛長ら十字餅を献ず。	＊
59	建久四年三月十三日	足立左衛門尉遠元	源頼朝、故後白河院の一周忌を迎え、千僧供を行う。遠元、一方の奉行人を勤める。			
60	建久五年正月八日			藤九郎盛長	源頼朝、盛長甘縄家に入る（御行始）。	
61	建久五年二月二日	足立左衛門尉遠元	北条義時嫡男金剛（泰時）元服する。加冠源頼朝。遠元ら、一方（三番）に着座する。	藤九郎盛長	北条義時嫡男金剛（泰時）元服する。加冠源頼朝。盛長ら、一方（二番）に着座する。	＊
62	建久五年八月八日	足立左衛門尉遠元	源頼朝、相模国日向山に参詣する。遠元、先陣に従う。			
63	建久五年閏八月二十二日			藤九郎盛長	源頼朝、甘縄宮に参詣す。帰途、盛長甘縄家に立ち寄る。	
64	建久五年十月十七日			藤九郎盛長	丹波頼基、源頼朝の歯の治療について注進する。盛長、伝信する。	
65	建久五年十二月一日			藤九郎盛長	源頼朝、盛長甘縄家に入御し、奉行する上野国中の寺社を管領するよう命じる。	
66	建久五年十二月二日			藤九郎盛長	源頼朝、御願寺社の奉行人を定める。盛長ら、鶴岡八幡宮（上下）の奉行人となる。	
67	建久五年十二月二十六日	足立左衛門尉遠元	永福寺内新造薬師堂の供養あり。源頼朝御出す。遠元ら供奉人（布衣）を勤める。			
68	建久六年正月四日			藤九郎盛長	源頼朝、盛長甘縄家に入る（御行始）。	
69	建久六年三月十日	足立左衛門尉	源頼朝、東大寺大仏開眼供養のため奈良に入る。遠元・盛長ら、御後に供奉す。	藤九郎	源頼朝、東大寺大仏開眼供養のため奈良に入る。遠元・盛長ら、御後に供奉す。	＊

70	建久六年四月十五日	足立左衛門尉遠元	源頼朝・頼家[illegible]石清水八幡宮に参詣す。遠元ら、後陣に従う。			
71	建久六年五月二十日	足立左衛門尉遠元	源頼朝、天王寺を参詣する。遠元ら、後陣に従う。			
72	建久六年八月十五日	足立左衛門尉遠元	鶴岡八幡宮放生会に源頼朝参宮する。遠元ら、召により回廊に参候する。			
73	建久六年十二月二十二日			藤九郎盛長	源頼朝、盛長甘縄家に入る。	
74	正治元年四月十二日	足立左衛門尉遠元	源頼家の直裁を止め、宿老十三人の合議とする。その中に、遠元あり。	藤九郎入道蓮西	（出家後）源頼家の直裁を止め、宿老十三人の合議とする。その中に、盛長あり。	＊
75	正治元年六月三十日	足立左衛門尉	姫君（三幡）亡くなる。姫君を親能亀谷堂傍の葬る。遠元ら供奉する。			
76	正治元年七月十六日			父（安達景盛の）	（三河国は、盛長の奉行国）	三河奉行人
77	正治元年八月十九日			藤九郎入道蓮西、盛長	讒佞の族、安達景盛を訴える。小笠原弥太郎ら、蓮西の甘縄宅に向かう。北条政子、急遽蓮西宅に入り、頼家を諫める。	
78	正治元年八月二十日			盛長入道	北条政子、蓮西の甘縄宅に滞在し、頼家を諫める。	
79	正治元年十月二十四日			守護人藤九郎入道蓮西	伊勢神宮、三河国内の伊勢神宮御厨について、蓮西代官善耀を訴え、尋問する。	三河守護
80	正治元年十月二十七日			足立藤九郎入道	梶原景時讒訴につき、三浦義村から和田義盛とともに説明を受け、二人とも同心連署して訴えるよう進言する。	足立
81	正治元年十月二十八日	足立左衛門尉遠元	遠元、盛長ら御家人六十六人、鶴岡八幡宮の回廊に参集し、訴状に連署する。	安達藤九郎盛長入道	遠元、盛長ら御家人六十六人、鶴岡八幡宮の回廊に参集し、訴状に連署する。	＊安達

82	建仁三年十月九日	足立左衛門尉遠元	新将軍実朝の政所始、ついで甲冑着始あり、遠元、後者で甲冑母衣等を着る。			
83	建仁三年十一月十五日	足立左衛門尉	鎌倉中の寺社奉行が改定され、遠元、永福寺阿弥陀堂を担当する。		（安達景盛、源頼朝法華堂の奉行人）	
84	建仁三年十二月十四日	足立左衛門尉	将軍実朝、永福寺以下御堂を参詣する。遠元ら供奉する。		（安達景盛、供奉する）	
85	元久二年正月一日	足立左衛門尉	北条時政、椀飯等を献上する。遠元、御行騰沓の役人を勤める。			
86	元久二年六月二十二日	左衛門尉遠元	畠山重秀の母は、遠元の娘。			畠山重忠の乱
87	承元元年三月三日	遠元	鶏闘会が行われ、遠元らその衆として参加する。			
88	宝治元年四月四日			藤九郎盛長	安達景盛は盛長の子。	
89	宝治二年五月十八日			藤九郎盛長	安達景盛は盛長の子。母は丹後内侍。	

一、足立氏と安達氏の系図について

最初に『尊卑分脈』に対する各々の考え方を整理しておきたい（論点①）。細川・金澤両氏は、安達氏は三河国の小野田氏の子孫であることは認めているが、金澤氏は遠元・盛長両者が伯父甥の関係とし、細川氏は足立遠元をその一族とは認めていない。しかし、私（菊池）は、後述するように、『尊卑分脈』の遠兼以降の足立氏の系図は認めうるが、盛長がその一族であるとは認めがたいと考えている。

それでは、遠兼以前をどのように考えたらよいであろうか。課題はなぜ遠兼が足立郡を支配するようになったかであろう。細川氏は安達氏からのアプローチであり全くこの件については触れてはいないが、金澤氏もその点に言及がない。

次に私の考えを示しておこう。(3)平安時代末期から鎌倉時代にかけての足立郡は、古代の足立郡司の系統を引くと考えられる足立氏が郡域を支配下に置いていた。この足立氏の出自については『丹波志』および「足立系譜」では藤原氏の後裔とする点で共通している。遡って、平安時代中期に起きた平将門の乱の頃、足立郡は足立郡司武蔵武芝の支配下にあった。「西角井系図」によると、武芝の女子は武蔵介菅原正好の妻になり、その子正範は外祖父武芝の後を継ぎ氷川社の社務職となり、正範の子行範は足立郡司になったと伝える。平安時代末期、氷川社務職は菅原氏が、足立郡司職は足立氏が継承していた。足立氏は藤原氏との婚姻関係あるいは政治的な結びつきにより藤原姓を冒すようになったと推定される。なお、これらの系図等の中に、源頼朝の近臣である藤九郎盛長の名が見えることから、足立氏と安達氏を同族とする説がある。しかし、盛長は『吾妻鏡』では「藤九郎盛長」と記されており、「足立」あるいは「安達」と表記されるのは晩年の一時期のことである。また、『尊卑分脈』が記すように「小野田」を称した痕跡は見られない。(4)

足立氏が足立郡司職を継承した時期については明確ではないが、前述した系図などによれば、遅くとも平安時代末期の院政期の頃の遠兼の代には足立郡司職を継承していたと見てよいであろう。なお、足立遠兼が、元は京都近郊に近い氏族の出身であったことは別稿で示したので、一読されたい。(5)

金澤氏は通字を論拠に『尊卑分脈』の記述を肯定するが、遠兼・盛長が兄弟だと仮定すると、なぜ通字がないのか不明である。父兼盛の一字ずつを継承したとする見方もあるが不自然な感じを否めない。遠元・盛長両者が伯父甥の関係にあるか否かについては、系図だけで判断できることではないことは確かであり、二節・三節の考察後に判断を示してみたい(6)。

二、足立遠元について

足立遠元については、前述した拙稿や金澤①〜⑤の他、青木昇・加増啓二・加藤功等の論考(7)もある。これらを参照しつつ遠元の一生を概観してみたい。

（一）源頼朝挙兵以前の足立遠元

足立遠兼の子遠元が歴史の舞台に登場するのは平治元年（一一五九）十二月京都で起こった平治の乱からである（『平治物語』）。おそらくこの頃、足立郡域は相模国鎌倉を中心に南関東に勢力を張っていた源義朝の勢力下にあり、足立氏もこれに従っていたと考えられる。義朝は、天養二年（一一四五）の相馬御厨介入事件の直後には上洛していたと考えられる(8)。上洛後、義朝は鳥羽院に接近し、都の武者として頭角を現し、仁平三年（一一五三）三月二十八日には従五位下下野守に叙任されている。すなわち、保元元年（一一五六）に起きた保元の乱以前から京都に滞在しており、鎌倉には長男の義平を置いていた。保元三年から始まる後白河院政の初期朝廷では院政派と天皇親政派の対立、院の近臣の中での信西と藤原信頼の対立、武士では平清盛と源義朝の対立がありこれらが複雑に結び付いていた。

平治元年十二月、平清盛の熊野詣の留守に、源義朝は藤原信頼や天皇親政派の藤原経宗らと結んで挙兵し、政権を奪った。足立遠元が上洛した時期は不明であるが、遠元はこの時義朝に従って在京していたと見られ、同月十日の除目で右馬允に任じられている。(9) 当時の通例では院の武者所に祗候した者が右馬允に任じられることが多く、遠元も院の武者所であった可能性が高い。この時在京した源義朝の家人の中で官職を得た武士は、義朝の側近鎌田政家と足立遠元だけであり、東国の武士の中でも相模国の三浦・波多野両氏を差し置いて遠元だけであったことは、注目すべきことであり、別稿で述べたように、足立遠元の出自や周辺を考慮する必要があろう。

一方、義朝の挙兵を聞いた清盛はすぐに京都に帰り、後白河上皇と二条天皇を六波羅の自邸に迎えたため、源平両氏の決戦となった。遠元はこの戦いでは義平に従って内裏の警護にあたっていた。(10) 遠元は、待賢門を守備していた藤原信頼が清盛の子重盛の攻撃をうけて退陣したとき、義平に従って待賢門に駆けつけ、重盛軍を門外に押し戻している。ついで、義平が六波羅を攻めたときにもこれに従った。『平治物語』にはこの時の逸話として、武蔵武士金子家忠が先陣として奮闘し、矢尽き、刀折れたとき、そこに行きあわせた遠元が自分の郎等の太刀をとって家忠に与え、郎等には敵の太刀を奪って与えたという美談を載せている。しかし、戦いは源氏方の敗北と

【表Ⅱ】平治の乱中の任官者一覧

	『平治物語』	『公卿補任』『愚管抄』他
藤原信頼	大臣・大将兼任	
左馬頭源義朝	給播磨国（任播磨守）	叙四位、任播磨守（『愚管抄』）
兵庫頭源頼政	給伊豆国（京師・杉原・半井本）	
出雲守光泰	給隠岐国（京師・杉原・半井本）	

伊賀守光基	給伊勢国（京師・杉原・半井本）
周防判官末眞（季実）	給河内国（京師・杉原・半井本）
足立四郎遠元（遠基）	任右馬允
鎌田次郎正清	任兵衛尉、政家と改名
源頼朝	任右兵衛権佐（『公卿補任』『愚管抄』『類聚大補任』）
佐渡式部大夫	任信濃守
多田蔵人大夫源頼憲	任摂津守
源兼経	
康忠	任左衛門尉
	任右衛門尉

なり、遠元など二十余騎は義朝に従って近江国（現滋賀県）まで落ちのびたが、ここで主従分かれて各々関東に下っていった。(11) その途中義朝は尾張国（現愛知県）で長田庄司のため討たれてしまった。前述した任官は否定され、十二月二十八日の除目で勲功賞と解官が行われている。(12) この時足立遠元も解官されたと考えてよいであろう。

平治の乱後、平家は勢力を関東に伸ばしていくが、武蔵国は永暦元年（一一六〇）二月、清盛の子知盛が武蔵守に任じられ、清盛の知行国となった。以降寿永二年（一一八三）七月に平家が都落ちするまで、武蔵国は平家の知行国としてその支配下に置かれたのである。遠元の所領である足立郡も、義朝方についたため平家に没収されたと考えられる。(13)源義朝に従った遠元は逆境に置かれていたと考えられよう。

（二）足立郡の安堵

治承四年（一一八〇）十月二日、かねて源頼朝から招かれていた遠元は、病をおして武蔵武士としては最も早く隅田川右岸で頼朝を出迎えた（※10）。(14)この日出迎えた豊島・葛西などの諸氏は隅田川下流域に勢力を持つ武士である。「足立氏系図」(15)によれば、遠元の母は豊島清光の女であり、一族として連携して動いていた可能性が高い。

その二日後になって、初め平家方であった秩父一族の河越・畠山・江戸の諸氏が頼朝に帰順する。こうして武蔵国は頼朝の勢力下に入った。頼朝は平知盛の知行国（武蔵国）を簒奪したのである。

同十月八日、遠元の忠誠心に感じた頼朝は遠元の本領足立郡を安堵した（※11）。ただし、頼朝は足立郡に関する権限すべてを遠元に認めたわけではなく、足立郡に関する諸職の補任権は頼朝の手に残した。こうした形の関東御領（将軍の所領）を関東進止御領という。以降、足立郡には職務に付随した権益・得分である職（地頭職・領家職など）が設定された可能性がある。(16)

【婚姻関係図】

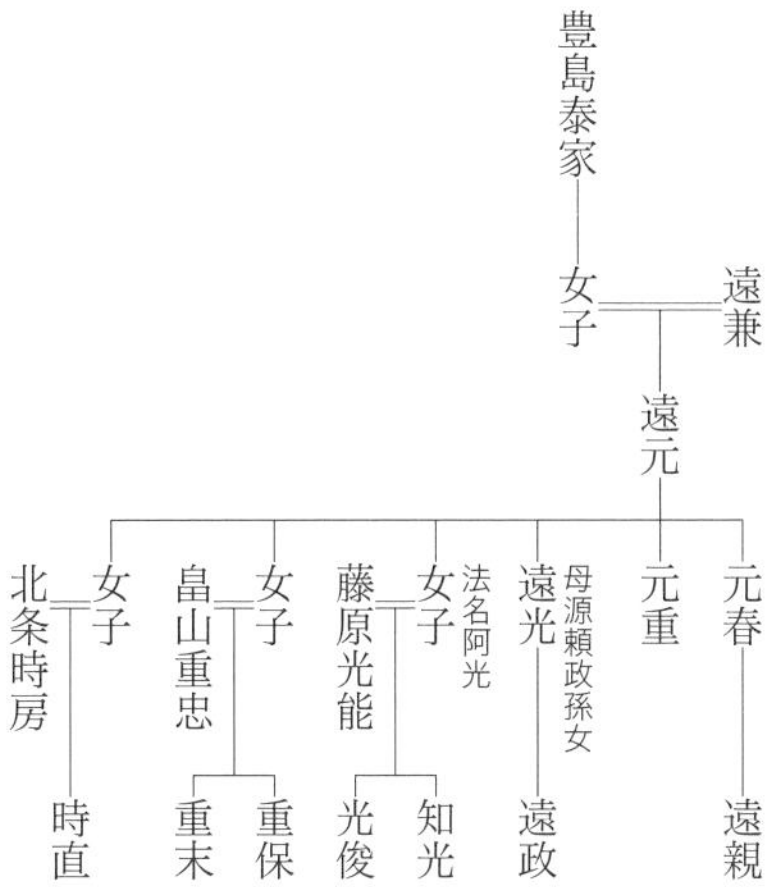

(三) 京都に馴れる輩「遠元」

元暦元年(一一八四)十月六日、遠元は公文所の寄人に補任された(※21・22・23・25)。この公文所は行政に関する文書を取り扱う機関で、のちの政所の前身にあたる。この時代、政所は三位以上にならないと開設できなかった。この日別当(長官)には中原広元が、寄人には遠元のほか、中原親能・二階堂行政・甲斐(大中臣)秋家・藤原邦通が補任されている。秋家はもと甲斐源氏一条忠頼の家人であるが、それ以外の人々は京下りの官人(吏僚=事務官僚)であり、その中に遠元が選ばれているのは注目される。

また同年六月一日、頼朝は平清盛の弟頼盛が鎌倉を発し帰洛する際に宴を開いた(※19)。頼盛は、母池の禅尼が平治の乱後に頼朝の命を救っており、平家の中でたった一人源氏方について鎌倉に頼朝を頼ってきた人物である。そのとき遠元は「京都に馴れる輩」の一人として列席を許されている。また文治二年(一一八六)正月二十八日、頼朝の妹婿一条能保夫妻が帰洛するときは遠元の家が出発地となっている(※29)。

遠元の父遠兼は、鳥羽院政期頃に東国に下向し足立郡司の職を継承したとすれば、(17)おそらく、遠元も京都に縁があり、「京都に馴れる輩」として、足立郡司職の継承者として、その行政事務能力が高く評価されていたのではなかろうか。平治の乱の際、右馬允に補任されたのも、こうした背景があった可能性が高い。

(四) 宿老遠元

以降、源平の戦いや奥州合戦のなど、合戦における遠元の活躍は見られないが、鎌倉幕府の宿老の一人として文治～建久年間鎌倉に在住し、勝長寿院供養・鶴岡八幡宮放生会などで頼朝の供奉人を勤めるなど、幕府の重要な行事に列席している(※26・28・34・36・40・57・58・59・61・67・72)。とくに文治四年七月十五日、頼朝が亡父義朝の追福のため行った勝長寿院の万灯会の奉行人を勤めた（※38）。建久元年（一一九〇）十一月の頼朝の上洛にも従い、十二月十一日には他の御家人十人とともに、頼朝の推挙により左衛門尉に任じられた（※44・45・46・47・48）。建久六年の二度目の上洛にも供奉し、石清水八幡宮や天王寺参詣などにも従った（※69・70・71）。

正治元年（一一九九）正月十三日、頼朝が急逝すると、その子頼家が後を継いで二代将軍となるが、若さのためか恣意的な行動が多く、御家人の中で孤立していった。そこで頼朝の後家政子は長男頼家の親裁を停止し、有力な御家人及び事務官僚十三人による合議制をとることにした。この時武蔵武士としては、頼家の外戚比企能員とともに遠元も選ばれており（※74）、宿老として幕府内で重きをなしていたことが知られる。

その後、遠元は三代将軍実朝の着甲始の儀にこれを助け（※82）、鎌倉内の寺社の奉行が定められたときには、永福寺阿弥陀堂の奉行人となっており（※83）、承元元年（一二〇七）頃までは鎌倉で奉行人（実務官僚）としての活動が知られる。

三、藤九郎盛長について

次に藤九郎盛長について概観してみたい。[18] 盛長は安達氏の祖とされ、盛長の父母については、『尊卑分脈』『系図纂要』の記述以外確認することはできない。[19]『尊卑分脈』等の記述は、他の史料で確認する方法がない。本稿では最初に、安田元久『鎌倉幕府――その政権を担った人々』[20]、多賀宗隼「安達盛長――頼朝挙兵以前の動静をめぐる」[21]、福島金治『安達泰盛と鎌倉幕府――霜月騒動とその周辺』[22]、鈴木宏美「安達一族」[23]等を参照しつつ、盛長の一生を概観してみたい。

（一）伝承時代の盛長――『曾我物語』等の世界

源頼朝の挙兵以前の盛長については、『曾我物語』『源平盛衰記』等に見える源頼朝に近仕する姿であろうか。表記は「藤九郎盛長」であって、「安達盛長」ではないことを確認しておきたい。

頼朝が伊東祐親の女の許に通い一子を儲けたことを知った伊東祐親は、頼朝を討とうとする。祐親の子祐清の知らせを受けた頼朝は、盛長を身代わりに逃亡している。また、頼朝が北条時政の二女（牧方の女）に文を送った際、盛長が政子（長女）宛てに変えて届けたという。(24)

特に治承二年（一一七八）の夢見が著名であろう。これは、源頼朝が密かに伊豆山に宿泊した時、懐島景信（大庭景義にあたる）と共に宿直を勤めた盛長は、目覚めてその内容を語った。頼朝が足柄山の矢倉嶽に腰を掛け、箱根権現に参詣すると、左足は陸奥国の外浜を踏み、右足は九州の鬼界島を踏んで、南に歩んだ姿で現れたという。すると頼朝も鳩が二羽飛んできて頼朝の髻に巣を造り子を産んだ夢を見、八幡大菩薩の加護を感じたと云った。二人の話を聞いた景信は、これは八幡太郎源義家の子孫が関東八ヶ国を統一する兆候だと話したという挿話である。(25)

また『源平盛衰記』には伊豆配流時代の文覚との挿話もある。配流されて、頼朝の家近くに庵を結んだ文覚との出会いを結んだのは頼朝の使者としての盛長であり、頼朝に供奉した盛長であった。この二人の交流の中で文覚は、父義朝の首を頼朝に見せて挙兵を促したという。(26)

以上の記載からは、盛長が武士なのかは判断ができない。そこで、『吾妻鏡』から、伊豆に配流された頼朝に従った従者の情報を抽出してみたい。『吾妻鏡』元暦元年三月十日条によれば、平治の乱後の永暦元年（一一六〇）、源頼朝が伊豆国に配流された際、累代の家人因幡国住人高庭介高庭介資経（長田実経の父）は、他の家人が何もできなかった時に、親族資家を頼朝に添え、配所まで送ったという。また、『吾妻鏡』文治四年十一月九日条によれば、頼朝の母の弟である藤原季範は、同じく伊豆国に配流の際、郎従一人を添えて送り、その後も毎月使者を送り続けたという。

このように、累代の家人の一族、あるいは母方の親族の郎従が頼朝の周囲にいた可能性があり、盛長もこれに類する人物であった可能性が高い。

（二）源頼朝挙兵と盛長

次に、『吾妻鏡』を中心に源頼朝挙兵の盛長の動向を見てみよう。まず頼朝の使者としての役割である。挙兵前の治承三年（一一七九）三月二日、頼朝が武蔵国の慈光寺に鐘を寄進した際に使者を勤めた（※1）[27]のを初めとして、挙兵の直前に頼朝の使者として、源家累代の家人を巡り（※2・3）、三島社の祭礼にも使者として奉幣した（※5）。頼朝が房総半島に渡ってからも、千葉常胤の来援を求める使者として参向している（※8・9）。

こうした頼朝の使者としての役割は、雑色が担うことが多かった[28]。御使雑色とも呼ばれ、この頃盛長と同じく使者を勤めた雑色に「雑色鶴太郎[29]」、「雑色浜四郎時沢[30]」、「雑色友行・宗重両人[31]」、「安達新三郎（清経）[32]」等が所見する。頼朝の時代、「安達」を名字とするのはこの安達清経だけであり、盛長がその一族であった可能性がある。源頼朝が鎌倉に入って以降は、盛長が使者を勤めることはなかった。これは盛長の役割あるいは身分が変わった可能性を示唆する。盛長は、山木攻めや石橋山の合戦等で頼朝に従って行動しているが（※6・7）、武士として戦った記事は見られない。

治承四年十月二十三日、頼朝は相模国府で勲功賞を行った。その中に盛長の名があり、『吾妻鏡』には「或安堵本領、或令浴新恩」と記されている[33]。おそらくこの時盛長は頼朝から新恩を宛行われ、武士（御家人）として認められたと考えられる。

(三) 頼朝の近習御家人藤九郎盛長として

鎌倉に本拠を定めた頼朝あるいは夫妻では、御行始(※14・16・60・68)や参詣の帰途(※27・63・73)等で、「藤九郎盛長甘縄家」に入る記事が散見する。また、建久二年(一一九一)三月四日の小町大路から発火した大火で、幕府が被災した際には、頼朝は「藤九郎盛長甘縄宅」に移った。その後ここが仮御所となり、七月二十八日に再建された大倉御所に移っている(※49・52)。こうした鎌倉殿と盛長の子孫安達氏との関係は、盛長の孫安達義景の時まで所見がある。(34)

その他、文治～建久年間を見ると、鎌倉における重要な行事である勝長寿院供養(※26)、鶴岡八幡宮における梶原景時の大般若供養(※36)や御塔供養(※40)などに供奉、文治五年の奥州合戦や建久元年・同六年の頼朝の上洛にも供奉している(※41・44・69)。ところが、なぜか鶴岡八幡宮で毎年八月十五日に行われる放生会に盛長の姿は見えない。偶然なのか不明であるが、不思議なことである。盛長は在鎌倉の御家人ではあるが、一般の東国武士とは異なった存在であったと考えられる。このように鎌倉殿(頼朝)の近習として特別な位置づけがなされていた。(35)

なお、【表Ⅰ】(※54・55・56・58)から知られるように、盛長は源実朝の誕生から様々な形で関わっており、頼家・実朝兄弟のうち、どちらかというと実朝に近い存在であった。盛長は比企尼の女婿であったが、比企能員の乱で連座しなかった要因の一つが垣間見られよう。

(四) 上野国奉行人として

佐藤進一『増訂鎌倉幕府守護制度の研究』(36)によれば、『吾妻鏡』元暦元年七月十六日条に上野国黒河郷の別納について、「国奉行人藤九郎盛長」とあること等（※20・30・33・65）から、盛長が上野国奉行人であったと指摘している。この国奉行人は、「従来在庁の行ってきた国内公領の収税事務を管轄する者であり、おそらく頼朝が新たに彼の勢力下に入れた関東諸国において、国衙在庁に代るべき頼朝自身の地方行政職員として特に設置した職であろう」と説明している。(37)盛長は武士と言うよりも吏僚としての才に長けた人物であったと考えられる。戦時の上野国の武士の統率は、文治五年及び翌建久元年の奥州合戦の時は、比企能員が「北陸道大将軍」「山道大将軍」に指名されて戦っている。これは、戦時という臨時の処置であり、平時の検断は国衙が担っていたと理解したい。

(五) 三河国奉行人（守護人）として

佐藤進一『増訂鎌倉幕府守護制度の研究』(38)によれば、『吾妻鏡』正治元年七月十六日条に盛長の子景盛が使節として進発しているが、三河国は父の奉行国であったという。同書同年十月二十四日条では、これを「守護人藤九郎入道蓮西代官善耀」と表記しており（※76・79）、奉行人＝守護人と考えている。これについて伊藤邦彦氏は、上野国と同様に、国務沙汰を担った存在としている。(39)ここでも吏僚としての盛長の姿が見える。

(六) 源頼朝没後の宿老藤九郎盛長

正治元年（一一九九）正月十三日頼朝が急逝すると、藤九郎盛長は出家し、以降、入道して「蓮西」と称した。

生涯頼朝の近習として仕えたことがわかる。無位無官であった。ただ政治的に隠居したわけではなく、十三人の合議制が取られた際には、盛長は宿老の一人としてこれに選ばれている（※74）。翌年の同二年四月二十六日没したという。(40)

四、遠元・盛長の関係について

本章では、【表Ⅰ】の中で、同日条に遠元・盛長が登場する記事を中心に、両者を比較検討してみたい。【表Ⅰ】の備考欄に「＊」印を付したのが、二人が同日条に見える記事である。

文治年間〜頼朝没後まで、二人とも宿老として遇されていた（※32・74）。但し、二人の官位を比較すると、遠元が平治元年右馬允に補任されており、五位・六位あるいは水干の輩として遇されていたのに対し、盛長は無位無官であり、先陣あるいは後陣の随兵であった（※26・44）。御家人として供奉する事例は、『吾妻鏡』という限られた範囲ではあるが、遠元が多く見られ（※17・28・34・45・46・57・62・67・70・71）、盛長は少ない（※13）。この差は二人の出自に関わる問題かもしれない。(41)ただ、その他行事等の供養では、二人とも「御前」あるいは「御後」「後陣随兵」に供奉する場合が多い（※36・40・69）。

ここで、※41に基づいた金澤⑤の主張を検討してみたい。金澤⑤では、この交名は、一族がまとまって記載されているから遠元・盛長も一族であるという点にある。問題は、一族とはどの範囲なのか説明がない。また、一族がまとまって記載されていない部分もあることを見落としているようである。

この交名を見ると、最初に受領となった源家の一門（諸大夫層）が記載され、次に無位無官の北条時政父子の記載がある。次に中原親能（吏僚）、次に六位以下と思われる源氏の一族、三浦一族、小山一族と続く。末尾の方は武蔵武士が多く見られる。

金澤氏の指摘するように、一族単位（北条、三浦、小山、梶原等）で記載されている部分もあるが、源家の諸大夫層、地下層、無位無冠の御家人層といったまとまりや、伊豆武士、武蔵武士といった国単位の部分も見られる。遠元・盛長が、何か関連づけられて配列されているのか、全く関わりがないか、これだけでは判断がつかない。(42)

まとめにかえて

最後に、遠元・盛長を比較して、まとめとしたい。結論からいえば、論点①の検討から両者は一族ではないと考えられる。論点②については、一族としての行動を確認することはできなかった。

(一) 出自

足立遠元の出自は、古代の足立郡司の系統を引く氏族で、京都周辺にあった足立氏の祖遠兼が何らかの契機に武蔵国に下向し、その家を継承したのが始まりと考えられる。一方、藤九郎盛長は、熱田大宮司家の郎従あるいは雑色を出自とし、先祖の系譜は不明である。

(二) 官位

盛長が生涯無位無冠であるのに対し、遠元は平治元年には右馬允に、建久元年には左衛門尉に任官する。こうした身分の差は、鎌倉や京都近辺における行事に参加する両者の姿の差にも表れている。

(三) 名字の違い

遠元は足立氏であり、盛長は安達氏で、読みが通じるから同族という指摘もあるが、両者は全く別な氏族である。盛長は通称が「藤九郎」であり、名字を持たなかった。

(四) 幕府の長老として

遠元は、平治の乱以前から河内源氏の家人であることは確認できる。鎌倉政権発足後は、公文所の寄人としてなっており、事務能力を持った武士であった。盛長は、源頼朝の伊豆配流時代からの側近であり、鎌倉政権発足後もそれは変わらない。両者は長老という位置づけでは共通するが、全く異なる性格を持つ人物であるといえよう。

注

(1) 第一部第二章まとめ、補注(5)(二〇〇〇年、吉川弘文館)六九―七一頁。細川重男は、足立氏と安達氏の名字の地が相違すること等を論拠に、両者は別な氏族と判断する。その後、福島金治『安達泰盛と鎌倉幕府――霜月騒動とその周辺』(有隣新書、二〇〇六年)が刊行され、鈴木宏美「安達一族」(『北条氏研究会編　北条時宗の時代』所収、八木書店、二〇〇八年五月)等が発表されている。

(2) 「鎌倉幕府成立期に於ける武蔵国々衙支配を巡る公文所寄人足立右馬允遠元の史的意義」上・下(『政治経済史学』一五六・一五七号、一九七九年五月・六月)…金澤①、「武蔵武士足立遠元」(『政治経済史学』五五四号、二〇一三年二月）…金澤②、「武蔵武士足立氏の系譜再論」（『政治経済史学』五六二号、二〇一三年十月）…金澤③、「遠元以降の足立氏系譜」（『政治経済史学』五六八号、二〇一四年四月）…金澤④、「「奥州合戦」に於ける鎌倉幕府軍の構成」（『政治経済史学』五七四号、二〇一四年十月）…金澤⑤、「鎌倉期に於ける武蔵国足立郡の武士」（『政治経済史学』五八二号、二〇一五年六月）…金澤⑥。

（3）足立氏の出自に関しての詳細は、拙稿「鎌倉時代の足立氏について」第一章（足立氏の系図―遠元以前）（本書所収）を参照されたい。

（4）小野田氏については、『尊卑分脈』の記載以外、その存在の確認ができない。三河国小野田庄（愛知県豊橋市）の開発領主と考えられるが、未詳である。小野田庄の初見は、寿永三年四月二十四日の源頼朝下文案（賀茂別雷神社文書）であり、院庁下文に任せて四十二箇所の神領を安堵している。平安末期には賀茂別雷社領であったことは確認できる。果たして、安達氏の祖先と考えて良いのであろうか。福島金治『安達泰盛と鎌倉幕府――霜月騒動とその周辺』（有隣新書、二〇〇六年十一月）では、小野田郷の候補として上総国小野田郷（千葉県長南町）も検討している。参照されたい。なお、三河の臨国遠江国にも小野田村（袋井市）がある。

（5）拙稿「鎌倉時代の足立氏」（本書所収）参照。

（6）『新編高崎市史　通史編2・中世』（高崎市、二〇〇〇年三月）で『吾妻鏡』に見えるこの二人の記事を比較検討した旨記載があり、結果は不明としている。盛長の動向も詳細に記述しており参照されたい。なお、遠兼以降の足立氏の系図については、別途拙稿「鎌倉時代の足立氏」（本書所収）で検討したので、参照されたい。

（7）青木昇「足立遠元の周辺――付・太平記に見える足立氏」（『足立区立郷土博物館紀要』八号〈初代館長　杉山博先生追悼論集〉、一九八九年三月）・加増啓二「足立遠元の隅田河畔参上――源頼朝の武蔵進軍をめぐって」（『足立史談』三八五号、二〇〇〇年三月、のち『東京北東地域の中世的空間』第三章第一節「源頼朝の「隅田宿」通過と足立遠元――足立・豊島・葛西三郡の結節地点」として収録、岩田書院、二〇一五年十二月）・加藤功「足立遠元と畠山重忠」（『武蔵野』第八一巻第二号、二〇〇五年六月）。

（8）拙稿「鎌倉幕府の政所と武蔵国務」（『埼玉地方史』六四号、二〇一二年三月）一八頁参照。

（9）『保元物語』によると、半井本にだけ「安達四郎遠光」が見え、これを足立遠元に比定する見方もあるが、他の系統の写本には見えず、保元の乱の時遠元が在京していたとは判断できない。

この時の除目については、『平治物語』の他では『公卿補任』『愚管抄』等には傍証しかない。一覧にすると表Ⅱの通りである。

『平治物語』で補任された官職が公認されたものであるかは、『公卿補任』や古記録にに記載があれば確認になる。しかし、『公卿補任』等では確認できない人物は確認が難しい。後世、例えば『吾妻鏡』などでその人物の呼称にこの時補任された官職が反映されていればある程度は容認できよう。足立遠元は『吾妻鏡』には「足立右馬允遠元」と表記されることが多く、確認できる一人といえよう。(10)

『平治物語』には内裏に籠もる軍勢を左記のように記載する。

悪右衛門督藤原信頼（大将軍）、その子息新侍従藤原信親、信頼弟民部権少輔藤原基頼・尾張少将藤原信時・兵部権大輔藤原家頼、

（他の公家）伏見源中納言師仲、越後中将藤原成親、治部卿兼通、

（受領）伊与前司信貞、壹岐守貞知、但馬守有房、兵庫頭源頼政、出雲前司光泰、伊賀守光基、河内守末眞（季実）、その子息左衛門尉末盛（季盛）、

（義朝一族）左馬頭源義朝、その嫡子鎌倉悪源太義平・二男中宮大夫進源朝長・三男右兵衛佐源頼朝、義朝の伯父陸奥六郎源義高、義朝の弟新宮十郎源義盛、従兄弟佐渡式部大夫源重成、平賀四郎義宣（義信）、

（義朝の郎等・側近）鎌田兵衛政清・後藤兵衛眞基、

（近江國）佐々木源三秀能、

（尾張國）熱田大宮司太郎（義朝の小舅）の子供・家子郎等、

（三河國）重原兵衛父子二騎、

（相模国）波多野二郎義通・三浦荒次郎義澄・山内首藤刑部俊通・瀧口俊綱、

（武蔵國）長井子息首藤斉藤別當眞盛（実盛）・岡部六弥太忠澄・猪俣金平六範綱・熊谷次郎直実・平山武者季重・金子十郎家忠・足立右馬允遠元、

（上総国）上総介八郎弘經（広常）、

（常陸國）関次郎時員、

（上野國）大胡・大室・大類太郎、
（信濃国）片切小八郎太夫景重・木曾中太・弥中太・常葉井・榑・強戸二郎、
（甲斐國）井澤四郎信景

このうち、『平治物語』で任官した官職等を反映した表記になっているのは、傍線を引いた河内守末眞（季実）・右兵衛佐源頼朝・鎌田兵衛政清・足立右馬允遠元の四人だけである。

ここに見える武蔵武士は斎藤実盛・岡部忠澄・猪俣範綱・熊谷直実・平山季重・金子家忠・足立遠元だけで、河越・畠山・江戸などの秩父一族は見られない。

（11）『平治物語』では、近江国東坂本から勢多をさして落ちていく途中で、義朝が主従の別離を述べているが、そこで別れた武士は左記の通りである。

波田野義通・三浦義澄・長井斎藤実盛・岡部忠澄・猪俣範綱・熊谷直実・平山季重・足立遠元・金子家忠・上総介広常をはじめとして、二十余人。

（12）『公卿補任』によると、源頼朝等が平治元年十二月二十八日に解官されている。

（13）拙稿「鎌倉時代の足立氏」（本書所収）で指摘したように、「新編追加」によれば、平家跡没収御領注文に「足立郡」の記載があると述べられており、足立郡は平治の乱後、平家に没収され、平家領となっていたと考えられる。

（14）以下、根拠となる、【表Ⅰ】足立遠元・藤九郎盛長の動向比較（『吾妻鏡』）」の通し番号を（※1）の如く表示する。

（15）『新編埼玉県史・別編4（年表・系図）』（埼玉県、一九九一年二月）。遠元の注記に「号足立、母豊島平傔仗泰家女、外祖泰家譲与足立郡地頭職」とある。なお、『中世豊島氏関係史料集（一）豊島・宮城文書』（豊島区立郷土資料館、一九八八年）には、金輪寺本「豊島家系図」（鈴木真年旧蔵写本）、豊島康盈本「豊島系図」・布川系「豊島系図」（豊島哲夫氏旧蔵）と「豊島宮城系図」（宮城慶恬旧蔵本）が掲載されているが、この記載はない。但し、布川系の康家の注に「同（武蔵国豊島郡豊島）城主、加領足立・多麻・児玉・新倉四郡」とある。これらの注記を単なる伝承として一蹴することは容易だが、総合的に解釈すれば、「遠元の父遠兼が早世し、妻の父である豊島泰家が一時足立郡の支配を継承し、成人後足立郡が遠元に返された」というのも一案であろう。

（16）本書所収の拙稿「鎌倉時代の足立氏」参照。

(17) 注(16)に同じ。
(18)『吾妻鏡』『曾我物語』等では、一般的に盛長は名字がなく、「藤九郎盛長」と表記されており、安達盛長とは晩年の『吾妻鏡』の記事に見えるだけである。本稿ではこれを尊重し「藤九郎盛長」と表記することにする。盛長の子孫の安達泰盛(霜月騒動や岩戸合戦を含む)に関する論考は数多いが、盛長に関しては、一般の概説書や辞典で取り上げられる以外、専論はほとんど見られない。
(19) 福島金治氏は、『尊卑分脈』『系図纂要』の記載から、盛長と平家との関係を推定しているが、これは平家滅亡後のことである。
(20) 新人物往来社、一九七九年五月。
(21)『日本歴史』四三〇号、一九八四年三月。
(22) 注(1)福島氏著書参照。
(23) 注(1)鈴木氏論文参照。
(24)『曾我物語』『源平盛衰記』『延慶本平家物語』。
(25)『曾我物語』『源平盛衰記』『延慶本平家物語』。
(26) 文覚は、配流される前に、福原の院近臣光能(文覚の外戚という)のもとを訪ね、源頼朝に平家追討の院宣を下すよう進言したという。拙稿「鎌倉時代の足立氏」(本書所収)で触れた足立遠元女(光能妻)との関わりからみると、興味深い挿話である。
(27) 以下、【表Ⅰ】の足立遠元・藤九郎盛長の動向比較(『吾妻鏡』)の番号を※印を付して( )に括って示した。
(28) 福田豊彦「頼朝の雑色について」(同氏『中世成立期の内乱と軍制』、吉川弘文館、)所収。『吾妻鏡』に見える雑色の早い例に治承四年八月十七日条に「兼隆雑色男」「北条殿雑色、字源藤太」がある。
(29)『吾妻鏡』治承四年十月十六日条では、頼朝の命により、箱根権現に早河庄を寄進する旨の下文と頼朝の消息を持って、別当行実のもとに行った。同書元暦元年五月二十一日条では、朝廷に奏請する使者として上洛した。
(30)『吾妻鏡』養和元年七月二十一日条では、安房国故長佐六郎郎等左中太常澄の処刑を実検した。同書元暦元年五月十二日条では、頼朝の使者として上洛した。
(31)『吾妻鏡』元暦元年七月十八日条では、伊賀平氏の乱に対する頼朝の指示を伝えるため派遣される。

（32）『吾妻鏡』元暦元年八月三日条では、京中に潜むと考えられる平信兼子息等を探索するよう源義経に命じるため上洛した。安達清経（恒）は、これ以降も頼朝の使者として活動する姿が、『吾妻鏡』に散見する。注（28）福田論文参照。
（33）この勲功賞の対象となったのは、殆どが武蔵武士を除く東国武士である。拙稿「武蔵武士の概念と特色」（本書所収）一二頁参照。
（34）後世の将軍の事例を『吾妻鏡』から摘記する。
①将軍源実朝が、甘縄神宮と日吉別宮等を参詣した帰途、「安達右衛門尉景盛家」に入る（建保三年四月二日条）。
②将軍藤原頼経が、上洛の門出の所として「秋田城介義景甘縄家」に入る（嘉禎四年正月二十日条）。
③将軍頼経が正月五日に「秋田城介甘縄家」に入った。御行始と考えられる（仁治四年正月五日条）。
④新将軍藤原頼嗣の元服・任官後の吉書始が「秋田城介義景甘縄之家」で行われた（寛元二年六月十三日条）。
⑤前将軍頼経と将軍頼嗣が御行始として「秋田城介義景甘縄第」に入る（建長三年正月五日条）。
その他、似た例として、建久三年十一月五日に、生後二ヶ月ほどの実朝が、御行始として「藤九郎盛長甘縄家」に入った例がある。
（35）『吾妻鏡』文治二年十二月一日条によれば、千葉常胤が下総国から参上し、幕府の西侍で盃酒を頼朝に献上した際、盛長は、小山朝政・三善善信・岡崎義実・足立遠元らと共に、宿老としてその場に祇候していた。
（36）上野の項、東京大学出版会、一九七一年六月。
（37）これについては、伊藤邦彦『鎌倉幕府守護の基礎的研究【国別考証編】』でもほぼ容認している。
（38）三河の項。
（39）注（37）参照。
（40）『尊卑分脈』。
（41）盛長が、八月十五日に行われる鶴岡八幡宮放生会の際、供奉していないことと関わるかもしれない。
（42）無位無官の北条時政父子がこの位置に記載される背景に、この交名には何か作為が感じられる。武士は、末尾に記載されることが多い。

鎌倉時代の足立氏

菊池紳一

はじめに

足立氏と言えば、平治の乱から源頼朝の挙兵、さらに鎌倉政権の樹立等に活躍した足立遠元が著名である。この足立氏は、武蔵国足立郡を名字の地とする武士である。足立氏については、金沢正大の数本の論考があり(1)、青木昇「足立遠元の周辺――付・太平記にみえる足立氏」(2)がある。また拙稿「鎌倉時代の足立氏について」(3)でも検討したことがある。最近では、加藤功「足立遠元と畠山重忠」(4)があり、足立遠元等について述べている。

ここで最初に問題となるのは、足立氏の出自に関する課題であろう。すなわち金沢正大は、主に『尊卑分脈』に依拠して、足立氏は小野田氏の子孫で安達氏と同族であるとする点である。一方、拙稿では、両者を同族とする根拠はみられないと主張した。この点については、『尊卑分脈』に依拠するだけでは根拠としては弱く、足立遠元・藤九郎盛長の両者を比較検討する必要があるが、これについては、別稿(5)で詳細に検討したい。なお、古くは渡辺世祐・八代国治著『武蔵武士』に足立遠元、『大宮市史』第二巻（古代中世編）に足立氏や遠元についての細かい解説があるので参照されたい。(6)

また、足立氏の本拠について、その館跡と伝えられる所は、大宮市内に一ヶ所、桶川市内に三ヶ所ある。大宮市の伝承地は同市植田谷本にある。江戸時代の植田谷本村（大宮市植田谷本）の名主小島家に伝わる寛永十九年（一六四二）霜月十四日の文書の中に「あだちとのの御屋敷壱町余程御座候処ニ」という文言が見える。小島家は家伝によると安達盛長の子孫と伝えるが、これは足立遠元の子孫の誤りと考えられている。現在館跡と思われる所に足立神社が祀られている。(7)

桶川市内の一つは、同市内川田谷の三ツ木城跡であるが、現在残る堀や土塁の形態は戦国期のものと考えられ、足立氏の館跡とは断定できない。あるいは足立氏の一族河田谷氏の館跡かも知れない。もう一つは、旧『埼玉県史』で有力視された場所で、同市内末広二丁目の通称一本杉といわれる付近にあたるが、現在土塁や空堀など館跡と思われるものは残らない。三つ目は同市内神明一丁目付近で、かつてこの辺りは雑木林で堀や池があり、文化四年再建の石祠があったというが、現在は住宅地になっている。(8)

これらの伝承地はいずれも決定的なものではなく、足立郡内に広がった足立氏の一族の館跡であったのかも知れない。

一、足立氏の系図——遠元以前

平安時代末期から鎌倉時代にかけての足立郡は、古代の足立郡司の系統を引くと考えられる足立氏が郡域を支配下に置いていた。足立氏の出自については『丹波志』[9]および「足立系譜」[10]では藤原氏の後裔とし、「足立氏系図」[11]では藤原北家高藤流、『尊卑分脈』[12]・『系図纂要』では藤原北家魚名流とするなど、共通の出自を示すものは見られないが、藤原氏を出自とする点では一致している。

平安時代中期に起きた平将門の乱の頃、足立郡は足立郡司武蔵武芝の支配下にあった。大宮氷川神社の西角井家に伝わる「西角井系図」[13]によると、武芝の女子は武蔵介菅原正好の妻になり、その子正範は外祖父武芝の後を継ぎ氷川社の社務職となり、正範の子行範は足立郡司になったという。平安時代末期、氷川社務職は菅原氏が、足立郡司職は足立氏が継承しており、足立氏は行範の子孫かその子孫と姻戚関係のある氏族で藤原氏との婚姻関係あるいは政治的な結びつきにより藤原姓を冒すようになったと考えらる。[14]

かつて、安田元久氏は「中世武家系図の資料的価値について」[15]で、紀伊国湯浅氏と豊後国大友氏の系図を例として、「鎌倉時代の武家の系図は、それぞれの一族の共通の祖とされる武将（有力武士）を家祖として作成されるのが普通であったと考えねばならない。」と述べており、この足立氏と安達氏も例外ではなく、足立遠元と藤九郎盛長以降が、足立氏や安達氏各々の系図であったと考えるべきではなかろうか。[16]なお、これらの系図などの中に、源頼朝の近臣藤九郎盛長や遠元（天野カ）の名が見えることから、足立氏と安達氏を同族とする説があるが、盛長が安達氏を通称で記載されるのは、『吾妻鏡』では晩年のことであり、『吾妻鏡』等にはこの両者を同族とする根拠はみられない。[17]また、『尊卑分脈』の記載を尊重しすぎることも一考の余地がある。特に東国武士についての系図は慎重に扱う必要があろう。[18]

それでは、両氏の系図二種を比較確認してみたい。まず、遠元までの部分を確認する（「元」と「基」は訓読みが通じるので、同じとみておく）。

前述したように、『尊卑分脈』は藤原北家魚名流、「足立氏系図」は藤原北家高藤流である。遠元（遠基）までの父子関係で、共通するのは「遠兼―遠元」だけである。先論では、両系図を比較し、前者に依拠して安達氏は小野田氏を出自とすること、足立氏はその一族であると推定する。但し、『尊卑分脈』記載の武家の系図がどれほど信頼が置けるか議論はなされていない。盛長の注記をみると「安達六郎」「小野田藤九郎」と矛盾する二つの通称が記され、その兄弟遠兼の注記に「安達藤九郎」と兄と同じ「藤九郎」を通称とし、頭注に遠兼を小野田兼盛の子で安達氏の養子となったとする。また遠基の注記に「号外島」（豊島ヵ）など足立を称したことは見えず疑問が残る。

①『尊卑分脈』Ⅰ…藤原北家魚名流

魚名―（三代略）―山陰―（七代略）―国重（下野掾 出羽介）―兼盛（小野田三郎）
- 兼盛―盛長（安達六郎 小野田藤九郎）―景盛（秋田城介）―義景―泰盛
- 兼盛―遠兼※（安達藤九郎 民部丞）―遠基（号外島 左衛門尉）

※遠兼の頭注に「安達、但小野田三郎兼盛子」とある。

②「足立氏系図」Ⅰ…藤原北家高藤流

高藤―（三代略）―遠忠（遠江守）―定忠―忠兼（蔵人）
- 忠兼―遠兼（武蔵国足立郡住）―遠元（号足立、母豊島平傔仗泰家女、外祖泰家譲与足立郡地頭職、仍一円知行、又鎌倉右大将并右大臣両代武勇之師範也、）
- 忠兼―実兼（号貴志 蔵人）

ただ、注目すべきは、両系図とも豊島氏との姻戚関係を推定させる点であろう。「足立氏系図」の遠元の注記は後で検討するが、源頼朝挙兵時の足立氏と豊島氏、さらに豊島氏の一族の葛西氏の動向は、ほぼ頼朝を支持することで一貫している。

次に、足立氏がいつ頃から足立郡を支配下に置いていたのか、考えてみたい。その時期については明確にはできないが、遠兼の注記に「武蔵国足立郡住」（「足立氏系図」）、「足立郡領家職本主」（『丹波志』）、「武蔵足立郡領主職」（「足立系譜」）が、その子遠元の注記に「足立と号す、足立郡地頭職、仍て一円を領す」（『丹波志』）、「号足立、母豊島傔仗泰家女、外祖父泰家与足立郡地頭職、仍一円知行」（「足立氏系図」）がある。もとよりこれらの史料は後世の作であり、そのまま信用することはできないが、遅くとも平安時代末期の院政期頃（十二世紀頃）の遠兼の代には足立郡司職に繋がる権能を継承し、足立郡を支配下に置いていたと見てよいであろう。

二、足立氏のルーツ――京都と遠元の兄弟たち

次に、遠元の兄弟を中心に足立氏のルーツを検討する。左記の系図③（『尊卑分脈』Ⅱ）・系図④（「足立氏系図」Ⅱ）を見ると、両者に共通な人物、親子関係は「遠兼―遠元（遠基）―元春（基春）」の三代であり、元春の兄弟遠景・遠村も共通する。すなわち、平安時代末期から鎌倉時代前期にかけての三代は両系図に共通であり、信憑性が高いと考えられる。では、何故それ以外の人物は相違するのであろうか。この点も含め考えてみたい。

系図③を見ると、遠基（遠元）の兄弟に信家以下四人の名が見える。名前は、信家以外は遠衡・遠助・遠弘と「遠」を通字としている。また官途を見ると、このうち「遠」がある三人は武士らしき内舎人・右衛門尉・武者所であるが、信家は山城守とあり、この時期の武士の官途としては珍しい。

④「足立氏系図」Ⅱ（傍線は『吾妻鏡』に見える人名）（『　』内は朱書）

遠兼（武蔵国足立郡住）――遠元（号足立、母豊島平傔仗泰家女、外祖泰家譲与足立郡地頭職、仍一円知行、又鎌倉右大将并右大臣両代武勇之師範也、）

この四人のうち、当該期の史料に所見のある人物は、信家と遠衡である。

信家は、『兵範記』仁安三年八月十九日条を初見に、数ヶ所見える。この日、平信範は参院し「大嘗会用途国々召物難済事」等を奏聞しているが、その中に「山城国司信家申同事」とある。(19) 年欠（仁安三年）十一月九日の山城守藤原信家請文(20)では、「大嘗会召物諸国之内、山城難済之由」を院に奏上したことが記される。その

③『尊卑分脈』Ⅱ（傍線は『吾妻鏡』に見える人名）

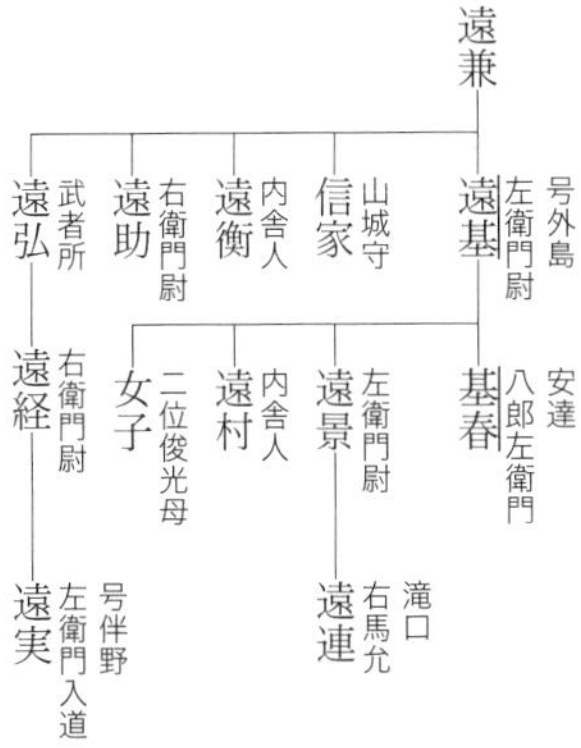

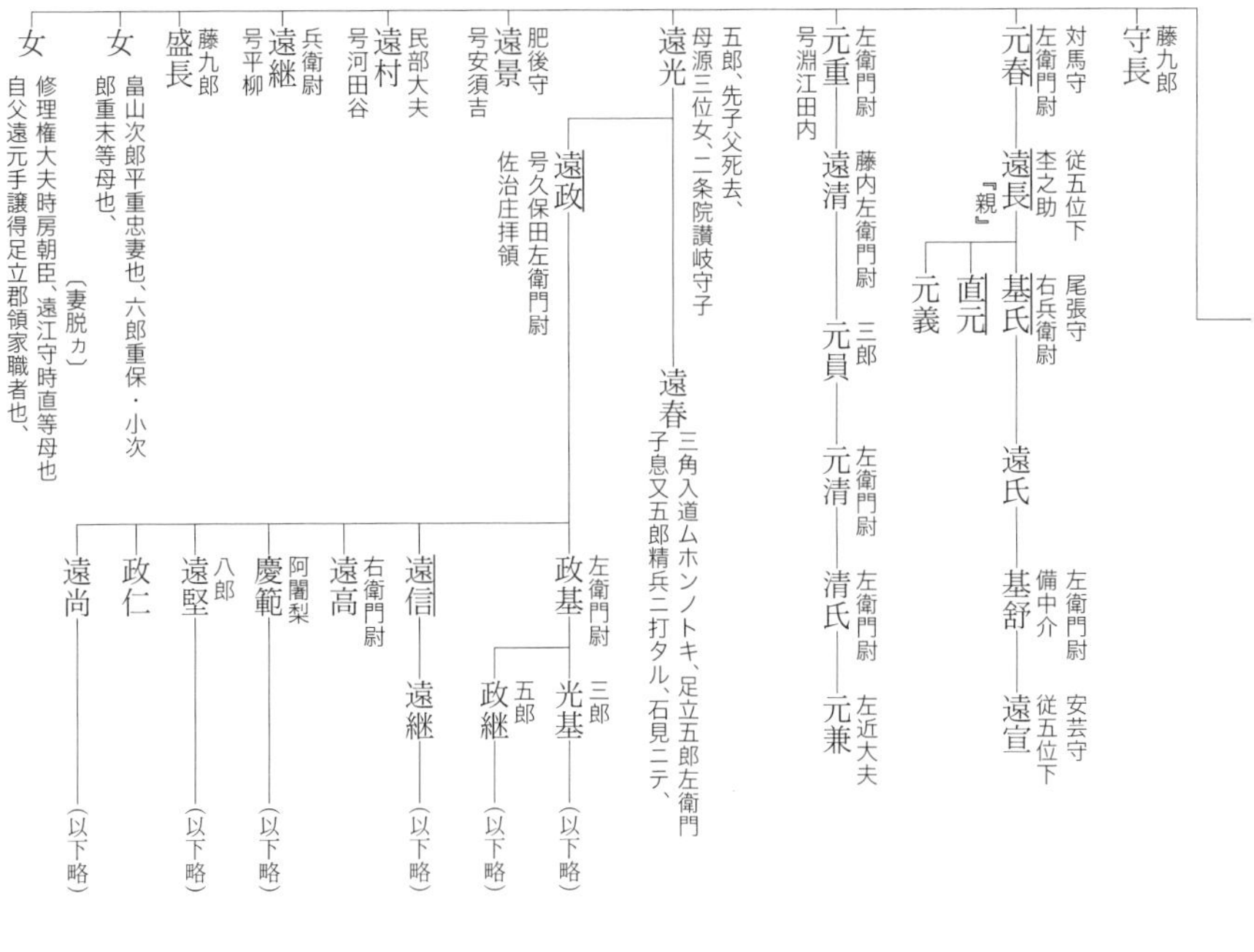

後、『玉葉』治承三年二月十四日条によれば、その要因は不明であるが、前山城守信家が伊豆国（遠流）に配流されたことを記しており、以降の動向は未詳である。

遠衡は、「遠平」とも表記され、『山槐記』仁安二年四月九日条の御禊前駈定の際の前駈の一人に「右兵衛尉藤原遠平」、『山槐記』仁安二年五月二十七日条の復任に一人に「右兵衛尉遠衡」、『兵範記』嘉応元年二月十三日条の皇太后宮日吉行啓の行列の中に「次右兵衛廿六人、佐盛頼、尉藤遠平」と見える。

その外の遠助が右衛門尉、遠弘が武者所であり、彼らは京都周辺に本拠を置く武士と考えられる。おそらく、彼らの父遠兼は、どのような契機かは不明だが、鳥羽院政期に東国に下向し足立郡司の職を継承したのではなかろうか。背景には当時鎌倉に本拠を置いていた源義朝・義平父子の影響も考えられよう。

こうした足立氏と京都との繋がりを補強するものに、遠元の女（法名阿光）と後白河院の近臣藤原光能との婚姻がある。光能は、後白河院の近臣の中で、伝奏や御所の装束、御幸の道中奉行、院宣の奉者など、実務を担当する人物であり、治承三年（一一七九）十一月の平清盛の起こしたクーデターでは、院近臣の一人として解官された。[21]

光能の年齢を確認すると、久安二年（一一四六）正月五日、統子内親王（後白河院同母妹、のちの上西門院）未給で叙爵し、このとき二十五歳であった。[22] 興味深いのは統子内親王未給で叙爵していることで、以降も後白河院と統子内親王との関わりで昇叙している。[23] 十二年後のことではあるが、源頼朝が、保元三年（一一五八）に統子内親王立后の日に皇后宮権少進に補任され、翌年二月上西門院院号宣下の日に上西門院蔵人に補されるなど、統子内親王との関わりで叙任されている点、光能・頼朝が似た環境下で官位を進めていたことになる。光能と遠元女の出会いもこうした人脈のなかで育まれたのではなかろうか。

この二人の婚姻時期は、金澤正大氏が詳細に検討しているが、確認しておきたい。二人の子のうち、兄弘家（改名して知光）は仁安元年（一一六八）の生まれで、承安二年（一一七二）六月三十日（この時四歳）以降紀伊守として在任していることは確認できる。弟光俊は治承三年（一一七九）の生まれである。(24) かなり年齢の離れた（十一歳）兄弟であった。

なお、『明月記』安貞元年（一二二七）正月八日条に、

（上略）右武衛（藤原光俊）消息云、前少将知光（藤原）朝臣去晦逝去云々、去年五十九、法皇（後白河院）昔幸 父卿（藤原光能）病席［革カ］之日、忽任左近少将、年十六、前淡路守、従五位下、為近臣之一分、法皇崩御之後、依関東之挙、加禁裏之近習、遇建久之政、遏絶叙留、又依源内府（土御門通親）之讒言、漸々不快之上、依女事、仁和寺僧娘、愛寵一分、永以棄置、承久乱後自関東雖入洛、遂以不幸、時房（北条）妻依親昵僅雖憐愍、不及世途之計、遂以終命歟、是一門之積悪歟、（下略）

とある。光能の子光俊が、前年末の兄知光の逝去を定家に知らせてきた記事である。『大要抄』（車文事）に「知光卿、俊成党也、立涌雲」とあり、知光は定家の父俊成とも親交があった。(25) この記事は、父光能が後白河院の近臣であったこと、その病気を見舞った後白河院が、十六歳であった兄を左少将に補任し院近臣に列したこと、後白河院没後知光は関東の推挙により後鳥羽天皇の近習になるなど源頼朝とも深い繋がりがあったが、しかし建久七年の政変で解官されたこと等がわかる記事である。北条時房の妻は足立遠元の女であり、「依親昵僅雖憐愍、不及世途之計」と記されている。

もう一人、中原親能のことも触れておきたい。「大友系図(26)」によると、親能は、長家流藤原氏で「俊忠―光

家―光能」の子とされる。光能の子としては、知光・忠経・家能・光俊・季光・家基・親光・覚能が記載され、『尊卑分脈』とほぼ同じであるが、親光の代わりに親能が記載されている。親能の父については諸説があり、一般的には父は中原広季で、大江広元の兄弟とする説（『尊卑分脈』）、実父は藤原光能で、外祖父中原広季の養子となったとする説（『大友文書録』）がある。(27)親能は相模国住人に養育され、その後上洛して村上源氏の源雅頼の家人となり、源頼朝挙兵後平家の追補を受けた。(28)妻は大友経家の女で、子能直は経家の跡を継ぎ大友を名字としたという。(29)親能・能直父子は光能の通字「能」を継承している。(30)

足立氏は古くから京都との繋がりを持っており、足立遠元は、平治の乱後も、後白河院・上西門院に近侍する光能を通して京都との繋がりは途絶えて折らず、平家の全盛期にも上洛していた可能性が高い。また、光能の子供たちは鎌倉幕府成立後も鎌倉と親交があったといえよう。

三、幕府宿老足立遠元

鎌倉幕府成立後の足立遠元の動向については、別稿で記述したので、ここではその特徴を示しておきたい。(31)

足立遠元は、源頼朝が鎌倉に入った後、富士川の戦い、佐竹合戦、その後の源平の戦いや奥州合戦のなど、戦場におけるその活躍は確認できないが、鎌倉幕府の宿老の一人として文治・建久年間鎌倉に在住し、勝長寿院供養・鶴岡八幡宮放生会などで頼朝の供奉人を勤めるなど、重要行事に列席している。とりわけ、元暦元年（一一八四）十月六日には公文所の寄人に補任された。同年六月一日に頼朝が開いた平頼盛の送別の宴では、「京都に馴れる輩」の一人として列席しており、文治二年（一一八六）正月二十八日、頼朝の妹婿一条能保夫妻が帰洛する際は遠元の家が出発地となっている。また同四年七月十五日、頼朝が亡父義朝の追福のため行った勝長寿院の万灯会の奉行人を勤めるなど、京都関係の接待、奉行人（文官）としての奉公に特徴が見られ、足立氏の持つ性格が顕れている。建久元年（一一九〇）十一月の頼朝の上洛にも従い、十二月十一日には頼朝の推挙により左衛門尉に任じられている。

正治元年（一一九九）の源頼朝没後は、有力御家人及び事務官僚等による合議が採用された際にも、宿老として、武蔵武士として、頼家の外戚比企能員とともに遠元も十三人の一人に選ばれている。その後も、遠元は三代将軍実朝の着甲始の儀にこれを助け、鎌倉内の寺社の奉行のうち永福寺阿弥陀堂の奉行人に指名され、承元元年（一二〇七）頃までの活動が知られる。

四、足立遠元の女たち

遠元の女には、系図③に藤原光能妻が、系図④に畠山重忠妻と北条時房妻が記載されており、京都の公家の情報に詳しい系図③と丹波国に移住した足立氏の子孫の作成による系図④の性格の違いが如実に現れている。

最初に、藤原光能妻（知光、光俊母、法名阿光）について考察してみよう。藤原光能没後の『吾妻鏡』文治二年（一一八六）三月二日条に見える左記の記事である。

今日、故前宰相光能（藤原）卿後室比丘尼阿光（足立遠元女）去月進使者於関東、相伝家領丹波国栗村庄（何鹿郡）為武士被成妨由訴申之、
仍早可停止濫吹之趣被仰云々、

下　丹波国栗村庄
　可令停止武士狼藉如元為崇徳院御領備進年貢随領家進止事
右件庄、可為　崇徳院御領之由、所被下　院宣也、而在京武士寄事於兵糧催、暗以押領、於今者、早如元
為彼御領、随領家進止、可令備進年貢所当之状如件、以下、
　　　文治二年三月二日

これによると、阿光が関東に使者を送り、相伝の家領である丹波国栗村庄（崇徳院領、領家職）に対し、院宣（おそらく後述の元暦元年八月二十六日の後白河院院宣）を添えて、在京の武士が兵糧米と称し妨げをするのを停止するよう訴えた。栗村庄は京都府綾部市栗にあった荘園で、最初は崇徳院領であったが、保元の乱後没収されて後院領となっていた。その後後白河院や藤原忠通に近い人々が相次いで死去したことで元暦元年（一一八四）四月十五日には、崇徳院の祟りを恐れ、同院と藤原頼長を祀る粟田宮が建立され、同年八月二十六日には、後白河院領であった美作国江見庄・筑前国田原庄・越前国榎富庄・丹波国栗村東西・紀伊国高家庄が後白河院の院宣で寄進された。[32]藤原光能はこの栗村庄の領家であり、おそらく後白河院から宛行われた所職であろう。阿光は亡夫光能の遺領栗村庄領家職を継承していた。頼朝はこれに対し、崇徳院領として領家の進止に従い年貢所当を備進するよう命じている。以降、この領家職は光俊の子孫に伝領された。[33]

その後阿光は、承元三年（一二〇九）十一月日の勧進状で、大和国安位寺で一切経会に際して使用する天童装束調進ための助成を求めており、[34]これが終見である。

次に、畠山重忠妻の周辺について見てみよう。重忠の妻については、拙稿「平姓秩父氏の性格——系図の検討

を通して」[35]で触れたことがある。その際、「桓武平氏諸流系図」[36]に重保の注記として「母足立左衛門大夫遠光女」があること、「足立系図」[37]には、遠元の女の注に「畠山次郎平重忠妻也、六郎重保・小次郎重末等母也」とあることから、前者の「遠光女」は「遠元女」の誤記と推定し、また「畠山系図」[38]に小二郎重秀の注記として「母足立右馬允遠元」とあり、諸系図で重忠の子として知られる重保（康）が嫡子で、重秀（季）・時重・重清・重慶・円耀等のうち、時重を除く子は遠元女の所生と推定した。

こうした婚姻関係によって、足立郡に畠山氏の足跡が残されたとしても不思議ではない。また、都幾川と槻川の合流する地点の南側に大蔵宿があり、北側は菅谷になる。都幾川は下流で入間川（現荒川）に合流し、羽根倉渡しを通過する。所沢付近で鎌倉街道上道から分かれて北上し、羽根倉渡しで入間川を渡河する羽根倉街道は、与野宿を経て奥州へ向かう。この羽根倉道沿いの足立郡に、畠山重忠にまつわる伝承が数多く残されている。例えば、円乗院（現在はさいたま市中央区本町西所在）は、重忠が道場村（さいたま市桜区）に開いた寺院の後身と伝える。また、現円乗院近くの与野公園にある弁天池は、重忠が鎌倉に向かう途中この池で腰の刀を清めたと伝える。道場は羽根倉渡しの近くに所在する。この河川及び陸上交通の交わる要衝に、畠山重忠の所領があった可能性が高いと考えられる。

最後に、北条時房妻の周辺について考えてみたい。「足立系図」には、畠山重忠に嫁した遠元女の姉妹の注に「修理大夫平時房朝臣（妻脱カ）、遠江守時直等母也、自父遠元手譲得足立領家職者也」とあり、足立遠元女と北条時房の姻戚関係があったことが確認できる。遠元女の所生は、時村（相模次郎）[39]、資時（相模三郎）[40]、朝直（相模四郎）[41]、時直（相模五郎）[42]、時定（相模六郎）[43]、房快[44]がいる。なお、朝直の子宣時（武蔵五郎）の母は「足立左衛門尉遠光女」であった[45]。

時房は、北条氏の中で、父時政、兄義時についで国司に補任された人物であり、平賀義信・朝雅父子、足利義氏らの源氏に続いて北条氏で始めて武蔵守となっている。(46)承久の乱後、時房が連署（政所別当）として武蔵国務に関与していたことを指摘したが、足立氏との関連は見いだせない。

遠元女（時房妻）の注記の後半に注目したい。これによると、時房妻は足立郡領家職を譲られたことになる。(47)但し、「足立郡領家職」は系図の注記であり、そのまま事実と考えることには躊躇を覚えるが、何らかの権利がこの遠元女に譲られたことは認められよう。足立郡支配の諸権利が分割されて所職が設定され、領家職もその経緯の中で設定されたとしても不思議はない。下記の何時かの時に段階的に設定された可能性はある。

足立郡は、遠元が平治の乱に敗れたため、足立郡支配に関する何らかの権利が平家に没取されたと考えられる。「新編追加」に「足立郡地頭職」について記されている中に、平家跡没収御領注文に「足立郡」の記載があることもこの推定を可能にする。(48)この時が第一段階である。但し、「当郡事、載彼注文畢」とあることから、この時点で地頭職が設定されていたとするのは時期尚早の感じも否めない。治承四年（一一八〇）十月八日、最前に参上した遠元の忠誠心に感じた頼朝は、遠元の本領足立郡を安堵した。この時が第二段階である。頼朝は足立郡に関する権限すべてを遠元に安堵したわけではなく、足立郡に関する諸職の補任権については頼朝の手に残したと考えられる。関東進止御領である。次が遠元が女（時房妻）に足立郡の一部（領家職カ）を譲与した時である。これが第三段階である。こうした経緯の中で足立郡の所職が設定された可能性はある。

但し、仁治二年（一二四一）三月三十日の関東下知状(49)では、足立郡の年貢をもって、丹波国日置庄・日向国宮崎庄等の地頭職に立て替えて、赤子御前御領としている。「赤子御前」とはどのような人物（女性カ）かは不明であるが、所職名では示されていない。また、弘安五年（一二八二）二月二十一日の評定において、「足立郡地頭職」が公領か私領か不審があり、検討された結果、平家跡没収御領注文に足立郡の記載があることから、公領と判断されている。(50) さらに年月日未詳の足利尊氏・同直義所領目録(51)には、足立郡は元北条泰家（高時の弟）の所領であったことが記されている。ここには足立郡の地頭職も領家職も見えない。足立郡の所職の設定はこれ以降の可能性もある。北条経時・時頼の頃から武蔵国は得宗分国となっており、足立郡も北条得宗家の支配下に置かれていたことは、確認できよう。その契機の一つが遠元女（時房妻）への相伝であったのかもしれない。

五、足立遠元以降の展開

遠元の子としては、系図③に三男一女が、系図④には八男二女が記されている。系図④のうち守長（藤九郎）と盛長（藤九郎）は同一人物で、安達氏の祖藤九郎盛長に当たり、「あだち」という読みが同じことから足立氏の系図に混入されたもので、間違って記載されたと考える。系図③は、足立氏については詳しくなく、遠元の孫の代で途切れている。一方系図④は、丹波国佐治庄に西遷した足立氏の子孫が作成した系図で、武蔵国に残った足立氏がほぼ南北朝時代で途切れているのに対し（この頃まで一族の交流があったのであろう）、西遷した系統の記載が詳しく、江戸時代後期に書写されたと推定されている。(52) ここにも二つの系図の性格が如実に示されている。

（一）元春（基春）の子孫

遠元の子供たちのうち、跡を嗣いだのは元春（基春）だった。通称は八郎、官途は左衛門尉である。元春は建仁三年（一二〇三）十月十日、将軍実朝の御弓始の射手に禄を与える役を勤めたのを初見として、実朝の鶴岡八幡宮参詣の供奉人、上洛する幕府の使者などとして見え、承久元年（一二一九）七月十九日、鎌倉に下向してきた九条道家の子三寅（後の将軍頼経）の供奉人に加えられたのが終見である。(53) 在鎌倉の御家人として奉公していた様子が見て取れよう。

その子遠親（官途は木工権助）は、嘉禎二年（一二三六）七月二十五日、讃岐国本山庄（香川県豊中町）地頭職を停止させられているが、(54) これは承久の乱の際の新恩地と考えられる。また暦仁元年（一二三八）二月十七日には、将軍藤原頼経に従って入洛し、仁治元年（一二四〇）八月二日、将軍頼経の二所詣に供奉している。(55) 遠親も在鎌倉の御家人であった。

この遠親の子に、基氏（『吾妻鏡』では元氏とする）と直元がいる。基氏（元氏）は三郎と称し、官途は左衛門尉である。初見は安貞二年（一二二八）七月二十八日条、終見は弘長三年（一二六三）八月九日条と、約三十五年間所見がある。在鎌倉の御家人であった。直元は太郎と称し、官途は左衛門尉、寛元三年（一二四五）八月十六日条から弘長三年八月九日条まで『吾妻鏡』に見える。この両人は頼経・宗尊親王に仕え、鶴岡八幡宮への参詣、二所詣、方違などに供奉している。在鎌倉の御家人として奉公仕していた。(56)

直元は、弘安八年（一二八五）の霜月騒動の時安達泰盛方について敗れて自害した。(57) 兄である直元が、系図④では基氏（元氏）の弟として記されているが、この作為は霜月騒動で直元が自害し、足立氏に存亡の危機が訪れたとき、弟の基氏（元氏）が足立氏を嗣いでこれを救ったことを物語っているのであろう。

基氏（元氏）の子遠氏は、正応三年（一二九〇）十月四日の関東下知状(58)によれば、豊前国佐田庄（大分県安心院町）地頭職の注記に「足立五郎左衛門尉遠氏知行分」とあり、遠氏が九州の佐田庄地頭職を宛行れていたことが知られる。(59)

なお、建長二年（一二五〇）三月日の閑院内裏造営雑事目録写[60]は、幕府が請け負った京都閑院内裏造営に関する御家人の分担を示す目録で、この中に「足立左衛門尉跡」が見え西四足右衛門陣が宛て課されている。この「足立左衛門尉」は遠元の子元春に比定され、この時足立氏に対する御公事は「足立左衛門尉跡」、すなわち元春の子孫に宛てられていたことが確認できる。幕府の御家人役賦課の台帳に載る単位を知ることができよう。

下って、建治元年（一二七五）の六条八幡宮造営注文写[61]が残されている。この六条八幡宮は、源頼朝の祖父為義が京都の六条にあった屋敷内に源氏の氏神である石清水八幡宮を勧請したもので、六条若宮あるいは左女牛若宮などとも呼ばれた[62]。この注文は六条八幡宮の造営費用を御家人に宛て課した目録で、その中の「鎌倉中」に「足立八郎左衛門尉跡　廿貫」「足立九郎左衛門跡　十貫」が記されている。前者は前述の元春にあたり、後者は『吾妻鏡』建保元年（一二一三）正月三日条に見える足立九郎にあたると考えられる。

（二）元重の子孫

前述の足立九郎が、「足立氏系図」（系図④参照）に見える元春の弟元重（官途は左衛門尉）とすれば、建保年間に庶氏家が分立し、それを幕府が御家人を宛て課す単位として把握していたことになる。そして両家とも、在鎌倉の御家人として御家人役を勤めていた。ただこの系統は『吾妻鏡』にほとんど登場せず、基本的には在国していた可能性が高い。

（三）遠光の子孫

遠元の子遠光[63]の子孫は西遷御家人となった。「足立氏系図」（系図④参照）によれば、遠光の子遠政は丹波国佐治庄（現兵庫県青垣町）を拝領しており、その兄遠春は石見国で三角入道が謀反を起こしたとき討ち死にしたという。おそらく遠光の佐治庄拝領を契機に西国に下ったものと思われる。『吾妻鏡』嘉貞元年（一二三五）七月二十五日条及び同二年九月九日条等によれば、近江国日吉社の神輿が強訴のため入洛した際、足立右衛門尉遠政・右兵衛尉遠信父子がこれを防いで神人を傷つけたため訴えられ、備後国に流されている。(64) このころにはすでに佐治庄に下向していたと思われ、そこを本拠にして京都（在京御家人として）で活躍していた。

下って『勘中記』正応元年十月二十一日条によると、伏見天皇の大嘗会御禊行幸に先陣として供奉した右馬寮の官人の中に、「允藤原基政、武家、号足立馬允、」と見える。この人物は系図④に見える「政基」に該当するのではなかろうか。

（四）得宗被官足立氏

鎌倉時代後半の正安三年（一三〇一）正月十四日と翌乾元元年（一三〇二）正月十日の的始には足立三郎左衛門尉貞長が三番の射手を勤めている。(65) これだけでは、得宗被官とは判断できないが、元亨三年（一三二三）十月二十六日、北条高時は亡父貞時の十三回忌の仏事を鎌倉の円覚寺で行なった。(66) この仏事に参列した武士の多くは北条氏の惣領家（得宗家）の被官であり、その中に「御使　足立余三左衛門尉」、「銀剣一　馬一疋　足立三郎左衛門入道」の名が見える。また正中三年（一三二六）九月二十四日の加賀国大野庄藤江村等田数注文の端裏書に「足立三郎左衛門入道所進」とある。(67) この大野庄は得宗領の一つであり、足立氏はその代官として検注を行なっていた。両者とも三郎とあり、おそらく同一人物であろう。

この「足立三郎」が①〜③のどの系統にあたるか不明であるが、時期的には元氏の子遠氏の世代に当たる。この頃に、足立氏の一族から北条得宗家の被官となる一族が生まれたことになる。

（五）その他の庶子家

その他の庶子家を見てみよう。系図④を見ると、元春（基春）の弟には元重・遠光・遠景・遠村・遠継と女（北条時房妻）と女（畠山重忠妻、重保・重末等母）が記載される。このうち元重の注に「号淵江田内」、遠景の注に「号安須吉」、遠村の注に「号河田谷」、遠継の注に「号平柳」とある。これらを検討すると、すべて足立郡内の地名で、「淵江田」は川口市域の南にある東京都足立区内、「安須吉」は上尾市畦吉、「河田谷」は桶川市川田谷、「平柳」は川口市元郷付近に比定される。それぞれ足立郡内の所領を分与され在地名を名字とし、郡内に盤踞していたと考えられる。旧鳩ヶ谷市[68]を名字の地とする鳩谷氏もこの一族であった可能性があろう。[69]

また、正中二年（一三二五）四月二十四日の六波羅御教書[70]では、荻野総三郎入道に、足立彦五郎と共に、松尾社領丹波国雀部庄に討ち入り城埆を構える景資法師以下の輩を召し連れるよう命じている。この足立彦五郎は六波羅の被官か丹波の御家人であろう。

まとめにかえて

足立氏は、一方では在鎌倉の御家人として武蔵国に残り（右記（一）（二））、一方では西国に所領（丹波国佐治庄）を得て西遷武士となり新天地に発展し、在京御家人となった一族があった（三）。中には鎌倉における政争を乗り越えて、北条得宗家の被官となり、得宗領の地頭代に補任された一族も存在した（四）。秋山哲雄氏が主張する御家人の家の分担という視点が当てはまるかどうかは微妙であるが、遠元の孫の世代までは考え得るかもしれない。

鎌倉幕府滅亡時の武蔵の足立氏の動向の詳細は不明であるが、管見の範囲で示しておきたい。六波羅に伺候していた足立源五長秋・同参河又六則利・同弥六則帷らは六波羅探題北方の北条仲時とともに近江国番場宿（現滋賀県）で自害している。また『太平記』や「陸波羅南北過去帳」によれば、丹波の足立氏は後醍醐天皇方として上洛している。

その後、建武元年（一三三四）九月二十七日には、元氏の曾孫にあたる遠宣(71)が後醍醐天皇の賀茂行幸に供奉し(72)、延元元年（一三三六）四月には、関東武者所に結番（四番）されている(73)。また、『八坂神社記録』正平七年（一三五二）二月二十四日条に「吉備津宮内入君郷ハ、先年アタチ三郎左衛門知行歟」と見え、足立三郎左衛門尉が吉備津宮内入君郷を知行していたという(74)。

康永二年（一三四三）十一月二十六日の足立厳阿書状(75)では、加賀国倉月庄と大野庄の河海堺について大野庄政所に返事しており、幕府滅亡後も足立厳阿が大野庄支配に関与していた。

関東では、文明五年以前と推定される年未詳七月二十日の長尾景信書状写(76)に、足立郡殖田谷郷代官職を争う足立三郎が見え、扇谷上杉氏の被官となっている。また、年未詳十二月七日の細川勝元書状写(77)にも「足立源左衛門尉本知行所々事」と見えており、足立氏の子孫は各地で活躍していた。

注

（1）「鎌倉幕府成立期に於ける武蔵国々衙支配を巡る公文所寄人足立右馬允遠元の史的意義」上・下（『政治経済史学』一五六・一五七号、一九七九年五・六月）…金澤①、「武蔵武士足立遠元」（『政治経済史学』五五四号、二〇一三年二月）…金澤②、「武蔵武士足立氏の系譜再論」（『政治経済史学』五六二号、二〇一三年十月）…金澤③、「遠元以降の足立氏系譜」（『政治経済史学』五六八号、二〇一四年四月）…金澤④、「「奥州合戦」に於ける鎌倉幕府軍の構成」（『政治経済史学』五七四号、二〇一四年十月）…金澤⑤、「鎌倉期に於ける武蔵国足立郡の武士」（『政治経済史学』五八二号、二〇一五年六月）…金澤⑥。

（2）『足立区立郷土博物館紀要』八号（『初代館長　杉山博先生追悼論集』）一九八九年三月。

（3）『与野市史調査報告書』（第五集、一九八三年）。

（4）『武蔵野』（八一巻二号、二〇〇五年六月）。

（5）「足立遠元と藤九郎盛長」（本書所収）。

（6）前者は、有峰書店、一九七一年。後者は、埼玉県大宮市役所、一九七一年三月。その他、『新編埼玉県史』通史編2中世（埼玉県、一九八八年三月刊）以外の足立郡の自治体史（市町村史）としては左記のものがある（刊行年代順）。私は、④⑥⑩の中世の一部を担当した。

①『吹上町史』（一九八〇年刊）
②『戸田市史』通史編上（一九八六年刊）
③『浦和市史』通史編Ⅰ（一九八七年刊）
④『与野市史』通史編上巻（一九八七年刊）
⑤『川口市史』通史編上巻（一九八八年刊）
⑥『鳩ヶ谷市史』通史編（一九九二年刊）
⑦『北本市史』第一巻通史編一（一九九四年刊）
⑧『新修蕨市史』通史編（一九九五年刊）
⑨『草加市史』通史編上（一九九七年刊）
⑩『桶川市史』通史編（二〇〇〇年刊）
⑪『鴻巣市史』通史編一原始・古代・中世（二〇〇〇年刊）
⑫『上尾市史』第六巻通史編上（二〇〇〇年刊）
⑬『伊奈町史』通史編一原始・古代・中世・近世（二〇〇三年刊）

(7)注(6)『大宮市史』第二巻。
(8)注(6)⑩『桶川市史』通史編を参照されたい。
(9)注(6)『大宮市史』第二巻および『姓氏家系大辞典』による。
(10)注(3)に同じ。
(11)『新編埼玉県史』別編4年表・系図(埼玉県、一九九一年)。
(12)『国史大系本』による。
(13)注(6)『大宮市史』第二巻所収。
(14)注(6)『大宮市史』第二巻に「足立氏は足立郡の郡領の家であるだけに、やはり地方豪族とするのが妥当であり」とあるように、足立氏は足立郡の郡司職を継承した地方豪族とすべきであろう。
(15)『姓氏と家紋』四七号、一九八六年。
(16)『萩藩閥閲録』巻73「天野求馬」の伝承では、安達氏の系図に足立遠元をつなげ、その足立遠元の養子として天野遠景を記している。遠景の注記に「実後三条院第三之皇子輔仁親王之男、従一位有仁親王、其子少将基仁、其子則遠景也」とある。これについては、拙著「鎌倉時代の天野氏」(『鎌倉遺文研究II　鎌倉時代の社会と文化』東京堂出版、一九九九年四月)で触れているが、足立氏(丹波系)は「遠」を通字とし、安芸系天野景経の子遠時は足立氏の養子なった人物とされ、遠光は遠時の弟であった(尊経閣文庫所蔵「天野系図」)。また南北朝時代の天野遠政は、遠光の子であった(熊谷家文書紙背「天野系図」)。このような関係が『萩藩閥閲録』の伝承を生み出した可能性が高い。
(17)金沢④は、『吾妻鏡』の交名から、両者が一族である可能性を推定しているが、まだまだ検討の余地があろう。拙稿「足立遠元と藤九郎盛長」(本書所収)を参照されたい。なお、細川重男『鎌倉政権得宗専制論』第二章注(5)も参照されたい。但し、細川重男は、三河国小野田庄を伊勢神宮の御厨としているが、賀茂別雷社領である。
小野田氏の所在した国には三河国の他、隣国遠江国石野郷小野田村(静岡県袋井市)があり、ここに小野田氏がいる。また福島金治『安達泰盛と鎌倉幕府――霜月騒動とその周辺』(有隣新書、二〇〇六年十一月)では、小野田郷の候補として上総国小野田郷(千葉県長南町)も検討している。

（18）例えば、『尊卑分脈』二（道兼流）の中条氏に関する記述では、本文と略系が異なっている例が指摘されている。佐藤進一『鎌倉幕府守護制度の研究』（東京大学出版会、一九七一年六月）尾張参照。
（19）他に『兵範記』仁安三年八月二十三日、十月六日（兵庫寮要劇田所課山城国司信家功）、十月十二日、十月十七日の各条。
（20）東南院文書・『平安遺文』五〇四八号。
（21）藤原光能と足立遠元の関係については、前述した金澤正大氏や加藤功氏の論考で指摘がある。藤原光能については、米谷豊之祐「中原広元・親能の関東来附の経緯について」（『大阪城南女子短大紀要』六、一九七一年）、拙稿「院の近臣藤原光能――東国と通字に関連して」（小原仁編『『玉葉』を読む――九条兼実とその時代』勉誠出版、二〇一三年三月）等を参照されたい。
（22）『公卿補任』・『本朝世紀』同日条。
（23）注（21）拙稿参照。この中で「足立遠元は、平家の全盛期上洛していた可能性が高く、その縁で光能と姻戚関係を持ったのであろう。京都大番役であった可能性が高い。」と述べたが、これは訂正しておきたい。
（24）知光は『明月記』安貞元年（一二二七）正月八日条で前年十二月晦日に五十九歳で没したことが知られる。「公卿補任」元仁元年藤原光俊条では、この年光俊は四十六歳である。
（25）『大日本史料』第五編之三、嘉禄二年十二月二十九日条。
（26）『続群書類従』第六輯上。『門司文書』（北九州市立自然史・歴史博物館発行、平成十七年三月）所収「門司氏系図」も同様である。
（27）『国史大辞典』「中原親能」の項目。
（28）『玉葉』治承四年（一一八〇）十二月六日条。
（29）注（26）「大友系図」。
（30）注（21）拙稿参照。
（31）足立遠元の活動については、拙稿「足立遠元と藤九郎盛長」（本書所収）を参照されたい。
（32）『角川日本地名大辞典二六　京都府上巻』粟田神社・粟各項参照。寿永三年四月十五日及び同年八月二十六日の後白河院院宣写（天理図書館所蔵吉田文書、『平安遺文』補一四六・補一四八号）。また、『玉葉』寿永二年八月十五日条参照。
(33) 嘉元四年（一三〇六）六月十二日の昭慶門院〈憙子内親王〉御領目録（竹内文平氏所蔵文書、『鎌倉遺文』二二六六一号）によれば、栗村庄東方は光俊の孫光輔の後家、同西方は新中納言局が領家である。
(34) 山野龍太郎氏の教示による。杉崎貴英「高山寺方便智院伝来『上人御草等』（抄）――解脱房貞慶関係史料の紹介と翻刻」（『博物館学年報』三三号、二〇〇一年）で翻刻・紹介された。花園大学所蔵今津文庫のうち「解脱上人御草等」所収。拙稿「足立郡・埼玉郡の武蔵武士と伝承――さいたま市域を中心に――」（『さいたま市アーカイブスセンター紀要』一号、二〇一七年三月）参照。
(35) 『埼玉地方史』六六号、二〇一二年十一月。
(36) 山形大学所蔵「中条文書」所収（『中条町史』資料編第一巻　考古・古代・中世）所収。
(37) 『新編埼玉県史別編4』（年表・系図）所収。
(38) 『系図綜覧』下所収。
(39) 「桓武平氏諸流系図」（注（36）参照）。「足立左衛門遠光女」とするが「遠元女」の誤記である。以下北条氏研究会「北条氏系譜考証」（『吾妻鏡人名綜覧』吉川弘文館、一九九八年）を参照されたい。
(40) 注（39）に同じ。なお、「系図纂要」・「関東評定衆伝」には「足立左衛門尉遠元女」とある。
(41) 注（39）に同じ。なお、「系図纂要」・「関東評定衆伝」には「足立左衛門尉遠元女」とある。
(42) 注（39）に同じ。
(43) 注（39）に同じ。
(44) 注（39）に同じ。
(45) 「武家年代記」。
(46) 承元四年正月十五日～建保五年十二月十二日在任。拙稿「鎌倉幕府の政所と武蔵国務」（『埼玉地方史』第六五号、二〇一一年三月）を参照されたい。
(47) 拙稿「足立遠元と藤九郎盛長」（本書所収）も参照されたい。
(48) 「新編追加」（『中世法制史料集』傍例九〇）。『新編埼玉県史資料編7（中世3・記録1）』にも所収される。年代は弘安五年二月二十一日である。

(49) 田中教忠氏所蔵文書（『新編埼玉県史資料編5（中世1・古文書1）』五六号）。
(50) 注（48）に同じ。
(51) 比志島文書（『新編埼玉県史資料編5（中世1・古文書1）』二七〇号）。
(52) 『新編埼玉県史別編4』（年表・系図）の解題参照。
(53) 各々『吾妻鏡』の各条。
(54) 『吾妻鏡』同日条。
(55) 『吾妻鏡』各日条。
(56) 以上『吾妻鏡』。
(57) 弘安八年と推定される安達泰盛乱自害者注文（熊谷直行氏所蔵「梵網戒本疏日珠鈔」巻第三十裏文書、『新編埼玉県史資料編5（中世1・古文書1）』一三六号、一三七号）。
(58) 佐田文書、『埼玉県史料叢書一一、古代・中世新出重要史料一』九二号。
(59) 元亨三年（一三二三）五月七日の某下文（額安寺文書、『埼玉県史料叢書一一、古代・中世新出重要史料一』一四七号）にも足立五郎が見えるが、年代が離れており同一人物とは考えにくい。おそらくその一族であろう。
(60) 『吾妻鏡』同年同月一日条。鎌遺⑩七一七九号。
(61) 田中穣氏旧蔵典籍古文書、『埼玉県史料叢書一一、古代・中世新出重要史料一』六六号。
(62) 頼朝の信仰が篤く、文治元年（一一八五）十二月三十日に頼朝は、土佐国吾河郡を六条八幡宮に寄進し、中原（大江）広元の弟季厳を別当に補任したのを初めとして、社領を寄進してその保護に勉めており、頼朝没後も将軍や北条氏などの幕府の保護をうけた。なお、現在は京都市東山区五条橋東五丁目に所在する。
(63) 「遠元」「遠光」父子の「元」と「光」は、崩すと似た形状になるため書写や活字にした際、誤読される可能性がある。『吾妻鏡』も例外ではなく、文治元年四月十九日条の「右馬允遠光」は「遠元」の誤記である。前述の「桓武平氏諸流系図」に重保の注記として「母足立左衛門大夫遠光女」とあるのも「遠元」の誤記である。「御的日記」に「足立右馬允遠光」とあるのも同様である。但し、「武家年代記」北条朝直の子宣時（武蔵五郎）の母は「足立左衛門尉遠光女」は年代的に見て「遠光」であろう。
なお、「足立系図」に見える遠光の母（源三位女二条院讃岐守子）について触れられなかったが、この点については加藤功「足立遠元と畠山重忠」（注4）に詳しい。参照されたい。この女性が源三位源頼政の女二条院讃岐（顕隆流重方子の重頼妻、『尊卑分脈』には、重光の母として「従三頼政女二条院讃岐」とある）の女だとすれば、諸大夫層の公家の女が東国武士の妻となった早く希な事例であり、足立氏の出自を推定した本稿の趣旨を補強することができる。ただ、兄弟の重光の所見が、「三長記」建久六年（一一九五）八月十五日条であり、年代的に難しいかもしれない。

(64)（文暦二年）七月二十九日の北条泰時同時房連署書状写（天台座主記、『埼玉県史料叢書一一、古代・中世新出重要史料一』三四号）も参照されたい。

(65)「御的日記」（『新編埼玉県史資料編7（中世3・記録1）』）。

(66)北条貞時十三年忌供養記（円覚寺文書、『新編埼玉県史資料編7（中世3・記録1）。

(67)天龍寺文書（『埼玉県史料叢書一一、古代・中世新出重要史料一』一五四号・一五五号）。正慶元年（一三三二）六月日の臨川寺領目録（天龍寺文書、『埼玉県史料叢書一一、古代・中世新出重要史料一』一七一号）も参照されたい。

なお、これに関する貞和二年（一三四六）閏九月十九日の足利直義下知状案（69）には、正和年間に得宗円心が派遣した使者は足立十郎であった（臨川寺文書、『埼玉県史料叢書一一、古代・中世新出重要史料一』三二六号）。

(68)旧鳩ヶ谷市本町・桜町・坂下町・里一帯

(69)鳩谷氏については、『吾妻鏡』寛元元年（一二四三）三月十二日条に「鳩谷兵衛尉重元」が、建長八年（一二五六）六月二日の関東下知状（「新編追加」、『中世法制史料集』）に「鳩谷兵衛尉跡」が、更に前述の建治元年（一二七五）の六条八幡宮造営注文写に「鳩谷八郎跡」が見えており、郡内の有力武士であったと思われる。その出自に関しては、「中興系図」の「鳩谷、平、本国武蔵足立郡」という記載から、足立氏の一族という説以外に、「重」という通字から平姓秩父氏の一族、野与党の多賀谷光基の子に重基に比定する説などがあるが、決め手に欠ける。南北朝時代以降の鳩谷氏の動向を踏まえると、野与党説が有力と思う。なお、詳細については『鳩ヶ谷市史』を参照されたい。同書では、「鳩谷氏の出自について明確な結論は出せないが、一つの可能性として地域姓を重視し、足立氏の一族で、後世平姓を称するのは、秩父一族あるいは野与党との婚姻によるものと考えておきたい。」とまとめている。

(70) 松尾神社文書（『埼玉県史料叢書一一、古代・中世新出重要史料一』一五二号）。
(71) 系図④参照。「建武記」では「〈足立安芸前司〉遠宣」（『新編埼玉県史資料編7（中世3・記録1）』）、賀茂両社行幸足利尊氏随兵交名（朽木家古文書、『新編埼玉県史資料編7（中世3・記録1）』）には「足立安芸守遠宣」と見える。
(72) 賀茂両社行幸足利尊氏随兵交名（朽木家古文書、『新編埼玉県史資料編7（中世3・記録1）』）。
(73) 「建武記」（『新編埼玉県史資料編7（中世3・記録1）』）。
(74) 「八坂神社記録」（『新編埼玉県史資料編7（中世3・記録1）』）。
(75) 臨川寺文書（『埼玉県史料叢書一一、古代・中世新出重要史料一』三一二号）。端裏書に「遷代御代官足立三郎左衛門入道厳阿方へ、自大野庄堺様被尋遺書状返事」とあり、④の足立三郎（足立三郎左衛門入道）に当たる。
(76) 太田左衛門尉（のちの道灌）宛。「古簡雑録」（『北区史資料編・古代中世1』一九九号）。
(77) 『栃木県史史料編・中世1』所収、小山文書四三。

鎌倉幕府と「丹党」
――安保氏から見た考察――

泉田崇之

はじめに

近年注目を浴びている『武蔵武士団』の中に、平安後期から室町期にかけて活躍した武蔵七党という武士団の存在が知られている。その中に日本語としては馴染みの薄い『丹』党と名乗った武士団が存在した。

武蔵と言えば、古代東日本を代表的する国名であり、歴史的に言えば武士が最初に現れ始めた地域の一つである。武士は、十〜十一世紀頃、律令社会の弛緩により自衛のために武装した地方豪族から発生した。そして田堵から名主、開発領主から在庁官人となって土着し、武装化していった。武蔵国の武士も平将門の乱、前九年後三年合戦、後に保元の乱や平治の乱で活躍し、源平合戦へと参加する存在になっていく。

しかし、武蔵武士は、歴史を変えたような存在とは言えない。『平家物語』には、武蔵武士として畠山重忠、河越重頼、江戸重長、熊谷直実、比企義員などが登場するが、源頼朝や源義経、平清盛のように全国的に知られているというわけではない。武家の棟梁である清和源氏や桓武平氏は貴種的権威を背景に、武士団の再編成とそれを通じて棟梁の地位の強化をつづけ、大武士団へと成長していくが、それに対し武蔵武士はそれぞれの家が独立したまま同族的小武士団を形成し、相互に共同体制をとりつつ勢力を維持したため、強力な武士団の首長は生まれなかった。(1) それゆえ、武蔵七党という武士団も、またその内の丹党などという一党も歴史の表舞台では脇役の地位を脱することはなかった。

ただ、そんな武蔵国の七党の発生の起源は何だったのか。また、「同族的結合」という理由だけが党を形成する無二の理由なのか。例えば、丹党は丹治氏を祖に秩父・児玉の地に住み、秩父郡の石田牧別当となって頭角を現して、諸家を形成していった地方領主であるとされている。しかし、それならなぜ「丹党」と名のり「丹治党」と名のらなかったのだろうか。或いは党の結成には同族的結合という理由だけでなく、他の理由も含まれるのではないか。

そこで本稿では、主に平安後期から鎌倉時代にかけての武蔵武士の一党である丹党や、その丹党の一氏族である安保氏に注目し、彼らの活動を検討することで、武士団の形成がどのようなものであったのかについて見なおしてみたい。

一、武蔵の人々の武装化と丹党の起こり

この節では丹党の一氏族である安保氏について語る前に、武蔵の武士団とはいかなる理由から発生したのか、またその後武蔵七党という武士団がどのように形成されたのかについてふれ、そのうちの一党である丹党が歴史

上どのような存在であったのかについて述べることにしたい。

　八世紀前半、貴族・寺社による土地の占有や人口の増加のために、田地が不足し、この事態に対応するため、律令政府は養老六年（七二二）に百万町歩開墾計画、翌年には三世一身法、ついで天平十五年（七四三）に墾田永年私財法を制定した。これを期に律令体制の基礎である土地公有の原則が崩れ、古代日本における新田開発期がはじまった。武蔵国にも富を蓄えることができる開発領主（地方豪族）たちがあらわれるようになったが、同時にならず者を生み出す土壌を育む結果にもつながった。これは、もともと武蔵国が辺境地域のため、律令体制の頽廃に伴って、中央の威令が及びにくい場所だったためである。『三代実録』によれば、貞観三年（八六一）十一月十六日の条には、

　武蔵国毎郡置検非違使一人。以凶猾成党群盗満山也。


と記され、武蔵国には悪人たちが群れを成して山に満ちているため、新たに検非違使を郡ごとに一人ずつ配置するようになったことが史料から読み取れる。武蔵国は当時全部で二十一の郡がある広大な領域をもった国である。それゆえ、国衙の検非違使だけでは治安の維持が困難なので、群衙にも新たに検非違使を置いたのだと考えられている。(2) また、治安が悪いからこそ、地方に土着した豪族たちも開発した自分の土地を守るには武装が必要であったと言える。あるいは彼ら自身が凶猾な群盗と呼ばれる存在であったのかもしれない。

　では、どのような人物たちが地方豪族となったのか。このころ国司の中には、在任中から地方に館を構えて土着するような者たちが相当数出始めた。その土着した国司の子孫の代表的な人物に、軍事貴族である平将門が挙

げられる。将門はやがて乱を起こして滅亡するが、その乱以降も源氏や平氏の人々は国司となって東国に下向し、離任後も依然として任国に留まり、新たな土地を開墾したりして、一族の勢力を増大させていった。これが地方豪族のはじまりとされ、この地方豪族が次第に武士化していく。

それでは、この武士化の流れは武蔵武士の前身と言われる武蔵七党においてもあてはまるのか。『武蔵七党系図』（以降『系図』と略す）によれば、武蔵七党とは平安時代後期以来存在した武蔵国における比較的小さな勢力の同族的武士団の総称である。七党の具体的な構成については、室町時代に成立した国語辞書である『節用集』に、横山党、猪俣党、児玉党、丹党、西党、私市党、村山党とあるが、『系図』には私市党のかわりに野与党があげられ、また綴党を加えるという説も存在する。ちなみに、七党は、いずれも都から国司となって下向し、土着した国司の子孫たちの末裔と自称したのではないかと言われている。[3]

次に、丹党の一氏族である『勅使河原氏之系譜』を軸に丹党の始まりを見てみたい。[4] すると丹党のはじめは、宣化天皇と言われ、その子息が上殖葉《かみつうえは》皇子、曾孫は多治比《たじひ》王とされる。多治比王は生まれた時、多治比の花（虎《いた》杖《どり》の花）が産湯の釜に浮かんでいたため、多治比の姓を賜った。その多治比氏が武蔵国と関わりを持つのは、多治比王の孫の多治比縣守《あがたもり》の時とされる。縣守が養老三年（七一九）に武蔵守に任ぜられたのを皮切りに、天平十年（七三八）八月には弟の広足、延暦十年（七九一）七月には縣守の息子の宇美が武蔵守に任じられている。ただ本格的に武蔵国に土着するのは、縣守から五代目にあたる丹治武信とされる。武信の父の今繼は姓を丹治氏と改めたが、武信は武蔵国の押領史として下向し、秩父の地を開墾し、石田牧の別当にも任じられたが、その後京都に帰り没した。同じく武信の孫の峯時も天慶年間中（九三八～九四七）に武蔵国を訪れ、秩父・賀美そして加治の山地を開墾した。以後、峯時の子の峯房は武蔵権守、孫の武経は秩父郡領となって勢力を振るい、その武経の子の武時も石田牧別当となっている。武時の子の武峯（武平とも言われている）は、次郎太夫と称するが、丹の諸家はいずれも武峯の子孫が秩父・児玉・入間の各郡に分派して繁栄したとされる。丹党に属する氏族は、安保氏・勅使河原氏（児玉郡）、中村氏・大河原氏（秩父郡）、高麗氏・加治氏（入間郡）などの諸氏に分かれ、合わせると四十五氏となったが、(5)『勅使河原氏之系譜』から見るとこれらの諸氏の本拠地は丹党が先祖代々開墾を行ってきた武蔵西部の丘陵地であったことがわかる。

また、丹党は『系図』からだけでなく、『平家物語』や『参考源平盛衰記』などからもその名を確認することができる。彼らの名が初めて確認できるのは、源平合戦の場面で源頼朝が平氏に対し挙兵した治承四年（一一八〇）八月である。このころ頼朝は石橋山の戦いに敗れ、船で相模湾を横断し安房国へと渡って行ったが、ちょうど同じころ相模国では源氏方である三浦氏と武蔵国の武士を率いる平氏方の畠山重忠とが戦を交えている。この畠山重忠配下の武蔵武士の中に武蔵七党の名が登場し、その中に丹党の名が見える。『参考源平盛衰期』によれば、この戦いで畠山重忠は、河越又太郎、江戸太郎とともに大将軍として金子・村山・山口党・児玉・横山・丹党・綴党合わせて三千余騎を率いて、衣笠城へと向かったとされている。(6)また『平家物語』の「早馬」の場面でも、畠山一族が河越・稲毛・小山田などその他七党の兵ら三千余騎を率いて、三浦氏の居城である衣笠城に押し寄せたとある。(7)この七党とは武蔵七党のことを指すと考えられる。次に『平家物語』の「宇治川先陣」では、畠山重忠が「丹の党をむねとして、五百余騎を率いて」と記されている。ここから重忠が率いる五百余騎の兵力の中心は丹党であると読みとれる。(8)『参考源平盛衰期』、『平家物語』の記述が正しければ、丹党は源平合戦時に畠山重忠と行動を共にしていたと言える。丹党が畠山重忠と行動を共にしていた理由については、秩父平氏も丹党も、秩父と外秩父・武蔵北西部丘陵地帯を共通の地盤としているため、婚姻関係があり、地縁的結合ができやすい状況があったのではないか、[9] また重忠の側近で乳母子の榛沢（半沢）六郎成清が丹党であったことが大きな要因だったのではないかと言われている。[10]

まとめると、丹党は①『系図』から国司として赴任してきた氏族たちの末裔たちが土着し地方豪族化した存在であったのではないかということ、②その他の史料から、源平合戦の当初は畠山重忠に率いられ平氏方として参戦したが、源頼朝が武蔵国に入り、畠山重忠、河越重頼、江戸重長らが頼朝方へとなびいていった時、丹党も行動を共にしたと考えられる。

二、鎌倉幕府と安保氏について

前節では、武蔵の武士の発生や丹党の起こりについてふれたが、これまでの丹党に関する研究は、そのうちの一氏族である安保氏を軸に行われてきた。[11] これは、埼玉県の現神川町を本拠とする安保氏には、同氏が記したと言われる「安保文書」が遺されていたためである。[12] そのため、伊藤氏らによって鎌倉期から室町期にかけての安保氏の動きなどがこれまでに明らかにされてきた。[13] この節では、それらの先行研究を踏まえて安保氏と丹党の動向を確認し、併せて「同族的結合」要素というものが系譜以外の行為からうかがうことができるかについてふれることにしたい。

鎌倉幕府と安保氏

まず、安保氏は『丹党姓安保系図写』によれば、丹治武峯の三男元房の嫡男綱房が安保に移って安保三郎大夫と名のったところからはじまっている。[14]その綱房の二男安保実光は、安保次郎と称し、以来この地で安保氏は繁栄した。加えて、系図以外には、『吾妻鏡』の本文からも安保氏の名を確認することができる。なお、『吾妻鏡』の中に初めて登場する安保氏は、この安保実光の時である。

『吾妻鏡』によれば、元暦元年（一一八四）二月五日に、安保次郎実光は平家追討大手大将軍源範頼の軍勢の一人として摂津国に参陣している。この参陣は源平合戦における一の谷の合戦に参加するためと言える。次に、文治五年（一一八九）七月十九日、今度は源頼朝に従い鎌倉から奥州へ出陣する武士の中に実光の名が確認できる。これは、奥州藤原氏が源義経を匿ったことを口実に、頼朝が藤原氏追討の勅命を朝廷から出させることによって始まった奥州合戦に参加するためである。この奥州合戦の勲功によって、安保氏は成田・奈良・秋元らの他の関東御家人と共に、鹿角郡内の地頭に任命されたのではないかと言われている。[15]

一方『吾妻鏡』によれば、合戦以外の警固や行事などについては、文治元年十月二十四日に、鎌倉南御堂（勝長寿院）の供養時における警護のための「健士」として西方三十人の随兵の一人として阿保（安保）五郎の名が見えている。彼らは「弓馬達者」の者たちであり、特に選ばれて供奉の最後に付けられて、警護役の中心となっていたとされる。

建久元年（一一九〇）十一月七日には、源頼朝の第一回の上洛に従う武士として、先陣随兵第十六番目に阿保六郎の名が見え、彼を筆頭に他二名の武士が従っている。筆頭ではないが、三十四番目にも、阿保五郎の名も確認できる。この列は三騎一列に並び、武士一騎ごとに張替（交換できる控えの弓）を持ち、馬に乗る者は当主のみだとされている。建久二年二月四日には、頼朝が二所詣（箱根・伊豆山神社の二つを参詣する）のため、鎌倉鶴岡八幡宮に奉幣したした後、稲村ヶ崎を出発するが、その時阿保五郎は頼朝の「御甲着」を持つ役などを命じられている。建久六年三月十日には、頼朝は東大寺供養のため二度目の上洛を行っているが、先陣を畠山重忠が務め、その他の武蔵武士がそれに従っている。前回の上洛に従った阿保五郎・同六郎は、その直後の「御随兵」として各々三騎あい並び、その後ろに家子、郎従が規定の人数に従って威儀を正している。

この他『吾妻鏡』によれば、安保氏以外の丹党諸氏族では、中村氏や加治氏、勅使河原氏なども鎌倉初期における合戦や幕府行事に参加していることがわかっている。ただ、このような記述を見ていると、安保氏や丹党は鎌倉初期において、他の武蔵武士とかわらぬ一御家人的存在にすぎなかった。

承久の乱

鎌倉初期における合戦や上洛の随行の後、安保氏の名は『吾妻鏡』からしばらく見えなくなるが、二十六年後の承久三年(一二二一)に再びその存在を確認することができる。

建久十年(一一九九)、源頼朝が亡くなると、幕府では有力御家人同士の争いが起き、彼らが次々と滅亡する激動の時代となった。この政争により、梶原景時、比企義員、和田義盛、そして丹党とも関係の深いであろう畠山重忠などが敗退し、二代将軍源頼家、三代将軍源実朝でさえも、その後を追うことになる。これらの事件に対して朝廷は、これを王朝の権威を復活させる好機と捉え、中でも朝廷の代表人物である後鳥羽上皇は、鎌倉幕府に対して戦いを仕掛けることにした。これが承久三年に勃発した承久の乱と言われる内乱である。

承久三年五月十九日、後鳥羽上皇により、北条義時追討の宣旨が五畿七道に発せられたため、鎌倉武士たちはその対応にせまられたが、北条政子の演説により鎌倉武士たちは結束して上皇軍と戦うことになった。この時、政子は上洛に関して、安保氏と武蔵武士について言及している。『吾妻鏡』によれば、政子は、

不上洛者、更難敗官軍歟、相待安保刑部丞実光以下武蔵国勢、速可参洛者、

「上洛しなければ、官軍を破ることはできない。安保刑部丞実光以下の武蔵国の軍勢を待って、急ぎ、上洛すべし」と述べている。これにより、源平合戦のころから活躍していた安保氏の当主である安保実光が、北条氏から武蔵武士の中心人物として扱われていることがわかる。

幕府軍はこの後、京都に向かって進発するが、安保実光も北条泰時に従い東海道軍に参加している。[16] 六月六日には、泰時の子息である北条時氏、有時とともに安保実光も美濃の摩免土（大豆渡）で官軍と戦ってこれを破り、以後筵田、株河、洲俣、市脇などの要害も次々に破って、木曾川に沿う京都方の防衛ラインを崩壊させている。[17]

同月十四日、幕府軍は宇治川に到達するが、この日の宇治川は、折からの大雨で増水し、渡河が困難であり、安保実光、関・幸嶋・伊佐・三善・長江ら九十六人がともに川を渡ろうとして流され、水死してしまった。[18] この様子は、『承久記』の「鎌倉の軍勢、宇治川を渡す事」により詳しく記されているが、それによれば、安保実光は故郷を同じくする塩谷民部丞家経とともに、北条泰時に先陣参加を願い出ている。実光は、「自分たちは既に齢八十となり、病で死ぬと思っていたところ、いまこうして幕府の御大事が起きて、人並みに、宇治川で命を失うことは本望である」と語って、塩谷民部丞とともに川に入って流されてしまった。[19] この実光の渡河は戦いに直接影響を与えたということではないが、戦いの先駆けとして幕府軍の勝利に貢献していると解釈できる。

この他にも安保氏では、前日の六月十三日の宇治橋合戦において、実光の息子の安保右馬允実員が傷を受け、また、安保四郎・同左衛門二郎・同八郎の三人も死亡したことが「合戦勲功名」に記されている。[20] この勲功により乱後、実光の子の安保実員は幕府から恩賞として本領とは別に播磨国須富庄（兵庫県加西市）を与えられている。[21]

また中村氏らも承久の乱後播州の三方荘の地頭職を得ている。[22]

ちなみに、承久の乱には、安保氏以外の丹党諸氏族も参加している。中村氏では、同四郎・同小五郎兵衛尉、勅使河原氏では、同五郎兵衛尉、同四郎が合戦で敵を討ちとっている。また、『承久記』の「鎌倉の軍勢、発向の事」には、丹党は東海道軍として参加し、その中には、同じく丹党の加治丹内助季も加わっていたとされている。[23]

安保氏と御内人

では、なぜ鎌倉初期には丹党の一氏族にすぎなかった安保氏が、二十六年後の承久の乱では、北条政子に厚く信頼を寄せられ、丹党の中でも一歩抜きんでた存在のように扱われているのだろうか。

この安保氏の立場を強化した要因は、北条氏との婚姻関係ではないかと言われている。『丹治姓安保系図写』によれば、安保刑部丞実光の子実房の女子の注記に、「武蔵前司泰時妻、御台所、号谷津殿」と記されている。[24]また、『系図』の安保氏の項目には、実員の娘として「平泰時後室、時実母」とされている。逆に北条氏の系図から確かめてみると、北条時実の母は、「安保七郎左衛門尉実員女」となっている。[25]どちらが正しいかは判断できないが、ともかく「谷津殿」は安保氏出身で泰時の後妻となり、北条時実という子供を儲けた可能性が高い。[26]

このためか、『吾妻鏡』の鎌倉初期には安保氏が幕府の行事に参加しているという記事があまり見られなかったのだが、承久の乱以降、安保氏は将軍藤原頼経の供奉として三浦義村の田村山荘（平塚市田村）に随行、[27]新造五大堂（鎌倉明王院）の供養、[28]上洛に伴う随兵、[29]正月二日の垸飯の儀式で将軍前まで新田太郎の馬を牽く役目などを担っている。[30]将軍宗尊親王の時には、正月一日に御所庭上の東の座に阿保次郎左衛門尉、阿保左衛門三郎、阿保左衛門四郎の三人が列している。(31)また幕府の儀式だけでなく、北条氏の行事にも安保氏の名を確認することができる。康元二年（一二五七）の正月一日に垸飯の儀式の後の、「御行始」の儀式が北条邸で行われているが、これにも安保氏は参加している。(32)この場面で、引き出物として馬が引き出されているが、二頭目を牽いてくるのが北条業時と安保左衛門太郎である。この三頭分を牽く役目は、北条氏一門と特定の武士との組み合わせで行われ、一番目は安東氏、三番目は南条氏である。この氏族たちは、北条氏の直属の被官として勢力を伸ばしていった武士とされ、安保氏も安東氏たちと同じような役割を担っている。

このように、幕府の儀式や北条氏とのつき合いについても記述されるようになった安保氏であるが、儀式だけでなく幕府や北条氏の財政面においても大いに貢献している。建長二年（一二五〇）には、幕府が京都の閑院内裏の造営を行う時に、殿社や築地（塀の建設）の造営割当を御家人に命じているが、記録によれば、二五一人の御家人の一人として「安保刑部丞」の名が見える。(33)また、建治元年（一二五七）にも、京都の八幡宮の新宮造営の用途負担者の一人として安保刑部丞の名が見えている。(34)この八幡宮は、「六条左女牛八幡」とか「六条若宮」と呼ばれ、源頼朝が崇拝し、以後幕府もその援助を行ってきた、いわゆる幕府の祈願宮とも言える神社である。なお、安保氏は二十貫の負担額となっているが、これは武蔵国の御家人の中では河越氏や江戸氏と並ぶ最高額である。

さらに時代が進むと、安保氏は北条氏の「御内人」の一人として北条氏に接しているのではないかと考えられるようになる。(35)御内人とは、執権北条氏の得宗家の家臣のことを指しているが、(36)この御内人であることを示す証拠として、北条氏の大齋に参加していることが挙げられている。徳治二年（一三〇七）五月四日、鎌倉円覚寺で北条時宗の忌日法要の「大齋」が時宗の子の北条貞時主催で行われた。(37)大齋というのは、会食供養のことで、この会食供養の番編成は各八名編成の十二番に至る計九十六名の武士たちが一年間の費用を負担して行われるのだが、この行事の参加メンバーのほとんどが、北条氏の「得宗被官」＝「御内人」ではないかと見られている。従って、この参加者の中に安保五郎兵衛入道の名が見えるということは、安保氏も御内人の一人であったと考えられる。

加えて、時期はずれるが、丹党では安保氏以外に中村氏(38)、加治氏なども得宗被官である御内人であったのではないかと見られている(39)。なおこの動きは、安保氏をはじめとする丹党が北条氏によってその傘下に取り込まれているという動きを示すのかもしれない(40)。

丹党安保氏と幕府の滅亡

こうして、安保氏や丹党は執権北条氏と深いつながりをもつ武蔵武士として、鎌倉時代、幕府に貢献してきた。ただ、鎌倉時代末期になると安保氏にとっても丹党にとっても一大転機が訪れることになる。それは後醍醐天皇の登場である。後醍醐天皇は、幕府の天皇権力を弱めようとする方針をこころよく思っていなかったため、正中の変、元弘の乱を起こし、本格的な倒幕運動へと進むことになるが、この動きに安保氏や丹党も大きく巻き込まれることとなった。

この後醍醐天皇側の動きに対し、幕府側が、急いで関東の武士たちを召集し、京都に向かって出動させている。『光明寺残篇』によれば、

大将軍
陸奥守(大佛貞直)遠江國
遠江守(名越宗教)尾張國
駿河(北條)左近大夫将監讃岐國
足利上總三郎
長沼越前權守(秀行)淡路國
佐々木源太左衞門尉備前國
□(越カ)州御手(北條仲時)信濃國
小田尾張權守一族
武田三郎(正義)一族幷甲斐國
伊東大和入道一族
薩摩常陸前司一族
澁谷遠江權守一族
三浦若狹判官(氏明カ)
佐々木隱岐前司(清高)
千葉太郎
勢多(近江)橋警固
佐々木近江前司

武藏右馬助(金澤貞冬)伊勢國
武藏左近大夫将監(北條宣政)美濃國
足利宮内(治部カ)大輔(高氏)三河國
千葉介(貞胤)一族幷伊賀國
宇都宮三河權守(貞宗)伊與國
小笠原五郎阿□(波)国
小山大夫判官(秀朝)一族
結城七郎左衞門尉(親光)一族
小笠原信濃入道一族
宇佐美攝津前司一族
安保左衞門入道(道堪)一族
河越參河入道(圓重、貞重)一族
高坂出羽權守
同備中前司
同佐渡大夫判官入道(道譽)

（中略）

同十五日（元弘元年十月）

楠木城（河内赤坂城）

一手東自宇治（山城）至于大和道

陸奥守（大佛貞直）　河越參河入道（圓重、貞重）

小山判官（秀朝）　佐々木近江入道

佐々木備中前司　千葉太郎

武田三郎（正義）　小笠原彦五郎

諏方祝　高坂出羽權守

嶋津上總入道　長崎四郎左衞門尉

大和彌六左衞門尉　安保左衞門入道（道堪）

加治左衞門入道（家貞）　吉野執行

（以下略）

と記され、幕府が動員可能とした関東の有力御家人たちの名がこの史料から把握できる。この中に「安保左衛門入道一族」として名が見えるのが、安保道堪である。道堪は、『太平記』や『梅松論』の記述の中で、「安保左衛門入道」、「安保入道道堪」という名で度々登場しているが、『太平記』の巻六「関東の大勢上洛の事」において、幕府方が畿内西国の反乱に対処するため、元弘元年（一三三一）九月二十日に鎌倉を出発して上洛する関東大勢の外様の人々の中の一人として「安保左衛門入道」いわゆる道堪の名も確認できる。(41)よって、安保氏は幕府方の有力者として鎌倉末期を迎えている。

この後、『光明寺残篇』の続きでは、十月十五日に楠木城のことが記されているが、これは楠木正成がたてこもる赤坂城攻めのことを指している。幕府軍は大仏貞直の指揮のもと宇治から大和へ進攻し、それに多くの鎌倉方の武将が追随しているが、この中に安保道堪が加わっている。また丹党では同じく、加治左衛門入道（加治家貞）の名も見える。

この戦いは、幕府方が赤坂城を落とし、後醍醐天皇も隠岐に流されることとなって幕府方の勝利に終わるかに見えた。しかし、後醍醐天皇は、その後倒幕協力者によって隠岐を脱出、足利尊氏が朝廷側に寝返って六波羅探題を降伏させ、また関東では新田義貞が裏切るなど、形勢は次第に幕府方不利へと傾いていった。『太平記』巻十「新田義貞謀叛の事付けたり天狗越後勢を催す事」によれば、幕府は、元弘三年五月十二日に桜田治部大輔貞国が新田義貞に敗れ退却すると聞いたため、北条高時の弟の北条泰家を大将軍として十万余騎を分倍河原へ向かわせている。この軍勢の中に幕府方として戦う安保左衛門入道（道堪）の姿が確認できる。(42)そして、この軍は、同月十五日に分倍河原（府中市）・関戸河原（多摩市）にて終日戦い、一度は義貞軍を打ち負かしている。『梅松論』にも同じ場面があり、安保道堪は、北条泰家の「宗徒の者」であると記されている。ここから、道堪が鎌倉方にとってその力をかなり買われた人物と見なされていたことが確認できる。(43)

だが、『太平記』でも『梅松論』でも、その後、鎌倉方は新田軍に急襲され、武蔵関戸で壊滅的な敗北を喫していると記されている。この合戦で「安保入道道堪」父子三人が討死したとされるが、彼らに従う兵は一〇〇余人と記されているので、安保氏が動員できる兵力のおよそは、数百人規模であったのであろう。結局元弘三年五月二十二日、栄華を誇った北条高時は一族や御内人、そして御家人ら二八三人とともに鎌倉東勝寺において自害し、幕府は滅亡した。

このほか丹党では、安保道堪以外に加治氏も幕府滅亡に巻き込まれている。埼玉県入間市にある円照寺には、加治家貞の供養のために作られた板碑が今も残っている。その石碑には元弘三年五月二十二日と刻まれていることから、加治氏も北条一族に殉じたと考えられている。[44]

ただ、安保道堪一族の戦いはこれで終わったわけではなく、建武二年(一三三五)七月、信濃国諏訪で北条高時の遺児時行が挙兵し、鎌倉にせまるという「中先代の乱」が起きるのだが、この戦いに北条方として「安保左衛門入道道潭(堪)の子」という名が確認できる。[45] 戦いは、残念ながら足利尊氏が東国に下向して勝利を収めたため、北条時行や時行を擁立した諏訪重頼は勝長寿院にて自害に追い込まれたが、道堪の子も共に勝長寿院にて自害することになった。

結局、安保宗家は武蔵国の有力御家人の一人として、また執権北条氏の御内人として最後まで鎌倉幕府方として戦い、衰亡した。だが、それは安保氏だけでなく、同族の加治氏も最後まで幕府方として奮戦し同じく衰亡した。

以上のことをまとめると、興隆期に武士団が統一行動をとることは容易にうなずけるが、幕府の衰亡期に安保氏や加治氏らが統一行動をとったということは、丹党の「同族的」集団行動であると言ってよいのではないだろうか。少なくともその可能性はあったと考えたい。ただ、安保道堪の一族は確かに鎌倉幕府方として北条氏と行動をともにしていたが、他方足利尊氏に従った分派も存在した。『梅松論』によれば、安保氏の庶家の安保光泰は南北朝時代、足利軍に参加し、その戦いの功として、安保氏の惣領職と旧領を安堵してもらっている。[46] 従って、

「同族的結合」とは、いつも強固な絆で結ばれているというわけではないということがわかるが、ではなぜ「丹党」という名に彼らはこだわったのか。次節では、その「丹党」という名前の由来について考えたい。

三、安保氏と「丹」の名の由来

さて第一節、二節では、武蔵武士の発生の由来や、丹党という武蔵武士について安保氏や丹党を中心にその事績について述べてきた。この節では冒頭で投げ掛けておいた二つの疑問、まず丹党は何故「丹党」であって「丹治党」ではなかったのか、さらに従来語られているような「同族的結合」という理由以外にも丹党を名乗った由来があったのかについて述べていきたい。

丹と金属

では、丹党の「丹」とはどのような由来があるのか、そこからはじめることにしたい。まず、松田氏の研究によれば、丹とは、「丹生」をあらわし、日本古代では、「にふ」と言い「にゅう」とも読んだとされている。またその意味は、水銀朱であるとされる。それゆえ、日本の丹（水銀）の字がつく地名からは、多くの古代水銀である朱砂が出土し、この水銀と深く関係を持っている一党こそが丹党であると同氏は述べている。現在丹生神社や、またかつて「丹」が鎮座した形跡の明らかな神社は全国で一五九社が数えられると言われている。このうち、数において全体の半分を占めるのは和歌山県であるが、それに続いて多数を占める二十二社の丹生神社が建立されているのは埼玉県である。(47)

次に丹党と丹生神社の関わりであるが、安保氏の所領がある賀美郡（現児玉郡）には丹生神社が存在する。江戸時代末期に編纂された『武蔵風土記稿』によれば、丹生明神は丹党の氏神であり、同町内以外の勅使河原、金久保、長浜、五明、堤の各村々にも丹生神社がある。この勅使河原と長浜とは、安保氏と同じ丹党の勅使河原氏と長浜氏の名の由来の地域である。(48) この他にも中鹿山（現日高市）には丹生宮、加治郷中山村（現飯能市中山）(49)、秩父岩田村にも丹生社などが建立されているが(50)、これらの地域も、丹党の高麗氏（日高市）、加治氏・中山氏（加治郷）、中村氏・岩田氏（秩父）などが活動していた地域であることは先の研究によってわかっている。この数多くの丹生社は、「丹治氏＝丹党」が祖神として丹生明神を勧請したのものではないかと考えられる事から、丹党の祖は水銀（朱砂）採掘に係わっていた氏族ではなかったかという推測が可能である。

一方、丹には黄金や鉄などの鉱物とかかわりを持っているという記述が存在する。この鉱物に関する事柄として『管子』巻第二三、地数篇の斉の桓公の問に答えた菅仲の言葉が残っている。その記述によれば、

上有丹沙者、下有黄金。上有慈石者、下有銅。金上有陵石者、下有鉛錫赤銅。
上有赭者、下有鐵。此山之見栄者也。

と記され、中国の伝説の皇帝である黄帝の問に対して、伯高の者が答えた内容を管仲が桓公に紹介するという形をとっている。これらのこの問答からは、「丹沙や赭」の下からは、黄金・鉄などの鉱物資源が出土することが知られていたことが分かる。

この記述と深くつながる説として、千々和氏は、丹党は古代技術者と深くかかわりを持った氏族であると述べ

ている。同氏によれば、日本の古代から中世にわたって製作された梵鐘の作者銘があるもののうち最も多いのが藤原氏、次は物部氏だが、三番目は丹治氏であり、「丹治氏＝丹党」なので、「丹」は古代から金工技術を伝承する氏族であると結論している。(51) また猪川氏も、関東で二十七体見出されている鉄仏は、銘に檀那あるいは作者として丹党の氏族名や丹治姓が刻まれ、所在や由緒から丹党関係であることを示唆するものが多いと述べている。加えて、製作年代も丹党が隆盛を誇った十三世紀が中心である。(52)

ちなみに安保氏が蟠踞した賀美郡（現児玉郡）を流れる神流川の流域には六ヶ所の丹生神社があったことが知られており、さらに神流川の語源の「カンナ」は「鉄の穴」で砂鉄の採取地を意味する言葉と言われている。児玉郡には金鑚神社があるが、「延喜式神名帳」には「金佐奈神社」と書かれており、社名の「金佐奈」は金砂を表し、御室山背後に控える御嶽山から鉄が採鉱されたとの伝承が残っている。また「サナ」は製鉄を意味する言葉とされ、近くの児玉郡の金屋は、鋳物師の集団が居住した集落であったと言われている。なので、金鑚神社は、鉄鉱石採掘・製鉄集団に従う人々によって祀られたものと考えられる。(53) この金鑚神社は児玉党によって尊崇されていたが、安保氏の信仰も厚く、天文三年（一五三四）には安保全隆から多宝塔（国の重要文化財）が寄進され、現在まで伝わっている。(54)

他にも、加治氏や高麗氏がいた加治郷・高麗郷（現入間郡）には、入間川の源流となっている名栗川流域において古代から始まる製鉄、金属文化があったと考えられている。名栗川が成木川と合流して入間川となる地点にある阿須（現飯能市）で採取される大量の良質な砂鉄を、名栗の山中で生産される豊富な木炭を利用して、鉄の生産を行ってきたと言われている。(55)「砂鉄七里に炭三里」の言葉があるように製鉄には大量に消費される木炭が得やすい場所にタタラが設けられる。(56) この地域の炭焼長者に関する伝説によれば、名栗一帯は鍛冶久保と言われ、かつての金属文化を伝える伝承が多いが、久須美に鍛冶谷方の地名が残るのもその例であるとされている。『埼玉の鍛冶』には古代武蔵の鍛冶遺跡として、飯能市の夕日ノ澤、日高市の高岡廃寺・若宮などが挙げられているうえ、夕日ノ沢には炭焼窯の遺跡が残っている。(57)

さらに、中村氏・岩田氏がいた秩父でも、銅が産出し、その銅は「和同開珎」に利用されたとされている。また秩父では、鉄・硫化鉄・亜鉛・マンガンなども産出され、このためか『伊勢物語』には、秩父の、

武蔵鐙さすが(刺鉄)にかけて頼むには問はぬもつらし問ふもうるさし

という武蔵鐙の「刺鉄とさすが(あなたのことを)」にかけた歌なども残っている。ここから、秩父は、武蔵国で産する武蔵鐙が生産された場所であるとされ、古代の金属製品の話が残っているのである。

このように、「丹」という語の意味と、武蔵国の安保氏所領やその他の武蔵国の丹党諸氏の所領地域の伝承を探ってみたが、確かにその地域には、「水銀にまつわる寺社や、鉱物を利用していた技術集団の伝承、また製鉄に関する遺跡」など、金属に関する事跡が多数見いだされる。丹の意味が当初の水銀から金属一般の意味に拡大解釈されたかについては、現在も種々議論があるが、丹治氏が初め水銀の採掘に従事していたとしても、その技術を生かして他の鉱物採掘と冶金を行うようになったことは想像に難くない。

「東遷・西遷」と鉱山地帯

前記では、丹党が水銀や金属に関与していることについて、埼玉の児玉郡や秩父郡の山川から伝え聞くことが

できたが、この他、鎌倉幕府滅亡までに安保氏が獲得した所領からも、同じようなことは言えるのだろうか。
では、まず安保氏が関与したと見られる東日本の土地から見ていきたい。それによれば、安保氏は、はじめ成田・奈良・秋元の関東御家人四氏とともに奥州合戦の勲功によって、陸奥国鹿角郡の地頭に任命されたのではないかと言われている。文保二年（一三一八）十二月二十四日付けの「関東下知状」には、

　可令早安保次郎行員法師□□信阿領□（知）
　　陸奥国鹿角郡内柴内村事
　右、為祖母藤原氏成田左衛門尉家資女子安保七郎兵衛尉信員妻跡□□（譲カ）地之間、所被充
　行也者、早守先例可令領掌之状、依仰下知如件、
　　　文保二年十二月廿四日
　　　　　　　　　相模守平朝臣（北条高時）（花押）
　　　　　　　　　武蔵守平朝臣（北条貞顕）（花押）

と記され、安保信員の孫の安保行員が陸奥国鹿角郡内柴内村の所領を先例にまかせて領掌することを幕府から認められている。

この鹿角郡の特徴は、豊富な鉱山地帯が存在することである。実際に金山で有名となるのは、慶長三年（一五九八）と言われ、鹿角郡石野村の白根金山見立と、引き続く十七世紀初頭の尾去沢五十枚、槇山、西道金山等の発見が、同地の爆発的なゴールドラッシュの到来とされているが、「鹿角における古代の金山発見は、その産金

によって奈良大仏、東大寺盧舎那仏の滅金がなされた」とか、「日本の産金地帯は、鹿角郡尾去沢地内田郡の小田郡鋪周辺であった」という伝承が残っているうえ、奥州藤原氏の採金の場所に比定される土地でもある。(58)

また、北条氏は、北条義時以来、一族が陸奥守に就任し、得宗専制と言われる権力体制の中で、次々と奥羽の郡地頭職を掌握していたと言う。幕府や北条氏が、とりわけ奥羽の郡地頭職を重視した理由は、奥羽に強制的に割当てられていた特殊な所当官物を組織的に徴収する機構が郡単位に設定されていたからであると言われる。中世国家の基本年貢である所当官物は、奥羽に対しては米ではなく、砂金・馬・布などの特殊所出物を指定していた。鹿角郡に後に御内人と目される安保氏らが派遣されたのは、その鉱物資源が目当てであったのではないかと考えられる。(59)

さらに、『鹿角由来記』によれば、鹿角には中世豪族たちの四十二館の館群が存在し、その内、湯瀬村、三ヶ田村、夏井村、長内村、石鳥屋村、松館村、尾佐利村、大里村、玉内村、花輪村、柴内村、血牛村、中柴内村、折加内村など十四館の侍と言われる豪族の本名は安保氏であるとされている。また成田・奈良・秋元の三氏も含めると合計三十八館の侍の本名が四氏の姓になるのである。従って、如何に丹の一党を含めた武蔵武士がこの雪深い北遠の地に深く根をおろしていたかがうかがわれる。(60)

これに対し、安保氏が承久の乱後に関与した西日本の土地では何が言えるか。残された史料によれば、播磨国這田庄（兵庫県三木市西這田町・東這田）と石作庄（兵庫県宍粟市一宮）、播磨国須富庄、近江国箕浦庄内村壱所、伊和神社領播磨国神戸荘（兵庫県宍粟市一宮）などがあげられるが、以下に年代順に記録を並べてみると、承久三年（一二二一年）安保実員は幕府から地方の重要な職務を命じられている。「六波羅御教書」によれば、

播磨国這田庄幷石作庄任先例停止守護所使入部、可為領
家進退之由、鎌倉殿御下文被成下了、可令存其旨給也、
兼又兵糧米徴納之後者、彼使等可令退出庄内之由、可令
下知給也、謹言、
「承久三年」
九月十四日　（北条泰時）（花押）
安保馬充殿

と記され、当時六波羅探題であった北条泰時が安保実員に対して命を下している。この前半の内容は、播磨国這田庄と石作庄における守護使の入部を先例に任せて停止させること、領家が処置することについて、将軍家下文により、再確認したとのことであった。これは、這田庄と石作庄は、本家が八条院で、領家が池大納言平頼盛であったが、戦後の混乱により守護使の入部が懸念され、先例に任せて守護使いを停止させることとされている。また後半の内容は、同庄内における徴収権限を認めるが、その行為終了後はすぐに庄内を退去することとされている。佐藤氏は、このような命令が安保氏に下っているとし、この命令が安保氏の播磨守護としての地位を六波羅が認めたのであると述べている。(61)

前述のごとく承久の乱で安保氏は多くの犠牲を払ったが、その代わりに播磨において多くの権益を獲得できたと言えるのである。

続いて、『八坂神社文書』の寛喜三年（一二三一）八月二十一日の「鎌倉将軍家御判下文案」によれば、

下　右兵衛尉丹治信員
可早領知武蔵国賀美郡安保郷内別所村、播磨国須富庄、近江国箕浦庄内村壱所地頭職事
右人、為彼職任亡父実員之例、可令致沙汰之状如件
寛喜三年八月廿一日

と記され、安保実光の孫であり、実光の息子の実員の子である信員は、父から譲られた武蔵国賀美郡安保郷内別所村、播磨国須富庄、近江国箕浦庄内村壱所地頭職を、幕府によって安堵されている。『系図』によれば、信員は、実員の次男で、七郎兵衛を名乗っていた人物である。ここから安保氏は、児玉郡の地域以外にも、播磨国須富庄、近江国箕浦庄の所領を獲得していることがわかる。播磨国須富庄は、現在の兵庫県加西市にあった荘園である。この荘園は、乾元二年(一三〇三)閏四月十四日の沙弥道念という人物の譲り状によって、安保氏が承久の乱時の活躍で得た勲功地であるということがわかっている。この沙弥道念の譲り状の記述に安保郷が含まれているので、「安保氏一族」であると考えられる。

また、元亨二年(一三二二)十一月、伊和神社領播磨国神戸荘の重弘名を、安保末真なるものが自分の子に譲っている。(62) その譲状は同名内の田畠山林と書いてあって、名は田畠だけでなく山林も服属している。ちなみに神戸荘の重弘名は、現在の兵庫県宍粟市一宮あたりであると言われている。

この他、播州には、安保氏以外にも丹党の中村氏、大河原氏が西遷している。『中村時之介文書』によれば、播磨国宍粟郡三方西郷荘(宍粟市一宮北東部)の地頭職を得て中村氏は一族そのものが西遷したと言われている。弘誓院領三方荘は元々源仲清が地頭職を持っていた地域であったが、嘉禄二年(一二二六)に停止されてい

る。このことから、おそらく承久の乱の勲功地として中村氏がその後に獲得した所領地域であると言える。この中村氏が武蔵国秩父郡から、遠く離れた播磨国三方西郷まで移住した理由として、海津氏は、宍粟郡奥地の鉄資源と森林資源を幕府の手中に納める狙いがあったと考えている。この鉄資源絡みの話として、大河原氏が備前長船住の刀匠に太刀を鍛えてもらい武蔵国の秩父神社と播磨国の広峰神社と波賀町上之方八幡宮に剣を奉納していることも知られている。(63)

ちなみに、安保氏が権益を手にした播磨国這田庄と石作庄、播磨国須富庄、近江国箕浦庄内村壱所、伊和神社領播磨国神戸荘の内、少なくとも石作庄、伊和神社領播磨国神戸荘は産鉄の地であり、中村氏の手に入れた播磨国宍粟郡三方西郷（荘）も含めて、古来千種鉄の名で知られた千種川とならんで良質な砂鉄を産出することで有名な揖保川流域であることがわかっている。(64)

まとめると、安保氏はじめとする丹党は、①「丹生」と言われる水銀が出る土地や神社とかかわりを持っていること、②本貫の地である児玉や秩父の地に、鉱物資源や鉱物に関する伝承が残っていること、③東遷や西遷として獲得した土地も、金属とのかかわりがあるのではないかということが言える。

武蔵、相模の大身の御家人たちが、北条氏との争いの中で没落し、替わって丹党の安保氏らが北条氏と結んで、東遷、西遷で鉱物資源に恵まれた地に展開していったということは、両者にとって稔り多いものであり、安保氏、加治氏らが最後まで北条氏に付き従ったのもその密接な関係を物語っているのではないだろうか。

おわりに

「丹の党に阿保肥前守直実と云ひける兵、連銭葦毛なる…」やや時代は下がるが、『太平記』に記された安保直実と秋山九郎の一騎打ちの場面の一説である。(65) この安保直実とは、二節の末に記した安保光泰の次男だと考えられている。

よく知られているようにこの時代の武士は先祖の由緒正しきを誇り、一所懸命を持って旨とした。そのような時代に、名乗りの言葉を粗末にする筈も無いが、「丹」という名称が『太平記』の一騎打ちの場面で強調されるということは、彼らのなかに世間に知られる程の強いこだわりがあり、同族意識が維持され続けていたことを象徴していたと考える。

しかし東国の武士団が続々と東遷あるいは西遷して、一族一党の紐帯の維持が困難になった時代に、「血の紐帯」だけが武士団の同族意識を支えたのだろうか。この問題については以前から太田氏によって疑問が呈され、その解決策として安保氏では惣領権の拡大や庶子らの家財の一部を名字地に保持させていたことなどが指摘されている。(66) 確かにこれは一つの重要な指摘であるが、さらに他の要因を考えることはできないだろうか。

そこでまず丹党の起こりから検討をはじめ、安保氏ら丹党の事績を検討したところ、彼等の氏神の多くが丹生明神であること、本貫の地をはじめ東遷、西遷の地など、この一統が展開した地の多くが鉱山や冶金と関わりの深いことが見出された。

結論的に言えば、丹党は「血の紐帯」以外に、鉱山や冶金といった職能によって結びついていた武士団であったのではないか。

奥州藤原氏の採金の場所や舞草刀が生産された場所が今もって確定され難いことからも分かるように、金銀はじめ鉱物採掘の場所は貴重であればあるほど基本的に秘密であること、平野部は土砂の堆積が障害となるため露頭は辺鄙な山の中であることが多いこと、また鉄についてはその当時の採掘技術、薪炭などの燃料の確保の問題のため、多くの場合数年で採掘場所を変えざるを得ず、農業と異なり定住が困難であった等の事情が重なり、文書的な証拠が残らなかったことなどが推測できる。しかし戦乱の時代である。梵鐘や農機具などの生活雑器は別として、刀剣、鎧、馬匹など武士にとって最重要な軍事機密に属する記録が残っていないことはむしろ当然なことなのではないだろうか。

今まで丹党と金属とのかかわり合いについての検討は、注目されることが必ずしも多くなかったように思われるが、残された記録に彼らの行動を照らし合わせると、もう少し彼等と金属のかかわりを解明することは可能であり、今後さらなる検討が必要であると考える。

注

(1)安田元久『武士世界の序幕』(吉川弘文館、一九七三年)。
(2)福島正義「中世武蔵武士と埼玉」(『武蔵武士――そのロマンと栄光』さきたま出版会、一九九〇年)。
(3)安田元久『武蔵の武士団――その成立と故地をさぐる』(有隣堂、一九八四年)。
(4)「勅使河原氏之系譜(大光寺所有A系図)」(『上里町史　資料編』一九九二年)。
(5)『飯能市史　通史編』(一九八八年)。
(6)『改定史籍集覧　編外四(参考源平盛衰記(中))』(臨川書店、一九九一年)。
(7)『平家物語　上　日本古典文学大系三二』(岩波書店、一九五九年)。

（8）『平家物語　下　日本古典文学大系三三』（岩波書店、一九六〇年）。
（9）若松良一「鎌倉御家人畠山重忠の軌跡」（埼玉県立嵐山史跡の博物館　葛飾区郷土と天文の博物館編『秩父平氏の盛衰──畠山重忠と葛西清重』勉誠出版、二〇一二年）。
（10）菊池紳一「平姓秩父氏の性格──系図の検討を通して──」（『埼玉地方史』六六号、埼玉県地方史研究会、二〇一二年）。
（11）田代脩『武蔵武士と戦乱の時代　中世の北武蔵』（さきたま出版会、二〇〇九年）。
（12）新井浩文「「安保文書」伝来に関する覚書──川口家所蔵の安保文書について」（『文書館紀要』二二号、埼玉県立文書館、二〇〇九年）。
（13）伊藤一美『武蔵武士団の一様態──安保氏の研究──』（文献出版、一九八一年）。
（14）「丹治姓安保系図写（東京大学史料編纂所影写本）」（『上里町史　資料編』一九九二年）。
（15）『鹿角市史　第一巻』（一九八二年）。
（16）『吾妻鏡』承久三年五月二五日条。
（17）『吾妻鏡』承久三年六月六日条。
（18）『吾妻鏡』承久三年六月一四日条。
（19）『承久記（新撰日本古典文庫一）』（現代思潮社、一九七四年）。
（20）『吾妻鏡』承久三年六月一八日条。
（21）「鎌倉将軍家御判下文案」寛喜三年八月二一日（『八坂神社文書』）（『上里町史　資料編』一九九二年）。
（22）『新編埼玉県史　通史編二　中世』（一九八八年）。
（23）前掲注（19）。
（24）前掲注（14）。
（25）『続群書類従・第六輯　上　系図部』（続群書類従完成会、一九二八年）。
（26）『上里町史　通史編　上巻』（一九九六年）。
（27）『吾妻鏡』安貞二年七月二三日条。
（28）『吾妻鏡』嘉禎元年六月二九日条。

(29)『吾妻鏡』暦仁元年二月一七日条。
(30)『吾妻鏡』仁治二年正月二日条。
(31)『吾妻鏡』正嘉二年正月一日条。
(32)『吾妻鏡』康元二年正月一日条。
(33)『吾妻鏡』建長二年三月一日条。
(34)「京都六条八幡宮造営注文」建治元年五月日（『国立歴史民俗博物館所蔵文書』）（『上里町史　資料編』一九九二年）。
(35)佐藤進一『増訂鎌倉幕府守護制度の研究　諸国守護沿革考証編』（東京大学出版会、一九七一年）。
(36)細川重男「御内人と鎌倉期武家の主従制」（『思想』九六九号、二〇〇五年）。
(37)「円覚寺毎月四日大斎結番次第」徳治二年五月日（『円覚寺文書』）（『上里町史　資料編』一九九二年）。
(38)海津一朗「東国における郡鎮守と郡内在地領主群――鎌倉末期秩父地方の郷々地頭「一揆状況」」（『河越氏の研究　第二期　関東武士研究叢書四』名著出版、二〇〇三年）。
(39)石井進『中世武士団』（講談社、二〇一一年）。
(40)高橋典幸「鎌倉幕府の滅亡と武蔵武士」（関幸彦編『武蔵武士団』吉川弘文館、二〇一四年）。
(41)『太平記一（新潮日本古典集成　第一五回）』（新潮社、一九七七年）。
(42)『太平記二（新潮日本古典集成　第三八回）』（新潮社、一九八〇年）
(43)「梅松論」（『群書類従・第二〇輯　合戦部』続群書類従完成会、一九三二年）。
(44)下山忍「信仰と板碑」（関幸彦編『武蔵武士団』吉川弘文館、二〇一四年）。
(45)前掲注（43）。
(46)前掲注（43）。
(47)松田壽男『丹生の研究――歴史地理学から見た日本の水銀』（早稲田大学出版部、一九七〇年）。
(48)前掲注（26）。
(49)『日高市史　通史編』（二〇〇〇年）。
(50)井上要『秩父丹党考』（埼玉新聞社、一九九一年）。

(51)千々和実「首都圏内板碑の爆発的大量初現とその誘因――板碑は首都創成者が創始、激増、拡散、遺留した日本中世のシムボル」（木代修一先生喜寿記念論文集編集委員会編『木代修一先生喜寿記念論文集三　民族史学の方法』雄山閣出版、一九七七年）。
(52)猪川和子「関東の鉄仏と丹党」（『史迹と美術』四六号、史迹美術同攷会、一九七六年）。
(53)『神川町誌』（一九八九年）。
(54)北条氏研究会編『武蔵武士を歩く　重忠・直実のふるさと　埼玉の史跡』（勉誠出版、二〇一五年）。
(55)前掲注（49）。
(56)高橋一夫「古代の製鉄」（永原慶二・山口啓二編『講座・日本技術の社会史　第五巻　採鉱と冶金』日本評論社、一九八三年）。
(57)『埼玉県民俗工芸調査報告書　第三集　埼玉の鍛冶』（埼玉県立民俗文化センター、一九八五年）。
(58)『鹿角市史　第二巻（上）』（一九八六年）。
(59)豊田武編『東北の歴史（上巻）』（吉川弘文館、一九六七年）。
(60)前掲注（15）。
(61)前掲注（35）。
(62)「安保末真田畠等譲状」元亨二年一一月六日（『兵庫県史　史料編　中世三』一九八八年）。
(63)『波賀町誌』（一九八六年）。
(64)谷川健一『青銅の神の足音』（小学館、一九九五年）。
(65)『太平記　三（新編日本古典文学全集　第五六回）』（小学館、一九九七年）。
(66)太田順三『安保直実について――太平記の「英雄」虚像』（『民衆史研究八号』一九七〇年）。

❖コラム…

武蔵武士の系図について
——その開発と展開を見る——

菊池紳一

はじめに

中世前期、武蔵国内に本領（名字の地）を持つ武士を、一般的に「武蔵武士」と称する。

武蔵武士には、Ⅰ・平姓秩父氏を出自とする畠山・河越・江戸等の一族、Ⅱ・足立氏・比企氏・豊島氏・吉見氏等の旧郡司系の武士団、Ⅲ・後世「武蔵七党」と呼ばれる党的武士団、Ⅳ・秀郷流藤原氏の流れを汲む大田氏・大河戸氏の一族、Ⅴ・その他、毛呂氏・長井斎藤氏・大井氏・品川氏等の武士がいる。[1]

この中で、系図として代表的なものはⅢの「武蔵七党系図」であろう。[2] Ⅲには比較的中小規模の武士が多く、擬制的なものも含めて血縁的集団（武士団）を形成していたとされる。こうした同族的武士団を「党」と称するが、武蔵国の場合はこれを「武蔵七党」と総称している。ただし、この七党の数え方は一定せず、「武蔵七党系図」では横山・猪俣・野与・村山・西・児玉・丹の七党を載せるが、この他に私市（騎西）党を野与党の代わりに入れる数え方や、綴（都筑）・私市両党を村山・西両党の代わりに入れる数え方もある。[3]

さて、このような武蔵七党等の系図については、『新編埼玉県史　別編4（年表・系図編）』が刊行され、ある程度一覧できるようになった。そこで、これを参考に「武蔵七党系図」の特徴を説明してみたい。

一、武蔵七党の系図

系図とは、系譜とも言い、氏族や家族の血縁関係を始祖から歴代にわたって、視覚に訴える図として書き表したものである。ただ、系図の成立事情や目的によって多様性があり、文芸の継承や寺院の別当、所領の相承等の系図も存在する。

「武蔵七党系図」は、野与・村山・横山・猪俣・児玉・丹・西の七党からなる。管見では、静嘉堂文庫・尊経閣文庫（二種）・内閣文庫（二種）・国会図書館（甲山文庫他二種）・鈴木真年蔵本・都立中央図書館等に収蔵されている。その形式には二種あり、詳細に人名や注記が記されるものと人名が少なく注記も簡略（例えば「三郎」の「郎」を省略し「三」とする）なものがある。一方、中には他本や史料（合戦記を含む）との校合が朱字等をもって記される系図も存在する。

活字本としては、『続群書類従』の系図部及び『系図綜覧』所収のものがある。(4) この両者の元になったのは、水戸彰考館の修史の過程で作成された「諸家系図纂」であり、元禄五年（一六九二）に丸山可澄が整理・編纂し、その後も補訂作業が行われたという。前述の『新編埼玉県史 別編4（年表・系図編）』は、「諸家系図纂」（内閣文庫蔵本）を採録したものである。その他、横山党・猪俣党は「小野氏系図 横山」「小野氏系図 猪俣」「小野氏系図」(5)が、猪俣党は「根岸本猪俣党系図」（『埼玉叢書』四）が、西党は「小河系図」(6)が、丹党は「井戸葉栗系図」(7)がある。

ちなみに「岡部系図」(8)は前記「小野氏系図」（横山・猪

【表Ⅰ】

党名	始祖	本姓	権威を示す人物	起点となる人物
横山党	敏達天皇	小野氏	武蔵守孝泰、武蔵権介義孝	武蔵権介義孝
猪俣党	（同右）	同右	同右	猪俣時範
野与党	桓武天皇	桓武平氏	平（村岡）良文	野与六郎基永
村山党	（同右）	同右	同右	村山貫首頼家
西党	天御中立尊	日奉氏	武蔵守宗頼	内舎人宗親
児玉党	藤原伊周	有道氏	武蔵権守家行	有貫首遠峯
丹党	宣化天皇	丹治氏	秩父郡領主武経	二郎大夫武平

俣両党の系図を含む）に岡部氏の系図を書き継いだ形式を取っている。「四方田系図」(9)も児玉党の系図に四方田氏の系図を書き継いでおり、近世の系図の作成方法が垣間見られる。(10)

武蔵七党系図の特徴は、【表Ⅰ】のように、基本的には、始祖が古代の天皇か藤原氏、あるいは伝説時代の天皇・神である。また、途中に武蔵国の国司（守、介等）や平良文等の権威を示す人物を置き、一族発展の起点となる人物から展開する形式が採られる。一般的に、鎌倉時代の武士は一族の祖先を古代まで遡る意識はなかったと考えられており、中世の武家系図は始祖から始まる例が多い。武蔵七党系図はそれとは異なり、共通の祖先を示すため、始祖や支配地域に権威を示す人物を記載する方法を採用している。

また、一族発展の起点となる人物の時代はほぼ平安時代末期にあたり、それ以降、兄弟とその子孫が、場合によっては、女子や母が詳細に記されるなど、横に広がる横系図の形式が取られる。系図の下限は世代から考えて、若干室町時代の記述もあるが、ほとんどが鎌倉時代末から南北朝時代である。これらの特徴は、擬制的なものも含めて血縁的集団（武士団）を形成することを示す武士団の系図であったことを示唆している。室町時代の応仁・文明の頃には系図の売買が横行するようになるが、武蔵七党系図はその点古態を残す系図と言えよう。

以下簡単に各党の特徴・分布などを説明する。

横山党は、武蔵守小野孝泰の子資孝が横山別当と称した。別当は小野牧の別当のことと推定される。多摩川の南側の、小仏峠から関戸に至る丘陵地一帯を多摩の横山と称しており、この地域に分布する。資孝の子経兼が前九年の役に源頼義に従ったという伝承を持つ。

猪俣党は、横山党の一族（時範）が開発のため、武蔵国北部の那珂郡猪俣に移り、その子孫は那珂郡から、東流する荒川と北の利根川に挟まれた榛沢・男衾・大里等郡に進出した。(11)

野与党は、平忠頼の子孫基宗が野与庄司と称したことから始まったという。荒川・利根川の流域地である埼玉郡（太田庄）に分布する。(12)

村山党は、平忠頼の子孫頼任が村山貫首と称したことから始まったという。入間郡の内、狭山の麓から西部に渡

【表Ⅱ】

系統	苗字	苗字の地	現在比定地	備考
猪俣系	猪俣	那珂郡猪俣村	児玉郡美里町猪俣	那珂郡②、第一世代
	河匂	児玉郡川輪	児玉郡美里町関（川輪）	児玉郡⑤、第四世代
	甘糟	那珂郡甘糟	児玉郡美里町甘粕	那珂郡①、第四世代
	古郡	那珂郡古郡	児玉郡美里町古郡	那珂郡⑤、第四世代
	藤田	榛沢郡藤田	大里郡寄居町藤田・末野	榛沢郡⑬、第四世代
	人見	榛沢郡人見郷	深谷市人見	榛沢郡⑫、第五世代
	荏原	幡羅郡江原	深谷市江原	幡羅郡①、第六世代
	太田	幡羅郡太田	熊谷市（旧妻沼町）永井太田	幡羅郡②、第六世代
岡部系	岡部	榛沢郡岡部	深谷市（旧岡部町）岡部	榛沢郡⑤、第二世代
	人見	榛沢郡人見郷	深谷市人見	榛沢郡⑫、第四世代
	内島	榛沢郡内ヶ島	深谷市内ヶ島	榛沢郡④、第四世代
	蓮沼	幡羅郡蓮沼	深谷市蓮沼	幡羅郡⑦、第四世代
男衾系	男衾	男衾郡	大里郡寄居町富田の辺カ	男衾郡②、第二世代
	無動寺	男衾郡無動寺	大里郡寄居町富田不動寺	男衾郡②、第三世代
	横瀬	榛沢郡横瀬郷	深谷市横瀬	榛沢郡、第四世代
尾園系	尾園	男衾郡小薗	大里郡寄居町小園	男衾郡①、第三世代
	野部	榛沢郡野辺郷	深谷市（旧岡部町）周辺ヵ	榛沢郡?、第三世代
	木里	（不明）	（不明）	（不明）、第三世代
	木部	那珂郡木部	児玉郡美里町木部	那珂郡④、第四世代

る肥沃の地に分布する。(13)

児玉党は、藤原道隆の家司である有道維行の子孫が、児玉郡西部にあった阿久原牧に居住したことから始まるという。この地域は児玉庄とも称される。(14) ここから東方に向かって進出し、児玉郡から本庄市一帯に分布し、一部入間郡・秩父郡や上野国（群馬県）にも存在する。

丹党は、宣化天皇の曾孫多治比古王の子孫（丹治姓）である峰時が秩父郡石田牧の別当となったことから始まる。(15) 主に秩父郡に分布するが、一部加美郡や入間郡等に進出した。

西党は、武蔵守日奉宗頼の子孫で、武蔵国府の西部地域（多摩郡）に展開した。多くが在庁官人として活躍した。

二、武蔵武士の開発
——猪俣党を例として

次に、猪俣党の系図を素材にして、武蔵武士の開発進展を垣間見てみたい。(16) 前述したように、猪俣党は武蔵国北部の那珂郡猪俣を起点に、那珂郡から東の低地に向かって進出した武士団である。左記の系図（【猪俣党の展開】）は、『新編埼玉県史別編4・年表系図編』所収の党家系図（猪俣）・岡部系図等を参考にして作成した。

この系図は、あまり見られない形式だが、苗字の展開を軸に据えて、それに注記や『吾妻鏡』に登場する人物から、年代と世代が明確になるように考えたものである。

まず世代と年代を確認したい。猪俣元祖とされる時資（横山孝泰の子、義孝弟）の世代は、十世紀末～十一世紀始めの頃にあたる。(17)【表Ⅱ】は、左記【猪俣党の展開】に見える苗字を時資の子猪俣時範の孫である忠基（三郎忠兼の長男）及び政家（忠兼の次男）の子孫（猪俣系とする）と時範

【猪俣党の展開】（苗字を中心に）

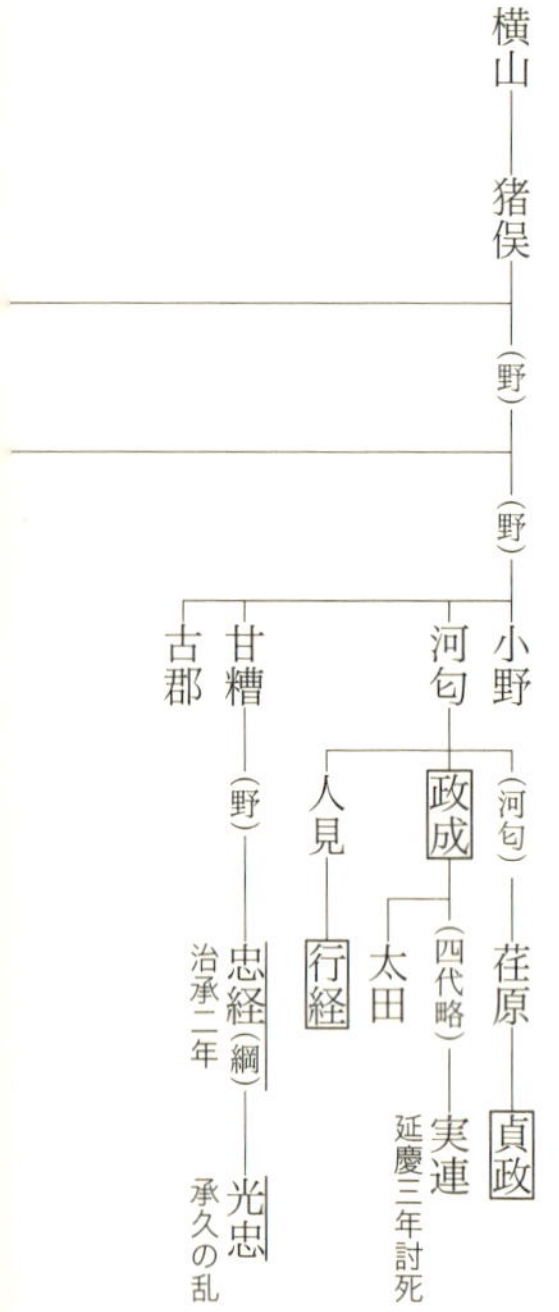

の孫忠綱（忠兼の三男）の子孫（岡部系）、時範の子野五郎重任の子孫（男衾系）、時範の子野七郎家兼の子孫（尾園系）との四系統にまとめたものである。備考欄には、郡名と○数字は、北条氏研究会編『武蔵武士を歩く――重忠・直実のふるさとさいたまの史跡』[18]に掲載した地図等記載の番号と時範からの世代数（時範を第一世代とする）を記載した。

猪俣系では、第四世代までは那珂郡かその周辺に展開しているが、第四世代あたりから榛沢郡・幡羅郡に進出していることが見て取れる。猪俣[19]は、松久丘陵から山崎山丘陵にかけての山林地帯に位置している。天神川と小栗川の上流（細流部）の合流点付近である。ここには、猪俣範綱の居館跡が残り、中世創建と伝える高台院には範綱の墓がある。

天神川は、埼玉県児玉郡美里町白石にある陣見山を水源とする志戸川の支流で、甘粕（甘糟）・古郡を経て、阿那志付近で同じく陣見山を水源とする志戸川に合流する。甘粕は天神川右岸に位置し、古郡は天神川と志戸川に挟まれた地に位置する。後者には古郡氏館跡がのこる。河匂は、阿那志より下流の志戸川に沿った地（右岸）で、現在の美

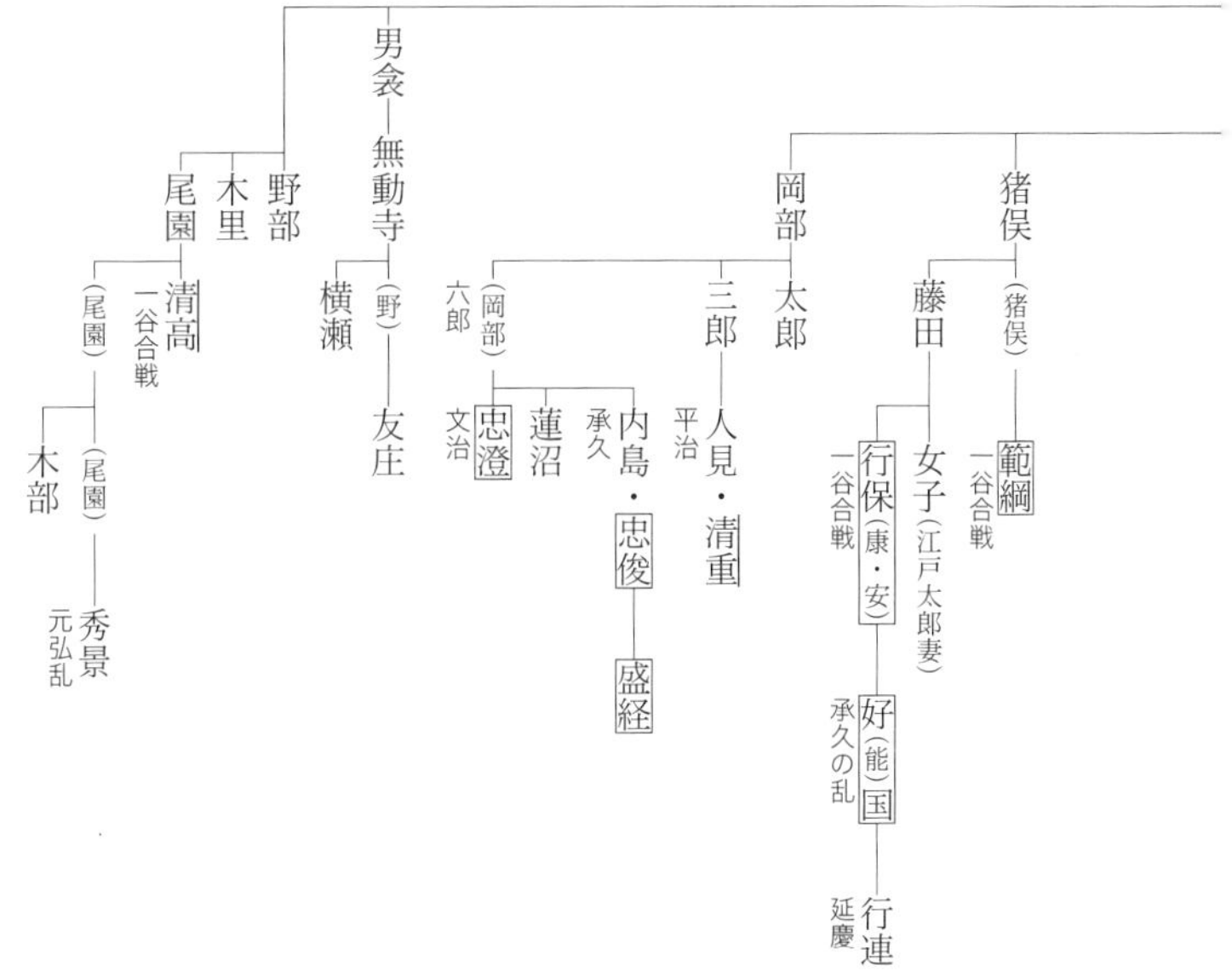

［凡例］
猪俣（※修飾なし）……苗字
忠経（※傍線）……系図に注記のある人物
範綱（※文字囲）『吾妻鏡』に見える人物

里町関の内にあたり、早くから条里制が施行された。地内には河匂政頼の館跡が残る。この甘糟・古郡・河匂は第四世代から分かれた家である。

同じく第四世代から分かれた藤田や第五・第六世代以降分離する人見・荏原・太田は那珂郡ではなく、榛沢・幡羅両郡に進出する。このうち人見は、小山川の支流唐沢川左岸の台地上に位置する。またその下流小山川流域の荏原には、荏原氏の館跡が残っている。

岡部系は、第二世代の忠綱から岡部氏を称した。岡部は小山川の右岸、櫛引台地の北部に位置する。大字普済寺には岡部氏の館跡が残る。忠綱の孫忠澄は源義朝の家人として保元の乱や平治の乱で活躍している。その墓が普済寺（臨済宗）にある。

忠綱の二世代後の第四世代になって人見・内島・蓮沼の諸氏が分かれる。人見氏は、猪俣系にも見えるが、岡部系の人見清重は第四世代、猪俣系の人見政経は第五世代にあたり、清重の後を政経が継承した可能性もある。岡部より下流の小山川右岸に位置する蓮沼は、蓮沼氏の苗字の地で、地内には蓮沼氏館跡が残る。

第二世代から分かれた男衾系と尾園系は[20]、那珂郡の南方、荒川を越えた男衾郡に進出している。男衾は、男衾郡の総鎮守である小被神社のある現在の寄居町富田付近に比定されているが未詳である。富田にある新義真言宗不動寺は、無動寺太郎（重光カ）館跡との伝承がある。しかし、第三世代以降になると、那珂郡や榛沢郡に進出する例もあり、一族内の婚姻や養子関係が想定される。

以上のように、那珂郡内には、猪俣氏を中心に猪俣系の河匂・甘糟・古郡や尾園系の木部等の諸氏が分布していた。猪俣党はさらに小山川の支流天神川や志戸川に沿って北東に展開している。榛沢郡からはさらに東の幡羅郡北部の小山川右岸に展開する。西武の山地から、河川の流路に従って低地に展開している様子が見て取れよう。

次に、世代と時代の関係を見てみよう。『吾妻鏡』に見える猪俣党の人物の内、源頼朝時代の御家人を一覧表にしたのが、【表Ⅲ】である。

ここに見える五人以外にも、系図の注記によれば、人見清重は源義朝の家人（郎等）であり、甘糟忠綱や尾園清高は源頼朝に従った御家人であったとされる。

【表Ⅲ】

御家人名	『吾妻鏡』初見条	世代	備考
猪俣範綱	元暦元年二月五日条	第五世代	猪俣系、五ヶ所に見える
藤田行康	元暦元年三月五日条	第五世代	猪俣系、一ヶ所に見える
河匂政成	文治四年三月十五日条	第五世代	猪俣系、三ヶ所に見える
人見行経	建久元年十一月七日条	第六世代	猪俣系、一ヶ所に見える
岡部忠澄	文治三年四月二十九日条	第四世代	岡部系、四ヶ所に見える

彼らの世代は、猪俣党の祖時範から数えると第四世代から第六世代に当たる。前述したように、この系図を前提にすれば、おそらく十世紀末～十一世紀始めの頃に、横山党の一族が那珂郡に移住し開発に当たったと考えらよう。天仁元年（一一〇八）年に起きた浅間山の大噴火後の再開発が進められた時期は、猪俣氏から分かれた支族が多く見られる第二世代から第四世代前後ではなかったかと思う。在庁官人である横山氏の一族として、国司（国衙）の方針に従って再開発に従事したのであろう。

まとめにかえて

最後に、『吾妻鏡』における猪俣党藤田氏の扱いについて考えてみたい。藤田氏は前記猪俣流の第四世代から分かれた氏族である。『吾妻鏡』には、武蔵七党の武士としてはめずらしく、藤田氏の家伝が使われたと思われる記事がいくつか見られる。その例を三つ左記に示す。

①『吾妻鏡』元暦元年（一一八四）三月五日条

五日甲午、去月於摂津国一谷被征罰平家之日、武蔵国住人藤田三郎行康先登令討死訖、仍募其勲功賞、

於彼遺跡、子息能国可伝領之旨、今日被仰下、御下文伝、

　件行康、平家合戦之時、最前進出、被討取其身訖、仍彼跡所知所領等、無相違、男小三郎能国可令相伝知行之由云々、

②『吾妻鏡』建久三年（一一九二）六月三日条

三日癸卯、有恩沢沙汰、或被加新恩、或被成改以前御下文、其中有文武抽賞、所謂前右京進仲業、励右筆勤之処、未預賞之間、今日始拝領之、藤田小三郎能国、継弓馬芸之故、以父勲功賞跡、永可伝来葉之由云々、

③『吾妻鏡』承久三年（一二二一）六月十五日条

十五日戊辰、陰、（中略）辰刻、国宗捧院宣、於樋口河原、相逢武州、述子細、武州称可拝院宣、下馬訖、共勇士有五千余輩、此中可読院宣之者候歟之由、以岡村次郎兵衛尉、相尋之処、勅使河原小三郎云、武蔵国住人藤田三郎、文博士者也、召出之、藤田読院宣、其趣、今度合戦、不起於叡慮、謀臣等所申行也、於今者、任申請、可被宣下、於洛中不可及狼唳之由、可下知東士者、其後又以御随身頼武、於院中被停武士参入畢之旨、重被仰下云々、（下略）

①は、藤田行康が一谷合戦で先登を駈けて討死にし、その子能国に勲功賞として本領安堵がなされたとする記事である。[21]②は、源頼朝が、政所の開設に関わって、以前に発給した文書を返却するよう御家人に命じた件に関わる記事である。ただ、藤田能国が「継弓馬芸」ぐ者として顕彰されている。③は承久の乱の時、後鳥羽上皇の院宣を読み上げるものとして、丹党の勅使河原小三郎の推挙を受けている。ここでは、藤田能国が「文博士」と評されている。藤田氏は、文武に通じた教養ある武士として後世に伝えられた。

　時代は下るが、『建治三年記』によれば、幕府問注所の寄人に藤田行盛が加えられており、吏僚として活躍する様子が見て取れよう。また、浄土宗藤田派の祖とされる性心（?～一二九九）は藤田利貞の子で、良忠の弟子として長老として重きをなした。弟子良心は藤田行重（能国の玄孫）の子で良忠、ついで性心に師事し藤田派の後継者となり、末野（埼玉県寄居町）に善導寺を開創し、同寺は藤田

派の活動拠点となっている。

注

（1）拙稿「武蔵武士の概念と特色」（本書所収）参照。

（2）Ⅰについては、拙稿「平姓秩父氏の性格――系図の検討を通して」（『埼玉地方史』六六号、二〇一二年十一月）で検討したことがある。桓武平氏の系図は『尊卑分脈』がよく知られているが河越氏の記載がなく、平姓秩父氏に関しては「桓武平氏諸流系図」や「入来院家蔵平氏系図」の方が良質で、注記も確かなものが多い。Ⅱの足立氏の系図については、拙稿「鎌倉時代の足立氏」（本書所収）の中で検討している。『尊卑分脈』藤原北家魚名流と「足立系図」があるが、後者は鎌倉時代の部分が横に広がる系図で、古態を残している。

（3）武蔵武士の概略や武蔵七党については、『武蔵武士を歩く』（北条氏研究会編、勉誠出版、二〇一五年正月）の冒頭でも説明した。参照されたい。なお、七党の数え方については左記のような例がある。

・「七党」の数え方

①丹治・私市・児玉・猪俣・西・横山・村山（節用集…十五世紀）

②野与・村山・横山・猪俣・児玉・丹・西（武蔵七党系図）

（「武蔵七党系図」の成立時期は南北朝時代～室町時代初期と考えられる。）

③横山・猪俣・児玉・丹・西・私市・綴

但し、『吾妻鏡』では「武蔵の党々」と表記される（「七党」という数字では示されない）。

（4）個人蔵では、加藤功氏所蔵の山中義臣書写の「武蔵七党系図」を翻刻した『翻刻武蔵七党系図』（非売品、二〇〇一年九月）がある。

（5）『続群書類従』七上所収。

（6）『新編埼玉県史　別編4（年表・系図編）』所収。その後。同系図は『中世武士関係史料集　立川文書』（立川市教育委員会、二〇一〇年）に所収された、同書には諸種の「立川系図」・「西党系図」も収められる。

（7）『系図綜覧』所収。

（8）『新編埼玉県史　別編4（年表・系図編）』所収。

（9）『新編埼玉県史　別編4（年表・系図編）』所収。

（10）前述した「足立系図」（『新編埼玉県史　別編4（年表・系図編）』所収）や尊経閣文庫所蔵「天野系図」（拙稿「尊経閣文庫所蔵「天野系図」について」、『季刊ぐんしょ』三二号、平成八年四月、のち拙著『加賀前田家と尊経閣文庫――文化財を守り、伝えた人々』所収、勉誠出版、二〇一六年）も同様の手法を用いて作成されている。

(11)本稿「二」参照。

(12)拙稿「足立郡・埼玉郡の武蔵武士と伝承――さいたま市域を中心に――」（『さいたま市アーカイブセンター紀要』一号、二〇一七年三月）参照。

(13)拙稿「村山党金子氏の系図」（本書所収）参照。

(14)『玉葉』安元元年（一一七五）十一月十四日条に見え、上野国高山御厨と紛争（堺相論ヵ）があった。

(15)渡辺世祐・八代国治著『武蔵武士』では、宣化天皇の曾孫多治比古王の子孫（丹治姓）が武蔵守として下向したとする。

(16)浅間山の噴火を契機とした武蔵国北部の再開発については、指摘したことがある（拙稿「武蔵国北部の再開発――浅間山の噴火を契機に」（『埼玉地方史』七〇号、二〇一四年））。その概要は、天仁元年（一一〇八）に浅間山の大噴火が起こり、北関東一円の田畑が壊滅的状態となったことから始まる。上野国の南に位置する武蔵国北部（埼玉県域）の再開発も進められたが、その特徴は国司（国衙）が中心となって進められたことにある。この再開発に当たって、桓武平氏の流れをくみ、秩父郡秩父牧の別当となった秩父氏（秩父平氏）が大きな役割を果たした。秩父氏は、武基の子武綱や武常の子豊島常家が前九年の役（一〇五一～六二年）・後三年の役（一〇八三～八七）の際に源頼義・義家父子に従って活躍したという伝承があり、この時期から河内源氏の郎等として活躍していたと伝える。

一方、在庁官人であった秩父氏は、浅間山の大噴火を経てその性格を変えて行った。すなわち、秩父重綱は、秩父盆地から荒川に沿って下流に下り、鎌倉街道上道と交差する赤浜から右岸（南部）の畠山・平沢・菅谷・大蔵などの鎌倉街道沿いに展開する。秩父重綱は、おそらく国司権力（国司の指示）を背景に、武蔵国北部の開発に尽力することになったと考えられる（拙稿「武蔵国留守所惣検校職の再検討――『吾妻鏡』を読み直す」（『鎌倉遺文研究』二五号、二〇一〇年）。同「鎌倉幕府の政所と武蔵国務」（『埼玉地方史』六五号、二〇一一年）。同「平姓秩父氏の性格――系図の検討を通して」（『埼玉地方史』六六号、二〇一二年））。

那珂郡は児玉郡の南に位置し、猪俣党の発祥の地とされる猪俣村（美里町猪俣）がある。横山党の横山時資がここに移住し、猪俣氏の祖となったとされる。猪俣党も秩父氏に協力した武蔵国北部の再開発に当たった武士団であろう。

(17)党家系図（横山）・同（猪俣）（『新編埼玉県史別編4・年表系図編』）によれば、横山義孝の孫経兼は、康平五年（一〇六二）前九年の役に源頼義に従って戦っている。一世代三十年としてほぼ十世紀末〜十一世紀始めと推定した。天仁元年（一一〇八）年浅間山の大噴火の約百年前にあたる。

(18)勉誠出版、二〇一五年。

(19)地名として見えるのは遅く、戦国時代の天正十六年四月吉日の年紀を有する二柱神社聖天社所蔵鰐口銘（美里町正円寺所蔵、『新編埼玉県史資料編9・中世5　金石文・奥書』第二編金工品一八八号）が初見で、「奉懸聖天鰐口　武州那珂郡猪俣村大旦那能登守邦綱」と見える。

(20)尾園《おぞの》は、現在の寄居町小園《こぞの》に比定した。読みが異なるがかつて「おぞの」と読んだ可能性があろう。

(21)【猪俣党の展開】では、行康は「行保」とも「行安」とも表記されること、子の能国も「好国」とも表記されることを示した。これは、後世に文字が正確に伝わらないことを示しているが、逆に「ゆきやす」、「よしくに」という読みを教えてくれる。

❖コラム…

金子氏に関する系図について——鎌倉時代を中心に——

菊池紳一

金子氏というと、保元の乱から源平合戦にかけて活躍した金子十郎家忠が著名である。『新・金子十郎家忠物語』(1)には、基本的な史料・系図・板碑等が収められ、西遷した金子氏の情報や末尾には金子氏関係略年表があり、中世金子氏の基本史料集となっている。

さて、武蔵武士の系図は、南北朝時代までの中世前期に作成されたものと、中世後期や江戸時代に作成されたものとに分けることができる(2)。金子氏の系図も同様の観点で見ると、そのほとんどが後者であり、鎌倉時代に言及する系図は少なく、確実ではない。たとえば、「金子系図」(3)（金子家和氏蔵）は伊予国に移住した金子氏の系図で、「党家系図　村山」(4)と記載内容はほぼ同じではあるが、天正十四年（一五八六）に伊予国で戦死した家宅を家忠の弟近範五代の孫に掲出するなど年代的にも疑問がある(5)。そこで本稿では、『新・金子十郎家忠物語』や『新編埼玉県史　別編4　年表・系図』(6)を参考にしながら、武蔵七党系図（村山党）(7)を中心に鎌倉時代の金子氏の系図を検討してみたい。

一、村山党の系図

まず、【系図Ⅰ】「党家系図　村山」（内閣文庫蔵「諸家系図纂」一四―上）(8)を掲出する。なお、注記の内、苗字・通称・生存時期を示す記事等を残し、他は省略し、『吾妻鏡』に登場する人物は四角で囲った。

この系図は、村山党の祖頼任から始まり、末尾はほぼ鎌倉時代中期、下っても十三世紀末頃に当たる。これは武蔵七党系図の中でも珍しい存在である。また、南北朝時代に活躍した難波田弾正を、金子家忠の兄高範の孫に記載する点、ここに至る世代が数代抜けている可能性が高い。

さて、村山党で『吾妻鏡』に見える人物を確認すると左記の【表Ⅰ】(9)になる。

金子氏は、『保元物語』や『平治物語』によれば、家忠が保元の乱に十七歳で初陣をかざり、平治の乱でも活躍

【系図Ⅰ】党家系図　村山

- 頼任（村山貫首）
  - 頼家（村山貫首）
    - 家綱（大井五郎大夫）
      - 家元
    - 家平（宮寺五郎）
    - 家範（金子六郎）
      - 高範（小太郎）
        - 某（難波田、小太郎）
          - 某（難波田弾正）
      - 家忠（金子十郎）
        - 家高（大蔵丞）
          - 時家（太郎　承久乱有戦功、）
            - 時重（太郎）
              - 時光（六郎）
                - 某（金子大蔵丞）
          - 重高（二郎左衛門尉）
            - 重氏（三郎左衛門尉）
              - 朝重（六郎）
            - 家氏（十郎左衛門尉）
              - 為忠
          - 某（六郎　承久の乱溺宇治川而死、）
          - 広家（三郎左衛門）
            - 広綱（太郎左衛門）
              - 頼広（宮内左衛門尉）
          - 忠澄（五郎、承久乱有戦功、）
        - 忠恒（滝口）
          - 親恒（六郎左衛門）
            - 恒重（左近）
            - 忠季
            - 重忠
          - 忠能（太郎）
          - 恒盛（三郎）
          - 恒元（六郎）
            - 忠元
            - 忠行
            - 忠員
          - 忠村（八郎）
          - 忠時（十郎）

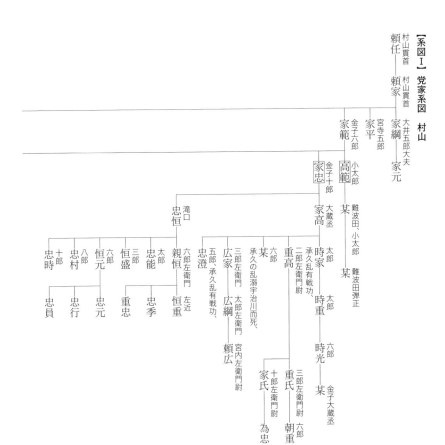

- 近範（余一）
  - 近吉（余一太郎　建保元年党和田氏、被虜、）
    - 範景（太郎五郎）
    - 義景（六郎）
      - 近季（六郎三郎入道）
  - 近成
    - 親実（二郎太郎）
      - 親茂（四郎）
    - 時親（六郎入道）
      - 親戎
  - 近綱（六郎左衛門）
    - 親時（平内）
      - 時綱（平内左衛門）
        - 親成（小六郎）
        - 家親（二郎）
        - 光時（三郎）
        - 経親（五郎）
      - 泰親（二郎）
      - 家時（五郎）
      - 家親（六郎）
    - 基綱（六郎左衛門）
  - 重範（八郎左衛門）
  - 近頼

- 家継（村山小七郎、後号山口七郎）
  - 某（太郎）
  - 季継（大井次郎　又山口二郎云、）
    - 季信（山口大郎）
      - 信景（山口二郎　兵衛尉）
        - 伊信（左衛門尉）
          - 元信（左郎兵衛）
            - 信泰（三郎左門尉）
              - 有信（二郎）
        - 行信（二郎）
          - 国信（十郎入道）
            - 頼信（孫四郎）
            - 信俊（孫五郎）
            - 重信（余一）
        - 景家（兵衛七郎）
          - 景俊（七郎三郎）
            - 景信（彦三郎）
      - 某（荒波多三郎）
      - 某（大井太郎）
    - 義継（山口四郎）
      - 高義（山口四郎太郎）
        - 高信（平太郎）
          - 信季（弥太郎）
            - 某（七郎）
      - 実慶（山口土佐房）
        - 為行（二郎）
          - 信茂（二郎太郎）

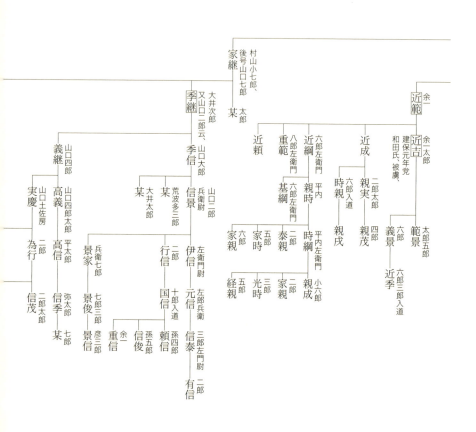

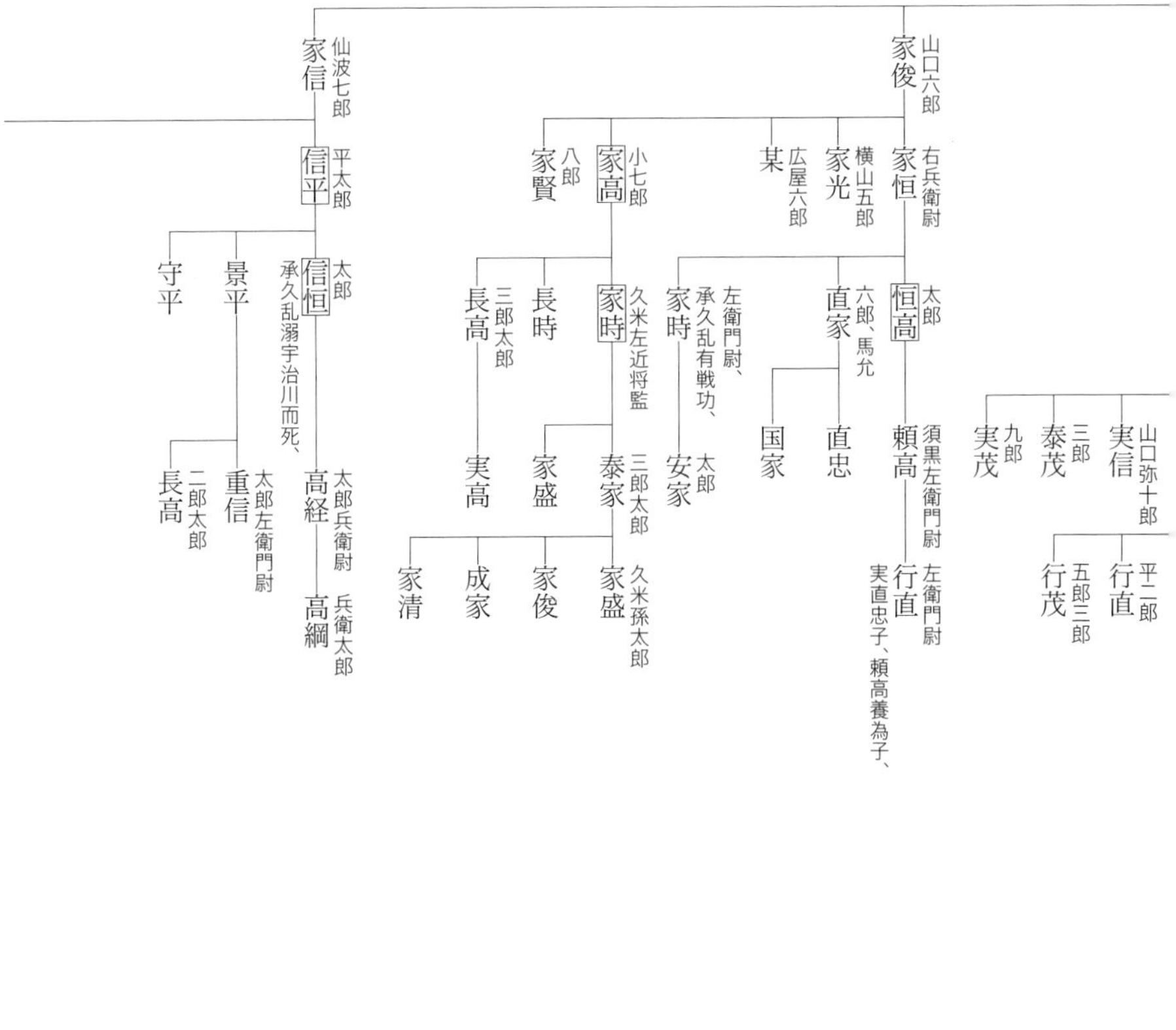
家俊 山口六郎
家恒 右兵衛尉
家光 横山五郎
某 広屋六郎
家高 小七郎
家賢 八郎
恒高 太郎
直家 六郎、馬允
家時 左衛門尉、承久乱有戦功、
家時 久米左近将監
長時
長高 三郎太郎
頼高 須黒左衛門尉
行直 左衛門尉 実直忠子、頼高養為子、
直忠
国家
安家 太郎
泰家 三郎太郎
家盛
実高
家盛 久米孫太郎
家俊
成家
家清
実信 山口弥十郎
泰茂 三郎
実茂 九郎
行直 平二郎
行茂 五郎三郎
家信 仙波七郎
信平 平太郎
信恒 太郎 承久乱溺宇治川而死、
景平
守平
高経 太郎兵衛尉
高綱 兵衛太郎
重信 太郎左衛門尉
長高 二郎太郎

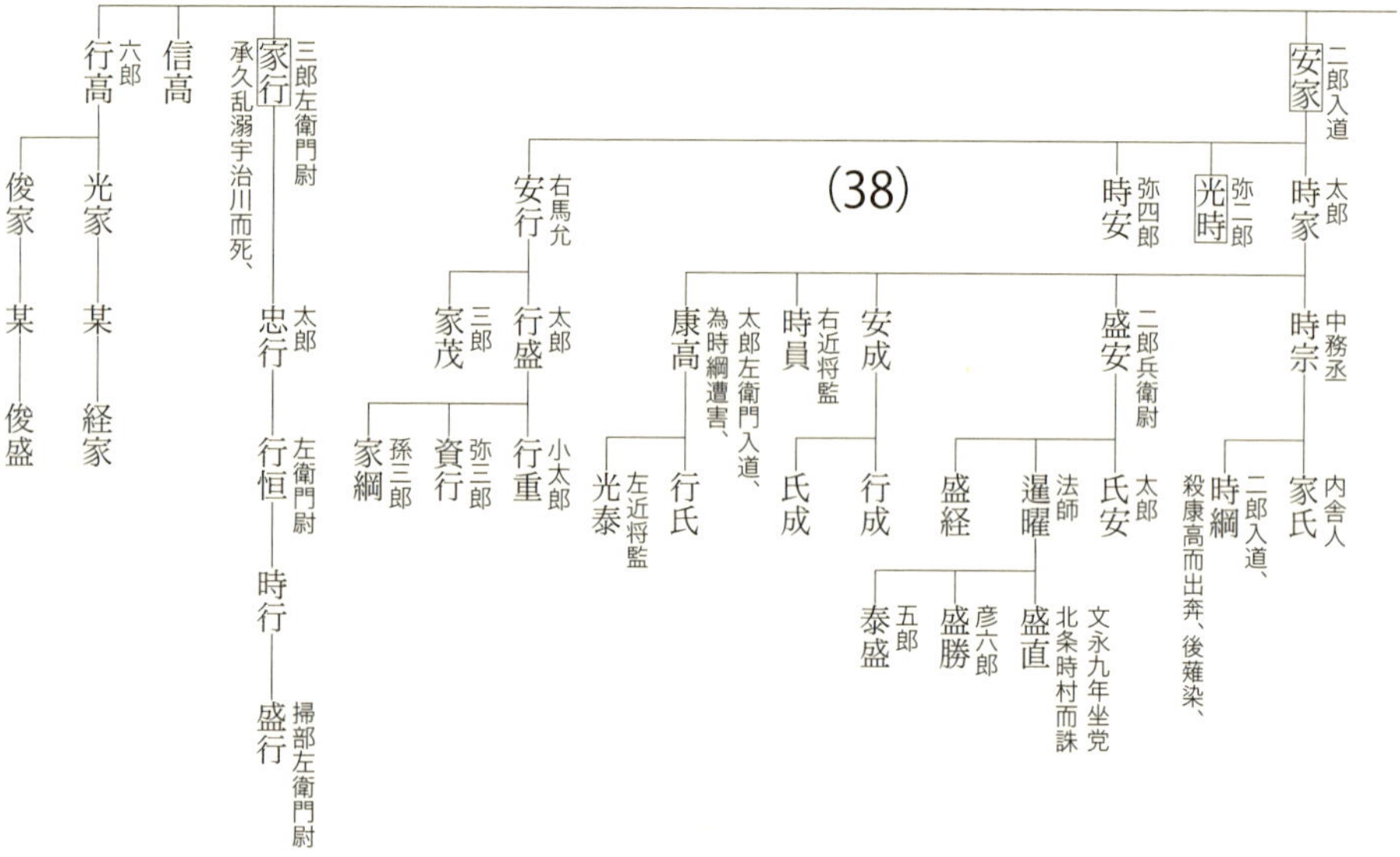
(38)
安家 二郎入道
時家 太郎
光時 弥二郎
時安 弥四郎
安行 右馬允
時宗 中務丞
盛安 二郎兵衛尉
安成
時員 右近将監
康高 太郎左衛門入道、為時綱遭害、
行盛 太郎
家茂 三郎
家氏 内舎人
時綱 二郎入道、殺康高而出奔、後薙染、
氏安 太郎
暹曜 法師
盛経
行成
氏成
行氏
光泰 左近将監
行重 小太郎
資行 弥三郎
家綱 孫三郎
盛直 文永九年坐党北条時村而誅
盛勝 彦六郎
泰盛 五郎
家行 三郎左衛門尉 承久乱溺宇治川而死、
忠行 太郎
行恒 左衛門尉
時行
盛行 掃部左衛門尉
信高
行高 六郎
光家
某
経家
俊家
某
俊盛

【表Ⅰ】『吾妻鏡』に所見の村山党

人名	通称・表記	典拠条（初見）	備考
金子高範	金子小太郎	文治五年七月十九日条	金子家範子
金子家忠	金子十郎	文治元年二月十九日条	金子家範子
金子近則	金子余一	文治元年二月十九日条	金子家範子
金子近吉	金子与一太郎	建保元年五月六日条	金子近則子
山口季継	山口兵衛次郎	建久六年三月十日条	山口家継子
山口家高	山口小七郎	建久元年十一月七日条	山口家俊子
山口家時ヵ	山口兵衛尉	承久三年六月十八日条	山口家恒子
須黒恒高	須黒兵衛太郎	承久三年六月十八日条	山口家恒子
仙波信平	仙波平太	建久元年十一月七日条	仙波家信子
仙波信恒	仙波太郎	建久六年三月十日条	仙波信平子
仙波安家	仙波次郎	文治元年十月二十四日条	仙波家信子
仙波光時	仙波弥次郎	承久三年六月十八日条	仙波安家子
仙波家行	仙波左衛門尉	承久三年六月十八日条	仙波家信子
宮寺政員	宮寺蔵人	正嘉二年正月十日条	村山党カ

した。源平合戦でも活躍し、「武藏國の住人金子十郎家忠、同与一親範」（『平家物語』）などと兄弟で見える。『吾妻鏡』には「及辰剋、河越太郎重頼・中山次郎重実・江戸太郎重長、金子・村山輩已下数千騎攻来」（治承四年八月二十六日

条)、「大井・品河・春日部・潮田・鹿島・小栗・行方之輩、児玉・横山・金子・村山党者共」(元久二年六月二十二日条)などと見え、「金子・村山」と対になって記載されることが多い。後者に至っては、児玉党や横山党と対等な金子党ともいえる表記になっている。それだけ金子氏の存在が大きかったことを示している。(10)その後、金子氏は、和田義盛の乱で近範の子近吉が和田氏に与して没落、承久の乱では家忠の孫の世代が活躍した。

金子氏以外の苗字を見ると、仙波氏が文治年間、山口氏が建久年間と、幕初の源頼朝の時代から見えるのに対し、須黒氏は承久の乱、宮寺氏は執権北条時宗の時代から登場する。大井氏・荒波多氏や難波田氏に至っては『吾妻鏡』に全くは見えない。

『吾妻鏡』が鎌倉を中心に編纂された記録であるという点を差し引いても、この傾向を踏まえて考えると、金子家忠が河内源氏(源義朝)の郎党(家人)となって武士化したため、村山党は最初は金子党と言うべき存在だったのではなかろうか。源頼朝が鎌倉幕府を開くと、仙波・山口氏が御家人として登場し、その後山口氏から須黒氏が分かれたと考えられる。系図上平安時代末期に分かれ、子孫の示されない宮寺・難波田両氏は、それ以降に姻戚関係などを通して村山党と認識された武士ではなかろうか。この系図は村山党を合理的に説明するため多少無理をして作成された部分を含んでいると考える。

名字の地を見ると、金子氏は入間郡金子郷(入間市金子地区)、仙波氏は入間郡仙波郷(川越市仙波町)、山口氏は入間郡山口郷(所沢市山口)、須黒氏は入間郡勝呂郷(坂戸市石井・塚越・紺屋一帯)、宮寺氏は入間郡宮寺郷(入間市宮寺付近)、難波田氏は入間郡難波田(富士見市上南畑・下南畑)であり、入間郡の中心ではなく、辺境に位置している点は興味深い。猪俣党や野与党などと異なる分布を示している。(11)

二、金子系図

次に、周防に移住した金子氏の系図【系図Ⅱ】を検討してみたい。この系統の系図には、「金子直祐氏家譜」(12)、「金子系図」(13)の他に、「平朝臣金子氏大系図」(14)がある。冒頭の部分は異なるが、金子家忠の子家広から始まることは共通しており、記載も共通する部分が多い。これらの系図は、代々の当主を中心に記される縦系図であり、中世後期以降に作成された系図の特徴を持っている。おそらく江戸時代になって作成されたものであろう。

なお、家広は、前記村山党の系図には見えない人物で、通称は太郎で、その子家繁の通称は太郎二郎である。家祖とされる家忠の通称「十郎」を代々称するようになるのは、室町時代の充親以降になる。

この系統の系図の特徴は、没年・年齢と母と女子の記載が多いことであろう。これをまとめると右記のようになる。

かなり詳しい没年が注記等に記載されているが、系図という史料の性格上、前記三種の系図でも異なるものもあり、どこまで事実を伝えているかは未詳である。ただ、家忠が『保元物語』に、この時十九歳で、初陣であった記事があり、一般的にこれを参考に記載することが多い。

女性の記載は、他の系図や文献史料で確認できないものや疑問のある情報も多いが、興味深い情報も含んでいる。

疑問点を挙げると、須藤俊通は、山内首藤俊通のことと考えられ、平治元年（一一五九）の平治の乱で戦死している（『平治物語』）。経俊の姉妹、家忠の母であり、年代的

【系図Ⅱ】金子系図（「荻藩譜録」を底本とした）

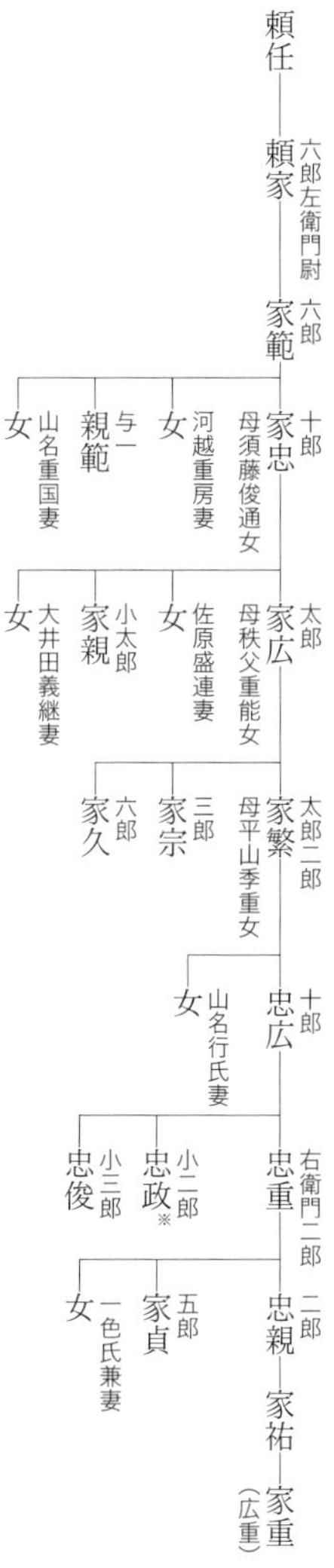

※元弘二［三］年五月八日於江番場、北条越後守仲時一所自害、

【表Ⅱ】没年の記載（南北朝時代まで）

名	没年	享年	備考
行義	天延元年（九七三）八月二十一日没	不明	
頼任	寛仁元年（一〇一七）四月二十一日没	不明	
頼家	承暦四年（一〇八〇）三月七日没	不明	
家範	久安五年（一一四九）十一月十三日没	不明	
家忠	建保四年（一二一六）二月十七日没	八十	保延四年誕生
家広	寛喜二年（一二三〇）四月十三日没	不明	六十歳
家繁	弘長二年（一二六二）十月十六日没	不明	
忠広	正和二年（一三一三）七月三日没	不明	三月没
忠重	建武二年（一三三五）十二月二十五日没	不明	
忠政	元弘二年（一三三二）五月八日没	不明	元弘三年の誤記
忠親	応安三年（一三七〇）三月十日没	不明	
家祐	至徳二年（一三八五）四月二日没	六十五	四月十日没
家重	応永十年（一四〇三）六月十七日没	不明	「広重」とする

【表Ⅲ】女子の記載（南北朝時代まで）

記載種類	係累	記載箇所	備考
妻・母	須藤俊通女	家範妻、家忠母	山内首藤俊通のこと
女	河越重房妻	家範女	重房は河越重頼の子、文治三年没。
女	山名重国妻	家範女	新田義節の子、文治元年誕生。
妻・母	秩父重能女	家忠妻、家広母	畠山重能のこと
女	佐原盛連妻	家忠女	盛連は義連の子、天福元年没。
女	大井田義継妻	家忠女	伊賀守里見義成の子、伊賀蔵人と称した。
妻・母	平山季重女	家広妻、家繁母	
女	山名行氏妻	家繁女	
妻・母	細川義胤女	忠重母	
母	渋川義季女	忠親妻、家祐・正信母	
女	一色氏兼妻	忠重女	

には可能性がある。

河越重房は、重頼の子で家忠の兄弟にあたる女性が嫁した相手としては時代が合わない。文治三年（一一八七）源義経に連座して父とともに処刑された。父の重頼であれば可能性があるが未詳である。重頼の妻としては比企尼の女が著名であろう。

山名重国は、新田義重の子山名義範（源平合戦で活躍、伊豆守）の孫に当たる人物で、家忠の姉妹とは年代的に合わない。家繁女を妻とした行氏は、その曾孫に当たる。『尊卑分脈』によれば、行氏の子俊行は、正安三年（一三〇一）八月二十五日謀叛の疑いで処刑されたという。年代的には可能性がある。

秩父重能は、畠山重忠の父で、一般的には畠山庄司重能と記されることが多い。家忠の妻は重忠の姉妹であり、年代的には可能性がある。

佐原盛連は、三浦氏の一族、三浦義澄の弟佐原義連の子である。家忠は義澄より多少年長であるが、その女と盛連の婚姻は年代的には可能性がある。

大井田義継は、伊賀守里見義成の子であり、伊賀蔵人と称した。佐原盛連と同様に、年代的には可能性がある。

平山季重は、源義朝の郎等（家人）として、平治の乱で家忠とともに活躍した。その女が家忠の子家広の妻になるのは可能性が高い。

以上、簡単ではあるが、鎌倉時代の人物について検討してみた。伝承的な注記も見られ、すべてを史実として見ることには躊躇を覚える。しかし、興味深いのは、金子氏が平安時代末期の十二世紀には、河内源氏の郎等（家人）として活躍しており、同じく河内源氏の郎等であった武蔵国の畠山氏や平山氏、相模国の山内首藤氏、鎌倉時代には相模国三浦氏の一族や上野国山名氏・里見氏などと婚姻関係を持っていたと考えられることであろう。

三、相論系図

最後に、金子文書（金子家和氏所蔵）に付属する相論に関する系図を紹介する。(15)

【系図Ⅲ】は、弘安年間以降に起きた金子氏に関わる相論の際に作成されたものである。論所早河庄内風祭郷は現在の神奈川県小田原市風祭、上総国山田郡本上村は現在の

【系図Ⅲ】　相模国早河庄内風祭郷等訴論人系図

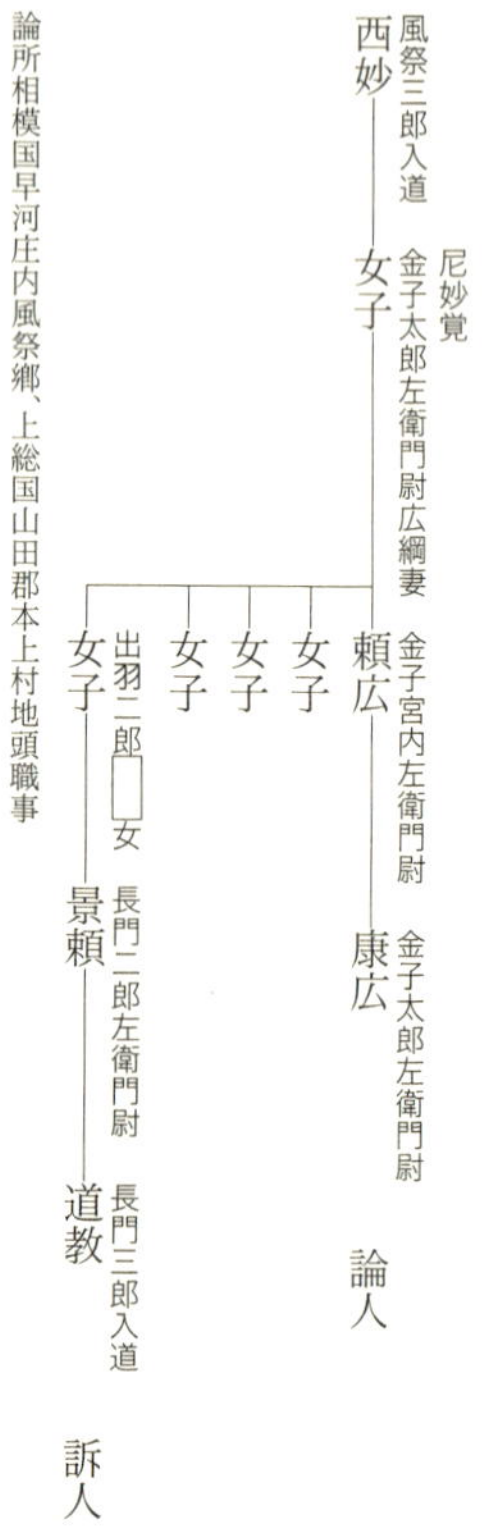

千葉県内であるが比定地は未詳である。この系図によれば、風祭西妙の女（尼妙覚）が金子広綱に嫁し、その子に頼広他四人の女子がいた。右記の所領はこの女（尼妙覚）が父西妙から相伝したもので、その相伝をめぐり末の女子の子長門景頼の子道教が、頼広の子康広を訴えたことがわかる。【系図Ⅰ】によれば、広綱は家忠の曾孫に記載され通称は同じである。その子に頼広が見え、これに該当する。しかし、【系図Ⅰ】では、広綱の女子や頼広の子孫は記載されず、女子四人と康広を補うことができる。(16)

なお、弘安五年（一二八二）七月十六日の将軍家政所下文（金子文書）(17)によれば、頼広の父広綱は、弘安三年以前に亡くなっており、後家である尼妙覚がその遺領を四月十三日に配分しており、頼広は幕府から伊予国新居郷地頭職（女子四人分を除く）と武蔵国金子・阿主郷屋敷田畠等（後家の一期分、後家尼妙覚の譲状による）の継承を認められている。おそらく、前記風祭郷と本上村は、尼妙覚から末の女子に譲与された所領で、それを頼広の子孫が押領し、訴えられた可能性が高い。

この系図が作成された時期であるが、頼広の一世代後のことであるから、十三世紀末から十四世紀始めにかけてのことであろう。

注

（1）新・金子十郎家忠物語刊行会編、一九九三年十一月。（一）武蔵七党系図（金子氏）、（二）金子直祐氏家譜、（三）高正寺系図、（四）金子藤五郎氏家譜、（五）多賀谷系図、（六）金子熊次郎氏家譜、（七）金子利太郎氏家譜、（八）米沢金子家譜、（九）金子怒謙氏家譜、（十）金子家良氏家譜、（十一）金子武雄氏家譜、（十二）金子有柳氏家譜が掲載される。

（2）後者の系図であっても、ひとつの系図に両者の性格を持ち合わせているものも存在する。それを加味しても後者の系図が圧倒的に多い。

（3）『新編埼玉県史　別編4　年表・系図』所収。

（4）『新編埼玉県史　別編4　年表・系図』所収。

（5）『新編埼玉県史　別編4　年表・系図』一〇―（一）所収。鎌倉時代末頃の人物と推定される家親の子に、天正十三年討死とされる元宅を記載する点、無理がある。浜中清一「伊予金子備後守元宅の活躍」（『新・金子十郎家忠物語』所収）もこの点を指摘し、「系図家忠の弟の近範と五代目の頼広の弟で親範とあるのを混同して…八百年前の家忠、近範の時代から四百年後の元宅が五代目となっているのは、ここに誤記があると思われる」とする。

（6）埼玉県。一九九一年二月刊。一、党家系図のうち（4）村山党、一〇―（一）金子系図、一〇―（二）金子系図、一一、金子系図（萩藩譜録）が掲載される。

（7）『新編埼玉県史　別編4　年表・系図』の解題によれば、武蔵七党系図の写本には数種類ある。本書では、同書所収の村山党の系図を基本に据え、他の写本を対照して考えてみたい。なお、『新・金子十郎家忠物語』所収の武蔵七党系図は、『埼玉叢書』所収のものである。参照されたい。

（8）『新編埼玉県史　別編4　年表・系図』所収。

（9）実名のわかる人物を掲出した。これ以外に金子氏では、金子太郎（建保元年五月四日条）、金子奥次（同年五月六日条）、金子右近将監（承久三年六月十八日条）、金子大倉太郎（同日条）、金子大倉六郎（同日条）、金子小太郎（同日条）、金子三郎（同日条）、金子平次左衛門尉（正嘉二年正月一日条）がいる。

（10）村山氏は、系図によれば、頼任・頼家・家継の三代だけで、家継の子孫は山口氏を称し、村山氏は継承されていない。

(11)猪俣党は、那珂郡猪俣村（美里町猪俣）から川に沿って東方の下流域に展開している（本書所収、拙稿「武蔵武士の系図について――その開発と展開を見る」）。また野与党は、系統によって分布する地域がまとまっており、さいたま市岩槻区には、渋江氏の一族が分布していた（拙稿「足立郡・埼玉郡の武蔵武士と伝承――さいたま市域を中心に――」『さいたま市アーカイブスセンター紀要』一号、二〇一七年三月）。

(12)注（1）参照。『新・金子十郎家忠物語』所収（二）。

(13)注（6）参照。『新編埼玉県史　別編4　年表・系図』所収一一。

(14)入間市博物館寄託。山口県萩市金子直祐氏所蔵。

(15)『新編埼玉県史　別編4　年表・系図』所収。『鎌倉遺文』第二十二巻一六〇五号。なお、鎌倉遺文研究会一九九八年七月十八日の例会で、黒田日出男氏が「文書としての系図」と題して報告している。その中でこの系図は、（5）相伝系図・相伝次第に分類されている。

(16)女子の注記に見える「出羽」を通称とする武士には、中条氏や二階堂氏があるが、「出羽二郎□□女」の意味を含めて未詳である。また、「長門」を通称とする武士には、この時期笠間長門守時朝の子孫があるが、こちらも未詳である。

(17)『新編埼玉県史　資料編5　中世1・古文書1』所収。『鎌倉遺文』第十九巻一四六四四号。

承久の乱に京方についた武蔵武士
——横山党の異端小野氏——

菊池紳一

はじめに

治承寿永の内乱から、鎌倉幕府の草創期を経て承久の乱に至るまでの武蔵武士の活躍や興亡については、『吾妻鏡』をはじめ『平家物語』『承久記』などに記述されており、その存在が鎌倉幕府を支える柱の一つであったことはよく知られている。このような武蔵武士の中で、横山党に系譜を引く小野盛綱とその甥時成は、承久の乱で京方に加わっており、武蔵武士の中でも特異な存在といってよいであろう。(1)

ところで、承久の乱で京方についた武士について触れたものには、上横手雅敬氏、田中実氏、福田豊彦氏などの論考がある。(2) 上横手氏は、在京御家人の幕府及び朝廷・貴族への二重の隷属関係を指摘し、京都守護の統率権の弱さの原因はこの点にあり、後鳥羽上皇は元久～承元年間にこうした在京する御家人を検非違使・西面の武士・北面の武士に編入して院の私兵化したとする。そして、これらの武士を中核とし、幕府に対する不平分子や偶然在京中に渦中に巻き込まれたものを含む軍勢を「烏合の衆」と評価し、「院が、幕府の御家人組織の不備の間隙を縫ってしか武士を動員し得ず、本質的には傭兵をしか動員し得なかった事は強調しておきたい」と述べる。田中氏は、承久の乱後の新補地頭を検出し、院領荘園の比率の高さから、在京御家人や北条氏に対し不平を抱く者、また畿内の非御家人の中には院領内の所職を与えられることを目的に接近する者があったことを指摘した。

福田氏は、この両氏の説を批判・発展させ、京方の武力の中核となったのは「院自身の武力組織である西面・北面などの武士、および院方公家と私的な関係にある侍たち」であり、院の彼らに対する給与形態の基本型は、「幕府の御家人に対して行った地頭職補任の形式による本領安堵・新恩給与という所領給与とは異なり、公家社会の伝統的な家人制と同様、官職位階への推薦の暗黙の了解であった」と述べ、承久の乱は、この二つの異質な主従制の対抗の結着という側面を持っていたと指摘する。

本稿では、まず横山党について考察し、ついで小野盛綱の一族の動向を考察し、両者の比較から、小野盛綱・時成が京方についた理由を考えてみたい。なお、横山党や、時成の父で盛綱の兄にあたる義成については、渡辺世祐・八代国治著『武蔵武士』に記述があり(3)、安田元久『武蔵の武士団——その成立と故地をさぐる』(4)でも触れられている。

一、横山党の系譜

横山党についての系図には、「武蔵七党系図」「小野氏系図〈横山〉」「小野系図」がある。「武蔵七党系図」で活字化されているものは、『続群書類従』第五輯上所収のものと『系図綜覧』下巻所収のものがあるが、前者は児玉党と村山党を載せるが横山党の系図は含まない。写本としては、内閣文庫、国会図書館、尊経閣文庫、静嘉堂文庫などに所蔵されているものがある。「小野氏系図〈横山〉」「小野系図」は、『続群書類従』第七輯上に収める「小野氏系図」（四編）のうちで、横山党の系図を載せる。(5)

これらの系図のうち、「小野系図」は、記載される人名・注記が最も詳細であり、他の系図とは系統を異にすると考えられる。他の系図は、罫線の引き方や注記から二つのグループに分けることができるが、(6)人名や注記に若干の相違が見られるだけであり、ほぼ同内容のものとみなすことができよう。

これらの系図によれば、横山党は小野篁の子孫で、孝泰が武蔵守に補任され、その子義孝が始めて横山に住して横山大夫と称したのに始まるという。しかし、小野篁の子保衡から資孝にかけての九代は、(7)他の史料によりその存在は確認できない。とすれば、系図・系譜等が作成される時、源平藤橘を始めとする中央の貴族に結びつけられる傾向が強いことは周知のことであろう。太田亮氏の主張する「武蔵国造の後裔説」が有力と考えられる。(8)すなわち太田氏は、元慶八年（八八四）七月十五日に正五位上に加階された式内社小野神社、(9)『和名抄』に見える小野郷、陽成天皇の御料の牧で、承平元年（九三一）十一月七日に勅旨牧となった小野牧に(10)注目し、「横山党は当国々造の一族にて、当郷々領なる大伴直から分かれた氏で、小野郷に住みて小野氏を称し、小野神社を創立し、而して又小野御牧の別当として横山の地に居を定めたものであろう」と述べる。

横山党についての史料上の初見は、『長秋記』永久元年（一一一三）三月四日条で、横山党が内記太郎を殺害したという理由で、横山党の二十余人を追討し進めるようにとの追討宣旨が常陸・相模・上野・下野・上総五ヶ国に下されている。(11)

この事件については、前記の「小野系図」（『続群書類従』第七輯上）にだけ記載がある。それは経兼の子隆兼の注記で「横山野大夫、従五位下、十九代、依打六条判官殿御代官愛甲内記平大夫、蒙十七ケ条之衾宣旨、而為近江国伊加磨菰先生守末大将軍、以東海道十五ケ国武士被責之、三年之間追帰、宣旨御使十七ケ度也、雖然、仰秩父権守重綱・三浦平太郎為次・鎌倉権五郎景政等被責之間、参京都無咎之由、六条判官殿蒙神妙之仰、給白弓袋・愛甲庄云々、」とある。この注記は後世のものであり、『長秋記』の記事と比べてみても、かなり誇大に表現され、平忠常の乱の影響も感じられ、信憑性に乏しいものである。横山党の六条判官（源為義）への臣従譚、あるいは愛甲庄領有譚としての性格を持っているといえよう。

また、この頃横山党はかなりの勢力を有していたとも考えられる。この系図に見える「愛甲内記大夫」という記述から、内記太郎が相模国愛甲庄と関わりを持っていた可能性もある。また、『長秋記』に見える「内記太郎」という記述から、国衙の書記を務める在庁官人であった可能性もあり、横山党は武蔵国司あるいは武蔵国衙と対立するか、武蔵国の国衙領支配をめぐる争いにまきこまれていたとも考えられる。(12)

二、横山党の分布

次に、横山党の勢力分布状況について見てみよう。【表Ⅰ】は横山党の中で名字の地が比定できるものを抜き出し表にしたものである。(13)

【表Ⅰ】横山党名字の地一覧（武蔵国は省いた）

番号	名字	名字の地	現在比定地	備考
1	横山	多摩郡横山庄	東京都八王子市館町付近	字殿入
2	椚田	多摩郡横山庄椚田郷	東京都八王子市椚田町付近	樟田とも書く

3	由木	多摩郡船木田庄由木郷	東京都八王子市下柚木	字殿ヶ谷戸
4	野部	多摩郡野辺村	東京都あきる野市野辺	野辺氏ヵ
5	藍原	多摩郡相原	東京都町田市相原町	粟飯原とも書く
6	山崎	多摩郡山崎郷	東京都町田市山崎町	
7	鳴瀬	多摩郡成瀬郷	東京都町田市成瀬	
8	宇津幾	多摩郡船木田庄宇津木	東京都八王子市宇津木町	
9	小山	多摩郡小山	東京都町田市小山	
10	中野	多摩郡中野郷	東京都中野区中野	
11	石川	久良岐郡平子郷石川村	神奈川県横浜市中区石川町	
12	平子	久良岐郡平子郷	神奈川県横浜市磯子区磯子町	
13	本目	久良岐郡本牧	神奈川県横浜市中区本牧町	
14	井田	橘樹郡井田	神奈川県川崎市中原区井田	
15	小倉	橘樹郡小倉	神奈川県横浜市港北区日吉町	
16	菅生	橘樹郡菅生郷	神奈川県川崎市宮前区菅生付近	
17	中条	幡羅郡中条保	埼玉県熊谷市上中条	八田氏の養子
18	大串	吉見郡大串郷	埼玉県比企郡吉見町大串	毘沙門堂
19	大屋	入間郡大屋原	埼玉県・不明	
20	矢古宇	足立郡矢古宇郷	埼玉県草加市谷古宇	八国府とも書く
21	川口	埼玉郡太田庄川口郷	埼玉県加須市川口	川口氏居館地
22	目黒	荏原郡目黒村	東京都目黒区目黒	
23	古郡	甲斐国都留郡古郡	山梨県	

24	室伏	甲斐国	山梨県東山梨郡牧口町室伏	
25	海老名	相模国海老名	神奈川県海老名市河原口	村上源氏と称す
26	糟谷	筑前国糟屋郡	福岡県	
27	愛甲	相模国愛甲庄	神奈川県厚木市愛甲	
28	古庄	相模国	神奈川県厚木市上・下古沢	
29	本間	相模国	神奈川県厚木市上依知	村上源氏と称す
30	荻野	相模国愛甲郡荻野郷	神奈川県厚木市上荻野・中荻野・下荻野	
31	田名	相模国高座郡田名郷	神奈川県相模原市田名	

小野義孝が居住した伝えられる横山は、『吾妻鏡』建保元年（一二一三）五月七日条には、和田義盛に与同した横山時兼の所領横山庄として見えており、横山氏代々の本領であった。この横山庄は、現在の八王子市街を中心に樟田（八王子市椚田町）、藍原（町田市相原）を含む一帯と考えられている。

この横山党の分布は大きく三つのグループに分けられ、一つは横山庄を中心に鎌倉街道秩父道に沿って分布し（1～7）、一つは相模国国分寺のあった海老名市国分付近から厚木市・伊勢原市にかけて古代の官道に沿って分布し（25～30）、いま一つは多摩川下流域から東京湾岸に分布している（11～16）。このうち第二のグループは、資孝・経兼の代に分かれた家であり、比較的早い時期に相模国北部に進出していったと考えられる。(14) また第三のグループは、時重・時広・時兼の代に分かれた家であり、おそらく鎌倉幕府成立後、新恩給与などにより、新しく所領を得た地域に進出したものであろう。(15)

また、横山孝兼の女が、秩父重弘・波多野遠義・梶原景清に、時重の女が、和田義盛・渋谷重国に嫁しており、河内源氏の勢力下にあって、武蔵国の秩父氏や南関東相模国の有力武士との結びつきが強かったことがわかる。

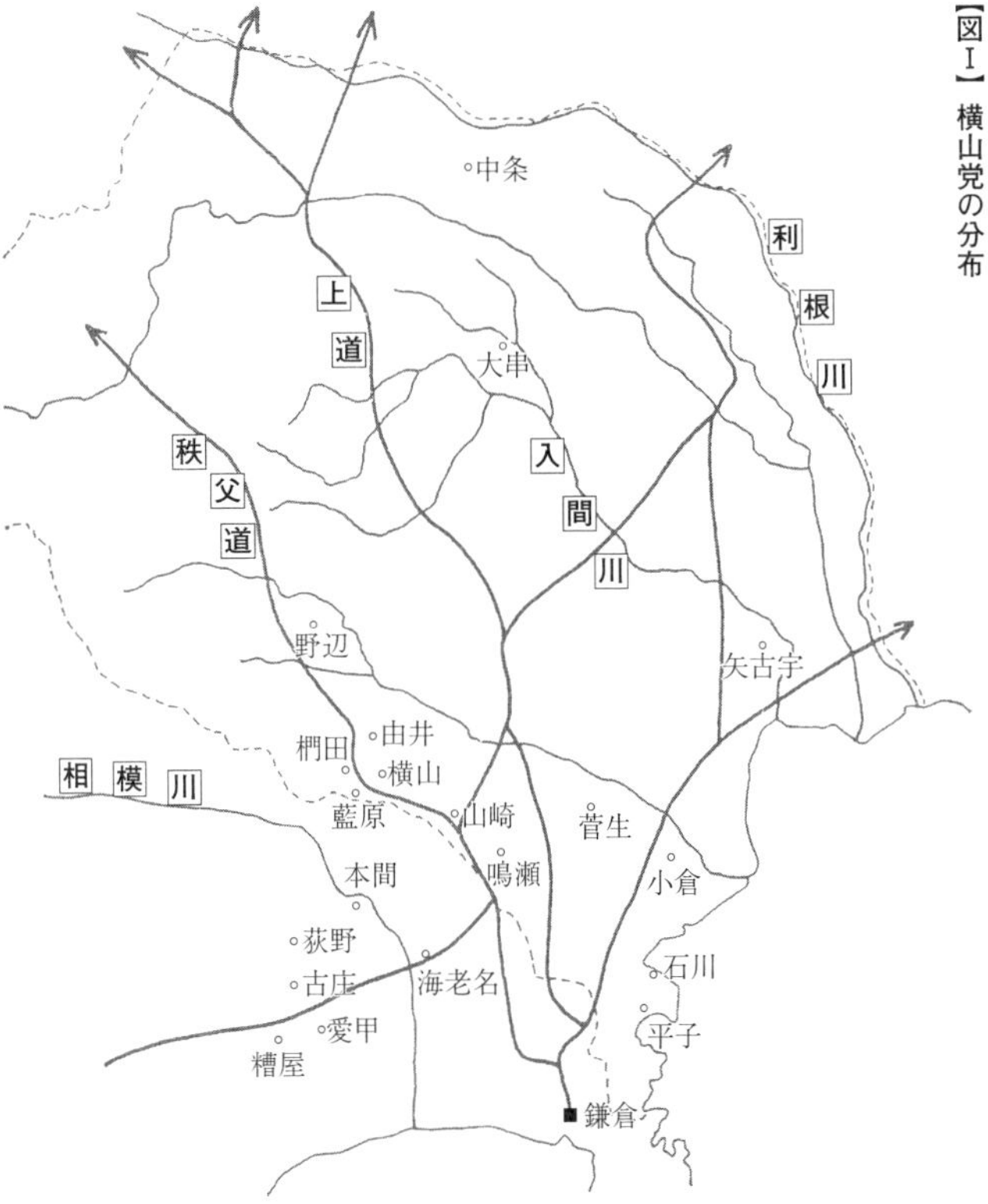

【図Ｉ】横山党の分布

このように、横山党は南方への進出がめざましい武士団であるが、一方、北方（現在の埼玉県域）に分布する家として、大串・中条・矢古宇（18〜21）の三氏がある。大串氏は横山経兼の孫、由木保経の子である孝保が、吉見郡大串郷に住して大串二郎と称したのに始まると伝える。[16]『吾妻鏡』『平家物語』には、大串次郎重親についての記事が見られるが、この重親は孝保の子重保の別名と伝える。[17]重親は、『平家物語』巻第九（宇治川先陣）に畠山重忠の烏帽子子として見え、『吾妻鏡』文治五年（一一八九）七月十九日条には、源頼朝の奥州進発の先陣を勤めた畠山重忠の従軍五騎の一人であった。同八月十日条には「重忠門客大串次郎」とあり、西木戸国衡を討ち取っている。秩父一族の畠山氏と密接な関係を持っていたことが知られる。大串への進出も畠山氏との関わりが推定される。(18) 秩父氏は、十二世紀初頭の浅間山噴火後の再開発に従事するため、重綱の時に秩父郡を離れて荒川右岸の鎌倉街道の要地に進出しているが、多摩郡の横山党の協力が垣間見られるのではなかろうか。(19)

中条氏は、「小野系図」(『続群書類従』第七輯上)では、小野成任(横山資隆の子、野三大夫)の子である成尋が「号中条義勝法橋、成(域カ)南寺修(執カ)行」と号したのに始めるとされる。(20) また『吾妻鏡』建久元年(一一九〇)二月十二日条に「中条義勝法橋」と記載される。しかし、『吾妻鏡』に登場する成尋の人名表記を見ると、十一ヶ所中「中条」と名字を付して記されるのはこの一ヶ所だけであり、中条氏の伝承に基づくものであろうか。一方、成尋の子家長は、『吾妻鏡』の初見である元暦元年(一一八四)二月五日条に「中条藤次家長」とあるのを始めとして、貞応元年(一二二二)正月八日条にかけて二十二ヶ所に登場するが、すべて名字(中条)を付して記される。「中興系図」(21)に「中条、藤姓、八田分流、出羽守家長これを称す」とあるように、家長の時に中条保に住して中条と称したと考えるのが妥当ではなかろうか。『尊卑分脈』では、家長は外祖父八田知家の養子となったとされ、「小野系図」(『続群書類従』第七輯上)では成尋の姉妹の注記に、「八田権守(宗綱)妻、宇都宮左衛門尉朝綱之母也、右大将家(源頼朝)御乳母也、近衛局・兵衛局也」(22)とあり、多少矛盾はあるが、いずれにしても、八田知家の養子になって中条と称したことは間違いない。(23) 八田(宇都宮)氏のこの地域への勢力浸透が見て取れよう。また、横山党と行動を共にしていないことも注目される。

矢古宇氏は、田屋師兼の子師能が「八国府五」と称したのに始まるというが、『吾妻鏡』には康元元年(一二五六）六月二日条に「矢古宇右衛門次郎」が見えるだけで、詳細は不明である。
その他、甲斐国に古郡・室伏両氏がおり、古郡氏は建保合戦（和田義盛の乱）の際、横山党の一員として義盛方についている。

三、横山党の動向

横山氏は、義孝のあと「資孝―経兼―孝兼―時重―時広―時兼」と継承されるが、このうち『吾妻鏡』に見える人物は、経兼・時広・時兼の三人である。経兼は『吾妻鏡』文治五年（一一八九）九月六日条に「康平五年九月、入道将軍家頼義獲貞任頸之時、為横山野大夫経兼之奉、以門客貞兼、請取件首、令郎従惟仲懸之」とあり、前九年の役に活躍した人物である。

その曾孫にあたる時広は、文治五年の奥州合戦に源頼朝に従い、経兼の例にならって、子の時兼とともに藤原泰衡の首を懸けている。(24)また時広は、建久元年、同六年の源頼朝の上洛にも供奉した。(25)佐藤進一によれば、文治元年前後、時広は但馬国守護であり、淡路国国分寺を所領とすることから、建久元年（一一九〇）～同四年前後、淡路国の守護であったと推定する。(26)

時広の子時兼は、寿永元年（一一八二）八月十三日源頼家誕生の際、源頼朝の命によって護刀を進上した七人のうちの一人であり、(27)文治五年の奥州合戦に従軍し、(28)翌建久元年には源頼朝の上洛に供奉した。(29)そして正治二年（一二〇〇）～建保元年（一二一三）は淡路国の守護であった。(30)

建保元年五月二日、和田義盛は北条義時を討つため挙兵した。(31)横山時兼以下の横山党は義盛に与した。これは時広の妹が義盛の妻であり、時兼の妹も義盛の子常盛の妻となるという姻戚関係によるものであった。しかし、その背景には、北条氏による武蔵国支配の浸透もあったことは見逃せない。(32)

義盛方に与した横山党の人々には、柳井・平山・粟飯原（藍原）・田名・岡・小山・ちみう（千与宇ヵ）・古郡・椚田・海老名・愛甲等の諸氏が見え、他に時広の女婿渋谷高重、時兼の女婿波多野三郎が加わっていた。しかし、戦いは和田方の敗北に終わり、時兼、古郡保忠は甲斐国に逃れ自害した。この戦いに加わった横山党の動向については明確ではないが、時重・時広二代から分かれた一族の多くが和田方として参戦し、それ以前に分かれた一族は和田方に与さなかったようである。(33)横山党が和田義盛に与同したと考えるよりは横山氏とその一族（一部）が和田義盛に与同したと考えた方がよいようである。

以上、横山党の系譜・分布・動向について考察してみた。横山党は、横山氏を中心にしてまとまった行動をする武士団ではなく、政治的にはそれぞれの利害によって行動を異にしていた。横山氏は、武蔵武士の中でも秩父一族、足立氏、比企氏などと同格の有力な氏族であり、「横山党」は、横山氏を中心に、同氏から分かれた一族のまとまりとして、外部から認識された文言（概念）と考えたい。

また、相模国の山内首藤氏、波多野氏のように、中央（京都朝廷や公家）との関係(34)を示すものは全く見られない。こうした横山党を出自とする小野氏が、なぜ承久の乱の際京方に与同したのか、次にこの点を考えてみたい。

四、小野氏の動向

まず、系図から確認したい。【系図Ⅰ】は「武蔵七党系図」から小野氏関係の人物を中心に抜粋したものであ

【系図Ⅰ】小野氏略系図（「小野氏系図」を元に、「党家系図（横山）」を参照した）

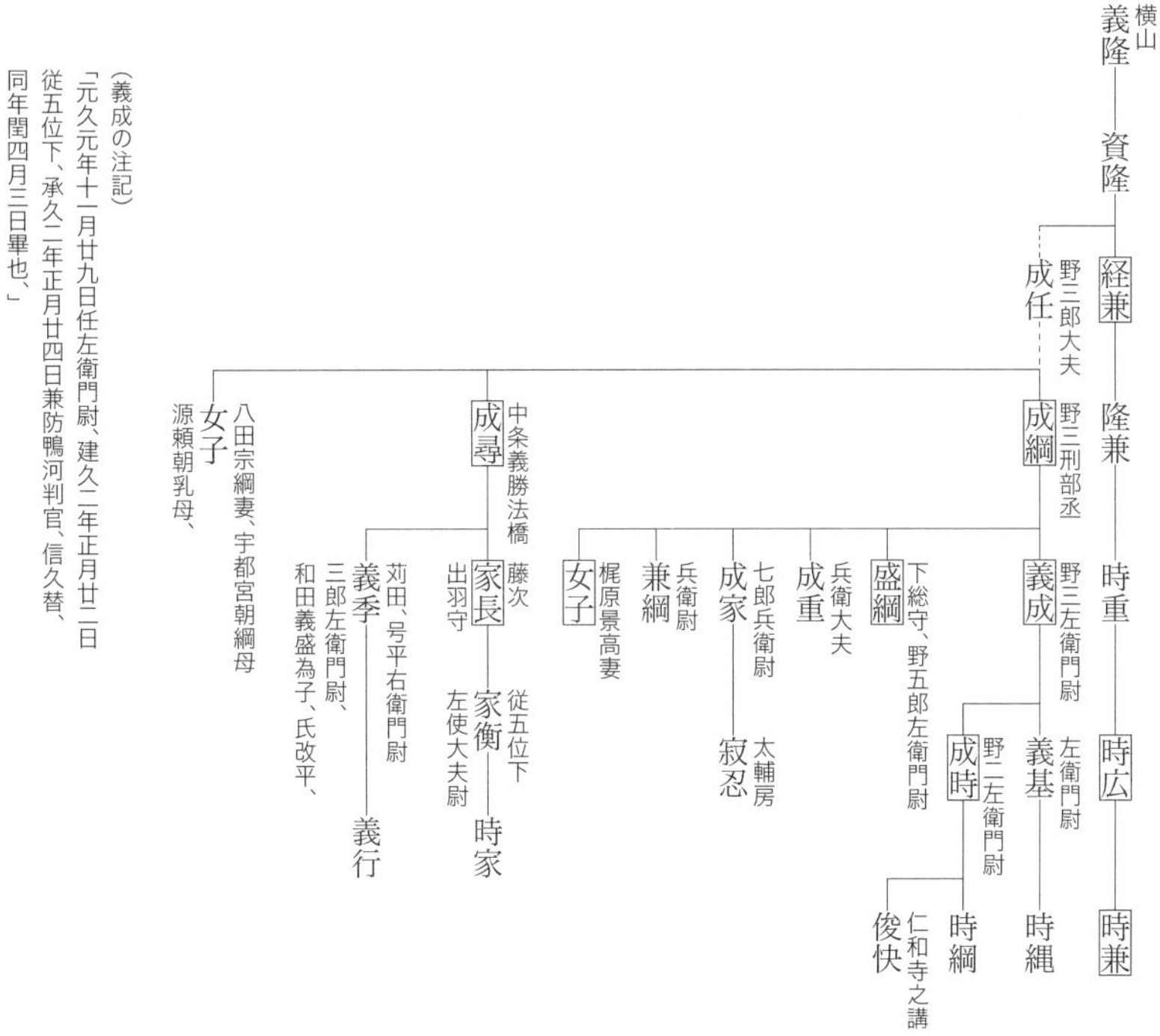

る。□で囲んである人物が『吾妻鏡』に所見のある者で、系図の一番右側の経兼～時兼が横山氏嫡流の代々である。前述したように経兼は前九年の役に活躍した人物である。この経兼の弟とされる成任（野三大夫）については、他の史料に所見がなく年代を確定できないが、その子とされる小野成綱は、『吾妻鏡』元暦元年（一一八四）十一月十四日条～建暦元年（一二一一）六月二十一日条に、義勝房成尋は同じく治承四年（一一八〇）八月二十日条～建久六年（一一九五）八月二十日条まで見えており、ほぼ横山時広と同世代の人物と推定される。とすれば、この系図は成任の前後に二～三世代の脱落があることになる。(35) 前述したように、秩父氏を中心とする十二世紀初頭の浅間山噴火後の再開発に従事するため、多摩郡の横山党の一族（小野氏や猪俣党）が、

幡羅郡や榛沢郡に移住したことを反映しているのではなかろうか。右記の系図や猪俣党系図を参照されたい。

小野成綱は、治承四年～文治元年（一一八〇～八五）の平氏との戦いにおける具体的な活躍は不明であるが、『吾妻鏡』元暦元年十一月十四日条に「左衛門尉（宇都宮）朝綱・刑部丞（小野）成綱已下宛賜所領於西国之輩多之、」とあり、勲功を挙げて西国に所領を宛行われ、刑部丞に任官していたことがわかる。[36]その所領の一つが阿波国麻殖保地頭職で、文治四年（一一八八）三月に麻殖保保司平康頼から乃貢の抑留を訴えられ、地頭職停止の院宣も下されている。しかし、地頭職は停止されず、同年八月源頼朝は「雖令領掌地頭職、不可相交領家方之旨」を成綱に命じている。[37]

源頼朝は、この時期、御家人統制の政策の一つとして、御家人の自由任官を禁止している。[38]ところが成綱は『吾妻鏡』元暦元年十一月十四日条から刑部丞として見えており、鎌倉政権成立以前から朝廷あるいは京都権門とのつながりを持っていたことが想定される。[39]

ちなみに横山党の一族で任官した武士をみてみると、左記【表Ⅱ】の五人が確認できる。このうち海老名季綱と平子有長は、文治元年四月十五日に自由任官という理由で源頼朝の叱責を受けた者である。他の三人は、時期から見て幕府の推挙を受けて任官した者たちであろう。なお、建久元年（一一九〇）十二月三十日には、自由任官という理由で中条家長が右馬允を解官されている。[40]

成綱は、文治元年の勝長寿院供養に随兵として参加し、[41]同三年八月の鶴岡八幡宮放生会では流鏑馬の的立役を勤め、[42]建久三年八月の源実朝誕生の際には護刀を献上し、[43]同年十一月の永福寺供養には随兵として従い、[44]同五年八月の源頼朝の日向山参詣にも供奉し、[45]同年十二月の永福寺新造薬師堂供養にも供奉している。[46]成綱は在鎌倉の御家人で、文治五年の奥州合戦に参戦した以外は、[47]鎌倉に住して活動していたものと思われる。

【表Ⅱ】

人名	官職	所見	備考
横山時広	出雲権守	文治五年七月十九日～建保元年七月二十日	『吾妻鏡』
横山時兼	右馬允	建保元年三月十九日～建保元年五月六日	『吾妻鏡』
海老名季綱	兵衛尉	文治元年四月十五日～建保元年五月六日	『吾妻鏡』
平子有長	右馬允	文治元年四月十五日～建久六年三月十日	『吾妻鏡』
古郡保忠	左衛門尉	建仁二年八月十五日～建保元年五月六日	『吾妻鏡』

建久六年、源頼朝は大檀那として東大寺供養に列席するため二度目の上洛をした。成綱もこれに供奉している。頼朝が鎌倉に下向する際、成綱は途中の尾張国萱津宿で守護として雑事を進めている。[48]この尾張国守護職は、成綱没後子の盛綱が継承し、承久の乱（承久三年）まで在職した。[49]成綱は、建久八年三月に行われた源頼朝の善光寺参詣に供奉するが、[50]その後の活動はわからない。その後、成綱は『吾妻鏡』建暦元年六月二十一日条に「故野三刑部丞成綱」と見えており、[51]これ以前に没したものと思われる。成綱は尾張国守護であり、西国に所領を宛行われるなど、この時期の武蔵武士の中では横山氏とともに破格の待遇を受けていたことが知られ、在鎌倉の御家人であった。

成綱の女は、梶原景高の妻となっており、正治二年（一二〇〇）正月に梶原景時の乱で夫が自害した後隠居していた。同年六月には北条政子に仕え、寵愛を受けた官女であったとして、故将軍（源頼朝）の時から領していた尾張国野間・内海以下の所領を安堵されている。[52]これらの所領は父成綱から譲与されたものと考えられる。

次に成綱の子義成の動向を見てみよう。義成の『吾妻鏡』における初見は、建久三年正月五日条である。御的始の射手の一人として「野三左衛門尉義成」とあり、すでに左衛門尉に任官している。父と同様源頼朝の推挙を受けずに補任された可能性が高い。(53) 鎌倉における義成の活動の終見は同書建久三年十一月二十五日であり、まもなく上洛したものと推定される。

源頼朝没後の正治元年二月十四日、小野義成・後藤基清・中原政経が謀叛の疑いにより、京都で捕らえられた。これが所謂三左衛門の乱である。(54) この企ては、義成以下三人が、頼朝の妹婿一条能保の子孫の勢力衰退を悲しんで、当時の権力者土御門通親の襲撃を計画したもので、後藤基清は一条家累代の家人であり、(55) 義成も一条家の家人であった可能性が高い。

その後、『明月記』元久二年（一二〇五）閏七月二十六日条によれば、小野義成が九条良経に、関東で北条時政が失脚したこと、平賀朝雅を追討すべき旨の命令が鎌倉から到着したことを伝えており、この時点ではまだ鎌倉の耳目として活動していたことが窺われる。同年十一月八日子の成時は牛童の喧嘩を収めており、同年月三十日の除目では、義成の子義基が右京進に、その弟兵衛尉成時が左衛門尉に補任されている。(56) 前述の刃傷沙汰を収めた功績であろう。

建永元年（一二〇六）九月二十七日、延暦寺の堂衆が蜂起した際には、義成は後藤基清とともに院御所を警固し、基清や子の成時らとともに院宣を奉じて法性寺北辺で謀叛人八島冠者を梟首した。そして、承元元年（一二〇七）正月十四日には藤原有範とともに従五位下に叙された。(57) 義成は、この前後から子成時とともに、後鳥羽上皇に接近していったとみられ、成時は承元元年正月三十日に院御所で行われた笠懸の射手を勤め、(58) 義成も院近臣藤原光親の指示のもと、検非違使として活動している。(59)

しかし、翌承元二年閏四月三日、義成は京都で没した。(60) 義成の略歴については【系図Ⅰ】小野氏略系図に示したように、「元久元年十一月廿九日任左衛門尉、建久二年正月廿二日従五位下、承久(元カ)二年正月廿四日兼防鴨河判官、信久替、同年閏四月三日畢也、」とある。

子成時は、同年八月鎌倉に下向し『吾妻鏡』に「故大夫判官義成嫡男左兵衛尉時成参上、譲得亡父遺跡也、於朝恩無異儀、関東御恩地同可蒙其旨之由申之、」とあり、(61) 成時は検非違使として朝廷に臣従して朝恩を受けるとともに、鎌倉の御家人でもある存在であった。朝廷と鎌倉殿と、二重の主従関係を結ぶ武士であったのである。『明月記』建保元年（一二一三）五月十五日条によれば、小野成時が九州の筑紫から上洛し、六波羅にいた大友能直を討たんとしているとの風聞が記されており、九州で在地支配をめぐる何らかの対立があった可能性がある。これについては『吾妻鏡』同年五月二十二日条に「又去十四日、故掃部頭親能入道猶子左衛門尉能直在六波羅家、三浦輩者依有外家之好、其身警固、夏野次郎左衛門尉盛時(大夫尉義盛子)、自筑紫上洛、欲討彼金吾、自院御禁制之間、無事云々、」とある。『明月記』と比較すると、「夏野」は「小野」の、「盛時」は「成時」、「義盛」は「義成」の誤記と考えられるが、後鳥羽上皇の命令で事無きを得ている。(62) また、同年八月には、西面衆の中に「野三左衛門尉」「野三左衛門子息」が見える。(63)

承久の乱が起きると、小野盛綱及びその甥成時は、後鳥羽上皇の召しに応じて京方に与同する。(64) 両者は各々官軍の一方の大将として戦うが、結果成時は宇治川の戦いで戦死し、盛綱は逃亡している。(65)

まとめ

横山党は、多摩丘陵から相模国北部・中央にかけて分布する武士団であり、波多野・渋谷・梶原・和田などの相模国の武士団と姻戚関係を結び、南方に勢力を伸ばしていた。横山氏は、守護に補任される存在であり、武蔵武士の中でも有力な氏族であったが、直接京都朝廷とのつながりは見られない。

これに対し、小野成綱は名字の地が明確ではなく、具体的な勲功は不明であるが、その賞として西国の九州や阿波国に新恩給与を受けている。この勲功とは何であろうか。それは成綱の弟成尋の行動から推測することができる。成尋は、以仁王挙兵の支援者である八条院との関わりが想定される人物で、すでに石橋山の合戦に頼朝に従軍した僧侶（武蔵武士）であった。おそらく成尋は、名字の地を持たず、僧体で京都—関東を自由に往来し、様々な情報を頼朝や八条院にもたらす役目を担う、いわば後世の悪党的な武士の一人であったと考えられる。鎌倉政権成立後は、奉行・使節・留守など、ほぼ京下りの官人と同じ仕事を担っている記事が散見する。

また成綱も早くから刑部丞に任官しており、京都朝廷と何らかのつながりがあったことが想定され、成尋同様、合戦における戦功よりも情報をもたらす存在として頼朝に奉公した御家人の一人であったと考えられる。この一族は、系図で成任の前後が不明（数代抜けている）なように、かなり早くから横山党から離れ、上洛して活動していたと思われる。

成綱の子義成もまた、建久年間上洛して、一条能保の家人となり、検非違使として、在京御家人として活動していた。後鳥羽上皇は、義成没後、その弟盛綱を下総守に、子成時を兵衛尉に任じて、院の武力の構成員として把握していったのである。

承久の乱後、尾張国の守護職は、一族の中条家長が継承し、その子孫に伝領された。おそらく他の所領の多くが中条氏に相伝されたと推定される。

注

（1）『承久記』によれば、承久の乱の際、京方についた武蔵武士としては、他に後鳥羽上皇の尋ねに対して、もし関東にあれば自分も北条義時に味方すると答えた児玉党の庄家定（児玉郡〈本庄市本庄付近〉）、後鳥羽上皇の幕府への要請に任せて、幕府の命で相撲人として上洛し、西面の武士となった大竹家任（相模国の糟谷氏の一族、太田亮『姓氏家系大辞典』によれば、足立郡大竹〈埼玉県川口市大竹〉を名字の地としたという）が知られるだけである。家定の場合はたまたま在京していたこと、家任の場合は西面の武士であったことが京方に加わった契機であった。

（2）上横手雅敬「六波羅探題の成立」（『ヒストリア』七号、一九五三年八月）、同「承久の乱の歴史的評価」（『史林』三九―一、一九五六年）、田中稔「承久京方武士の一考察」（『史学雑誌』六五編四号、一九五六年四月、のち『論集日本歴史4　鎌倉政権』所収、一九七六年二月、有隣堂）、福田豊彦「鎌倉初期二つの主従制――承久の乱における院方武力を中心として」（『北海道武蔵女子短大紀要』一、一九六九年三月）。

（3）有峰書店、一九七一年。同書では、義成の祖父成任を成田氏の祖とし、「成田太郎」と称したとするが、根拠が明確ではない。成田氏は、戦国時代永正四年の成立とされる「旅宿問答」や、これと親子あるいは兄弟関係といわれる「湘山星移集」（古典遺産の会編『室町軍記総覧』、岩沢愿彦「湘山星移集について」（『史学文学』三の四）では、御堂関白藤原道長の孫任隆が武蔵守になって下向し、幡羅郡に居住、幡羅太郎と称し、その曾孫助隆が成田に住し、成田と称したのに始まるという。一方、「成田系図」（『続群書類従』第六輯下所収、成田村龍淵寺所蔵、その後『新編埼玉県史』別編四に原本を底本に翻刻掲載された）や「別符系図」（『新編埼玉県史』別編四所収）では、謙徳公（藤原伊尹）の子孫とし、その孫忠基を祖としその四代目助高が幡羅郡に住し、成田大夫と称したとする。なお、「成田系図」の助高には「一云助隆」と注記がある。「助隆」と「助高」は異字同訓であり、この人物以降の系図は信頼できそうである。この一族に成田・別符・奈良・玉井・箱田氏等がいる。

（4）有隣新書二八。有隣堂、一九八四年十二月。

（5）「小野氏系図」「小野系図〈横山〉・〈猪俣〉」「小野系図」「小野氏系図」の四編。『群書解題』によれば、横山党関係の系図の底本は各々「諸家系図纂」巻二十三上所収のものという。『新編埼玉県史』別編四に収めた「党家系図」はこれを底本としている。以下使用する「武蔵七党系図」（横山党）はこれを指す。

（6）「党家系図」（尊経閣文庫蔵）及び安永八年書写の「武蔵七党系図」（横山党、内閣文庫蔵）は、系線の引き方が酷似しており、注記や追筆は後者のほうが詳しい。この二種の写本では、小野篁の注記に「仁寿三・二・廿二薨、五十一」とあるが、残りの「武蔵七党系図」の写本――国会図書館蔵本（甲山文庫旧蔵本）、尊経閣文庫蔵本、内閣文庫蔵本、国会図書館蔵本（村岡良弼所写本）、静嘉堂文庫蔵本（松井文庫本）――では共通して「仁寿三・二・廿二日薨、五十一歳」としており、系線の引き方も酷似している。微妙な相違ではあるが写本の系統が異なる可能性が高い。ただ、後者の中で国会図書館蔵本（甲山文庫旧蔵本）だけは系線に若干の相違が見られ、小野義成の弟盛綱は朱で書き加えられている。なお、『系図綜覧』下所載の「武蔵七党系図」（横山党）と「小野氏系図〈横山〉」（『続群書類従』第七輯上）とは、その原本となった系図の系線の引き方が確認できないが、ただこの二種は、注記から考えると前者のグループに含まれるようである。

（7）『系図綜覧』下所載の「武蔵七党系図」（横山党）では、「篁―保衡―忠範―義村―忠時―時仲―時季―孝泰―義孝―資孝―経兼」とし、他の系図でも「孝」を「隆」（同訓異字）とする違いはあるが、同様に記される。

（8）太田亮著『姓氏家系大辞典』（角川書店、一九六三年）横山の項。

（9）『日本三代実録』同日条。武蔵国一宮。多摩市一ノ宮所在。この神社は小野郷内にあったと推定されている。

（10）『日本紀略』延喜十七年（九一七）九月七日条では、陽成上皇の御料牧であったことが確認でき、承平元年（九三一）十一月七日の太政官符（『政治要略』二十三所収）で勅旨牧となり、小野諸興が別当に補されている。

（11）『長秋記』同日条（『新編埼玉県史』資料編4）に左記のように記される。

四日、横山党依殺害内記太郎、被下追罰（討カ）宣旨、左府（源俊房）仰云、頭弁（藤原実行）来仰、横山党廿余人、常陸・相模・上野・下野・上総五ケ国司、可追討討進之由、可宣下者、直雖下同弁、彼弁猶示可下大弁之由、依事道理左（召カ）右大弁（藤原長忠）下之、如此凶事必所下右弁官也、

(12) この事件について、野口実氏は『板東武士団の成立と発展』（弘生書林、一九八二年十二月）第四章の中で、この頃源氏に内紛が生じたため相模国の在地武士支配に弛緩化が見受けられるという観点から、内記太郎（平大夫）は源為義が愛甲庄に派遣した代官であり、同じ頃に起きた相模国目代殺害の犯人は横山党と推定され、相模国目代＝内記太郎の可能性が高いと述べている。しかし、追討の宣旨が横山党の本拠の所在する武蔵国に下されていない点、疑問が残る。

(13) 加藤功「中世東国武士団の一覧」（『武蔵野』五二―一）を参考に、太田亮『姓氏家系大辞典』を参照してまとめた。「武蔵七党系図」（横山党）には、この他に伊平・小野・小俣・樫生・沢田・田屋・千与宇・中村・野沢・野巻・平山・古市・古沢・的・室伏・山口・吉野等の名字が見えるが、確定できなかった。

(14) 海老名氏は、「海老名荻野系図」（『続群書類従』第五輯下）によると、村上源氏を出自としており、有兼の子季兼の注記に「海老名源太郎、相模守、改基兼、実武蔵横山新大夫小野盛兼養子、有兼無子、故養外孫季兼、今続其家」とあり、小野盛兼の子季兼が、外祖父村上源氏の海老名有兼の養子となって、海老名氏を嗣いだという。

(15) 【図Ⅰ】（横山党の分布）は、埼玉県立博物館新装開館記念特別展『武蔵武士』展示図録所載の地図を参考にして作成した。

(16) 「新編武蔵国風土記稿」は「大串次郎孝保と号す」と、「武蔵七党系図」（『系図綜覧』下）は「保経（由木六郎）―孝保（大串二郎）」、「小野氏系図〈横山〉」（『続群書類従』第七輯上）は、「隆兼―隆家（由木六郎）―隆保（大串野五、少代）―重保（次郎）」とする。

(17) 「新編武蔵国風土記稿」。

(18) 「武蔵七党系図」（横山党）には、横山孝兼の女に「秩父重弘妻」が見え、この女性は大串孝保の従兄弟にあたる。「小野系図」（『続群書類従』第七輯上）では、隆兼・隆家の姉妹に「秩父権守妻、秩父太郎大夫母也」と記される。秩父権守は重綱、秩父太郎大夫は重弘に比定される。二重の婚姻関係があったかどうか明確ではないが、いずれにしても、この両者の間に婚姻関係を含む密接な関係があったことは確かであろう。

(19) 拙稿「平姓秩父氏の性格――系図の検討を通して」（『埼玉地方史』六六号、二〇一二年十一月）を参照されたい。なお、横山党から分かれた猪俣党については、拙稿「武蔵武士の系図について――その開発と展開を見る」（本書所収）参照。

(20) この成尋の注記（一行目）は、成尋の右に記載される兼綱の注記とされているが、成尋の注記が誤って右に付されたものと考える。「宍戸系図」（『続群書類従』第五輯上）でも「義勝〈中条法印〉」とある。なお、「成南寺修行」は「城南寺執行」の誤記であろう。
(21) 太田亮『姓氏家系大辞典』中条の項。
(22) （ ）内は筆者が補った。
(23) 『吾妻鏡』建久六年正月六日条。
(24) 『吾妻鏡』文治五年九月六日条に「追件例、仰経兼曾孫小権守時広、時広以子息時兼、自景時手、令請取泰衡之首、召出郎従惟仲後胤七太広綱令懸之、」とある。
(25) 『吾妻鏡』建久元年十一月七日条、同六年三月十日条。
(26) 『鎌倉幕府守護制度の研究』（東京大学出版会、一九七一年六月）。伊藤邦彦『鎌倉幕府守護の基礎的研究【国別考証編】』（岩田書店、二〇一〇年四月）でも、横山時広の但馬国守護在任期間を文治元年〜建久五年前後、淡路国守護在任期間を建久元年〜同四年前後としている。
(27) 『吾妻鏡』同日条。
(28) 『吾妻鏡』文治五年九月六日条。
(29) 『吾妻鏡』建久元年十一月七日条。
(30) 佐藤進一『鎌倉幕府守護制度の研究』（東京大学出版会、一九七一年六月）・伊藤邦彦『鎌倉幕府守護の基礎的研究【国別考証編】』（岩田書店、二〇一〇年四月）。
(31) 以下の叙述は、『吾妻鏡』建保元年五月二日条、同三日条、同四日条、同五日条による。
(32) 拙稿「武蔵国留守所惣検校職の再検討――『吾妻鏡』を読み直す」（『鎌倉遺文研究』二五号、二〇一〇年四月）を参照されたい。
(33) 「武蔵七党系図」（横山）では、時重の弟古郡忠重の孫経忠・保忠兄弟、時広の弟樟田（椚田）重兼の子広重、時兼の弟田名二郎広季、時兼の甥平山五郎時宗の注に和田方として討死したことが見える。愛甲氏では、愛甲小太郎、愛甲季通の二人に和田方の注がある。
(34) 野口実『板東武士団の成立と発展』第二章第三節では、この両氏が源氏及び中央権力（朝廷）の両方と結びついていたことを指摘している。
(35)系図は破線で示した。『吾妻鏡人名索引』（吉川弘文館、）では、文治元年（一一八五）十月二十四日条に見える「横山野三」を成任に比定するが、成綱の通称も「野三刑部丞」であり、成綱に比定するのが妥当であろう。なお、同系図によれば、横山経兼・成任の弟忠兼の注に「奥州追討抽大功」とあり、その曾孫愛甲季隆の注に「畠山重忠討取」、季隆の子季通の注に「建暦和田方」とある。ここからも二～三世代脱落があると見て取れる。
(36)『明月記』建保元年（一二一三）五月十五日条によれば、成綱の孫義成が九州の筑紫より上洛しており、九州に所領があったものと考えられる。
(37)『吾妻鏡』文治四年三月十四日条、同年八月二十日条。『吾妻鏡』文治二年閏七月二十二日条によると、元平家の家人平康頼は、源頼朝の父義朝の墓を供養した功により、麻殖保保司職に補任されている。麻殖保は、内裏寮済物運上地であり、建久二年十月日の長講堂領所領注文（島田文書、『鎌倉遺文』五五六号）には「麻殖御領」と見える。
(38)『吾妻鏡』文治元年四月十五日条。青山幹哉「王朝官職からみる鎌倉幕府の秩序」（『年報中世史研究』一〇号、一九八五年）参照。
(39)「小野系図」（『続群書類従』第七輯上）によれば、成綱の弟成尋の注に「成南寺修行」とある。この「成南寺」が城南寺（安楽寿院）だとすれば、八条院（鳥羽皇女、暲子内親王）との関係が推定される。
(40)『吾妻鏡』建久二年正月二十四日条。
(41)『吾妻鏡』文治元年十月二十四日条。
(42)『吾妻鏡』文治三年八月十五日条。
(43)『吾妻鏡』建久三年八月九日条。
(44)『吾妻鏡』建久三年十一月二十六日条。
(45)『吾妻鏡』建久五年八月八日条。
(46)『吾妻鏡』建久五年十二月二十六日条。
(47)『吾妻鏡』文治五年七月十九日条。
(48)『吾妻鏡』建久六年三月十日、同年五月二日、同年六月二十九日の各条。

(49) 佐藤進一『鎌倉幕府守護制度の研究』（東京大学出版会、一九七一年六月）、伊藤邦彦『鎌倉幕府守護の基礎的研究【国別考証編】』（岩田書店、二〇一〇年四月）。伊藤氏は、盛綱の前に、その兄義成の在職を推定している。盛綱が承久の乱で京方についたため、尾張国守護は没収され、同族の中条家長に与えられた。

(50) 「源頼朝善光寺参詣日記」（相良家文書）。

(51) 「三昧荘雑掌殺害之男露顕、被召禁之、故野三刑部丞成綱所従也、主人他界之後、横行所々云々、仍地頭代令安堵本宅云々、」とある。

(52) 『吾妻鏡』正治二年六月二十九日条。野間庄は内海庄とともに知多半島に所在し、安楽寿院領及び長講堂領であった。庄内には、頼朝の父義朝の墓が所在した。

(53) 姉妹の嫁いだ梶原氏の持つ京都周辺へのネットワークも考慮する必要もあろう。梶原景時の乱後のこの一族の行動を規定した可能性もある。

(54) 『大日本史料』第四編之六（同日条）参照。

(55) 上横手雅敬『日本中世政治史研究』（塙書房、一九七〇年五月）第二章第二節参照。

(56) 『明月記』同日条。なお、『吾妻鏡』等では成時を時成と表記する場合も散見するが、本稿では表記を成時に統一した。

(57) 『明月記』建永元年九月十四日、二十五日、二十七日、十月一日、同八日、十一月十日、承元元年正月十四日の各条参照。「不知記」建永元年九月二十七日条（『大日本史料』）、「仲資王記」建永元年十月八日条にも関連記事がある。

(58) 『明月記』同日条。

(59) 『明月記』承元元年四月二十三日条。

(60) 『吾妻鏡』同日条に「三日壬申、陰、防鴨河使判官従五位下行左衛門少尉小野朝臣義成卒、于時在京、」とある。また『明月記』同日条には「三日、天晴、天明退出、人々云、検非違使義成、時行、死去了云々、」とある。

(61) 『吾妻鏡』同年八月二十日条。

(62) 『吾妻鏡』の記事は、『明月記』の記事と比較すると、後者をもとに作成されたことは明白であるが、最後の後鳥羽上皇の命令によって事無きを得たという記述は後者には見えず、『吾妻鏡』編者の付可と考えられる。

（63）「華頂要略」第七十権僧正公円項（『大日本史料』）。この両名は、名称から小野義成とその子成時に比定されるが、義成はすでに没しており、盛綱と成時に比定すべきであろうか。
（64）『承久記』では、中条下総守盛綱・中条弥二郎左衛門尉とする。
（65）『吾妻鏡』承久三年六月十四日、十五日の各条。

（※本稿は、『埼玉地方史』二〇号（一九八七年）に掲載した拙稿「承久の乱に京方についた武蔵武士——横山党の異端小野氏」に加筆・訂正したものである。）

第四部◉武蔵型板碑と鎌倉街道

武士名を刻む板碑

磯野治司

はじめに

板碑とは礼拝の対象である仏菩薩を塔身上部に置き、一材で一観面を原則とする「率都婆」である。その性格は故人の追善供養や自身の逆修供養を目的とする作善の装置であり、時に墳墓標識としての機能を兼ね備えていた。近年、平安時代に遡る木製板碑が出土し、板碑が特定の時期や材質に限定されないことが明らかとなったが、(1)一般には鎌倉時代中期から戦国時代にかけて全国で造立された石造品を指している。出現期からおよそ十四世紀半ばまでの造立主体は武士階層であり、板碑は仏像や梵鐘、経塚等と同様に武士の信仰に迫る重要な考古資料であるといえよう。

こうした板碑に対する人々の関心は近世後期には顕著で、地誌や随筆では数多くの板碑が紹介されている。中でも松平定信編の『集古十種』では約四十基が拓本で、齋藤鶴磯の『武蔵野話』では三十二基が図示されている他、官選の『新編武蔵風土記稿』（以下『新記』と略す）に至っては実に約四〇〇ヶ所以上に記載があり、板碑がいかに文人等の興味の対象であったかを知ることができる。

とくに彼等の注目を集めた板碑は、武蔵武士等の人名を刻んだ板碑であった。例えば『新記』入間郡の「北浅羽村」のうち、「満福寺」の項では「浅羽小太夫有道行成」銘を有する徳治二年（一三〇七）銘板碑に、また高麗郡の「佛子村」では宮岡家墓所に所在する建長五年（一二五三）銘板碑の「平高治」銘に着目している。こうした板碑の記録には精粗はあるものの、多くが銘文の判読に熱心であり、現在でも参考となるばかりか、失われた板碑の欠を補う記録としても重要である。

その後、武士名を刻んだ板碑は昭和初期の真贋論争を経て評価が定まっていくが、もとよりこうした板碑は資料全体からみれば極めて限られたものであり、特異な存在というべきである。このため、個別的に検討の俎上に載ることはあっても、これらを総括する試みはなされてこなかった。

そこで、小稿では武士名を刻む武蔵国内の板碑を検証し、板碑と武士の関係やその宗教的背景について基礎的な整理を行いたい。

一、研究小史

武士名を刻む板碑の検討は大正から昭和初期に展開した真贋論争に始まる。その渦中となった板碑は当時の東京都東村山村八国山所在の元弘三年（一三三三）銘板碑と群馬県尾島町所在の康永元年（一三三八）銘板碑の二基である。(2)

前者の元弘三年銘板碑は冒頭に触れた『集古十種』や『武蔵野話』にも掲載され、新田義貞の鎌倉攻めを証する板碑として著名なものであった。巷間ではかねてより偽物との疑いがもたれていたが、沼田頼輔は大正二年の「武蔵国東村山村元弘板碑考」において六点の疑義を綿密に反証し、偽物説を一蹴している。[3] その際の論点は①板碑の形式、②種子・銘文の書体、③人名の表記法、④紀年銘の整合性、⑤銘文と文献との整合性等で、いずれも資料批判の視点を明確に示すものであった。

その結果、本板碑は翌年に国宝の指定を受けたが、昭和五年、江戸研究家として名高い三田村鳶魚が『日本及び日本人』誌上[4]において再び疑義を呈すると、すぐさま三輪善之助、服部清五郎といった気鋭の板碑研究者の反論を受け、懐疑論は沈静化している。三田村の疑問は時宗僧と想定される勧進の玖阿弥陀仏と執筆の遍阿弥陀仏が、名号ではなく光明真言を板碑に採用している点にあった。この信仰に関る問題に対し、服部は光明真言の字体の同時代性、[5]三輪は阿号と光明真言の併存事例から肯定説を述べ、[6]同時代の板碑との比較によって論証する方法を示している。

また、後者の康永元年銘板碑は昭和九年、東京帝室博物館の「建武中興六百年記念展覧会」において陳列されたところ、「眞僞賛否の諸説が観覧者から提出せられた」[7]という。その塔身に刻まれた「前刑部卿／源義助／生年四十二／逝去」という新田義貞の弟、脇屋義助の銘が物議を醸したのである【図Ⅰ】。

この板碑をめぐる論争は『考古学雑誌』を舞台とし、昭和九年七月の二四巻七号において沼田頼輔、中島利一郎、服部清五郎の三者が肯定論を述べ、[8]続く同巻九号において丸山瓦全、稲村坦元、中郷敏夫の三者がこれに反論するという物々しさであった。[9]

肯定論者の沼田は、①発見地域周辺における贋作の存在、②光明真言が後刻、③義助の年齢が兄と同じ、④

【図Ⅰ】源義助板碑（太田市明王院蔵）

「逝去」銘の事例がない、⑤北朝年号の使用、等の否定の根拠に対して元弘板碑と同様に一々反証し、これらの根拠を皮相的な観察による誤見としている。また、服部は①書風、②書体、③鏨刻法、④碑面構成、等の属性について検証し、本板碑が真正であることを実証的に主張した。これに対し、否定論者の見解の脆弱さは否めず、結局、当時『板碑概説』の刊行によって斯界の権威となりつつあった服部が再び「源義助板碑否定論者に問ふ（一）（二）」[10]を発表し、論争は終結を迎えている。

　これら一連の論争は、武士名を刻む板碑が真正か否かという興味に端を発していたが、その検討を通じて板碑を評価する視点が明確化したことは成果であった。とくに板碑の形態および銘文内容の検討は、文献史料における外的批判と内的批判に相当し、板碑の資料批判の実践例として学史的にも意義を有する。

　一方、この時期に武士名を刻む板碑そのものの重要性を指摘したのは三輪善之助と稲村坦元である。三輪は所沢市来迎寺の建長八年（一二五六）銘板碑に「右衛門尉丹治康家」銘を発見し、入間市円照寺の板碑群にみる丹治姓の人名ともども「武蔵七党系図」の人名に比定できることを指摘し、歴史史料としての金石文の有用性を説いた。[11]

また、稲村は「史料としての青石塔婆」において武士名をはじめ、比較的銘文が豊富な既知の資料を取り上げ、仏教文学および文献史料として「偉大な効験あるもの」を含むとしてその重要性を指摘している。(12)

その後、板碑と武士との関係は千々和實が板碑の起源を論じる中で着実に認知されていったが、具体的な銘文の検討を通じてこれを明らかにしたのは千々和到である。(13)千々和は昭和四十八年、「東国における仏教の中世的展開」において加治氏および小代氏関係の板碑の銘文を詳細に検討し、武士が板碑の発生に大きく関与し、以後十四世紀半ばまでの造立主体であったことを明らかにした。(14)とりわけ、板碑造立という行為が武士の一族の紐帯を強め、これを確認する上でも重要な役割を果たしていたという政治的側面について指摘している。

また近年、諸岡勝は「武蔵武士と板碑」の中で、初期の板碑生産においては石材の調達を古墳の石室や石棺の材に求めていたことを実証し、その造立に武蔵武士が深く関わっていたことを論じている。さらに埼玉県内の武蔵武士およびこれに関連する板碑四十四基を一覧化して研究の便を図った。(15)

以上のように武士名を刻む板碑は、江戸時代の資料探索から昭和初期の真贋論争を経て、近年では武士による板碑造立の実態に関心が向けられるようになってきたのである。

二、武士名を刻む板碑

（一）武士名を刻む板碑の概観

板碑に刻まれた武士名にはいくつかの類型がある。一つは直接的に武士名を刻むもの（①）、二つ目は武士の官途名等を刻むもの（②）、三つ目は武士を類推させる銘を刻むもの（③）である。また、武士が出家の際に授か

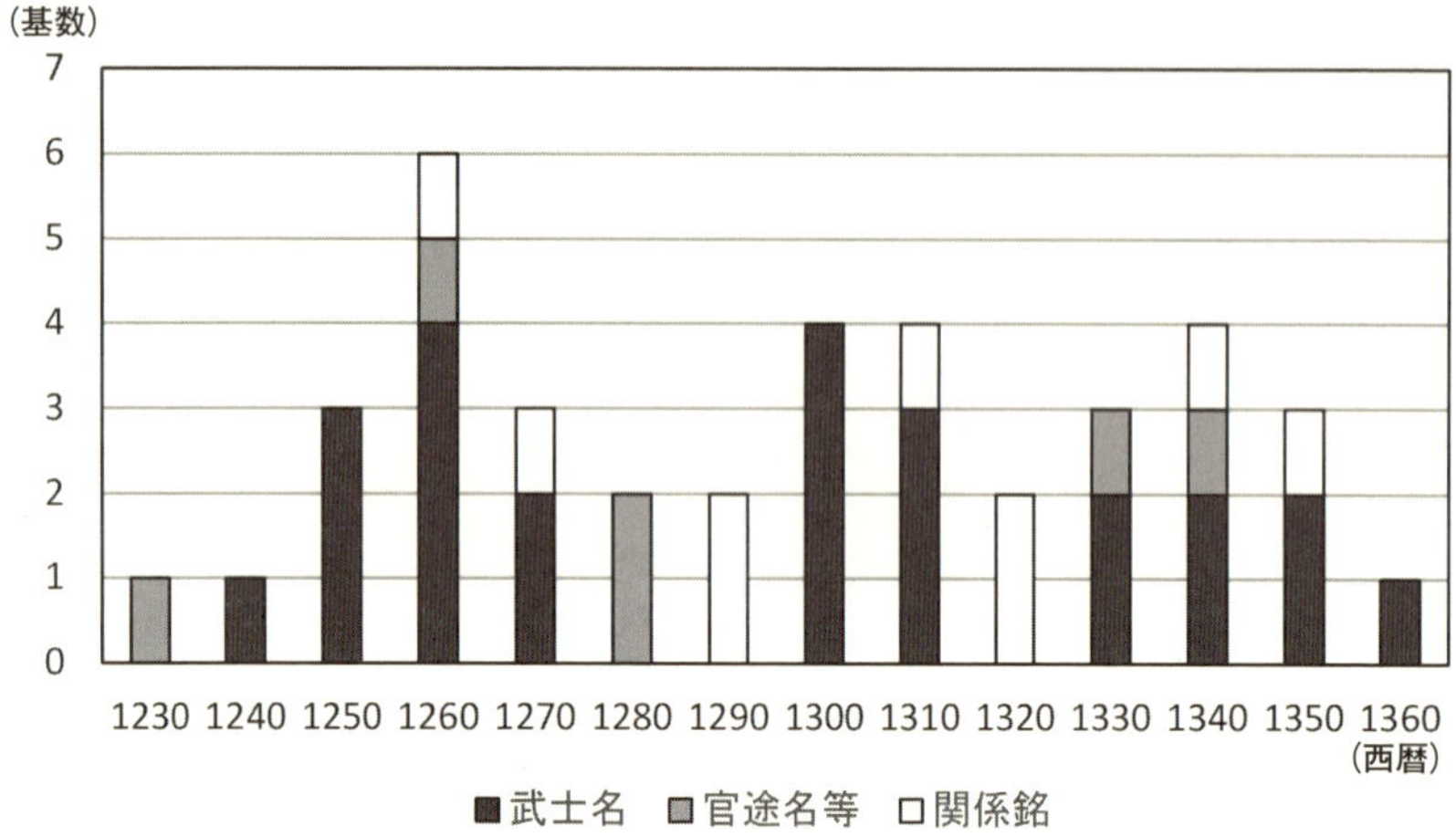

【図Ⅱ】武士名板碑の年代分布

る法名も武士名には違いないが、他の法名との峻別は難しい。小稿でいう武士名とは狭義には①を指し、②・③を含めることとしたい。

武蔵国内の板碑のうち、こうした武士名を刻む板碑（①）は二十五基を数え、②・③を加えても四十二基である【稿末の別表参照】。その造立傾向は【図Ⅱ】に示すとおり、戦国期のものを除けば板碑出現期の一二三〇年代から一三六〇年代までの約一四〇年間に限られている。

初見は行田市佐間旧在の嘉禎二年（一二三六）銘板碑で、「右為父母現当也／左近将監　敬白」と施主銘に官途名を刻んでおり、[16]左近将監が父母の逆修供養のために造立したものである【図Ⅲ】。

その後、一二六〇年代に造立のピークがあり、若干の低調期を置いて一三〇〇～一三二〇年代と一三四〇年代に二度の小さなピークを迎えて終焉している。第一のピークと第二のピークの間には明らかな減少が認められ、武士名を刻銘することの意識に変化が生じたことを推測させる。

なお、最新の紀年銘を有するものは東京都国立市谷保天満宮所蔵の延文三年銘（一三六〇）板碑で、「津戸勘解由右衛／門尉菅原規継／子剋死去／沙弥道継」の銘がある。後述するように被供養者名を［名字＋官途名＋本姓＋諱］で華々しく表現し、死没の時刻を併記する興味深い板碑である。

ところで、武士名等を刻む板碑は押しなべて大型で、十三世紀代の十二基の高さの平均は一六四・三cm、一四世紀前半代の八基では一九三・一cmとなる。それぞれ同時期の板碑全体の平均は前者で一一〇・四cm、後者で九〇・四cmであることから、[17] 武士が造立した板碑はいずれも平均値を大きく上回っており、その経済的優位性を物語る。また、それぞれの平均値の格差から武士よりも低い階層が板碑造立に関わっていたこと、さらに全体の平均値の低下から十四世紀代には造立階層がさらに下降してく傾向も同時に看取できるであろう。

【図Ⅲ】嘉禎二年銘板碑銘文

では、次に武蔵七党等に代表される武士名を刻む板碑を取り上げ、個々に検証していきたい。

（二）武士名を刻む板碑の事例

ここでは武士名を刻む鎌倉期の板碑十基を検証する。その多くは周知の板碑であり、すでに幾度かの検討を経たものを含むが、先の真贋論争や千々和等の研究を経た板碑は対象からはずした。

①入間市宮岡家墓地建長五年（一二五三）銘板碑

本板碑は埼玉県入間市仏子の宮岡家墓地に所在し、入間市指定考古資料である。前述のとおり『新記』に紹介されており、その記述によると、当時この墓地には本板碑と至近の高正寺に現存する建長二年銘

【図Ⅳ】宮岡家建長五年銘板碑

キリーク
サ
サク

右志者為平高□
往生安樂也
大戈
建長五年十二月　日
关ヲ
諸孝子敬白

板碑とが並立していたことがわかる。

形態は典型的な武蔵型を呈し、頭部がとくに尖頂である。規模は高さ一一五㎝、最大幅五〇㎝、厚さ五・五㎝である。塔の上半にキリークａ類、サ、サクの阿弥陀三尊が位置し、横位の沈線を挟んで以下に銘文を配し、一線により聖域と俗域を区分しているのが特徴である【図Ⅳ】。

銘文は中央に紀年、向かって右列に願文、左列に施主で構成し、『新記』では「建長五年〈大戈关ヲ〉右志者為平高治往生安樂也、諸□敬白」と判読している。現在は磨滅により判読が困難であるが、ほぼ全文が判読できる。ただし『新記』で読んだ「高治」の「治」は不明瞭で、「氵」のみが残る。

武士名は願文中の被供養者にあたる「平高□」で、[本姓＋諱]で表現される。紀年よりも小文字で彫りも浅いが、字体及び彫刻のあり方に問題は認められない。したがって、本板碑は諸孝子、つまり平高□の子息等が父であろう高□の追善供養のために造立したものと考えられる。

板碑の所在する入間市仏子は村山党金子氏の本貫地であり、至近の高正寺は金子氏の菩提寺であると伝えている。村山党は平頼任が村山氏を名乗ったのが始まりとされ、その孫の家範が金子を名乗るため、平姓は矛盾しない。残念ながら「金子系図」等に「高治」の名は見えないが、家範の子に「高範」、孫に「家高」、家高の子に「重高」と「高」の字が多いことから、被供養者及び施主は金子氏の一族の可能性が高いと考えられる。

②ときがわ町慈光寺弘長二年（一二六二）銘板碑

本板碑は埼玉県ときがわ町の慈光寺境内に所在する。慈光寺は参道の山門跡に十四世紀代の端正な板碑九基が立ち並び、板碑の立つ景観として広く知られているが、本板碑も近世後期にはこの場に所在していたという。現在は大きく破損しているため、緑泥片岩の板石に嵌め込まれるように復元されている。

形態は典型的な武蔵型を呈し、頭部が尖頂である。規模は全長約二八〇cm、最大幅七二cm、厚さ九・〇cmで、慈光寺山内でも最大級の大きさである【図V】。塔の上半にキリークb類の阿弥陀一尊を置き、以下に「光明遍

【図V】慈光寺弘長二年銘板碑（石井一九七四より）

「重忠」　光明遍照
左衛門尉
十方世界
キリーク　弘長二年三月日敬白
念仏衆生
平行直
「秩父六良」　摂取不捨

照」偈（観無量寿経真身観）を四行で配し、以下の中央に「弘長二年三月　日敬白」と紀年銘を、その左右に「左衛門尉」「平行直」と施主名を刻む。上方から下方へと聖性の度合いに応じた銘文構成をとる。なお、主尊の左には「秩父六良」、右に「重忠」と楷書体の文字を刻むが、草書体と行書体を織り交ぜた他の銘文と異なり、[18]明らかに後刻である。

武士名は単独で［官途名＋本姓＋諱］で表現する。紀年銘よりもやや小文字で刻まれ、字体及び彫刻のあり方に問題は認められない。ただし、紀年銘下の「敬白」が小文字であるとともに窮屈な配置となっており、その点は不自然である。このため武士名は後刻ではないが、製作途上で追刻した可能性があろう。「平行直」は「敬白」を刻むことから、板碑造立に際する施主名と考えるのが妥当である。

なお、「平行直」は先行研究で勝行直に比定されており、[19]「武蔵七党系図」によれば、行直は村山党の庶流右馬允直家の孫で、左衛門尉勝頼高の猶子となっている。

勝氏は武蔵国勝呂郷を本貫地とした一族で、十四世紀には現坂戸市の塚越・石井地区を中心に名号板碑を主体的に造立したことで知られている。行直がこれらに先行し、慈光寺山内に本板碑を造立した趣旨は明確でないが、山内における何らかの宗教的儀礼において本板碑を造立し、自らの名を刻んだものと思われる。

③加須市内田ヶ谷大福寺文永四年（一二六七）銘板碑

本板碑は埼玉県加須市内田ヶ谷の大福寺境内に所在する。現在は古さで在銘第五位の天福二年（一二三四）銘板碑とともに立ち並ぶが、以前は集落内の岡家に所在していたという。大福寺は真言宗智山派で、寺伝では野与党道智氏の一族である多賀谷氏の居館跡に建立されたと伝える。

残念ながら板碑の主尊以上は欠失しており、規模は現存高一四〇cm、最大幅五六cm、厚さ九・五cmである。主尊の下位に「願以此功徳」偈（法華経化城喩品）を塔身の左右に二行ずつ、中央に紀年銘を刻み、偈の外側には小文字で「小長谷守直」「□阿弥陀仏」と俗名・阿弥陀仏号を配する【図Ⅵ】。さらに下位には僧名・俗名の交名十数名を五行で刻んでおり、結衆十数名によって造立された逆修板碑である。

交名の右から三、四行目は作為的に削り取られた痕跡があり、全文を判読することはできない。一行目は「僧行圓願阿弥陀仏伴太入道平守友」、二行目は「僧□範真光房西蓮源三郎入道」、三行目は「［　　］圓□　弁陀仏」、四行目は「□阿弥陀仏□阿弥陀仏草加

【図Ⅵ】大福寺文永四年銘板碑（騎西町教委一九九九より）

□阿弥陀仏
願以此功徳普及一切
（欠損）文永亖年丁卯五月　日
我等与衆生皆共成仏道
小長谷守直

僧行圓願阿弥陀仏伴太入道平守友
僧□範真光房西蓮源三郎入道
［　　］圓□　　并陀仏
□阿弥陀仏□阿弥陀仏草加部宗光
僧光念僧論学甲斐殿　敬白

部宗光」、五行目は「僧光念僧論学甲斐殿　敬白」とある。[20]上位に僧名・阿弥陀仏号、下位に入道名、俗名、官途名を配しており、聖性の序列に従っている。また、中央下端の「弁陀仏」は類例を知らないが、「陀仏」は南無阿弥陀仏を唱えて往生する意であり、転じて死者を指すものと思われる。交名に刻まれた生者とともに、その他聖霊の供養を意図したものと考えておきたい。

なお、偈の外側に配された「小長谷守直」「□阿弥陀仏」は偈の領域に配され、聖性の序列に反する点で特異である。交名両端の軸線上に位置している点、阿号や「守」等の筆跡が交名と一致する点から追刻ではない。おそらく両名は結衆者にとって崇敬すべき故人であり、交名とは区別して刻んだものであろう。

武士名はこの「小長谷守直」と交名中の「平守友」「源三郎」「草加部宗光」で、［本姓＋諱］または［本姓＋通称］で表現している。この他に官途名の「甲斐殿」を認めるが、いずれも当地との関係性は不明である。

結衆板碑としては極初期の事例となるが、同時期の結衆板碑である行田市観福寺の文永二年銘板碑【別表―6】と同様、阿弥陀仏号や本姓の異なる武士が結衆しており。[21]両者の関係やこれらを束ねていた宗教的母体等、問題の多い板碑である。

④加須市牛重妙光寺文永六年（一二六九）銘板碑

本板碑は加須市牛重の妙光寺境内に所在する。妙光寺は市川市中山法華経寺の末寺で、日英上人が応永元年（一三九四）に開山した「種足講演御堂」を前身とするが、これは板碑造立後のことである。

板碑の規模は高さ一八五cm、最大幅三六cm、厚さ六cmでほぼ完存するが、種子の上部で二分断する。主尊は不動種子のカーンが蓮座に載り、「ダ」を付している【図Ⅶ】。

銘文は三行取りで、左右に法華経「如来神力品」の偈を、中央に紀年銘を配す。紀年銘下には「為平〈頼直

野与党系図（道智氏部分抜粋）

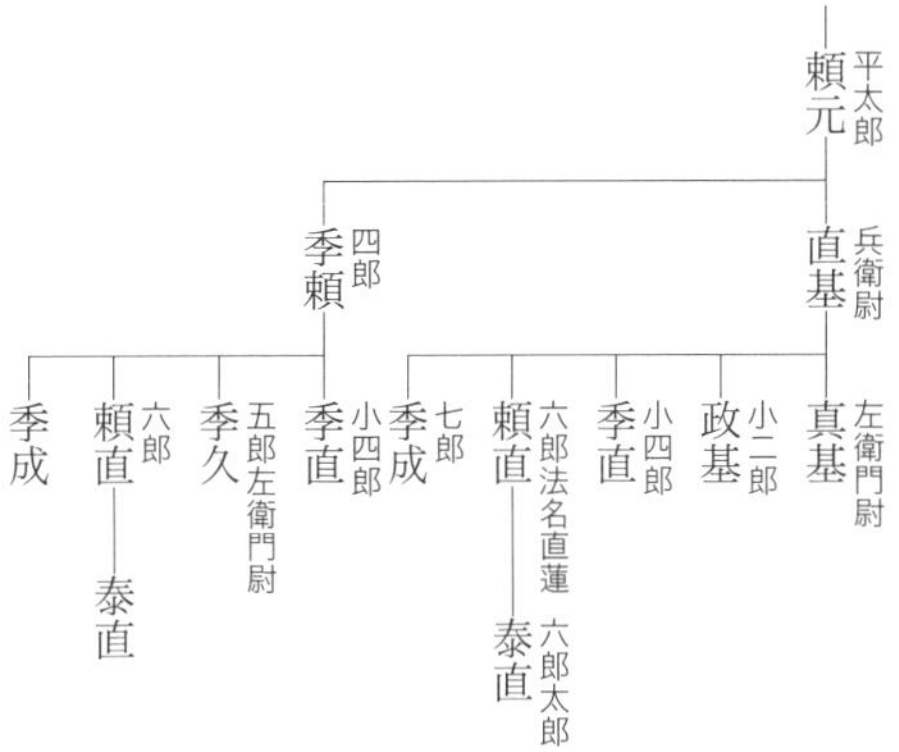

入道〉」と小さく被供養者名を刻んでおり、武士名は［本姓＋諱＋〈入道〉］で表現される。銘文配列および筆跡等に疑義は認められず、頼直の菩提を弔うために造立された板碑であることがわかる。

先行研究では頼直を『諸家系図纂』所収「野与党系図」中の道智頼直に比定する。(22) 同系図及び山中本『武蔵七党系図』「野与党」によれば、道智氏を名乗る頼意から三代目の兵衛尉直基の息に「六郎頼直、法名直蓮」、また直基の兄弟である四郎季頼の息に「六郎頼直」の名がみえる。直基と季頼の子は六郎頼直とともに小四郎季直、七郎季成の三名が重複し、他の嫡男（真基）、小二郎（政基）は直基の子に、五郎（季久）は季頼の子というように嫡男から五男を割り振るように記載している。(23) 頼直の子はともに泰直であり、二人の頼直は同一人物であろう。おそらくは直基の猶子と

於我滅度後　応受持此経
カーン（ダ）　文永六年己巳七月廿八日　為平頼直入道
是人於仏道　決定無有疑

【図Ⅶ】 妙光寺文永六年銘板碑（騎西町教委一九九九より）

なった可能性がうかがえ、いずれにしても銘文の「頼直」は道智氏とみてよい。

なお、不動種子を刻む板碑は珍しい。類例としては台東区龍宝寺の正応六年（一二九三）銘板碑や朝霞市金子家の正安三年（一三〇一）銘不動曼荼羅板碑等が知られるにとどまる。

⑤熊谷市押切東陽寺跡正安二年（一三〇〇）銘板碑

本板碑は昭和三十七年に荒川河床より発見され、東陽寺跡へ移設されたという。規模は高さ一七四cm、最大幅三四cm、厚さ七cmで、右辺を大きく、左辺の一部を欠損する。種子はキリークb類で、イー点が上方へ巻き上がる荘厳体である。またカ第一画に命点がなく、蓮座の中房が楕円形を呈する点に特徴がある【図Ⅷ】。

【図Ⅷ】東陽寺跡正安二年銘板碑（江南町教委二〇〇三より）

（　光　明　真　言　）
生年六十七巳剋往生
キリーク　正安二年庚子七月十十日武藤刑部尉親直法名覚性
大施主左兵衛尉頼秀
（　光　明　真　言　）

銘文は光明真言を左右に二行で配し、中央に紀年銘及び被供養者名を置き、右側にその生年と死没の時刻、左側に施主名を刻む。真言以外は楷書体で刻み、紀年銘をやや大きく、被供養者名を若干小さく、生年及び施主名を小さく刻む。書体と配列に疑義はない。

被供養者の武士名は「武藤刑部尉親直法名〈覚性〉」とあり、「本姓＋官途名＋諱＋法名」で表現される。なお、「生年六十七巳刻往生」と死亡届のごとく生年と死亡時刻を共に刻む点は注目される。ことさらに往生の事実を表明しており、武蔵国内では他に前節で述べた国立市谷保天満宮の延文三年銘板碑や熊谷市成沢静簡院年不詳板碑【別表―42】等いくつかの類例がある。また施主名「左兵衛尉頼秀」は「官途名＋諱」で表現し、「大施主」と誇張した表現をとる。

武藤氏と当地域との関係は明らかでないが、すでに新井端が指摘するように〔菅生文書弐〕建武三年の「細川氏・同題氏連署奉書集」中に「村岡武藤三郎入道□之跡」の名がみえ、[24] 当地の在地領主であった可能性が窺える。

⑥本庄市児玉町玉蓮寺嘉元二年（一三〇四）銘板碑

本板碑は本庄市児玉町の玉蓮寺に所在する。同寺は児玉時国の開基であるとともに時国の館跡と伝わる。板碑は二条線の右辺を欠損するが、ほぼ全体が遺存し、高さ二四一cm、最大幅五四cm、厚さ七cmの規模である。本尊は釈迦如来種子のバクで、伊字三点を冠する【図Ⅸ】。主尊下には法華経「方便品」の「化一切衆生」偈を二行

【図Ⅸ】玉蓮寺嘉元二年銘板碑

玉蓮寺嘉元二年銘板碑の銘文

右千部法花讀誦者為地主
化一切衆生　一結
能宗成阿等四人志亡魂并
バク　嘉元二年十
在家出家同心合力所乃至
皆令入仏道　六十
法界平等利益皆成仏道也
（以下埋没）

で配し、以下に四行で願文、さらにその下には中央に紀年銘、その左右に結衆銘が位置する。聖性の順に主尊、偈、願文、紀年銘、結衆銘と序列する。

願文は「右千部法花讀誦者」に始まり、一般に願文の冒頭文である「右志者」の志を具体的に述べたものである。また、「地主」銘は「地頭」または「領主」の意と思われ、多くの中世史料に類例を見出すことができる。

能宗と成阿は別人ともとれるが、成阿は能宗の法名の可能性が高いであろう。いずれにしても四人の発願によって結衆六十人、または六十何人が法華経を読誦し、故人及び在家、出家者の「法界平等利益」と「成仏道」を願い、板碑を造立したものである。(25)武士銘等、銘文に疑義を生じる点はない。

なお、地主能宗は「武蔵七党系図」及び「岡部氏系図」中の猪俣党岡部氏の庶流にその名がみえる。(26)板碑の所在地から能宗を児玉党の一族とみる説もあるが、岡部氏の本貫地とは至近であり、猪俣党岡部氏能宗の造立である可能性が高いと考える。

⑦坂戸市北浅羽万福寺徳治二年（一三〇七）銘板碑

本板碑は坂戸市北浅羽万福寺境内に所在し、同寺は児玉党浅羽氏の菩提寺と伝わる。現在は真言宗智山派であるが、『新記』によるとかつては真言律宗であったという。

板碑の規模は高さ二一八cm、最大幅八五cm、厚さ一五cmで、二条線下の額と基部を造り出す。ほぼ完存し、幅広で重厚な形式である。主尊は胎蔵界大日如来の五点具足のアーンク種子で、この時期の板碑としては珍しく蓮座を表現しない【図X】。

銘文は流麗な草書体で願文を左右に二行ずつ四行、中央に紀年銘と願主名を配し、後者は二行に配する。願文の左右両端の書き出しが主尊の高さから始まる点は特異であるが、銘の書体や配列に疑義はない。

【図X】万福寺徳治二年銘板碑（稲村一九三六より）

右囊祖浅羽小大夫有道行成
朝臣其子孫等就彼故墳
七代末孫比丘
アーンク　徳治二年丁未　結制日
慧見幹縁□□
奉造立也伏願菩提樹茂
近蔭後昆本覚月朗遠照幽冥也

願文の前段部は始祖浅羽行成及びその子孫の追善供養のための造立である旨が述べられ、(27)後段は仏法の加護による浅羽氏の繁栄を比喩的に述べている。

紀年銘の結制日は安居の初日を指しており、四月十六日が供養日となる。行成から七代目の比丘慧見が造立したものと理解されるが、『諸家系図纂』「浅羽系図」では、七代末孫は正応合戦や弘安合戦に勲功を上げた重直の息実直、または兼直の息基直が該当するが慧見の名は認められない。また、「幹縁」は嫡子を意味し、以下の二字にその名が刻まれていた可能性もあるが、そこでは有縁の人に浄財を募る「勧縁」の意味と理解しておきたい。

なお、板碑造立の徳治二年には鎌倉円覚寺の大斎会に勤侍する武士名中に「浅羽三郎左衛門尉」の名がみえ、北条氏の御内人と考えられている。(28)この三郎左衛門尉が系図上の六代目「三郎太郎兼直」に比定できるとすれば、兼直が板碑造立に関与していた可能性は高い。このため兼直を檀那とし、系図上に見えない子息の慧見を導師として板碑を造立した可能性が考えられるであろう。慧見の宗教者としての位置づけは不明である。『新記』に従えば真言律宗僧の可能性もあるが、これについては四章で検討したい。

⑧秩父市寺尾延慶三年（一三一〇）銘板碑

本板碑は秩父市寺尾光正寺跡に所在する。板碑の規模は高さ一六二cm、最大幅五六cm、厚さ九cmで、ほぼ完存するが塔身部の磨滅が著しい【図XI】。

【図Ⅺ】寺尾延慶三年銘板碑

主尊はキリークa類を蓮座上に置き、以下に長文の銘文を八行にわたって刻む。残念ながら磨滅によって判読が困難であるが、一、二行目と七、八行目は遺存度が比較的高い。

一行目は「敬白　二尊寺廟堂奉造立率都婆」[29]と書き出される。冒頭で「敬白」を述べるのは珍しい。二行目の願文中の「右志」を省略せず具体的に銘記したもので、板碑では稀有な事例の一つといえる。[30]文意は二尊寺の納骨堂あるいは墓堂の傍らに板碑を造立したことを述べており、板碑の立つ景観を示唆するものとして注目されてきた。二行目以降の願文では「右志者奉為」と始まり、以下、造立にかかわる中村氏・長田氏・寺尾氏およびその配偶者が列記される。[31]

武士名は［名字＋通称＋諱（分書）］で示され、「中村四郎」の諱は二字目が「光」と判読でき、「丹党系図」に照らせば四郎時光の可能性がある。以下、長田次郎入道〈慈道〉、長田丹内十郎入道〈□□〉、寺尾丹内右衛門と続く。ちなみに「寺尾」銘はこれまで「幷妻女」と判読されてきた部分を補正した。この二行目から四行目の

キリーク

敬白　二尊寺廟堂奉造率都婆
右志趣者奉為中村四郎□光并妻女長田次郎
入道道慈同妻尼□□長田丹内十郎入道□□寺尾
子息丹内右衛門□□并□□聖霊荘厳報地也
稟□□□孫□□□冀必廟所遺骨共
廟堂同生西極楽之国伏願□□塵労
蓮開上品之華佛授一生之記
延慶庚戌中秋廿日　本願主沙彌□□敬白
「聖霊荘厳報地也」までは七人（もしくは六人）の名を列記し、被供養者を明確にした部分である。
後段の五行目から七行目は願意を回向文風に連ねるが、前半部分はほとんど判読できないため、趣旨はやや不明確であるが、五行目末の「遺骨共」及び六行目末の「塵労」を新たに判読した。この「塵労」から七行目の「蓮開上品之華仏授一生之記」はいくつかの清規類に見出すことができ疑いない。
本願主は沙弥□□であるが、人名部分は意図的に削り取られており、その下に小文字で「敬白」が分書きされる。
『諸家系図纂』「丹党系図」によれば武士名のうち中村氏は丹党の嫡流である。長田氏と寺尾氏の名は見えないが、ともに当地の地名を名字としている。また寺尾氏は『吾妻鏡』中で中村氏や「青木丹五」と併記されており、(32)丹党中村氏の同族とみて疑いない。

⑨坂戸市浅羽応長二年（一三一二）銘板碑

本板碑は坂戸市浅羽の共同墓地に所在し、高さ二mほどの塚上に立っている。規模は高さ二五七cm、最大幅五八cm、厚さ八cmで、完存しており、頭部・二条線・額の造形が端正である【図Ⅻ】。

【図XII】浅羽応長二年銘板碑

光明遍照　右志者為自他法界
十方世界　衆生也結衆三十人
キリーク　應長二年壬子三月十五日敬白
念仏衆生　大檀那安部友吉
摂取不捨　弁長田守行

主尊はキリークa類の一尊で蓮座に載り、以下に「光明遍照」偈を四行で、その中央には紀年銘を配している。また紀年銘の右側には願文、左側には施主名を刻む。願文は「右志者為自他法界／衆生也結衆三十人」とあり、三十人が結衆して法界衆生の平等利益を願ったものである。

施主名は「大檀那安部友吉／弁長田守行」と二名が併記され、ともに［本姓＋諱］で表現される。配列、書体などに疑義は認められない。阿弥陀一尊であることと「光明遍照」偈を採用することから浄土思想の影響が看取され、念仏結集による造立と想定できる。奈良興善寺文書中には浄土宗の始祖源空およびその高弟等の書状裏に勝・私・高麗氏等とともに安部・長田氏の交名が多数列記されている。いずれも熱心な念仏者であったと思われ、銘文中の安部氏・長田氏との関係が想定されている[33]。

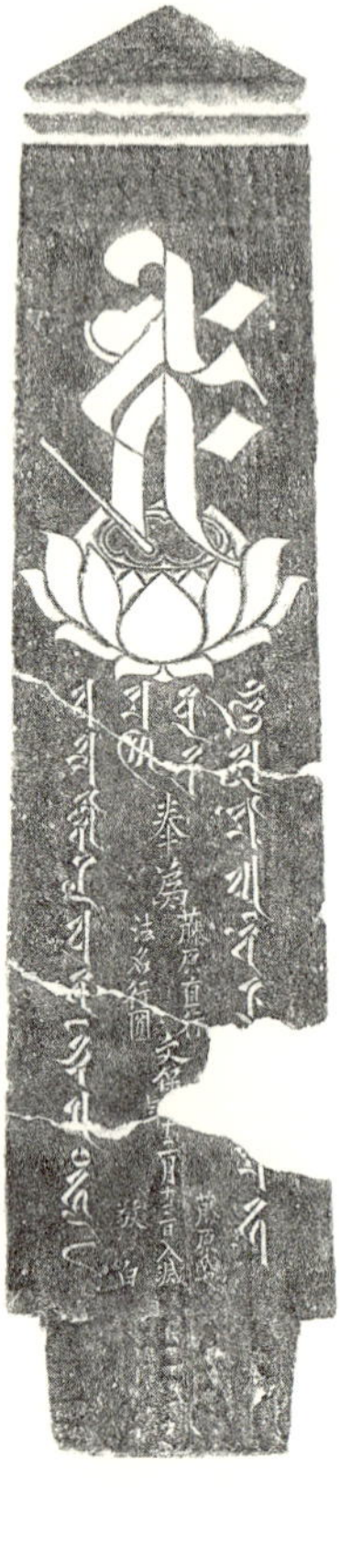

【図XIII】見晴文保二年銘板碑

（光　明　真　言）

キリーク　藤原氏母

（光明真言）奉為藤原直行法名行圓文保二年十二月十三日入滅

敬白

（光　明　真　言）

⑩熊谷市見晴文保二年（一三一八）銘板碑

本板碑は熊谷市見晴町荒川地先で発見され、現在は熊谷市立郷土資料展示室に所蔵されている。板碑の規模は高さ一五二cm、最大幅三五cm、厚さ六cmで、全容は知れるものの塔身の下部右辺を破損し、四分断する。頭部と二条線及び羽刻みは極めて端整な造形である【図XIII】。

主尊はキリークb類が蓮座に乗る。銘文は光明真言が変則四行で配され、中央の上半に「奉為〈藤原直行法名行圓〉」と被供養者名を、その下に「文保〈二年〉十二月十三日入滅」と紀年銘を配し、その両側に「藤原氏母／敬白」と施主名を刻す。配列、書体などに疑義は認められない。紀年銘の年数は欠損により判読できないが、『武蔵史料銘記集』では「二年」と読んでおり、[34]ここではこれに従った。なお、紀年銘下には「入滅」と付されるため、紀年は没年であろう。

武士名は被供養者と供養者にみえ、前者は本姓＋諱＋法名で、後者は本姓のみで表現される。藤原直行の出自については不明であるが、当地域では本姓を藤原とする成田氏・別府氏・奈良氏・玉井氏等が蟠踞しており、いずれかの一族と想定される。

三、板碑に刻まれた武士名

（一）真贋の問題について

板碑に刻まれた武士名は、かつてはその真偽が問題視されてきた。しかしながら、上述の十基を検討した限り明らかな偽刻はほとんどない。数少ない例外の一つは従前から知られてきた慈光寺所在の弘長二年銘板碑の「秩父六良／重忠」銘である。この他、疑義が呈されているものでは、神奈川県横須賀市清雲寺の文永八年（一二七一）銘板碑がある。[35]また、改刻をされた板碑も管見では見当たらない。板碑ではないが小川町大聖寺の康永三年（一三四四）銘六面幢において「源貞義」を「平貞義」に改刻した例が知られるに過ぎない。

ただし、人名を削除している例は散見され、前章で検討した加須市大福寺の文永四年銘板碑では五行取りの交名のうち二行を意図的に削除したものと判断された【図XIV】。また、秩父市寺尾の延慶二年銘板碑でも、銘文末尾の「沙弥」以下の人名を削り取ったものである。これら二基の銘文は造立関係者の出自や系統等を銘文に残し

【図XIV】銘文を削った板碑

ており、これを隠滅するための作為的な行為と想定される。

したがって、板碑に刻まれた武士名については当然その検証を必要とするが、その大半は真正なものと考えられる。

（二）武士名の表記について

板碑に刻まれた銘文のうち、主に武士名として表現するのは本姓と名字と諱である。これに官途名と通称を加えると、実際の板碑に見える組み合わせは表1のように十一通りが確認できた。このうち最も多いのは本姓＋諱（b類）の十二例で、本姓のみ（d類）の七例がこれに次ぐ[36]。また官途名＋本姓＋諱（c類）では官途名が筆頭に位置することが多い。この本姓を刻む例は十三世紀半ばから十四半ばまで、全時期を通じて認められるが、十三世紀第3四半期に事例が多い。一方、名字を刻む例（e類〜i類）は十二例で十四世紀代の主流であり、通称は五例と少ないがやはり十四世紀代に散見される。このため武士名の表記は、十三世紀代にはとくに本姓が重視される傾向にある。その後、十四世紀代になると名字や通称が加わるようになり、本姓に名字が併記される場合には名字が筆頭に置かれており、本姓よりも名字が重視されていく傾向が看取される。

また、女性名の表記については熊谷市見晴出土の文保二年銘板碑や稿末の【別表】に示した33・37〜39・41・

【表Ⅰ】武士名の類型と年代分布（年代は西暦）

類型	武士名の構成	1231〜	1241〜	51〜	61〜	71〜	81〜	91〜	1301〜	11〜	21〜	31〜	41〜	51〜	計
a類	官途名	1		1	1		2								5
b類	本姓 諱		1	1	5	2				2					12
c類	官途名 本姓 諱			2	1			1						1	5
d類	本姓				7										7
e類	名字 諱				1					1			1		3
f類	名字 通称 諱								3				1		4
g類	名字 官途名 本姓 諱								1					2	3
h類	名字 官途名 諱								1						1
i類	名字 通称 本姓 諱											1			1
j類	諱								1						1
k類	官途名 諱								1						1
計		1	1	4	15	2	2	1	7	3		2	2	3	43

42の板碑のとおり、「○○氏女」「○○氏母」「○○氏女子」と本姓に限定された表記を取っている。これは梵鐘や経筒銘の表記法と共通するが[37]、鎌倉期までの女性名は秘匿性が強く、むしろ、実家の本姓を名乗ることが重要であったためであろう。なお、十五世紀半ばに出現する民間信仰板碑等の交名では、女性の俗名を記すことが一般的であり、時期と階層差だけでなく女性名の表記に大きな違いが認められる。

【図XV】板碑の領域と序列

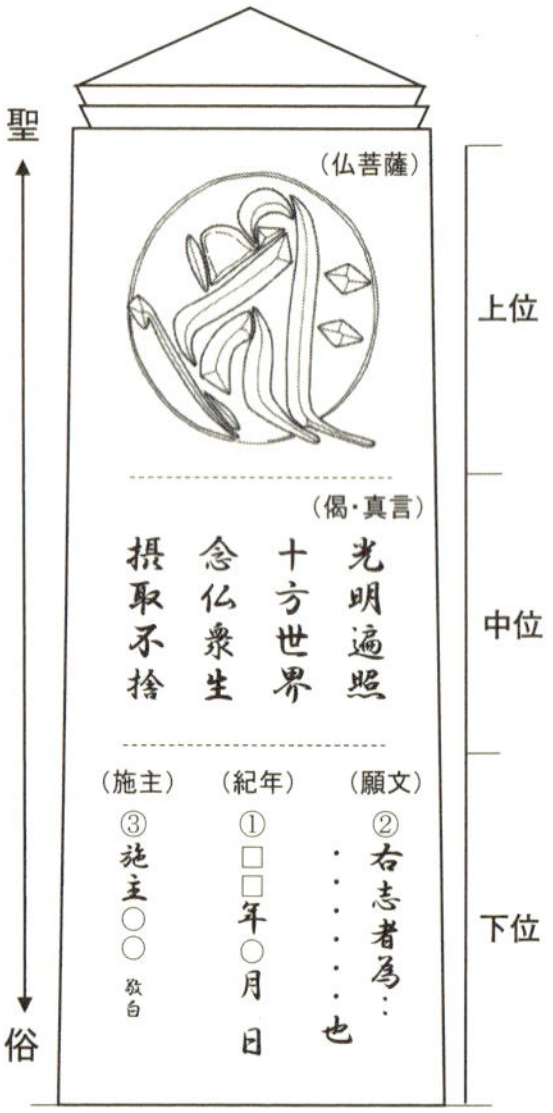

（三）武士名と銘文配列

ところで、板碑の塔身の領域には序列があると考えられている。その原則は上部または中央部を上位としており、それぞれ上から下へ、中央から向かって右、左へと序列を下げていく。種子や銘文は聖性の度合いに応じ、この序列に則して配列されるため、仮に板碑の領域を上下に三区分した場合、上位には板碑の核となる仏菩薩、中位には偈や真言、下位にはより俗的なものとして紀年銘、願文等が置かれるのである。模式図で示せば【図XV】のようになろう[38]。

武士名はこのうちの下位に位置し、願文中や交名中、あるいは施主名として刻まれるが、ここでは武士名の置かれる位置やその変化等について確認しておく。

【図XVI】は下位部分の銘文を①紀年銘、②願文、③被供養者名、④施主、⑤敬白、の五つに分類し、それぞれの配列と武士名の位置を編年的に示したものである。一二四〇年代の智観寺例では右端の①紀年銘が筆頭で、②願文が四行で連なり、武士名は願文の二行目に位置する。また宮岡家例では中央の①紀年銘が筆頭で、右の②願文、左の④施主、⑤敬白の序列で配列され、武士名は願文中にある。続く妙光寺、円照寺、阿弥陀堂例までは、原則として①紀年銘→②願文→④施主→⑤敬白の序列に則っており、被供養者である武士名は願文内に位置している。なお、願文内の武士名は紀年銘等に比して小文字となる点が注意される[39]。

【図XVI】武士名を含む銘文の配列と編年

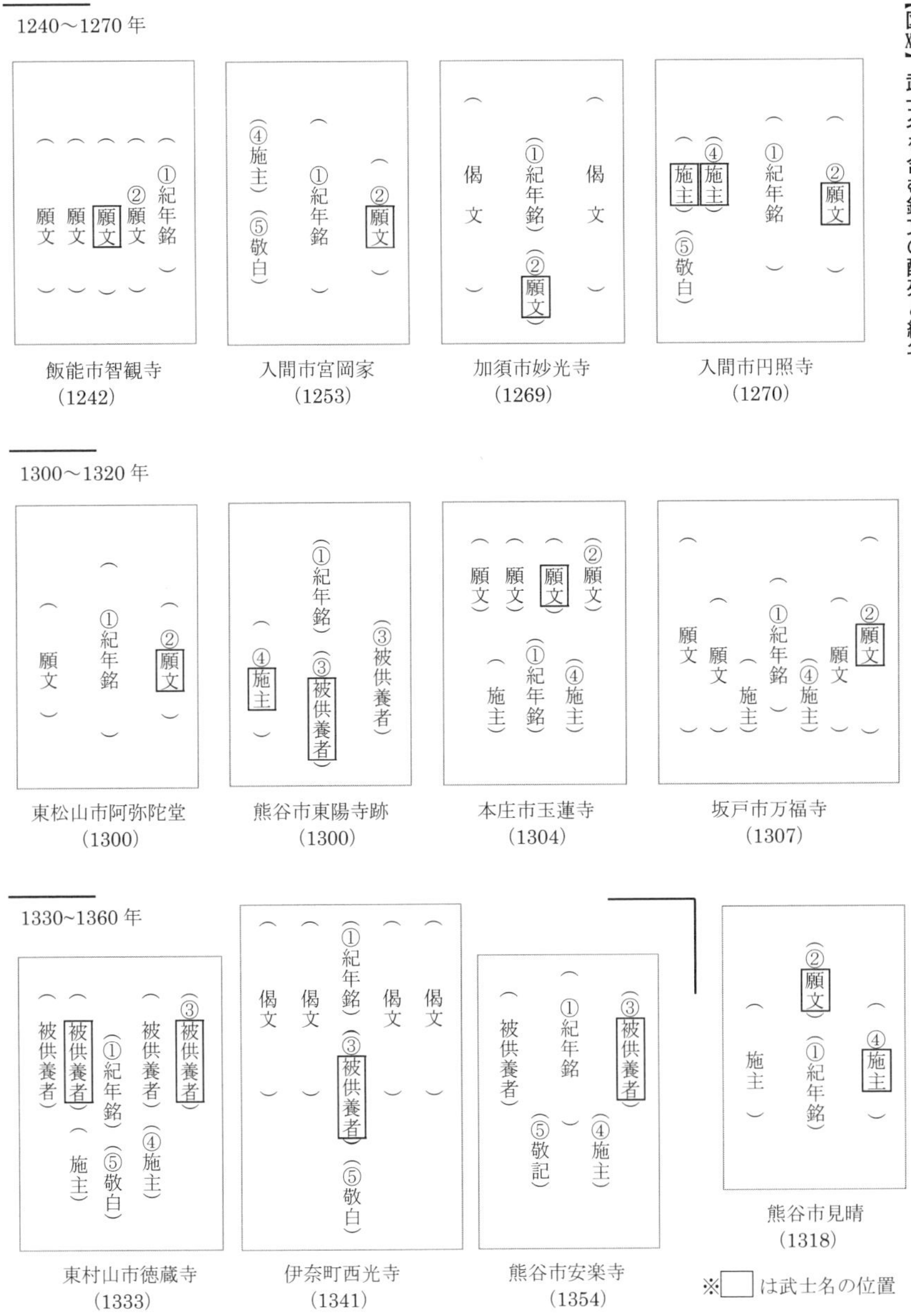

また、一三〇〇年代の東陽寺跡例では中央上位の①紀年銘が筆頭となり、中央下位と右端の③被供養者名、左端の④施主、と配列される。ここで武士名は願文から脱して単独で被供養者として表記され、生年や死亡時刻が付記される。この段階では武士名の文字が他の銘文との大きさに違いがなくなる。

続く玉蓮寺例では上位の②願文四行が筆頭となり、武士名は願文の二行目に刻まれ、下位の①紀年銘、両端の④施主名と配列される。武士名は願文中にあるが、②願文と①紀年銘の逆転が指摘できる。この逆転は先述の【図XIII】見晴文保二年（一三一八）銘板碑でも同様である。

一三三〇年代の徳蔵寺例はかなり特殊な銘文であり、上位中央に①紀年銘、その左右に被供養者三名の戦死の経過を述べており、中位左右に④施主、下位中央に⑤敬白と配置される。基本は①紀年銘→③被供養者→④施主→⑤敬白、という序列であり、続く西光寺例、安楽寺例でも同様である。このうち、西光寺例の被供養者名では、「晦夜〈清久六郎／行重死去〉」、安楽寺例では紀年銘下に「逝」と置き、「世寿四十一歳」と死亡に関する情報を銘記するのが特徴である。

したがって、十三世紀は①→②→④→⑤（I類）が原則であったが、十四世紀には②→①→④→⑤（II類）から①→③→④→⑤（III類）と銘文の構成要素と配列に変化が認められるのである。これは武士名を願文内に小さく表記するI類から、武士名を含む願文が紀年銘よりも上位に進出し、武士名を他の銘文と同じ大きさで表記するII類、そして被供養者名である武士名が願文を脱して独立し、死亡の情報を付記するようになるIII類という三段階の変化で捉えることができる。

これは願文を通じて厳かに被供養者の供養を表白するものから、直接的に供養対象者を明示し、逝去の事実を表明することに意識が強まっていく過程として捉えられるのである。

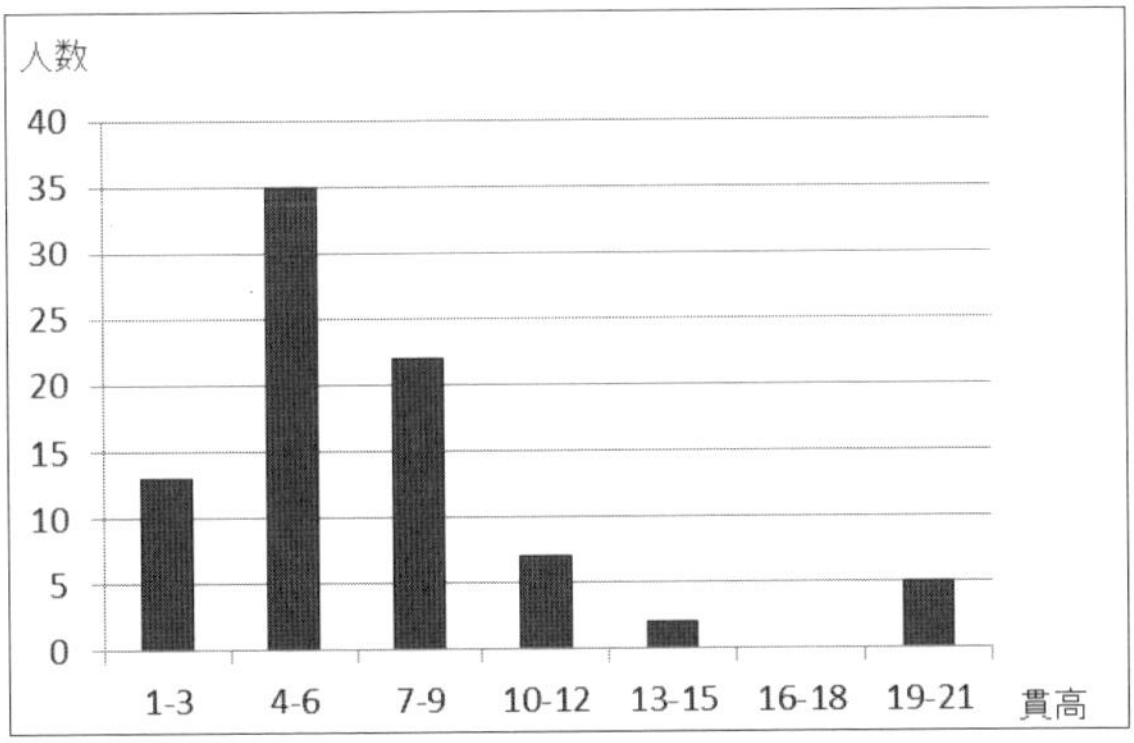

【図XVII】造営料別の御家人数

四、武蔵武士の板碑造立

（一）板碑造立を担った武士

これまで武士名を刻む板碑とその武士名について検討してきたが、冒頭でも述べたようにこれらは板碑全体からみれば極めて限られたものである。この数少ない武士名のうち、丹党加治氏、野与党道智氏、児玉党小代氏、同浅羽氏などは系図中の人名に特定できるものの、一方で文献に名を留めない武士名はこれと同数以上を占めている。後者の事情は区々であり明らかにしえないが、板碑を造立した武士がどのような階層であったのかという点は注意すべき問題である。

そこで、ここでは『田中穣氏旧蔵典籍古文書』の「六条八幡宮造営注文」[40]を用いて板碑を造立した武士の階層について一定の目安を得てみたい。「六条八幡宮造営注文」は建治元年（一二七五）、京都の六条八幡宮の修築に際して造営料を負担した御家人の名とその負担額が列記されたものである。武蔵国の御家人は「鎌倉中」と「武蔵国」の交名に認められるが、「鎌倉中」に見える足立氏等は板碑造立の痕跡に乏しいため、ここでは「武蔵国」の八十四名を対象とした。この交名は当時の武蔵国の御家人全てとは思われないが、大勢を知るには有効であろう。

さて、「武蔵国」の八十四名の造営料は合わせて五八四貫文、一人当たりの平均は七・〇貫文である。【図XVII】のとおり三貫文単位で造営料をグラフ化したところ、最も多い造営料は四～六貫文の三十五名で全体の四一・七％を占め、次いで七～九貫文の二十二名（二六・五％）、一～三貫文の十三名（一五・五％）と続き、突出する十九～二十一貫文は五名である。ピークの四～六貫文が平均の七貫文を下回っていることは、造営料の小さな御家人が多かったことを示している。ちなみに、この造営料は所領規模に応じたものと考えられていることから、「武蔵国」では経済的に中・小規模の御家人が多かったといえよう。

【表II】は板碑に刻まれた武士名のうち、「造営注文」にその名がある武士を示したもので、①は名字が明らかな武士、②は官途名等により名字が類推できる武士である。板碑中の武士と「造営注文」の武士は同一ではないため厳密性には欠けるが、関係が深いものとして考えておく。

建治元年の「造営注文」に比較的近い時期の板碑を造立している武士としては、金子氏が十七貫文、加治氏が二十貫文、勝呂氏が五貫文、石戸氏が八貫文、小代氏が十貫文の造営料を負担している。勝氏を除けばいずれも平均を上回っており、これらの武士はそれぞれ本貫地において初発期段階から連綿と板碑を造立している点に特徴がある。また、岡部氏と浅羽氏は共に八貫文であるが、時期は下るものの十四世紀初頭に地上高で二mを超す破格の板碑を造立している。

こうした状況を勘案すれば、鎌倉期の武士の板碑造立は中堅御家人を中心にして秀逸かつ大型の板碑を造立し、中小の御家人あるいは非御家人においても、所領規模に応ずるようにより小型の板碑を造立していたと想定される。

なお、板碑に武士名はないが「造営注文」中の武士が造立したと想定される板碑、あるいは武士名も「造営注文」中にも名はないが、在地の武士が造立したと想定される板碑は少なくない。例えば前者では箕田氏と関係が想定される鴻巣市道永八幡の文永七年（一二七〇）銘板碑、後者では奈良氏と熊谷市国性寺の建長元年（一二四九）銘板碑、真名板氏と行田市薬師堂の建治元年（一二七五）銘板碑等があり、初期の板碑が存在している地域では、板碑と在地武士とが関係している可能性が高いと考えられる。

【表Ⅱ】「造営注文」中の武士と板碑

種別	御家人名	貫高（平均）	関連板碑	規模（高さ×幅cm）
①	加治	二〇	入間市円照寺文永七年（一二七〇）銘板碑・他	一〇八×三七
	金子	一七	入間市宮岡家墓地建長五年（一二五三）銘板碑	一六六×五七
	勝呂	五	ときがわ町慈光寺弘長二年（一二六二）銘板碑	二七〇×七一
	岡部	八	本庄市玉蓮寺嘉元二年（一三〇四）銘板碑	二四〇×五三
	浅羽	八	坂戸市万福寺徳治二年（一三〇七）銘板碑	二一八×八五
	中村他	八	秩父市寺尾延慶三年（一三一〇）銘板碑	一六一×五六
	清久	六	伊奈町西光寺暦応四年（一三四一）銘板碑	（一〇一）×三七
	別府	五	熊谷市安楽寺文和三年（一三五四）銘板碑	二〇二×五八
	津戸	三	国立市谷保天満宮延文五年（一三六〇）銘板碑	（六二）×五六
	小計	八〇（八・九）		
②	石戸	八	北本市東光寺文応元年（一二六〇）銘板碑・他	一一六×五七
	小代	一〇	東松山市青蓮寺弘安四年（一二八一）銘板碑	一二三×六一
	小計	一八（九・〇）		
	総計	九八（八・九）		

（二）板碑に見る武士の信仰

板碑の造立には施主と僧侶と石工の三者が不可欠である。宗教的遺物である板碑の場合、このうちの造立を指導した宗教者とその母体の解明は避けて通れない問題である。

嘉禄三年（一二二七）銘の最古の板碑から十三世紀半ばまでのいわゆる初発期段階の板碑では、天台系浄土教および真言系浄土教といった旧仏教の影響を色濃く残している。これらは教義のうえで造寺・造仏・造塔等の作善を推奨しており、板碑の造立を積極的に進めていたと考えられる。しかしながら、今回の検討を進める中で四基の板碑にこれらとは異なる新仏教の影響が看取されたので、このことについてとくに述べておきたい。

①浄土宗系の板碑

まず取り上げるのは第二章で確認した加須市大福寺の文永四年（一二六七）銘板碑である。塔身下半に刻まれた偈と武士名を含む僧俗の交名に特徴があり、阿弥陀仏号の僧が四名見えることから浄土系の結衆板碑と想定された。注目されるのはこの板碑に刻まれた僧名と武士名が、奈良市興善寺の阿弥陀如来立像胎内文書の紙背交名と一致することである。

この交名は浄土宗の始祖源空及びその高弟が正行房に宛てた書状の紙背に一五〇〇名以上を列記したもので、正行房が二親の追善のための造像に際して結縁したものと想定されている。[41] 堀池春峰によれば表紙の書状は元久四年頃としており、紙背の交名についても京都市醍醐寺三宝院の建仁三年（一二〇三）在銘の不動明王像及び奈良市来迎寺の善導大師像胎内名の結縁者との一致から、鎌倉前期のものと位置づけている。[42]

交名の年代はさて置き、紙背の交名と板碑の交名を比較すると【表Ⅲ】のように「小長谷」「草加部」「伴」「平」及び「源三郎」と五人の武士名、さらに「僧行圓」「願阿弥陀仏」「真光房西蓮」の三人の僧の名がともに見え、とくに親蓮書状（鎌倉遺文№一四九九）と源空書状（鎌倉遺文№一四九三・一四九四）の紙背交名には一致する人名が多い。また、後者には「丹治」「私」「高麗」「勝」の他、「安倍」「長田」という武蔵国の御家人名が併記さ

【表Ⅲ】交名状と板碑の人名比較

	文書名（文書番号）＼交名	文永四年銘板碑											応長二年銘板碑		参考			
		小長谷	日下部（草加部）	伴	平	源三郎	甲斐	僧行圓	願阿弥陀仏	真光房西蓮	僧光念	僧論学	安部	長田	丹治	私	高麗	勝
1	証空書状（№一四五四）				○			○					○				○	
2	証空書状（№一四五五）			○				○		○			○			○		
3	証空書状追書（№一四五六）				○								○					
4	源空包紙ウハ紙（№一四九三）	○		○	○								○		○	○	○	○
5	源空書状包紙（№一四九四）	○	○	○	○								○	○	○			
6	源空書状（№一四九五）		○	○	○								○	○	○			
7	源空書状（№一四九六）		○	○									○	○				
8	源空書状（№一四九七）		○	○	○								○		○	○		
9	欣西書状（№一四九八）			○	○										○	○		
10	親蓮書状（№一四九九）		○	○	○	○		○	○				○		○			
11	円親書状包紙（№一五〇〇）				○								○	○	○	○		
12	某書状（№一五〇一）				○													

【表Ⅳ】交名の諱の文字頻度

諱の文字	頻度
眞	142
國	79
弘	75
清	58
家	56
守	55
貞	55
宗	44
吉	41
末	40
恒	39
光	38
友	38
正	36
近	34
助	29
包	29
安	26
行	25

れており、板碑の交名と交名状との関係の深さを推測させる。(43)

残念なことは、板碑中の武士名のうち「小長谷守直」「平守友」「草加部宗光」の三者は本姓と諱を有するものの、交名状中に同一の氏名が確認できない点である。ただし、三者の諱と交名状との間に共通性がないわけではない。それは交名状の諱の文字が極めて限定されるという特徴に関わるが、この点について少し検討してみたい。

交名状の交名のうち、武士名は本姓または本姓＋諱で表現される。後者の諱を有するものは約六〇〇人で、延べ一二〇〇字をカウントした。使用されている文字は七十一字であるが、当然文字によって使用頻度が異なっている。【表Ⅳ】のとおり最も頻度の高い文字は「眞」の一四二人、次いで「國」の七十九人、「弘」の七十五人と続く。頻度が二十以上の文字は二十一字で全体の三二・四％と約三分の一を占めるものの、頻度は延べ一〇二八人と八五・七％と高率となる。つまり、諱の文字は二十余字の限定された文字が多く使用されているため、個々の諱は非常に似通った印象が強いのである。

その理由としては、交名状には近親の氏族の名が列記された結果、通字等の特定の文字に偏るということは当然考えられるであろう。ところが、最も頻度の高い「眞」と「國」を例にとれば、「藤原國眞」「紀國眞」「伴國眞」「大中臣國眞」のように本姓を違えながらも諱を同一とする事例が少なくない。また、滋賀県甲賀市玉

為	23
綱	23
成	22
重	21
その他43文字	172
計71字	1200

桂寺の阿弥陀如来立像は源智が源空の一周忌に際して造像したものであるが、(44)この胎内の交名にも先の限定された文字の使用が顕著に認められるのである。

　このため、これら交名中の諱は通常の諱とは様相を異にし、浄土宗の信者に特有なものといえるであろう。中でも「眞」「清」「守」「友」の使用例は一般の諱には少なく、とくに「包」はほとんど認められない。このため、これらの文字を使用している交名は、一定の条件の下では浄土宗の関係者に比定される可能性が高く、先の板碑に刻まれた「守直」「守友」「宗光」三氏の諱は、まさにこの特徴を備えているといえよう。

　以上のことから、文永四年銘板碑は浄土宗系の念仏結衆板碑であり、その結衆者は専修念仏を支える広範なネットワークの構成者であったと考えられる。同時に堀池氏が着目した「願阿弥陀仏」の他、「行圓」「西蓮」といった交名中にみえる同名の僧は、東国において布教活動を実践していた可能性が窺えるのである。

　なお、これと関連して第二章で触れた坂戸市浅羽の応長二年銘板碑もまた、時期は下るものの浄土宗関係の結衆板碑として注目される。この板碑の大檀那「安倍友吉」と「長田守行」は交名中に同一の本姓が頻出するとともに、諱の「友吉」と「守行」も先の特徴を有しているためである。

　したがって、十三世紀後半から十四世紀初頭の東国では武士層による熱心な浄土宗の信者が存在していたこと、その板碑の特徴はキリーク一尊、浄土三部経の一つである『観無量寿経』「真身観」の偈を刻んでいることを改めて指摘しておきたい。

②禅宗系の板碑

次に取り上げるのはやはり第二章で触れた秩父市寺尾の延慶三年（一三一〇）銘板碑である。八行にわたる長文では前段に被供養者名を列記し、後段で回向文風に願意を述べている。磨滅が進んでいるが、被供養者は中村氏、長田氏、寺尾氏等、在地の丹党武士である。この中で問題とするのは前段結びの「荘厳報地」と後段結びの「□□塵勞蓮開上品之花佛授一生之記」という一節である。

「荘厳報地」の「報地」は仏の浄土または仏の住む場所を意味するものであろう。現在でも曹洞宗の回向文で唱えられる文言であり、「大正新脩大蔵経」（以下「大正蔵」と略す）中の禅師・国師語録や清規類には数多く見受けられる。例えば『大慧普覺禪師語録』（No.一九九八A）や『無文禪師語録』（No.二五五九）等、中国宋代の臨済僧の語録とともに、板碑よりも時期を下るが『義堂和尚語録』（No.二五五六）や『絶海和尚語録』（No.二五六一）等にも見出せるのである。

また、「蓮開上品之花佛授」云々は同様に「大正蔵」では曹洞宗の『瑩山清規』（No.二五八九）、臨済宗の『諸回向清規』（No.二五七八）、『小叢林清規』（No.二五七九）等の清規類に確認できる。後二者は明らかに成立が戦国期から近世のもので、曹洞宗の太祖瑩山による『瑩山清規』の成立も元亨四年（一三二四）と板碑造立の十五年後にあたる。したがって、銘文の基となるテキストはこれ以外にあり、中国の典籍を活用した可能性があろう。

以上、問題とする二つの文言により、本板碑は禅宗の影響を色濃く残しているといえる。臨済宗と曹洞宗のいずれであるかについてはさらに検討すべきで、ここでは保留としておきたい。

同様に⑦坂戸市万福寺の徳治二年（一三〇七）銘板碑も同様に捉えられる板碑である。願文の構成は前段で被供養者及び具体的な作善（この場合は板碑造立）を銘記し、後段に漢詩調で願意を述べている点は前板碑と共通する。後段の願文は「伏願菩提樹茂／近蔭後昆本覚月朗遠照幽冥也」と仏法の加護による浅羽氏の繁栄を比喩的に願うが、管見ではこの華麗ともいえる文言を「大正蔵」中の仏典にテキストを認めることができなかった。そこで、願文を構成する「菩提樹」「後昆」「本覚」「月朗」「遠照」「幽冥」という六つの単語に区分し、試みとしてこれらの単語を採用する仏典を確認することにした。

【表Ⅴ】は六つの単語を五つ以上記載している仏典を一覧に示したものである。智覚禅師の『萬善同歸集』はすべて、他は五つが記載される。このうち1〜3は中国の仏典で時期もさまざまであるが、智覚禅師及び禅師の語録を編纂した臨済僧の春屋妙葩の関わりに注意すれば、やはり禅宗の影響を窺うことができよう。もとより銘文中の「結制日」「幹縁」等の表現も極めて禅宗的で、これに「比丘」を併記する梵鐘・版木類・絵画類では、その多くが京都五山をはじめとする禅宗寺院との関わりが強い傾向にある。(45)

【表Ⅴ】願文の単語と仏典の相関

	仏典名	「大正蔵」No.	菩提樹	後昆	本覚	月朗	遠照	幽冥	著作・成立年等
1	萬善同歸集	No.二〇一七	○	○	○	○	○	○	永明延寿（九〇四〜九七五）の著作。後に智覚禅師という。
2	佛祖統紀	No.二〇三五	○	○	○		○	○	南宋の僧志磐が撰した仏教史書。一二六九年成立。
3	法苑珠林	No.二一二二	○		○	○	○	○	唐代・唐道世の仏教典籍で全一〇〇巻。六六八年成立。
4	知覚普明国師語録	No.二五六〇	○	○	○	○		○	春屋妙葩（一三一一〜一三八八）の著作。臨済宗の僧。

本板碑の場合、主尊がアーンクであることから、これまでは密教的な板碑としての認識が強く、服部清五郎の『板碑概説』では「真言宗と板碑」の項に拓本が掲載されている。ここでは密教的な位置づけを否定するつもりはなく、その上で禅宗的な影響も認めようとする立場である。入間市円照寺の元亨三年（一三二三）銘板碑は、密教的なアーンクを主尊とし、無学祖元の「臨剣頌」を刻むことで著名であるが、こうした禅密兼修等の存在形態を認識することで、武士の信仰の実態に迫ることができるであろう。

おわりに

これまで武士銘を刻む個々の板碑の事例を検証した後、武士名の表記や銘文配列等の整理を行い、さらに板碑を造立した武士の階層や宗教的背景について言及してきた。論点が多岐にわたり散漫な記述となったが、武士名を刻む板碑の現在的な認識と課題を示すことに留意したつもりである。

個々に検討した板碑のうち、秩父市寺尾の延慶三年銘板碑は稲村坦元が紹介して以来、度々銘文の検討が重ねられてきたが、新たに所在地を名字とする武士「寺尾」銘の確認をはじめ、いくつかの銘文を加筆できたことは成果の一つといえる。また、この延慶板碑に関しては銘文中の特定の文言から、禅宗との関わりを看取することができた。同様に加須市大福寺の文永四年銘板碑では、その交名と奈良市興善寺の阿弥陀如来像胎内文書の紙背交名との比較によって、東国の在地における浄土宗の伝播と板碑造立の一斑を確認できたことは興味深い。

筆者はこれまで板碑をモノとして考古学的に捉え直すことに傾注し、銘文については積極的に扱ってこなかった。本稿でも銘文の文意を重視するのではなく、銘文を構成する用語を種別や単位に分類し、その編年や分析を行うことに主眼を置いている。こうした手法は、文字の扱い方として不適切とみる向きもあろうが、考古学的な文字の扱い方としては有効と考えている。本論中で歴史学の常識であろう武士名の表記法について、銘文単位に分類して編年を示したのも、そうした試みの一つである。

なお、これまでは武士名のない板碑を在地の武士と結びつけることには躊躇する向きが強かったように思われる。くり返し述べたように、武士名を刻む板碑は極めて少数な存在でありながら、刻まれた武士銘の半数は史料中の人物に比定することができない。つまり、銘文だけを頼りに在地の武士を考えることは非常に心許ないとさえいえる。したがって、今後は武士名の有無にかかわらず、その他の銘文はもとより、板碑の立地やその型式等から積極的に在地の武士との関係性を求め、地域史の復元に活用していくことが求められるのである。

【別表】武士名等を刻む板碑

	年号（西暦）	主尊	氏名など	銘文	所在地
〈武士名を刻む板碑〉※名字・本姓・諱の優先順で掲載					
1	仁治三年（一二四二）	阿一	丹治	當先孝聖霊〈丹治家季〉三十八星霜改葬之間建弥陀三摩耶一基之石塔	飯能市中山智観寺
2	建長五年（一二五三）	阿一	平	右志者為平高□往生安楽也、諸孝子等敬白	入間市仏子宮岡家墓地
3	建長八年（一二五六）	阿一	丹治	左衛門尉丹治泰家敬白	所沢市山口来迎寺
4	康元元年（一二五六）	阿一	丹治	比丘尼妙證□為成等正覚造立也　孝子左衛門尉、丹治泰家〈敬白〉	
5	弘長二年（一二六二）	阿一	平	左衛門尉平行直、敬白	ときがわ町西平慈光寺
6	文永二年（一二六五）	地（図）	藤原	願阿弥陀仏　藤原氏　浄阿弥陀仏　佐伯氏　定阿弥陀仏　藤原氏　見阿弥陀仏　藤原氏　如阿弥陀仏　高階氏　迎阿弥陀仏　日前氏（他）	行田市南河原観福寺
7	文永四年（一二六七）	欠	伴・平他	小長谷守直、僧行圓願阿弥陀仏伴太入道平守友（略）草加部宗光甲斐殿	加須市内田ヶ谷大福寺
8	文永六年（一二六九）	不動	平	為平頼直入道	加須市牛重妙光寺
9	文永七年（一二七〇）	阿一	丹治	右志者為丹治泰家成等正覚、丹治宗泰孝子、丹治氏敬白	入間市野田円照寺
10	文永十年（一二七三）	欠	平	平信能、平能行	所沢市久米仏眼寺
11	正安二年（一三〇〇）	欠	源	為左兵衛尉源省、聖霊成等正覚也	東松山市岩殿阿弥陀堂
12	正安二年（一三〇〇）	阿一	武藤	武藤刑部尉親直法名覚性、生年六十七巳剋往生、大施主左兵衛尉頼秀	熊谷市押切東陽寺跡
13	嘉元二年（一三〇四）	釈一	宗成	右千部法花讀誦者為地主能宗成阿等四人志亡魂幷在家出家同心合力所乃至法界平等利益皆成仏道也、一結□六十□	本庄市本町玉蓮寺
14	徳治二年（一三〇七）	胎大	浅羽	右為曩祖浅羽小大夫有道行成朝臣其子孫等就彼故墳奉造立也、伏願菩提樹茂近蔭後昆本覚月朗遠照幽冥也、七代末孫比丘慧見幹縁□□	坂戸市北浅羽万福寺

15	延慶三年（一三一〇）	阿一	中村・長田・寺尾	敬白　二尊寺廟堂奉造立率都婆、右志趣者奉為中村四郎〈□光〉幷妻女長田次郎入道〈慈道〉同妻尼〈□□〉長田丹内十郎入道〈□□〉寺尾子息丹内右衛門稟□□□孫□□□冀必廟所遺骨共聖霊荘厳報地也、〈□□〉幷□□廟堂同生西極楽之国伏願□□塵勞蓮開上品之華佛授一生之記	秩父市寺尾光正寺跡
16	応長二年（一三一二）	阿一	安部他	右志者為自他法界衆生也結衆三十人、大檀那安部友吉幷長田守行敬白	坂戸市浅羽中浅羽
17	文保二年（一三一八）	阿一	藤原	奉為藤原直行法名行圓、藤原氏母敬白	熊谷市市民文化センター
18	元徳三年（一三三一）	欠	有道	有道行重	川島町上井草金乗院
19	元弘三年（一三三三）	欠	飽間	飽間斎藤三郎藤原盛貞生年廿六、於府中五月十五日令打死（後略）	東村山市諏訪町徳蔵寺
20	暦応四年（一三四一）	欠	清久	清久六郎行重死去、施主敬白	伊奈町小針新宿西光寺
21	康永元年（一三四二）	阿一	寺村	寺村頼資	毛呂山町川角古墳群墳
22	文和三年（一三五四）	阿一	藤原	甲斐守藤原頼重世寿、四十一歳法号常賛矣	熊谷市西別府安楽寺
23	文和三年（一三五四）	阿一	加治	□為悲母浄元大師所立悳営逆善（略）孝子加治豊後守丹治季貞敬白	入間市野田円照寺
24	延文五年（一三六〇）	欠	津戸	津戸勘解由右衛門尉菅原規継、子剋死去、沙弥道継	国立市谷保天満宮
25	年不詳（不明）	欠	有道	（欠）者為有道季景也	鳩山町小用共同墓地
〈官途名等の板碑〉					
26	嘉禎二年（一二三六）	金胎	左近将監	右為父母現当也、左近将監敬白	行田市佐間大日塚
27	文応元年（一二六〇）	阿三	大輔公	右志者為過去大輔公尊霊出離生死往生極楽頓證菩提也	北本市石戸宿東光寺
28	弘安四年（一二八一）	阿一	右金吾	右奉為前右金吾禅門一列衆合力建立也、夫聖霊者…撫民之徳惟深仁恵之情□□、因茲結面々慕従之友好、修月々忌景之講□、重□令住毘盧之廟石、永宛滅罪生善之霊碑、以祈光□之覚位、以及累代之幽魂、□沈等済幽顕同利之矣、諸衆等敬白	東松山市正代青蓮寺
29	弘安九年（一二八六）	阿一	左金吾	右當左金吾禅門道明一百ヶ日忌辰立之　沙門恰元敬白※1	入間市円照寺
30	元徳三年（一三三一）	題目	地頭	為奉訪当地頭沙弥圓□菩提、為奉訪故道日坊後世菩提、為奉訪沙弥道照坊依此功徳、直至成佛法界平等利益也	羽生市南本立寺

31	康永四年（一三四五）	欠	刑部他	常□　上野　行圓　式部　妙意　信濃　三河　刑部　了観　覚阿（他）	毛呂山町大類古野家
32	年不詳（不明）	欠	金吾	（欠）金吾小野好（欠）	熊谷市村岡観音寺
〈その他の銘の板碑〉					
33	文永四年（一二六七）	胎大	藤原	右為勤行同一也、現存母親〈藤原氏女〉、共刻大日遍照形像眼前、願帰現生所願後世一以、心達仍逆修如件仏子忍心〈敬白〉	上尾市向山地蔵堂
34	建治元年（一二七五）	阿一・名号	主君	右志者奉為過住主君幽儀滅罪生善乃至法界群類平等利益仍造立之如件、沙弥西念敬白	行田市真名板薬師堂
35	正応三年（一二九〇）	地（図）	主君	右志者為主君幷□□聖霊同結衆三十人、現当二世［　］乃至□□平等利益也	小川町西古里薬師堂
36	永仁二年（一二九四）	欠	鶴松殿	右志者為鶴松殿聖霊成仏得道、夜半死亡歳十三才也	川口市舟戸善光寺
37	延慶三年（一三一〇）	胎大	朝妻	右與立志趣者為大檀那沙門行真幷朝妻氏女現世安□後生善処也	毛呂山町川角
38	元亨二年（一三二二）	阿三	藤原	奉訪藤原氏女為逆修也	新座市道場法台寺
39	嘉暦三年（一三二八）	（阿三）	橘	橘氏女子	川越市菅間円光寺
40	康永三年（一三四四）	胎大	北陸使君	右迎所天聖十三廻之御忌傾薫僕衆度無二心之発露□合微力互致造立以之□始北陸使君源儀所志過去御尊霊（略）	小川町大聖寺
41	延文元年（一三五六）	阿三	藤原	逆修作善藤原氏女	上尾市地頭方共同墓地
42	年不詳（不明）	欠	石上	（欠）亥刻逝去／石上氏女生年廿四	熊谷市成沢静簡院

※1　円照寺年不詳板碑の背面に刻まれているという（稲村一九六六）

注

（1）時枝務「1趣旨説明――板碑の概念」（『セッション1　板碑研究の最前線』日本考古学協会第七八回総会実行委員会・立正大学考古学研究室、平成二十四年）。
（2）元弘板碑は東京都東村山市徳蔵寺に、康永板碑は群馬県太田市明王院安養寺にそれぞれ所蔵されている。なお、二基の板碑の真贋論争については、縣敏夫「板碑論争」（『論争学説日本の考古学』歴史時代、雄山閣、昭和六十二年）に詳しい。
（3）沼田頼輔「武蔵国東村山村元弘板碑考」（『歴史地理』第二二巻第二号、日本歴史地理研究会、大正二年）。
（4）三田村鳶魚「村山の元弘板碑」（『日本及日本人』第二〇八号、政教社、昭和五年）。
（5）服部清五郎「徳蔵寺元弘板碑に就て」（『武蔵野』第一六巻第四・五號、武蔵野會、昭和五年）。
（6）三輪善之助「徳蔵寺国宝元弘板碑は偽物に非ず」（『考古學雑誌』第一二巻第一〇号、昭和五年）。
（7）沼田頼輔「新田義助板碑の眞偽」（『考古學雑誌』第二四巻第七号、昭和九年）。
（8）中島利一郎「脇屋義助關係板碑考」（『考古學雑誌』第二四巻第七号、昭和九年）
服部清五郎「源義助菩提供養板碑私観」（同右）。
（9）丸山瓦全「源義助卿の板碑に就て」（『考古學雑誌』第二四巻第九号、昭和九年）
稲村坦元「脇屋義助卿の板碑に就て」（同右）。
中郷敏夫「脇屋義助板碑私見」（同右）。
（10）服部清五郎「源義助板碑否定論者に応ふ（一）（二）」（『考古學雑誌』第二五巻第一〇・一一号、昭和十年）。
（11）三輪善之助「丹黨武士と板碑」（『武蔵野』第一六巻第四・五號、武蔵野會、昭和五年）。
（12）稲村坦元「史料としての板碑」（『佛教考古學講座』第五巻、雄山閣、昭和十一年）。
（13）千々和實「板碑源流考（一）（二）」（『日本歴史』第二八四・二八五号、昭和四十七年）。
（14）千々和到「東国における仏教の中世的展開（一）（二）」（『史學雑誌』第八二巻二・三号、昭和四八年）。
（15）諸岡勝「武蔵武士と板碑」（『東国武士と中世寺院』高志書院、平成二十年）。
（16）栗原文蔵はこの官途名を根拠として「成田系図」中の別府宗助に比定している（栗原文蔵「嘉禎二年の青石塔婆をめぐって」『埼玉研究』第四号、昭和三十五年）。

（17）平均値は『埼玉県板石塔婆調査報告書Ⅱ資料編（1）』の「北足立地区」「入間地区」のうち「完形」と表記された二三七基を対象とした。
（18）この重忠銘については清水浜臣『都伎山日記』においてすでに触れられており、一九世紀初めにはすでに追刻されていたものと思われる（野口達郎「都幾川村の板碑」『都幾川村史資料六（3）中世石造物』都幾川村、平成七年）。
（19）坂戸市教育委員会「1村山党勝氏」（『中世の坂戸』坂戸市教育委員会、平成八年）。
（20）騎西町教育委員会『騎西町史考古資料編2』（平成十一年）。
（21）塚田良道「鎌倉中期における地蔵図像板碑造立の背景」（『考古学に学ぶⅢ』同志社大学考古学シリーズⅨ、平成一九年）。
（22）騎西町教育委員会『騎西町史通史編』（平成十七年）。
（23）内閣文庫『諸家系図纂』一四―上（埼玉県『新編埼玉県史別編四　年表・系図』埼玉県、平成三年）、山中本『武蔵七党系図』（加藤功「翻刻山中本『武蔵七党系図』上」（『研究紀要』第二二号、埼玉県立歴史資料館、平成十二年）。
（24）新井端「万吉観音院の『金吾小野』銘板碑について」（『熊谷市史研究』第四号、熊谷市教育委員会、平成二十四年）。
（25）銘文の下端は埋没して判読できないが結衆銘は「一結（衆）／六十（人）」と思われる。
（26）埼玉県「一党家系図（2）猪俣党（内閣文庫蔵「諸家系図纂」）」（『新編埼玉県史別編4　年表・系図』埼玉県、平成三年）。
（27）先行研究の多くは浅羽行成を供養するためにその子孫等が造立したと解釈しているが、ここでは浅羽行成とその子孫等を供養するために造立したものと解釈した。
（28）坂戸市教育委員会『坂戸市史中世資料編Ⅰ』（昭和六十一年）。
（29）先行研究では「卒塔婆」と翻刻しているが、銘文は明らかに「率都婆」である。一般に「率都婆」を「卒塔婆」と書き改める事例が見受けられるが、正しく表記すべきである。
（30）願文の前に作善の対象を明示する例には梵鐘、経塚等がある。武蔵国では比企郡嵐山町平沢寺経塚出土の経筒銘や東松山市無量寿寺の梵鐘（現在は溶解）等はその好例である。
(31) 本板碑の銘文については稲村坦元注（12）前掲書、埼玉県立歴史資料館『板石塔婆調査報告書』（昭和五十六年）、井上要『秩父丹党考』埼玉新聞社（平成三年）の検討がある。
(32) 『吾妻鏡』建久元年（一一九〇）十一月七日の条では「青木丹五」と「寺尾三郎太郎」、「寺尾太郎」と「中村小太郎」が併記されている。
(33) 注（28）前掲書。
(34) 稲村坦元編『武蔵史料銘記集』（東京堂出版、昭和四一年）中の補遺に掲載。
(35) 服部清五郎は「三浦盛信供養板碑は偽名なり」（『神奈川文化』第二巻一〇号、昭和十六年）において偽名としたが、その後、渡辺義彦は「三浦清雲寺の文永八年銘板碑の考古学的検討」（『三浦一族研究』第六号、平成十四年）においてこれを否定している。
(36) ちなみに本姓のみのd類の場合、交名以外では被供養者の武士名と組みとなる施主名である。
(37) 水口由紀子「武蔵武士と経塚」（『東国武士と中世寺院』高志書院、平成二十年）。
(38) 菊地大樹「東北地方の板碑と死生観」（『前近代日本の史料遺産プロジェクト研究集会報告書二〇〇一―二〇〇二』東京大学史料編纂所、平成十五年）。
(39) とくに諱は分書きされることが比較的多く、この場合の文字は当然小さくなる。
(40) 海老名尚・福田豊彦「『六条八幡宮造営注文』について」（『国立歴史民俗博物館研究報告』第四五集、平成四年）。
(41) 堀池春峰「興善寺蔵・法然上人等消息並に念仏結縁交名状に就いて」（『仏教史学』第一〇巻三号、昭和三十七年）。
(42) 交名状は都合十二点であるが、それぞれに同一名が重複して認められ、これらが同一人物だとすれば交名状は個々に独立した可能性が高く、比較的近接した時間幅の所産と思われる。正行房の願文がないことから造像の契機は曖昧であり、その時期も十三世紀半ば頃に下る可能性を残している。
(43) 交名状の分析は『鎌倉遺文』古文書編第三巻、東京堂出版（昭和四十七年）の「〇一四五四、〇一四五五、〇一四五六、〇一四九三、〇一四九四、〇一四九五、〇一四九六、〇一四九七、〇一四九八、〇一四九九、〇一五〇〇、〇一五〇一」を活用した。

(44) 玉桂寺阿弥陀如来立像胎内文書調査団編『玉桂寺阿弥陀如来立像胎内文書調査報告書』(昭和五十六年)。
(45) 例えば愛知県豊田市長興寺「絹本着色涅槃図」(国重文)の「応永二十八年辛丑結制日幹縁比丘義睦」銘、長野県下諏訪町慈雲寺「慈雲寺梵鐘」(町指定文化財)の「応安元年戊申六月初三仏殿立柱日」「幹縁比丘　省普　良快」銘、山梨県甲州市向嶽寺「抜隊得勝遺誡板木」(国重文)の「于時至徳三年〈丙寅〉仲春十五日始之／幹縁比丘明道」銘等がある。

図版出典
【図Ⅴ】石井真之助『板碑遍歴六十年――板碑名品拓本集――』(本耳社、昭和四十九年)
【図Ⅵ・Ⅶ】騎西町教育委員会『騎西町史　考古資料編2』(平成十一年)
【図Ⅷ】江南町教育委員会『江南町の板碑　江南町史報告編1』(江南町、平成十五年)
【図Ⅹ】稲村坦元「板碑」(『佛教考古學講座　第五巻』雄山閣、昭和十一年)

板碑にみる鎌倉武士の習俗
——嘉暦三年十二月晦日銘板碑を手がかりに——

中西望介

はじめに

川越市中世府川郷調査は二〇一〇年から二〇一三年にかけて現地調査を行い、その成果は二〇一四年に『川越市中世府川郷調査報告書』（以下『報告書』と略す）としてまとめられた[1]。筆者は現地調査の過程で上菅間円光寺跡にある嘉暦三年（一三二八）十二月晦日銘阿弥陀三尊種子板碑（以下「嘉暦三年晦日銘板碑」と略す）を調査する機会を得た。この板碑は『川越市史第二巻中世編別巻板碑』（以下『別巻』と略す）には未収録であり、二〇一二年に『埼玉史談』[2]に紹介された新出の板碑である。近年、付近から出土して円光寺跡墓地に移され研究者に注目されるようになった。

この板碑は二つの点で注目される。第一は十二月晦日という歳末の月日を記していること、第二は埼玉県下の板碑にはみられない「橘」姓を刻んでいることである。筆者はこの『報告書』の「板碑からみる府川郷」の中で

「嘉暦三年晦日銘板碑」について取り上げ、この板碑は、
①魂祭を目的とした板碑であること。(3)
②十二月晦日という特異日の造立であること。
③橘氏女子が供養者であること。
④入間川中流域の在地領主による造立の可能性が高いこと。
以上の四点を指摘した。

その後、幾人かの研究者から十二月晦日は被供養者の没年月日を指すのであって、魂祭の日ではないとの批判を受けた。つまり、①②③の三点について否定されたわけである。「板碑からみる府川郷」では十二月晦日が魂祭を行う特別な日であるとすることが論証不十分であると考えた。また、論じていない点があったので再度この問題を検討したい。(4)

一、「嘉暦三年十二月晦日銘板碑」について

「嘉暦三年晦日銘板碑」について説明しておこう。高さ七六cm、上幅二九・三cm、下幅三一・二cm、厚さ三cmを測る。主尊から上部は欠損しているが、全体的に丁寧な造りである。脇侍サ（観音菩薩）・サク（勢至菩薩）は太くしっかりと彫り、サクの縦画は払いがなく棒状である。(5)蓮座の中房は輪郭線だけで蓮実を描かない。塔身部は二重枠線で区画されている。基部は枘《ほぞ》状に成形されており、基部と組み合う台石が存在したものと思われる。(6)

塔身部には「嘉暦三年［戊辰］十二月晦日／橘氏／女子」「光明遍照十方世界／念仏衆生摂取不捨」とある。

「摂」は異体字で、晦の作りの部分は「毎」を草書体の「安」と刻むなど書体に特色がある。文字彫刻がシャープで、建てられてから時期をおかずに土中に埋没したこと。また、表面に鉄錆が付着していることから水分の多い土中に埋没していたことがわかる。

【図Ⅰ】川越市上菅間所在・嘉暦三年十二月晦日銘板碑拓本（磯野治司氏採拓）

上部欠損

月輪　サ　蓮

光明遍照十方世界

嘉暦三年戊辰十二月晦日

橘氏

女子

月輪　サク　座

念佛衆生摂取不捨

二重ワク線を刻む。晦・摂は異体字

【表Ⅰ】埼玉県下における各月の晦日（二十九・三十日）の板碑（『埼玉県板石塔婆調査報告書』より作成）

月	29日	30日	計
一月	1基	6基	7基
二月	1	5	6
三月	2	4	6
四月	2	4	6
五月	2	7	9
六月	2	1	3
七月	4	3	7
八月	4	5	9
九月	2	3	5
十月	2	1	3
十一月	1	1	2
十二月	6	11	17
月不明	5	3	8
合計	34	54	88

二、十二月晦日銘板碑について

（一）晦日の造立について

十二月晦日板碑の特異性を明らかにするために、各月の晦日を刻む板碑を比較確認することにした。対象とする年代は十三世紀から十四世紀までとする。板碑は卒塔婆であるが、その紀年銘は十五世紀になると被供養者の没年を刻むという説がある。[7]ここではその説を踏まえて、十五世紀以降の板碑は検討対象から除外した。

なお、ここで取り上げる板碑は『埼玉県板石塔婆調査報告書』（以下『県報告書』と略す）[8]に拠った。

『県報告書』から一〜十二月の各月の晦日にあたる二十九日か三十日付けの板碑を拾い出し、これらを『日本暦日便覧』[9]で照合して二十九日の中に晦日に当らないものを対象から除いた。さらに、銘文の読み違いと考えられるものを対象から除いた月別の造立傾向は【表Ⅰ】のようになる。

【表Ⅰ】によれば二十九日または三十日造立の基数は合計八十八基で、十二月を除く平均造立基数は六・五基である。これに対して十二月二十九と三十日の造立基数は十七基と多く、他のいずれの月の造立基数より二倍近い造立であることがわかる。

【表Ⅱ】十二月晦日（二十九・三十日）銘の年代別板碑造立数の変化

年代	
一二五〇	[●]
一二六〇	○
一二七〇	
一二八〇	[●]
一二九〇	
一三〇〇	
一三一〇	
一三二〇	● [●] ○ ○
一三三〇	[○] ○
一三四〇	○ ○
一三五〇	○
一三六〇	
一三七〇	
一三八〇	○
一三九〇	○ ○ ○
不明	●

○・●・[○]・[●]はそれぞれ一基を表す。
○＝十二月晦日（二十九・三十日）のみ。
●＝光明遍照偈を刻す。
[○]＝敬白を刻す。
[●]＝光明遍照偈と敬白を刻する。

その数は群を抜いて多いので、板碑造立の特異日であることが明かである。したがって十二月晦日（二十九または三十日）の紀年銘は没年とは別の供養を示すと考える方が合理的であろう。

さらに、十二月における日毎の板碑造立数を比較してみた。一日から二十八日までの日ごとの造立数の平均は五・三基である。それによっても十二月晦日の造立基数が目立って多いことがわかる。このことからも板碑造立の特異日であることは明かである。

（二）造立年代の傾向

先にみた十二月晦日板碑の十七基の造立年代を【表Ⅱ】に示すと以下のような傾向を示す。一二五〇年代にはじまり一三九〇年代まで造立されて、一つ目のピークは一三二〇年代にあり、二つ目のピークは一三九〇年代にある。

一二五〇年から一三三〇年までは「光明遍照」偈と「敬白」銘と刻む傾向があり、それ以降はこれらがみられない。

(三)主尊・偈について

主尊のうちキリーク(阿弥陀如来)は一四基、バン(金剛界大日如来)は一基で他に不明が二基である。このうち、キリーク一尊は八基(すべてキリークB類)、キリーク三尊は六基(キリークA類三基、不明三基)である。

したがって、主尊が判読できる板碑の九三%が阿弥陀で、主尊不明の二基はいずれも「光明遍照」偈を伴っていることから、造立者の阿弥陀如来への帰依と被供養者の極楽往生の強い願望がみてとれる。キリーク一尊は全てB類で占められ、キリーク三尊は判読できるものすべてがA類で占められているという傾向を示している。(10) 三尊は十三世紀から十四世紀初頭にかけて多く造立されている。

偈はすべて「光明遍照」偈で五基を数える。「光明遍照」偈は『観無量寿経』真身観を出典として武蔵型板碑の偈のなかで最もポピュラーなものである。五基のうち四基は鎌倉期、不明が一基である。また、願文の慣用の語句である「敬白」銘を刻む板碑は四基である。

このような「光明遍照」偈と「敬白」銘を刻む板碑は都合六基を数え、仏に対する供養の意識を明確にしたものである。「光明遍照」偈は仏を礼賛することで、その功徳によって被供養者におよぶことを願っている。また、「敬白」銘は敬って申すことで仏への意識を明確にしたものである。なかでも、熊谷市西野所在正嘉元年(一二五七)銘板碑は「光明遍照」偈と「敬白」銘が刻まれていて、父親の供養のために「孝子」等が十二月晦日という特定の日に造立されたと考えられる。

(四)板碑の造立者について

十二月晦日銘板碑の被供養者について考察する。なお、ここで取り上げる板碑は全て緑泥石片岩製の武蔵型

【表Ⅲ】十二月晦日銘板碑一覧表

	西暦	和暦	種子	偈	願文	施主敬白銘	所在	県報告番号	備考
1	一二五七	正嘉元年十二月晦日	不明	光明遍照	右志者為慈父／幽儀成佛也	孝子敬白	熊谷市西野	63－32－1	【図Ⅴ】
2	一二六七～七四	文□□年十二月廿九日	阿3A				入間市牛沢	23－26－1	※1
3	一二八三	弘安六年十二月三十日	阿1B	光明遍照		孝子敬白	加須市今鉾	70－59－1	【図Ⅱ】
4	一三二〇	元応二年十二月廿九日	阿3A				上尾市瓦葺	5－67－3	
5	一三二七	嘉暦二年十二月卅日	阿1B				加須市神宮寺	70－49－3	※2
6	一三二八	嘉暦三年十二月晦日	阿3	光明遍照		橘氏女子	川越市菅間	筆者調査	【図Ⅰ】
7	一三二八	嘉暦三年十二月卅日	阿3A	光明遍照		敬白	小川町高谷	37－66－6	【図Ⅲ】
8	一三三二	正慶元年十二月廿九日	阿3			敬白	東秩父町	52－26－4	
9	一三三六	建武三年十二月卅日	阿3				越生町小杉	30－3－1	
10	一三四二	康永元年十二月廿九日	阿1B				吹上町竜昌寺	18－26－67	
11	一三四二～四五	康永十二月廿九日	阿1B				旧与野市鈴谷	6－10－41	※3
12	一三五九	延文四年十二月廿九日	金大		妙願		越生町本町	30－8－15	
13	一三八六	至徳三年十二月卅日	阿1B				入間市藤沢	23－7－4	
14	一三九〇	明徳元年十二月卅日	阿1B				行田市	68－54－65	
15	一三九一	明徳二年十二月卅日	阿1B				加須市地蔵堂	70－64－5	

16	一三九二	明徳三年十二月卅日	阿1B		戒阿	菖蒲町上栢間	84—25—1	
17	不明	十二月廿日		光明遍照		入間市円照寺	23—11—11	※4
参考	一三二九	元徳元年十二月廿九日		光明真言		神川町新星	55—18—2	※5
参考	一三三六	建武三年十二月卅日一	阿1A			川越市鴨田	19—15—1	※6
参考	一三八八	嘉慶二年十二月廿九日	阿1B			熊谷市肥塚	59—15—1	※7

※1　形態・種子形態から文永□年とした。
※2　「源氏女比丘尼」は文字の字体と彫刻が異なっているので追刻と判断した。
※3　紀年銘を欠く特異な表記であるが、康永年間と判断した。
※4　干支の一部が見える。
※5　元徳元年十二月晦日は三十日であるため除外した。
※6　県は「三十一」とするが、左から横一列に二廿日誤読かと思われるので除外した。
※7　嘉慶二年十二月晦日は三十日であるため除外した。

板碑である。【表Ⅲ—6】、「嘉暦三年十二月晦日銘板碑」は「橘氏女子」と刻む。板碑の限られた文字情報から「橘氏女子」を供養者か被供養者かを特定することは容易なことではない。この板碑は造立趣意を示す願文がなく、人名には法名ではなく俗姓が刻まれ、それは年月日をはさみ左右に分かち書きで刻まれている。【表Ⅲ—1】板碑（【図Ⅴ】参照）・【表Ⅲ—3】板碑（【図Ⅱ】参照）・【表Ⅲ—7】板碑（【図Ⅲ】参照）・【表Ⅲ—8】板碑の四基の板碑は紀年銘の左右に「孝子敬白」銘あるいは「孝子」銘が刻まれている。「孝子」が供養者であることは言うまでもない。「橘氏女子」はこの位置にあることから「橘氏女子」は供養者であると考えられる。

【図Ⅱ】加須市今鉾所在・弘安六年十二月三十日銘板碑（野口達郎氏拓本提供）

【図Ⅲ】小川町高谷所在・嘉暦三年十二月廿日銘板碑（『小川町の歴史』資料編三、古代・中世Ⅱより転載）

三、十二月晦日銘板碑の造立階層について

「嘉暦三年晦日銘板碑」が所在する円光寺跡にはかつて多数の板碑が所在したことが前記の『別巻』によって知られる。(11)ここで「橘氏女子」を考える上で重要と思われるので、円光寺跡の板碑七基を考えてみたい。【表Ⅳ】にある板碑ア・ウ・エ・キは他所に移動しているが、他所に移動または、新に発見された板碑も含めて円光寺跡の板碑七基を編年順にならべると以下のようになる。

【表Ⅳ―エ】嘉暦元年銘板碑と【表Ⅳ―オ】嘉暦三年銘板碑は二年を隔て連続して造立され、法量が極めて近似しているだけでなく、主尊を月輪で荘厳して、同じ「光明遍照」偈を刻んでいる。このことから二基の板碑造立に関わった人々は板碑造立の宗教的思想を共通にもつ近親者の可能性が想定できる。「橘氏女子」はそうした供養者の一員であると思われる。

一二九一〜一三九〇年の約一〇〇年間にわたり上菅間に七基の板碑が建てられたが、このうち一時期に近い一二九一年から一三二八年の四十年間には五基の板碑が造立されている。この地で祖先供養を継続して営む武士が存在したと考えてよいだろう。橘姓の武士については後述する。

このうち「光明遍照」偈が三基と「一切精霊」偈一基の四基に偈が記されていることに注目したい。アの板碑は「聖霊決定生極楽／上品蓮臺成正覚／菩提行願不退轉／引導三有及法界」偈で出典不明である。これは昔から「一切精霊」偈として言い伝えられてきた「一切聖霊生極楽　上品蓮臺成正覚　菩提行願不退轉　引導三途及法界」の改作と考えられる。被供養者の菩提を弔い極楽往生を願う趣旨の内容である。(12)

そのうちの「上品蓮臺成正覚」に着目したい。上品は『観無量寿経』に説かれる九品往生の教説に基づく上位

【表Ⅳ】川越市上菅間円光寺跡板碑一覧表

	西暦	主尊	高	幅	厚	紀年銘・銘文	その他	形状
ア	一二九一	阿一尊	六五〇	二八六　三〇二	三八	正應四年三月四日	天蓋	欠
	聖霊決定生極楽／上品蓮臺成正覚／菩提行願不退轉／引導三有及法界							
イ	一二八八～九二		二三	一四	二三	正応		破
ウ	一三一五	阿一尊	一〇五五	二六八　二九三	三〇	正和四年十二月日		欠
エ	一三二六	阿一尊	九七〇	三〇七　三二〇	四一	嘉暦元年丙刀十一月十八日		欠
	光明遍照／十方世界／念仏衆生／摂取不捨　月輪　大中							
オ	一三二八	阿三尊	七七〇	三一〇	三〇	嘉暦三年戊辰十二月晦日		上欠
	光明遍照十方世界／念仏衆生摂取不捨　橘氏／女子　月輪							
カ	一三六八～七〇	阿三尊				応安		上下欠
	光明□□□□□□／念仏□□□□□□　月輪							
キ	一三九〇	阿三尊	九四〇	二六三　二七三	三三	明徳元年十二月廿日		完
	願上／禅門							

※主尊種子形態についてアはキリークB類、それ以外はキリークA類である。
※単位はミリ　幅の数値が二つある場合　上は二条線下　下は最大値をしめす。
※形状　欠は欠損　破は破片　上欠は上部欠損　完は完形をあらわす。エの「大中」は字体・彫刻技法から後刻と判断した。ア・ウ・エ・キは古谷地区に移動している。

（上部欠損）

瓔珞　キリーク　瓔珞

蓮座

聖霊決定生極楽

上品蓮臺成正覚

正應四年三月四日

菩提行願不退轉

引導三有及法界

（下部欠損）

【図Ⅳ】川越市大中居所在・正應四年銘板碑写真（『川越市史第二巻中世編別巻板碑』より転載）

三階級すなわち上品上生・上品中生・上品下生の総称である。上品蓮臺は極楽浄土にある最上級の蓮のうてなを指している。こうした往生を遂げられる者は修行と功徳を積んだ身分の高い人とされていた。このことからこの板碑の被供養者の社会的な地位の高さを推し量ることができる。

エ・オの板碑は二年を隔てて連続して造立している。横幅がほぼ同じであること、ともに「光明遍照」偈を刻むなど共通点がみられる。「嘉暦三年十二月晦日銘板碑」は阿弥陀三尊を刻んでいることから天台浄土教信者であると考えられる。円光寺跡から五㎞東方に所在する桶川市川田谷泉福寺には弘長二年銘（一二六二）阿弥陀如来像がある。その胎内銘には「橘氏女」[13]があり同板碑の「橘氏女子」とは俗姓が共通することは注目される。泉福寺は平安時代以来の天台宗寺院であることから、「橘氏女」の信仰は天台系の浄土信仰の可能性が考えられよう。板碑に記された「橘氏女子」の宗教的な背景を考えるうえで示唆的である。

さきにみた十二月晦日銘板碑のうち熊谷市西野堀ノ内の斎藤実盛塚に所在する正嘉元年（一二五七）板碑【表Ⅲ―1】は「光明遍照」偈を刻む上部欠損板碑である。『新編武蔵風土記稿』編纂時にはすでに現状に近い形状であった。「右志者為慈父／幽儀成佛也／［孝子／敬白］」の銘文から亡父の死後の冥福を祈り板碑を造立したことがわかる。十二月晦日に追善供養を行っている事から魂祭の板碑であると考えられる。[14]

古くからこの塚は斎藤実盛の伝承があるが、板碑を含めて造立した人物を明らかにすることはできない。ただし、板碑の所在地する小字名は堀ノ内と呼ばれ、この地名及び板碑の法量・願文から推してこの地に所縁の武士層による造立と考えられる。

入間市野田円照寺所在の年不詳板碑【表Ⅲ―17】は「光明遍照」偈を刻む上部欠損板碑で、紀年銘などは欠損のために不明であるが「十二月廿日」と「光明遍照」偈の一部が刻まれている。同板碑は丹党加治氏惣領家の菩

提寺である円照寺に所在していることから加治氏関連の板碑と考える。(15)

入間市牛沢個人墓地所在の文永□年銘（一二六七〜一二七四）板碑【表Ⅲ—2】は大型板碑で願文や人名を記していない。頂部を失われているが種子形態から入間川水系独特の板碑と考えられる。紀年銘の冒頭部分「文」は読めるが次の文字が摩滅していて判読がむずかしい、大きさから推測すると鎌倉期のものと考えられるので、文永または文保と思われる。『入間市中世史料金石文編』は文永ヵとしている。筆者も形状・種子形態からこの判断を支持したい。同板碑は村山党金子氏の拠点である仏子に隣接する牛沢に所在する。牛沢には金子十郎の伝承地があることから金子氏あるいは村山党武士団関連の板碑の可能性が高い。(16)

以上四点の板碑は鎌倉期の武士所縁の寺院・墓地・塚に所在する。いずれの板碑も欠損や摩滅等によって被供養者や造立者を特定することはできないが、十二月晦日銘板碑が武士層の造立である可能性が指摘できる。

以上のことから、

①十三〜十四世紀には歳末の十二月晦日に在地武士層によって祖先供養が頻繁に行われた。

②それに関わる板碑が多数造立された。

③したがって十二月晦日は板碑造立の特異日である。

④その供養が魂祭であった可能性が指摘できる。

板碑の銘文からは魂祭の文字を見い出す事はできない。

魂祭とは在地武士層にとっていかなる意味をもっていたのだろうか、文献から魂祭を探ることにしよう。

四、史料にみる十二月晦日の仏事

さきに十二月晦日銘板碑が魂祭に関わって造立された可能性をみた。ここでは文献から魂祭を探ることにしよう。

『西宮記』延喜五年（九〇五）十二月三十日条には「晦日世俗は忌む」とあり、十二月晦日は物忌みの日として平安時代初期から民間の習俗に深く根ざしていたことが窺える。この他に『日本霊異記』や随筆・和歌集などにも魂祭の記事がみられる。[17]

魂祭の具体的な行事がわかるのは伊勢国の藤原実重の「作善日記」である。寛喜二年（一二三〇）十二月三十日の記録には、「米六升、十二月卅日、すりほとけのふせ（布施）、五升、ねうほうきやうのひしり（如法経の聖）

【図V】熊谷市西野所在・正嘉元年銘板碑拓本（熊谷市教育委員会提供）

（上欠）
光明遍照　右志者為慈父
十方世界　孝子
正嘉元年丁巳十二月晦日
念佛衆生　敬白
摂取不捨　幽儀成佛也

え、白米三升、みたま（御霊）にまいらす、ち〻は〻（父母）のともらい（弔い）六夜」と記している。実重は十二月晦日に摺仏供養の布施と如法経の聖に布施米を施し、ミタマ飯を作り父母の御霊魂を弔っている。この「弔う」は葬送の事を指すのではなく父母の追善供養をする意味である。藤原実重の実像は明確にできないが北伊勢の地を舞台に鎌倉時代に生きた武士といわれている。[18] 鎌倉時代に在地武士が魂祭を「作善日記」に記していることは注目に値する。十二月晦日は物忌みの日（魂祭）の習俗が古代から中世を通じて連綿と受け継がれていることがわかる。

年末に墓参をする習俗を文献からみてみよう。『吾妻鏡』の年末記事には仏事供養・墓参の記事が数多く見られる。承元三年（一二〇九）十二月二十三日に将軍源実朝は勝長寿院・永福寺・頼朝法華堂等へ参詣している。[19] 勝長寿院は源頼朝が父義朝の菩提を弔うために建てた寺である。[20] さらに、建暦元年（一二一一）十二月二十二日にも勝長寿院・永福寺に参詣し「是歳末恒規也」としている。[21] このように恒例化した寺院参詣（墓参）は北条泰時に引き継がれているが、その対象は頼朝・政子・実朝法華堂と北条義時法華堂に代わっている。

暦仁元年（一二三八）十二月二十八日条は「廿八日己巳。匠作（北条泰時）。前武州（時房）。遠江守（朝時）。右馬権頭（政村）。駿河守（有時）。宮内少輔（足利泰氏）等。被参右大将家。二位家。前右京兆等法華堂。為歳末之故歟。駿河前司（三浦義村）。毛利蔵人大夫入道（毛利季光）。甲斐守（大江泰秀）。秋田城介（安達義景）参会云々。」と記している。「為歳末之故」に幕府要人が頼朝・北条政子ならびに北条義時の法華堂に詣でている。鎌倉幕府の創始者である源頼朝と政子への墓参は当然であろう。ここで注目したいのは北条義時法華堂への墓参である。この墓参のメンバーを見よう。北条時房は義時の弟、足利泰氏は足利義氏と北条泰時の娘の間に生まれた子である。父義氏の母は北条義時の妹であり、泰氏にとって義時は曾祖父でもあった。泰時・朝時・政村・有時は義時の子息である。この時、重時は六波羅在任中のため墓参に加わっていないが、鎌倉に居れば参加したと思われる。北条氏にとって義時が家の祖先と仰げる人物なのであったことがわかる。北条義時を家の祖先とする兄弟・子息・縁者の墓参であり、歳末の墓参（魂祭）が一族結集の場であったと言えよう。[22] さらに、この墓参は北条氏が幕府内部に向かっては執権としての立場を正当化する役割を果したと思われる。仁治元年（一二四〇）十二月二十一日には北条泰時が評定衆等を相具し頼朝法華堂で仏事を修している。[23] これ以後歳末の記事が記された仁治二年（一二四二）・宝治二年（一二四八）・建長二年（一二五〇）の年末墓参には源頼朝法華堂とならんで北条義時法華堂への墓参が泰時・重時・時頼等によって行われている。[24]

歳末に墓参をする記事として和歌山県有田市安養寺に伝わる弘安十年（一二八七）丁亥四月八日付「沙弥仏心田地寄進状」がある。同寄進状には「（前略）安養寺安居料田而限永代、奉寄進所志者、主君御聖霊幷二親幽霊、為仏果得道、兼又、沙弥仏心、無息独身之間、七月半之盂蘭者（盆脱）、可折花無孝子、一年満之極月者、可尋古墳無之輩、（後略）」と記している。[25] 沙弥仏心は亡くなった主君ならびに父母の菩提を弔い成仏を願い田地を安養寺へ寄進した。また、独身の沙弥仏心には七月の盂蘭盆に花を手向け、十二月晦日に墓参りをする子息がいない事を記している。このことから中世においては年に二回、盂蘭盆と年末に祖先の供養（霊祭）が行われていたことがわかる。殊に歳末に墓参の習俗が記された貴重な史料である。[26]

『徒然草』第十九段は魂祭の資料として著名であるので、その部分を引用しよう。「なき人の来る夜とて魂祭るわざは、この比都にはなきを、東の方には猶することにてありしこそ、あわれなりしか」とあり、十二月晦日夜に祖先の霊魂を祀る魂祭の習俗は京都では廃れてしまったが東国では行われていることを載せている。この『徒然草』の成立は元徳二年（一三三〇）から元弘元年（一三三一）に特定され、作者の卜部兼好（一二八三〜一三五二）

は関東に下向していることから、鎌倉御家人達の伝聞を記していると考えられる。(27) さらに、十二月晦日銘板碑造立と時期が重なっていることに留意したい。

以上四点の史料から鎌倉時代の在地では七月の盂蘭盆とならんで十二月晦日に祖先供養(魂祭)の習俗が行われた。歳末の供養は摺仏・如法経供養・ミタマ飯供養・墓参など多彩な形態であったことが明らかになった。先に十二月晦日は板碑造立の特異日であることをみた。こうした魂祭の一環として板碑造立があったと考えられる。

五、橘氏について

これまで魂祭に関わった板碑や文献をみることで、鎌倉期における魂祭の姿がある程度明らかになった。最後に橘氏について触れることにする。橘氏は仏像造立や梵鐘寄進などの仏事を盛んに行っているが、彼等の信仰を浮き彫りにして、そのなかで魂祭が行われたことを明らかにしたい。

そこで再び円光寺跡板碑をみよう。武蔵型板碑には源・平・藤原などの大族の他に丹治・佐伯・日前・草加部・長谷部などの氏族が記されている。(28) その中にあって橘氏は本板碑が唯一の事例である。では橘氏女子はどのような階層の人物であろうか。文献史料からは橘氏女子が魂祭に関わった情報を見出すことはできなかった。そこで同時代の金石文資料から橘氏(姓)の資料を抽出して橘氏の輪郭を探ることにする。【表Ⅴ】にある四点があげられる。

いずれも橘氏(姓)の女性であり、十二世紀後半から十四世紀前半の約一三〇年間であること。さらに入間川水系の入間川・都幾川・市野川流域の半径五㎞圏内に集中していることが共通点としてあげられる(【図Ⅵ】「橘氏女子」銘金石文関係図参照）。

①と②は鎌倉御家人野本氏館跡あるいは利仁将軍営所と伝えられる東松山市野本無量寿寺に関連する金石文資料である。①建久七年（一一九六）銘経筒は野本氏の先祖である利仁将軍を祀る利仁神社が鎮座する野本将軍塚古墳後円部に営まれた経塚から出土している。この利仁神社は無量寿寺の鎮守であり、同寺院と一体のものと考えられることから、この経塚は館に隣接して営まれていたと考えられる。経筒銘文は「勧進聖人／睿義大徳／壇（檀）越／応順大徳／女施主　橘氏／建久七年大歳／丙辰／三月／初日如法経御筒／奉鋳之状件如」とある。野本には野本を名字の地とする鎌倉御家人野本基員がいる。基員は京下りの武士であるが建久四年段階では野本を名乗っているので、野本郷にいた可能性がある。(29) 檀越である応順大徳の姓名が判らないことから、女施主橘氏と御家人野本氏の関係は留保するが、女施主橘氏が主宰した如法経供養とは、経典を法式に則り清浄に書写しそれを安置埋納することである。領主館に隣接して経典を埋納していることは、女施主橘氏の階層を考える上でヒン

【表V】橘氏（姓）金石文

	西暦	和暦	施主	紀銘の対象物	所在地
①	一一九六	建久七年	女施主　橘氏	経筒銘	東松山市野本将軍塚経塚
②	一二五四	建長六年	橘氏女為大施主	梵鐘銘	東松山市野本無量寿寺
③	一二六二	弘長二年	同橘氏女	阿弥陀如来胎内銘	桶川市川田谷泉福寺
④	一三二八	嘉暦三年	橘氏女子	板碑銘（前出）	川越市上菅間円光寺跡

【図Ⅵ】「橘氏女子」銘金石文関係図

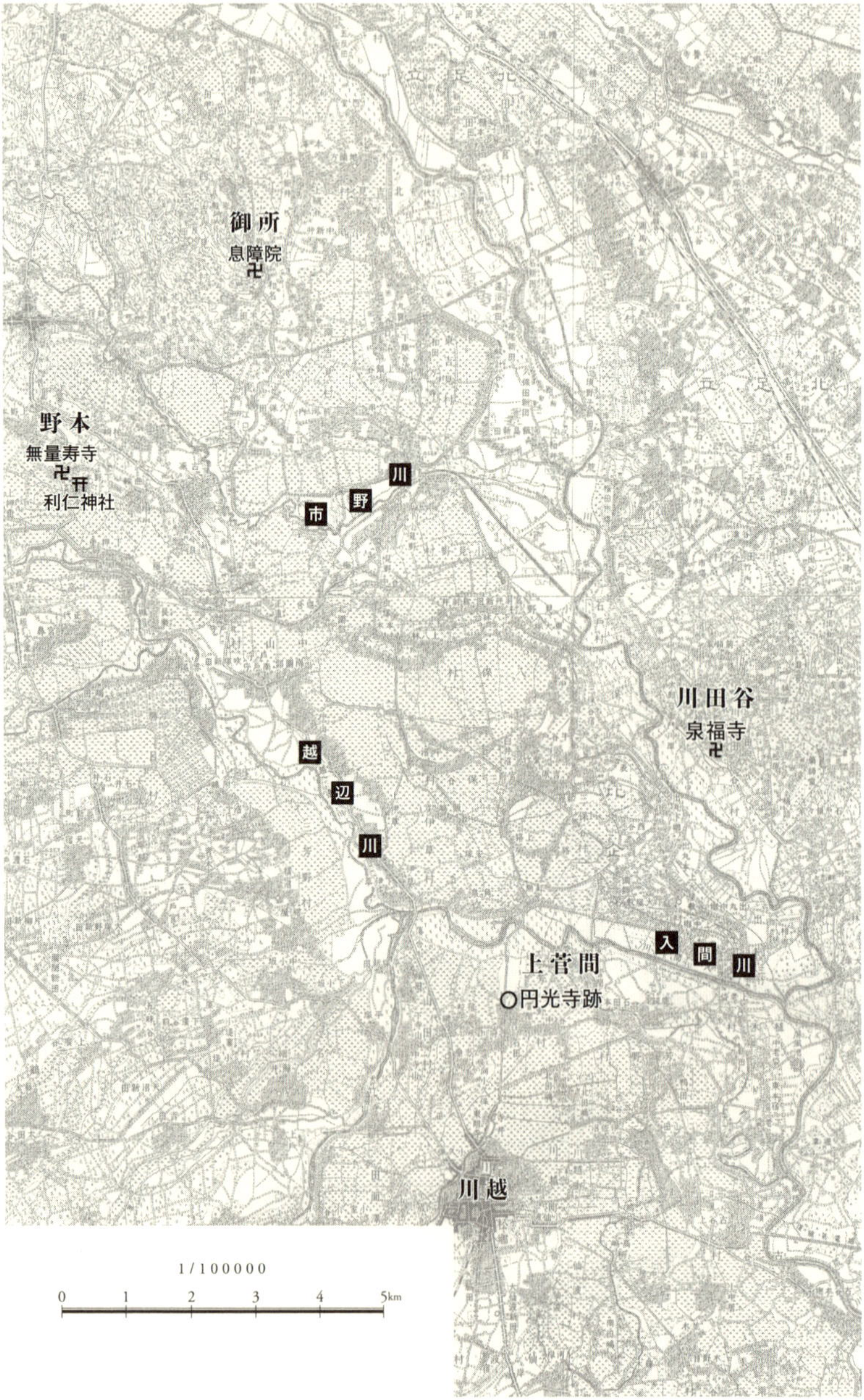

トを与えている。女施主橘氏は館を営む在地武士の縁者の女性と見てよいだろう。さらに言えば妻である可能性が高いように考えられる。

②は野本無量寿寺にあった建長六年（一二五四）銘梵鐘である。梵鐘は貞享二年（一六八五）に本堂背後地から掘り出したという。天保年間に火災により溶解したが、その拓本によると、梵鐘銘は「奉鋳鐘一口二尺七寸／野本寺／諸行無常／是生滅法／生滅滅已／寂滅為楽／右紀忠清并橘氏女為大／施主為仏法興隆為衆生／利益也／建長六年甲／寅二月十五日」とある。この銘文から無量寿寺は建長六年には野本寺と呼ばれていたこと、橘氏女が紀忠清とともに大施主となり仏法興隆・衆生利益のために梵鐘を野本寺に奉納したことがわかる。

紀忠清并橘氏女は夫婦であろうか。梵鐘を奉納できる立場の者は寺院との関係を勘案すると同寺の檀那か、あるいはその一族であろう。紀姓を称する人々としては東松山市岩殿所在元亨二年（一三二二）正法寺梵鐘銘に紀重綱・紀弘吉・紀□□が見えるので比企郡内に紀姓の武士がいたと見てよい。十二世紀末から十三世紀中頃まで野本無量寿寺に橘氏（姓）の女性が経典を供養し、あるいは梵鐘を奉納している。二人の橘氏女には半世紀の開きがあるが無量寿寺を通じて仏に結縁していることから一族の女性とみてよいだろう。彼女らは武士層の女性とみられる。[30]

③は桶川市川田谷泉福寺所在の弘長二年（一二六二）阿弥陀如来胎内銘である。阿弥陀如来坐像は重要文化財に指定され、銘文は早くから知られている。その銘文は「五条□（尼カ）／□□（同息カ）二□（人カ）□□□□□□□（千手丸同女カ）／藤原女□（累カ）□□□（禅慶カ）／同橘氏女　唱信□（女カ）阿弥陀仏如道／奉建立等身弥陀大仏師十仏同子息□／同藤原氏□□（尼カ）同平氏女藤原□□□（尼平カ）子□（息カ）／□（雑カ）使□（尼カ）信野□（尼カ）源次郎入道／弘長二年四月十五日造□」とある。

銘文によれば、橘氏女は藤原女とその子息（カ）や平氏女等とともに等身阿弥陀仏を施入している。(31) 川田谷泉福寺は関東における天台宗の中心寺院であることから、橘氏女は一定の地位と財力を有し天台の教義を理解できる女性であると考えられる。

この他に、鎌倉圓覚寺正安三年（一三〇一）梵鐘銘に「奉行兵部丞橘朝臣邦博」がある。(32)

文献にあらわれた橘氏をみよう。『吾妻鏡』に登場する橘氏として橘公長があげられる。橘公長は平知盛家人であったが、頼朝が挙兵した年の治承四年（一一八〇）十二月に子息公忠・公成（業）を伴い鎌倉に参り御家人になることを許されている。(33) 公業は頼朝の側近として活躍し、出羽国秋田郡小鹿島の地を与えられ小鹿島氏を名乗った。この他公員・公義・公幸・公高・公仲がいる。また、源範頼家人に橘太左衛門尉公忠がいる。(34) 吉見町大字御所にある息障院は源範頼館跡の伝承が伝わり、『新編武蔵風土記稿』横見郡には「岩殿観音縁起ニ、範頼幼稚ノ頃平治ノ乱ニ没落シ、岩殿山ニ還リ、彼地ニ成長ス、是頼朝志ヲ得テ後、範頼当所ヲ領シ、此所ニ居ルト云フ」とある。(35) また、吉見を名乗った鎌倉御家人吉見氏は範頼子孫の系譜を伝えている。(36) 伝承の域を出ないが範頼伝承と橘氏の存在と重ね合わせて興味深い。

『吾妻鏡』からは橘氏と武蔵国の関連をとらえきれないが、文書からその輪郭をとらえることができる。「薩藩旧記」所収建暦三年（一二一三）「武蔵国留守所下文寫」には武蔵国二宮神社地頭職を巡る相論に際して、武蔵国留守所下文に目代藤原氏や散位日奉宿禰とならんで花押をすえた散位橘朝臣がいる。散位橘朝臣は武蔵国在庁官人であろう。(37) 正木文書建武二年（一三三五）「橘行貞打渡状寫」には足利尊氏の御下文並御施行の旨に任せて、武蔵国内矢野伊賀入道善久跡所領の男衾郡小泉郷・比企郡須江郷・足立郡片柳郷・多東郡久米宿在家を岩松経家跡代官頼圓等に橘行貞が打渡している。橘行貞は遵行使として現地にのぞみこれを行ったとみられる。遵行使は現

地に近い武士が通例は任ぜられるので、橘行貞は武蔵国に所領をもつ武士と思われる。(38)

正安二年（一三〇〇）の「久下光綱和与状」には幕府奉行人の弾正忠橘がみえるが、弾正忠橘氏が武蔵国に所領を持っていたか史料がないので不詳といわざるをえない。(39)

鎌倉期から南北朝期にかけて武蔵国在庁官人や武蔵国に所領を持つ橘姓武士を確認することができた。板碑に刻された橘氏女子と直接結び付けることはできないが、橘氏女子の輪郭をつかむ上でそのことは重要である。

以上みてきたように、橘氏が関わった仏像造立・梵鐘寄進・経典供養・板碑造立は天台浄土教を背景として行われたと考えられる。こうした宗教的な背景のなかで祖先供養（魂祭）が行われたと考えられる。

なお、各地の民俗調査報告書によると魂祭・歳末墓参の習俗は近年に至っても埼玉県をはじめ関東各県で行われていることが知られる。(40)庶民の基底にある祖先信仰の奥深さを知ることができるが、論旨の関係でその記述は割愛した。

まとめ

十二月晦日銘板碑は没年ではなく、忌日の供養でもない。祖先供養（魂祭）のために造立されたものである。こうした供養形態の板碑造立があったことを改めて確認したい。その上で以下の五点にまとめる事ができる。
①埼玉県の板碑を網羅した『埼玉県板石塔婆調査報告書』から一～十二月の各月の晦日にあたる二十九・三十日付けの板碑を検索して、十二月晦日（二十九と三十日）の合計基数は十七基と群を抜いて多く、他のいずれの月の造立基数の二倍近くもの板碑が造立されていることがわかる。板碑造立の特異日であることが数量的に明らか

になった。その背景には祖先供養（魂祭）がある。

②『吾妻鏡』や「沙弥心仏田地寄進状」から鎌倉時代の武家社会では年末（晦日）に先祖供養のために墓参する習俗＝魂祭が存在したことが文献史料からも確認できた。それは一族が年末に祖先の墳墓（堂）に参会して精神的な紐帯を確認する場であった。

③十二月晦日銘板碑の造立は鎌倉期の武士層によって担われた可能性が指摘できる。

④「橘氏女子」の銘文から鎌倉時代から南北朝時代の東国には、鎌倉幕府御家人や幕府奉行人、武蔵国在庁官人さらに武蔵国内に所領を有する複数の橘姓武士が存在することがわかる。橘氏女子はこれらの武士層の出身者である可能性が高い。

⑤橘氏が関わった仏像造立・梵鐘寄進・経典供養・板碑造立は、天台浄土教を背景として行われたと考えられる。こうした宗教的な背景のなかで、橘氏の祖先供養（魂祭）が行われたと考えられる。

板碑に刻まれた月日のうちで、春・秋の彼岸中日を指す二月時正・八月時正が多い特異日である事は板碑研究者の間で知られていた。

二月・八月時正を刻む板碑は在地武士層が春・秋の彼岸中日に先祖を供養する習俗があった事を伝える証拠といえる。

今回、十二月晦日銘を刻む板碑が多数存在することがわかった。この事は十三〜十四世紀には、歳末の十二月晦日に在地武士層によって祖先供養（魂祭）が盛んに行われた事を示している。武士にとって歳末に先祖の墳墓に向い拝礼する魂祭の行事は、一族が精神的な紐帯を確認する場であったと考えられる。

注

（1）『川越市中世府川郷調査報告書』（川越市中世府川郷調査研究会、二〇一四年九月）。
（2）a『川越市史第二巻中世編別巻板碑』（川越市、一九八五年）。
b『埼玉史談』（第五九巻第二号、二〇一二年七月）。
（3）魂祭は『広辞苑』によれば「陰暦七月に祖先の霊を迎えて祭ること。もとは十二月晦日にも行われたことが「徒然草」にも見える」とあり、魂祭と祖先供養は同義である。本稿も同じ理解で論をすすめたい。
（4）板碑が供養塔であることについては以下の文献を参照。
千々和到『板碑とその時代』（平凡社、一九八八年）。

柴田常恵「青石塔婆の紀年と法名」（『埼玉史談』第七巻第五号、一九三六年）。

中世前半期における追善供養の様相を石造物銘文から整理した論文としては、山口博之「中世前半期の追善供養――石造物銘文より」（『石造物の研究――仏教文物の諸相』高志書院、二〇一一年）。
（5）諸岡勝「鎌倉時代末期の板碑の一事例　「箕道型」の分布と特性」（『熊谷市史研究』第三号、熊谷市教育委員会、二〇一一年）。
（6）十四世紀前半の台石を伴う板碑は火葬骨を伴う事例が多くみられる。こうした事例として以下の報告書があげられる。
『円照寺裏中世墓址――発掘調査報告』（入間市教育委員会、一九八二年）。

『箕道下遺跡Ⅱ』（（財）埼玉県埋文事業団、一九九九年）。

浅野晴樹「埼玉県出土の中世陶器――蔵骨器を中心に」（『埼玉県歴史資料館研究紀要』第三号、一九八一年・『同研究紀要』第五号）。

栗原真理子「北関東の中世墓と埋葬」（『中世東国の世界二　北関東』高志書院、二〇〇三年）。

『中世墓資料集成――関東編（1）』（中世墓資料集成研究会、二〇〇五年）。
（7）諸岡勝「同型板碑の一事例」（『埼玉県立歴史資料館研究紀要』第二三号、二〇〇一年）。
磯野治司「板碑の造立意識の変化――墓標化の問題をめぐって」（『多知波奈の考古学』二〇〇八年）。
（8）『埼玉県板石塔婆調査報告書』（埼玉県立歴史資料館、一九八一年）。

（9）湯浅吉美編『日本暦日便覧』（汲古書院、一九八八年）。
（10）キリークにはA類（正体）とB類（異体）がある。キリークの違いについては文字の違いとともに意味の違いがあるとの指摘がある。三宅宗議「キリークb類とは何か――阿弥陀種子の坐像と立像」（千々和到・浅野晴樹編『板碑の考古学』高志書院、二〇一六年）。
（11）前掲注（2）a。
（12）加藤政久『石仏偈頌辞典』（国書刊行会、一九九〇年）。
（13）『新編埼玉県史資料編9　中世五　金石文・興書』（埼玉県、一九八九年）。
（14）『熊谷市史　資料編2　古代・中世編　本編』（二〇一三年）。
『新編武蔵風土記稿』幡羅郡西野村条。
（15）千々和到「東国における仏教の中世的展開」（『史学雑誌』八二―二・三、一九七三年）のちに前掲注（4）に収録。
『入間市中世史料金石文編』（入間市市史編さん室、一九八三年）。
（16）『新編武蔵風土記稿』入間郡之五、小谷田村項。
磯野治司「初発期板碑の種子類型」（『埼玉考古第三九号』埼玉考古学会、二〇〇四年）。
（17）『西宮記』延喜五年（九〇五）十二月三十日条に「兼、世俗忌如此也」とある。
『日本霊異記』下巻第二七「髑髏の目の穴の笋をぬき脱ち、もちて祈ひて霊表を示す縁」（角川文庫、一九五七年）。

『後撰和歌集』哀傷1424（新日本古典文学大系6、岩波書店、一九九〇年）。

『枕草子』三七段（新日本古典文学大系25、岩波書店、一九九一年）。
（18）a『四日市市史第十六巻　通史編古代・中世』（四日市市、一九九五年）。
b『四日市市史第十六巻　通史編古代・中世　別冊』（四日市市、一九九四年）。

なお、本文中における『作善日記』の読みはbに従った。
（19）『吾妻鏡』承元三年十二月二十三日条。
（20）『吾妻鏡』文治元年八月三十日条。
（21）『吾妻鏡』建暦元年十二月二十二日条。
（22）『吾妻鏡』暦仁元年十二月二十八日条。

(23) 『吾妻鏡』仁治元年十二月二十一日条。
金永「摂家将軍期における源氏将軍観と北条氏」（『ヒストリア』一七四号、二〇〇一年）。
(24) 『吾妻鏡』仁治二年十二月三十日条・同宝治二年十二月十三日条・同建長二年十二月二十九日条。
(25) 『和歌山県史　中世史料二』（和歌山県、一九八三年）。
(26) 勝田至「中世の屋敷墓」（『日本中世の墓と葬送』吉川弘文館、二〇〇六年）に「沙弥仏心田地寄進状」は紹介されている。筆者も多くの示唆を与えられた。
(27) 『徒然草』新日本古典文学大系39（岩波書店、一九八九年）。
(28) 諸岡勝「武蔵武士と板碑」（『東国武士と中世寺院』高志書院、二〇〇八年）。
(29) 野本は御家人野本氏の本貫地。『尊卑分脈』によれば藤原時長流「基員　住武蔵国　号野本左衛門　刑部丞」。
(30) 水口由紀子「武蔵武士と経塚」（『東国武士と中世寺院』高志書院、二〇〇八年）。
(31) 前掲注（13）。
『桶川市史第七巻社寺・文化財編』（桶川市、一九八六年）。
(32) 企画展図録『中世の梵鐘――物部姓鋳物師の系譜と鋳造』（横浜市歴史博物館、二〇〇〇年）。
(33) 『吾妻鏡』治承四年十二月十九日条。
(34) 『吾妻鏡』建久四年八月十八日条。
(35) 『新編武蔵風土記稿』横見郡。
(36) 『尊卑分脈』第三篇。
(37) 武蔵国留守所下文寫「薩藩旧記」（『新編埼玉県史資料編5』埼玉県、一九八二年）。
(38) 橘貞行打渡状寫「正木文書」同右。
(39) 久下光綱和與状「熊谷家文書」同右。
(40) 『新編埼玉県史別巻2　民俗編2』（埼玉県、一九八六年）。
山田勝利『川越の民俗』（川越叢書、一九八二年）・『川越市史民俗編』（川越市、一九六八年）等。

❖コラム…

武蔵武士宮寺氏と居館

北爪寛之

はじめに

武蔵武士といえば、畠山重忠や金子家忠、熊谷直実といった有名な人物が華々しく活躍する一方で、文献史料に決して恵まれているとはいえず、活動の様子が分かりにくいことが多々ある。今回、考察の対象としたのは、入間郡宮寺郷を根拠とした宮寺氏である。宮寺氏は村山党に属すとされ、文献史料以外にも板碑や棟札、館跡などいろいろな史資料がある。しかし、史料が断片的なため、あまりよく分かっていない一族である。

武蔵武士の事跡を追うためには、文献史料はもちろん、館跡や寺院に関わる史資料を積極的に検討していく必要がある。また、近世や近代に編纂された地誌類も使い、どこまで明らかになるか試みていきたい。

一、本領宮寺郷

宮寺氏が本拠とした宮寺郷は、狭山丘陵の北麓に広がる。『新編武蔵風土記稿』によると、宮寺郷であったとされる地域は、現在の埼玉県入間市宮寺から所沢市三ヶ島、東京都の瑞穂町の一部に比定されている。この辺りは不老川の水系で、丘陵の北麓から庄名川、御祓川、振宿川などが流れている。

交通については、鎌倉街道の脇往還が入間市内の東に、金子道が西側に通っているが、宮寺郷とは少し距離が離れている。宮寺郷から東京都武蔵村山市や瑞穂町へ通じる、狭山丘陵を南北に行き来する道などが使われていたと思われる。郷内の神社の中には、入間郡の延喜式内社ともいわれている出雲祝神社、中氷川神社といった由緒ある神社も存在する。

郷内の地域区分は、宮寺公民館編『宮寺小史』による

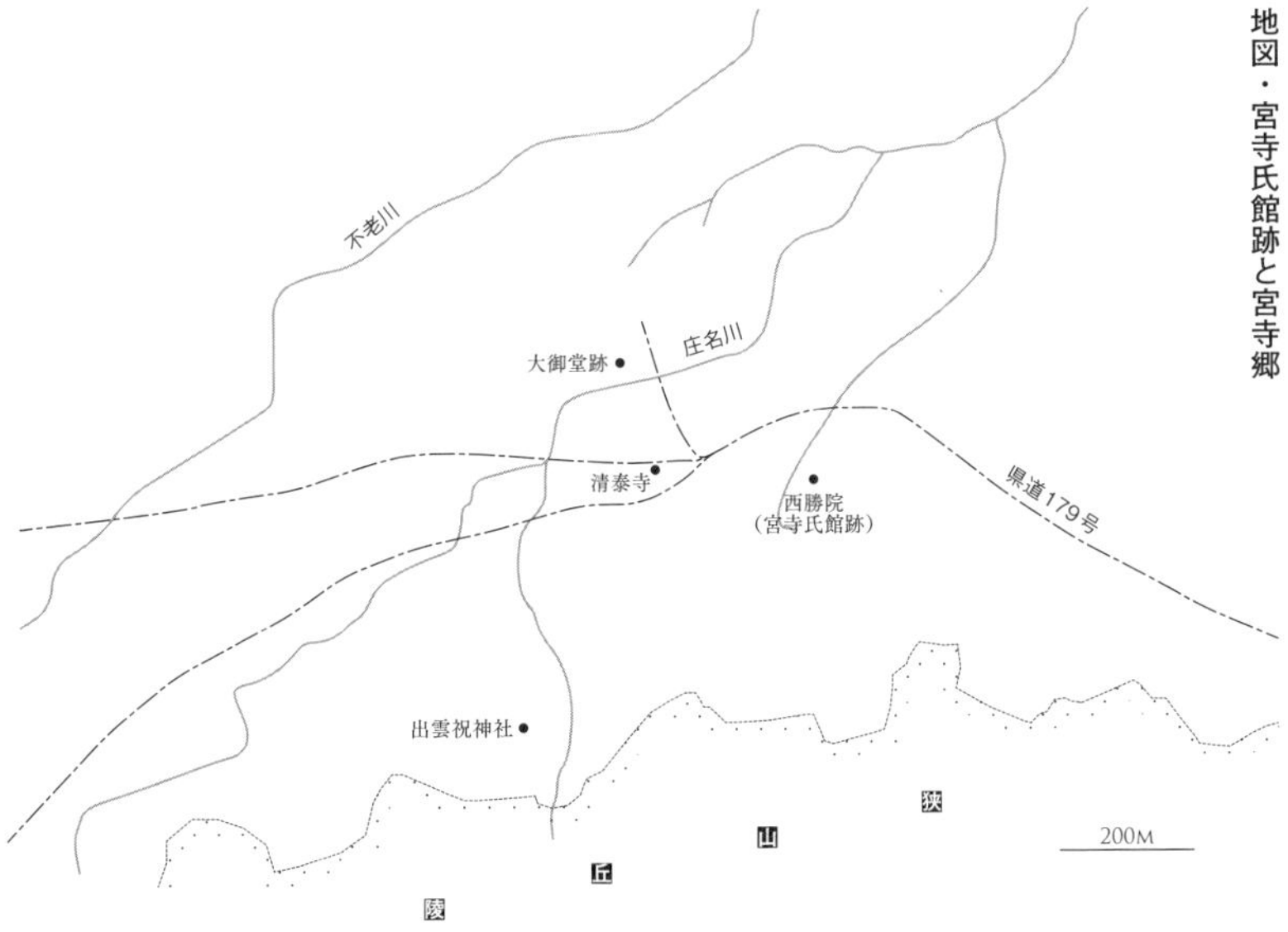

地図・宮寺氏館跡と宮寺郷

と、富士山・高根・駒形・二本木地区を上村、坊・中野・小ヶ谷戸・矢寺などを中村、糀谷・堀の内、三ヶ島を下村と呼んだ時代もあるとする。こうした区分、詳しい郷域は中世の史資料では確認できないが、おおよその目安として認識しておく必要がある。

宮寺郷の近隣には、宮寺郷の東に山口氏が根拠とした山口郷、北西には金子氏が根拠とした金子郷、加治丘陵北麓には金子家忠の弟親範の子孫が根拠とした仏子、入間川沿いには加治氏が根拠とした加治郷など、武蔵武士が多く拠点としていた場所である。

二、諸資料からみる宮寺氏

系図

宮寺氏は「武蔵七党系図」によると、村山党の一族に属する。村山氏の祖、村山頼任から見ると、宮寺氏を名乗る宮寺五郎家平は孫にあたる。家平の父は村山頼家、兄弟には大井五大夫家綱、金子六郎家範、山口七郎家継がいる。「吾妻鏡」や「平家物語」などで名を馳せた金子家忠は家範の息子にあたる。

宮寺氏系図（『新編埼玉県史』別編4所収「武蔵七党系図」より抜粋して作成）

- ∴頼任（村山貫首・村山党祖／某先祖、載野与党系図）
  - 頼家（村山貫首）
    - 家綱（大井五大夫）
    - 家平（宮寺五郎）
    - 家範（金子六郎）
    - 家継（村山小七郎　後号山口七郎）

　ただ、宮寺氏の始祖とされる家平のみが記され、それ以降については記載がない。これは「武蔵七党系図」の成立時点で宮寺氏の事績が明らかでなかったこと、武蔵武士の分派を主眼に置いて系図が記載されたことなどが考えられる。

　次の系図は「宮寺五郎平家平系図」といい、宮寺家平の子家良が修験道に入り、玉蔵坊と号した後の系図である。所沢市三ヶ島の龍蔵院所蔵で、宮寺氏の祖とされる家平の後に家良以下を挿入し、江戸時代の儀鳳まで続いている。この系図によると、家良は良円と号している。玉蔵院の由緒によると良円は修験を修め、玉蔵坊を修験に改宗して七世中興開基となっていることから、当地で宮寺氏と玉蔵坊との関わりが深いことを示している。[1]系図の作成意図は、玉蔵坊の由緒を宮寺家平の子良円に求め、良円の子孫たちが玉蔵坊を継いで儀鳳まで繋ぐことにある。

　こうした意図のため、この系図では家平の没年が明らかに遅く、また、家良の生年なども不自然に遅いなど、検討を要するところがある。しかし、三ヶ島の中氷川神社には宮寺氏が奉納した社殿造営の棟札があるなど、宮寺氏と三ヶ島の地域に何らか繋がりを持っていた可能性はある。

文献史料

　宮寺氏について直接記述された文献は少ない。限られた中ではあるが、文献史料の中から中世の宮寺氏、宮寺郷の動向を追いたい。

　鎌倉時代の史料では、『吾妻鏡』や『承久軍物語』に宮寺氏の名前が見える。ちなみに、『承久軍物語』は『承久記』の諸本の一つである。その『承久軍物語』第四では、北条泰時の軍勢として宇治川を越える際、「みや寺三郎」が他の武蔵武士とともに記されている。

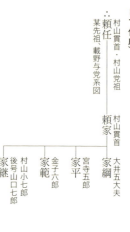

宮寺五郎平家平系図（『埼玉叢書』第四所収、抜粋して作成）

頼任──頼家（武州宮寺ニ住　正慶二年五月十一日卒ス）
　├─家綱──家元
　└─家平（宮寺五郎）──家良（宮寺小太郎　弘安五年二月十五日生後玉蔵坊　室金平二郎長光女　高林寺　正応三年有謂修験道ニ成而蟄居ス改名号ス玉蔵坊良円　応長元年山城国愛宕郡ヨリ移シテ愛宕大権現奉ル勧請亦依為修験道末社ニ熊野権現天王宮稲荷大明神三座勧請ス　嘉元三年七月二日発足大峰修行聖護院宮御門跡御目見江地法印宦迄御免許頭戴九月九日帰国ス）
　　├─長男（宮寺三郎延慶三年正月十八日生後高林寺良安　妻山口太郎季信女）
　　└─女子（かね応長元年五月三日生　難波田小太郎嫁）

権大僧都法印良円　応長元年八月二十六日卒ス

「吾妻鏡」には正嘉二年（一二五八）に宮寺政員の名が見られる。正月十日条では、宗尊親王の鶴岡参詣の行列の一員として「宮寺蔵人」が、八月八日条に、「宮寺蔵人政員」が放生会前駈として催促を受けていたものの、衣冠がないため布衣（狩衣）の人数に加えられることを望んでいる。あまり多くはないが、宮寺氏も他の武蔵武士と同様に合戦や儀礼の場に参加していることが確認できる。

また、直接宮寺氏のことを述べたものではないが、「吾妻鏡」には村山党についての記述もある。治承四年（一一八五）八月二十六日条には、畠山重忠等による三浦衣笠城攻めが行われている。この日の辰刻、畠山重忠とともに衣笠城攻めに加わった河越重頼、中山重実、江戸重長とともに、「金子・村山輩」以下数千騎が城に攻め寄せている。次に、元久二年（一二〇五）六月二十二日条の二俣川合戦では、畠山重忠を討つため、北条義時は多くの御家人を遣わしているが、この中には「児玉・横山・金子・村山党者共」も参加している。この中に実際に宮寺氏が加わっていたか否かは定かではないが、武蔵武士の活動を示す史料として貴重である。

南北朝期についても、宮寺に関わる史料が一点確認できる。暦応二年（一三三九）八月十三日付、高師冬奉書(2)である。この文書は、高師冬が鎌倉府の意を受けて、「宮寺阿弥陀寺」に寺領を寄進した文書である。寄進された地は「武蔵国入東郡縄竹村内伊宇士弥六跡・同次郎三郎跡・水巻左衛門次郎跡弁借家土椙木田弐段」で、意趣は「天下安全・凶徒降伏」としている。

宮寺阿弥陀寺は、宮寺郷内にある大御堂に比定されている。大御堂は宮寺氏館跡の近くで、宮寺家平によって建立されたといわれる寺院である。寄進された縄竹村は宮寺郷内で、『新編武蔵風土記稿』には中野村南方の飛地に小名縄竹とあるため、近隣の跡地を寄進したことになる。この文書の発給は当時の東国の情勢と密接に関わっていると考えられる。文書発給の前年、暦応元年九月には北畠親房が常陸国に着いて南朝勢力の盛り返しを図っている。このため、翌年七月には高師冬が東国に下向し、八月には常陸に向け出陣して、数年にわたり各地を転戦することになる。こうしたことから、高師冬奉書の文書発給の意図は、常陸国の南朝勢力打倒祈願と考えられる。(3)

問題は宮寺氏と高師冬奉書との関係である。鎌倉府からの寄進ではあるが、宮寺氏との関係は不詳である。『入間市史』中世史料編、宮寺氏館跡の項目を参照すると、元弘、正平の頃は加納下野守という人物の居館になっていたとされている。(4)こうした点を考慮すると、宮寺阿弥陀堂（大御堂）も南北朝期には宮寺氏の手を離れていた可能性がある。推論を重ねることになるが、高師冬奉書は「神田孝平氏所蔵文書」の一つで、同氏所蔵文書に鶴岡八幡宮や鶴岡供僧坊、建長寺宝珠庵関係の文書が多いことを考慮すると、(5)宮寺阿弥陀堂もこうした寺社に付けられた祈願所として役割を果たしていたと考えることもできる。

次に見られるようになるのは、戦国時代に入ってからとなる。天文二十二年（一五五三）四月吉日付、旦那願文写(6)には、熊野那智山実報院に出された願文として、「宮寺うたの助」の名前が見え、宮寺氏の中に熊野修験の旦那がいたことがわかる。

後北条氏との関わりでは、永禄五年（一五六二）五月十九日、原・松井田・葛見の地を北条氏照から宮寺与七郎へ安堵された北条氏照判物[7]、同七年（一五六四）、北条氏照が清戸三番衆に対して勤番を命じたいわゆる「清戸三番衆状」[8]などがある。清戸三番衆状には、「宮寺四郎左衛門」「同与七郎」「同掃部助」が勤番衆として名を連ねていて、先の永禄五年の判物の宮寺与七郎と同一人物であり、西（永禄四年ヵ）七月三日付、横地吉信判物[9]では「金子掃部助一跡」を安堵されている。「清戸三番衆状」に見える者は多西郡から入東、入西郡にかけての領主が多く、宮寺四郎左衛門以下も宮寺郷近辺に居続けたと考えられる。

中世の文献史料から見える宮寺氏の活動は、かなり断片的なものとなる。特に鎌倉時代後期から室町期の活動が確認できないことは大きな問題となる。一方で、戦国時代にも宮寺氏を名乗る一族は活動しており、中世を通じて宮寺郷近辺で活動していたということはできそうである。

棟札銘

地誌類からの引用となるが、近世から近代にかけて関東各地の史跡を調べた郷土史家、杉本林志《しげゆき》が著した『狭山之栞』には、三ヶ島村の延喜式内中氷川神社の中で、三点の社殿造営の棟札が紹介されている。この棟札の内二点は、正長元年（一四二八）銘棟札[10]と天文二十三年（一五五四）銘棟札[11]という中世の棟札である。

正長元年九月二十三日の棟札は、武蔵国入東郡宮寺郷下村中氷川神社殿造営として、「大旦那宮寺惣地頭平朝（臣脱ヵ）蔵人入道沙弥道椿・弾正重定・四郎左衛門信重」等の名前がある。宮寺惣地頭、そして「吾妻鏡」にも見える「蔵人」を名乗っていることから、宮寺氏の嫡流が造営に関わっていたと考えられる。

天文二十三年卯月二十一日の棟札は、武州入東郡宮寺郷下村中氷川神社殿造立として、「大旦那宮寺惣地頭豊後入道沙弥芳全嫡子蔵人佐」等の名前がある。この中には宮寺郷以外に本拠を置く、「成木郷住人宮寺下野守」も見えている。成木郷は現在の東京都青梅市成木にあたり、宮寺郷の近くにも宮寺氏がいたと確認できる。

こうした棟札銘と文献史料を併せて検討すると、南北朝期以降、宮寺氏の活動が確認できなかった時期をつなぐことができる。正長元年の棟札で宮寺蔵人と名乗っているのは、鎌倉時代に宮寺蔵人と名乗っていた時の名残と考えられるが、両者が直接繋がっているかどうかは不明である。

板碑

宮寺氏館跡の西勝院墓地には、三基の宮寺氏ゆかりとされる板碑がある。三基の板碑はいずれも紀年は不明だが、形式・様式から初発期板碑と考えられている。

(1)高さ一三九cm、阿弥陀三尊種子板碑。尖頂有額板碑である。[12]

(2)高さ一九六cm、阿弥陀三尊種子板碑。[13]

(3)高さ一〇八cm、阿弥陀三尊種子板碑。[14]

(1)の板碑は、『入間市史』の解説によると、入間市仏子の高正寺にある建長二年銘阿弥陀三尊種子板碑とほぼ同型であることが指摘されている。また、(2)(3)の板碑は西勝院近くの円乗寺にあったものが、明治四十年頃廃寺になり、西勝院に移されたものとされる。いずれも館跡とその周辺にあった板碑であり、板碑造立に宮寺氏が関わったことも考えられる。

他にも、宮寺北矢荻には、高さ一七八cmの阿弥陀三尊種子板碑[15]があり、紀年は不明だが、こちらも仏子の建長年間の板碑と同類同時代のものと考えられ、館跡周辺で初発期板碑が集中していることを裏付けている。

また、西勝院の住職墓地の地下から発見された、弘安八年（一二八五）銘の阿弥陀三尊種子板碑[16]は、鎌倉時代後期の宮寺氏の活動によるものであろう。入間市での板碑の分布は、加治氏のいた野田地区や金子氏のいた金子地区、仏子地区、そして、宮寺氏のいた宮寺地区などに集中している。古くから板碑が見られることは、宮寺氏と板碑との関わりの強さを示している。

三、宮寺氏館跡と宮寺郷

現在、埼玉県入間市宮寺四八九にある西勝院が宮寺氏館跡とされている。館付近の地名には、城ノ腰・城東・的場・的場後などの地名も残されている。また、土塁や上流の川から引いた水堀などが残っていて、館の痕跡をたどることができる。

『入間市史』中世史料・金石文編の宮寺氏館跡を参照すると、現在確認できる土塁は二カ所である。一つは西勝院の境内の東側、南北方向に走る土塁が約二六mで館東側の土塁にあたる。もう一つは、館南側の土塁が参道と門との間にある西へ一四・七m続く土塁である。高さはそれぞれ

宮寺氏館跡

一m以上あり、土塁の外側には堀の跡が見られる。

堀跡は、東側は全長二三m、深さ五〇cm、南側は全長一七m、深さ五〇cmとしている。また、西勝院の境内西側には狭山丘陵から流れる川の水を引いて溝になっている。この溝が館の西側の堀であり、堀跡は現在の空堀にも引か

土塁跡（館跡東側）

れていたと考えている。

館の利用、規模については、近世・近代の地誌を参照したい。

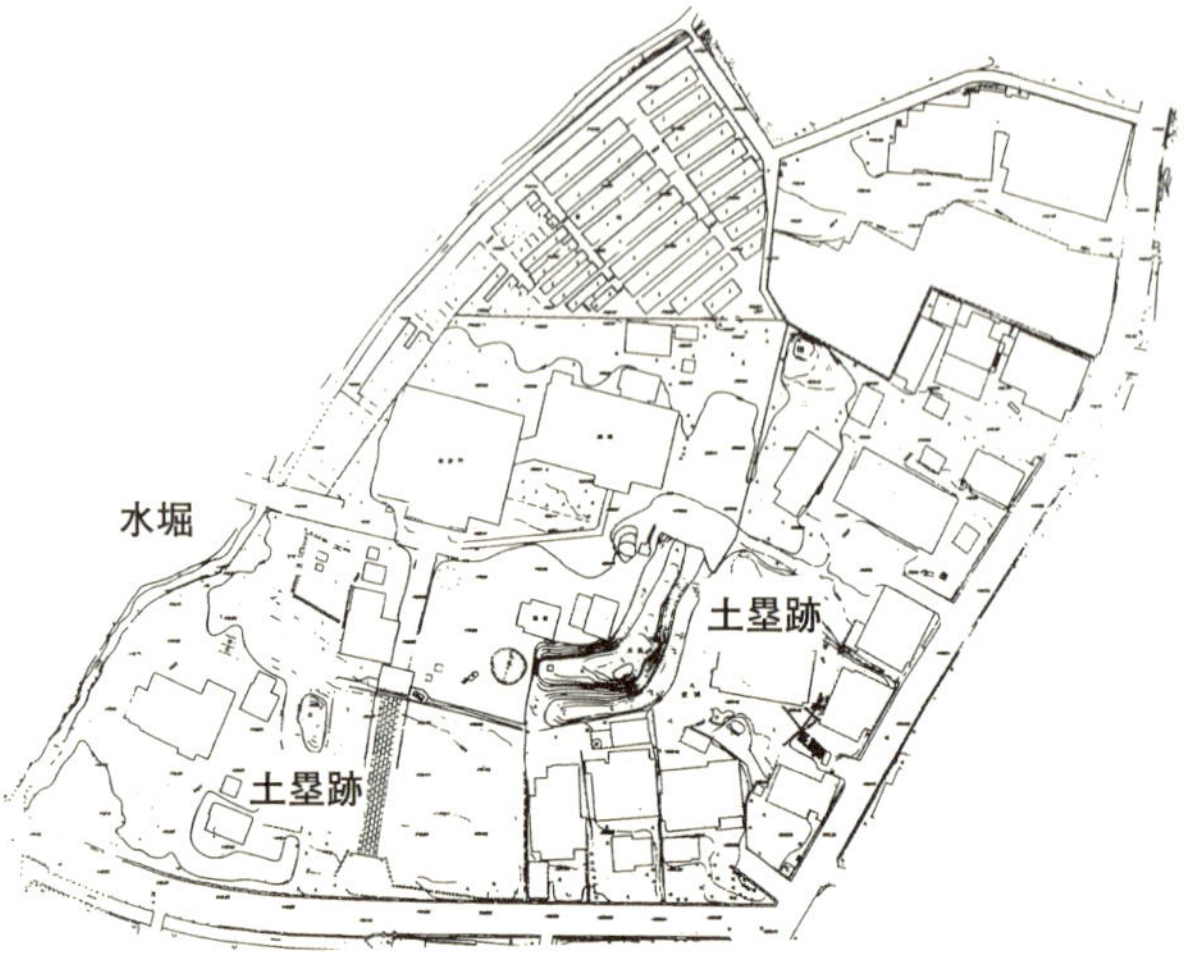

図・宮寺氏館跡（『入間市史』通史編より引用、加筆）

『新編武蔵風土記稿』

〈荻原村〉

西勝院　宮寺山無量寿寺と号す、新義真言宗、多摩郡中藤村真福寺末なり、中興開山智養元和五年十一月十五日寂す、相伝ふ此寺に昔宮寺西勝と云もの住すと、西勝がことは記録なければ知べからず、されど【東鑑】にも正嘉の頃の人に、宮寺蔵人政員など云人見えたれば、西勝も彼人の族などにやあけ（マヽ）りん、又伝ふ加納下野守と云者住せり、其頃までは当寺矢寺村の内に在しを、下野守が計ひにてこゝに移せしと云、本尊は薬師なり、十王堂

『新編武蔵風土記稿』では、西勝院の正式な名称は宮寺山無量寿寺といい、新義真言宗、多摩郡中藤村真福寺末であることが分かるが、中世の様子はあまり記されていない。ただ、伝承として、宮寺西勝という者が住んでいたこと、その後、（加納）下野守が西勝院を移したことが記されている。西勝は家平が出家した際につけた名といわれている。

『入間郡誌』
〈宮寺村〉
西勝院　里伝によれば寺地は宮寺五郎家平の居地にて、其の間南北朝の頃加納下野守の住せし処、今は境内に土居の跡を見る。寺は何れの頃開創せられしやを詳にせずと雖、古は今の大御堂の地に存し、慶長十年中興開山智養、改めて加納氏の館跡に移せるなりと云ふ。文化年中火災あり、其十三年再興す。明治四十二年円乗寺を合せり。
館跡　西勝院附近にして、土手東西五十八間、南北一町二十六間、高き処は一丈二尺、堀深き処は一丈ありと云ふ。加納下野守の築きし処にして、其初は宮寺家平の居住したる処なりと云ふ。加納氏は元弘、正平の間、常に新田氏のしたにありて戦功ありしと云ふ。

『入間郡誌』は近代に編まれた地誌で、大正元年（一九一二）に出版されている。『新編武蔵風土記稿』と重複するところも多いが、より史跡について詳述されている箇所もある。加納下野守を南北朝期の頃とし、この頃に土居（土塁）などを築いたとしている。また、大御堂から現在の地に西勝院を移したのは、慶長十年に智養によるものだとしている点は大きく異なる。

両地誌とも近世・近代の史料なので、検討を要する記述もあるが、先に述べた文献史料の南北朝期での空白を考えると、『新編武蔵風土記稿』に見える加納下野守の存在も、否定することはできないと思う。館の跡の規模については、『入間郡誌』に土手東西五十八間、南北一町二十六間とあり、土塁もかつては館を囲うように築かれていたようである。『日本城郭体系』五（埼玉・東京）で当館を「加納下野守城」としているのも、こうした地誌類の記述を踏まえたものだろう。宮寺氏についても、鎌倉後期までは宮寺氏が居館としていたものが、鎌倉末期、あるいは南北朝期に何らかの理由で没落した可能性もある。近代では、板碑の項でも指摘したが、円乗寺が廃寺となったため、西勝院に板碑などが移されることになった。

宮寺氏館と密接な関係にあった西勝院の旧地、大御堂について考察したい。大御堂は宮寺氏館から徒歩五分ほどの距離にあった堂で、出雲祝神社の神木二本で阿弥陀如来を彫像して安置したのに始まるという伝承をもつ。『宮寺小史』には昭和四年まで建っていたとするが、付近の道路の拡張などに伴い、諸堂は解体されている。現在この場所は小林病院の敷地内で、かつての面影はない。先ずは『新編武蔵風土記稿』や『入間郡誌』から考察したい。

『新編武蔵風土記稿』

〈矢寺村〉

大御堂　本尊弥陀立像四尺許、相伝ふ昔行基菩薩当国行脚の時、偶此地に宿して彫刻せし像なりと、（中略）今荻原村西勝院は往古此堂の地に建しとなり、故に今も此堂は西勝院の持なり、（後略）

『新編武蔵風土記稿』によると、大御堂の本尊は阿弥陀如来であること、西勝院は古くは大御堂の地に建っていて、現在も大御堂は西勝院持ちとなっていることが記されている。また、大御堂と対になる小御堂もあった。小御堂について

大御堂跡

いては、『新編武蔵風土記稿』の中野村の小名として、「小御堂　昔此地に小御堂ありし故此小名ありと云、是矢寺村の大御堂に対して唱ふるよし、」とあり、既に小御堂は無くなっていたようだ。

『入間郡誌』

大御堂　矢荻にあり。元西勝院のありし処にして、今堂宇及天王祠を存す。宮寺五郎家平手植と称する堂側の大杉は落雷のため枯木となれり。本尊弥陀、行基の彫刻と号す。古の額には大御堂と記せしと云ふ。又古に小御堂あり、大小相対せりとも相伝ふ。

『入間郡誌』には、更に宮寺家平手植えの大杉がかつてあったと伝えている。この大杉は『宮寺小史』によると、大阿弥陀堂の前に植えられ、胴回りは一丈七尺あったが、明治三十七年の落雷によって枯死してしまったとされている。宮寺八景の中にも選ばれる由緒のある木であった(17)。

現在大御堂が残されていないのは、昭和四年に解体されたためである。『宮寺小史』には、大御堂の規模は東西三十間、南北二十七間あったとされている。大御堂が解体された際の仏像や石仏は西勝院や出雲祝神社へ移されたようである。

なお、大御堂から伝わったとされる仏像が宮寺地区の清泰寺にある。この仏像は木造伝薬師如来坐像と呼ばれ、製作時期は平安時代後期、入間市で現存最古の仏像といわれている(18)。当時流行した定朝様の仏像で、薬師如来と伝えられているが、薬壺がないことや印相から阿弥陀如来と考えられている(19)。なお、『新編武蔵風土記稿』には「大御堂本尊弥陀立像四尺許」とあることから、坐像であるこの仏像は本尊ではなかったようである。ただ、大御堂に伝わったとされるこの仏像が、宮寺氏によって造像や招来された可能性も考えられるため、記しておきたい。

おわりに

武蔵武士、宮寺氏を考察するため、史資料を重ね合わせながら宮寺氏館と宮寺郷について検討してきた。ここで、宮寺氏館跡と宮寺郷の変遷を振り返りたい。

平安時代末期から鎌倉時代にかけて、宮寺氏は宮寺郷に館を築くことになる。清泰寺の仏像（旧大御堂の木造伝薬師如来坐像）が宮寺氏によって造像、もしくは招来されたものであれば、一つの指標となりうるだろう。

鎌倉時代には、鎌倉幕府の御家人として合戦や行事等に参加する一方、宮寺氏館周辺では板碑の造立も行っていたと思われる。特に高正寺の建長二年銘板碑と同型とされる板碑の存在は、早くから板碑の存在を意識していたことの裏付けとなる。また、宮寺家平が建立したとされる大御堂は、館と対をなす重要な場所であったと思われる。

南北朝期以降は、館や大御堂周辺に宮寺氏が居続けていたのかは分からなくなる。鎌倉府による「宮寺阿弥陀寺」の寺領寄進、地誌類の加納下野守の居住の記述は、宮寺氏が館周辺から離れていた可能性を示している。そして、館に土塁などが設けられ始めるのも南北朝期からとされている。この後、宮寺氏が宮寺郷とその周辺を根拠としていたことは、室町、戦国時代の中氷川神社の棟札や戦国期の文書によって裏付けられるが、具体的な本拠地は不明である。

このように見ていくと、宮寺郷の郷域が徐々に広がっていくように思われる。当初、宮寺氏が活動していたのは、宮寺氏館や大御堂を中心とした限られた範囲である。同地区に初発期の板碑が集中していることもその裏付けとなっていると思われる。

それが室町時代には中氷川神社の棟札に宮寺惣地頭として見られるようになる。中氷川神社のある三ヶ島地区は宮寺郷下村にあたり、宮寺郷がいくつかの区分に分かれていて、宮寺氏による移動や開発がなされた可能性も考えられる。「宮寺五郎平家平系図」のように、鎌倉後期から三ヶ島地域に根を下ろしていたかは判然としないが、中氷川神社の棟札が作成される以前から宮寺氏が郷の東部にも強く影響を与えるようになっていたと考えられる。

以上、宮寺氏を事例に、宮寺郷と館跡周辺の史資料を検討しながら、武蔵武士の郷内での事跡を追ってきた。板碑などの金石文資料の分析については更に検討を重ねていく必要があるが、今後の課題としたい。

大御堂の場所、清泰寺木造伝薬師如来坐像については、入間市博物館の小田部家秀氏にご教示頂いた。謝して記す。

注

(1)『所沢市史』社寺、四八　玉蔵院―三三〇、弘化三年六月武蔵野火防鎮守愛太子大権現社由緒控。三三四、年欠三島山高林寺玉蔵坊世代。また、『新編武蔵風土記稿』三ヶ島村の龍蔵院の項に、「応長元

年良円と云もの起立す、此良円は宮寺五郎と云しものゝ子にて、初宮寺小太郎家吉と称し、此所に蟄居し優婆塞となりて世々土着す、」とある。
(2)『入間市史』中世史料・金石文編、古文書—一六八。
(3)この他にも鶴岡八幡宮神主に対して戦勝祈願した、暦応二年八月四日付、鎌倉府執事〈高師冬〉奉書写（「鶴岡神主家伝文書」『神奈川県史』資料編三、三四六一号）もある。
(4)『入間市史』中世史料・金石文編、三〇一頁。
(5)高橋秀樹「『相模文書』及び『神田孝平氏所蔵文書』について——文書群の構成をめぐって——」（『古文書研究』第三三号、一九九〇年十月）。
(6)「米良文書」八八九（史料纂集『熊野那智大社文書』所収）。
(7)『入間市史』中世史料・金石文編、古文書—一六。
(8)『入間市史』中世史料・金石文編、古文書—一三六。
(9)『入間市史』中世史料・金石文編、古文書—一七。
(10)『新編埼玉県史』（資料編9）一—四—三二。
(11)『新編埼玉県史』（資料編9）一—四—八一。
(12)『入間市史』中世史料・金石文編、板碑—一四〇。
(13)『入間市史』中世史料・金石文編、板碑—一三八。
(14)『入間市史』中世史料・金石文編、板碑—一三九。
(15)『入間市史』中世史料・金石文編、板碑—一三三。
(16)『入間市史』中世史料・金石文編、板碑—一三七。
(17)工藤宏「景勝宮寺八景について——その主題と紹介——」（『入間市博物館紀要』第二号、二〇〇二年三月）。
(18)『今に伝わる仏像・神像——入間市仏像・神像調査報告書——』（入間市教育委員会、一九九八年三月）。
(19)工藤注（17）文献。

主要参考文献

宮寺公民館編『宮寺小史』（一九七五年九月）
湯山学「武蔵国西部の在地領主について（一）～（四）——勝沼衆毛呂氏等の考察・加治宮寺両氏等の考察——」（『埼玉史談』二三巻一号～四号、後に『湯山学　中世史論集三　武蔵武士の研究』岩田書院、二〇一〇年五月に収録）
埼玉県立浦和第一女子高等学校歴史研究部編『中世武蔵武士館跡の研究Ⅳ——村山党金子氏・宮寺氏・丹党加治氏館について——』（一九八三年九月）
入間市史編さん室編『入間市史』通史編（入間市、一九九四年八月）
『板碑で読み解く武士と寺院——私の身近にある中世——』（入間市博物館、二〇一五年十月）

中込勝英「宮寺五郎家平とその一族について」（平成二十八年度ALITお茶大学研究生コース研究成果発表会レジュメ、二〇一六年十二月十七日）

鎌倉街道をめぐる武蔵武士と鎌倉幕府
――関渡と地域開発――

川島優美子

はじめに

鎌倉街道は、関東地方、特に旧武蔵国域に住む人たちにとって、最も身近でかつ豊富な生の鎌倉時代の歴史史料である。近年、各地の歴史史料館などを拠点に、市民グループの方々による調査や古道歩きの催しなどがさかんに行われたり、きめ細やかな情報が自治体などから出されて、ますます探索の利便性が増している。これを文献史料に例えるなら、発見された古文書が展示され、活字におこされ、史料集として出版された段階といえる。次に問われるのは、この鎌倉街道という史料を解読し、どのような歴史を描くことができるかであろう。本稿ではその一つの試論として、鎌倉街道から武蔵武士と鎌倉幕府の関係を探ってみたい。

武蔵国のうち埼玉県域の鎌倉街道の研究は、昭和五十八年の埼玉県立歴史資料館編『歴史の道調査報告書　第一集　鎌倉街道上道』（以下『報告書』）において、遺構や痕跡、伝承を元に、ルートが詳細に調査され、周辺の文化財や現況も含めた報告がなされたことが本格的な学術研究の基礎となった。鎌倉街道が武蔵武士にとって非常に重要な交通路であったことは知られていたが、この報告書によって全体像が明らかになったことは、大きな前進であった。(1) しかし、それ以降鎌倉街道研究は、各地域の市民グループや民間の研究者によるルート探索は広く行われてきたものの、(2) 中世史学として正面から研究対象とされることは少なかった。

その状況に一石を投じたのが、川合康氏による研究である。(3) 川合氏は、『新編武蔵風土記稿』（以下『新記』とする）や『江戸名所図会』、寺社縁起など近世に記された伝承を網羅的に収集し検討することで活用の道を開き、従来研究の中心であった『吾妻鏡』を相対化し、政治史との関わりで鎌倉街道を位置付け、文献史学の分野では大きな画期となる研究となった。

一方で、考古学の分野からも各地の発掘調査によって、街道遺構およびそれに付随しているとみられる町場、城館などが報告されている。(4) 遺物から交易圏の考察、葬送から宗教、町場の形態と変化から都市史というように、隣接諸分野との連携によって大きな成果をあげている。(5) また、考古学と文献史学との共同研究も、中世みちの研究会によるものなど、成果が報告されている。(6)

但しこれら近年の目覚ましい研究は、いくつかの問題点が残されたまま、見切り発車的に進んでいる感が否めない。本稿ではそれらの問題点を検討することで、曖昧にされてきた鎌倉街道の概念を少しでも明確化し、その上で改めて鎌倉幕府と武蔵武士の関係性の中に鎌倉街道を位置付けたいと思う。

一、鎌倉街道研究の問題点

①呼称について

鎌倉街道は一般に「上・中・下道」の三つの経路を主とし、上道は鎌倉から武蔵国中央部を北上し上野国から信濃国への道、中道は奥州街道（奥大道）、下道は鎌倉から武蔵国東部を経て下総国から常陸国への東海道とされ、広く認識されている。そもそも「上・中・下道」という呼称は、『太平記』と『梅松論』の記述に基づいている。一方『吾妻鏡』では、文治五年（一一八九）の奥州合戦に際して、上野・越後国より出羽国に至る北陸道軍の進軍ルートが「下道」、下野国より平泉に向かう源頼朝の進軍ルートが大手で「中路」と記されており『太平記』と『梅松論』とは上・下が逆である。この矛盾について、検討したいと思う。

文献史料における「上・中・下道」の事例は、以下の通りである（傍線筆者）。

ア、可有御下向于奥州事、終日被経沙汰、此間可被相分三手者、所謂東海道大将軍、千葉介常胤・八田右衛門尉知家、各相具一族等幷常陸・下総国両国勇士等、経宇大・行方、廻岩城・岩崎、渡遇隈河湊、可参会也、北陸道大将軍、比企藤四郎能員・宇佐美平次実政等者、経下道、相催上野国高山・小林・大胡・左貫等住人、自越後国、出々羽国念種関、可遂合戦、二品者大手自中路、可有御下向、先陣可為畠山次郎重忠之由、召仰之、

（『吾妻鏡』文治五年〈一一八九〉七月十七日条）

イ、九日に、軍評定あって次の朝の巳刻、金沢武蔵守貞将に五萬余騎ヲ差し添へ、下河辺に差し下さる。こ

れは、上総・下総の勢を付けて、敵の後ろへ廻らんとなり、一方へは桜田治部大輔を大将として、長崎次郎・同じき孫四郎左衛門・加治次郎左衛門入道に、武蔵・上野両国の勢を六萬余騎相添て、上道より入間川へ向けらる。これは大河を前に当て、敵の渡さん処を討たんとなり、

（『太平記』小手指原軍の事〈巻十〉）

ウ、大手の大将にて向かはれたる四郎左近大夫入道わずかの勢に討ちなされて、早や昨日の晩景に山内へ引っ返されぬ、搦手の大将にて下河辺へ向かはれたる金沢武蔵守貞将は、小山判官・千葉介に打ち負けて、下道より鎌倉へ入られければ、思ひの外なる事かなと、人皆周章て騒ぎける処に、

（『太平記』鎌倉中合戦の事〈巻十〉）

エ、敵小手差原にありと聞こえければ、将軍も十萬余騎を五手に分けて、中道よりぞ寄せられける、

（『太平記』武蔵小手指原軍の事〈巻三十一〉）

オ、鎌倉勢悉引退く処に、則、大勢責上間、鎌倉中のさはぎたゞいま敵のみだれ入たらんもかくやとぞ覚えし、かゝりしほどに三の道へ討手をぞつかはされける、下の道の大将は武蔵守貞将向ふ処に、下総国より千葉介貞胤、義貞に同心の儀有て責上間、武蔵の鶴見の辺におひて相戦けるが、是も打負て引退く、武蔵路は相模守守時、洲崎千代塚におひて合戦をいたしけるが、是も討負て一足も退ず自害す、南条左衛門尉幷安久井入道一処にて命を落とす、陸奥守貞通は中の道の大将として葛原におひてあひたゝかふ、

（『梅松論』上巻）

文献史料として当該期の用例は、以上の五例がある。『吾妻鏡』には東海道・奥大道・東山道・北陸道などの語は頻出するが、「下道」「中路」の語はこの一ヶ所のみである。とすると、「上・中・下道」という呼称が鎌倉時代の一般的な呼称であったとする見解（『報告書』など）は疑問である。ア〜オの史料に共通する点は、いずれも合戦に臨んで軍勢を複数の手に分けた際の各々の進軍の経路を表しているということである。つまり、単独で特定の街道を「上・中・下」で表現する例は見当たらない。今日の呼称は史料イ〜オに基づいているわけだが、史料エは、新田・足利両軍が小手差原で合戦をする場面で、「中道」を小手指原に進む「将軍」は足利尊氏を指す。これについて『新記』入間郡久米村の項に「所沢・上新井二村の間より村内（久米村）へかゝり（略）野口村へ達す。（略）按に是『太平記』小手指原合戦の条に、将軍方十万余騎を五手に別て中道より寄しと云は、この道なるべし」とある。同じ『新記』多摩郡久米川村の項には、「新井君美（白石、筆者注）の説にも、古の鎌倉道といへるは、府中国分寺の方より当所へかゝりしよし古図には見ゆれど、おもふに『太平記』に中道といへるはこれなるべし」と見える。これが今日一般的な鎌倉街道中道（＝奥大道）ではないことは明白である。

以上の結果、各史料の食い違いは、単純な誤記ではなく、それぞれの合戦ごとに「上・中・下道」が設定されていたと考えざるを得ない。つまりここでいう「上・中・下道」は固有名詞ではなく、相対的な位置関係を示していると推定できる。(7)

それではこの「上・中・下」は何なのか。そもそも上下の位置関係の意味には、①高低、②京都からの遠近、③左右、この三つがある。『吾妻鏡』と『太平記』の「上・中・下道」は、①②では説明できない。あくまで一つの解釈だが、③の左右の関係をあてはめれば、『吾妻鏡』の奥州合戦の場合、鎌倉から奥州方面に向かって北上するので、右側＝東側が上手（かみて）、左側＝西側が下手（しもて）になり、『梅松論』の場合上野国から鎌倉方面に南下するのでその逆となる。右側を上とする認識は、舞台の「上手」「下手」の例を引くまでもなく、生活文化の中のあらゆる面でみられるものであり、それに基づいた呼び名であると解釈すれば矛盾はない。しかし史料ウは鎌倉方の軍の動きなので、この解釈が当てはまらないようにみえる。これについて磯貝正は、「こゝに下の道と云ひ、搦手と称するは上の道、即ち義貞の本軍の進んだ府中・関戸・井出沢・瀬谷・柄沢を通ずる大手の道に対するのであり、江戸の方面から六郷・鶴見・神奈川を経て、保土ケ谷・岩間に至り、左折して所謂鎌倉道に入って、弘明寺・最戸・永谷・本郷村を通って山内に出ずるものであった」とされる（磯貝一九三八）。史料ウの金沢貞将の軍についての下道・搦手は、新田義貞の本軍の進路の「上道」に対する「下道」であるという。史料イの鎌倉から入間川に向かう「上道」も、同様に解釈すれば新田軍側からみた「上道」となり、「左右」の解釈で矛盾がなくなる。そしてこの磯貝の解釈も、「上・下道」を軍勢を分けた際の用語で、特定の道を指すという立場ではない(8)。

他に「上・中・下道」の例としては、古代からの大和盆地を南北に貫く三本の道、東から「上ッ道・中ッ道・下ッ道」が広く知られている。これも文献史料では『日本書紀』の壬申の乱についての記述が唯一で、大伴吹負率いる軍勢を金綱井（奈良県橿原市付近）で、「上・中・下」の三道に分け、自らは中道に当たり北上し、北方から来襲する近江軍と戦ったという（巻廿八　天武天皇元年七月壬申・辛亥条）。合戦で軍勢を分け、各々の進軍経路を向かって右側から上・中・下で表すという原則は、先ほどの解釈と一致する。大和盆地のこの三道は、『日本書紀』の記述から後世「上ッ道・中ッ道・下ッ道」と呼ばれるようになったのであろう。

以上検討したことは、単に呼称の問題にとどまらない。「上・中・下道」を三つの幹線道路を指すものとみなし、さらに「鎌倉街道」の語と結び付けて研究されてきたことが、鎌倉街道の実像解明に少なからぬ影響を与えてきたのではないかと考える。つまり、鎌倉街道を当該期の主要幹線道路一般を指すかの如く拡大解釈することに繋がっているように思われる。そこで本稿での検討対象は、「鎌倉街道（大道・古道など）」と伝承されている道に限定することとする。（上道については、史料オに見える「武蔵路」という名称が適当と考えられるので、以下この名称を使用する事とする。）

もう一つの呼称の問題は、「鎌倉街道」である。この名称は、各御家人が「いざ鎌倉」という時に、いち早く鎌倉に駆けつけるための道であることはいうまでもない。ところがこの語は中世の史料には見いだせないといわれるが（『歴史の道調査報告書』など）、「金沢文庫文書」の元亨元年（一三二一）八月□□日沙弥暁尊（山川貞重）寄進状案で四至を示す文言に、[9]「鎌倉大道於限」とある。[10]一例でも鎌倉時代にこの名称が存在したことの意義は大きい。しかしそれ以降、中世の文献史料に「鎌倉街道（大道）」は、今のところ一例も見いだせない。それが近世になると『新記』はもとより、様々な文献や絵図に「鎌倉古道」「鎌倉古街道」「古の鎌倉街道」などとしてまさに無数に記録されている。[11]それらは過去の道の痕跡としての鎌倉街道であり、生きた道としてではない。鎌倉時代には「生きた」道として存在していた鎌倉街道が、鎌倉幕府滅亡とともに過去の道となり、近世になってその痕跡の伝承が再び文字で記録された。この事実は、鎌倉街道が鎌倉幕府と不可分の関係にある、政治的な道であったことを示しているのではないだろうか。

②遺構について

次に鎌倉街道遺構の特徴である、道幅、道筋と形状の三点を検討したい。

正確な道幅は発掘調査によって明らかにできるが、武蔵路本道の府中市以南（九〜一〇m）、群馬県内の通称「あづま道」遺構（路面幅二・五〜三・二m）、栃木県内の通称「うしみち」（同七〜一二m）、千葉県内の山谷遺跡（二・二〜三・一m）などまちまちである（浅野二〇〇六）。[12] しかし、武蔵路本道に限ると、赤浜天神沢遺跡（大里郡寄居町）五〜六m、伊勢根道路跡（比企郡小川町）五m前後、市場道路跡（同）五〜七mと、大まかには五m前後とすることができよう。すでに埼玉県教育委員会による『報告書』所収の福島正義氏の論考では、「街道の両側に側溝が存在し、幅員が三〜五メートルであった。（略）もちろん切通し部分などは幅が狭められていたわけであるが、（略）同一規格でしかも直線的に建設されている鎌倉街道は、明らかに幕府の一定計画に基づいて拡幅整備や新設がなされたことを示している」とされている（福島一九八三）。最近の研究では、中世の「大道」は、「軍勢の移動に不便のない三間程度の道幅を維持していた」（高橋修二〇一五）と考えられている。およそ武蔵路本道については五〜六mの幅という発掘結果と一致する。その一方で、非常に小規模な遺称地が多数存在することも看過できない。一口に鎌倉街道と言っても、一定の規格で造成された本道とそれに準じる羽根倉道などの主要な支道と、各御家人が本道に繋げるまでの区間を独自に造成した枝道という、三つの性格の道によって構成されていたといえるだろう。

次に掘割状遺構であるが、『報告書』の「鎌倉街道上道の概観」では、「平均して上幅で一〇m前後、下幅で五m前後を測り、中には毛呂山町市場の遺構のように西側に土手状の高まりを持つ例もあるが、直接箱薬研状に掘り込んでいるのが基本」で、毛呂山町や小川町の発掘調査の結果、ローム層まで溝を掘り込み、両側に側溝を伴う道路面が造成されたことが確認されたとしている。『武蔵武士を歩く』では、現地調査の結果、何らかの遺構が残存している箇所を採録したが、武蔵国内では羽根倉道や本庄道はもちろん小規模な小道にいたるまで、鎌倉街道遺構＝掘割状・切通し状・土手状遺構とみなして差し支え無い状況がみられた。現在の神奈川県内の南武蔵にも「七里堀」や「長堀道」などと呼ばれる、大規模な掘割状の道があった（芳賀一九八一、中西二〇〇七）(13)。

しかしこの遺構の機能や意義については、管見の限りではこれまで研究されたことがなかった。掘割状・土手状の道の造成方法としては、ローム層まで表土を掘り込んで、その土を両側に積み固めたのであろう。掘り込むことと両側に土手を築くことと、どちらが主たる目的であったかはわからないが、周囲よりも低い路面は、降雨時など通行が困難になることも容易に考えられるので、土手を築くことが主であったと推定する。それを裏付ける手懸かりといえるのが、深谷市の榛沢瀬伝承である(14)。榛沢瀬は、鎌倉街道武蔵路の支道、本庄道に築かれたもので、現在はわずかにその痕跡を残すに過ぎないが、五十年程前までは大規模に残存していたという。これは、源頼朝が建久四年（一一九三）の武蔵国入間野・信濃国三原・下野国那須野の巻狩りを行った際、頼朝の威光の誇示と道中の安全を図り榛沢瀬左衛門なる人物に築かせたという。瀬左衛門は住民を駆使して、荒川岸から深谷市榛沢付近まで、両側七〜八尺（二m余か）の高土手を備えた道幅三間（五・四m）、土手敷各三間、総幅員九間ほどの道を造ったという。頼朝が乗馬で通過しても土手の上にわずかに陣笠が見えるだけで、御家人以外の徒歩衆は土手の上を周囲を警戒しながら歩いたと伝えられている。榛沢瀬左衛門とは榛沢成清のことであろうか。伝承なので「陣笠」など近世的な変化は受けているものの、三間という道幅は、本道の規格と一致する。これと類似した伝承が大里郡岡部町（現深谷市）山崎の鎌倉街道伝承地にも残っているという（『報告書』）。建久四年の巻狩りが、頼朝が東国の御家人支配を確立する上で非常に重要な役割を果たしたことは、すでに明らかにされている

（川合二〇〇五・二〇〇六・二〇一〇、木村二〇〇七・二〇一四）。榛沢瀬は、巻狩りをめぐる政治史の研究成果を、遺構と伝承から裏付けるものといえよう。

③道筋について

鎌倉街道は、古代の官道が計画的直線道であるのに対して、古くから地域社会で利用されてきた道路が改めて御家人の手で維持・管理されたものである（つまり計画的直線道路ではない）という指摘がしばしばなされている（宮瀧二〇一四にまとめられている）。しかし前出『報告書』の福島氏の論考では「鎌倉街道は鎌倉を出発すると、平坦な関東平野を行くために比較的直線部分が多い。鎌倉街道の遺構がよく保存されている比企・入間の両郡では、丘陵や台地の部分をほぼ南北方向に貫通している」という。このように鎌倉街道に対しては異なった見方が曖昧なまま併存している。

それでは実際の鎌倉街道の経路にはどのような特徴があるのだろうか。先の福島氏の指摘では、全体的には「直線的」とされているが、荒井健治氏は地形の関係で、「段丘が下位面に最も張り出した部分を選択して通過している」という特徴を指摘されている（荒井一九九九）。理由は、「山道などでは尾根道が最も緩斜面である場合が多いことに起因している」と推定されている。また中山幸雄氏は、「鎌倉街道は軍事路であるのでところどころで見張らしの良い高地点を通る必要があり、その為に尾根ルートが多くなったはず」（中山一九八九）とする。武蔵国分尼寺付近では、東山道武蔵路と二〇〇mの間隔でほぼ並行して鎌倉街道遺構が残り、東山道武蔵路を利用すれば起伏の少ない直線的なルートをとることが可能だが、鎌倉街道はあえて国分寺崖線に切通しで上るルートをとっている。この遺構の「峠」状の部分には鎌倉末期に建てられたという伝祥応寺跡があるが、道の西側に広がる土塁に囲まれた平場で、南方の多摩川方面の眺望が開けていたとが推測される。まさに「見晴らしの良い高地点」を通る尾根状の道である。伝祥応寺跡は、上道に付属するような軍事的施設であったと想定することも可能であろう。

実際の鎌倉街道遺構において起伏のある部分をたどると、急斜面をジグザクで登ったり、迂回したりする事例は皆無で、直登か切通しにしている。例えば菅谷館の東、学校橋の北側には、切通しで急坂を直登する鎌倉街道遺構が、大きくジグザグをきる古道跡と並んでみられ(15)、鎌倉街道秩父道の遺構は、直線的に急登する部分のみが、ジグザクをきって登る現在の道と重複しないために残っている(16)。鎌倉街道についての一般的な説明では、馬の急傾斜に弱いという習性を踏まえて造成されたとされる（市川一九八四）。しかし、近藤好和氏は、中世の訓練された軍用馬は、非常に急な斜面の上り下りに堪能であったことを明らかにされており（近藤二〇〇五）、鎌倉街道も急傾斜を避けることを目的として迂回したりするよりも直線的に最短距離で通過することを優先していたことがわかる。地域的にみると、直線的であるという特徴は、武蔵国とその延長上の上野国に際立っており(17)、常陸国などではあまりそのような特徴はみられない(18)。

もう一つ道筋の特徴として、集落を避けているという点を指摘したい。鎌倉街道秩父道の久須美の遺構は入間川の谷あいを進むが、久須美集落では集落を避けるように川岸の崖の肩の部分に沿って遺構が残る。古代の官道も同様で確実な遺構が残る部分に限れば、一般的な傾向と言えよう。鎌倉街道はその目的と形状から、この時代の通常の道のように集落を貫くようには通せなかったと考える(19)。

道筋には以上三つの特徴がみられるが別の観点では、鎌倉街道の伝承路は、現在も道路として使われている場合と、現在は使用されていない道路状の掘割状遺構等に大別される（宮瀧二〇一四）。遺構がよく保存されている部分は、生活道路としては適さない理由があって廃道となっている部分とも言える。つまり遺構として残存している鎌倉街道は、概ねそれ以前からの道路を踏襲せず新たに造った部分とみることができる。古代の官道は、朝廷の命令を速やかに伝え、軍を移動させるための道である駅路と急ぎではない官人が利用する伝路との二重構造だった。駅路はそのために新設された道で、伝路は既存の道が使われた。従って大和朝廷の衰退とともに駅路は廃れ、伝路は残った（近江二〇〇六、武部二〇〇三）。鎌倉街道は古代の駅路に近い。『報告書』では、代表的な鎌倉街道伝承路である毛呂山町市場・寄居町赤浜・小川町伊勢根などで発掘調査の結果、明確な硬化面が検出されないという事例を報告している。まさに生活道路として適さなかった部分といえる。つまり鎌倉街道は、既存の道路を改修した部分と、新規に造られた部分とが併存するが、既存の道路もこれら三つの特徴を満たす部分が利用されたのだから、全体的に鎌倉街道は、鎌倉時代に新たに設定された道路といえよう。この点からも鎌倉街道は鎌倉との最短最速を期す情報伝達と軍事の道路であり、一般の幹線道路とは別個のものであった。

以上まとめると、①「上・中・下道」という呼称は、特定の道を指すものではなく、合戦で軍勢を手分けした際に用いられるものだった。また「鎌倉街道（大道）」という名称は鎌倉時代に存在した。従って「鎌倉街道」と他の主要幹線道路は、結果として空間的に重複する部分が有るにせよ、概念としては分けてとらえるべきである。②道幅から鎌倉街道は、幕府による一定の規格に基づいて造成された本道と、各御家人が本道に繋げるまでの区間を独自に造っていた枝道から構成されていた。また武蔵国内の遺構はそのほとんどが道の両側に掘割状・土手状の遺構を伴う。③鎌倉街道はできるだけ直線的（最短距離）かつ高い部分（尾根上）を通しており、訓練された馬による、迅速かつ安全にに移動するための軍用路だった。

これらの特徴から、鎌倉街道の機能を考えてみたい。川合康氏は「日常的に軍事力がプールされていない都市鎌倉の構造と、「武蔵国衆」が鎌倉幕府の軍事的基盤であったという二つの要因に規定されて、まさに「いざ鎌倉」の際の最重要道路として幕府によって整備・管理されていた」（川合二〇〇六）される。まさに正鵠を得たものといえよう。

しかしもう一つ、土手状遺構の意味は解決できていない。もし榛沢瀬の土手が伝承の通り「頼朝の威光の誇示と道中の安全」をはかって築かれたものとするなら、鎌倉街道武蔵路本道全体も巻狩りに際して頼朝が通行した経路なので、同様の目的で造成されたということができそうである。しかし他の恐らく決して頼朝が通る可能性のない小規模な枝道の土手状遺構は、どのように解釈すればよいのだろうか。一つは道幅と道筋を確実に維持するためであろう。しかし、それだけであろうか。他に類似した道として、鎌倉の鶴岡八幡宮の段葛が想起される。これは頼朝の妻政子が頼家を懐妊した際、安産祈願のために造った参道で（『吾妻鏡』養和二年〈一一八二〉三月十五日条）、曲がった道を真っすぐにし、両側に石と土とで土手状のものを築いたものである。勿論全く使用目的の異なる道ではあるが、形状が非常に似ており、同時代で、しかも双方とも頼朝を中心とする集団が造ったとなれば、何らかの共通の文化的背景を想定することが可能なのではないだろうか。段葛は鶴岡八幡宮への道を整えることで神への信仰心を形に表したものと解せるが、それを鎌倉街道に適用すれば、各御家人が鎌倉へ向かう道を整えることで、鎌倉殿（頼朝）への忠誠心を視覚的に具象化したものと考えることもできるのではないだろうか。鎌倉時代の初期、恐らく建久年間に、武蔵国各地から一斉に鎌倉に向けて真っすぐに伸びる道が造られた。それは御家人と頼朝の関係とは如何なるものかを、視覚的に社会の隅々にまで知らしめる絶大な効果があったであろうし、さらに土手状の道は他の道とは違う特別な道であることを表し、彼ら武蔵武士が御家人の中でも特別な存

在であるということを形で表したものだったのではないだろうか。(20)

二、鎌倉街道の機能と鎌倉幕府

①伝承に見える関・宿

鎌倉街道については、道路遺構ばかりでなく、それに付随する施設についても多くの伝承が残っている。その代表的なものは関所と宿である。まずどのようなものが伝承されているかを列挙したい。(21)

ア、関戸・小山田関跡（東京都多摩市　多摩川渡河点）

小山田の里にきにけらし、過こし方をへだつれば、霞の関と今ぞしる

（「宴曲抄」）

を山田のせき、武蔵　題しらずあふことをなはしろ水にまかせてぞこさんこさじはを山田のせき

（「夫木和歌抄」）

今関戸と称するところ則ちこれなり。或人云ふ、この地熊野社辺左右高札場の地、その関の旧址なりと云ふ。（略）昔鎌倉時世、関を居ゑられける旧跡にして、建久の頃より鎌倉の右大将家、浅間・三原および入間野等へ御狩、その余陸奥・上毛・信濃・越後等へ軍を発したまふ時は、必らずしも関戸口の大将を定められし事諸書に載せたり。

（『江戸名所図会』）

関戸村は郡の巽にあり。則ち関戸郷吉富庄に属す。村名の起こりしゆえんを尋ぬるに、是地は古へ相模国より往還の地にて、関をすへ置し所なるによりてかくとなへしと云。按るに「曾我報恩謝徳物語（曾我物語）」に（略）此所は朱雀院の御時、将門将軍関戸を立られしかば、俵藤太秀郷が霞カ関と名づけて打破し、（略）此辺には将門の旧蹟の残りし所まゝあれば、こゝに関を立しこともありしなるべし。（略）又当所は古へ鎌倉への街道にして、旅行の人もたへざりければ、中古宿駅もありしと云。この宿ありしはいつの比よりの事なりや。その初をつたえず、前にいへる「報恩謝徳物語」にも関戸宿としるせり。是らによれば建久のころは、すでに宿もありしこと知るべし。（『新記』多摩郡）

小山田と云地名の古より名にたちしは、当国小山田庄にしくものはなく、且この村小山田庄の辺にありて関戸を名とすれば、この地実跡なるべしといへり。今土人に尋るにその詳なることは失せり。されど村の中ほど、相州往来の内、小名本村の辺、もしその処にやといへり。よりて試に村内天守台へ上りて地形を見るに、かの関跡と伝ふる地は向ヶ岡と、百草村の山丘との中間、わづかにかけて平衍の処なり。しかのみならず、今も相模国への往来ありて、其道の筋、同郡小野路村にかゝりて、古き街道なりといへば、いかさま関ありて然るべき処とみえたり。（『新記』多摩郡）

関戸川すじ跡である坂道を上ると、観音寺上り口に石仏の六観音像がある。（略）観音寺のある所は、往時処刑場だったという。村の共有墓地の三昧場であり、この付近の地下からは鎌倉時代末から室町時代にかけての板碑が多数出土したので、本堂裏にまとめて立ててある。関所で不審の者が捕えられ、この場所で処刑

されたものと思われるが、板碑はそれらの者の供養の意味もあったのだろう。（芳賀一九七八）

イ、霞ヶ関（東京都千代田区　桜川渡河点）

往古の奥州街道にして関門ありし地なり。

（霞山稲荷明神祠）桜田町道より右にあり。往古は桜田霞が関にありしを、御廓定まりし頃、いまの地へ移さるといへり。また往古、右大将頼朝卿桜田村にて美田五百七十石を寄附ありて、供田の印に桜樹を植、要害を構へて、江戸太郎重長をして往来を改めしむ。（『江戸名所図会』）

ウ、関屋（墨田区堤通二丁目　隅田川渡河点）

いほさきのすみだがはらに日は暮れぬせき屋のさとに宿やからまし此歌は歌集に云、康元元年（一二五六）九月鹿島社に詣でけるに、すみだ河のわたりにて、此わたりのかみのかたに河のはたにつきて里のあるをたづぬれば、せき屋のさとと申す、まへには海、ふねもおほくとまりたりと云云（「夫木和歌抄」）

鎌倉時代は荒川（古隅田川）と隅田川の合流点で、関所が置かれていたことから関屋の地名がついた。（芳賀一九八二）

エ、海晏寺（東京都品川区南品川）

当寺の門前は鎌倉海道にして、関門ありし地なりと。依って、頼朝卿より北条家までは、執権の中より、関門の守護として大森の辺に屋形を建てて、官人を置かれしなり。（『江戸名所図会』）

オ、宿坂関の旧跡（東京都豊島区高田　神田川渡河点）

南蔵院の北の方、金乗院といへる密宗の寺前を、四谷町の方へ上る坂口をいふ。（略）この地は昔の奥州街道にして、その頃関門のありし跡なりといへり。〝ある人云、この地に関守の八兵衛といふ者ありて、家に突棒・指股および道中の日記等持ち伝へたるといふ〟（『江戸名所図会』）

金乗院裏手のあたり、少し平らかになっているところに関があった。北条家の頃に此処にお仕置き場があったといわれるが、それという根拠もみられない。昔はその村々の掟があって、罪を糺したり、刑罰をおこなったりした事があるから、そのたぐいのことが伝えられたものであろう。（『新編若葉の梢』）

カ、関口町在方分（文京区関口　神田川渡河点）宿坂関と同じ関所を指すか。

土人の伝に、昔此辺奥州街道にして関ありし地なれば名とすと云へど、当所は神田上水江戸川への分派の為、堰を設けられし地なれば、この名は起りしならん。（『新記』豊島郡）

キ、上広瀬　地蔵堂（埼玉県狭山市上広瀬　入間川渡河点）

地蔵は長二尺余の木像なり。土人これを影隠し地蔵と云。その故は往古村の艮にあたり、柏原村界霞ヶ関の辺古街道の側にありし時、木曾義仲の息清水冠者鎌倉より逃去り、此地に至りしを、追うもの迫り来りければ、この地蔵の後背に影をかくし、危急を遁れしと。それより影かくし地蔵の称あり。
（『新記』高麗郡）

ク、柏原村（埼玉県狭山市柏原　入間川渡河点）

西の方上広瀬村界に大路一条かゝれり。往古越後・信濃より鎌倉への往還にて、今は信濃街道と唱う。こゝに霞ヶ関と称する名所あり坂上に古へ関のありけるよし、其処も今は定かならず。
（『新記』高麗郡）

昔きびしい関所があって、おさむらいが関所から逃げたところを斬り殺されてここで往生したので「おうじょうどう」といったのが「おうじゅうどう」といわれるようになった。「奥州道」と書くが、この付近は信濃坂と呼ばれ、信濃方面への道なのに、「奥州道」というのは「往生道」のことだったから。

「奥州道」（「おうじゅうどう」は交差点名として残る。影隠し地蔵はこの交差点の東側にある）は、昔「霞ヶ関」という関所があったと。

狭山工業団地あたりには奥州道と呼ばれる街道が通っており、今も土地の人は「おおじゅうどう」と呼ぶ。ここに「のんの塚」という塚がある。昔、坂の下で悪人が捕えられ生き埋めにされたことを哀れみ、村人が塚をつくり祀ったものである。また、この塚には悪人の親子もいかっているといわれ、子供を連れて「のんのへ行くべえ」と親子でよくお参りにいくという。
（以上、『狭山市史　民俗編』）

（影隠し地蔵のある奥州道交差点は、上広瀬と柏原の境界にあるので、『新記』では別に書かれているが、この二つの「霞ヶ関」

は同じもの。この霞ヶ関と入間川を挟んだ対岸には入間川宿となっている。）

ケ、赤浜村（埼玉県大里郡寄居町赤浜　荒川渡河点）

村の東の方小名塚田の辺に、鎌倉古街道の蹟あり。村内を過て荒川を渡り榛沢郡に至る。今も其道筋荒川の中に、半左瀬・川越岩と唱ふる処あり。半左瀬といふは、昔鎌倉繁栄の頃、この川縁に関を置て、大沢半左衛門と云者関守たりしゆえ、此名残れり、（『新記』男衾郡）

塚田　古別に村落をなせしとぞ、鎌倉繁栄の頃は宿駅を置きし地ならんと云、既に当所三嶋社応永二年鰐口の銘に、武蔵国男衾郡塚田宿と彫たり、前に云鎌倉の古街道は、こゝに残れり、（『新記』男衾郡）

コ、大蔵宿と菅谷館（埼玉県比企郡嵐山町大蔵・菅谷）

大倉宿は、十二世紀の大蔵合戦の舞台でもあり、『真名本曾我物語』と「小代宗妙（伊重）置文」（『肥後古記集覧』〈『埼玉県史料叢書一一』〉、石井一九八七）にも登場する。（村上二〇一三）

サ、道安塚（浦和市下大久保道ヶ谷戸　羽根倉道　入間川〈現荒川〉渡河点）

埼玉大学東側の竹薮の中に入定塚とも道安塚とも呼ばれる塚がある。下大久保の細沼家の系図では、道安は鷺坂三重良藤原利貞の戒名で、康元元年（一二五六）四月八日に入定した。なお道安の父は、ここにあった北条泰時の陣屋守となり、霞代官に任ぜられていたが、道安も父の跡をついで陣屋守となり霞代官として三百石を貫っていた。細沼家は鷺坂家の後裔という。

（付近には五関という地名もある。入間川〈現荒川〉をはさんだ対岸に宗岡宿がある。）　（韮崎一九七三）

シ、久米川宿（東京都東村山市　二瀬川渡河点）
公事所・仕置き場・首さらし場などがあり、久米川宿の北端、多摩郡と入間郡との境付近に北関所があった（芳賀一九七八）。また白山神社参道前は久米川宿の南関所だったという。　（阿部一九八三）

ス、岩淵宿（東京都北区岩淵　入間川〈現荒川〉渡河点）
「とはすがたり」から宿の存在は周知のことだが、室町時代に関所が存在し、関料を徴収ていたことを示す文書がある。　（『北区史　資料編　古代中世1』）
（但しこの関所が鎌倉時代に遡れるかは明らかにしえない。）

セ、関表（面）（古河市上辺見付近　渡良瀬川渡河点か）
・古関跡、鎌倉へ奥出よりの往還の関也と云伝ふ。　（『古河志』内山二〇一五）

そもそも伝承は事実そのものを伝えているわけではない。山本隆志氏は、上野国の頼朝入国伝承を検討されたが、まず「同種の伝承が多く存在」していることから検討することが必要であるとする（山本一九九四）。これら関所の伝承も個々の事実関係よりも、総体として、また他の史料との関連のなかで検討したい。

これらの伝承には「関所伝承」というような類型化はみられない。武蔵国域で多く残る伝承、例えば源義家伝承や、後世の「平家物語」などに題材をとった伝承（義経・静御前）や、地域の英雄（畠山重忠・熊谷直実など）と結びつけたものでもない。

考古学的には、伝承地のうち「霞の関」と呼ばれた小山田関あるいは小野路関の比定地は、関所とみられる遺構がある。(22) また東京都多摩市関戸の熊野神社境内には、直線的に並んだ柱穴が検出され「霞ノ関南木戸柵跡」として発掘調査も行われ、東京都指定文化財となっている。(23) 史料的にも元久二年（一二〇五）に畠山重忠が滅ぼされた二俣川合戦で北条時房が「関戸大将軍」とされており（『吾妻鏡』元久二年六月二十二日条）、いわば鎌倉を守る鎌倉街道武蔵路最大の軍事基地が関戸であったといえよう。奥大道の事例だが、栃木県下野市の下古館遺跡は、二重の堀で囲まれた空間の中央を奥大道が貫通しており、中世の関の遺跡と推定されている（田代二〇〇九）。十三世紀半ばに小山氏によって造られたとされており、次第に市をとり込むなど、商業的機能が加わるが、本来は鎌倉幕府から奥大道の治安維持を委ねられた小山氏による軍事基地的な関所だったと見てよいだろう。その他の伝承地にも、街道に関連した交通関係の遺構が報告されている。宿坂関・関口町では、神田川の渡河点に成立した集落としての高田宿と、その対岸に墳墓堂を伴う高田宿の領主の屋敷地跡とみられる下戸塚遺跡がある（橋口二〇一三）。道安塚の伝承地に隣接する埼玉大学構内の本村遺跡は、羽根倉道（鎌倉街道武蔵路の支道）の荒川の渡河点にあり、鎌倉時代の大規模な住居跡が発掘され、中国製陶磁器などが多数出土している。また鉄の精錬跡も確認されている（『本村遺跡発掘調査報告書』）。また本村遺跡と羽根倉道跡をはさんだ位置には、同様に中国製陶磁器などが出土している大久保領家遺跡もある。ア〜セの各地点の共通点として、いずれも鎌倉街道の渡河点付近であるということがあげられる。そしてその渡河点を見渡せる高台に関所伝承地がある。(24)

以上の点から概ね鎌倉時代、鎌倉街道の主要な渡河点には関所が置かれていたということは、事実として認められるのではないだろうか。

②鎌倉幕府と関所

鎌倉時代の武蔵国内の鎌倉街道の関所についての具体的な文献史料は見いだせないので、他の地域の関所や鎌倉幕府の関所政策の史料を検討したい。鎌倉幕府の関所政策に関する史料には、次のものが『吾妻鏡』にある。

ア、仰諸国関渡地頭、可被止旅人之煩、但如船賃用途者、立料田可募其替云々、

（建保三年〈一二一五〉二月十八日条）

イ、就地頭所務以下事、被定条々、

（略）

一、厨雑事等事

不謂本新補一向停止（馬芻薪以下、非沙汰之限）者、

一、人倫売買事

勾引中人等者、可被召下関東、被売之類者、随見及可被放其身、且可触路次関々也、

（仁治元年〈一二四〇〉十二月十六日条）

アの「関渡地頭」は、「関・渡しの地頭」とも解釈できるが、まさに前節で検討を加えてきた地点、すなわち「関所と渡しが一体となった施設を管理する地頭」と解釈すべきであろう。鎌倉街道、特に武蔵路が軍用路として軍勢の移動の道であるなら、円滑に渡河させることがいかに重要であったかは言うまでもない。(25) その為の費用を通行者から徴収することが禁じられ、必要なら料田を立てて費用を賄うことが命じられている。交通路の維持管理に要する費用が、管理者である地頭の負担であったことが分かる。イでは、地頭の所務の一つとして、人身売買の取り締まりが命じられているが、それを実際に取り締まっていたのは路次の関々だった。つまり関所が鎌倉幕府の警察機能の末端を担っていたということを示している。(26)

関所に関する文献史料は、関料の徴収や免除、またはそれらをめぐる訴訟についてのものが圧倒的に多い。そのため中世の関所の経済的側面ばかりが研究対象となってきたが、(27) ②で紹介した各地の関所伝承にも関料徴収に触れたものは見当たらない。これには近世の関所の有り様に影響を受けている可能性もあるが、次のような史料もある。

ウ、大庭三郎景親為塞武衛前途、分軍兵関々固方々之衢、

（『吾妻鏡』治承四年〈一一八〇〉八月二十五日条）

エ、兵衛佐ハ知給ハデ、「此事ヲ甲斐ノ人々ニ知セバヤ」トテ、「宗遠行」トテ、御文書テ遣シケリ。夜ニ入テ足柄山ヲ越ケルニ、関屋ノ前ニ火高ク焼タリ。人アマタ臥タリ。土屋三郎アユミヨリテ、足音高シ、シワブキシテ訇リケレドモ、「タソ」トモイワズ（中略）土屋小二郎ガ申シケルハ、「（中略）サルニテモ土屋ノ方ヘマカリテ、一定ヲ承定ムトテ下候ツルガ、関屋ノ程ガ思遣レテ、足占シテ候ツルナリ」ト語

リケレバ（後略）

（『延慶本平家物語』巻五之十七　土屋三郎与小二郎行合事）

オ、峠ニ仮屋打テ、前ニ篝ヲタク者共、四、五十人カ程リ臥タリケル、如法夜半ノ異ナレハ、関守睡テ驚カス、

（『源平盛衰記』巻二一）

カ、晩鐘の程、於右京兆館、相州・武州・前大膳大夫入道・駿河前司・城介入道等凝評議、意見区分、所詮固関足柄・箱根両方道路可相待之由云々、大官令覚阿云、群議之趣、一旦可然、但東士不一揆者、守関渉日之条、還可為敗北之因歟、

（『吾妻鏡』承久三年〈一二二一〉五月十九日条）

キ、義時ハ軍ノ僉議ヲ始ラレケリ。海道清見ガ関ヲバ湯山小子郎ニ預ケ玉フ。山道三坂関ヲバ三坂三郎ニ預ケ玉フ。北陸道塩山・黒坂ヲバ山城大郎ニ預ケ玉フ。「アヤシバフダル者入テ、属降カクナ。（略）」

（『承久記』上）

ク、有騒動、人々着甲冑、参御所、然而無程落居、是白河関有謀叛輩、在国御家人等聊致合戦之由、飛脚参上而申之故也、

（『吾妻鏡』嘉禄二年〈一二二六〉四月三十日条）

ケ、あら血の中山の北の腰に、若狭へ通ふ道もあり。燧が城へ行く道もあり。海山へ行く道もあり。そこをば三の口ぞと申しける。越前国の住人、井上左衛門承りて、愛発に関を据ゑて、夜三百人昼三百人の兵

士を据ゑ、関の前に乱杭を引き、用心す。色も白く、向歯のさし出でなどしたる者をば、道をもすぐに通さず、「判官殿よ」とて、搦め捕り、拷問してぞひしめきけり。（中略）小賢しき者進み出でて申しけるは、「（中略）鎌倉の沙汰所より、権門勢家を言はず、上下の旅人に関賃させて、兵士米にせよと候へば、関賃出だし給へ」と申しけり。

（『義経記』巻七「三の口の関とほり給ふ事」）

ウは、石橋山合戦後に頼朝を捕えようと、大庭景親が方々の関を固めさせたというもの。合戦や紛争などが起きた場合、真っ先に方々の道を関固める（＝塞ぐ）行為が行われたことを示している。(28) エ・オも同じく石橋山合戦後に、頼朝が土屋宗遠を甲斐国に派遣した際の足柄関の様子、以上ウ～オは、鎌倉開府以前の状況を示している。カは、承久の乱の始まりにあたり、鎌倉幕府の重臣たちが朝廷方が東国に攻め下って来た場合、足柄と箱根の関を守って待ち受けようという大方の意見に対して大江広元が異を唱える場面だが、古代以来の足柄関が、朝廷軍から東国を防御しうるほどの施設であったことがわかる。またキでは同じく承久の乱に際して、古代からの重要な関所であった清見ヶ関と三坂（御坂）関を固めることが、出陣に先だって命じられている。クでは白河関が謀叛の輩の集結地となっていたこと。ケは『義経記』の関所の描写だが、関料徴収は、関守の兵粮を賄うためとして、鎌倉幕府による許可をその根拠としている。『義経記』は、室町時代の成立だが、少なくとも室町時代の人々にとっての鎌倉時代の関所に対する認識を示しているものとみることは可能だろう。(29)

これらの大小新旧の関所の姿は、鎌倉街道の関所の具体像を解明する参考になるのではないだろうか。要所要所に置かれた関所は、日常的には渡河などの円滑な通行を掌る一方、犯罪の取り締まりを任務としていた。一旦反乱や戦乱などが起こると、まず固関がなされ、多くの兵士が集められ、昼夜を問わず検問をする。時には軍勢を集結させる機能をもつ関所もあった。施設は簡単な関屋が建てられ、関所を避けて通行することを防止するため道に直交して乱杭や釘貫が打ち廻らされたり、場合によっては堀が廻らされていた。そしてその維持管理の経費は、地頭の負担だった。平安時代の関所について倉田実氏が、古代からの関所が機能を変化させつつも存続していること、釘貫と関屋、関守の存在を明らかにされている（倉田二〇〇九）。その形態はここで引用した史料エ・オ・カと、ほぼ変わるところはない。鎌倉街道武蔵路でも前節で引用したように、関戸は平将門が関戸を立て、俵藤太秀郷が霞の関と名づけたと『曾我物語』にあり、また「小山田関」は平安時代に歌に読まれており（倉田二〇〇九）、古代から関所の置かれた地に鎌倉幕府が改めて設定したといえよう。相模国内の武士と交通を論じた今野慶信氏は、足柄関に触れ、古代から中世への連続性のなかで交通体系をとらえる重要性を述べている（今野二〇一四）。中世の関所は、古代からの関所（大関）を存続させながら、その維持管理が鎌倉幕府の地頭に引き継がれ、さらに渡し場などに新たな関所（小関）が設けられた。[31] 但しその経費が地頭の負担だったことが、その後の関料徴収行為の横行につながったと推測する。

鎌倉幕府にとって「宿」と「駅」・「駅家」は同じものであると考えられていた（湯浅二〇一〇）。古代常陸国の東海道本道の駅家の想定地が、ほとんど渡河点にあり、それは全国的にみられること、また古代の関は、国境をはさんだ場合は都より遠い国側に属すという原則の存在が明らかにされている（木本二〇一三）。鎌倉時代の交通を古代の交通と比較する場合、古代の官道との地理的比較に加え、多面的に古代との連続性の中で考察する視点が必要なのではないだろうか。

③鎌倉幕府と宿

①で紹介した伝承の中に、宿についてのものも多い。近年の中世の宿研究の成果として、鎌倉時代の「宿」は単なる自然発生的な交通集落ではなく、幕府や在地領主らによって意図的に成立し、維持されていたことが明らかにされている（湯浅二〇〇七）。

『真名本曾我物語』や「小代宗妙（伊重）置文」（『肥後古記集覧』〈『埼玉県史料叢書一一』〉）には、建久四年（一一九三）の武蔵国入間野・信濃国三原・下野国那須野の巻狩りに際して、源頼朝が東山道を北上する場面に、関戸・入間河・大蔵・児玉の宿が登場する。(32) そして各宿には近隣の武士は勿論、三浦・江戸・豊島・笠井（葛西）など必ずしも近隣とはいえない遠方の武士も招集された。この動員は「主従関係を再確認する臣従儀礼の場」であったという（川合二〇〇五）。これらの四つの宿は鎌倉街道武蔵路の渡河点にある。前項①②の関所と同様、御家人に経営が委ねられた政治的な宿であった。

宿と関所の関連を考える際、まず検討しなければならないのが、都幾川をはさんで大蔵宿の対岸にある菅谷である。菅谷は畠山重忠の居館とされるが、五次にわたって行われている発掘調査でも、中世前期の居館を示す遺構、遺物は発見されておらず、重忠の居館であったことを示す物証は無い（水口・栗岡二〇〇三、植木二〇一二）。今後の調査で新たに何らかの発見がある可能性を否定するものではないが、現時点での考古学上の調査結果を軽視することはできない。従ってこの地の性格については再検討をする必要があると考える。重忠の居館とされている根拠は『吾妻鏡』の次の記述である。

ア、梶原平三景時内々申云、畠山次郎重忠不犯重科之処、被召禁之条、称似被棄捐大功、引籠武蔵国菅谷館、

欲発反逆之由風聞、　　　　　　　　　　　　　（文治三年〈一一八八〉十一月十五日条）

イ、大手大将軍相州也、（略）関戸大将軍式部丞時房、和田左衛門尉義盛也、（略）午刻各於武蔵国二俣河、相逢于重忠、々々去十九日出小衾郡菅屋館、今着此澤也、　　　　　　（元久二年〈一二〇五〉六月二十二条）

アは、嫌疑をかけられた重忠が菅谷館に引き籠って反逆を企てているとの風聞があるという記事、イは二俣川合戦に向けて、重忠が菅谷館から進発したという記事だが、アの後に次のように記されている。

ウ、行平去十七日向畠山館、相触子細於重忠　　　　　　　　　　（文治三年十一月二十一日条）

重忠を鎌倉に連れてくるよう頼朝に命じられた下河辺行平が向かったのは、畠山館だった。重忠の平時の居館はあくまで畠山館だったのではないだろうか。アでは、（菅谷に引き籠っていること）＝（反逆を企てていること）と認識されており、イは菅谷館が出陣地となっている。「菅谷館」は、城郭研究の分野で中澤克昭氏が明らかにされている、合戦・紛争などに際して軍勢の動員などの臨戦態勢に備える「非日常的な空間」として「簡素な遮断施設」が構築された「城郭」（中澤一九九九）だったのではないだろうか。例えば『吾妻鏡』治承四年（一一八〇）十二月二十二日条の上野国の新田大炊助入道上西が「軍士等」を招き集めて引き籠もった「上野国寺尾館」や、頼朝挙兵直後に三浦義明が討死した衣笠城などがこれに相当する。(33) 大蔵宿を対岸から見下ろす高台にあり、しかも鎌倉街道を取り込むような位置にあり、鎌倉幕府にとって軍事的に重要な拠点であることは疑い無い。その場所が畠山氏の平時の居館とは考えにくい。(34) 近年の多くの研究で菅谷の北西にある平沢寺が畠山氏の聖地であるとされるが、三浦氏の衣笠城からも平沢寺と同様に経塚から経筒が発見されており、「聖地と城郭の重複」という中澤氏の理論（中澤一九九九）にも合致するであろう。菅谷は南武蔵の関戸(35)と並ぶ北武蔵の鎌倉街道の軍事拠点であり、重忠は大蔵宿と菅谷を拠点として、鎌倉街道の北武蔵区間を統轄する役割を担っていたと考えられよう。

さらに重忠は鎌倉街道の他の重要拠点に、①で紹介した入間川渡河点の柏原に柏原太郎、畠山の南方に本田近常、荒川渡河点の赤浜周辺と左岸側の榛沢瀬の造成などに榛沢成清というように、自らの郎等を配していた。狭山市柏原には、関所があったと伝えられる奥州道交差点から約二㎞下流側に城山砦と呼ばれる戦国時代のものとされる遺構があるが、鎌倉時代には柏原氏の館跡だったともいわれている（『狭山市市　通史編』）。所沢市で本道から分岐する支道の堀兼道が付近を通っているが、鎌倉時代の明確な遺構が無いことから、居館というよりも菅谷同様「城郭」である可能性が高い。渡河点の右岸の入間川宿、左岸の関所、城郭という、菅谷・大蔵地域と類似した空間構成が読み取れる。

一方関戸は、二俣川合戦の際には、北条時房と和田義盛が「関戸大将軍」と称されており（『吾妻鏡』元久二年〈一二〇五〉六月二十二日条）、狭小な鎌倉に代わって、幕府の直属軍たる武蔵武士（川合二〇〇六、菊池二〇一〇）の軍勢が集結する場だったと考えられる。また『太平記』巻十の「新田義貞鎌倉攻め」では「関戸に一日逗留有って、軍勢の著到を付けられるに、六十萬七千余騎とぞ注せる」と記されていることもこの場の機能を裏付けるものといえよう。

以上の検討の結果、鎌倉時代初期、頼朝の巻狩りを機に武蔵国内では鎌倉から各地の御家人の拠点を最短距離で結ぶ鎌倉街道が、武蔵路を軸に一斉に整備された。その道は両側に土手を備えた特別な形状の道で、主要な渡し場には速やかな渡河を促すことを任務とする地頭が配置され、付近の高台にはそこを監視する関所が設置されていた。また宿駅も地頭によって設営されていた。さらに武蔵北部では菅谷、南部では関戸に、軍勢を集結させ著到を付けるような大規模な基地があった。これらの整備・維持・管理を幕府から任されていたのが畠山重忠を中心とする平姓秩父氏で、彼らが滅亡した後は北条氏の直轄となった。先に紹介した道安塚の伝承には、それが反映されている。このような鎌倉街道像が浮かび上がってくる。

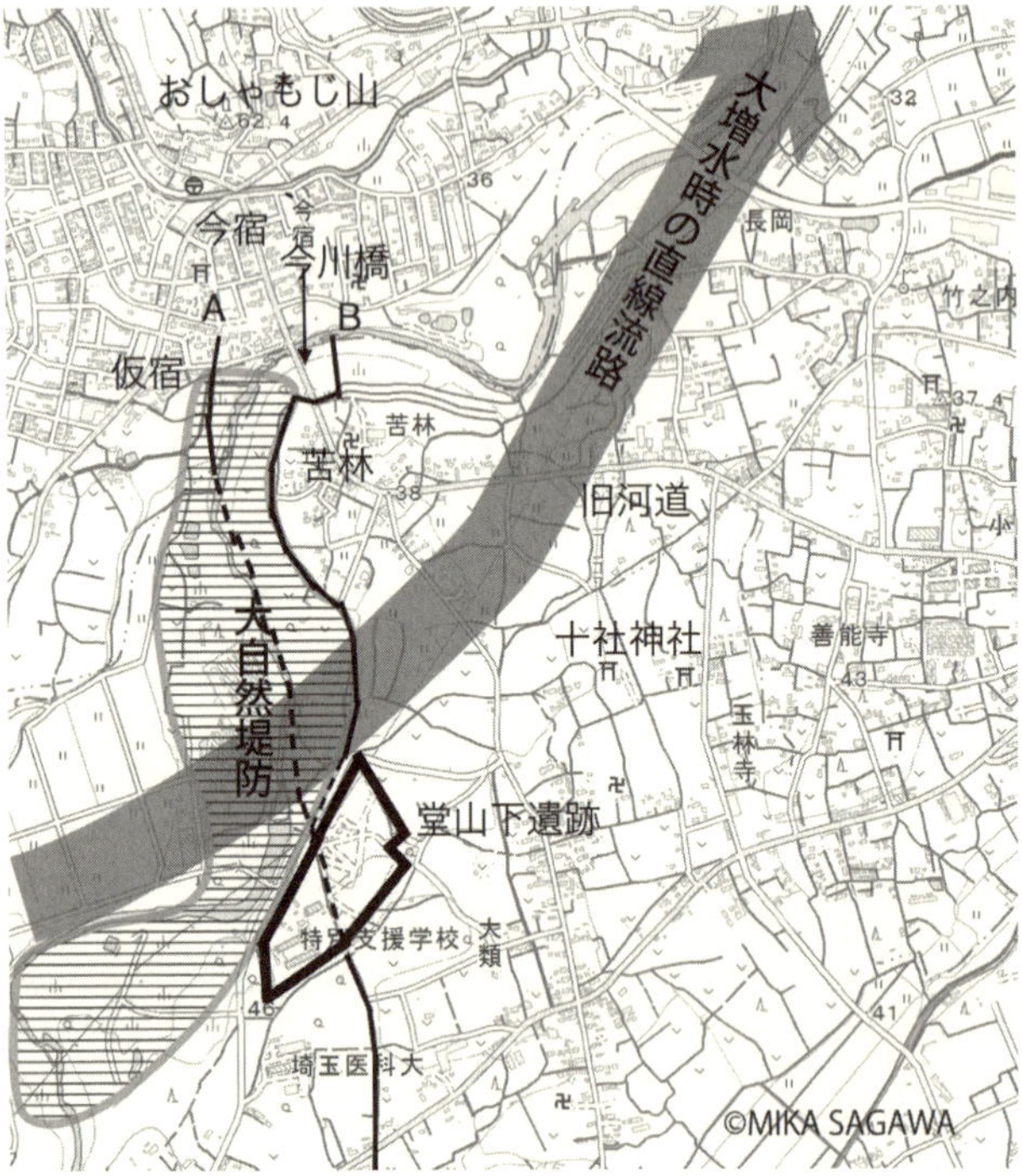

【図Ⅰ】鎌倉街道変遷図　佐川美加氏作成原図に加筆

④鎌倉街道の変遷――「苦林宿」再考

鎌倉街道沿いの宿として注目されている入間郡毛呂山町川角と大類に跨がる堂山下遺跡は、『宴曲抄』などの鎌倉時代末期から室町時代の文献史料にみられる鎌倉街道の渡河点の宿、「苦林宿」に比定されている（宮瀧二〇〇六、佐藤二〇一三他）。ここからは中国製の陶磁器やけがき針が出土しており、富裕な住人や職人の存在がうかがわれる。しかし、この地域の鎌倉街道の経路には複数の説があるなど問題点もある。ここまでの考察をもとに、新たな視点を加えて、若干の考察を加えたい。

まず渡河点を検討したい。『報告書』では鎌倉街道が越辺川にぶつかる地点をそのまま直進して渡河し、左岸の低湿地を北進し、「仮宿」とよばれる付近で対岸の段丘に上がり今宿の西側に到る経路（図中A）を採用しており、通説となっていた。しかし近年、江戸時代の「赤沼村秣場争論裁許絵図」に見える「古鎌倉開道」が、大類からきた「八王子道」と苦林で合流し、現在の今川橋付近で渡河しており、こちらを渡河点とすべきとの説が出された（内野二〇一四）。『武蔵国郡村誌』の「鎌倉道」の項に「長八町十五間道路堤防上に属し巾一間云々」と記されていることがそれを裏付けるとされる（図中B）。そもそも軍用路である鎌倉街道の渡河点は、一般的に谷幅が狭く、川の乱流が集束する地点で、地質学的に河道変遷の少ない安定した場所、しかも徒渉するため河床も安定した場所が適している。その条件に合うのは、この付近では今川橋の少し下流付近となる。従って後者の説がこれに近いが、実際にはAの経路上に位置する「仮宿」に、鎌倉街道に特徴的な掘割状遺構が残っている。本稿における前節までの考察から、特徴的な遺構は、頼朝時代に一斉に造成されたいわば原初鎌倉街道の遺構である可能性が高い。しかし鎌倉街道に限らず交通路は、安定した洪積台地上か、沖積平野でも浸水被害の及びにくい微高地が選ばれる。鎌倉街道における越辺川の渡河点があったと考えられる地域、現在の字「大類」「今宿」そして「苦林」における地形、地質を明らかにし、そこから鎌倉街道の通過地点を推定する。

今日でも今宿の対岸の苦林集落と、十社神社や苦林古墳のある集落の間に、一段低い水田地帯が南西から北東に延び、さらに越辺川の左岸側の河原にも広がっている。これは越辺川の旧河道の湿地であることを示している。(36)平時は蛇行している川は、増水し流れの勢いが増すと、直線的に流れる。増水時の直線的な流れの名残（旧河道）

が水田として利用されている。今日苦林は西側の堤防に守られているが、堤防ができる以前は、ある程度以上の増水の度にこの旧河道は川と化した。『毛呂山町史』にも、苦林は洪水の常襲地帯で、近代でも明治四十三年の大洪水の際には、苦林地区全域が濁流に浸かったと書かれている。そのような不安定な場所には当初鎌倉街道を通すことができなかったため、比較的安定した左岸に通さざるをえなかったのだろう。(37)

それではBの経路はどのように考えられるだろうか。この旧河道を分断するように、現在の越辺川の流路に沿って大規模な自然堤防が存在する。現在の越辺川の本流は、この自然堤防の中の凹地を流れている。おそらく上流の山地で起きた大規模な土砂崩れによって土砂が運ばれ、流れの両側に自然堤防を形成し、苦林への旧河道の入り口を塞いだと考えられる。Aの原初鎌倉街道の、この区間の痕跡が全く残っていないのは、この自然堤防の下に埋もれたか洪水によって流失したためであろう。その時期を特定することはできないが、『吾妻鏡』寛喜四年（一二三二）二月二六日条に、武蔵国榑沼堤が大破したため、尾藤左近入道道然と石原源八経景に修復を命じたという記事がある。榑沼堤は坂戸市横沼の堤防と推定されている。もしそうならばその河川は越辺川で、苦林はそのすぐ上流部にあたる。大規模な洪水であれば流域全体が一斉に増水している可能性が高い。ともかく鎌倉時代に洪水が起きていることは確実である。(38)時期は特定できないものの、洪水によって形成された、川に沿った微高地であるこの自然堤防に手を加えながら、その上に街道を整備したのではないだろうか。それがBと考えられる。洪水を契機に、AからBに鎌倉街道を遷したと推定できよう。またこの大規模な自然堤防ができたことによって苦林の増水時の浸水被害は激減し、地域開発が可能になったことも十分想定しうる。そして、この自然堤防をそのまま継承する形で堤防が築かれ、現在に至っている。但し、堤防上を通っているBは『武蔵国郡村誌』に「巾一間」とあって、鎌倉街道の本道としては非常に狭い。当初統一した規格で造成された鎌倉街道も、土地の状況に合わせて変化せざるをえなかった様子も読み取れる。

そこで堂山下遺跡だが、十四世紀初めの成立ということで、これは鎌倉街道が（自然）堤防上に遷った後になるだろう。遺跡内の古道跡も、屋敷地と同一レヴェルで確認されていることから、原初鎌倉街道の遺構ではない（原初鎌倉街道が消失した後の時代に同位置に造成された可能性はある）。渡河点も今川橋付近に移動しているので、この遺跡が「鎌倉街道の渡河点の苦林宿」という位置付けは見直す必要があろう。そもそも鎌倉街道武蔵道に幕府が設定した宿駅は、本稿ですでに述べた通り、関戸・入間川・大蔵・児玉の四つであり、越辺川のような中規模の河川には設定されていない。苦林宿は、軍用路としての鎌倉街道に設定されたいわば公的な宿駅ではない。鎌倉時代中期以降に在地領主によって設定された宿場ということになるが、渡河点から離れた場所、しかも台地の崖線から三〜四m下がった低位段丘上にそのような宿を設定するとは考えにくい。また一般的に渡河点の宿は、大蔵宿や入間川宿にみられるように水辺にこれほどまでに近接する必要は無く、むしろ水害に備えて段丘上に設定される。そこで堂山下遺跡付近の越辺川を注目すると、苦林方面の旧河道が塞がれたことで常に水が流れている河道がほぼ一本に固定され、水深が増した。流路が屈曲していることから流れも淀み、深さのある淵ができやすい場所になった。そこは徒渉点ではなく、むしろこの付近では最も船着場に適した地点になったといえよう。『報告書』によると、この付近はかつて「大類越出（こいで）」とよばれていたという。「こいで」（漕出、小出とも）とは一般的に船着場に由来する地名である。堂山下遺跡は河川交通に関わりの深い集落だったのではないだろうか。古道跡が地表から八〇cm下から現れたということから、堂山下遺跡の集落は、最終的には洪水によって消滅したと考えられる。

堂山下遺跡を河川交通に関わる集落とすれば、鎌倉街道の宿である苦林宿は他に求めなければならない。本稿で検討してきた他の河川の渡河点の宿と関の事例を参考にすると、対岸のおしゃもじ山（渡河点を見渡せる軍事的な拠点）も含めた空間構成上、現在の苦林集落付近に苦林宿が存在したとみるのが、自然ではないだろうか。苦林集落は、堤防ができてから（鎌倉時代後期以降か）形成されたと考えられるが、旧河道地帯よりも標高が高く比較的安定した土地でもあり、その点からもこちらがふさわしいと考える。(39)

ここで想起されるのが、比企郡嵐山町の行司免遺跡である。大蔵宿に近く、都幾川渡河点の上流側の低位段丘上に位置した、市場の機能をもつ集落であった（村上二〇一三）。堂山下遺跡の集落とは、渡河点との地理的位置も機能的にも非常によく似ている。鎌倉街道を軸にして地域開発が展開した、典型的な形とみてよいだろう。

鎌倉幕府との関係では、幕府は諸国守護地頭に対して「市津料」の徴収を禁止する法令を出している（『吾妻鏡』安貞元年〈一二二七〉閏三月十七日条）。堂山下遺跡や行司免遺跡は、まさにこの「市津」に該当すると考えられる。この法令から、在地武士が「市津」を開発し設定して、そこでの取引に「市津料」を課し、自己の収入とすることが広く行われていたことが読み取れる。鎌倉幕府は、渡し場を含めた鎌倉街道の維持管理を、一種の御家人役として経費負担も含めて課していた。しかし本節でみた苦林の例で明らかなように、洪水常襲地帯では街道の維持は大きな負担となっていたに違いない。そこでそのような幕府から課せられた義務を根拠に、街道の維持と一体となる治水と地域開発を行い、様々な名目で課税し、収入としていた状況がうかがわれる。先に検討した関料やこの市津料は、御家人役の在地転嫁といえよう。つまり治水と開発、農商工業の振興が、鎌倉街道の維持管理を軸に、在地武士の主導によって展開したことが見えてくるわけだが、それは鎌倉幕府の権威を背景に行使しえたものだった。

おわりに

鎌倉時代後期は、中世における社会構造の変革期にあたるが、鎌倉時代末期の善光寺参詣をうたった『宴曲抄』にみられるように、鎌倉街道武蔵路沿いにも、従来の宿駅に加えて、新たな宿場が各地に出現した（峰岸一九九八）。本来鎌倉街道は軍用路であり、必ずしも一般の旅人や物資輸送に適した道ではなかったことは、既に検討したとおりである。旅人が増加し物の移動が盛んになるにつれて、軍用路としての鎌倉街道から旅人と物流のための「鎌倉街道」にその機能の比重が移ったものと考えられよう。地頭によって管理された関所や、彼らの主導によって形成された市や宿では、関料や市津料など様々な名目で金銭が徴収され、大きな収入源になっていった。

それでは、鎌倉時代後期に本来の政治的・軍事的な道から商業的な道に変質した「鎌倉街道」は、本来の目的からすればもはや鎌倉街道とはいえないのではないか。それは否である。地頭が関渡、市津・宿を設定し、金銭を徴収することは、鎌倉幕府の権威を背景に、本来の目的（鎌倉街道の円滑な維持管理）を全うするための必要経費の徴収を大義名分として行われたはずである。幕府からの禁止令が出されても徹底されなかったのは、そのためである。従って鎌倉幕府の権威が低下し、さらに滅亡するに至ると、新たな権威を求めて、関料や市津料は寺社などに寄進され、寺社造営など宗教活動の資金とすることを新たな大義名分として徴収され続けることとなる。それと同時に鎌倉街道も「いざ鎌倉」という本来の機能は失われ、埋もれゆく遺構とともに人々の伝承の中で生きることとなってゆくのである。

注

（1）この時期文化庁の補助によって行われた歴史の道調査事業により、各地の都道府県による膨大な調査が行われたことと、この調査についての評価は、服部（一九九四）にまとめられている。服部氏はすでにこの中で、近世に編纂された『新編武蔵風土記稿』などに採集された伝承などを、網羅的に整理することの重要性を指摘されている。

（2）芳賀（一九七八・八一・八〇）。宮田（二〇〇一）など。

（3）川合（二〇〇五・六）。

（4）浅野（二〇〇六）にまとめられている。

（5）橋下澄朗・荒川善夫編『東国の中世遺跡』（二〇〇九）など。

（6）藤原良章編『中世のみちを探る』（二〇〇四年）。なお文献史学からの鎌倉街道の研究史は、高橋修（二〇一五）に詳しい。

（7）『新記』入間郡久米村の項には、史料イの『太平記』の記事について、「上道より入間川へ向かひしことを載す。是中道に対せし上なることは勿論なれど」と述べており「上道」という名称の道が存在するのではなく、「中道」に対しての表現であり、やはり相対的なものであるとの理解である。

（8）磯貝の解釈では「搦手」も新田軍の上道に対する表現となるが、金沢貞将は幕府軍の搦手の大将なので、この場合、進路は幕府軍の「搦手」で、退路が新田軍の上道に対する「下道」と解釈すべきであろう。ただ史料アの『吾妻鏡』の奥州への経路も、出羽国から平泉方面に攻め入る軍が「下道」とされており、搦手＝下道という解釈も否定できない。概説書だが『日本の合戦』第二巻（一九六五年六月）で永島福太郎氏は、「新田義貞軍鎌倉攻略図」において柄沢から「上之道・中之道・下之道」に軍を分けている。その段階でも「上・中・下道」を特定の街道を指すものとの観念はうかがわれない。今日の一般的な「鎌倉街道上・中・下道」についての呼称は、意外に新しく阿部正道が一九五八年に『鎌倉の古道』で詳述されたものが、一九八〇年前後に『報告書』や芳賀善次郎の一連の著作（芳賀一九七八、八一、八二）などで紹介され、普及したと推定する。

（9）『鎌倉遺文』二七八五一号文書（「金沢文庫文書」）。

（10）清水（二〇〇一）では、この文書に見える鎌倉大道を、同じく金沢文庫所蔵の荘園絵図断簡の分析を通して現地比定している。

(11) 川合（二〇〇五）の資料編に、『江戸名所図会』・『新編武蔵風土記稿』の鎌倉街道伝承の記事が収集されている。

(12) 各遺跡の所在地は、「あずま道」の遺構は小八木志志貝戸遺跡（群馬県高崎市小八木町）・今井道上道下遺跡（前橋市今井町）・酒盛遺跡（伊勢崎市〈旧佐波郡赤堀町〉）、「うしみち」の遺構は、下古館遺跡（栃木県下野市〈旧下都賀郡国分寺町〉）、山谷遺跡（千葉県袖ケ浦市）。

(13) 神奈川県内のこの二つの遺称地は、中・下道とされている。掘割状遺構の有無についても、上・中・下道で鎌倉街道を区分することが有効でないことを示していよう。

(14) 『報告書』の「六　本庄道・付深谷道」、『武蔵武士を歩く』榛沢郡の古道。

(15) 『武蔵武士を歩く』入間郡の古道「菅谷館周辺」。

(16) 『武蔵武士を歩く』秩父郡の古道「姥神橋付近の古道」。

(17) 木本雅康氏は、鎌倉街道は一般にやや蛇行しているが、「上道は比較的まっすぐに通っており、計画性の高さがうかがえる」とされる（二〇〇五）。群馬県教育委員会編『群馬県歴史の道調査報告書第十七集　鎌倉街道』では直線的に残っている伝承路を多く紹介している。また鎌倉街道と古代東山道武蔵路との関連が注目されているが、武蔵国が東海道に移管されて官道としての機能が消滅してから四百年が経過しており、鎌倉幕府が東山道武蔵路の存在を意識していたとは考えにくい。東山道武蔵路は上野国新田駅から武蔵国府に至り、再び同じ道を武蔵・上野国境まで戻り、下野国府を目指す。従って、武蔵国府以北の鎌倉街道武蔵路との関連が考えられるが、木本氏によると、武蔵国府から所沢市内の堀兼道との分岐までは、おおよそ二つの道は近くを通るが、完全に一致する所はない。鎌倉街道武蔵路に沿って古代の窯跡や廃寺、式内社等が分布し、郡家の所在地も推定されるので、その前身を古代の伝路だったと推定されている。鎌倉街道の性格を考える上で、重要な見解であろう。

(18) 茨城県教育委員会編『茨城県歴史の道調査事業報告書　中世編　鎌倉街道と中世の道』では、鎌倉街道は平安後期に地域社会の中で形成された主要道を、鎌倉幕府が公用交通の大系として把握したものと結論づけられており、鎌倉幕府が新たな経路を開削した部分があるという指摘は無い。群馬県教育委員会編『群馬県歴史の道調査報告書第十七集　鎌倉街道』では直線的に残っている伝承路を多く紹介している。

(19) 『武蔵武士を歩く』高麗郡の古道「久須美の古道」。

(20) 鎌倉街道遺構の特徴として、もう一つ道路遺構の傍らに塚が多く存在ていることが報告されている（宮瀧一九九八）。それが何かは、現時点では不明と言わざるを得ない。

(21) 『江戸名所図会』と『新編武蔵国風土記稿』からの引用については、川合（二〇〇五）を参考にした。

(22) 『多摩市史　通史編一』（多摩市編　一九九七年三月）。さらにそこから鎌倉街道を南に進んだ地点、東京都町田市内の小野路宿は関所跡との推定もされており（宮田二〇〇一）、野津田上の原遺跡は砦状の遺構が報告されている（宮田二〇〇一）。

(23) 一般に多摩市関戸の「霞ノ関南木戸」は建保元年（一二一三）に新設された「武蔵国新関」（『吾妻鏡』建保元年十月十八日条）という説が知られているが、これは「新開」の誤読であり、今日では否定されている『多摩市史』通史編一（一九九七年三月）。『真名本曾我物語』に平将門が関戸を立て、俵藤太が霞ノ関を名付けたとある通り、地理的にも要衝の地で、古代から知られた関であろう。ちなみに各地に残る「霞が関」・「霞の関」のうち、どれが本当の霞ヶ関かということを選ぶことに、あまり意義があるとは思えない。これら全ての地にそれぞれ関所の伝承があることから、「霞の（ヶ）関」という名称は、一ヶ所の関所を指すのではなく、京から見て武蔵国の関所を漠然と呼んだ名称であると解釈したい。

(24) 『武蔵武士を歩く』の各郡の伝承の項。
ちなみに、『新記』豊島郡には、関村（東京都練馬区関町北）について「当初は多摩新座両郡の接界にて、古へ京都より奥州筋への街道掛り、豊島氏石神井に在城せし頃、関を構へし所なり。今も大関小関等の小名あるは其遺跡なりと云」との記載があるが、石神井城に豊島氏が在城した時期から、南北朝期に豊島氏によって設置された関所と考えられるので、本稿では除外した。

(25) 関東における各渡河点の具体的な渡河手段は、齋藤（二〇〇三・二〇一〇）に詳しい。

(26) 大道の警備の例は、岡（一九九九）に紹介されている。

(27) 中世の関所については、相田二郎氏による古典的な研究の、「経済的作用」「軍事的作用」「警察的作用」の三つの作用がありその第一を「経済的作用」とする説（相田一九四三）が今も基本となっている。ついで豊田武氏（豊田一九七一）、新城常三氏（一九八五）により研究が進められたが、やはり関料徴収と流通との関係についてのものだった。一方網野善彦氏は「関所の設定・停廃権は過所発給権と表裏をなし、更に勧進認可権とも結びつく交通路の支配権そのものであり、それは統治権の所在、そのあり方を解明するための要」という新たな視点を示した（網野一九八四年）が、やはり中世の関所の本質は関料徴収にあるという立場は、従来の研究を踏襲するものだった。近年の研究でも、福田敬子氏は、史料アを以て鎌倉幕府によって「関所の領有が禁止された」と解釈されている。そもそも福田氏は中世の関所は関料を徴収するためのものであることを前提とされているので、徴収の禁止＝関所の禁止となってしまっている（福田二〇〇四）。しかし、史料アは、関渡において経費を通行者に負担させることを禁止しているのであって、関所そのものの禁止ではない。それは史料イでも明らかである。またそもそも関所は地頭・御家人が私的に所有するものではない。

(28) 道を塞ぐ行為については川合（一九九六）。

(29) 『延慶本平家物語』には不破関・逢坂関・鈴鹿関・清見ヶ関・愛発関・安宅関・門司関・竃戸関・須磨関などの水陸の関所が登場し、軍事的に重要な役割をもって描かれている。

(30) 釘貫役所については、藤原（二〇〇四）、拙稿（一九九一）。

(31) 地頭という職が行政的職務をもつ機関として、治安維持のための警察事務を負うものであったことは、安田元久氏が明らかにしているとおりである（安田一九六一）。

(32) この頼朝による巻狩が政治史的意義については木村茂光氏の研究に詳しい（木村二〇〇七・二〇一四）。また菱沼一憲氏もこれを機に交通路の整備が行われたことに言及している（菱沼二〇〇四）。

(33) 源義賢と大蔵館も同様に考えられる。大蔵館跡の発掘調査の結果、いずれの遺構も十三世紀から十四世紀前半のもので、源義賢段階の十二世紀の遺構は見出されていない（村上二〇一三）。これも源義賢の本拠は上野国であり、大蔵は「城郭」だったことを示している。

(34) 意外にも菅谷地域には重忠伝承がほとんど伝わっていない。それに対して畠山周辺の荒川流域、秩父地域、多摩地域に非常に多くの伝承が残っている。個々の伝承の内容自体の信憑性はともかく、地域の人々にとってその存在の記憶が濃厚な地域ほど、多種多様な伝承が残る（拙稿〈糟谷〉二〇一五）。また畠山の井椋神社（深谷市畠山）は、秩父の吉田の椋神社（秩父市下吉田）を秩父重綱が勧請したものと伝えられている。秩父と畠山の地の関係については町田広司執筆代表『秩父・平家物語』に詳しい。但、史料イにおいて、「菅屋館」を「小衾郡」と記している理由は不明。

(35) この場合は、前節で取り上げた霞ノ関の関戸の南方、小野路から野津田一帯をさす（宮田一九八九、二〇〇一）。
(36) 国土地理院「治水地形分類図」でも、苦林を旧河道が貫通していることが示されている。https://maps.gsi.go.jp/#15/35.965138/139.332175/&ls=lcmfc2&disp=1&lcd=lcmfc2&vs=c1j0l0u0t0z0r0f0&d=vl
(37) 苦林の堤防は、近代に至るまでしばしば決壊しており、その場合は左岸のAを迂回路として利用したことも十分考えられる。
(38) 越辺川上流部には金属精錬に関わる地名が多く点在しており、鎌倉街道武蔵路沿いでも鋳物師集団の活動が指摘されている（埼玉県立嵐山史蹟の博物館編『企画展「鎌倉街道」をゆく』）が、それによって周辺の山林が荒廃していたことが推測できる。それが大規模な土砂崩れの原因の一つとなったとすれば、中世における開発と災害の問題も見えてくる。
(39) 本節の河川と地形についての分析は、佐川美加氏（日本地理学会会員）のご教示による。この場をかりて深くお礼申し上げたい。尚、本節の詳細については、別稿を予定している。

参考文献

相田二郎『中世の関所』（畝傍書房、一九四三年、吉川弘文館より一九八三年再刊）
浅野晴樹「鎌倉街道の考古学」（『鎌倉時代の考古学』高志書院、二〇〇六年六月）
阿部正道『「鎌倉」の古道』（『鎌倉国宝館論集二』鎌倉市教育委員会、一九五八年六月）
阿部正道『鎌倉街道　東京編』（そしえて、一九八三年一〇月）
網野善彦「文永以後の新関停止令について」（『年報中世史研究』第九号、一九八四年五月）
荒井健治「武蔵府中を取り巻く道路網」藤原良章・村井章介編『中世のみちと物流』（山川出版社、一九九九年十一月）
石井進『鎌倉武士の実像』（平凡社、一九八七年六月）
磯貝正『保土ヶ谷区郷土史』（保土ヶ谷区郷土史刊行委員部編、一九三八年）
市川健夫「日本における馬と牛の文化」（『日本民俗文化大系6　漂泊と定着』小学館、一九八四年三月）
茨城県教育委員会編『茨城県歴史の道調査事業報告書　中世編　鎌倉街道と中世の道』（二〇一五年三月）

植木宏「秩父平氏の聖地――武蔵嵐山」（『秩父平氏の盛衰――畠山重忠と葛西清重』勉誠出版、二〇一二年五月）
上杉和彦「鎌倉時代の銭貨流通をめぐる幕府と御家人――御家人課役の問題を中心に」（同氏『鎌倉幕府統治構造の研究』校倉書房、二〇一五年三月、初出、井原今朝男編『生活と文化の歴史学3　富裕と貧困』竹林社、二〇一三年）
牛山英昭「石神井川を渡り岩淵へ――東京都北区十条久保遺跡検出の道路址」（藤原良章編『中世のみちを探る』高志書院、二〇〇四年六月）
内野勝裕「崇徳寺跡と鎌倉街道（苦林宿）」（『埼玉史談』六十巻四号、二〇一四年一月）
内山俊身「下総西部の『中世の道』について――鎌倉街道中道の様相」（『常総の歴史』四三号、二〇一一年七月）
同「結城市・古河市周辺の鎌倉街道」（『茨城県歴史の道調査事業報告書　中世編　鎌倉街道と中世の道』二〇一五年三月）
浦和市遺跡調査会『本村遺跡発掘調査報告書』（浦和市遺跡調査会、一九八四～一九九三年）
江田郁夫『中世東国の街道と武士団』（岩田書店、二〇一〇年九月）
近江俊秀『古代国家と道路』（青木書店、二〇〇六年五月）
岡陽一郎「中世の大道とその周辺」（藤原良章・村井章介編『中世のみちと物流』山川出版社、一九九九年十一月）
川合康『源平合戦の虚像を剝ぐ』（講談社選書メチエ、一九九六年四月）
同『「鎌倉街道」の政治史的研究』（平成十五～十六年度科学研究費補助金（基盤研究(C)(2)）研究成果報告書、二〇〇五年三月）
同「鎌倉幕府研究の現状と課題」（『日本史研究』第五三一号、二〇〇六年十一月）
同「鎌倉街道上道と東国武士団」（『府中郷土の森博物館紀要』第二三号、二〇一〇年三月）
川島優美子「中世後期における京都周辺の関の構造」（『学習院史学』第二九号、一九九一年三月）
糟谷（川島）優美子「女性たちの鎌倉――流人時代の頼朝と民間伝承」（福田豊彦・関幸彦編『「鎌倉」の時代』山川出版社、二〇一五年一月）
菊池紳一「武蔵国留守所惣検校職の再検討――「吾妻鏡」を読み直す」（『鎌倉遺文研究』第二五号、二〇一〇年四月）
同「武蔵国留守所惣検校職の再検討」（『秩父平氏の盛衰――畠山重忠と葛西清重』勉誠出版、二〇一二年五月）
同「平姓秩父氏の性格――系図の検討を通して」（『埼玉地方史』第六六号、二〇一二年十一月）

同「秩父氏の諸流と源平争乱」（関幸彦編『武蔵武士団』吉川弘文館、二〇一四年三月）
同「鎌倉街道と「いざ鎌倉」」（福田豊彦・関幸彦編『「鎌倉」の時代』山川出版社、二〇一五年一月）
北倉庄一『中世の道・鎌倉街道の探索』（テレコム・トリビューン、二〇〇〇年三月）
木下良「古代官道の軍用的性格――通過地形の考察から」（『社会科学』四七号、一九九一年八月）
木村茂光「富士巻狩の政治史」（『沼津市史研究』第一六号、二〇〇七年、同氏『初期鎌倉政権の政治史』〈同成社出版、二〇一一年十一月〉所収）
同「中世前期東山道と東海道の政治史」（『中央史学』第三七号、二〇一四年三月）
木本雅康「武蔵国中・北部における古代官道と鎌倉街道」（大金宣亮氏追悼論文集刊行会編『古代東国の考古学』慶友社、二〇〇五年五月）
同「古代常陸国の駅路と内陸水運」（上高津貝塚ふるさと歴史の広場第一二回特別展『古代のみち――常陸を通る東海道駅路』二〇一三年三月）
倉田実「平安時代の関」（『平安文学と隣接諸学7　王朝文学と交通』竹林舎、二〇〇九年五月）
群馬県教育委員会編『群馬県歴史の道調査報告書大十七集　鎌倉街道』（群馬県教育委員会、一九八三年三月）
小林高「推定鎌倉街道上道跡――赤浜天神沢遺跡の発掘調査から探る男衾郡塚田宿」（藤原良章編『中世のみちを探る』高志書院、二〇〇四年六月）
後藤貴之・新開英樹「多摩丘陵の鎌倉街道上道」（藤原良章編『中世のみちを探る』高志書院、二〇〇四年六月）
近藤好和『源義経――後代の佳名を貽す者か』（ミネルヴァ書房、二〇〇五年九月）
今野慶信「武蔵国南部の秩父平氏――豊島氏と江戸氏の動向を中心に」（『秩父平氏の盛衰――畠山重忠と葛西清重』勉誠出版、二〇一二年五月）
今野慶信「相模武士と交通」（『馬の博物館研究紀要』第一九号、二〇一四年四月）
埼玉県立歴史資料館編『歴史の道調査報告書　第一集　鎌倉街道上道』（埼玉県教育委員会、一九八三年三月）
埼玉県立嵐山史跡の博物館編『企画展「鎌倉街道をゆく――ひと・モノ・文化」』（同博物館、二〇一一年十二月）
齋藤慎一「鎌倉街道上道と北関東」（浅野晴樹・齋藤慎一編『中世東国の世界1　北関東』高志書院、二〇〇三年十二月）

同『中世東国の道と城館』（東京大学出版会、二〇一〇年五月）
佐藤春生「毛呂山町堂山下遺跡と崇徳寺跡について――近年の発掘調査と史料から」（『埼玉考古』第四八号、二〇一三年三月）
清水亮「金沢文庫所蔵『下総国毛呂郷絵図断簡』に関する一考察」（『荘園絵図史料のデジタル化と画像解析的研究』科学研究費補助金研究成果報告書、二〇〇一年）
同「中世前期武蔵武士のテリトリーと交通――秩父一族と横山党」（『馬の博物館研究紀要』第一九号、二〇一四年四月）
新城常三「鎌倉時代の関所」（『交通史研究』第一四号、一九八五年十二月）
高橋秀樹「相模武士河村・三浦氏と地域社会」（高橋慎一郎編『列島の鎌倉時代』高志書院、二〇一一年二月）
高橋修「茨城の鎌倉街道と中世道――文献史料からのアプローチ（『茨城県歴史の道調査事業報告書　中世編　鎌倉街道と中世の道』二〇一五年三月）
田代隆「下古館遺跡の諸問題――中世関の可能性」（橋下澄朗・荒川善夫編『東国の中世遺跡――遺跡と遺物の様相』随想舎、二〇〇九年二月）
武部健一『ものと人間の文化史一二六―Ⅰ　道Ⅰ』（法政大学出版局、二〇〇三年十一月）
田中大喜「地域の町場に集う武士たち――新田荘世良田宿と東上野・北武蔵の武士」（高橋修編『実像の中世武士団北関東のもののふたち』高志書院、二〇一〇年八月）
豊田武「中世における関所の統制」（『國史學』第八二号、一九七一年九月）
中澤克昭「空間としての城郭とその構造」（『中世の武力と城郭』吉川弘文館、一九九九年九月）
中西望介「川崎市域の中世の古道について」（『川崎市文化財調査集録』第四二集、二〇〇七年三月）
中山幸雄「鎌倉街道早ノ道を中心とする古街道の探索について」（『多摩のあゆみ』第五五号、一九八九年五月）
韮崎一三郎『埼玉県伝説集成　上・中・下』（北辰図書、一九七三年三月・七月・九月）
芳賀善次郎『旧鎌倉街道・探索の旅――上道編』（さきたま出版会、一九七八年十月）
同『旧鎌倉街道・探索の旅――中道編』（同、一九八一年一月）
同『旧鎌倉街道・探索の旅――下道編』（同、一九八二年二月）
橋口定志「鎌倉街道高田宿と下戸塚遺跡」（橋口定志編『中世社会への視角』高志書院、二〇一三年五月）

服部英雄「鎌倉街道・再発見」（『歴史と地理』第四六九号、一九九四年九月）
橋下澄朗・荒川善夫編『東国の中世遺跡――遺跡と遺物の様相』（随想社、二〇〇九年二月）
菱沼一憲「都市・政権の形成と物流」（『武尊通信』第九九号、二〇〇四年九月）
福島正義「鎌倉街道の性格と機能」（『歴史の道調査報告書　第一集　鎌倉街道上道』一九八三年三月）
福田敬子「鎌倉幕府の関所統制」（『神戸市立工業高等専門学校研究紀要』第四二号、二〇〇四年三月）
藤原良章編『中世のみちを探る』（高志書院、二〇〇四年六月）
同「中世のみち探訪」（藤原良章編『中世のみちを探る』高志書院、二〇〇四年六月）
府中市郷土の森博物館編『府中市郷土の森ブックレット一二　武蔵府中と鎌倉街道』（二〇〇九年九月）
北条氏研究会編『武蔵武士を歩く――重忠・直実のふるさと　埼玉の史跡』（勉誠出版、二〇一五年一月）
町田広司執筆代表『秩父・平家物語――平将門から畠山重忠まで』（荒川村教育委員会・荒川村歴史民俗研究会、一九九二年三月）
松本一夫「武士団と町場」（高橋修編『実像の中世武士団――北関東のもののふたち』高志書院、二〇一〇年八月）
水口由紀子・栗岡眞利子「菅谷館跡出土遺物の再検討」（『埼玉県立史跡の博物館研究紀要』第二五号、二〇〇三年三月）
峰岸純夫「鎌倉街道上道――『宴曲抄』を中心に」（『多摩のあゆみ』第九二号、一九九八年十一月）
宮田太郎「『鎌倉古道』再考」（『多摩のあゆみ』第五五号、一九八九年五月）
同『鎌倉街道伝説』（ネット武蔵野、二〇〇一年十一月）
宮瀧交二「『鎌倉街道』沿道の風景」（『多摩のあゆみ』第九二号、一九九八年十一月）
同「北武蔵地域における中世道路研究の現状と課題」（藤原良章・村井章介編『中世のみちと物流』山川出版社、一九九九年十一月）
同「堂山下遺跡――『鎌倉街道』・『苦林宿』の発掘調査」（小野正敏・萩原三雄編『鎌倉時代の考古学』高志書院、二〇〇六年六月）
同「『鎌倉街道』研究の現在」（『埼玉の文化財』第五四号、二〇一四年二月）
村上伸二「大蔵中世遺跡群の再確認――街道・宿・館・集落・市」（橋口定志編『中世社会への視角』高志書院、二〇

一三年五月）
安田元久『地頭及び地頭領主制の研究』（山川出版社、一九六一年二月）二五三頁
山本隆志「頼朝権力の遺産――上野国における頼朝入国伝承」（『西垣晴次先生退官記念　宗教史・地方史論纂』刀水書房、一九九四年五月）
湯浅治久「中世的「宿」の研究視角――その課題と展望」（佐藤和彦編『中世の内乱と社会』東京堂出版、二〇〇七年七月）
同「中世武士の拠点と陸上交通――千葉氏一族を事例として」（高橋修編『実像の中世武士団――北関東のもののふたち』高志書院、二〇一〇年八月）

自治体史・史料

『埼玉県史料叢書一一　古代・中世新出重要史料一』（埼玉県教育委員会、二〇一一年）
『新訂増補国史大系　吾妻鏡』（吉川弘文館）
『新訂増補国史大系　日本書紀』（吉川弘文館）
『新訂吾妻鏡　一』（高橋秀樹編、和泉書院、二〇一五年）
『狭山市史　通史編』（狭山市編、一九九三年）
『狭山市史　民俗編』（狭山市編、一九八五年）
『毛呂山町史』（毛呂山町史編さん委員会編、一九七八年）
『北区史　資料編　古代中世1』（北区史編纂調査会編、一九九四年）
『多摩市史　通史編一』（多摩市編、一九九七年三月）
『江戸名所図会』（市古夏生・鈴木健一校訂、ちくま学芸文庫）
『大日本地誌大系　新編武蔵風土記稿』（蘆田伊人校訂・根本誠二補訂、雄山閣）
『新編若葉の梢　江戸西北郊郷土誌』（海老沢了ノ介編、新編若葉の梢刊行会、一九五八年。金子直徳著「若葉の梢」上下二巻（寛政年間成立）を底本として内容を整備、訂正して口語訳したもの）
『新編日本古典文学全集　六二　義経記』（小学館、二〇〇〇年）

『延慶本平家物語』（勉誠社、一九九〇年）
『真名本曾我物語』（笹川祥生・信太周・高橋喜一他編、東洋文庫四八六、平凡社、一九八八年）
『新日本古典文学大系四三　保元物語　平治物語　承久記』（岩波書店、一九九二年）
『鎌倉遺文』（東京堂出版）
「夫木和歌抄」（『新編埼玉県史　資料編7　中世3　記録1』埼玉県、一九八五年）
「宴曲抄」（同上）
『太平記』（兵藤祐己校注、岩波書店、二〇一四〜二〇一六年）
『新撰日本古典文庫3梅松論／源威集』（現代思潮新社、二〇一〇年）

第五部◉承久の乱と西遷

武蔵武士　西国へ
――その一大契機としての承久の乱――

鈴木宏美

はじめに

随・唐の制度を輸入した古代国家体制は、それが模倣であったし、地方まで浸透した体制ではなかったにせよ、堅牢であって、解体して各領主の分国となるまで、平安末・鎌倉・南北朝と四百年を要した。承久の乱は、その一大契機の一つであった。移行の主導権は武士にあった。

最近二十年、東国武士研究は盛んである。(1) これらの研究により、

1、武士身分の認定は、王朝国家によって行われ、武士は「職業的武士身分」であったこと。

2、東国武士は、道路と水路の交点に居館を持ち、海路によって、少なくとも紀伊半島との隔地間取引を行っていたこと。

3、鎌倉時代の武士団は、在地領主としての性格を保ちつつ、鎌倉に屋敷を構え、幕府に出仕するが、同時に

京都にも館を持って朝廷との繋がりを保ち、官職を得て、一族内分業体制を築いていた。

4、承久の乱以前にも、東国武士は近江・伊賀・伊勢・薩摩などに所領を与えられていた。

5、頼朝軍を構成していたのは、南関東の一部の武士団であった。

6、同一の庄園や郷に、同じ名字を名乗る武士は複数存在した。

などが明らかにされ、草深い農村を基盤とした東国武士のイメージは変わりつつある。これらの研究対象は、東国武士であって、武蔵武士ではない。周知の通り、武蔵国には、近代まで続いた大名・寺・神社がなく、史料が乏しいからである。武蔵武士についての専論もあるが、いまひとつ、の感がある。(2) 二〇一五年、長村祥知氏が『中世公武関係と承久の乱』（吉川弘文館）を上梓した。十年間、承久の乱についての研究を続けてきた氏の論文を纏めたのである。

承久の乱は、武蔵武士の西国展開の一大契機であった。この論文では、「武蔵」とは、埼玉県域に限らず、東京都全域、神奈川県の一部を含む旧武蔵国とする。

なお、本稿で使用する略号は、左記の通りである。

吾妻鏡↓鏡、慈光寺本承久記↓慈、古活字本承久記↓古、鎌倉遺文↓鎌

一、承久の乱直前の朝幕関係

（一）後鳥羽上皇の際立った個性

歴史は個人によって動かされはしない。しかし承久の乱については、後鳥羽上皇の強烈な個性を考慮しなくてはならない。後鳥羽上皇は、平氏都落ちの時、連れ去られた安徳天皇の代わりに三歳で即位し、十九歳で、譲位して、上皇、治天の君となった。三種の神器も、平氏に持ち出され、壇ノ浦に沈んだ。鏡と玉は、箱に入っていたので、浮かんできたが、剣は、平清盛の妻、時子が、腰にさして入水したから、失われた。後鳥羽は「二種の帝」だった。旧習墨守の朝廷貴族は、いつまでもこれを憶えていて、上皇のプライドは傷ついた。

上皇は何事にも熱中し、ものにした。貴族のたしなみである管弦（琵琶・笙・笛）と、蹴鞠・囲碁・双六に夢中になり、宮中儀礼にも詳しくなった。なかでも和歌は、公式の歌会に出たのは二十歳で、早くはなかったのだが、長足の進歩を遂げた。和歌の批評眼にも自信があり、歌会の判者になる。『新古今和歌集』の編纂を思い立ち、選者六名を任じたが、提出された原稿に、自分で何回も削除・追加を繰り返し、藤原定家のような錚々たる選者たちは、上皇の助手になってしまった。その過程で、上皇は、一九七六首の和歌すべてを暗記していたという。『新古今和歌集』に最も多く入集したのは、西行の九十四首であるが、上皇は自分の歌も三十三首入れた。

一方、武人の芸である相撲・水泳・競馬《くらべうま》・犬追物・笠懸をみるのも、やるのも好きだった。淀川に出没する盗賊の逮捕に乗り出し、長い櫂を持ち上げて指図したので、盗賊が恐れ入って縛についたと伝える。

京都内外に十八の豪奢・華麗な離宮を建てた。京から船で下る水無瀬離宮が特にお気に入りで、山崎・神崎（淀川下流）から遊女・白拍子を召して、今様を謡わせ、猿楽を楽しみ、ここを基地として狩に出た。

熊野詣にも凝り、熊野古道（紀伊半島の西岸を南下し、田辺からは紀伊半島を横断して、那智に至り、熊野川を遡る。最近、世界遺産に指定された）を往復すること三十一回に及んだ。近臣らを引き連れ、宿々で遊女を召して遊ぶ。往復二十日くらいかかった。建仁二年（一二〇二）には、伴をした藤原定家が、「坂が急だ。道が悪い」と毎晩泣き言を日記（『明月記』）に書いているのに、上皇は、宿の近くの河の淵で泳いでいた。

これらの莫大な費用はどうやって調達されたか。①上皇は、皇室に伝わる荘園群中、最大の八条院領（二二一ヶ所）と、長講堂領（一一二ヶ所）の実質的所有者だった。これらの荘園に臨時課役をかけることができた。②院の知行国、美濃・丹波・備中に課税する。③熊野への沿道諸国、山城・大和・河内・紀伊に課税する。このため、沿道諸国では、農民の逃亡が相次いだ。④売官。官人が夥しく増えた。しかしこれらの庄園は在地の武士らが、所領支配権の拡大・保証を求め、京都の有力貴族・皇族に寄進し、貴族たちがさらに最高の地位にある上皇を名目的所有者に仰いだもので、現地の実権が上皇の手に握られていたのではない。幕府が成立すると、武士らは、御家人となり、地頭に任命される。上皇の課税はとどこおる。気性の激しい上皇は、幕府を憎悪する。ただし上皇は気まぐれで、政治性を欠いた。従って承久の乱の推進者たちは、上皇の生母・乳母・寵妃の近親・縁故者、上皇の側近らのみで、公家勢力全体を組織していなかった。

(二) 朝廷に対する実朝時代の幕府の弱腰

源頼朝の「御家人の任官には、将軍の許可を要する」という原則は緩んでいた。加藤太光員は、伊勢神宮の祭主大中臣能隆の家司となり、伊勢国道前郡（三重県松阪市）政所職を与えられながら、元久二年（一二〇五）、検非違使となった。祭主は幕府に訴えたが、北条義時は、大江広元・三善康信と相談の上、「光員が院西面であるか

らには、検非違使任官は院の御計らいである。」と答えている。(3)

幕府の対応は連鎖反応を呼ぶ。在京御家人にして、検非違使であった小野義成の子時成は、父の死後の承元二年（一二〇八）八月、鎌倉に来て、「朝恩分の所領については、院から安堵されたので、関東御恩の地についても同様に安堵されたい」と申請した。(4)

さらに、長井時広（大江広元の次男）は、建保六年（一二一八）、将軍実朝の制止にもかかわらず、検非違使任官のため、上京してしまった。(5)

西面の武士は、後鳥羽上皇が北面に加え、設置した。創立年月日は未詳であるが、西面の史料上の初見は建永元年（一二〇六）五月六日であり、この時期、またはこれをやや遡る頃、設置されたと考えられる。現存史料に、西面と見える武士には御家人が多い。後鳥羽上皇の直轄軍を造ることが目的であった。幕府はそれを傍観していたのみならず、「武勇の輩を滝口に奉れ」との仰せに唯々諾々として、小山・千葉・三浦など有力武士の子弟十三人を京に送るほどであった。(6)『明月記』によれば、「北面新参者が無数に出来し、面々縁に付して申請する」という。(7)在京奉公によって官位を得ること、広大な院領の諸職に任じられることへの、希求は強かった。

武士らの系図には、兵衛尉、左近将監など、官位がある者には、必ず肩書として付され、左衛門の子まで、左衛門三郎と称される。鏡の宇治河合戦功名帳（承久三年〈一二二一〉六月十八日条）には、「大井左衛門三郎」のように記されている。官位は全く収入にならないが、おそらくは幕府内の序列や、在地支配には役立ったのであろう。

なお、京方の将帥または中堅クラスの武士には、治承・寿永の内乱を頼朝とともに戦った者、あるいは、乱の直前まで鎌倉にいて幕府の諸役を勤めている御家人が何人もいる（記録に残る例を左記に挙げる）。

①源頼朝挙兵の最初に参加した佐々木四兄弟の一人、佐々木経高は、子の高重とともに京方の有力武将となっ

た。(8)

②上述した加藤太光員は、弟景廉とともに頼朝の挙兵に参加して以来、頼朝に近侍していた。光員は本領伊豆国狩野庄牧郷（静岡県伊豆市）(9)のほか、伊勢国に多くの庄園を持っていた。(10)これらは恐らく平家没官領を頼朝から与えられたのであろう。しかし、光員は京方となった。

③伊予国の有力在庁である河野通信は、かつて水軍を率いて屋島・壇浦で義経方に参戦し、奥州合戦にも加わった。(11)

④在京御家人の中心的人物であった後藤基清は、治承・寿永の内乱で、養父実基とともに頼朝方に参り、屋島の合戦で活躍した。子の基綱は幕府方で、命により父基清を斬首、(12)後、幕府評定衆十一人の一人となる。(13)

⑤八田知尚は、建保四年（一二一六）正月二十八日には、将軍実朝の持仏堂供養に馬を牽いている。父知家は承久の乱当時、まだ存命で、宿老として鎌倉に留まった。知尚は、父に背いて、西面となり、宇治川で戦死した。(14)

⑥荻野景員は、承久元年正月二十七日、実朝の右大将拝賀の随兵を勤めた。(15)その二年後に京方となって現れ、美濃国の板橋で敗戦、戦死。(16)梶原景時の孫であって、一族が誅せられたため、落魄していたのを、将軍実朝に召し出された。あるいは、実朝には恩を感じていたが、北条氏への反感があったたか。一族が族滅された恨みはあったろう。

しかし、武蔵の武士にはこうした例はない。

（三）武蔵武士と承久の乱

武蔵武士の大半は幕府軍に属した。鏡・慈・古・六代勝事記等から、参戦した武蔵武士を拾ってみた。それが【表Ⅰ】（承久の乱に幕府方として参加した武蔵武士）である。七十二氏であったが、重複もあり、物語にでる名は、史料価値が乏しい。また惣領に従う一族・家子・郎従らは武蔵では少ないから、万余の大軍の中では、ごく一部に過ぎなかったろう。

長村祥知氏は、鏡承久三年六月十八日条の交名（六月十四日の宇治戦で分取〈敵の首を持参する〉または、生捕をした者、六月十三日と十四日の合戦で負傷した者、十四日の合戦で戦死した者、の三つからなる。）を鏡の編纂時、残っていた原史料と考えて、名字地・本貫地を比定した。(17) 総勢五〇一名、うち武蔵六十八氏である。

また『現代語訳吾妻鏡8　承久の乱』（吉川弘文館、二〇一五年）には、交名について、詳しい注があるので、この二つを参考にした。私は、その他の鏡・慈・古記録なども拾ったが、勢多・宇治合戦の部分は、慈には欠くため、古で補った。

菱沼一憲氏は、文治元年～建久五年（一一八五～九四）の十年間の鏡から幕府儀式の供奉人を拾った。(18) 延べ一二六五人、重複を整理すると、五四九氏となった。これが頼朝期の御家人数で、うち武蔵は一三八氏である（個人名なので、同族は一活して数える）。武蔵武士は、幕府政治の担い手でもあった。

頼朝が挙兵したときは、伊豆・相模の武士団が主力であったが、安房・上総を経た頼朝が武蔵に入ると、武蔵武士団が次々に頼朝に服した。北条氏は、武蔵の有力武士を次第に粛清した。建仁三年（一二〇三）比企氏、元久二年（一二〇五）畠山氏、建保元年（一二一三）和田氏の乱（和田氏は武蔵武士ではないが、武蔵の横山党が和田氏に与して倒れた。）がある。北条義時が元久元年（一二〇四）に相模守に補任され、承久元年（一二一九）に北条泰時が武蔵守となり、以降、武蔵守・相模守の「両国司」の称号が北条氏の官途として定着する。やがて武蔵武士らは、北条氏と個別に主従関係を結ぶ。承久の乱の折、安保実光（泰時の岳父）が武蔵の兵を率いてくるのを待ち、出陣しようという案がでるほどになっていた。

以下、【表Ⅰ】作成の留意点を示す。

①「西条」「中村」のように、全国に分布して、武蔵武士と確認できない姓については、なるべく、『姓氏家系大辞典』で確かめたが、定かではない。また、姓を記さない武士がいるから、概数である。西国とは、畿内以西とする。承久恩賞は、三河・尾張・能登などにも、見られるが、除いた。

『埼玉県史料叢書11　古代・中世新出重要史料一』[19]（『新編埼玉県史　資料編』が埼玉県域に限る編集方針だったため、以後の新出史料のほか、県外の武蔵武士の活動を収める）の中の鎌倉時代のほとんどすべてを採用した。また、県外の武蔵武士については、『東京都古代中世古文書金石文集成第一巻　古文書編一』[20]を参照した。『新編埼玉県史通史編2　中世』[21]一六三～一六五頁「武蔵武士の新恩地」（出典を示さない）を加えた。

②[慈]が、「承久記」諸本の中で、古態をとどめ、史料価値が優れていることについては、主として国文学界の諸研究がある。[22]

③なぜ勢多・宇治合戦の部分で、前田本でなく、古活字本（流布本）を使ったか。一九九九年頃までの国文学会では、[慈]が古態であることは、認められ、前田本と流布本との前後関係は、判然としないまま、漠然と前田家本↓流布本と考えられていた。一九九九年、西島三千代氏が修士論文『「承久記」の研究』で、前田家本には流布本を要約しようとして、意味不明になっている箇所があると指摘した。さらに早稲田大学大学院生たちの共同作業による前田家本の翻刻が行われ、その過程で、前田家本に流布本の記述を前提としなけ

れば理解しがたい事例が随所に発見された。（日下力・田中尚子・羽原彩編『前田家本承久記』汲古書院、二〇〇四年）

④慈がなぜ勢多・宇治合戦の記述を完全に欠くかについて、杉山次子氏は「慈は現在、上下二巻であるが、本来三巻から成り、これらの合戦の記述は、二巻にあったのか」と推測するが、うなずける。京での伊賀光宗とその子寿王の討死を生き生きと精彩に描いた作者が、乱のハイライトである勢多・宇治合戦について一行も触れないのはいぶかしいからである。

【表Ⅰ】承久の乱に幕府方として参加した武蔵武士

（略称　古＝「古活字本承久記」　鏡＝「吾妻鏡」　慈＝「慈光寺本承久記」　鎌＝『鎌倉遺文』）

氏	承久の乱参加者	出典	備考
足立氏	太郎	古　東海道軍中にいる。	
	三郎	古　承久三年（一二二一）五月二十一日。	
	（足立氏）	鏡　承久三年六月五日洲俣攻撃軍中にいる。	
安保氏	阿夫形部（実光）刑部丞	慈　泰時軍中にいる。	
		鏡　承久三年六月六日摩免戸を渡る。	
	四郎	鏡　承久三年六月十四日討死。	承久三年六月十八日条
	左衛門次郎	鏡　承久三年六月十四日討死。	承久三年六月十八日条
	八郎	鏡　承久三年六月十四日討死。	承久三年六月十八日条
	右馬丞（実員）	鏡　承久三年六月十三日負傷。	承久三年六月十八日条
甘糟氏	小次郎（広忠）	鏡　承久三年六月十三日負傷、後死亡。	承久三年六月十八日条
		鏡　承久三年六月十四日敵一人を討つ。	承久三年六月十八日条
泉氏	八郎	鏡　承久三年六月十四日敵二人を討つ。	承久三年六月十八日条
	次郎	鏡　承久三年六月十四日敵三人を討つ。	承久三年六月十八日条
猪俣氏	左衛門尉	鏡　承久三年六月十四日敵一人を討つ。	承久三年六月十八日条
石戸氏	石戸入道	慈　東海道軍中にいる。	

内島氏	三郎	鏡	承久三年六月十四日敵二人を討つ。	承久三年六月十八日条
	七郎	鏡	承久三年六月十五日討死。	承久三年六月十八日条
江戸氏	(江戸氏)	鏡	承久三年六月五日洲俣攻撃軍中にいる。	
	四郎三郎	鏡	承久三年六月十四日討死。	承久三年六月十八日条
荏原氏	六郎	鏡	承久三年六月十四日討死。	承久三年六月十八日条
	弥三郎	鏡	承久三年六月十四日討死。	承久三年六月十八日条
	六郎太郎	鏡	承久三年六月十四日敵一人を討つ。	承久三年六月十八日条
	七郎	鏡	承久三年六月十四日郎等が敵一人を討つ。	承久三年六月十八日条
大井氏	入道(実平)	鏡	承久三年五月二十三日宿老として鎌倉に留まる。	
	左衛門三郎	鏡	承久三年六月十四日敵一人を討つ。	承久三年六月十八日条
	太郎(光長)	鏡	承久三年六月十四日敵一人を討つ。	承久三年六月十八日条
大河戸氏	小四郎	鏡	承久三年六月十四日討死。	承久三年六月十八日条
	六郎	鏡	承久三年六月十四日討死。	承久三年六月十八日条
大倉氏	小次郎	鏡	承久三年六月十四日負傷。	承久三年六月十八日条
小川(河)氏	太郎(末張)	古	三浦康村の乳母子。	
	五郎	古	三浦康村の郎等。	
	左衛門尉	鏡	勢多合戦に時房指揮下で参加。	嘉禄二年七月一日条
	右衛門尉	鏡	勢多合戦に時房指揮下で参加。	嘉禄二年七月一日条
越生氏	小越四郎太郎	鏡	承久三年六月十四日敵二人を討つ。	承久三年六月十八日条
	小越右馬太郎	鏡	承久三年六月十四日敵二人を討つ。	承久三年六月十八日条
	小越四郎(有平)	鏡	承久三年六月十四日敵一人を討つ。	承久三年六月十八日条
小沢氏	太郎入道	鏡	承久三年六月十四日敵二人を討つ。	承久三年六月十八日条
		鏡	承久三年六月十三日負傷。	承久三年六月十八日条
	藤次太郎	鏡	承久三年六月十三日負傷。	承久三年六月十八日条
鴛(忍)氏	四郎太郎	鏡	承久三年六月十四日負傷。	承久三年六月十八日条
押垂氏	三郎兵衛尉	鏡	承久三年六月十四日郎等敵一人を討つ。	承久三年六月十八日条
女影氏	太郎	鏡	承久三年六月十四日負傷。	承久三年六月十八日条
	四郎	鏡	承久三年六月十四日討死。	承久三年六月十八日条

金子氏	平次	慈 泰時軍中にいる。	
	与一太郎	古 承久三年六月十四日宇治河を渡る。	
	右近将監	鏡 承久三年六月十四日敵二人を討つ。	承久三年六月十八日条
	三郎（広家）	鏡 承久三年六月十四日敵一人を討つ。	承久三年六月十八日条
	小太郎	鏡 承久三年六月十四日討死。	承久三年六月十八日条
金子大倉氏	太郎	鏡 承久三年六月十四日敵二人を討つ。	承久三年六月十八日条
	六郎	鏡 承久三年六月十四日討死。	承久三年六月十八日条
河越氏	（河越氏）	鏡 承久三年六月五日洲俣攻撃軍中にいる。	
	三郎	鏡 承久三年六月十四日敵一人を手討ち。	承久三年六月十八日条
河原氏	次郎	鏡 承久三年六月十四日負傷。	承久三年六月十八日条
河匂氏	小太郎	鏡 承久三年六月十四日敵一人を手討ち。	承久三年六月十八日条
行田氏	兵衛尉	鏡 承久三年六月十四日負傷。	承久三年六月十八日条
清久氏	左衛門尉	鏡 承久三年六月十四日敵二人を討つ。	承久三年六月十八日条
熊谷氏	熊替左衛門尉（直国）	古 承久三年六月十二日勢多橋合戦参加、死亡。	
	［小次郎］兵衛尉直鎮	古 承久三年六月十三日勢多橋合戦参加。	
	熊井小太郎	鏡 承久三年六月十四日負傷。	承久三年六月十八日条
児玉氏	刑部四郎	鏡 承久三年六月十四日敵一人を討つ。	承久三年六月十八日条
品川氏	四郎（春員）	承久三年（一二二一）七月七日　北条泰時書状案	田代文書（『東京都古代中世古文書金石文集成』第一巻　一〇〇号）
		鏡 承久三年六月十四日負傷。	承久三年六月十八日条
	小三郎（実員）	鏡 承久三年六月十四日敵二人を討つ。	承久三年六月十八日条
	四郎太郎	鏡 承久三年六月十四日敵一人を討つ。	承久三年六月十八日条
	次郎（信実）	鏡 承久三年六月十四日討死。	承久三年六月十八日条
	四郎太郎	鏡 承久三年六月十四日討死。	承久三年六月十八日条
	六郎太郎	鏡 承久三年六月十四日討死。	承久三年六月十八日条

志村氏	弥三郎	[鏡] 承久三年六月十四日討死。	〈参考〉志村寂円は[鏡]寛元三年（一二四五）十二月二十五日条、問注所の職員らしい。
	又太郎	[鏡] 承久三年六月十四日討死。	承久三年六月十八日条
新開氏	兵衛尉	[古] 承久三年六月五日　大豆渡で戦わず退却した京軍を追う。	
	弥次郎	[鏡] 承久三年六月十四日負傷。	承久三年六月十八日条
	兵衛尉	[鏡] 承久三年六月十四日討死。[古]承久三年六月十四日宇治の橋桁を渡ろうとして討たれる。	承久三年六月十八日条
宿谷氏	次郎	[古] 宇治の橋桁を渡ろうとして負傷。	
	太郎	[鏡] 承久三年六月十四日郎等が敵五人を討つ。	承久三年六月十八日条
庄氏	四郎	[鏡] 承久三年六月十四日敵一人を生け捕る。	承久三年六月十八日条
	五郎	[鏡] 承久三年六月十四日敵一人を生け捕る。	承久三年六月十八日条
小代氏	右馬次郎	[鏡] 承久三年六月十四日敵二人を生け捕る。	承久三年六月十八日条
	与次郎	[鏡] 承久三年六月十四日敵一人を討つ。	承久三年六月十八日条
	小次郎	[鏡] 承久三年六月十四日負傷する。	承久三年六月十八日条
須河（賀）氏	次郎	[鏡] 承久三年六月十四日負傷。	承久三年六月十八日条
	五郎	[鏡] 承久三年六月十四日負傷。	承久三年六月十八日条
	弥太郎	[鏡] 承久三年六月十四日負傷。	承久三年六月十八日条
須久留（黒）氏	兵衛次郎	[鏡] 承久三年六月十四八日敵一人を討つ。	承久三年六月十八日条
	兵衛太郎（恒高）	[鏡] 承久三年六月十四日負傷。	承久三年六月十八日条
	右馬丞（直家）	[古] 宇治の橋桁を渡ろうとして負傷。	
仙波氏	太郎	[鏡] 承久三年六月十四日負傷。	承久三年六月十八日条
	左衛門尉	[鏡] 承久三年六月十四日負傷。	承久三年六月十八日条
	弥次郎	[鏡] 承久三年六月十四日負傷し、後死亡。	承久三年六月十八日条
	新太郎	[鏡] 承久三年六月十四日討死。	承久三年六月十八日条
高枝氏	次郎	[古] 武蔵国住人。大豆渡（まめわたし）で二十三ヶ所に傷を負い、泰時が鎌倉に送り返す。	
玉井氏	小四郎	[鏡] 承久三年六月十四日負傷。	承久三年六月十八日条
	兵衛太郎	[鏡] 承久三年六月十四日討死。	承久三年六月十八日条

秩父氏	平次五郎	鏡	承久三年六月十四日敵一人（名不明）を討つ。	承久三年六月十八日条。秩父氏は畠山・河越・江戸・豊島などが分立したため庶流しか残らなかったのであろう。
	次郎太郎	鏡	承久三年六月十四日敵一人上﨟を討つ。	承久三年六月十八日条
豊島氏	（豊島氏）	鏡	承久三年六月五日洲俣攻撃軍中にいる。	
	九郎小太郎	鏡	承久三年六月十四日郎等が敵二人を討つ。	承久三年六月十八日条
	十郎	鏡	承久三年六月十四日敵一人を討つ。	承久三年六月十八日条
中条氏	家長	鏡	承久三年五月二十二日　宿老として鎌倉に留まる。	
綱島氏	左衛門次郎	鏡	承久三年六月十四日討死。	承久三年六月十八日条
勅使河原氏	小三郎	鏡	承久三年五月二十二日　先発十八騎の中にいる。	
		鏡	承久三年五月十五日　院宣を読める者として、藤田三郎を推薦する。	
		古	佐々木信綱に続いて宇治川を渡る七騎の内にいる。	
	五郎兵衛尉	鏡	承久三年六月十四日郎等が敵一人を討つ。	承久三年六月十八日条
	四郎	鏡	承久三年六月十四日敵一人を討つ。	承久三年六月十八日条
道智氏	三郎太郎	鏡	承久三年六月十四日討死。	承久三年六月十八日条
中山氏	次郎	鏡	承久三年六月六日莚田に致る。	
成田氏	五郎	鏡	承久三年六月十四日敵一人を討つ。	承久三年六月十八日条
	藤次	鏡	承久三年六月十四日敵一人を討つ。	承久三年六月十八日条
	兵衛尉	鏡	承久三年六月十四日討死。	承久三年六月十八日条
	五郎太郎	鏡	承久三年六月十四日討死。	承久三年六月十八日条
奈良氏	左近将監	鏡	承久三年六月十四日負傷。	承久三年六月十八日条
	五郎	鏡	承久三年六月十四日敵一人を討つ。	承久三年六月十八日条
	兵衛尉	鏡	承久三年六月十四日敵一人（山法師）を討つ。	承久三年六月十八日条
人見氏	八郎	鏡	承久三年六月十四日敵一人を討つ。	承久三年六月十八日条
蛭河氏	刑部三郎	鏡	承久三年六月十四日負傷。	承久三年六月十八日条
	三郎太郎	鏡	承久三年六月十四日負傷。	承久三年六月十八日条

藤田氏	三郎	鏡	承久三年六月十五日推薦され院宣を読む。	
	兵衛尉	鏡	承久三年六月十四日敵一人を討つ。	承久三年六月十八日条
	新兵衛尉	鏡	承久三年六月十三日負傷。	承久三年六月十八日条
古郡氏	四郎	鏡	承久三年六月十四日敵(西面)一人を生け捕る。	承久三年六月十八日条。甲斐国の古郡氏は、横山一族で、和田の乱で族滅している。
古庄氏	太郎	鏡	承久三年六月十三日負傷。	承久三年六月十八日条
	次郎	鏡	承久三年六月十四日討死。	承久三年六月十八日条
別府氏	次郎太郎	鏡	承久三年六月十四日敵一人を討つ。	承久三年六月十八日条
瓺尻氏	小次郎	鏡	承久三年六月十四日敵一人を討つ。	承久三年六月十八日条
目黒氏	小太郎	鏡	承久三年六月十三日負傷。	承久三年六月十八日条
山口氏	兵衛太郎	鏡	承久三年六月十四日負傷。	承久三年六月十八日条

(四) 乱の経過

後鳥羽上皇は畿内近国守護に(守護は、幕府が任命する職であるのに)直接院宣を下すのが常になっていた。(23) 京都における武力行使は、すべて院の指揮下に行われていた。後鳥羽上皇挙兵の報に接しても、幕府の衆議は、京方が鎌倉に進軍してくるに違いないと考え、足柄・箱根を固める作戦に傾き、大江広元・三善康信二人の京下りの官人の主張によって、京都進撃が決まったことは、周知の通りである。貴族社会内では、失われつつあった院の権威が、武家社会では、まだ有効であった。

しかし、上皇には、幕府方の京都守護伊賀光季を討って、京都を制圧した後は、全く鎌倉攻めの意図はなかった。上皇の方針は、三浦義村・武田・小笠原ら、有力豪族に院宣を下して、北条義時を討たせることであった。その可能性はあった。この企ては、最初に弟胤義からの書状を受け取った三浦義村が、義時にそれを告げ、ほとんど同時に鎌倉に着いていた院使を捕え、携えていた諸豪族宛の院宣と添状を没収したため、潰えた。諸豪族の惣領は皆鎌倉に邸をもっていたから、院使は地方をめぐる必要はなかった。承久三年（一二二一）五月十五日の官宣旨には、[24] 義時追討後の措置として「兼又諸国庄園守護人地頭等、有可経言上之旨者、各参院方、宜経上奏、随状聴断、抑国宰幷領家等、寄事綸綍、更勿致乱行」と武士の院庁出訴許可と、国司領家がそれを妨げてはならないと記すのみであるが、[25] 慈が載せる同日付けの院宣には、「於殊功之輩、可被加褒美」と明記し、鏡にも（これは三浦義村宛であるが）「応勅状可誅右京兆、於勲功賞者、可依請」とある。これが本音であったろう。

東軍が出撃した後の六月八日、義時邸の釜殿に落雷したので、義時が朝廷にたてついたためかと畏怖し、大江広元が「落雷は関東においては、吉例である」となだめたというエピソードは象徴的である。[26] 京都側の史料或いは願望が混入した可能性はあろうが、（流布本にある出陣に当たっての泰時と義時の問答のように）この記事は鏡のみに見えるものである。

但し泰時は、朝廷への無条件崇拝からは抜け出ていたように、描かれる（この挿話は古であるから、後世の創作の可能性はあるが）。夜中に岩橋（京都府宇治市）から宇治へ向かう時、「六月中旬ノ事ナレバ極熱ノ最中ナリ。大雨ノフル事、只車ノ輪ノ如シ。（中略）万人目ヲ見アケラレネバ、「我等イヤシキ民トシテ、忝モ十善帝皇ニ向進ラセ弓ヲ引矢ヲ放ントスレバコソ、兼テ冥加モ尽ヌレ」トテ、進者コソ無ケレ。サレ共、武蔵守計ゾ少モ臆セズ、「サラバ打立、者共」トテ、軈テ甲ノ緒シメ打立給ケリ。大将軍加様ニ進マレケレバ、残留人ハナシ」とある。[27]

（五）東国武士の心情

慈は、古態を留めている。その表現には、倫理的な教訓や、一貫して流れる無常観がない。自然描写がなく、怨念や怨霊が現れない。読者の心を打つ文学性はなく、現実の人間にしか興味がない。登場人物の言動が前後矛盾していても、そのままに記す。それ故に、承久の乱に直面した武士の心情を覗うことができよう。武士たちは、自分または一族の所領拡大と武勇の誉れのために行動し、累代の主君への忠の観念は薄い。物語の中のエピソードを左に挙げる。

①武田信光は、政子の名演説に対し、進み出て、「昔ヨリ四十八人ノ大名・高家ヲバ、源氏七代マデ守ラント契申テ候ケレバ、今更、誰カハ変改申候ベキ。四十八人ノ大名・高家ヲバ、二位殿ノ御方人ト思食セ」と言いながら、東山道大将として、小笠原長清とともに美濃国杭瀬河畔（岐阜県大垣市）に着くと「ヤ給へ、小笠原殿、本ノ儀ゾカシ、鎌倉勝テバ鎌倉ニ付ナンズ、京方勝バ京方ニ付ナンズ、弓箭取身ノ習ゾカシ、小笠原殿」とぬけぬけと言う。そこへ、北条時房からの書状が着き、「大井戸・河合渡賜ツルモノナラバ、美濃・尾張・甲斐・信濃・常陸・下野六箇国ヲ奉ラン」と恩賞を内示されるや、「サラバ渡セ」と豹変する。(28)

②最初に攻撃されて、討死の決心をした京都守護伊賀光季が、八十五騎の家子・郎等らに「名モ惜ラズ、命ノ惜カラン殿原ハ、（中略）何へモ落行給候へ」と告げるや、二十九騎しか残らず、それも「落色」に見えたので、乳母子の治部次郎が門を閉ざして遮った。だから、治部次郎が院御所に斬り入ることを献策した時、光季は、「残ル人共ハ門ヲ開ナバ皆悉ク落行ナン」と退けた。(29)

であればこそ、幕府は上京軍を編成する時、「親上レバ子ハ留マリ、子上レバ親留マル。父子兄弟引分上セ留ラルル謀コソ恐シケレ」と計らったのである。もっとも、これは、古の記事である。一方で、武蔵武士としては珍しく京方になった小野盛綱の、近親にして郎等の筑井高重のように、時房軍に参加させられて、遠江国橋本まで来たが、抜け出して京都の主人のもとへ行こうとし、討たれる者もいたのであるが。(30)

東海道軍司令官北条泰時は、「人ノ身ニハ命程ニ宝ハナシ」と言って投降してきた神土《こうづち》父子九騎の頸を斬らせる。「弓矢トル身ト成テハ、京方ニ付バ一府ニ京方ニナリ、鎌倉方ニ付バ、一府ニ鎌倉ニ付ベキニ其儀ハナクシテ、是ヘオハシタルコソ心得ネ。何ノ殿原モ、是ヲ見習、カクコソアランズラメ」と言う。ただし、このエピソードは、鏡と違うので事実ではなかろう。(31)

元々、関東にあっても「平家は当時一旦の恩、佐殿は相伝四代の君なり」（『源平盛衰記』巻二一に見える榛沢成清の言葉）は、伝承に基づく虚構であり、頼朝が全国的動員による奥州合戦において、意識的に前九年の役での源義家の事蹟をなぞって、伝承をよみがえらせた事はよく知られている。

こう見て来ると北条泰時が十八騎を率いて駆けだすと、武士たちが馳せ集まって、東海・東山・北陸三道で十九万騎の大軍になったという事が、むしろ不思議である（この数には誇張があろう。慈は、宇治河で溺れた者一万三千人、京に入る者千八百人という。これはまた、溺死者が多すぎ、入京武士が少なすぎるようである）。

二、承久の乱の兵糧

数万の大軍が、京に入るまでの二十三日間（出発五月二十二日、京都着六月十六日）の糧食はどうしたろう。武士団の長《おさ》たる武士は、干飯《ほしいい》程度は用意したろう。しかし郎等・下人の食料、まして馬糧三週間分を準備する時間があったとは考えにくい。現地調達＝略奪以外にはない。時は陰暦六月、端境期である。史料には、兵糧の問題はごくまれにしか現れず少ないのだが二例を挙げる。

①『百錬抄』六月十四日条に「申時計関東武士打破宇治路入洛、雖引橋勇敢之輩棄身命渡真木島、奪取兵糧乗

勝云々」とあり、野口実氏は、真木島（槇島）は西国における物資流通の拠点として、京軍の兵糧が備蓄されており、その占領によって、京方の敗北が確定したと推定される。(32)

②（弘安四年〈一二八一〉）十月二十二日の日蓮書状「宮城入道殿御返事」(33)では、承久の乱について「爰ニ十九万騎ノ兵者等遠き道は登リたり、兵乱ニ米ハ尽キぬ馬ハ疲レたり、在家ノ人は皆隠レ失セぬ」とある。六十年後の記述ではあるが、身近な武士たちの伝承として利用できるであろう。従って、京に入った武士たちによって、「郷里無全室、耕所残苗」の状況になったのは、当然であった。(34)

三、武蔵武士の得たもの

(一) 京方所領の内訳

泰時が指揮官として承久の乱を戦ったのは、三十九歳の壮年であった。泰時はそのまま伯父時房とともに六波羅に留まり、戦後処理に当たった。京方の上皇・公家・武士の所領没収地は三千余ヶ所といわれる。この調査と配分は容易ではなかったろう。三千余ヶ所の内訳は、

一、後鳥羽上皇方の知行国・国司

①院・女院　〇三河、越前、　院分国主　七条院（後鳥羽の母）　〇播磨　院分国主　後鳥羽院（目代藤原忠経カ）、美濃カ　〇備中　院分国主　修明門院（後鳥羽の寵妃）

②公家　〇安芸、〇尾張　知行国主　坊門忠信

③武士　〇山城　佐々木広綱　〇河内　藤原秀能　〇伊勢　加藤光員　〇出羽　藤原秀能　〇備前　藤原秀

康
藤原秀康にいたっては、下野守、上総守、若狭守、伊賀守、河内守、備前守、淡路守、能登守を歴任している。(35)

知行国からの収益は、国衙領からの年貢と、その国全体に公事（臨時課役）を掛けうる権利である。しかし武蔵武士は、知行国主になる資格を欠いた。

二、皇室領（上皇および諸院）の庄園群

長講堂領一一二ヶ所以上の庄園は、幕府が没収し、後、後高倉院に献じられたが、八条女院領二二一ヶ所以上、七条院領三十八ヶ所のほか、歴代上皇の手に相伝されてきた庄園群（例えば蓮華王院領）があった。これらの本所職は京方のままで、武蔵武士の手にはわたらなかった。

三、京方公家・寺社領の庄園

叡山が上皇に組みしなかったことは、有名であり、京方は貴族・寺社の一部に過ぎなかった。ただし、判明する二〜三の庄園の庄官（預所・下司・雑掌）らは多く京方に参加したから、没収され、その跡には、地頭が置かれた。これが西遷武士の地頭職である。田中稔氏の綿密な研究によると、(36)本所が分かる院領庄園十六、その他の寺社本所領十九、国衙領三十ヶ所である。国衙領の場合、国衙機構を握る守護が京方だったためがあろう。

四、守護領

守護は幕府が任命する職であったが、畿内・近国守護のほとんどが上皇に取りこまれた。上横手雅敬氏は、九州を除く西国全体三十二ヶ国中、十八ヶ国が、上皇方とする。

○上皇方の守護。摂津・伊賀・伊勢・尾張・近江・美濃・越前・丹波・但馬・出雲・石見・隠岐・播磨・備前・安芸・長門・淡路・阿波。以上十八（接続した地域を同一守護が管轄している場合が多い）。
○乱以前の守護は不明であるが、乱後に東国武士が任命されているので、京方だったと推測される国。河内・志摩・美作・備後。以上四。
○有力目代が京方であり、多くの武士が京方になった国。讃岐（守護は後藤基清か？）、伊予。以上二。
○熊野御幸のため仙洞御計、和泉・紀伊。以上二。

総計二十六ヶ国となる。このうち武蔵武士に与えられたのは、尾張の中条家長のみである。(37) 豊嶋氏は紀伊守護・尾張守護であったが、いずれも承久の乱以前であり、野本氏の摂津守護は、元仁〜寛喜頃（一二二四〜一二三二）であって、承久恩賞は、長沼宗政に与えられている。

守護領のほとんどが国衙領であり、八ヶ国の事例平均で、全国領の三四％に及ぶことは、つとに石井進氏が立証されたところである。(38) 従って、守護職を得た武士は、庄園領主に妨げられることなく、支配できたであろう。しかし、守護が京方だった国では、在庁官人が守護代を恐れて、京方武士を注進しないことがあった。(39) 幕府は両探題（泰時・時房）が手分けして、国ごとに代官一人を派遣し、没収すべき地を調査するよう命じている。(40) これは、新補の守護・地頭の押領を止めるためというのが、表向きの理由になっているが、恐らく北条氏腹心が畿内近国に特派され、国衙在庁官人を指揮しつつ、京方武士の調査を行ったであろう。しかし、この作業は進まず、従って東方武士への恩賞配分も遅れた。左記の事例がある。

①近江国三宅郷　仁治三年（一二四二）品川成阿が任命。乱の二十一年後。(41)
②伊勢国十六ヶ所の内、四ヶ所。嘉禄二年（一二二六）七月一日、時房が何度申請してもだめだったので、

自分の恩賞地の内から、四ヶ所を小河左衛門尉・同右衛門尉ほか二人に分ける。乱の五年後である。[42]

京方所領ではない、という訴えも跡を絶たなかった。

③河内国若江郷八尾水田十町一反　寛元元年（一二四三）。乱の二十二年後。大和海竜王寺僧は、住人江則光が京方だったため、間違って没収されたのだと訴える。[43]

④河内国甲斐庄　天福元年（一二三三）乱の十二年後。石清水八幡宮が、前下司国範法師は承久京方ではないと訴える。[44]

⑤恩賞地が西国ではないが、箕勾師政は、父政高の承久恩賞として、仁治二年（一二四一）（乱の二十年後）武蔵国多磨野荒野を賜り、水田を開くように指示された。度々、恩賞を賜りたいと申し出た結果であった。[45]

【表Ⅱ】承久の乱で、恩賞を受けた武蔵武士（※印は表Ⅰに見える武士）

（略称　古＝「古活字本承久記」　鏡＝「吾妻鏡」　慈＝「慈光寺本承久記」　鎌＝『鎌倉遺文』　鎌補遺＝『鎌倉遺文補遺』）

氏	恩賞地	現在地比定	出典	備考
※足立氏	讃岐国本山庄	香川県豊中市	鏡　嘉禎二年（一二三六）七月二十五日条	
	丹波国佐治庄	兵庫県丹波市	足立系図？	
※安保氏	播磨国須富庄	兵庫県加西市	寛喜三年（一二三一）八月二十一日将軍藤原頼経袖判下文案（八坂神社文書）	鎌⑥四一八一。建武元年四月日の安保信阿代基員申状案（八坂神社文書、『埼玉県史料叢書一一　古代・中世新出重要史料一』）に「承久勲功之賞」とある。

	近江国箕浦庄内（二村）	滋賀県米原市	同右。	
※大井氏	伊賀国虎武保	比定地未詳	宝治二年（一二四八）四月六日源朝光寄進状案（金剛三昧院文書九二）、承久勲功賞とある。	鎌⑩六九五五
※小川（河）氏	伊勢国のどこか	三重県	鏡 嘉禄二年（一二二六）七月一日条、時房の恩賞分を分け与えられる。	
	伊勢国のどこか	三重県	同右。	
※越生氏	但馬国日置郷地頭職	兵庫県豊岡市	貞応元年（一二二二）七月七日関東下知状（山城仁和寺文書）、年次から推定。	鎌⑤二九七三。弘安八年（一二八五）十二月但馬国大田文（中野栄夫氏校訂本、鎌㉑一五七七四）参照。
春日部氏	紀伊国長栖村地頭職	和歌山県（比定地未詳）	貞応元年（一二二二）十二月六日関東下知状案（高野山御影堂文書）	鎌補遺②補八一六。但し、停止命令。承久の乱参加の記事なし、
片山氏	丹波国和智庄	京都府京丹波町	嘉禎四年（一二三八）七月三日丹波守北条時房下知状案（丹波片山文書）	鎌⑦五二六三。承久の乱参加の記事なし、文中に「承久四年三月廿四日任御下文旨」とある。
※金子氏	安芸国温科村	広島県広島市	承久三年（一二二一）八月二十七日関東下知状写（長門毛利家文書）	鎌⑤二八一七。〈参考〉文保元年（一三一七）十一月三日平盛忠譲状写（鎌㉞二六四一七）。
※河原氏	加賀国軽海郷	石川県小松市	年未詳加賀国軽海郷相伝次第（金沢文庫古文書五三六七）に「承（久脱カ）勲功人行忍」とある。又、元徳二年（一三三〇）閏六月白山衆徒等申状案（同五三八九）引用の寛喜三年（一二三一）十二月二十四日関東下知状に地頭河原定直とある。	恩賞対象者は、河原定直。
※熊谷氏	安芸国三入庄	広島市安佐北区	文永元年（一二六四）五月二十七日関東下知状（長門熊谷家文書）	鎌⑫九〇九九

小宮氏	伊予国弓削嶋庄	愛媛県越智郡上島町	正元元年（一二五九）二月二十二日弓削嶋庄領家地頭和与状（東寺百合文書せ）（文中に新補率法とある）	鎌⑪八三五〇。恩賞対象者は、小宮景行・茂忠。
高麗氏	紀伊国名草郡岡田庄	和歌山県岩井市	承久四年（一二二二）四月十日六波羅下知状写（紀伊根来要書中）、同年十月十九日高野山伝法院の抗議により、停止。	承久の乱出陣の記録なし、恩賞対象者は、高麗兵衛尉。
※品川氏	近江国三宅郷	滋賀県野洲市	仁治三年（一二四二）四月五日将軍家政所下文案（筑後田代文書）、約二十年後であるが、文中に承久恩賞とある。	鎌⑧六〇一一
	和泉国草部郷	大阪府堺市	貞応二年（一二二三）六月二十日関東下知状（田代文書）、父清実の譲とある。	鎌⑤三一二〇
	伊勢国員辨郡曾原御厨	大阪府堺市	同右。	鎌⑤三一二〇
※中条氏	尾張守護	愛知県	京方小野氏の跡に家長が任じられた。	佐藤進一『増訂鎌倉幕府守護制度の研究』による。
津（角）戸氏	丹波国波々伯部保	兵庫県篠山市	承久三年（一二二一）閏十月十四日関東御教書案（山城八坂神社文書）	鎌⑤二八七五。承久の乱出陣の記録なし、恩賞対象者は津戸三郎朝守。
中沢氏	丹波国大山庄	京都府篠山市	仁治二年（一二四一）五月日丹波大山庄領家年貢請文案（東寺百合文書や）	鎌⑧五八七五。承久の乱参加の記事なし、端裏書に「基員所進」とある。また、弘安十年（一二八七）十二月十日関東下知状（東寺文書楽、鎌㉑一六四一四）に、祖父基政が承久恩賞として賜ったという。
	出雲国淀本庄＝牛尾庄	島根県安来市	文永八年（一二七一）十一月日関東御教書（出雲千家文書）	鎌⑭一〇九二二。承久の乱参加の記事なし。正和元年（一三一二）七月七日六波羅下知状案（集古文書二八、鎌㉜二四六二一）に、祖父が承久恩賞として賜ったという。
※藤田氏	淡路国塩田庄	兵庫県淡路市	貞応二年（一二二三）四月淡路国太田文（下野皆川文書）	鎌⑤三〇八八。新地頭藤田兵衛尉。

（二）幕府の対応

北条泰時は、乱後の処理に当たったが、二年の在京中、泰時・時房は、所領給与や訴訟の決定は行わず、すべて鎌倉の義時に指示を仰いでいた。元仁元年（一二二四）、義時の死により、泰時は鎌倉に帰り、執権となる。政権を受け継ぐや、泰時は、立て続けに新政策を実行し、頼朝以来の専制政治に代わる集団指導制を志向した。貞応二年（一二二三）七月八日、幕府は、六月十五日の官宣旨を施行する形で、新補地頭得分の根幹部分規定を発布した。しかし、この年の五月十四日、後高倉法皇は崩じていて、治天の君不在であり、後堀河天皇は数え歳十二歳である。公卿会議による宣旨であろうが、具体案は六波羅が作り、西園寺公経あたりから、伝えられていたのではあるまいか。

新補率法の主な内容は、

1、田畠十一町につき一町が地頭分。ここに畠が加わっていることは、中世国家が全国的に「畠」支配を正式に認めた最初の、そして数少ない法令の一つである。(46)

2、他の庄園領主得分から加徴米段別五升。

3、その他の公事は、基本的に領家・国司二分の一、地頭二分の一であった。

その後も庄園領主と地頭との争いは絶えなかった。新補地頭についての幕府法令は、「貞永式目」十六、十七条、追加法（以下追と略称）の十〜十四、十三〜二十七、二十九、三十六〜四十一、小計二十八条、総計三十条である。その他にも、地頭に関する追加法は見える（例えば四十四、四十五、七十八、九十四）。

○山からの材木、河海からの魚についての公事は二分の一であるが、桑への公事も同じか？（追二十五）幕府の裁定、同じ。

○本地頭（旧地頭）の取り分が新補率法より多かった場合、残りの分の年貢は納めるべきだが公事は？（追二十四）幕府の裁定、納めよ。

○苧《からむし》の在家役は？（追二十六）幕府の裁定、二分の一。ただし、先例で領家が徴収していなかったら別。

○五節句の納物。正月十五日の七草粥、三月三日の桃花餅、五月五日のちまき、七月七日のそうめん、十月初亥の餅など、地頭は取るべからず。（追二十六　寛喜三年〈一二三一〉）。

ただし、これは翌年、歳末節料はよろしいと改められた（追三十九）。海津一朗氏は、正月儀礼は武家社会における主従関係確認であるといわれる。[47]

天福元年（一二三三）、備後国大田庄（広島県世羅町）においては地頭代らが「節分夜、号年始之吉方、寄宿于百姓私宅、貪取引出物等之条、追年更以不正之」という有様であった。[48]

○乗馬の「秣草」の賦課

承元元年（一二〇七）、（承久の乱以前であるが）前欠で、庄名が分からない庄あてに、幕府は「正地頭分所飼馬壱貳疋者、百姓不可及訴訟、至于代官等馬者、可令停止也」と命じている。[49] しかし地頭が率いる騎馬群は、越前国牛原庄（福井県大野市）の例では、地頭代九人、惣追捕使百余人であり、[50] 上述した備後国大田庄では、地頭の従類は五百人に及ぶという（本所の申立による）。

その他地頭の長日厨（長期間にわたって食事の材料を整え、調理・給仕する役）（追二十七・三十七）の可・不可、新たに開発した田・畠が領家・地頭どちらに属するか（追四十・四十一）、藍役について、地頭の女房の送迎について、争いは絶えなかった。

西国に入った東国武士は、殺生を業とする荒々しい集団であった。鎌倉末期の正安四年（一三〇二）、備後国

（広島県）に下った「とはずがたり」の二条が見た地頭は「（上略）主が有様を見れば、日ごとに男女を四、五人具しもて来て、うちさいなむ有様、目も当てられず。こはいかにと思うほどに、鷹狩とかやとて鳥ども多く殺し集む。狩とて、獣持て来るめり」であった。[51]そして幕府は在地領主の所領支配については、不干渉・無関心で一貫していた。昔、上横手雅敬氏は、「幕府は地頭・御家人対庄園領主の調停者の機能を露骨に示すようになった。」と述べ「私は「幕府（執権政治）は貴族・寺社と妥協し、客観的には庄園制擁護の機能を果たすようになった。」承久の乱を一種のテルミドールと目する。」とまで断じられた。[52]

しかし、本所・御家人間の相論は、乱直後から乱十一年後の貞永式目制定以前は、「事実者《ことじつならば》」という表現で本所側の主張をそのまま認め、御家人側を敗訴とするケースが多く、本所勝訴四十七例、御家人勝訴一例であった。式目制定後、十三世紀いっぱいまでをとると、訴陳状の応酬から出頭しての対決にいたる手続きを踏むケースが増え、本所勝訴七十五例、御家人勝訴六十五例となる。[53]

【表Ⅲ】武蔵武士の西国所領（表Ⅱの承久の乱恩賞地を除く）（略称　鏡＝『吾妻鏡』　鎌＝『鎌倉遺文』　埼玉＝『新編埼玉県史資料編５』）

氏	西国所領	現在地比定地	出典
足立氏	豊後国佐田庄地頭職	大分県宇佐市	正応三年（一二九〇）十月四日関東下知状（豊前佐田文書、鎌㉓一七四六〇）
	備前国金岡東庄	岡山県岡山市	元亨三年（一三二三）五月七日備前金岡東荘領家地頭分田帳（大和額安寺文書、鎌㊲二八三九二）
	加賀国富永御厨地頭職	石川県金沢市	正慶元年（一三三二）六月日山城国臨川寺領目録（山城天龍寺文書、鎌㊶三一七七一）
	加賀国大野庄地頭職	石川県金沢市	正中二年（一三二五）九月二十四日加賀国大野庄西条村等田数注文（山城天龍寺文書、鎌㉗二九二〇七）

安保氏	備中国耶々智村	岡山県高梁市	暦応三年（一三四〇）正月二十四日安保光泰譲状（安保文書、[埼玉]三三一）、安保実光他の功賞。
	播磨国佐土余部（郡カ）内西・東志方郷	兵庫県加古川市	同右。
大井氏	伊勢国香取五ヶ郷（香取・南・松之木・上逆手・下逆手）	三重県桑名市	[鏡]文治元年（一一八五）十一月十二日条（河越氏が源義経に連座した跡地）、大井実春他への恩賞。
	薩摩国祁答院柏原内平河村	鹿児島県さつま市	延慶三年（一三一〇）四月三日平行重譲状写（大井文書、[鎌]㉛二三九五六）
	出雲国大原郡来次上村	島根県雲南市	文永八年（一二七一）十一月日関東御教書（出雲千家文書、[鎌]⑭一〇九二二）
	伊勢国鹿取上庄内上郷	三重県桑名市	弘安元年（一二七八）九月十七日大井蓮実譲状案（大井文書、[鎌]⑰一三一七七）
江戸氏	出雲国安田庄	島根県伯太町	文永八年（一二七一）十一月日関東御教書（出雲千家文書、[鎌]⑭一〇九二二）
小川（河）氏	薩摩国甑島	鹿児島県薩摩川内市	建長六年（一二五四）正月二十日関東下知状写（薩摩高城村沿革史所収高城氏文書、[鎌]⑪七六九七）、宝治の乱の恩賞
	但馬国物部下庄	兵庫県朝来市	弘安八年（一二八五）十二月但馬国大田文（中野栄夫氏校訂本、[鎌]㉑一五七七四）
	但馬国八代庄	兵庫県豊岡市	同右。
越生氏	播磨国加古庄	兵庫県加古川市	建長六年（一二五四）正月二十日関東下知状写（薩摩高城村沿革史所収高城氏文書、[鎌]⑪七六九七）、宝治の乱の恩賞
	紀伊国糸我（伊都賀）庄	和歌山県有田市	弘安五年（一二八二）五月二十六日越生長経譲状写（武蔵報恩寺文書、[鎌]⑲一四六二六）
	但馬国釈迦寺	兵庫県（比定地未詳）	弘安八年（一二八五）十二月但馬国大田文（中野栄夫氏校訂本、[鎌]㉑一五七七四）
熊谷氏	近江国管浦惣追補使	滋賀県長浜市	文永六年（一二六九）九月九日小串行方愁状案（近江管浦文書、[鎌]⑭一〇四九一）
	近江国塩浦庄	滋賀県長浜市	永仁六年（一二九八）三月日近江国管浦供御人等申状案（近江管浦文書、[鎌]㉖一九六四一）

金子氏	播磨国鵤庄	兵庫県龍野市・太子町	[鏡] 文治三年(一一八七)三月十九日条、ただし、承久の乱以前。
	淡路国都志郷	兵庫県洲本市	文応元年(一二六〇)九月十八日関東下知状案(九条家文書⑥一七四四)、宝治の乱の恩賞
	若狭国田井庄	福井県小浜市	文永二年(一二六五)十一月日若狭国惣田数帳案(東寺百合文書ユ、[鎌]⑬九四二二)
	出雲国意東庄	島根県東出雲市	文永八年(一二七一)十一月日関東御教書(出雲千家文書、[鎌]⑭一〇九二二)
	石見国河合郷	島根県太田市	建武三年(一三三六)九月久利赤浪朝房軍忠状(石見久利文書、『南北朝遺文・中国四国編』①五〇一)
河越氏	但馬国下賀陽郷上村	兵庫県豊岡市	弘安八年(一二八五)十二月但馬国大田文(中野栄夫氏校訂本、[鎌]㉑一五七七四)
	但馬国大浜庄	兵庫県豊岡市	同右。
久下氏	但馬国佐須庄長井村・丹生村	兵庫県香住町・浜坂町	弘安八年(一二八五)十二月但馬国大田文(中野栄夫氏校訂本、[鎌]㉑一五七七四)
品川氏	紀伊国丹生屋村	和歌山県紀の川市	正嘉元年(一二五七)八月日紀伊丹生屋村地頭品河清尚訴状(高野山文書又続宝簡集、[鎌]⑪八一三七)
	出雲国広田庄	島根県雲南市	文永八年(一二七一)十一月日関東御教書(出雲千家文書、[鎌]⑭一〇九二二)
四方田氏	伊勢国多々利庄	三重県松坂市	[鏡] 文治三年(一一八七)四月二十九日条
	伊勢国丹生山公田	三重県多気郡多気町	[鏡] 文治三年(一一八七)四月三十日条
	伊勢国松永名	三重県(比定地未詳)	[鏡] 文治三年(一一八七)四月三十日条
	備後国御調北条庄	広島県尾道市	[鏡] 元久元年(一二〇四)二月二十二日条(北条時政下知)
多賀谷(多賀江)氏	美濃国日野村	岐阜県岐阜市	嘉禎四年(一二三八)六月二十日関東御教書(備後永井直衛氏所蔵文書、[鎌]⑦五二五六)
	伊予国北条郷	愛媛県西条市	仁治元年(一二四〇)閏十月五日関東御教書(安斎随筆一八、[鎌]⑧五六三七)
	筑後国瀬高庄鷹尾別府	福岡県みやま市	正和四年(一三一五)四月三日関東御教書(肥前深江家文書、[鎌]㉝二五四六七)

中条氏	播磨国遠敷郡内九ヶ所（太良庄を含む地頭職）	福井県小浜市	文永六年（一二六九）八月二日太良庄雑掌重申状（東寺百合文書ユ、鎌⑭一〇四六七）、文中に建仁三年から、十七年間知行とある。承久二年まで。承久の乱以前。
	三河国高橋庄	愛知県豊田市	延慶二年（一三〇九）三月二十五日中条景長寄進状案（尾張猿投神社文書、鎌㉛二三六五〇）
中村氏	出雲国巨曾石郷	島根県松江市	文永八年（一二七一）十一月日関東御教書（出雲千家文書、鎌⑭一〇九二二）
成田氏	出雲国宍道郷	島根県松江市	文永八年（一二七一）十一月日関東御教書（出雲千家文書、鎌⑭一〇九二二）
	出雲国坂田郷	島根県松江市	同右。
奈良氏	但馬国温泉庄	兵庫県温泉町	弘安八年（一二八五）十二月但馬国大田文（中野栄夫氏校訂本、鎌㉑一五七七四）
野本（野元）氏	肥前国高木西郷	長崎県島原半島一帯	承久三年（一二二一）後十月七日関東下知状（保阪潤治氏所蔵文書、鎌⑤二八一九）、平家没官領。西郷は慈円に与え、年貢は、東郷地頭野本行員に納めさせる。
	摂津守護	大阪府・兵庫県	新編追加（『中世法制史料集』一　参考資料七五）、元仁～寛喜頃（一二二四～一二三一）
	筑前国垣崎庄地頭	福岡県岡垣町	文永十年（一二七三）五月八日大隅正八幡宮大神宝官使重申状案（書陵部所蔵八幡宮関係文書三一、鎌⑮一一二五七）
	肥後国木原庄地頭職	熊本県熊本市	同右。
	但馬国下賀陽郷内下村	兵庫県豊岡市	弘安八年（一二八五）十二月但馬国大田文（中野栄夫氏校訂本、鎌㉑一五七七四）
蓮沼氏	肥前国佐賀庄末吉名惣地頭職	佐賀県佐賀市	嘉禄二年（一二二六）二月日肥前国佐賀領小地頭等申状案（肥前龍造寺文書、鎌⑤三四七〇）・嘉禄三年（一二二七）三月十九日関東御教書（肥前龍造寺文書、鎌⑥三五九一）によると、平家没官領。石井進氏は鎮西探題の所領とされる。
蛭河氏	但馬国相博保	兵庫県（比定地未詳）	弘安八年（一二八五）十二月但馬国大田文（中野栄夫氏校訂本、鎌㉑一五七七四）

藤田氏	播磨国石峯寺奈良井	兵庫県三木市	嘉元元年(一三〇三)十一月二四日小野(藤田カ)真行寄進状(『児玉町史』中世史料編四四)
	播磨国吉河上庄	兵庫県三木市	弘安七年(一二八四)七月二十五日播磨国法光寺地頭・下司等連署禁制(播磨法光寺文書、鎌⑳一五二六〇)
真下氏	摂津国垂水庄	大阪府吹田市・豊中市	正中二年(一三二五)二月二日六波羅御教書案(東寺百合文書ぬ、鎌㊲二八九八一)
目黒氏	出雲国飯石郷	島根県三刀屋町	文永八年(一二七一)十一月日関東御教書(出雲千家文書、鎌⑭一〇九二二)
横瀬氏	出雲国舎人保	島根県安来市	文永八年(一二七一)十一月日関東御教書(出雲千家文書、鎌⑭一〇九二二)

(三)　新補地頭の横暴

新補地頭らは、戦勝の勢いに乗って、補任された土地で押領を始めた。

①江(恵)戸重持(茂)は、出雲国安田庄(島根県安来市)新地頭に任じられたが、公文・神人を殺害し、百六町の田が荒廃し、田堵百姓は逃散して、三十二名のうち、一名を残すのみとなった。地頭以外の住人なく、田畠は段歩といえども耕作されないと、本所石清水八幡宮が院庁に訴えている。[54] 江戸氏は、海の武士団の一面を持っていた可能性があり、安田庄は、中海に臨んではいるが、江戸氏が日本海側にまで勢力を及ぼしていたとは考えにくく、これは、承久恩賞の威をかりた行動であろう。

②貞応元年(一二二二)、仁和寺の訴えによると、但馬国新井庄(兵庫県豊岡市)は、散在庄園であったのだが、新補地頭沼田三郎・渋谷三郎・越生馬允らが連合して各郷全体を横領するので、庄民らは、仁和寺と地頭ら双方に年貢を納めるよう責めたてられて、寺領は滅亡する、という。[55]

③承久四年(一二二二)、北条時盛は越前国牛原庄(福井県大野市)の地頭職を得た。地頭得分は前地頭行政法師

の分だったのだが、地頭代九人、惣追捕使と公文五人、惣従類百余人が庄に入ったため、醍醐寺の年貢・雑事一切が納められなくなった。(56)

武蔵武士が乱以前に西国に持っていた所領は、【表Ⅲ】では、六ヶ所である（管見の限りであるし、武蔵のみであるが）。平家没官領五百余ヶ所、および頼朝死後の幕府内の内争による没収地であろう。最近、川合康氏は、在地武士は敵方所領没収を自由に行っており、頼朝の権力の根幹は、この①敵方所領没収追認と没収地給与、②本領安堵、であったと主張された。(57)この慣習が承久当時まで続いていたとするならば、これらの武士は、近辺の京方武士の所領を押領したであろう。前近代社会では、「噂」の伝播は近代社会より広く、早かったであろうから。

将帥だった武士は別として、守護に駆り催された地方武士は、京近辺で一ヶ月戦ったのみだから、ひそかに帰郷すれば、元のままの庄官であり、在地武士であった。安芸国都宇・竹原庄（広島県竹原市）では、地頭代刑部丞親康が陳状で「守家依京方合戦之科、雖被没収所職、為案内者之間、成優如之儀、所安堵也、如然罪科之輩、令安堵本所之条、不限党（当）庄一所歟」と述べている。(58)また、出雲国福田庄（島根県雲南市）は、神主能久（公文）が京方だったため、伊北時胤が新補地頭に任じられた。伊北時胤は亡父胤明が文治二年頃、近隣の猪布・飯野両庄（ともに島根県（以下比定地未詳））に足がかりを得ており、福田庄に乱入したらしいが、本所賀茂別雷社の訴えにより、幕府は、福田庄は能久の私領ではなく、神領であると認定し、地頭職を止めた。(59)そこで、幕府は、乱後十年の寛喜三年（一二三一）以後は、京方であったのを隠しおおせた者も、御家人所領の五分一を没収し、非御家人の場合は不問に付すこととし、(60)さらに乱後十一年目の「貞永式目」では、京方として所領を没収された後、無実が判明した場合、それを返還することを定めた。(61)

（四）新補地頭の西国定着方法

①早く石井進氏は、備中国新見庄（岡山県新見市）と、薩摩国入来院庄（鹿児島県薩摩川内市）、肥後国人吉庄（熊本県人吉市）、安芸国沼田庄（広島県三原市）等の周到なフィールドワークによって、平安以来の在地領主は、「迫田」型耕地、鎌倉地頭は平坦地と立証された。地頭たちは、低湿地の広がる東国地方で開発を進めてきた経験と技術を使って西国の河川沿いの低湿地を開発したと述べられる。(62)農耕技術一般は西国の方が進んでいたろうが、低湿地開発は、東国が一歩、先んじていたのであろう。

②右①型は広く見られた現象であったろうが、すべての庄園で可能だったのではない。丹波国和知庄（京都府京丹波町）は、武蔵武士片山広忠が、承久四年に地頭職を得た。(63)そして、弘安五年（一二八二）に、本家仁和寺との間で下地中分が行われ、下庄が地頭分となった。和知庄は山間庄園であり、天文六年（一五三七）の領主片山氏への「和知下庄年貢納帳」でも、米五十六石余のほか、桑代八貫文余、公事銭二十四貫余、そのほかの多彩な地子、ごま・大豆・麦・栗（丹波栗として有名だった）・そば・茶である。武蔵国片山郷は、武蔵野台地上の畑地・森林地で、中世では水田耕作は望めない土地であった。和知もまた、丘陵地であり、全く水田耕作が望めない地形ではないが、片山氏には技術がなかったのであろう。京都に近く、早くから荏胡麻・丹波栗・養蚕など、流通と関わりの深い土地でもあった。(64)

（五）東国上層農民の随行

最近、新補地頭が西国へ赴任した時、一族・家子・若党・所従らのみでなく、本領地の有力農民も連れて行ったと説かれる。鎌倉武士が在地領主の性格を保っていたからには、有りうる指摘である。

近年、武士の方形居館について、考古学の方面から、見直しが進められている。橋口定志氏は、堀と土塁に囲まれ、一〇〇m四方という方形居館の出現は、東国においては、十三～十四世紀である。それ以前の武士居館はせいぜい六〇m四方で周囲は溝や柵、ないし塀で囲まれており、防御的・威圧的ではない、という。ならば、承久の乱前後の武蔵武士の居館は村や町場にあって、開放的であり、武士らは、より農民と親しかったであろう[65]。

①上野介高階資信は、新補地頭として、筑前国宗像郡朝町村（福岡県宗像市）を嘉禄二年（一二二六）に賜わった。乱の十五年後であるから、これも遅い恩賞である。資信の女が佐々目氏に嫁いだため、地頭職は武蔵国多賀谷郷（埼玉県加須市）に住む佐々目氏に伝えられた。正中二年（一三二五）、時の本地頭佐々目光重の元へ、朝町村の百姓らが来て、光重の地頭代清禅が年貢を抑留していると訴えた。

新井孝重氏は、九州の百姓たちが武蔵国多賀谷まで来るのは、たやすいことではない。佐々目氏が九州に移ったときに一緒に連れて行った武蔵の農民たちであったろう、と推定する[66]。海に面した宗像郡から、瀬戸内海に入り、畿内へ向かう便船に乗せてもらい、乗り継いで鎌倉近辺に着き、陸路、多賀谷へたどる。大塚紀弘氏は、【鏡】建長六年（一二五四）条にみえる幕府の法令「唐船者、五艘之外、不可置之」が和賀江島あてと解釈できること、その他から、唐船は博多津から瀬戸内海を経て、鎌倉へ航行していたという[67]。としたら、日本船もまた、博多津から、大和田泊を経て、鎌倉へ往来していたであろう。多賀谷氏は、伊予国北条郷（愛媛県西条市）地頭であるほか、筑後国瀬高庄鷹尾別府（福岡県みやま市・柳川市）を持ち、室町時代には安芸国蒲刈《かまがり》島を拠点とする有力な海賊となる。

また、多賀谷氏は、鎌倉時代には東国にも、武蔵国南田島（埼玉県川越市）・同国江戸郷柴崎村（東京都千代田区神田付近）・安房国郡房西庄（千葉県館山市）の所領を持っていた[68]。従って、百姓らは、多賀谷氏の被官としてこれらの縁故をたどってゆけば、現代で想像するよりは、たやすく多賀谷へたどり着けたのかもしれない。

薩摩国塔原地頭渋谷重員は、召符にすぐ応じなかった言い訳に、「而関東与薩州、海路往反不輙行程数箇月」と述べているのであるが。(69)佐々目氏の本貫地は武蔵国足立郡佐々目郷（埼玉県さいたま市・戸田市）であろうが、正中年間には多賀谷にいた。多賀谷氏は、仁治二年（一二四一）、幕府の奉行人として、多摩川の用水路開削と武蔵野の開発に赴いている。(70)恐らく古利根川流域低地の開発に力を発揮したため、その能力を期待されたのだろうと新井氏は言う。たしかに用排水のための水路を造る場合、多賀谷氏ら地頭は、いわば設計者であって、熟練工としては有力名主が現地農民を指揮したであろうから、西国へ移住した地頭が本貫地の名主たちを連れていったと考えうる。

ただし、当時の地頭光重の父光直が地頭職を譲られたのは、弘長三年（一二六三）のことであり、事件の正中二年までは六十年を経ている。百姓らは子の世代であろう。新井氏は、農民らは、武蔵と薩摩の間を度々往来していたのであろう、と言う。地頭得分は銭十四貫文であり銭化している。辺境の薩摩にはまだ為替商人はいないだろうから、銭を運び、警備する人間は必要だったろうが、それは、数人だろう。もしくは、地頭代清禅が蓄えていた財物は「米百二十九石余、籾十五石、稲六百八十把、大豆二石、粟二石五斗、麦二石三斗、腹巻一領、鐙二懸、その他多数」である。(71)地頭得分十四貫文を押領しただけで、蓄えられる量ではない。百姓たちは、清禅の誅求に耐えかねて、遠路、正地頭に訴えることを選んだのかもしれない。

②武蔵国の武士ではないが、渋谷重員は美作国河合郷（岡山県美作市）と薩摩国入来院塔原郷（鹿児島県薩摩川内市）を持っていた。同族重通らの訴えによって、守護代の召文が下されるとの噂を聞くと、「宗土之土民」

らを連れて、薩摩国塔原郷へ下向してしまった。(72) おそらくこの名主たちは、相模↓美作↓薩摩と連れ歩かれた人たちではなく、美作国の者であったろうが、武士が移住する時、一族郎等のみならず、上層農民まで含めた集団で移り住む場合があったのである。(73)

右の記述に反して、西国所領の経営を代官（たいていは一族）に任せて、惣領もその子も武蔵国に留まる武士もいた。小代氏は、宝治合戦の恩賞として宝治元年（一二四七）に肥後国野原庄（熊本県荒尾市）地頭職を与えられたが、(74) 文永八年（一二七一）、幕府から蒙古防衛のため、子息らの「自身下向」を命じられるまで、(75) 代官に任せていた。また右記の佐々目氏の惣領光重は六十一年間、筑前国に赴任しなかったのである。風俗習慣がなり、言葉もあまり通じない西国へ行くのは、気が進まなかったのであろう。

おわりにかえて

源頼朝の死（正治元年〈一一九九〉）から二十年間は、北条執権体制がその歩を進める時期であった。承久の乱はその内での一画期であった。乱で恩賞に預かった武蔵武士は、現在、交名・記録・物語に見えるだけで三十六氏に及ぶ。ただ交名は、大会戦の二日後、京に入った混乱の最中に作られたから当然、落ちがあったろう。また、武蔵国の惣領が従える一族・家子・郎従らは、少ないから、万余の総参加人数としては、東軍の一部であったろう。西国所領を持つ氏は、四十氏。これも一部であろう。

建治元年（一二七五）の「六条八幡宮造営注文」が、最近発見された。承久の乱から五十四年後、全国（と言っても、四国・九州のすべてと畿内・中国の一部は欠く）四六九氏の御家人に造営費用を銭で割りあてた一覧表である。

武蔵の御家人は、鎌倉中、諸国、武蔵国以外を合計して、八十四氏、一八八五貫文を負担している。これは、人数では、総人数の約五分一、金額では約九分一に当たる。武蔵国は、中小武士団が多いからである。

この数字を同性質の閑院内裏造営注文（建長二年〈一二五〇〉）と比較すると、武蔵国では御家人数が増えている。建治帳の方が、より大衆課税的なのか？　しかし、西国の但馬国二氏、紀伊国二氏などを見ると、そうは思えない。承久の乱で得た朝廷に対する自信、恩賞で得た財力、これらが武蔵の武士に活力を与えていたのではなかろうか。

注

（1）落合義明『中世東国の「都市的な場」と武士』（山川出版、二〇〇五年）、野口実『源氏と坂東武士』（吉川弘文館、二〇〇七年）、河合康『源平の内乱と公武政権』（吉川弘文館、二〇〇九年）、高橋修編『実像の中世武士団―北関東のもののふたち』（高志書院、二〇一〇年）、上横手雅敬「承久の乱の諸前提」（『日本中世政治史研究』塙書房、一九七〇年）、菊池紳一「承久の乱に京方についた武蔵武士―横山党の異端小野氏」（本書所収、初出『埼玉地方史』二〇、一九八七年）、宮田敬三「承久京方小考」（『立命館史学』二二、二〇〇一年）、白井克浩「承久の乱小考―北条義時追討宣旨をめぐって」（『ヒストリア』一八九、二〇〇四年）、野口実・長村祥知「承久宇治川合戦の再評価―史料の検討を中心に」（『京都女子大学宗教文化研究所研究紀要』二三、二〇一〇年）、田中稔「承久京方武士の一考察―乱後の新地頭補任地を中心として」（『鎌倉幕府御家人制度の研究』吉川弘文館、一九九一年）、同「拾遺」（『同』）、秋山哲雄「都市鎌倉の東国御家人」（『ヒストリア』一九五、二〇〇五年）、秋山哲雄『北条氏権力と都市鎌倉』（吉川弘文館、二〇〇六年）、野口実「坂東武者と京都」（『本郷』七〇、二〇〇七年）、高橋昌明『武士の成立、武士像の創出』（東京大学出版会、一九九九年）、関幸彦『承久の乱と後鳥羽院』（吉川弘文館、二〇一二年）、元木康雄・松園斉編著『日記で読む日本中世史』（ミネルヴァ書房、二〇一一年）、

野口実『東国武士と京都』（同成社、二〇一五年）、関幸彦編『相模武士団』（吉川弘文館、二〇一七年）、湯山学『相模武士』一～五巻（戎光祥出版、二〇一〇～一二年）。
（2）関幸彦編『武蔵武士団』（吉川弘文館、二〇一四年）、北条氏研究会『武蔵武士を歩く』（勉誠出版、二〇一五年）。
（3）鏡建永元年（一二〇六）五月六日条。
（4）鏡同年八月二十日条。
（5）鏡建保六年（一二一八）六月十四日、同年八月二十・二十一日条。
（6）鏡承元四年（一二一〇）五月十一日条。
（7）『明月記』承元元年（一二〇七）八月二十七日条。
（8）鏡建保四年（一二一六）一月二十八日条、同承久三年（一二二一）六月十四日条。父については同承久三年五月二十三日条。
（9）鏡文暦二年（一二三五）八月二十一条。
（10）鏡文治三年（一一八七）四月二十九日条、豊田庄（三重県川越町）、以下いずれも三重県内。池田別府（鈴鹿市）、中跡庄地頭職（鈴鹿市）、長田庄（未詳）、武久名（未詳）、加納（未詳）、加垣湊（未詳）、新光吉名（未詳）、位田（未詳）の九ヶ所。
（11）鏡文治五年（一一八九）七月十九日条。鏡承久三年（一二二一）六月二十八日条。
（12）鏡承久三年（一二二一）七月二日条。
（13）鏡貞永元年（一二三二）七月十日条。
（14）鏡承久三年六月十四日条。
（15）鏡同日条。
（16）慈に荻野次郎左衛門尉として、二ヶ所に見える。
（17）長村祥知『中世公武関係と承久の乱』（吉川弘文館、二〇一五年）第四章。
（18）菱沼一憲『中世地域社会と将軍権力』（汲古書院、二〇一六年）付表。
（19）埼玉県、二〇一一年三月。
（20）角川書店、一九九三年十二月。

(21) 埼玉県、一九八八年三月。
(22) 益田宗「承久記――回顧と展望」(『国語と国文学』三七―四九、一九六〇年)、杉山次子「慈光寺本承久記成立私考(一)――四部合戦状として」(『軍記と語り物』七、一九七〇年)、久保田淳「承久記　解説」(『新日本古典文学大系　保元物語　平治物語　承久記』四三、一九九二年)、杉山次子「慈光寺本承久記をめぐって――鎌倉初期中間層の心情を見る」(『日本仏教』三三、一九七一年)、大津雄一「誰カ昔ノ王孫ナラヌ――『慈光寺本承久記考』」(『早稲田大学高等学校研究年誌』三三、一九八九年)、佐倉由泰「慈光寺本『承久記』の表現世界」(『軍記と語り物』三七、二〇〇一年)、野口実「承久の乱における三浦義村」(『明月記研究』一〇、二〇〇五年)(以上いずれも初出年)。
(23) 「醍醐寺蔵諸尊道場観集紙裏文書」年欠(建保年間〈一二一三～一九〉)八月十五日後鳥羽上皇院宣(田中稔「大内惟義について」『鎌倉幕府御家人制度の研究』注(1)参照)による。
(24) 小松茂美氏所蔵文書、鎌⑤二七四六。
(25) 白井克浩氏は、承久元年七月に焼けた大内裏再建用途賦課が、東国で国司・領家と庄郷地頭との対立を深めており、官宣旨は具体的には造内裏役免除を意味したと論じられる(「承久の乱再考」『ヒストリア』一八九、二〇〇四年)。しかし、造内裏役がどのくらいの重さを持っていたのかが、立証されていないので、従い難い。
(26) 鏡同日条。
(27) 佐倉由康「慈光寺本『承久記』の表現世界」(『軍記と語り物』三七、二〇〇一年)。
(28) 慈(『新日本文学体系43』岩波書店、一九九三年)物語中の言葉であるから問題にすることはないが、これは全くの空約束である。国とは守護職のことであろうが、美濃・尾張の守護は確かに京方の大内惟信・小野盛綱であり、甲斐はおそらく武田氏、信濃は北条義時の管国であって、可能性はあるが、常陸は小田・穴戸氏、下野は小山氏の根拠地であるから。
(29) 慈五月十五日条。
(30) 鏡五月晦日条、および慈。
(31) 慈のエピソード。鏡によれば、神地一族は、六月二十日、貴舟で捕えられている。
(32) 野口実・長村祥知「承久宇治川合戦の再評価――史料の検討を中心に」(『京都女子大学宗教文化研究所研究紀要』二三、二〇一〇年)。

(33)『類纂高祖遺文録對照目録』録外七ノ三二（一九三五年）。
(34)鏡六月十五日条。
(35)以上は「国司一覧」（『日本史総覧Ⅱ　古代中世一』所収、新人物往来社、一九八四年、菊池紳一氏担当分による）。
(36)田中稔氏は、文書の残存状況による偏りを考えて、東寺・高野山・近衛家等の文書を除き、さらに当時、番役として在京したため、京方に参った武士が多い淡路国を除く配慮をされた。
(37)守護については、基本的に、佐藤進一『増訂鎌倉幕府守護制度の研究』（東京大学出版会、一九七一年）による。なお、山野龍太郎氏は、「東国武士の六波羅評定衆化――武蔵国中条氏を中心として」（『史境』一一、二〇一〇年）において、『勘仲記』弘安九年（一二八六）五月九日条を援用して、尾張国守護家長―家平―頼平―長家と比定された。また、佐藤進一氏は、承久三年閏十月の播磨で、短期間の安保右（主ヵ）馬允在職を認められたが、〔要約〕には入れられなかった。伊藤邦彦『鎌倉幕府守護の基礎的研究』（岩田書院、二〇一〇年）は、北条泰時が正守護で、安保右（主ヵ）馬允は代行であり、当時は代行を守護と称する場合があったという。
(38)石井進『日本中世国家史の研究』（岩波書店、一九七〇年）。
(39)「追加法」六、貞応元年（一二二二）四月二十六日、「（上略）如風聞者、去年兵乱時、相従京方輩之所職所領、大略雖注進、猶為守護代等隠籠庄公多之云々、而在庁官人等、恐守護代、詳不注進歟、檻任実正可注申之、若又本下司雖無其咎、没収内仁注申之所々在之者、詳尋明可注進也、（下略）」（『中世法制史料集』第一巻、岩波書店、一九五五年）。
(40)「追加法」七、貞応元年（一二二二）五月十八日（『中世法制史料集』一、岩波書店、一九五五年）。
(41)仁治三年（一二四二）四月五日将軍（藤原頼経）政所下文（筑後田代文書、鎌⑧六〇一一）。
(42)鏡同日条。
(43)寛元元年（一二四三）十一月日大和海竜王寺僧申状（大和海龍王寺文書、鎌⑨六二五六）。
(44)天福元年（一二三三）五月日石清水八幡宮司申文（宮寺縁事抄、鎌⑦四五一二）。
(45)鏡仁治二年（一二四一）十一月十七日条。
(46)木村茂光「中世前期の農業生産と畑作」（『日本史研究』二八〇、一九八五年）。

(47) 海津一朗「「武家の習」と在地領主制」(『民衆史研究』三〇、一九八六年)。
(48) 天福元年(一二三三)六月日金剛峯寺所司等重申状案(紀伊金剛峯寺文書、鎌⑦四五三四)。
(49) 承元元年(一二〇七)十二月日関東下知状(壬生家文書、鎌③一七〇九)。
(50) 承久四年(一二二二)四月五日関東下知状(山城醍醐寺文書、鎌⑤二九四三)。
(51) 「とはずがたり」巻五。
(52) 上横手雅敬『日本中世政治史研究』(塙書房、一九七〇年)。
(53) 古沢直人『鎌倉幕府と中世国家』(校倉書房、一九九一年)表I—1「本所による地頭御家人訴追の裁許結果」。
(54) 石清水八幡宮護国寺祠官連署挙状(石清水文書、鎌⑥四二八二)。
(55) 貞応元年(一二二二)七月七日関東下知状(山城仁和寺文書、鎌⑤二九七三)。
(56) 承久四年四月五日関東下知状(山城醍醐寺文書、鎌⑤二九四三)。
(57) 川合康『鎌倉幕府成立史の研究』(校倉書房、二〇〇四年)。
(58) 仁治元年(一二四〇)閏十月十一日関東下知状写(小早川家文書、鎌⑧五六四六)。
(59) 貞永元年(一二三二)八月十九日関東下知状(山城賀茂別雷神社文書、鎌⑥四三六二)。
(60) 条文は見当たらないのであるが、式目十六条の中に「去年被議定畢」とあるによる。
(61) 式目十六条『中世法制史料集』第一巻(岩波書店、一九五五年)。
(62) 石井進『鎌倉武士の実像』(平凡社、一九八七年)。
(63) 嘉禎四年(一二三八)七月三日北条時房施行状案(丹波片山文書、鎌⑦五二六三)。
(64) 以上は藤木久志・小林一岳編『山間荘園の地頭と村落——丹波国和知荘を歩く』(岩田書院、二〇〇七年)による。「村落交流史研究会」の永年にわたるフィールドワークの成果である。
(65) 橋口定志「中世前期居館の展開と戦争」(小林一岳・則竹雄一編『ものから見る日本史　戦争I』青木書店、二〇〇四年)、高橋典幸「荘園と居館」(高橋慎一朗編『史跡で読む日本の歴史　6　鎌倉の世界』吉川弘文館、二〇一〇年)。
(66) 新井孝重「九州に渡った武蔵武士——宗像郡佐々目氏のこと」(『草加市史研究』一一、一九九八年)。
(67) 大塚紀弘「唐船貿易の変質と鎌倉幕府——博多綱首の請負から貿易使の派遣へ」(『史学雑誌』一二一—二、二〇一二年）。
（68）以上の多賀谷氏に関する記述は、山内譲「東国武士、海賊になる――安芸国蒲刈島と多賀谷氏」（『中世の港と海賊』法政大学出版局、二〇一一年）による。
（69）（弘安元年〈一二七八〉）渋谷為重（重員）陳状案（鎌⑰一三〇七五）。
（70）鏡仁治二年（一二四一）十二月二十四日条。
（71）正中二年（一三二五）四月五日鎮西下知状（宗像辰美所蔵文書、鎌㊲二九〇七八）。
（72）（弘安元年〈一二七八〉）尼妙蓮等重訴状案（薩摩入来院文書、鎌⑰一三〇五一）。
（73）海津一朗「鎌倉時代における東国農民の西遷開拓入植―西遷武士所領における下人の性格」（『中世東国史の研究』東京大学出版会、一九八八年）。
（74）宝治元年（一二四七）六月二十三日藤原頼嗣袖判下文（肥後小代文書、鎌⑨六八四五）。
（75）文永八年（一二七一）九月一十三日関東御教書（肥後小代文書、鎌⑭一〇八七三）。

❖コラム…

九州における武蔵武士の足跡

甲斐玄洋

鎌倉時代の政治的推移を背景に東国武士は西国に進出していった。武蔵武士の中にも西国に所領を得て活躍した者が数多く見られる。当初は代官を派遣して遠く離れた所領の支配に当たり、やがて武蔵を離れて西国に拠点を移す者も現れた。

ここでは、鎌倉期から南北朝期にかけて九州で活動した武蔵武士の足跡をたどってみたい。京都大番役などで往来のある畿内と違い、遠く離れた九州での活動は当時の武蔵武士の多様な姿をより鮮やかに映し出すものと思われる。

※本文で示した典拠のうち、『鎌倉遺文』は鎌、『南北朝遺文』の九州編と中国四国編は、それぞれ南九、南中と略し、その巻数と文書番号を示した。

【足立氏】

藤原北家の末裔で、足立郡を名字の地とした。足立遠元は平治の乱で源義平に従い、治承四年（一一八〇）には源頼朝の挙兵に呼応して足立郡を安堵された。鎌倉中期に遠元の曽孫で惣領家の遠氏が豊前国佐田荘（大分県宇佐市）の地頭職を得ていたが、正応三年（一二九〇）に遠氏知行分は宇都宮通房に与えられており、失ったようである（鎌二三―一七四六〇）。

【大井氏】

紀姓で、荏原郡大井郷（東京都大田区大井）を名字の地とした。延慶三年（一三一〇）の渋谷行重譲状（鎌三一―二三九五六）によると、大井頼郷が薩摩国祁答院柏原内（鹿児島県薩摩郡さつま町）を所有している。祁答院の地頭職は鎌倉初期に千葉氏が得ていたが、千葉秀胤が宝治合戦で敗れて没収され、渋谷光重に与えられていた。大井氏は渋谷氏との血縁関係から当地を取得したと考えられている。

【小河（小川）氏】

日奉姓西党の一族で、多摩郡小河郷（東京都あきる野市小川）を名字の地とした。小川季能が承久の乱の勲功賞として薩摩国甑島（鹿児島県薩摩川内市）を与えられ、子の季直が現地に下向したと伝えられる（『西藩野史』巻之二忠久公承久三年四月条）。もっとも鎌倉初期に千葉氏が甑島の惣地頭職を得ているので、小河氏の下向は宝治合戦で千葉氏が没落したのちのことであろう。小河氏と甑島の関わりが具体的にわかるのは建長六年（一二五四）からである。この年、小河季張が甑下島郡司職をめぐって高城信久と相論し、千葉氏の支配以来、郡司職は地頭職の進止下にあるとの季張の主張が認められた（鎌一一―七六九七）。嘉元三年（一三〇五）には小河太郎入道が関東下知状に背いて非法を働いたとして雑掌に訴えられている（鎌二九―二二二三）。また、文保元年（一三一七）には小川太郎三郎が甑島を知行していることが確認できる（鎌三四―二六二八九）。

南北朝期に入ると、建武四年（一三三七）に甑島地頭の小川季久と小三郎らは南朝に属して歴戦した（南九・一―一〇二八・一〇六九）。

【加治氏】

丹治姓丹党の一族で、高麗郡加治郷（埼玉県飯能市下加治）を名字の地とした。文永八年（一二七一）に加治豊後左衛門入道が豊後国□聖別符分の京都大番役を武蔵の番に属して勤めるように命じられている（鎌一四―一〇九四一）。

また、九州で幕府の使節を務めていることが確認できる。加治俊員は、永仁七年（一二九九）に筑前国怡土荘（福岡県糸島市・福岡市）をめぐって地頭代と香椎宮が争った相論において天野師景とともに使節を務めた（鎌二六―二〇〇六九）。さらに、正安二年（一三〇〇）には筑後国白垣郷（福岡県大川市）をめぐる相論で上妻四郎入道とともに使節として活動している（鎌二七―二〇三九六）。

【河越氏】

桓武平氏の流れをくむ秩父氏の一族で、入間郡河越荘（埼玉県川越市）を名字の地とした。河越重頼は治承・寿永の内乱で源頼朝に帰順して活躍したが、のちに源義経派として所領を没収された。しかし、子の重時・重員は畠山重忠の乱や承久の乱で勲功を挙げて有力武士の地位を築いた。

弘安八年（一二八五）の時点で河越安芸前司（重輔か）が宇佐八幡宮弥勒寺領豊後国香々地郷（香地荘）（大分県豊後高田市）の地頭としてみえる（鎌二〇―一五七〇〇・一五七〇一）。正和三年（一三一四）には、荘内の供料田について、河越重方の代官が神領興行を叙用しないとして弥勒寺所司に訴えられている（鎌三三―二五二二六）。

南北朝期になると、河越安芸入道（宗重）跡として香賀地荘の地頭職三分の二が後醍醐天皇により田原貞広に与えられたところ（南九・一―一六三）、宗重と子の治重が綸旨を謀作し、悪党を率いて濫妨を働いているとして訴えられ（南九・一―三一八）、守護の追討を受けた（南九・一―五四〇）。このように当地に居住して領有を争っていた様子がみられるが、暦応五年（一三四二）には宗重と思われる河越安芸守が石見で北朝方に降っている（南中・二―一一七三）。

【佐々目氏】

出自は不詳だが、足立郡佐々目郷（埼玉県戸田市笹目）を名字の地とした武士と考えられる。建治三年（一二七七）に佐々目清光は筑前国朝町村（福岡県宗像市）の地頭として宗像大宮司と同村の田畠下地について相論している。この地頭職は清光の外祖父上野介資信が嘉禎二年（一二三六）に与えられたものという（鎌一七―一二八五四）。次いで地頭職は資信の娘で、清光の父光直の妻であった覚妙（高階氏）に伝えられ、以後、子の清光、孫の光重へ譲与された。ただし、光重は武蔵の多賀谷（埼玉県加須市内田ヶ谷・外田ヶ谷）におり、現地には清光の弟の清禅が代官（一方地頭）として居住していた。そうした事情を背景に、正応四年（一二九一）頃から光重と清禅は朝町村の支配をめぐって激しく争ったようである（鎌三七―二九〇七八）。

南北朝期に入ると、建武三年（一三三六）に清禅の孫の朝町光世は九州へ落ち延びる足利尊氏を備後尾道で迎え（南九・一―四一九）、以後北朝方として活躍した。また、清禅の子の禅恵は朝町一方の地頭として苅田狼藉を行う神崎氏を訴えていることが確認される（南九・二―一四一九）。

【小代氏】

有道姓児玉党の一族で、入間郡（入西郡）小代郷（埼玉

県東松山市正代）を名字の地とした。宝治元年（一二四七）に小代重俊が宝治合戦における子の重康の恩賞として肥後国野原荘（熊本県荒尾市）の地頭職を与えられた（鎌九―六八四五）。同荘は毛利季光跡であったから、宝治合戦による没収地であった。また、領家は宇佐八幡宮弥勒寺で、弘長二年（一二六二）に小代氏と弥勒寺との間で下地中分が行われている（稲吉・竹中・徳永二〇一一）。文永八年（一二七一）に重俊の子息等はモンゴルの襲来に備えて肥後の所領へ下向を命じられ（鎌一四―一〇八七三）、建治元年（一二七五）に重康が現地に赴いたとされる（『野原八幡宮祭事簿』）。また、重康の弟の政平と資重はそれぞれ荘内の益永・一分を名乗っており（『肥後古記集覧』巻十五小代家系図幷旧記）、同じく下向・在住したことが知られる。一方、重俊は本領の武蔵国小代郷に残って生涯を終えたようである。しかし、元応元年（一三一九）から元徳三年（一三三一）にかけて小代郷国延名田畠が売却されていること（鎌四〇―三一四五〇）にうかがえるように、小代氏の本拠は徐々に肥後に移っていったと考えられる。

南北朝期には北朝方に属して南朝方の菊池氏と戦う中、野原荘のほかにも所領を獲得していった。肥後国外では、康永三年（一三四四）に小代重氏が豊前国山国郷安於曾木村（大分県中津市）の地頭職を得て沙汰付を求めた（南九二―二〇六七）。この所領は嘉慶二年（一三八八）に野原荘とともに惣領家の小代広行に安堵されている（南九・六―六〇七三）。

【多賀谷（多賀江）氏】

桓武平氏の流れをくむ野与党の一族で、埼玉郡多賀谷（埼玉県加須市内田ヶ谷・外田ヶ谷）を名字の地とした。寛元二年（一二四四）に多賀谷光村が円勝寺領の筑後国瀬高下荘（福岡県みやま市）鷹尾郷を得て、のちに子の多賀江蓮光が相伝したという（鎌三七―二八七〇四）。また、弘長二年（一二六二）に荘内小犬丸名の地頭職が亡父の多賀谷光村の譲状どおりに平乙鶴丸（多賀江蓮光か）に安堵されている（鎌一二―八八〇七）。しかし、正和四年（一三一五）には、安富頼泰が蓮光跡の鷹尾別符の沙汰付を幕府に認められた（鎌三三―二五四六七・二五五〇七）。以後、瀬高下荘について多賀谷氏の姿は見られず、その手を離れたものと思われる。

【豊嶋氏】

桓武平氏の流れをくむ秩父氏の一族で、豊嶋郡豊嶋荘（東京都北区豊島）を名字の地とした。建武三年（一三三六）に筑後国内に豊嶋右衛門三郎跡地頭職がみえる（南九・一―八二〇）。また、暦応三年（一三四〇）には肥前国伊佐早荘（長崎県諫早市・長崎市）内の地頭職が矢上空閑民部三郎入道妻豊嶋氏跡として確認される（南九・二―一五一一）。これらのことから、鎌倉期に筑後や肥前に地頭職を得ていたことが推測される。

【中村氏】

丹治姓丹党の一族で、秩父郡中村郷（埼玉県秩父市）を名字の地とした。九州に所領は確認できないが、建武四年（一三三七）に肥後国神蔵荘（熊本県熊本市）地頭の詫磨之親の若党として中村丹三郎国家がみえ、筑前国有智山城（福岡県太宰府市）で南朝方と合戦した際に討ち死にしている（南九・一―八六二）。

【野辺氏】

小野姓横山党の一族で、榛沢郡野辺郷（埼玉県深谷市）を名字の地とした。建武元年（一三三四）に野辺久盛が恩賞として日向国櫛間院（宮崎県串間市）の地頭職を与えられている（『宮崎県史』史料編 中世一―野辺文書一五）。これ以前には北条氏周辺の有力者が知行していたと考えられており、鎌倉幕府滅亡による没収地だったのであろう。同二年（一三三五）には久盛の子盛忠が櫛間院で狼藉を働いているとして雑掌に訴えられている（南九・一―二五四）。当初、盛忠は南朝方として活動したが、建武五年（一三三八）に北朝方の畠山直顕に降り（南九・一―一一九六）、以後は北朝方に属した。貞和五年（一三四九）には武蔵の野辺郷行貞名と櫛間院の地頭職を子の泰盛に譲った（南九・三―二六五六）が、やがて本領の野辺郷は野辺氏の手を離れていったようである。一方、観応三年（一三五二）、泰盛の弟の政式は大隅国曾於河村（鹿児島県霧島市）地頭職と郡田村（鹿児島県霧島市）小地頭職を足利直冬から与えられ（南九・三―三四〇二）、日向における軍功に対して感状を与えられている（南九・三―三四八一）。

【野本氏】

藤原北家斎藤氏の一族で、比企郡野本（埼玉県東松山市下野本）を名字の地とした。治承・寿永の内乱後に野本時員が平家没官領となった仁和寺領肥前国高来西郷（長崎県雲仙市）の地頭職を与えられたが、承久三年（一二二一）に幕府は同郷を武蔵国稲毛本庄（神奈川県川崎市）と交換して慈円の所領とした。その上で領家・地頭一向不輸の地とし、仁和寺への年貢は高来東郷地頭の野本行員に肩代わりして納めさせた（鎌五―二八一九）。寛元二年（一二四四）に有馬朝澄が東郷地頭職について訴訟を起こし（『吾妻鏡』寛元二年六月二十七日条）、文永二年（一二六五）には東郷惣地頭の越中長員が郷内深江村小地頭の安富頼清に打擲刃傷を起こしたとして訴えられている（鎌一三―九三二二）。越中氏と野本氏の関係は明らかでないが、以後、惣地頭越中氏と小地頭の間で相論が繰り返されていった。

そのほか、建治二年（一二七六）に深江村地頭へ石築地の役が催促されている（鎌一六―一二二六〇）。また、九州諸国に課された宇佐八幡宮の造替では、嘉禄年間（一二二五～一二二七）に地頭の越中七郎左衛門入道が奉行しており（鎌二二―一六八〇一）、元亨二年（一三二二）には野本顕員が造営に関わっている（鎌三六―二八一六三）。

【蓮沼氏】

小野姓猪俣党の一族で、幡羅郡蓮沼（埼玉県深谷市蓮沼）を名字の地とした。鎌倉中期に蓮沼忠国が肥前国佐嘉領（佐賀県佐賀市）末吉名惣地頭職を得ており、嘉禄二年（一二二六）に得分を押領されたと小地頭の高木季家に訴えられている（鎌五―三四七〇）。これを受けて幕府は忠国の濫妨停止を命じ（鎌六―三五九一）、その後和与したとみられる（鎌六―三六四三）。以降の動向はよくわかっていないが、元応二年（一三二〇）に再び相論が起こっている（鎌三六―二七六一六）。

【藤田氏】

小野姓猪俣党の一族で、榛沢郡藤田（埼玉県大里郡寄居町藤田）を名字の地とした。鎌倉期に九州における所領は確認できないが、南北朝期に筑後国藤田次郎左衛門尉・藤田弥六女子□（跡）肆拾町地頭職が足利直冬により住吉政忠に与えられていること（南九・三―三二六〇）から、これ以前に筑後に所領を得ていたと思われる。

【本庄氏】

有道姓児玉党の一族で、児玉郡本庄（埼玉県本庄市本庄）を名字の地とした。正和三年（一三一四）の関東下知状によると、本庄国房は本領の武蔵国本庄内の屋敷・林・畠を由利頼久と争った結果、それらの得分の代わりとして筑前国小中庄（福岡県糟屋郡篠栗町）の地頭職を頼久に与えるよう幕府から命じられている。小中荘は国房の曽祖父の時家以来、別相伝として本庄氏が受け継いできたものという（鎌三三―二五一八三）。同五年（一三一六）には鎮西探題から関東の下知のとおりに頼久に地頭職が安堵されており（鎌三三―二五七五〇）、本庄氏は小中荘を失ったとみられる。

以上、主な武蔵武士の足跡をたどってみた。一般的に東国武士が西国に所領を獲得した契機として、治承・寿永の内乱、承久の乱、比企氏の乱、畠山重忠の乱、和田合戦、宝治合戦、霜月騒動などが挙げられる。今回取り上げた事例をみると、武蔵武士が九州に所領を得た機会は宝治合戦、霜月騒動など鎌倉中期の政変と関係する場合が多い。野本氏などは鎌倉前期から九州に所領を獲得しているが、その要因として早くから畿内近国に所領を得て活動していたことが指摘されている。こうした場合を除けば、武蔵武士の多くは鎌倉中期から徐々に九州へ進出していったことがうかがえる。

その中で嫡流または庶流が現地に移住したことが確認できるのは、小河氏、河越氏、佐々目氏、小代氏、野辺氏である。移住の要因には政治的・軍事的動向や所領支配のあり方という社会的・経済的事情が考えられ、一様ではない。河越氏のような有力武士は武蔵の本領を維持し、庶流が現地に下向したようであるが、複数の中小武士は武蔵の本領から離れ、九州の所領を新たに本拠地としている。その背景には、小代氏のようにモンゴル襲来への対応があるとともに、武蔵の本領における経営の弱体化といった経済的問題もうかがえる。

　これらの武蔵武士たちは九州に新たな活路を見出したともいえるが、一方では武蔵における名字の地への執着を捨てていなかった。九州の所領に移っても武蔵由来の名字を守り、さらには「武蔵国御家人」や「武蔵国」を冠して名乗ることがあった。南北朝期に入っても小河氏は「武蔵国西小河小太郎季久」と称しているし（南九・一―五五三）、小代氏も「武蔵国小代八郎次郎重峯」と名乗っている（南九・一―七〇八・七〇九）。既にみたように小代氏は肥後の野原荘に本拠を移していったが、一方で武蔵の小代郷も規模を縮めながらも維持している。このことは出自を武蔵とする意識を強く残していたこととも関係していたであろう。

　だが、その後の小代氏は肥後の武士として勢力を伸ばし、その一方で武蔵での足跡はみられなくなる。同様に多くの武蔵武士も南北朝期を境に活動の場を限定していき、特定地域の武士として室町・戦国期を生き延びることとなる。遠く離れた九州に所領を持った武蔵武士は、武蔵の本領を維持しつつ九州の所領を支配し、あるいは武蔵から九州に拠点を移して活躍した。しかし、在地の武士との相論が多く見られるように新天地での所領支配は容易なものではなく、地域勢力として定着した者がいる一方で、姿を消していったものも多い。こうした動向の違いは、それぞれの所領の在地状況に加えて、各武士団の個別事情や武蔵における立ち位置にも要因があると考えられる。

　他の地域における足跡を追うことで、東国では見えてこなかった武蔵武士の新たな一面が浮かび上がってくるのではないか。

参考文献

新井孝重「九州に渡った東国武士・佐々目氏」（同『日本中世合戦史の研究』東京堂出版、二〇一四年、初出一九九八年）

稲吉昭彦・竹中友里代・徳永健太郎「肥後国野原荘関係新出史料の紹介――弘長二年六波羅施行状と野原荘下地中分――」（『鎌倉遺文研究』第二十七号、二〇一一年）

川島孝一「西国に所職をもつ東国御家人一覧」（『栃木史学』第十号、一九九六年）

埼玉県編『新編埼玉県史』通史編2　中世（埼玉県、一九八八年）

埼玉県教育委員会編『埼玉県史料叢書』11　古代・中世

新出重要史料一（埼玉県、二〇一一年）
長村祥知「西遷した武士団　鎮西方面」（関幸彦編『武蔵武士団』吉川弘文館、二〇一四年）

南北朝初期における河野通盛の軍事統率権

磯川いづみ

はじめに

鎌倉末〜南北朝期の河野通盛（法名善恵）については、多数の受発給文書が残存していることから、伊予守護の変遷を中心に検討されている。そのなかで、石野弥栄氏は建武年間の当初から河野氏は伊予守護であったことを述べ、川岡勉氏は、河野氏が鎌倉期以来保持する軍事統率権が、のちに守護の権限に統合されていくことを論じている。また、山内治朋氏は、守護改替の背景を論じ、近年では、堀川康史氏が観応の擾乱時の通盛の動向について検討した。(1)

さらに山内治朋氏は、別稿で南北朝期における忽那氏を検討する材料として、河野氏の状況及び関係性を述べ、通盛が守護であったか否かは別にして、建武年間には、伊予の地頭・御家人に対する軍事統率権を保持していたと述べている。(2)しかし、通盛が「一族幷伊予国地頭御家人等」(3)を率いて、軍忠につとめるよう軍勢催促状を発給された時、実際に通盛に従った人々は、川岡氏が後掲【史料Ⅰ】を挙げて「おおむね道後部に限定され、道前部の領主は含まれていない」[4]と述べるように、伊予全土の地頭御家人を率いたわけではない。これについては、石野弥栄氏が大森盛長・忽那重清、山内治朋氏も忽那重清が、独自に活動をしていることを指摘している。[5]

では、「おおむね道後部」が具体的にどの地域で、どのような人々であったのかについては、残念ながら川岡氏は述べていない。そこで、本稿では建武三年（一三三六）六月十三日付河野善恵手負注文写【史料Ⅰ】（『愛媛県史』資料編古代・中世、五九四号、以下『県史』と略記）を具体的に分析してみたい。【史料Ⅰ】は、足利尊氏とともに九州から再上洛した足利直義が、比叡山に籠もる後醍醐天皇を攻めた戦いに通盛も参加し、そのときに提出した手負注文である。手負注文の交名は、南北朝期初頭の在地の人々の名前を伝える貴重な史料である。そのため各氏族ごとに個別の指摘がなされるものの、交名そのものを一括して分析したものは『愛媛県史』古代Ⅱ・中世（一九八四）を除くと、少ないのが現状である。そこで、交名に見える人々の本貫地や本拠地を確認し、南北朝期の河野氏が軍事統率権を行使できる範囲が具体的にどの地域で、どのような人々が従ったのかについて明らかにし、南北朝期以降の伊予にどのような影響を与えたのか展望してみたいと思う。

一、【史料Ⅰ】について

最初に【史料Ⅰ】を掲げる。この史料は管見の限り、「譜録」〈河野六郎通古〉[6]・「河野家之譜　改姓築山」（東京大学史料編纂所架蔵謄写本を使用、以下「築山本」と略記）・「徴古雑抄」伊予二[7]〈古案〉に写が確認され、それぞれ表記に異なる点が認められる。写本の成立を確認すると、「譜録」は、寛保二年（一七四二）に書き上げられたもので、河野氏関係の文書五十通の写が存在する。また近世に編纂された「築山本」は、いつ誰がどのような目的で作成したのか、といった基礎的な研究が十分なされておらず、「徴古雑抄」は、小杉榲邨が明治期に書写したものである。そのため編纂年代が最も古い「譜録」を底本とし、「築山本」と「徴古雑抄」で校訂を加えて引用する。(8)

【史料Ⅰ】河野善恵手負注文写　（　）は「築山本」、［　］は「徴古雑抄」による校訂で、〔　〕は筆者が施した注である。

「被聞食畢〔証判〕、　直義〔足利〕御判」

注進

建武三年六月五日於比叡山大嶽南尾〔谷脱カ〕合戦、　分捕・生捕并手負実検事

伊予国軍勢

二宮弥四［（郎脱）］忠世　ホソノ下物具ヲイトヲサル

冨田治部房　左ノホウ（方）ヨリ右ノ耳エイトヲサル（ヌカ）

志津河（川）弥太郎通治　分取頸一　右ノモヽ突疵二所　右ノ乳上［額］射疵　左ノホウ（方）　以上四ヶ所

岡田新太郎［（五）］（市）重遠　頸骨射疵

正岡三郎盛経　右ノ目下ヨリ耳ノ下へ井ヌカル

久枝孫四郎康盛左ノウテヲ射抜ル、

同太郎三郎信久左脛射疵

大内小三郎信俊右ノ脇下射疵

桑原孫四郎通時右足甲被射抜〔突〕

大内又太郎信種旗差藤三〔二〕郎家次右足射疵

岡田彦五郎清(通時)左脇射疵

仙波平次(治)盛増右ノハキヲ被射抜

仙波又太郎若党大窪左近允家景左ノハキヲ射ヌカル、

同若党同弥平次(治)実氏左ノハキヲ被射

石〔平〕手寺円教房増賢左ノウテヲ被射

氏家介(助)五郎公長左ノ足甲被射抜

田村越中房元慶左膝被射抜

一、同六日合戦

長又五郎忠貫左股射疵

本郡太郎左衛門入道賢阿(何)右肩射疵

設楽兵藤左衛門尉(脱)正義若党大野次郎兵衛尉忠直右足射疵

桑原次郎左衛門尉久通分〔捕〕取頸一

同舎弟孫次郎通忠左肩射疵

山崎又太郎祐盛左足射疵

江戸六郎太郎重近左ノカイカ子射疵

旗一流奪取之云々、

岡田又六武（右股射抜ル、）　沼田七郎三郎入道道智（右股射疵）
二宮左衛門太郎義親并若党（左衛門次郎・右衛門太郎）已上三〔三〕拾人打死畢、
一、同十一日合戦
（二宮三郎若党）太郎兵衛尉〔兵衛尉脱〕（左ヒサロ射疵）　（二宮孫三郎若党）兵衛次郎（左股射疵）
江戸弥〔次〕四郎（左股射疵）　（江戸太郎三郎若党）伊原彦四郎重（市）継（右肩射疵）
本郡孫四郎宗広（房）（右脛射疵）　河野墨俣三郎信有（左股射疵）
右、実検注進如件、
建武三年六月十三日　沙弥善恵

最初に【史料Ⅰ】に関する研究史を見ておこう。景浦勉氏が通盛の「部下」、石野弥栄氏も「河野氏の家臣団を伝える史料」(9)としていたが、山内治朋氏は【史料Ⅰ】に、「伊予国軍勢」とあることに注目し、交名に挙がっている人々は、通盛の軍事統率権に従う人々であり、通盛の被官ではなかったことを指摘している。筆者もその意見に賛同するため、本稿でも、【史料Ⅰ】に登場する人々は、すべてが河野氏の被官ではないという前提で考えていきたい。

次に、通盛の動向を鎌倉末期から確認しておきたい。通盛は、元亨四年（一三二四）に家督を継承する。通盛の父通有の後家れうゑんは、当初所職等を八郎通里に譲るものの、通里はれうゑんに従わず鎌倉で訴訟を起こし、親の自筆署判を謀書と述べたため、悔い返して九郎通盛に譲っている。(10) そして、元弘三年（一三三三）三月十二日の赤松円心、同年五月七日の足利高氏による六波羅攻撃の際、通盛は幕府方として迎え撃っている。(11) 建武二年には、後醍醐天皇から「伊予国凶徒」を討つよう綸旨が発給され、肥前国神崎庄内荒野の替として伊予国吉原郷の地頭職を得ている。(12) 吉原郷は和気郡の堀江湾に面する地域とされ、堀江は瀬戸内海航路の港として栄えた地である。(13) これ以前に、吉原郷や堀江と河野氏との関係を示す史料が見られないので、詳細は不明であるものの、足下の重要な湊を押さえることを選択したのだろう。

翌建武三年二月には、足利直義から鎌倉幕府滅亡時に収公された所領、足利尊氏から河野通信跡の所領を本領として安堵されている。(14) ここで、通盛が後醍醐方から尊氏・直義方に立場を変えたことになる。ちょうど尊氏と直義は、京都での戦いに敗れ九州まで下向しているときであった。そのため、再上洛を期す尊氏・直義は、瀬戸内海を安全に通航するため所領回復の御教書を発給し、合わせて軍勢催促を行ったのだろう。そして、通盛は催促に従って上洛し、六月に直義とともに比叡山攻撃を行った。この戦いの後に直義に提出したのが【史料Ⅰ】である。その後も伊予国地頭御家人等を率いて参戦するよう命じる軍勢催促状のほか、感状や安堵状が繰り返し発給されている。建武三年以降、通盛は一貫して尊氏・直義方に従っており、彼らの期待に添う活動をしていたのだろう。

二、【史料Ⅰ】の分析

この章では、【史料Ⅰ】に見える人名を、鎌倉〜室町期の史料で確認してみたい。可能な範囲で、それぞれの本貫地及び本拠地も明らかにしていく。

①江戸氏

武蔵国豊島郡江戸郷を本貫地とする平姓秩父氏[15]の御家人である。伊予国内で江戸氏との関わりのありそうな地名を検索すると、近世に温泉郡北江戸村・南江戸村、松山城下の江戸町が存在する。この地名から、温泉郡を本拠地としていたと推測される。松山市南江戸にある「松環《まつかん》古照《こでら》遺跡」Ⅳ区では半町の方形館の溝が発見され、十三世紀末〜十四世紀前半頃の土師器杯が多量に出土しており、江戸氏の屋敷と推測されている[16]。

「河野氏系図」（河野通堯原蔵　東京大学史料編纂所架蔵謄写本）の通盛の兄通忠の注記に「字千宝丸、八郎、母江戸太郎女、称福生寺柚木谷殿」とあり、通忠の母、すなわち通有の妻に「江戸太郎女」が確認される[17]。また、「諸家系図纂」一四下（国立公文書館蔵）所収の江戸氏系図にも、江戸重長女の注記に「河野対馬守通有妻」とあり[18]、河野・江戸両氏の系図に、婚姻関係が成立していたことが記される。この婚姻は、系図以外の史料では確認されない。しかし江戸氏の本拠地に近い東京都台東区下谷の三島神社には、河野氏の氏神である大山祇神が祀られている。神社に伝わる縁起によれば、河野通有の発願で上野山内に勧請したのが始まりとされている[19]。同時代史料からは明らかにできないが、おそらく河野氏と江戸氏の婚姻は実際にあったと考えられよう。ただし、「諸家系図纂」では、通有妻は江戸重長女とあるものの、江戸氏の系図を復元した渡辺智裕氏は、時期的に合致しないた

め、重長の嫡男忠重女を通有妻としている。(20)

通有は弘安の役（弘安四年、一二八一）のときに三十二歳、通忠は十四歳だったとされていることから（『蒙古襲来絵詞』）、通有の生年は建長二年（一二五〇）、通忠の生年は文永四年（一二六七）である。

鎌倉期の江戸氏で仮名を太郎と名乗っているのは、重長・忠重、忠重の息で木田見氏を称した経重である。ここで通有妻の父親を改めて検討してみたい。清水亮氏によれば、重長の姉妹（江戸重継女）は畠山重忠の実母であるので、(21)重忠は重長の甥となる。重忠は長寛二年（一一六四）生まれ(22)であるため、仮に重継女が二十歳で重忠を産んだとすると、重継女は久安元年（一一四五）生まれと想定できる。重長の兄弟は全部で八名知られている。重長が『吾妻鏡』に見えるのは、建久六年（一一九五）までであるため、その頃には隠居する年齢であったことになろう。重継女の生年の前後八年を重長の兄弟姉妹の生年とすると、保延五年（一一三九）〜久寿元年（一一五四）頃だろうか。そのため、渡辺氏が述べているように、重長女を通有妻とする系図の記載は誤りであることが言える。

そして重長の息忠重は、元久二年（一二〇五）の畠山重忠を討った二俣川合戦に「江戸太郎忠重」(23)とあることから、少なくとも元服している年齢である。仮に元服を十五歳とすれば、正治元年（一一九九）が忠重の生年の上限となろう。二十歳で忠重に女が生まれたと仮定しても、やはり年代が合わないことになる。

木田見経重の年齢を推測する材料は存在しないが、忠重の生年の上限と、通有の生年との差が約五十年あるため、通有妻は忠重の息経重女と考える方が、世代的にも合致するように思われる。ただし、経重は木田見を称しており、江戸姓ではなくなっているため、仮説として提示しておきたい。

伊予に西遷してからの江戸氏に関する史料は非常に少なく、【史料Ⅰ】以降、一次史料は存在しないとされてきた。ところが、筆者は江戸氏が見える史料を発見したため、(24)以下に掲げる（文書名は筆者が付した）。

【史料Ⅱ】遷宮用具足注文写「三島神官家文書」

小早河孫六平元貫（花押影）

御遷宮付面々秋籠候具足注文之事

一、黒革鎧一両　黒唐櫃入候　河野殿ヨリ
一、太刀一　ツカハ櫻花皮　河野殿ヨリ
一、太刀一　浦殿ヨリ
一、御弓征矢　河野殿ヨリ
一、太刀一　桑山殿ヨリ
一、刀一　戒能殿ヨリ
一、太刀一　重見殿ヨリ
一、刀一　朝倉殿ヨリ
一、刀一　正岡北殿ヨリ
一、刀一　江戸殿ヨリ

応永卅五年戊申卯月廿三日

まず、「三島神官家文書」について簡単に説明したい。「三島神官家文書」は、伊予国一宮大山祇神社の国神主・国神主代を代々継承した、菅原弥九郎大夫家という社家の家伝文書である。大山祇神社関係の文書には、社家の家伝文書は発見されていなかったため、「三島神官家文書」の存在は貴重である。(25)

【史料Ⅱ】は、年記から応永三十四年（一四二七）の再建に関わるものと思われ、家の文書としてではなく、社家の職務上、菅原弥九郎大夫家に伝来したものだろう。[26]ここで「江戸殿」は「刀」を奉納している。

ここに出てくる江戸・河野氏以外の一族について見ていくと、「正岡北殿」は、【史料Ⅰ】に登場する正岡氏の一族で、後述するように河野氏の奉書を発給している。「浦殿」は安芸の小早川氏の庶子家浦氏と思われる。「戒能殿」については、応永二年と三年に、守護代であった「河野伊豆入道」が、戒能通恒に比定されている。[27]河野姓を用いていることから明らかなように河野氏の一門で、南北朝期に分出し戒能を称した一族であるが、室町期までの本拠地は不明である。永享七年（一四三五）、河野通久が豊後で討死したあと、「戒能安房入道」は家督を継承した犬正丸（教通）を補佐するなど、守護代として活動している。[28]おそらくこのころには、河野氏の本拠地湯築城付近に住していたのではないだろうか。[29]「重見殿」は河野氏の一族得能氏から分出した一族と言われ、本拠地は伊予郡神崎庄（現伊予市上野・宮下、松前町神崎付近）と、桑村郡徳田村高知（現西条市丹原町高知）とする説があり、後者が有力とされている。[30]宝徳二年（一四五〇）に重見通実は、仙遊寺の末寺である朝倉観音寺を、これまで通り成敗するよう命じている。このときの通実の立場は不明であるが、室町後期から戦国初期にかけて、府中地域に勢力を持っていたことになり、[31]府中支配の一翼を担っていたのであろう。「朝倉殿」は詳細は不明であるものの、朝倉郷は「和名抄」の越智郡に見える郷で、現今治市朝倉にあたる。また、朝倉郷は応長二年（一三一二）に大山祇神社造営のための一国平均役として十一石六斗五合が課され、貞治二年（一三六三）には、通盛が菩提寺善応寺に「小千郡内朝倉郷内久松方、同窪分」などの地頭職を寄進している。[32]おそらくその朝倉郷を本貫地とした一族ではないだろうか。桑山氏は確認できなかった。

このように、河野氏以外の一族は、河野氏の守護代戒能氏、河野氏の奉書を発給する正岡氏や、府中支配に関与する重見氏のように、河野氏被官の中でもランクの高い一族が含まれる中に、江戸氏も入っているのは注目すべきだろう。

最後に、署判している小早川元貫については、残念ながら他の史料では確認できなかった。【史料Ⅱ】には、太刀や刀を奉納している氏族として、安芸を本拠としている者たちが含まれており、室町期始め頃には小早川氏が大三島支配に関わっていたことを示唆する史料であるとも言える。(33)

②伊原氏

江戸氏の「若党」であることから、武蔵国出身の可能性がある。地名を検索すると、現在の埼玉県越谷市に伊原という地があり、古綾瀬川の流域にあたる。清水亮氏によると、平児玉氏・畠山氏は荒川上流を拠点とし、江戸氏は、荒川河口部（現中川）を押さえる葛西氏との関係が深かったという。(34)伊原近くの古綾瀬川は、中川と近く同じ水系と言っても良い。江戸氏と伊原氏の関わりは、このような河川流通を通じて生まれたものではないだろうか。

③仙波氏

武蔵七党の一つ村山党の出身で、武蔵国入東郡仙波を本貫地とする。(35)文和三年（一三五四）二月に、南朝方の「仙波又太郎」や足利直冬に従う者たちが喜多郡に押し入ったため、足利尊氏が二宮修理亮・河野通朝の両使に遵行を命じている。(36)この「仙波又太郎」と【史料Ⅰ】の「仙波又太郎」は、同一人物または父子のような近親者の可能性があろう。また、南朝方からの軍勢催促状の宛所に「仙波上野介」が見えるが、石野弥栄氏が述べるように、後世に作成された文書と思われる。(37) 室町期には、旦那職の売券に仙波氏が見え、(38) 喜多郡を拠点としていたことがわかる。

④大窪氏

石野弥栄氏によれば、武蔵国入東郡大窪郷を本貫地とし、実名の「家」から仙波氏の一族の可能性を指摘している。(39) 伊予における拠点は不明であるが、仙波氏の「若党」であるから、仙波氏と同じく喜多郡であろう。

⑤設楽兵藤氏

設楽兵藤氏については、石野弥栄氏の研究に詳しい。(40) まずは、石野氏の見解をまとめてみたい。院政期の伴助兼（設楽氏）と兵藤正経は姻戚関係にあった。設楽氏は三河国設楽郡を本貫地とする在庁官人(41)であり、鎌倉期に足利氏が守護になると被官化している。一方、戦国期初頭の兵藤氏の本拠地は喜多郡出海であった。(42) そして「兵藤家系図」(43) によると、兵藤氏は三河国設楽郡に住していたとあり、鎌倉中～末期に在京していた可能性が高く、同族と思われる在京人に兵藤長禅が存在している。(44) これらのことから、兵藤氏が伊予に西遷するのは、鎌倉中期～南北朝期初頭と推定できる。また、同系図には、兵藤頼重が「宇都宮弥三郎頼綱為烏帽子子ト、元者頼澄也（中略）豫州喜多郡居住後出家シテ京都八条西洞院於宿所ニ（後略）」とあることから、宇都宮氏との関係で喜多郡に所領を得た可能性がある。

しかしながら、三河守護足利氏と、伊予との関わりを示す史料は、管見の限り見出せず、(45) 鎌倉期に御家人ではない可能性のある三河の武士が、伊予に西遷する契機を見出すのは困難と思われる。兵藤氏の名字の由来は、石野氏が述べるように、兵衛府の藤原氏であることからきているので、兵藤長禅は同姓ではあるものの、「兵藤家系図」の兵藤氏と同族かは不明である。(46) これは九州に複数存在する兵藤氏(47)も同様である。

「兵藤家系図」の「十一代」未経は三河在住とあるが、注記に「父正経嫡男参候八幡太郎義家許」とある。この前半部分は、父正経の嫡男＝未経が源義家に参候しているのか、未経ではない父正経の嫡男が、とも解釈でき、また父正経と未経ではない嫡男の二人が、とも読み取れる。いずれにしろ、未経本人か近親者が義家に仕えていることを示している。これらの注記から、編纂者が「後三年記」の記述を未経の注記に生かした、または「後三年記」に見える正経と「兵藤家系図」の未経が、同一人物である可能性の二点を提起しておきたい。(48)

ここで、兵藤氏に関して近年紹介された史料を引用する。

【史料Ⅲ】伊予国守護宇都宮頼業書下写(49)

東大寺大講堂御材木可令引進之由、御教書遣之、於子細者、見于御教書之状、然者任状、無懈怠可致沙汰也（之状）如件、

（天福元年）十二月廿一日　　　　（宇都宮頼業）在判

兵藤兵衛尉殿

【史料Ⅲ】は、東大寺再建に関して、幕府から材木引人夫を出すよう、伊予のほか石見・長門・讃岐・豊前・豊後の各守護に関東御教書が発給され、それを受けて、各守護から守護代・守護所宛に施行を命じているものである。これらの文書のうち、西田友広氏が石見の例を検討している。西田氏は、一般的に守護代は、守護の被官

であるとされるものの、石見守護相馬胤綱が発給した文書が、他国の文書と相違して厚礼であるのは、守護と守護代の関係が、御家人身分として対等であったためと指摘している。[50]これを伊予に置き換えると、伊予守護宇都宮頼業が兵藤兵衛尉に発給した【史料Ⅲ】は、石見守護のそれと比して薄礼であり、頼業と兵藤兵衛尉の関係は対等ではないことがわかる。すなわち、文書様式から宛所の兵藤兵衛尉は宇都宮氏の被官であった可能性が高い。[51]

そして、発給者頼業の祖父朝綱は、後白河院の北面であったことが知られ、[52]『尊卑分脈』では、「鳥羽院武者所」ともされる。【史料Ⅲ】が天福元年（一二三三）という鎌倉期の割合と早い段階である点を踏まえて、彼らがどこで出会っていたのかを考えると、在京している間と推測できよう。

改めて「兵藤家系図」を見てみると、本系図の鎌倉期に該当する人物は、「十四代」兵藤正綱、「十五代」頼重、「十七代」忠重である。正綱と頼重は「鳥羽院北面」、忠重は「後嵯峨院第一皇子」の行幸に供奉するとあるように、朝廷に仕える武士であったことが強調されている。

また、頼重の「兵藤家系図」の宇都宮頼綱の烏帽子子の注記からは、兵藤氏と宇都宮氏が深い関係にあることを示唆するものである。さらに、兵藤氏の本拠地である喜多郡には、下野を本貫地とする者など、宇都宮氏ゆかりの一族が多数移住している。[53]【史料Ⅲ】の守護代兵藤氏と「兵藤家系図」の兵藤氏は、同一の氏族の可能性が高いと言えるのではないか。この見解が正しいとすれば、兵藤氏の下向時期は宇都宮氏が守護になった頃となろう。ただし、これらの兵藤氏が【史料Ⅰ】に見える設楽兵藤氏と同じ氏族を指しているのかは、史料がないため、今後も検討が必要である。

⑥大野氏

石野弥栄氏は、三河を本貫地とする設楽氏から分出した富永氏を出自とし、三河国設楽郡には大野郷も存在する。そして「大野系図」（後述）にも、富永姓の者が見えるので、本貫地は三河であるとを述べている。[54] 大野氏は室町期頃には浮穴郡小田から大除城へ本拠地を移している。[55]

この大野氏に関する基本史料は「大野系図」で、『県史』には「大野系図」を出典とした文書が掲載されている。[56]「大野系図」は、伊予史談会文庫に所蔵されており、筆者が確認した限り、祖から近世まで記されたものとしては三種類の写本（冊子）が存在する。

一つは小笠原珍丸氏保管のもので、題簽に「大野系譜」とあり、「大野系図」「分家大野略系図」「大野伝書之系」「大野家聞書」の四種類の史料が写されている（以下、小笠原本と略記）。冒頭には、大正八年（一九一九）に西園寺源透氏が記した「ハシガキ」を付し、巻末に「伊豫史談會印」の朱印が捺されている。その「ハシガキ」には「大野家ノ記録系譜多シト雖、本書ノ如ク詳悉ニシテ、且要領ヲ得タルモノハ未タ曾テ見サル所ナリ」とあり、ほかの「大野家ノ記録系譜」に比べて、記述が詳細であることに特徴があると述べている。この小笠原本「大野系譜」所収「大野系図」が、『県史』の底本となっている。

二つめは「伊予諸系譜」二〇所収「大野系図」で、「御系図」（伊達系図）・「村上系図」とともに収められている（以下、諸系譜本と略記）。諸系譜本の奥書に「粟津森神社々司ノ紹介ニ依リ菜氏ノ蔵ヲ借リ之ヲ写ス　伊豫史談会」、巻末に「大正十三年八月製冊　伊豫史談會」とあり、「伊豫史談會印」の朱印が捺されている。諸系譜本は、注記に文書の内容が掲載されるものの、文書の形態では引用されないことに特徴がある。また、諸系譜本は錯簡があり、使用する際には順序を並べ替える必要がある三つめは「松山旧家記録」二所収「大野系図」で、「家秘永代録　白石兵太家記」とともに収録されている（以下、旧家記録本と略記）。扉に「松山市湊町二丁目大野梯」「商号讃岐屋」、巻末に「大正七年七月装幀」とあり「西園寺蔵書印」「伊豫史談會印」の朱印が捺されている。旧家記録本には、朱線で繋いだ通常の系図の後に、近世の由緒書に見られるような、人名を挙げてその下に事績を記す別の系図が付されている。同本には小笠原本と同様、文書が引用されている人物が存在する。

これら三種類の「大野系図」では、天智天皇の皇子大友皇子を祖とする大伴氏であるとする。最初に伊予との関わりを持つのは、「吉良喜」なる人物で、喜多郡長浜に下向したとされる。それ以降の系譜は、実名は一部共通するものの、系図上の位置にかなりの相違が見られる。旧家記録本は、吉良喜のあと「茲間二拾九代署之」として成義・直義を記載した後、「此間十一代署之」し、そして「大野安芸守朝直之嫡男」とある利直から系図が始まっている。

では小笠原本と旧家記録本に引用される文書についてみていきたい。『県史』に文書が掲載されているのは、小笠原本「大野系図」の詮直からである。その前に載る大田姓の義有宛の文治元年（一一八五）三月三日付源頼朝安堵状写、土居姓の直氏宛観応三年（一三五二）三月十日付足利義詮御教書は、『県史』付録の『所蔵者別文書一覧　付　花押一覧』（一九八三）で、「本文書とらず」としている。「本文書とらず」の表記は、凡例では触れていないが、疑文書に対して付せられているように思われる。(57) そのため、『県史』の編纂者は二通とも疑文書と判断し、本文の掲載を見送ったのだろう。そのような「大野系図」の注記に文書が引用される者は、小笠原本では詮直のほか、戦国期までに限定すると義直・繁直・直里・通繁・繁直・綱直・利直・直昌、旧家記録本は、利直・直昌である。

ここで小笠原本と旧家記録本に引用される文書の本文を比較してみよう。例として、直昌宛の（年未詳）二月二十二日付足利義輝御内書写・同日付細川藤孝副状写(58)を対象とする。内容は毛氈鞍覆・白傘袋の免許である。本文の相違点は、書止が小笠原本は「可申也」、旧家記録本は「可申者也」とあり、御内書の書止では、旧家記録本の方が一般的である。大きな違いとしては、御内書の宛所が小笠原本は「殿」、旧家記録本は「とのへ」、副状の書止は小笠原本では「恐惶謹言」、旧家記録本は「恐々謹言」となっていることで、書札礼に関わる部分である。これを伊予守護の家格を持つ河野氏の場合を見てみると、御内書は「とのへ」、副状は幕府奉公衆が「恐惶謹言」で発給し、管領細川氏が副状を発給をしたときの書止は、「恐々謹言」である。(59)小笠原本と比較すると、「殿」と「とのへ」、「恐惶謹言」と「恐々謹言」と、大野氏は河野氏よりも厚礼で発給されていることになり、幕府から見て、守護河野氏より大野氏の方が家格が高いことになる。それは事実として考えにくく、仮にこの二通を用いるならば、「とのへ」「恐々謹言」と書いている旧家記録本を利用すべきであろう。このように、同一の文書が小笠原本と旧家記録本で写され方に相違が生じていることにも注意が必要である。

そもそも、史料文言以前に、大野氏が毛氈鞍覆・白傘袋を免許されたことを事実として捉えてよいのだろうか。毛氈鞍覆・白傘袋を免許された者には、(60)朝倉・浦上・長尾氏のように、恒常的に京都との関係性を保っている人物が多い。足利義昭は、因島村上氏の村上祐康に毛氈鞍覆・白傘袋を免許したが、それは鞆の警固の功績によるものであり、(61)いわば例外と言える。すなわち、この御内書と副状が実際に発給されたのかどうか、政治状況や他の史料から考える必要があろう。

以上のように、「大野系図」に引用される文書について検討してきた。大野氏の基本史料とされる「大野系図」は、各写本によって注記の内容や文言の相違、史料引用の有無などの相違点が多く、各「大野系図」を突き合わせ、他の史料と照らし合わせるところから検討すべきである[62]。そして、「大野系図」に引用される文書は、一次史料ではなく、系図の注記、すなわち二次史料であるという認識が不可欠であろう。

「大野系図」所収の南北朝～戦国期の引用文書や注記から読み取れるのは、大野氏は幕府・土佐守護細川氏・大内氏・毛利氏といったように、伊予以外の地域権力と関係が深いことを強調していることである。大野氏の本拠地浮穴郡は内陸に位置し、伊予から土佐へ抜ける土佐街道が存在する交通の要衝でもある。その立地環境と細川・大内・毛利氏との交流という面から、大野氏について考えていく必要があろう。

⑦氏家氏
『姓氏家系大辞典』では、下野・美濃・伊勢・丹波・陸前・出羽・三河などを挙げる。中世でとりわけ著名なのは、下野と美濃の氏家氏であろう。美濃の氏家氏は、「美濃国諸家系譜」（東京大学史料編纂所架蔵謄写本）によると、南北朝期に恩賞として美濃の土地を拝領し、下野から西遷したとするので、下野の氏家氏と同族となろう。下野国は守護宇都宮氏の本国で、美濃国には、美濃河野氏が存在する。伊予とどのようなゆかりがあるかは不明であるものの、両者何れかの関係で西遷してきた一族と考えられよう。

⑧河野墨俣氏
石野弥栄氏によれば、「墨俣」は美濃の地名で、この信有という人物は、「河野系図」（「諸家系譜纂」国立公文書館所蔵）に見え、建武元年に美濃国二木郷の地頭職を安堵されている「□□信有」と同一人物であるという[63]。美濃に東遷した河野氏の一族が、惣領家に従って京都の合戦に参加していることは、御家人の移動や遠隔地所領支配

を考える上で、示唆を与えるものだろう。

⑨沼田氏

石野弥栄氏は、「平家物語」覚一本の安芸国の沼田次郎は、河野通信の母方の伯父であるという記述などから、沼田氏は安芸国沼田郷（広島県三原市）から伊予に移ってきたとしている。(64) 現在、河野氏の本拠地至近の一心庵（風早郡、松山市柳原）境内に、沼田氏五輪塔三基（松山市指定記念物）が残る。そのうち、最も古いものが沼田次郎のものと伝えられている。(65)

⑩正岡氏

正岡郷は風早郡のうち。元弘元年（一三三一）に、正岡宗昌は菩提寺の宗昌寺を建立した。また、文正元年（一四六六）に、正岡俚（経）孝は河野氏の被官として奉書を発給している。(66)

⑪久枝氏

久枝郷は和気郡のうち。康安二年（一三六二）に「久枝入道」「久枝掃部助入道」、応永二十四年（一四一七）に「久枝六郎左衛門名田職」、同二十六年に「久枝之六郎左衛門名田職」が見える。(67) また、応安四・五年（一三七一・七二）には東寺領弓削島庄領家職について、「河野久枝新蔵人」が訴えられている。小川信氏は、久枝氏は細川氏の被官であり、久枝氏と河野久枝氏は同族であるとしている。(68) 松山市の花見山城跡（温泉郡）に城を構え、居館があったとされているが、詳細は不明である。

⑫大内氏

大内郷は「和名抄」に見える郷。和気郡のうち。正安二・三年（一三〇〇・〇一）に「大内郷住人福角清六入道」、応永二十四年に「大内光永名田職」、応永二十六年に「大内九郎三郎名田職」[69]が見える。大内氏と関係する人物が居住していた考えられている「平田七反地遺跡」（松山市平田町）は、十二～十五世紀の遺構・遺物が発見されており、とくに人骨と平安後期の「準構造船」の部材から転用された井戸枠などが出土している。[70]

⑬本郡氏

本郡郷は、応永二十六年に「和介《（気）》郡之内本郡郷三郎丸名」と見えるため[71]、和気郡のうち。伊予郡内も本郡郷（現伊予市本郡）が存在する。伊予郡の本郡は、山崎庄の中心地であることが地名の由来と考えられているため[72]、国内に複数の本郡という地名が存在する可能性がある。

⑭桑原氏

桑原郷は「和名抄」に見える郷。温泉郡のうち。延元二年（一三三七）当時、南朝方であった忽那氏は、桑原城の河野彦四郎入道を攻めており、長禄三年（一四五九）には「桑原枝重名」が見える。[73]

⑮石手寺

四国霊場八十八ヶ所第五十一番札所である。永禄十年（一五六七）の由緒書によると、和銅五年（七一二）に白山権現を勧請し、神亀五年（七二八）に伽藍を創建したことに始まるという。温泉郡のうち。正安三年に「井上郷」の住人として「石手民部房」が見える。[74]

⑯志津川氏

志津川は久米郡内のうち。「文保三年記」[75]によると、盗まれた玄上という琵琶の名器を「伊予国住人志津河左衛門尉」が購入し、捕らえられたという。すなわち「志津河左衛門尉」は、当時在京していたのだろう。応永四年には「志津川大師」[76]も見える。現東温市志津川付近。紀伊では応永九年に「志津河左近将監」という人物が見える。伊予の志津川氏との関係性は不明であるが、畿内に土着した一族がいたのだろうか。[77]

⑰岡田氏

岡田郷は「和名抄」に見える郷。伊予郡のうち。院政期に立荘した玉生荘（石清水八幡宮東宝塔院領）の所在地である。現松前町昌濃内付近。

⑱山崎氏

仁平三年（一一五三）に立券した伏見稲荷社領山崎庄の所在地である。伊予郡のうち。文安元年（一四四四）には、忽那氏の所領として「山崎小湊松前当知行」[78]と見える。現伊予市市場・稲荷付近。

⑲二宮氏

文和三年二月に、喜多郡に押し入った南朝方及び足利直冬に与した者たちに対して、「二宮修理亮」と河野通朝の両使に遵行が命じられている。(79) 二宮氏の本拠地は不明であるが、前掲の文書では、喜多郡に押し入った者に対しての命令であることから、二宮氏は喜多郡に拠点があったと考えられる。(80)

⑳富田氏

一次史料では確認できない。「太平記」巻二二「義助朝臣病死事付鞆軍事」に、細川頼春と南朝方が戦ったことが記され、南朝方として最後に残った一七騎に得能氏らとともに「富田六郎」（『太平記』『日本古典文学大系』）が見える。しかし、【史料Ⅰ】の富田氏との関係は不明である。

三、【史料Ⅰ】に載る人々と載らない人々

以上、通盛の軍事統率権下にあった御家人等の本貫地または本拠地を、室町期頃までの史料で明らかにした。田村氏・長又氏は、地名や人名などいくつか該当するものはあったものの、伊予との関わりを推測させるようなものを見つけることは叶わなかった。

今回判明した彼らの本拠地は、風早郡・和気郡・温泉郡・久米郡・伊予郡・浮穴郡・喜多郡となる。建武年間当時の本拠地が判明しない者もいるので、この七郡であると断定できないかもしれないが、傾向は見出されるだろう。前述したように川岡勉氏は、【史料Ⅰ】に書かれる人々は「おおむね道後部」に所在するとしていた。改めて確認すると中世前期の「道後」(81) のうち、宇和郡を除く六郡及び、「道前」の風早郡が【史料Ⅰ】に記される人々の本拠地であったことになろう。「道前」の風早郡は、河野氏の本拠地北条郷が所在する郡であり、河野氏

と沼田氏・正岡氏の本拠地の地理的近さが反映されているのだろうか。

そして、彼らの本貫地に注目すると、すべてが伊予を出自としないことも判明する。推測を含めると、氏家氏は下野、江戸・伊原・仙波・大窪氏は武蔵、設楽兵藤・大野氏は三河、河野墨俣・氏家氏は美濃、設楽兵藤氏は京都、沼田氏は安芸から、それぞれ何らかの契機によって西遷してきたと思われる。一般的に鎌倉期の場合、承久の乱・蒙古襲来の恩賞として西国の所領を得て、その支配のために惣領や一族代官が下向するといわれる。下野出身者は、前述のように宇都宮氏が守護職を得たことが、西遷の契機となろう。武蔵出身者の下向の契機は不明であるものの、江戸氏の場合は、河野氏との婚姻関係を結んだことがきっかけではないだろうか。(82)

研究史において、通盛の軍勢催促に伊予全土が従ったわけではなく、「おおむね道後部」に限られていることは前述した。【史料Ⅰ】の分析により、改めてその指摘が正しいことを証明したことになろう。では【史料Ⅰ】に見えない、主に「道前」の御家人たちの動向はいかなるものであったのか確認してみたい。

南北朝期以降、細川氏の支配下に入ったといわれる東予二郡、すなわち宇摩・新居郡のうち、新居郡新居郷の地頭であった金子氏は、武蔵国入間郡金子を本貫地とし、仙波氏と同じく武蔵七党の一つ村山党を出自とする西遷御家人である。弘安年間以前には新居郷の地頭職を保持していた。(83)金子氏は南北朝期の史料の残存数が少ないため、動向は明確ではないものの、暦応元年（一三三八）には、足利直義に伊予国における軍忠を賞されている。(84)すなわち、金子氏は足利尊氏・直義方として独自に行動していたことになろう。

桑村郡の新居氏は、百通以上の文書が残存するにもかかわらず、ほとんどが菩提寺観念寺に対する寄進状など、寺領に関する史料である。そのため新居氏の軍事的活動を示す史料が非常に少なく、新居氏が通盛の軍事統率権に従っていたか否かは不明である。観念寺文書には、南北両朝の元号が見えるため、その時の政治状況によって使い分けをしている可能性があろう。

風早郡の忽那氏は、重清が建武三年二月以降足利方につき、同年五月上旬には吉見氏頼の着到を受けて在京し、六月末まで所々で戦ったことを軍忠状にて提出し、吉見頼隆の証判を受けている。(85) そのなかには、「六月五六日両日合戦」で戦ったことも記され、おそらく通盛と同様比叡山攻めに参戦していたのであろう。そして六月晦日の分捕の証人として、伊予の御家人野間三郎左衛門尉と新屋太郎左衛門尉が挙げられている。すなわち、両者も重清同様、通盛の軍事統率権の範囲外であったことになる。名字から野間三郎左衛門尉は野間郡乃万、新屋太郎左衛門尉は喜多郡新屋郷が本貫地と推定される。重清は同年六月二十九日にも、直義から軍勢催促状が発給されている。(86)

越智郡の三島大祝氏は、伊予国一宮大山祇神社の大祝で国衙の在庁官人であり御家人でもある。元弘三年から建武二年六月にかけて後醍醐方として戦い、軍忠を注進している。しかし、翌三年二月には、尊氏・直義方として伊予郡や浮穴郡で戦っているため、その間に立場を変えたことになる。また、同年七月には、直義から軍勢催促状が発給されている。(87)

大森盛長は、「太平記」の湊川合戦で著名な人物である。その子孫とされる大森直治の寄進状には「在所砥部之内」とあり、本拠地は浮穴郡砥部郷と思われる。(88) 盛長は、建武三年八月に「峯堂」の警固をしており、仁木頼勝の証判を受けている。(89)

以上のことから、史料が限られるものの、新居郡金子氏、風早郡忽那氏、越智郡三島氏、浮穴郡大森氏は、通盛の軍事統率権の範囲外であったことが明らかである。とくに喜多郡については、南北朝期以降伊予宇都宮氏の領域となったとされている。ところが、【史料Ⅰ】には、喜多郡を本拠地とする一族が存在することが明らかとなった。喜多郡は守護宇都宮氏が郡地頭に任じられていることから、下野や宇都宮氏との関係をうかがわせる氏族が住している。当時の喜多郡地頭宇都宮貞泰は、尊氏・直義に従って在京したり転戦している。(90)そういった者たちの中には、貞泰と行動を共にしている者も存在しているだろう。しかし在地にいる者たちの中には、【史料Ｉ】に見える人々のように、河野氏の軍勢催促に従った者や、新屋太郎左衛門尉のように忽那重清と行動を共にしている者が存在していたことになる。すなわち、通盛は喜多郡一円の軍事統率権を保持し得たわけではないことになろう。

「道後」の宇和郡は、鎌倉期より知行国主西園寺氏の庄園となっていた。伊予西園寺氏当主の下向は南北朝期に入ってからであるが、おそらく鎌倉期より、西園寺氏の強固な支配が構築されていたため、河野氏の軍事統率権が及ばなかったのではないだろうか。(91)

「道前」で挙げた金子・新居・忽那・三島大祝氏等は、鎌倉期には河野氏と同格の御家人である。通盛が具体的にどの範囲に軍勢催促を行ったのかは、史料が残存しないため不明であるが、氏族によっては、守護ではない河野氏に従うより、足利尊氏・直義と直接関係を結んだ方がよいと考える者が存在してもおかしくないだろう。

おわりに

これまで述べてきたように、道後の六郡と道前の一郡を合わせた七郡が建武三年当時の通盛が行使し得た軍事統率権の範囲であり、それに従った人々は出自がさまざまであることも明らかとなった。しかしながら、喜多郡の例で明らかなように、軍事統率権の範囲とは一円的なものではない。これは喜多郡が例外ではなく、他の郡にも当てはまると推定されよう。【史料Ｉ】はあくまで負傷者の注文であり、通盛に従ったすべての人々の名が掲載されているわけではない。おそらく自らの置かれた立場や事情によって、在地の者がそれぞれ誰の軍勢催促に従うのか選択したと考えられる。

また、近世に編纂された「予陽河野家譜」によると、康暦の政変後の永徳元年（一三八一）十一月十五日に、河野鬼王丸（後の通之）と細川頼之が和気郡福角で会談して和睦し、そこで伊予守護職を河野氏が継承し、宇摩・新居郡は細川氏に引き渡したとされる。そしてその枠組みは戦国期に至るまで変わることはなかった。その中に「新居・宇摩両郡者、大半細川家忠節之輩為所領之間」（東京大学史料編纂所架蔵謄写本）という記述があり、編纂時の認識でも、永徳元年段階には、東予二郡（宇摩・新居郡）が細川氏の領域であると示されている。

それ以前の【史料Ｉ】の段階で、宇摩・新居郡はすでに通盛の軍事統率権の範囲外であり、その後も、二郡が河野氏の勢力範囲に含まれていたとは言い難い状況が続いていた。(92) すなわち宇摩・新居両郡が河野氏の勢力範囲から切り離されたのは、南北朝の内乱が原因ではなく、宇和郡のように鎌倉期からだった可能性を想定できよう。そのように考えると、東予二郡の引き渡しは、これまで河野氏の領域であった地域を割譲したのではなく、現状の追認であり、実態を反映しただけに過ぎなかったとも言えるのではないだろうか。

以上のことから、南北朝期から始まる河野氏と細川氏の対立や、東予二郡の状況についても、史料を丁寧に読み込み考察していく必要があると考えている。

注

（1）石野弥栄「南北朝期の伊予国守護」（『中世河野氏権力の形成と展開』戎光祥出版、二〇一五年、初出一九七九。以下『河野氏権力』と略記する）。川岡勉「足利政権成立期の一門守護と外様守護――四国支配を中心として――」（『室町幕府と守護権力』吉川弘文館、二〇〇二年、初出一九九六）。ただし、この論については石野弥栄「南北朝期の伊予国守護」【補説3】が批判している。山内治朋「南北朝伊予国における守護職改替に関する一考察」（『信大史学』二七、二〇〇二年）、堀川康史「南北朝期における河野通盛の動向と伊予守護職」（『日本歴史』七九八、二〇一四年）。堀川論文には、南北朝期の伊予守護に関する研究史などがまとめられている。このほか、伊予守護について論じたものに、小川信『足利一門守護発展史の研究』（吉川弘文館、一九八〇年）、佐藤進一『室町幕府守護制度の研究』下（東京大学出版会、一九八八年）などがある。

（2）山内治朋「南北朝・室町期忽那氏の守護河野氏従属について」（『研究紀要』八、愛媛県歴史文化博物館、二〇〇三年）。同「忽那氏の海上支配」（山内譲編『古代・中世伊予の人と地域』関奉仕財団、二〇一〇年）も参照。

（3）建武三年六月十四日付足利直義御判御教書（「今治市河野美術館所蔵文書」）。二〇〇九年八月二十三日に同館で原本調査を行い、そのとき撮影した写真を用いた。撮影許可をいただいた今治市河野美術館には、記して謝意を表す。なお『愛媛県史』資料編古代・中世、五九六号は「松雲公採集遺編類纂」の写を使用している。

（4）川岡勉「河野氏の府中支配と海賊衆」（『中世の地域権力と西国社会』清文堂出版、二〇〇六年、初出二〇〇二・〇四、二〇一頁。以下『西国社会』と略記する）。

（5）石野弥栄「南北朝期の伊予国守護」、山内治朋「南北朝・室町期忽那氏の守護河野氏従属について」。

（6）山口県文書館所蔵。一冊目の表紙に「譜録略系弁傳書 御黒印御奉書寫 一」「河野六郎通古」とある。一冊目には、河野通古の家の由緒・系図・文書（近世）などを載せ識語を付す。二冊目の表紙に「河野家感状證文等之写」「梨羽頼母組河野六郎通古」、巻末の識語に「右、河野家感状御教書等之写、如斯御座候、此外自他之證文等、所持不仕候、以上」「寛保二戌正月　河野六郎通古（花押）」とある。河野通古は伊予の河野氏の直系の子孫ではないため、何らかの手段で収集したものだろう。これらの点については、山内譲「河野氏関係史料の研究　古文書の伝来」（『中世瀬戸内海地域史の研究』法政大学出版局、一九九八年、初出一九八三）を参照。

（7）小杉榲邨編、国文学研究資料館所蔵。別稿にて史料紹介を準備中である。本文書は冒頭に「古案卜題スル文書集ニ所載」という小杉榲邨による朱書のあと、十八点が写されている。本文書はそのうちの二点目である。

（8）「譜録」は、二〇一六年四月六日に山口県文書館で閲覧した写真帳及び撮影した写真を底本とした。撮影許可をいただいた山口県文書館には、記して謝意を表す。翻刻には常用漢字を用いた。またカタカナと漢字による表記の違いなど、解釈が変わらないものには、注を施していない場合がある。

（9）景浦勉「建武政権と伊予の動静」（『愛媛県史』古代Ⅱ・中世、一九八四、第二編第二章第一節、四四一頁）、石野弥栄「守護と国人」（『愛媛県史』第二編第三章第二節、五四九頁）、山内治朋「南北朝・室町期忽那氏の守護河野氏従属について」。

（10）元亨四年六月九日付れうゑん譲状写（「築山本」『県史』五〇八）。譲状の内容には検討の余地があるというが、「予章記」には通有の譲状を披露する場面が描かれる（佐伯真一・山内譲校注『予章記』『伝承文学注釈叢書』一、三弥井書店、二〇一六年、三―①注釈一〇）。

（11）建武元年三月十七日付西心丸田地文書紛失状（「東寺百合文書」メ『県史』五六〇）、同日付沙弥光蓮田地文書紛失状（「東寺百合文書」レ十そ、ユ、ヱ、「国立歴史民俗博物館所蔵文書」『企画展示　中世の古文書――機能と形――』国立歴史民俗博物館、二〇一三年、一一二）に「伊与国河野手者元弘三年五月七日」に打ち入り、文書が焼失したと記す。また建武四年四月十八日にも同内容の紛失状が作成されている（中綱職掌等連署田地文書紛失状案「東寺百合文書」カ）。以下、東寺百合文書の文書名・本文は、京都府立京都学・歴彩館ＨＰ「東寺百合文書ＷＥＢ」による。この戦いについては、新井孝重「元弘三年京都合戦」（『日本中世合戦史の研究』東京堂出版、二〇一四年、初出二〇一三）が詳しい。

（12）（建武二年）二月二十一日付後醍醐天皇綸旨（「築山文書」『県史』五七一）、建武二年十月四日付太政官符写（「稲葉文書」大分県立先哲史料館所蔵、『県史』五七九は、同文書所収「河野家代々綸旨御教書等之写」東京大学史料編纂所架蔵影写本を使用）。河野氏が地頭職を得た吉原郷と同じ名称を冠した吉原庄は、鎌倉期には東福寺領庄園であった。

（13）山内譲「中世の堀江」（『伊予史談』三一九、二〇〇〇年）。

（14）建武三年二月十五日付足利直義御判御教書写（「稲葉文書」大分県立先哲史料館所蔵、『県史』五八六は「河野家代々綸旨御教書等之写」を使用）、建武三年二月十八日付足利尊氏袖判御教書（「淀稲葉文書」『県史』五八七）。

(15) 一般に秩父平氏と表記されることが多いが、本稿では、小林一岳氏が用いた「平姓秩父氏」を用いる（「豊島氏研究の現状と課題」『豊島氏とその時代――東京の中世を考える――』新人物往来社、一九九八年）。
(16) 中野良一『湯築城跡』（『日本の遺跡』三九、同成社、二〇〇九年）。
(17) これ以外の多くの河野氏関係の系図にも、通忠の母には「江戸太郎女」との記述が認められる。
(18) 国立公文書館HP「国立公文書館デジタルアーカイブ」で公開されている画像によった。「慶元寺本江戸北見系図（抄略）」（萩原龍夫編『江戸氏の研究』『関東武士研究叢書』第一巻、名著出版、一九七七年）でも、重長女を通有妻としている。
(19) 同社HPによる。
(20) 渡辺智裕「鎌倉御家人豊島氏・江戸氏」（『北区史』通史編中世、一九九六年、第一章第五節）。前島康彦「各地の江戸氏」（『江戸氏の研究』初出一九七二）でも重長女は誤りであることを指摘している。
(21) 清水亮「在地領主としての東国豪族的武士団――畠山重忠を中心に――」（『地方史研究』三四八、二〇一〇年）。
(22) 『吾妻鏡』元久二年六月二十二日条（『新訂増補国史大系』）に「四十二歳」とあるところから逆算した。
(23) 注（22）『吾妻鏡』同日条。
(24) 「三島神官家文書」（「徴古雑抄」伊予二、国文学研究資料館蔵）。同文書については、紹介を兼ねて別稿を予定している。
(25) 大山祇神社関係の文書群及び文書整理に関する主な研究には、川岡勉編『新出大山祇神社文書』（愛媛大学教育学部日本史学研究室、二〇一四年）、拙稿「太祝関係文書の基礎的考察――「三島宮御鎮座本縁」との関連から――」（『伊予史談』三五九、二〇一〇年）、拙稿「「大山積神社文書」所収元久二年の二通の下文について」（『四国中世史研究』一二、二〇一三年）などがある。
(26) 『重要文化財大山祇神社本殿及拝殿修理工事報告書』（重要文化財大山祇神社修理委員会、一九五五年）。
(27) 山内譲『中世伊予の領主と城郭』（青葉図書、一九八九年）、定成隆「中世の大山祇神社文書――相論と近世における文書管理――」（『新出大山祇神社文書』初出二〇一二）。
(28) 永享七年七月十六日付足利義教御内書案（「明照寺文書」『県史』一二四三）。石野弥栄「守護と国人」を参照。
(29) 湯築城外堀の外側に「戒能筋」という通りの名称が残っているとして、戦国期には、戒能氏がそこに居館を構えていたとされる（川岡勉『河野氏の歴史と道後湯築城』青葉図書、一九九二年）。

(30) 景浦勉「建武政権と伊予の動静」。同書では高知を周敷郡としているが、『愛媛県の地名』（『日本歴史地名大系』三九、平凡社、一九八〇年）、『角川地名大辞典』三八　愛媛県（角川書店、一九八一年）によると、近世の高知を桑村郡としている。石野弥栄「守護と国人」では、「重見氏の発祥地は、吉岡荘内の高知（現東予市）の八倉山城の地とする説と、浮穴郡の矢取重見明神の鎮座する重見津であるとする説があり、さらに伊予郡神崎荘内の八倉郷（現伊予市）にいて、のち風早郡日高城に移ったとの説もある。（中略）南北朝～戦国期に重見氏は、桑村・伊予・浮穴・風早の四か郡に分散していたとみられる」と述べている（五三三頁）。

(31) 宝徳二年六月三十日付重見通実安堵状（「仙遊寺文書」『県史』一三〇〇）。川岡勉「河野氏の府中支配と海賊衆」、同「中世伊予の山方領主と河野氏権力」（『西国社会』初出二〇〇三）。

(32) 貞治二年四月十六日付善恵寄進状案（「善応寺文書」『県史』八六五）、応長二年三月日付大山積神社造営段米支配状（「大山祇神社三島家文書」『県史』四四四）。

(33) 小早川満平は、正長元年（一四二八）十一月三日に地頭政所として大山祇神社の社家に対して補任状を発給しており（三島社地頭政所下文写「大山祇神社三島家文書」『新出大山祇神社文書』五六）、室町期には大三島支配に関与していたことは明らかである。
三島社地頭政所下文写については、愛媛県教育委員会編・発行『大山祇神社文書目録』第一集（一九八五年）において、「厳密に当時のものとは考えがたいもの、再考を要すべきもの」（同書「凡例」）とされていた。しかし、「三島神官家文書」にも本文書の写が発見され、両文書群から村上吉継発給の地頭政所下文が計四通見つかった。このことから「地頭政所」という組織が大三島に存在していたことは事実と考えられる（拙報告「来島村上氏の家中と伊予大山祇神社――「徴古雑抄」所収「三島神官家文書」の検討から――」二〇一六年七月九日戦国史研究会報告レジュメ）。また、小早川氏は戦国期初頭まで「越智郡大嶋四分壱地頭職」の安堵状を受給している（延徳四年四月十一日付足利義材袖判御教書「小早川家文書」『県史』一五四六）ので、大三島に限らず、芸予諸島で多くの権益を保持していたことは、容易に想像されよう。

(34) 清水亮「在地領主としての東国豪族的武士団」。

(35) 石野弥栄「伊予仙波氏の歴史」（『大護神社創建四〇〇年祭記念誌、歴史探訪、伊豫仙波一族』大護神社奉賛会、二〇〇八年）。

(36) 文和三年二月二日付足利尊氏御判御教書（「尊経閣文庫古文書纂」『県史』八一三）。石野弥栄「伊予仙波氏の歴史」では、本文書に見える「太田庄司」を武蔵国太田庄を出自とする可能性を指摘している。

(37) 石野弥栄「伊予仙波氏の歴史」。

(38) 寛正二年六月十日付旦那売券案（「潮崎稜威主文書」『県史』一三七四）など。

(39) 石野弥栄「伊予仙波氏の歴史」。「畠山系図」（「系図綜覧」所収『坂戸市史』中世資料編Ⅰ、一九八六年、七三七）によると、畠山重忠の孫重氏の注記に「河越内大久保知行」とあり、畠山氏との関係性もうかがえる。この系図は山野龍太郎氏から御教示いただいた。

(40) 石野弥栄「喜多郡の中世領主について——南北朝・室町期の国人領主を中心に——」（『温古』復刊二〇、一九九八年）、同「兵藤氏の伊予国移住・土着をめぐって」（『長浜史談』二九、二〇〇五年）。設楽兵藤氏の項の石野氏の論は、この二論文による。

(41) 「奥州後三年記」（野中哲照『後三年記詳注』汲古書院、二〇一五年）に、「参河国の住人、兵藤大夫正経・伴次郎傔仗助兼といふ者あり。むこ《(聟)》・しうと《(舅)》にて、あひぐして」（三一八頁）とある。伴助兼は、「伴氏系図」（『群書系図部集』第七）によると、「号設楽大夫」とある。

(42) （年月日未詳）旦那名字注文（「米良文書」『県史』一五二九）に「いつみ《(出海)》との」の肩に「本名ひやうとう《(兵藤)》也」とある。

(43) 故菊池正行・渡辺仁之助「兵藤家系図と出海神社記」（『長浜史談』二〇、一九九六年）。

(44) 例えば、建治元年十一月二十四日付六波羅差符案（「高野山文書又続宝簡集七十九」『鎌倉遺文』一二一三二）に「兵藤図書入道」が見える。

(45) 足利家時は伊予守に任官していたが、当時の国守と在地の関係性は不明である。

(46) 長禅は六波羅奉行人で御家人である。森幸夫「六波羅探題職員の検出とその職制」（『六波羅探題の研究』続群書類従完成会、二〇〇五年、初出一九八七・九〇）。

(47) 『鎌倉遺文』を検索すると、文永五年七月三日付沙弥浄恵宗像氏業請文（「筑前宗像神社文書」『鎌倉遺文』一〇二七四）に「兵藤三郎」が、（元応元年）付鎮西下知状（「豊前宮成文書」『鎌倉遺文』二七三五三）には「兵

藤滝口重村」が、元徳元年十月日付弘円志岐景弘代覚心申状案（「肥後志岐文書」『鎌倉遺文』三〇七六七）に、

「志岐兵藤左衛門入道弘円」が見える。

(48) 野中哲照『後三年記詳注』では、正経が義家の郎等または官人として在京していたと指摘している。同書は、助兼についても詳細な検討を加えている。

(49) 吉川聡・遠藤基郎・小原嘉記「「東大寺大勧進文書集」の研究」『南都仏教』九一、二〇〇八年、七二）。

(50) 佐藤進一『増訂鎌倉幕府守護制度の研究――諸国守護沿革考証編――』東京大学出版会、一九七七年）。例として、讃岐国守護の三浦氏と長尾氏、佐渡国守護の北条氏大仏流と本間氏を挙げておく。

(51) 西田友広「鎌倉時代の石見守護について」（『鎌倉遺文研究』二〇、二〇〇七年）、同「石見守護補考――相馬胤綱の位置づけについて――」（『鎌倉遺文研究』二六、二〇一〇年）。

(52) 小松茂美「右兵衛尉平朝臣重康はいた――「後白河院北面歴名」の出現――」（『水茎』六、古筆学研究所、一九八九年。本論文には写真が掲載されている）。宇都宮氏については、山本隆志『東国における武士勢力の成立と展開――東国武士論の再構築――』思文閣出版、二〇一二年）を参照。

(53) 市村高男「中世宇都宮氏の成立と展開」、土居聡朋「伊予宇都宮氏の成立と展開」（いずれも市村高男編著『中世宇都宮氏の世界――下野・豊前・伊予の時空を翔る――』彩流社、二〇一三年）によれば、津々木谷（続谷）・祖母井・水沼・上須戒・笠間・芳我（賀）・延（信）尾氏が挙げられている。

(54) 石野弥栄「守護と国人」、同「細川京兆家の伊予国支配」（『河野氏権力』初出一九九九）。同「喜多郡の中世領主について」、「兵藤氏の伊予国移住・土着をめぐって」でも触れている。野中哲照『後三年記詳注』によれば、富永は設楽郡の中心地で新城市北部に地名があり、助兼の子親兼は「伴氏系図」では「富永六郎大夫」とある。

(55) 石野弥栄「守護と国人」。大野氏については、川岡勉「中世伊予の山方領主と河野氏権力」を参照。

(56) 全部で二九通引用されている（『愛媛県史、所蔵者別文書目録　付　花押一覧』）。

(57) 同書では、「興隆寺文書」の綸旨が「本文書とらず」と表記されている。『県史』解説「興隆寺文書」によると、康治二年付の綸旨は「体裁・文体・字体等の上から考えて、この当時のものとは考えられないので、収録の対象から除外し」（一三頁）ている。

(58) 『県史』一九一三、一九一四。小笠原本の注記に「忠功其数積、自征夷大将軍源義輝公毛氈鞍覆・白傘袋為　御

免、其時御免状」として御内書が引用されるので（旧家記録本は「忠功其積数、為歓賞自将軍義輝公毛氈鞍覆・白傘袋被為免、其時之御免状」）、永禄八年以前に義輝が発給したことになろう。

(59) 河野氏宛の御内書と副状は多数存在する。将軍義輝の時代の河野氏当主は通宣で、左京大夫に任官している。例として（年未詳）二月二十六日付足利義輝御内書写（「河野家文書写」愛媛県歴史文化博物館所蔵、『県史』一八八二は「河野家代々綸旨御教書等之写」を使用）、同日付上野信孝副状写（「福岡市博物館購入稲葉文書」二、福岡市博物館所蔵『新修福岡市史』資料編　中世一、二〇一〇年）を挙げておく。（年未詳）七月二日付細川晴元副状写（「大洲旧記」第四〈八多喜村〉『県史』一六九四）。

(60) 二木謙一『中世武家儀礼の研究』（吉川弘文館、一九八五年）、木下聡『中世武家官位の研究』（吉川弘文館、二〇一一年）。

(61) （天正四年ヵ）卯月九日付足利義昭御内書（「因島村上文書」『戦国遺文』瀬戸内水軍編、四四七）。山内譲「海賊衆因島村上氏の海域支配」（『尾道文化』三五、二〇一七年）では、「国人クラスの領主に対する待遇としては破格の扱い」（二〇頁）と述べている。

(62) 石野弥栄氏も「細川京兆家の伊予国支配」の中で、小笠原本と諸系譜本について触れ、「不正確なところが少くない」として（三二六頁）、注意を喚起している。

(63) 石野弥栄「鎌倉・南北朝期の河野氏と美濃国――美濃河野氏源流小考――」（『河野氏権力』初出一九九〇）。

(64) 石野弥栄「伊予河野氏と承久の乱に関する一試論」（『河野氏権力』初出二〇一〇）。『予章記』二―④参照。

(65) 得居衛『風早探訪――北条市の文化財――』（風早歴史文化研究会、一九九一年改訂）、松山市HP。

(66) 「延宝伝燈録」二〇（宝永三年識語、国文学研究資料館蔵）。同館HP「館蔵和古書目録データベース」で公開されている画像による。文正元年七月十一日付河野氏家臣奉書（「忽那家文書」『県史』一四二六）。

(67) 康安二年卯月三日付細川頼之書状写（『予章記』。長福寺本・黒田本は「康安三年」とする）、（康安二年）七月一日付細川頼之書状写（『予章記』。黒田本は未掲載）。応永二十四年十二月九日付河野通元宛行状（「忽那家文書」『県史』一一九二）、応永二十六年十月二十九日付河野通元安堵状（「忽那家文書」『県史』一一九九）。

(68) 応安四年三月六日付（室町幕府管領細川頼之ヵ）書下案（「東寺百合文書」ヨ『県史』九二〇）、応安四年七月日付東寺雑掌頼憲申状案（「東寺百合文書」と『県史』九三六）、応安五年四月日付東寺申状案（「東寺百合文書」

ネ『県史』九四〇）、応安五年五月日付東寺申状案（「東寺百合文書」ネ『県史』九四三）、（応安五年五月日付カ）東寺申状抄（「東寺百合文書」と『県史』九四一）。小川信「細川頼之の活動と室町幕府管領制の成立――中国・四国経営――」（『足利一門守護発展史の研究』初出一九七〇）。

(69) 正安二年八月十八日付六波羅下知状案（「大山祇神社三島家文書」『県史』三七〇）、正安三年十二月五日付六波羅御教書（「大山祇神社三島家文書」『県史』三七三）、応永二十四年十二月九日付河野通元宛行状、応永二十六年十月二十九日付河野通元安堵状。

(70) 中野良一『湯築城跡』、二〇一四年二月二十日付「県埋文センターで平安時代の船の部材展示」（「愛媛新聞ONLINE」http://www.ehime-np.co.jp/news/local/20140220/news20140220033.html）。

(71) 応永二十六年十月二十九日付河野通元安堵状。

(72)『愛媛県の地名』。

(73)（南北朝期頃）忽那一族軍忠次第（「忽那家文書」『県史』六八一）、長禄三年二月十日付河野通生宛行状（「忽那家文書」『県史』一三五四）。

(74) 永禄十年卯月日付河野左京大夫通宣安養寺石手寺由緒書幷同寺寺領寺宝等目録（「石手寺文書」『県史』一九九二）。『熊野山石手寺』（石手寺信徒世話人会・石手寺先達会、一九八一年）に写真が掲載されている。正安三年十二月十二日付六波羅御教書（「大山祇神社三島家文書」『県史』三七四）。

(75)『群書類従』二十五輯。文保三年の興福寺の行事等を記した日記で、興福寺三綱の懐憲が執筆した（石附敏幸「国立公文書館所蔵『文保三年記』」『千葉大学人文研究』四〇、二〇一一年）。玄上の盗難事件については、森下要治「『文保三年記』とその編者について」（『古代中世国文学』二三、広島平安文学研究会、二〇〇七年）を参照。

(76) 応永四年卯月日付善通観宛行状（「川上神社文書」『県史』一一〇二）。

(77) 応永九年四月二十一日付中村妙通打渡状案（「粉河寺御池坊文書」『和歌山県史』中世史料一、二号リ）。

(78) 文安元年五月十九日付河野教通宛行状（「忽那家文書」『県史』一二七七）。

(79) 文和三年二月二日付足利尊氏御判御教書。

(80) 石野弥栄「喜多郡の中世領主について」によれば、伊予郡・浮穴郡に二宮姓が見え、後には宇和郡に存在するという。それと同時に、三河国二宮庄から西遷した可能性を指摘している。

(81) 中世前期の「道前」は、宇摩郡・新居郡・周敷郡・桑村郡・越智郡・野間郡・風早郡の七郡、「道後」は、和気郡・温泉郡・久米郡・伊予郡・浮穴郡・喜多郡・宇和郡の七郡であるという（久葉裕可「鎌倉初期における河野氏の権限について――いわゆる「元久下知状」の評価を中心に――」『四国中世史研究』三、一九九五年）。

(82) 渡辺智裕「鎌倉御家人豊島氏・江戸氏」では、承久の乱を契機に新補地頭として西遷したと推測している。

(83) 弘安五年七月十六日付将軍源惟康家政所下文（「金子文書」一、村井祐樹編『金子家文書プロジェクト』、二〇一五年）。

(84) 暦応元年九月二十八日付足利直義御判御教書（「金子文書」四『金子家文書プロジェクト』）。

(85) 建武三年七月日付忽那重清軍忠状（「忽那家文書」『県史』六〇四）。

(86) 同日付足利直義御判御教書（「長隆寺文書」『県史』五九八）。

(87) 元弘三年四月二十五日付中院通顕感状（「大山祇神社三島家文書」『県史』五四七）、建武二年六月九日付祝安親軍忠状（「大山祇神社三島家文書」『県史』五七五）など。建武三年三月十一日付祝安親軍忠状（「大山祇神社三島家文書」『県史』五八九）、建武三年七月二十六日付足利直義御判御教書（「大山祇神社三島家文書」『県史』六〇三）。

(88) 石野弥栄「南北朝期の伊予国守護」。文明二年五月十三日付大森直治寄進状（「大山祇神社三島家文書」『県史』一四五二）。

(89) 建武三年八月二十八日付大森盛長軍忠状写（「徴古雑抄」〈制度一〉『県史』六〇六）。

(90) 宇都宮貞泰については、土居聡朋「宇都宮貞泰の活動について」（『伊予史談』三六七、二〇一二年）を参照。同論文に拠れば、建武二年十二月から暦応四年六月までの貞泰の動向は不明という。

(91) 伊予西園寺氏については、石野弥栄「西園寺氏の伊予下向土着の前提について――西園寺氏の勢力基盤――」（『伊予史談』二六七、一九八七年）、同「南北朝・室町期の伊予西園寺氏――公家大名成立の前提――」（『國學院雑誌』八八―一〇、一九八七年）、網野善彦「西園寺家とその所領」（『網野善彦著作集』第三巻、岩波書店、二〇〇八年、初出一九九二）などを参照。

(92) 明徳四年（一三九三）には、河野氏の軍勢催促の地域的範囲が「伊与国除西条以東」とされている（明徳四年四月十

一日付足利義満御判御教書写「稲葉文書」所収「河野家代々綸旨御教書等之写」大分県立先哲史料館所蔵『県史』一〇七八）。

第六部◉武蔵武士と源家

源頼朝の構想

——子供たちと武蔵武士——

菊池紳一

源頼朝は、正治元年（一一九九）正月十三日鎌倉で亡くなった。五十三歳であった。亡くなった前後の事情については、『吾妻鏡』が欠文であり詳しいことはわからないが、他の史料から垣間見ることはできる。例えば、『吾妻鏡』建暦二年（一二一二）二月二十八日条には、相模国相模河橋の修理に関して「去建久九年、重成法師新造之、遂供養之日、為結縁之、故　将軍家渡御、及還路有御落馬、不経幾程薨給畢」という記事があり、頼朝は東海道の相模川に架かる橋の新造落成供養に参列し、その帰途落馬して、まもなく亡くなったという所伝を載せる。また、後世の編纂物である『保暦間記』では、怨霊の祟りとする。前年冬の橋供養の帰途、八的ガ原で頼朝が滅ぼした源義広・同義経・同行家が顕れて頼朝と目を合わし、稲村崎では安徳天皇が顕れ、年を越した正月病気となり亡くなったという後世の風聞を記載する。おそらく前者が事実に近いと思われるが、頼朝の急死という事実は、怨霊の祟りを恐れるこの時代の世相を反映しているとみてよい。

さて、頼朝が晩年にどのような構想を持っていたのか、これが本稿のテーマである。では頼朝は遺言を残していたであろうか。現代では遺言状にあたるが、この時代は財産の譲与等を示す譲状を残すことが主流であった。

しかし、今のところ源頼朝の譲状は見つかっていない。頼朝は急逝であり、おそらく遺言を残す余裕もなかったと思う。それでは何をもって頼朝の晩年の構想（遺言）と考えるか。本稿では、頼朝の子供たちに対する教育方法や将来へのどのような遺産を残そうとしたのか、そこに武蔵国や武蔵武士がどのように関わるのかを中心に考察し、最後に未亡人北条政子が財産の譲与をどのように考えていたのかを推定したい。

まず源頼朝の子を確認する。北条政子との間には、大姫・頼家・乙姫・実朝の二男二女、四人の子どもがいたことはよく知られている。その他に貞暁がいるが、(1)七歳の時、上洛して出家し仁和寺に入っており、除外して考えたい。

一、大姫

父頼朝が伊豆国配流中の治承二年（一一七八）に、頼朝・政子の長女として生まれた。(2)『吾妻鏡』での初見は、養和元年（一一八一）五月二十三日条で、父母の家の近くの別邸に暮らしていたようである。

寿永二年（一一八三）頃、父と木曾義仲の和解が成り、義仲の長男義高が人質として鎌倉に来ると、その許婚となった（当時六歳）。いわゆる政略結婚である。その後、この和解が破綻し、元暦元年（一一八四）正月、義仲が近江国粟津で戦死すると、父頼朝は、将来の禍根を除くため、義高を謀反人の子として処刑することを決意する。女房からこのことを聞いた大姫は、ひそかに義高を逃がすが、武蔵国入間川付近で堀親家の郎従のため打たれてしまう。大姫は嘆き悲しみ、病床に臥すことが多くなった。この時七歳である。その後の大姫を見ると、常に邪気が付いているようで、それを祓うために勝長寿院に参籠する姿、相模国内寺塔で誦経を修する姿や岩殿観音堂に参詣する姿が垣間見られる。(3) しかし、大姫の心の病は治癒せず、建久二年（一一九一）十月には重篤となり、二十日後に本復したという。(4) この後も『吾妻鏡』には、大姫の病のことが散見しており、(5) 父頼朝が岩殿・大蔵等両観音堂や相模国日向山（薬師）に参詣する姿が見られる。(6)

こうした大姫を見かねた両親は、建久五年八月、頼朝の姉の子一条高能との婚姻を計らったが、大姫はこれを「及如然之儀者。可沈身於深淵之由」と言って拒絶したという。(7)

建久六年二月、源頼朝は南都東大寺供養に参列のため、家族を伴って上洛した。(8) この上洛の目的は他にもあり、大姫の心を癒やすため、後鳥羽天皇の後宮に入る話を進めていた。三月二十九日と四月十七日の両日、六波羅亭に、当時の実力者である故後白河法皇の寵姫であった尼丹後局を招き、政子・大姫母娘と対面させている。(9) これも政略結婚の一つであったと考えられる。

しかし、鎌倉に帰った後も大姫の不調は続き、『吾妻鏡』は「寝食乖例、身心非常、偏邪気之所致歟、」と記す。頼朝は護念上人を招き祈禱を行い、一時小康状態を得ることもあった。(10) 同八年七月十四日没。(11) 彼女の一生について、『吾妻鏡』には、当時鎌倉の人々は貞女の操行であるとしてほめたたえたと記されている。(12)

このように、大姫の一生は、父頼朝の政治的発展の経過の中で翻弄されていた。またその時々の娘を思う父の希望が、結局大姫の寿命を短くしたとも言えなくはない。後鳥羽天皇の妃になる話も大姫の病気を癒やすための気分転換という側面もあるが、父頼朝の京都に対する憧憬や政治的配慮、すなわち天皇の外戚となって権力を握りたいという野望が根底にあるように感じられる。頼朝は上洛し在京することを目指していた。これは、大姫没後の乙姫に対する期待に引き継がれていく。

二、三幡（乙姫）

乙姫は源頼朝・北条政子夫妻の次女で、乙姫君と称された。字は三幡である。平家の滅亡した文治元年（一一八五）に誕生した。[13]

『吾妻鏡』の初見は正治元年（一一九九）三月五日条であるが、建久六年（一一九五）の父頼朝が上洛した時伴われた可能性もある。しかし、確定はできない。[14]『愚管抄』によると、建久八年七月に長女の大姫が死去すると、頼朝は乙姫を入内させようと画策したが、その矢先の正治元年（一一九九）正月に亡くなってしまった。[15]父没後、乙姫も同年三月より病気が重くなり、京都から名医と称された針博士丹波時長を招いて治療にあたらせ、一時食欲も回復したが、危篤となり六月三十日に死去した。[16]十四歳であった。乳母夫中原親能の亀谷堂の傍らに墳墓堂が建てられそこに葬られた。親能は出家している。

父頼朝の三幡（乙姫）に対する期待は、長女大姫の役割を継承して、将来上洛して天皇の妃になることであった。ここにも頼朝の上洛して権力を握りたいという野望が背景に見える。

三、頼家

源頼朝は嫡男頼家に何を期待し、その実現のためにどのような施策をしたのであろうか。本章では、頼朝が頼家の教育方針や、その周囲に配置した人々を中心に考察し、また頼朝が頼家に期待する人物像を探ってみたい。

頼家は、寿永元年（一一八二）八月十二日、源頼朝・北条政子夫妻の長男として誕生した。産所は比企谷殿（比企氏の館に設えられた産所か）である。乳付には比企尼の娘（河越重頼妻）が呼ばれた。[17] 幼名は万寿である。これより前、七月十二日には産気があり、政子は比企谷殿に移っている。[18] 二ヶ月後の十月十七日、政子母子が産所から御所に戻る際には比企能員（比企尼の甥）が御乳母夫として、その後文治四年（一一八八）十月の着甲始には、頼朝の信任の篤かった源家一門の平賀義信（比企尼の女婿）が乳母夫として、比企能員は乳母兄として見える。[19]

比企尼は、父頼朝在京中の乳母であり、平治の乱の敗戦後、頼朝が伊豆国に配流されると、夫比企掃部允（遠宗）とともに武蔵国比企郡（埼玉県）に戻り、そこから頼朝の生活費等を配流地の伊豆国（静岡県）に送り続けた女性である。[20] その女婿には、頼朝の側近である藤九郎盛長、武蔵武士の河越重頼、後に頼朝の知行国の武蔵守に推挙された平賀義信などがいた。[21] 父頼朝は、次代の鎌倉殿として嫡男頼家に期待し、自分の乳母である比企尼の係累を頼家の周囲に置き、その成長を見守っていたのである。

文治四年十月の着甲始に参列した御家人を一覧表【表Ⅰ】にして提示する。

この頼家の着甲始には、関東の主立った御家人が参列していることが見て取れよう。その中でもひときわ目を引くのが平賀義信である。義信は、平治の乱に源義朝に従って活躍し、義朝とともに京都を落ちた最後の七騎の一人であった。その縁で頼朝の信頼も篤く、源家一門の筆頭に位置していた。元暦元年（一一八四）には武蔵守に補任され、武蔵国務の一端（国衙の雑務）を任された。また子の惟義は相模守、朝雅は義信についで武蔵守に補任されている。[22] この平賀一族の動向は、頼家の将来を左右する可能性があったのである。

その後、河越重頼の娘は源義経に嫁ぎ、藤九郎盛長の娘は源範頼に嫁いでおり、頼朝は異母弟達にも頼家の将来を託している。河越氏は武蔵武士である平姓秩父氏の出であり、[23] 源範頼は武蔵武士吉見氏の祖とも言われ、武蔵国比企郡や足立郡には範頼の伝承地が残されている。父頼朝の構想は、将来頼家が武蔵国及びその武士団を基

【表Ⅰ】源頼家着甲始参列者

姓名	役割	備考
源　頼朝		頼家の父
北条義時	御簾上げ役	頼家の叔父
平賀義信	扶持役	乳母夫、信濃源氏、比企尼の女婿
比企能員	扶持役	乳母兄、武蔵武士
小山朝政	装束役・甲冑持参	下野武士
千葉常胤	甲冑櫃持参	子胤正・師常が運び、同子胤頼が扶持、下総武士
梶原景季	御剣役	相模武士、景時子
三浦義連	御剣役	相模武士、義澄弟
下河辺行平	御弓役	下総武士
佐々木盛綱	御征矢を献上	近江武士
八田知家	御馬を献上	子知重が引く、常陸武士
三浦義澄	御馬に乗せる	相模武士
畠山重忠	御馬に乗せる	武蔵武士
和田義盛	御馬に乗せる	侍所別当、相模武士
小山朝光	騎轡を付す	朝政弟、下野武士
葛西清重	騎轡を付す	下総武士
小笠原長経	御馬の左右に伺候	甲斐源氏
千葉胤通	御馬の左右に伺候	常胤子、下総武士

比企時員	御馬の左右に伺候	能員子、武蔵武士
足立遠元	御馬から抱き下ろす	武蔵武士
堀　親家	諸道具をかたづける	伊豆武士
※着甲始終了後		
平賀義信	御馬を頼朝に献上	信濃源氏
里見義成	献上の御馬を引く	新田義重子、上野源氏
※祝宴（平賀義信経営）		
小山朝光	初献御酌	朝政弟、下野武士
三浦義村	二献御酌	相模武士、義澄子
葛西清重	三献御酌	下総武士
※祝宴後		
平賀義信	北条政子に献上	酒肴幷生衣一領、同小袖五領、祝意

盤として自分の跡を嗣ぐことだったと考えられる。しかし、源義経の謀叛により、その縁座として河越重頼父子が処刑されることになり、頼朝の構想にほころびが生じていた。

建久元年（一一九〇）四月には、頼家の弓の師として下河辺行平を指名している。(24) 父頼朝は、英才教育を施し、武家の棟梁としての弓馬の芸を学ぶ道筋をつけたのである。『吾妻鏡』は「若君漸御成人之間、令慣弓馬之芸給之外、不可有他事、」と述べており、父頼朝の期待の大きさを示している。(25)

『吾妻鏡』建久四年六月十六日条は、父頼朝の期待を実現した内容である。頼朝の大仰な行動からその喜びの様子が見て取れよう。すなわち、この日の富士巻狩において、頼家は弓馬の芸を披露し、鹿を射ている。頼朝はこれを大変喜び、頼家を列席させ山神・矢口等を祭る儀式を執り行った。そして翌日には鎌倉の政子に使者を派遣するが、政子は感激せず、むしろ頼朝の粗忽さをたしなめている。このエピソードは、頼朝夫妻の嫡男頼家に対する期待の違いを示すものとして興味深い。父頼朝は、武家の棟梁の跡継ぎとして御家人に認知されたことを喜び、母政子はまだ未熟な頼家を育てるため、それをたしなめたのであろう。

一方、『愚管抄』にも頼家が狩猟を好み「手利キ」であると評されており、京でもよく知られたことだったようである。[26] 頼家は、頼朝没後の正治二年（一二〇〇）正月に大庭野で狩猟を行い、建仁二年（一二〇二）七月には伊豆・駿河で大規模な狩猟を行うなど、父頼朝の巻狩を踏襲している。[27] 頼朝の家督として、武家の棟梁として、内外にその器量を示したのである。

同六年、父頼朝は東大寺供養に参列するため上洛する際、頼家も同伴した。同六月三日には、頼朝は頼家を伴って参内し後鳥羽天皇に謁した。これは、頼朝が後鳥羽天皇以下京都の公家たちに家督頼家を披露するためであった。鎌倉に帰った後、同八年十二月十五日従五位上、右近衛少将に叙任されたことは、頼家が鎌倉殿頼朝の家督、すなわち頼朝の後継者として認められたことを示している。また、在鎌倉のままで天皇に近侍する役職である右近衛少将に補任されたことは、先例を破ることでもあり、後鳥羽天皇は頼家に対し破格の待遇を与えている。ちなみに、この頼家の初任とそれ以降の官途をみると、ほぼ摂関家の庶子と同等の待遇とみなすことができる。[28]

正治元年（一一九九）正月十三日父頼朝が亡くなると、二月六日には、朝廷から正月二十六日付の宣旨を賜わった。その内容は「前征夷将軍源朝臣の遺跡を続ぎ、宜しく彼の家人郎従等をして、旧のごとく諸国守護を奉行せしむべし、」というもので、頼家は日本国惣守護として二代目鎌倉殿に就任した。この時頼家は十八歳であった。

四、源頼朝と武蔵国

ここで、源頼朝と武蔵国の関係を確認しておきたい。頼朝が行った武蔵支配は、国衙を通した統治という支配と、武蔵武士個々との御恩・奉公を通した主従関係を軸とする人的な支配に別けて考えるとわかりやすい。

前者については、(29)頼朝は房総半島から相模国鎌倉に向かう途中武蔵国を通過した。その際、江戸・河越・畠山等の平姓秩父氏の一族が帰順すると、江戸重長に武蔵国の雑事（国衙の支配）を任せている。この時点で武蔵国は平知盛の知行国であったが、頼朝は武蔵国を軍事的に占拠し、軍政を敷いたのである。

その後、元暦元年六月に武蔵国は頼朝の知行国（関東御分国）となった。武蔵守は、前述した平賀義信である。江戸重長の権限は平賀義信に継承され、国衙支配を行った。義信は、『吾妻鏡』建久六年（一一九五）七月十六日条に「武蔵国務事、義信朝臣成敗、尤叶民庶雅意之由、就聞召及、今日被下御感御書云々、於向後国司者、可守此時之趣、被置壁書於府庁云々、散位盛時奉行云々、」とあるごとく、頼朝の信頼が篤く、頼朝の亡くなるまで武蔵守に在任したと考えられる。但し、奉行の平盛時は政所の寄人であり、武蔵国支配は他の関東御分国同様幕府政所の管掌するところであった。頼朝没後、武蔵守には義信の子朝雅が補任され、関東御分国として継承されていく。

後者については、(30)頼朝が武蔵国に入った時に始まる。平姓秩父氏が帰順する前に、葛西・豊島両氏や足立氏、さらに比企氏は頼朝に帰順する姿勢を示していた。これらの武蔵武士は、他の中小の武蔵武士とは異なり各々本領の安堵を受けていた。(31)その後、頼朝は別途、武蔵国の住人（武蔵の中小武士、開発領主）に対して本領（地主職）の安堵を行っている。(32)鎌倉に本拠を定め、富士川合戦で勝利した頼朝は、主従制の確認・整備を進めていくが、武蔵武士に対しては、豪族的武士と中小武士との二通りの安堵を行っていたのである。[33]後者は、この安堵を受け御家人に列したことにより、武士と認識されたと考える。

以降、武蔵国は、元暦元年（一一八四）に源頼朝の知行国（関東御分国）となり、鎌倉幕府滅亡まで将軍家の知行国として継続する。[34]（以上統治的支配）

一方、主従的な支配に関しては、治承寿永の内乱（源平合戦等）や奥州合戦の軍事編成を見ると、頼朝が武蔵武士の指揮権を掌握しており、武蔵武士は頼朝の指示によって、代官である源範頼や源義経、北陸道将軍比企能員等、その時々に応じて各々の指揮官に附属させられ、活躍している。武蔵国の武士団全体を統率する守護は置かれていなかったのである。[35]（以上主従的支配）

源頼朝は、子頼家の将来を考慮し、比企氏を中心とする婚姻関係による武蔵武士や親族・近臣の人的ネットワークを構築しようとした。また武蔵国支配の統治的また主従的支配を完成させようとした。しかし、その事業半ばで他界する。前者は義経ついで範頼の粛正や河越氏の没落、後者は平賀義信一族の動向など、その構想はほころびが生じていた。

五、実朝

源頼朝は二男実朝に何を期待し、その実現のためにどのような施策をしたのであろうか。本章では、頼朝が実朝の周囲に配置した人々や頼朝没後の動向を中心に考察し、頼朝が実朝に期待する人物像を探ってみたい。

実朝は、父頼朝が征夷大将軍に任じられ、その政所始の四日後、建久三年（一一九二）八月九日に浜御所（鎌倉名越館）で生まれた。母は北条政子である。乳付は父の弟阿野全成の妻で、母の妹阿波局であった。幼名は千幡（千万）と名付けられた。次の日以降、二夜～七夜の儀が行われた。二夜～七夜の儀の沙汰人を一覧にすると左記【表Ⅱ】のようになる。沙汰人としては、源家一族の平賀義信・加々美遠光、政所別当中原広元、頼朝の側近藤九郎盛長の他、三浦・千葉・小山・下河辺等関東諸国の有力御家人が名を連ねている。

その後、母子は十月十九日に産所から御所に移っている。十一月五日には御行始が行われ、千幡は藤九郎盛長の甘縄邸に入った。同二十九日には五十日百日の儀が行われ、外祖父北条時政が沙汰し、叔父義時が補佐している。ここに参列した御家人は左記【表Ⅲ】の通りであり、【表Ⅱ】とほぼ同じ傾向が見られる。

十二月五日、頼朝は浜御所において、武蔵守平賀義信以下の有力御家人を集めて、実朝の披露を行った[36]。この場で頼朝は、「此嬰児鍾愛殊甚、各一意而可令守護将来之由、被尽慇懃御詞、」と言った。実朝は二男ではあるが、

【表Ⅱ】二夜～七夜の儀沙汰人

	沙汰人
二夜	平賀義信、三浦義澄
三夜	加々美遠光、藤九郎盛長
四夜	千葉常胤
五夜	下河辺行平
六夜	中原広元
七夜	小山朝政

【表Ⅲ】五十日百日の儀参列者

源家一族	平賀義信　足利義兼　源範頼　大内惟義
政所別当	中原広元
関東御家人	千葉常胤　小山朝政　結城朝光　畠山重忠　三浦義澄　中村宗平 下河辺行平　八田知家　足立遠光［元ヵ］　藤九郎盛長　葛西清重 和田義盛　加藤景廉　梶原景時　梶原朝景　工藤景光

実朝の誕生に関わる御家人の中には、比企尼の女婿たち（平賀義信、藤九郎盛長等）の姿も見られ、頼家に次ぐ源家の正嫡として、将来を嘱望されていたのである。

兄頼家が比企谷殿（比企氏館ヵ）でうまれ、比企尼の縁者に囲まれて育ったのに対し、弟実朝は名越浜御所（北条氏館ヵ）で生まれ、母方の北条氏の一族に囲まれて育っていくことになる。

父頼朝が没した時、実朝はまだ八歳の子供であり、『吾妻鏡』にその動向は全く記されていない。頼朝が将来の実朝に何を期待していたのか、兄弟にその遺領がどのように配分されたのか、不明である。そこで、『吾妻鏡』の記述から実朝の性格、性行を検討し、未亡人となった母政子の実朝に対する期待を含めて、考えてみたい。

実朝が将軍になると、祖父時政は政所別当の筆頭（執権別当）となり、幕府組織の頂点に立った。また、実朝の命で武蔵国住人（武蔵武士）が時政に忠誠を誓うよう命じられ、武蔵武士は時政の指揮下に組み込まれている。(37)

こうした中、実朝の教育はどのようにして進められたのであろうか。元服後の実朝は、政所別当である祖父時政の保護下に置かれた。建仁三年（一二〇三）十月二十五日実朝と近習之男女が若宮供僧行勇から法華経の伝授を受け、同年十一月十五日には鎌倉中の寺社奉行が定められた、更に同十二月一日実朝の御願で鶴岡八幡宮（上下宮）で法華八講を行っている。これには尼御台所（政子）が廻廊に参ったという。十五日には政子の命で諸国地頭分の狩猟が停止されている。翌元久元年（一二〇四）正月十二日には、源仲章が実朝の侍読に補任され、読書始が行われた。

実朝が行った弓馬に関わる記事(38)が全くないわけではないが、武家の棟梁としての弓馬の芸より学問・信仰が重んじられていた様子が伺える。母政子による仏事も多く見られ、(39)父頼朝(40)を始め故人となった兄弟姉妹の供養を念頭に置いての仏事であろうか、勝長寿院参詣(41)も見られる。

和歌については、元久元年九月十五日条の喜撰法師のエピソードを始め、同二年四月十二日条等に見える。(42) 絵画・管弦についても記事が散見しており、(43) 実朝が京都の文化に傾倒していたことは確かであろう。

また実朝の嫁取りについては、最初源氏一門の足利義兼の娘を候補に調整が行われていたが、八月四日、実朝の許容が得られず沙汰やみとなった。実朝は京都から公家の娘を迎えたい意向で、後鳥羽上皇の近臣である坊門信清の娘が選ばれ、十二月十日に実朝の正室として鎌倉に到着している。(44)

このように、実朝の性行は京都の公家のようであり、武家の棟梁としての器量には欠けるものがあった。長沼宗政が畠山重忠の末子重慶の首を持参した時、実朝はこれを批判し、生虜すべきだったと不興を示した時、宗政は「当代者、以歌鞠為業、武芸似廃、以女姓為宗、勇士如無之、又没収之地者、不被充勲功之族、多以賜青女等、所謂、榛谷四郎重朝遺跡給五条局、以中山四郎重政跡賜下総局云々」(45) と言って批判したことにも顕れている。

兄頼家と違い実朝は、母政子や祖父北条時政に囲まれ、西（京都）の文化の影響下にある文芸や信仰等に親しむように育てられたのであろう。おそらく、この兄弟の性格の違いは、故父頼朝の意向であった可能性もあることを確認しておきたい。

六、実朝が継承したもの

頼家から実朝への政権交代は母政子の主導で行われたと考えられるが、どのようにして兄頼家の地位を継承したか、確認しておきたい。『吾妻鏡』によると、建仁三年（一二〇三）九月二日、政子が頼家と能員との謀議を父時政に知らせ、時政が仏事にかこつけて比企能員を誘殺し、政子が頼家の子一幡と比企氏討伐を命じるという展開を記述している。この記事の真偽は別として、北条時政によるクーデターが行われ、その背後に政子がいたことを裏付けている。同九月十日、実朝は北条時政の名越邸に引き取られ、乳母阿波局が同車し、北条泰時・三浦義村が護衛した。『吾妻鏡』はこの日、「諸御家人等所領如元可領掌之由、多以被下遠州御書」(46)と記す。すでに祖父時政が幕府の実権を握っていた。

九月十五日には九月七日付で実朝を従五位下・征夷大将軍に叙任する宣旨が鎌倉に届いた。十月八日には時政の名越亭で元服の儀が行われ、後鳥羽上皇の命名によりこの時から諱（実名）「実朝」を名乗ることとなった。翌十月九日、政所始が行われた。幼い将軍実朝に代わって祖父時政が将軍の外戚、政所別当として幕府政治の実権を掌握している。時政にとって、弓馬の芸に秀でた武家の棟梁としての「鎌倉殿」は必要が無かったのではなかろうか。

ところで、頼朝没後に頼家に下された宣旨の内容は「前征夷将軍源朝臣の遺跡を続ぎ、宜しく彼の家人郎従等をして、旧のごとく諸国守護を奉行せしむべし、」というもので、頼家は日本国惣守護職（諸国守護を奉行する）として鎌倉殿を継承した。実朝の場合は従五位下・征夷大将軍に叙任の宣旨である。実朝は、いわば征夷大将軍に補任されることで、鎌倉殿の地位を継承した最初の人物だったのである。

翻って、実朝が継承したものは何だったのであろうか。『吾妻鏡』建仁三年九月二日条に記載される兄頼家の譲与の沙汰がヒントになる。ここには、頼家の遺領を、弟千幡には「関西三十八ケ国地頭職」を、子の一幡には「関東二十八ケ国地頭職」と「惣守護職」を譲ることが記されている。結果として、実朝はこの両方を継承したことになる。危篤の頼家がこの譲与を考えることはできないであろうから、誰が作成したのか。おそらく、この時代の流例からみて、頼朝の後家として、源家を統括する北条政子であろう。とすればこの分割譲与には、頼朝の考えも反映されていた可能性が高い。頼朝が亡くなった時、実朝には頼朝の遺領が分与されるのが普通であろう。なぜなら当時の流例からすれば、分割相続が普通であったからである。

「惣守護職」とは頼家宛の宣旨にいう日本国惣守護職のことであろう。一方、「関西三十八ケ国地頭職」「関東二十八ケ国地頭職」とは何を指すのであろうか。保立道久は、中田薫の頼家が日本国の「惣守護たり惣地頭たる」という解釈を検討し、「頼家は「日本国総地頭」ではあっても「日本国総守護」ではなく、その地位は「日本国総地頭」と「東国守護」を合わせたもの」と主張し、「関西三十八ケ国地頭職」「関東二十八ケ国地頭職」とは国地頭のことで、後者は遠江以東の十九国と九州諸国をあわせたものと述べる。(47)これに対し熊谷隆之は、河内洋輔の説を継承し、「関西三十八ケ国」を伊賀・近江・丹波以西、「関東二十八ケ国」を伊勢・美濃・若狭以東に比定している。(48)ただ国地頭とする理解については触れていない。

問題は、この沙汰が頼家の遺領を弟千幡と子の一幡に分割相続させるという点にある。頼朝が亡くなった時、実朝はまだ八歳の子供であり、相続について未亡人である政子の預かりとなっていたのであろう。頼家が危篤となったときそれが頼家の譲状として記された。とすれば、「関西三十八ケ国地頭職」「関東二十八ケ国地頭職」は、頼朝遺領の分割相続であり、国地頭職ではない可能性が高い。諸国の地頭職（関東御領）の分割相続と考えられよう。すなわち、頼朝・政子夫妻は、頼家・実朝兄弟に分割して譲与することを考えていたのである。(49)

まとめにかえて

最後に源頼朝の構想を述べてまとめとしたい。文治五年（一一八九）に奥州藤原氏が滅亡し、頼朝は建久元年

（一一九〇）に最初の上洛を果たした。そして同三年後白河法皇が没し、ついで征夷大将軍に任じられた直後、実朝は生まれている。頼朝は、この頃を契機に上洛し在京することを目指し始めたのではないだろうか。平家に焼き討ちされた東大寺造営の大檀那となり、さらに天皇家の外戚となるべく長女大姫の入内を目指した。しかし、摂政九条兼実との間は冷却し、建久七年に九条兼実が失脚する。後鳥羽上皇の近臣土御門通親につけ込まれたのである。

頼朝は天皇の外戚となって在洛した時のことを考えていたと思われる。自分が中核となるとともに、二人の子（頼家・実朝）の役割分担も考えていた。関東は嫡子頼家に比企氏を中心に、知行国武蔵国に関わる武士との姻戚関係を結び、武蔵武士を直属軍として軍事力を固めさせようとした。一方実朝のバックには政子の実家北条氏の勢力を置いて、時政の妻牧方の京都における人脈を活用することを考えていた。そして比企氏と北条氏との婚姻関係（義時と朝宗の女）を結ばせ、両者の協力を求めた。その構想の一端が頼家の譲状として顕れたのである。頼朝は鎌倉殿の後継者として、鎌倉には頼家を置いて東国を支配させ、日本国総守護とする。京都には実朝を置き、朝廷の廷臣として関東の意向を反映させようと構想していたのである。

こうした役割分担は祖父源為義の時から行われていた。為義は、河内源氏の京都での勢力衰退を考慮し、関東に長男義朝（無位無官）を置き、鎮西には為朝を置くなど、地方に勢力を布石する方途を選んだ。一方京都には嫡子義賢、ついで頼賢を置いて官位昇進による権威回復をめざした。しかし、この構想は、武蔵守藤原信頼と結んだ義朝が父の意向に背いて上洛することで破綻していく。義朝は、鳥羽院のもとで下野守に補任され、父と敵対する勢力に従うことになる。

上洛した義朝は、保元の乱の前から、関東に長男義平（無位無官）を置き、南関東を中心に北に勢力を伸ばし、東海道には二男朝長を置いた。一方京都には嫡子頼朝を置いて官位昇進による権威回復をめざしていた。頼朝の母は尾張国の熱田大宮司家の女で、この家は後白河院の近臣の家でもあった。頼朝の官途は後白河院の妹上西門院に仕えたことから始まっている。

頼朝の構想は、こうした河内源氏の分業という考えに沿ったものであり、実朝が右大臣にまで昇進するのも、その延長線上に考えられるのではなかろうか。

注

（1）文治二年（一一八六）二月二十六日生、母は伊達時長（念西）女、大進局、乳母長江景国（『吾妻鏡』同日条）。貞暁誕生後、乳母長江景国は、政子の怒りを恐れて深沢辺に隠居したと伝え（『吾妻鏡』同年十月二十三日条）、母大進局は、政子の気持ちを恐れて、上洛させられた（『吾妻鏡』建久二年正月二十三日条）。貞暁は、七歳になった建久三年（一一九二）五月十九日、出家して仁和寺の隆暁の弟子となるため、乳母長江景国等に伴われて上洛した（『吾妻鏡』同日条）。貞暁は、鎌倉の政争に巻き込まれることなく、寛喜三年（一二三一）二月二十日に紀伊国高野山で亡くなっている（四十六歳とする。『吾妻鏡』同年三月九日条）。保立道久は、「曾我物語」の既述から安元二年（一一七六）の生まれと推定する（保立道久「院政期東国と流人・源頼朝の位置」、『中世の国士高権と天皇・武家』所収、校倉書房、二〇一五年）。

（2）大姫の生年については、諸説がある。通説では、『源平盛衰記』の記載から治承二年あるいは翌三年に生まれたする（関幸彦『北条政子』ミネルヴァ書房、二〇〇四年）。ただ後述の源義高との許婚を勘案すると七歳では幼すぎるという指摘は古くからあり、中島竦は「曾我物語」の記述を全般的に時系列を無視した物語と評している（「曾我物語は無稽の小説」『史学』五巻一号、一九二六年三月）。

（3）『吾妻鏡』文治二年五月十七日条、同書文治三年二月二十三日条等。

（4）『吾妻鏡』建久二年十月十七日条、同書建久二年十一月八日条。

(5)『吾妻鏡』建久四年八月十二日条、同書建久五年七月二十九日条、同書同年八月十八日条、同書同五年十一月十日条等。
(6)『吾妻鏡』建久四年九月十八日条。同書建久五年八月八日条。
(7)『吾妻鏡』建久五年八月十八日条。
(8)『吾妻鏡』建久六年二月十四日条。
(9)『吾妻鏡』同日条。
(10)『吾妻鏡』建久六年十月十五日条。
(11)『愚管抄』六。
(12)『吾妻鏡』建久五年七月二十九日条。
(13)三幡が亡くなったことを記す『吾妻鏡』正治元年六月三十日条に、「御歳十四」とあり、これから逆算した。『吾妻鏡』文治元年条を見ると、五月一日条から十月二十日条まで母北条政子の所見がなく、この間に生まれた可能性が高い。
(14)この年三幡は十一歳である。『吾妻鏡』建久六年二月十四日条に「将軍家自鎌倉御上洛、御台所幷男女御息等同以進発給、」とあり、同伴した可能性がある。
(15)『愚管抄』六に「頼朝コノ後京ノ事ドモ聞テ、猶次ノムスメヲ具シテノボランズト聞ヘテ」と記載しており、大姫の代わりに入内させようと画策していたことは確かであろう。
(16)『吾妻鏡』正治元年三月五日、三月十二日、五月七日、五月八日、五月二十九日、六月十四日、六月二十五日、六月三十日等の各条参照。『業資王記』正治元年七月十五日条、『明月記』正治元年七月十日条も参照されたい。
(17)『吾妻鏡』同日条。
(18)『吾妻鏡』同日条。
(19)『吾妻鏡』寿永元年十月十七日、文治四年七月十日の各条。
(20)『吾妻鏡』寿永元年十月十七日条。
(21)石井進「比企一族と信濃、そして北陸道」(黒坂周平先生喜寿記念論文集『信濃の歴史と文化の研究』所収、一九九〇年、黒坂周平先生の喜寿を祝う会)。

(22)『国史大辞典』『鎌倉室町人名辞典』の「平賀義信」「大内惟義」「平賀朝雅」の項を参照されたい。
(23) 拙稿「平姓秩父氏の性格――系図の検討を通して――」（『埼玉地方史』六六号、二〇一二年十一月）で、秩父平氏、ついで平姓秩父氏への二段階説を提唱した。
(24)『吾妻鏡』建久元年四月七日条。
(25)『吾妻鏡』建久元年四月七日条。拙稿「二代将軍　源頼家」（細川重男編『鎌倉将軍執権連署列伝』吉川弘文館、二〇一五年十一月）も参照されたい。
(26)『愚管抄』巻第五には「太郎頼家ハ又昔今フツニナキ程ノ手キキニテアリケリト、クモリナクキコエキ」とある。
(27) 中澤克明「武家の狩猟と矢開の変化」（『論集　東国信濃の古代中世』所収、二〇〇八年、岩田書院）参照。
(28) 宮崎康充「武家の官職」（福田豊彦・関幸彦編『「鎌倉」の時代』所収、山川出版社、二〇一五年一月）。
(29) 詳細は、拙稿「武蔵国における知行国支配と武士団の動向」（シリーズ・中世関東武士の研究第七巻『畠山重忠』所収、戎光祥、二〇一二年六月、初出『埼玉県史研究』一一号、一九八三年）や拙稿「鎌倉幕府の政所と武蔵国務」（『埼玉地方史』六五号、二〇一一年三月）等参照。
(30) 詳細は、拙著「武蔵国留守所惣検校職の再検討――「吾妻鏡」を読み直す」（『鎌倉遺文研究』二五号、二〇一〇年四月）等参照。
(31) 治承四年十月二日に豊島清元・足立遠元が武蔵国に入った頼朝を迎え、二日後の同四日に江戸重長・河越重頼・畠山重忠が長井渡に参上、帰順している。そして同八日に足立遠元が本領を安堵されている。なお、詳細は、拙稿「武蔵武士の概念と特色」（本書所収）を参照されたい。
(32)『吾妻鏡』治承四年十二月十四日条。
(33) 源頼朝は、富士川合戦後の治承四年十月二十三日に相模国府で始めて勲功賞を行った。この対象が富士川合戦だけなのか、それともこれ以前挙兵以来の勲功賞なのか意見が分かれるところであろう。筆者は「始被行勲功賞」に注目し、後者と考えたい。しかし、下記の表の如く、甲斐源氏や信濃武士が含まれている点など疑問が残るが、この勲功賞には武蔵武士は含まれていなかったことは確かであろう。

北条時政（伊豆）	武田信義（甲斐）	安田義定（甲斐）	千葉常胤（下総）
三浦義澄（相模）	上総広常（上総）	和田義盛（相模）	土肥実平（相模）

藤九郎盛長（未詳）　土屋宗遠（相模）　岡崎義実（相模）　狩野親光（伊豆）
佐々木定綱（近江）　佐々木経高（近江）　佐々木盛綱（近江）　佐々木高綱（近江）
工藤景光（伊豆）　天野遠景（伊豆）　大庭景義（相模）　宇佐美祐茂（伊豆）
市河行房（信濃）　加藤景員（未詳）　宇佐美実政（伊豆）　大見家秀（伊豆）
飯田家義（相模）

(34) 詳細は、注（29）拙稿参照。その後、関東御分国を背景に、北条時宗の頃には得宗分国となっていた。

(35) 注（30）拙稿参照。

(36) 【表Ⅱ】とほぼ同じであるが、源氏一族は加々美遠光、山名義範が加わり、政所別当中原広元の名は見えない。有力御家人では、佐原義連、和田義盛が加わる。

(37) 『吾妻鏡』建仁三年十月二十七日条。詳細は注（30）拙稿を参照されたい。

(38) 弓始・『吾妻鏡』建仁三年十月九日条や元久元年正月十日条、小笠懸等・『吾妻鏡』建仁三年十一月二十三日条や元久元年二月十二日条。

(39) 『吾妻鏡』元久元年二月二十一日条、同二十八日条（逆修とその結願）。

(40) 十三日が忌日。『吾妻鏡』建仁三年十二月十三日条（法華堂仏事）、同書元久元年二月十三条（法華堂仏事）、同書同年九月十三日条（法華堂仏事）等。

(41) 『吾妻鏡』元久元年三月二十七日条。

(42) 『吾妻鏡』元久二年九月二日条の古今和歌集、同書承元元年二月四日条の（和歌御会）等がある。

(43) 絵巻は『吾妻鏡』元久元年十一月二十六日条の将門合戦絵、同書承元四年十一月二十三日条の奥州十二年合戦絵等がある。管弦は同書元久元年八月十五日条や承元四年五月二十一日条等がある。

(44) 『吾妻鏡』元久元年八月四日・十月十四日条等。二人の仲は良かったものの子供に恵まれず、建保六年（一二一八）に熊野詣のついでに政子が上洛した時、後鳥羽上皇の皇子を鎌倉に下向させることで交渉が行われ、朝廷側と合意している。

(45) 『吾妻鏡』建保元年九月二十六日条。

(46) 北条時政の発給文書については、拙稿「北条時政発給文書について」（『学習院史学』一九号、一九八二年四月）

を参照されたい。

（47）保立道久「鎌倉前期国家における国土分割」（『歴史評論』七〇〇号、二〇〇八年八月）。

（48）『中世の西国と東国——権力から探る地域的特性』（戎光祥中世史論集　第一巻、二〇一四年十月、戎光祥出版）。

（49）『吾妻鏡』は後世（鎌倉後期）の編纂物である。その頃に国地頭という概念が存在したかは疑問である。頼朝の頃の関東御領には、領家職や預所職、地頭職等の職があったと考えられるが、『吾妻鏡』編纂の頃には地頭職が代表的な職になっていたと思う。そこでこのような記述がなされたと考えたい。

源範頼の人物像

永井　晋

一、源範頼が持つ背景

源範頼の伝記研究には野口実「源範頼の軌跡」[1]や菱沼一憲執筆の『源範頼　中世関東武士団の研究　第十四巻』総論（戎光祥出版、二〇一五年）があり、鎌倉幕府を開いた源頼朝や『義経記』などで悲劇の武将として祭り上げられた源義経の間に埋没した平凡な人物という既存の評価を、いかに修正していくかが課題として明らかにされている。

筆者は、神奈川県立金沢文庫の企画展『頼朝　範頼　義経――武州金沢に伝わる史実と伝説』（神奈川県立金沢文庫、二〇〇五年）で、横浜市金沢区の大寧寺の什物と範頼伝説を中心に展覧会を実施した。この展示では、大寧寺の範頼伝説に権威を与えた存在として萩藩毛利氏の一族大野毛利氏があること[2]、地元の旧家蒲谷氏が範頼をかくまったとする伝承を継承していること、金沢区の薬王寺に伝わる範頼伝承が大寧寺の寺宝を一時期預かった時に形成されたこと、範頼が金沢八景の名所旧跡を彩る構成要素のひとつとして語り継がれたことを軸に展示のコンセプトを形成した。

源範頼を語る上でよく引用されるのが、『徒然草』二二五段の「九郎判官のことはくわしく知りて書き載せたり、蒲冠者のことはよく知らざりけるにや、多くのことども記し洩らせり」である。『徒然草』の中でも、『平家物語』の作者を信濃前司藤原行長と伝えることから利用頻度の高い一段で、兼好法師は藤原行長が源範頼のことをよく知らなかったのではないかと推測している。行長の父は延慶本『平家物語』巻第二本の「左少弁行隆之事」に見える左大弁藤原行隆で、『尊卑分脈』が作者と伝える藤原時長も行隆の甥にあたる。行隆の父は鳥羽院・八条院の別当を勤めた中納言藤原顕時、行隆は八条院を中心とした旧二条天皇親政派の人脈に属した人である。源範頼は、後白河院に仕えた藤原南家の儒者の高倉範季に養育された。京都の人とのつながりも、後白河院政で頭角を表した高倉家が軸になったと思われる。範頼と京都の結びつきを考える上で重要な資料が、『玉葉』元暦元年九月三日条である。

三日己丑、晴、早旦範季朝臣来、示不思義事、参河国司範頼（件男幼稚之時、範季為子養育、仍相親云々）上洛間、件事答不聞不知之由、頗有疑殆、然而事跡顕然、猶不可不信歟、（後略）、

この条文は、源範頼が高倉範季に養育されたことを伝える。範季は、後鳥羽天皇の養親として践祚を取り仕切った人物である。[3] 高倉範季が後鳥羽天皇と源範頼を養育したことは、源範頼の人物を考える上で重要な要素となっていく。後で述べるように、高倉家という相談相手を持つ範頼は、義経に比べて、源頼朝から疎んじられな

いように巧妙な距離の取り方をしていた。菱沼氏は前掲の総論で調整能力の高い役人的な人物と評するが、中国の古典に通じた学者の家から学んだ宮廷社会の遊泳術を身につけていたと考えてよいのであろう。文章道を家学とした藤原南家に養育された故に、源頼朝という孤高の権力者のもとで、その弟として生き抜いていく処世術を身につけていたと考えた方が正解に近いだろう。以下、範頼の生涯のなかで重要な局面となる時期を中心に、その人物像を見ていこう。

二、木曾義仲追討と一ノ谷合戦

『吾妻鏡』における源範頼の初見は養和元年閏二月十三日条であるが、この条文は寿永二年の錯簡であることが明らかにされている。(4) 内容は、木曾義仲に合流すべく軍勢を西に向けようとした志太義広と源頼朝の乳母の一族小山朝政が合戦に及んだ時、範頼が小山朝政の陣営に加わったことを伝える。(5)『吾妻鏡』は、範頼が軍勢を率いて小山氏に合流したと伝える。中心が頼朝の乳母の家小山氏であること、範頼はこの事件を聞いてから軍勢を集めて駆けつけられる範囲に居るので、頼朝から給わった所領からの出陣と推測してよいだろう。

源範頼が鎌倉で重きをなすようになるのは、木曾義仲追討の上洛軍の総大将に任じられ、朝廷から西海遠征を命じられた鎌倉殿源頼朝の代官となった時である。木曾義仲追討では、範頼が勢多から京都に攻め込む大手を率い、義経が宇治から後白河院が幽閉されている御所を目指して突進する搦め手を率いた。『平家物語』諸本がほぼ同じ筋書きでこの合戦を叙述しているので、『平家物語』から時系列を追った整理をすることに問題はないと判断できる。範頼の率いる大手は今井兼平が勢多橋を守る堅陣を攻めあぐんだので、稲毛重成が渡河して側面に回り、兼平を勢多橋から退却に追い込んだ。勢多橋を落とした範頼は、兼平を追って軍勢を京都に向けたが、急迫はせずに、木曾義仲の退路を断つべく京都の東側に広く展開させた。一方、木曾義仲は今井兼平と最期を共にするために軍勢を勢多に向けたので、義仲は範頼率いる大手の軍勢と正面からぶつかることになった。『平家物語』に範頼の名前は出てこないが、「木曾殿最期」として伝える京都・勢多間の合戦は範頼率いる大手の軍勢が相手である。範頼は総大将として配下の武将たちを前面に押し出す合戦をしたので、『平家物語』は個々の武将の名前で叙述したと考えれば理解しやすいだろう。範頼は、大軍を率いる将帥にふさわしい態度をとったことになる。(6)

この合戦の後、源頼朝は範頼が上洛軍を率いた十二月の墨俣合戦で先陣を争った御家人と闘乱に及んだことを聞き、「朝敵追討以前、好私合戦、太不穏便」と譴責したと『吾妻鏡』は伝える。(7)範頼はこのような未熟さを何度も見せるが、その都度頼朝の判断に従って修正をし、鎌倉の宿老として成長していくことになる。範頼が頼朝に対して見せる基本的な態度は、謙退である。

寿永三年二月、木曾義仲との和平交渉によって福原京まで軍勢を進めていた平氏に対し、源範頼が大手の軍勢を率い、源義経が搦め手の軍勢を率いて攻撃した一ノ谷合戦が起こる。朝廷は、正月二十九日まで平氏に帰順を促す使節を派遣するか、追討するかの判断で意見が定まらなかった。この間、平氏の使者が入京していたことを伝える情報も寄せられている。(8)後白河院をはじめとした朝廷の首脳部には後鳥羽天皇の皇位継承を正統なものと社会に認めさせる必要があり、安徳天皇と三種の神器を掌中に収める平氏をどのように扱うかはこの課題に包摂された案件になっていた。源頼朝が上洛させた遠征軍の軍事目的はこの課題に対処するための武力行使であり、政治目的が優先される合戦となっていた。

二月七日の一ノ谷合戦で、源範頼は大手の軍勢を率いて生田口に進出し、平氏の主力と正面からぶつかることになる。源義経は搦め手の軍勢を率いて前哨戦となる三草山合戦に勝利した後、福原京を見下ろす背後の山を経て西側に進出した。また、朝廷は源範頼・義経兄弟の率いる軍勢が少ないことから、独自に軍勢を集めて追討使に加えている。摂津源氏多田行綱の率いる軍勢が、福原京の背後となる北側の山に進出した。(9)

『平家物語』はこの合戦の勝敗を分けた戦場として鵯越をあげ、この作戦を指揮した源義経の武勲を高く評価している。しかし、後白河院と源頼朝がこの合戦に求めたものは鮮やかな勝利ではなく、皇位継承問題の解決であった。後鳥羽天皇の正統性を確立することが目的なので、屋島から福原京に動座した安徳天皇と三種の神器の確保が最優先されたのである。(10)

範頼と義経は頼朝が任命した鎌倉殿御代官であり、彼らが率いた軍勢は頼朝から預かったものである。源範頼が総大将を勤めた大手に配属された御家人たちは、『平家物語』が語り継ぐように、家の名誉を後代に伝える合戦に加わることができた。『吾妻鏡』は、源範頼が軍勢を進めた浜の合戦を「白旗赤旗交色、闘戦為躰、(中略)、輙難敗績之勢也」(11)と伝える。『平家物語』は源範頼が率いる大手の軍勢五万騎、源義経が率いる搦め手の軍勢を一万騎と伝えるが、『玉葉』は印南野に進出した範頼の軍勢をわずかに二三千騎、平氏の軍勢を二万騎と伝える。(12)数の少ない大手の追討使は平氏の主力と互角に戦ったので、善戦したと評価してよい合戦である。

源義経の率いた搦め手を『平家物語』は一万騎と伝え、三草山合戦の段階で義経率いる主力七千騎と、西側の塩屋口に向かう土肥実平の三千騎に分けたと伝える。『平家物語』は範頼の率いる大手を五万騎と伝えるが、『玉葉』は二三千騎と伝える。同じ縮率をかければ、『平家物語』が一万騎と伝える義経の軍勢は五百騎前後となる。これを分遣していくと、義経が率いる主力は三百五十騎、土肥実平と共に西木戸に向かった軍勢は百五十騎になる。さらに、義経は三百五十騎を鵯越に伴った七十騎[13]と一ノ谷の城郭に向けたと伝える軍勢二百八十騎に分けたのであるから、義経は頼朝から預かった御家人の一五％前後しか自ら率いて鴨越に赴かなかったことになる。治承寿永の内乱の中でも最大規模の野戦となる一ノ谷の合戦で、義経は預かった御家人の大半を主戦場から外し、少数の御家人と共に最も華々しい武勲をあげたのであるから、義経の配下に加えられた御家人たちから不満が生ずるのは自然な流れである。義経は屋島合戦でも同じ失敗を繰り返し、置き去りにされた御家人たちを束ねて後を追った軍奉行梶原景時との間に深刻な対立をうむことになる。[14]源範頼は、この合戦の勝利によって頼朝の信頼を確かなものとし、源頼朝の兄弟として地位を固めていく。[15]

三、三河守補任と西海遠征

一ノ谷合戦の後、範頼は鎌倉に戻り、義経は京都に留まった。元暦元年六月五日、朝廷は源頼朝の推挙を受けた小除目を行った。頼朝が朝廷に対して行った申請には、「御一族源氏之中、範頼・広綱・義信等可被聴一州国司事」[16]とある。

『吾妻鏡』元暦元年六月二十日条

廿日丁丑、去五日被行小除目、其除書今日到来、武衛令申給任人事無相違、所謂、権大納言頼盛・侍従同光盛・河内守同保業・讃岐守藤能保・三河守源範頼・駿河守同広綱・武蔵守同義信云々

六月五日の小除目では、頼朝を頼って鎌倉に下った池大納言家の人々の復帰、頼朝の姻戚一能能保の国司補任、源氏の源範頼・源広綱・平賀義信の国司補任が行われた。範頼は源頼朝が木曾義仲追討のために派遣した上洛軍の総大将、源広綱は摂津源氏源頼政の後継候補、平賀義信は頼朝と共に平治の乱を戦った盟友である。広綱は摂津源氏の棟梁として京都で大内守護を回復した源頼兼に対する牽制の意味合いをもつが、範頼と義信は頼朝が信頼を置いた人物の抜擢とみてよい。(17) この三人は、源頼朝が給わった知行国の国司である。ここに義経が入らなかったのは、頼朝が三人を選んだ際の候補として残らなかったということであろう。

源範頼は、三河守に補任されたことで、任国を治める目代が必要になった。中原重能は後白河院と源頼朝との間を密使として往来した院庁官中原康貞の弟で、鎌倉に仕えたいという希望を持っていた。(18) これは、史大夫が顕官挙で従五位下に昇った後、史巡で国司に補任されるまでの待命の期間を権門の家司や知行国の目代などを務めた先例による発言だろう。(19) 鎌倉が新たな権門として認められたことで、朝廷の地下官人は鎌倉を新たな仕事場として見いだした。中原重能が範頼に仕えた時期は明らかでないが、寿永二年十月宣旨にからむ後白河院庁官中原康貞の弟であれば、源範頼が上洛した元暦元年と推測するのがよいだろう。範頼が三河国の国務を執ることのできる人材を探すなかで、見いだした可能性は考えてよい。(20) 範頼は、西海遠征の仕事が山場を過ぎた文治元年四月に三河守辞任の申請をしている。(21) 範頼が三河守に補任されてから程なく、源義経は後白河院の推挙で左衛門少尉に補任され、使宣旨を蒙って検非違使を兼務した。範頼の三河守補任は頼朝の推挙によるが、義経の検非違使補任は独断であるとして憤りを示した。(22) 源頼朝と後白河院との間では高度な政治的駆け引きが行われたので、頼朝は独断で動く義経を重く用いるわけにはいかなかったのであろう。

元暦元年八月八日、範頼は西海遠征のために軍勢を率いて鎌倉を出発した。範頼は八月二十七日には入洛し、八月二十九日に朝廷から平氏追討の官符を受け取り、九月一日に西海に向けて軍勢を進めた。一ノ谷合戦の後、元暦元年三月二十五日には惣追捕使に補任された土肥実平が備中国の国務を掌握し、藤原資親以下の在庁官人を復職させた(23)。鎌倉幕府の勢力圏は山陽道の半ばまで伸びていた。十月には範頼は山陽道に軍勢を進めて周防国に進出し、地元豪族を御家人に招くべく文書を発給した(24)。しかし、平氏の水軍が備前国児島に進出して山陽道を分断したため、十二月七日の藤戸合戦で海に去らせることができた(25)。範頼が軍勢を進めた西日本は、戦乱と飢饉の最中にあり、遠征軍は兵粮不足に悩まされた(26)。源頼朝が西海遠征に派遣した御家人は、持参した物資や資金の枯渇に苦しむ人々が出始めた。範頼は周防国で軍勢の兵粮が尽き、九州に渡る軍船も手配がつかない状態となったと鎌倉に報告したが、一月二十六日には地元の豪族から軍船と兵粮の提供を受けて九州に渡った(27)。

その後、源範頼は文治元年二月一日に葦屋浦の合戦で平氏家人太宰少弐原田種直に勝利し、太宰府に進出した(28)。しかし、源頼朝の方針は、「若見帰伏之形勢者、可入九州、不然者、与鎮西不可好合戦、直渡四国可攻平家(29)」であった。源頼朝が当面の課題として目指したのは、山陰・山陽両道を平氏の勢力圏から切り離すことであり、遠征の目的地は平知盛が知行国として治めたことで平氏の強固な基盤として残る長門国ということになる。後白河院も源頼朝も、安徳天皇と三種の神器の京都帰還によって後鳥羽天皇の正統性を確立させることを最優先に考えるので、平氏を滅亡させなければならないとは考えていなかった。範頼が軍勢を率いて九州に攻め込んだことで、頼朝は屋島にいる平氏の本隊に圧力をかけるため、源義経を総大将とした新たな遠征軍を編成した。状況判断を誤った範頼に代わり、義経を追討の中心に据えたのである。

源範頼が行った西海遠征は、大規模な戦争に慣れない御家人を率いて戦乱と飢饉で荒廃した中国地方・九州地方を転戦するものであった。大きな合戦は葦屋浦合戦ぐらいで、平氏が基盤とした地域に軍勢を進めて屋島に集まる人々を孤立させることになった。範頼は、「絶粮」という状態に追い込まれた遠征軍の秩序を維持し、平氏の勢力を四国に封じ込めることに成功した。しかし、頼朝の意向に反した九州進攻を行い、四国遠征の任から外されることになった。

四、平氏追討の戦後処理

壇浦合戦の後、範頼は九州に留まり、九州の治安回復にあたると共に、海没した宝剣の探索を命じられた。

『吾妻鏡』文治元年五月五日条

五日丁亥、為可奉尋宝劔之由、以雑色為飛脚、下知参州、凡至于冬比住九州、諸事可被沙汰鎮者、且以其次、渋谷庄司重国、今度豊後合戦、討加摩田兵衛尉、神妙之由、被感仰遣、又所被付置于参州之御家人等事、縦乖所存之者雖相交、私不可加勘発、可訴申関東之由云々、去年之比、為追討使二人舎弟範頼義経蒙院宣訖、爰参州入九国之間、可管領九州之事、廷尉入四国之間、又可支配其国々事旨、兼日被定處、今度廷尉遂壇浦合戦之後、九国事悉以奪沙汰之、所相従之東士事、雖為小過、不及免之、又不申子細於武衛、只任雅意、多加私勘発之由有其聞、締已為諸人愁、科又難被宥、仍廷尉蒙御氣色先畢云々、今日小山七郎朝光、自西海帰参、

壇浦合戦は、平氏を滅ぼしたことで勝利した合戦と思われがちであるが、合戦の目的は安徳天皇と三種の神器の京都帰還にあり、安徳天皇入水・天叢雲剣海没の結末は目的が達成されなかったことを意味した。範頼には宝

剣探索を命じて九州に留まらせ、義経は罪科が許しがたいため先に帰還させるというのは、頼朝が求めていたものとは異なった結果をこの二人が導きだしたためである。

九州に留まることになった範頼の仕事は、平氏滅亡によって混乱が予想される九州の治安回復、平氏の襲来を恐れて高麗に亡命した大江広元・中原親能の叔父対馬守中原親光の帰国、宝剣探索であった。三種の神器が失われることは朝廷にとって大事件であり、範頼が鎌倉に帰還した後は、平氏と行動を共にしていた厳島神主佐伯景弘が二位尼時子の入水を見ていたことから宝剣求使に任命されて引き継いでいる。(30)また、源頼朝は範頼に九州を管理させ、義経に四国を管理させることで治安回復を図ろうとした。しかし、壇浦合戦に勝利した義経は範頼が持つ権限に介入する越権を行ったため、配属した御家人や地元の豪族に対して範頼が九州を管理することを徹底している。(31)五月九日には、源頼朝は平氏家人原田種直の旧領を勲功をあげた御家人に給わるよう指示している。

九州の状況が一段落すると、源頼朝は範頼を鎌倉に呼び戻している。九月二十一日に鎌倉に到着した範頼の使者は、八月中に九州から京都に移るように指示を受けていたが、風波の難によって移動が遅れたと弁明している。(32)範頼は、勝長寿院御堂供養導師を引き受けて鎌倉に下向する前園城寺長吏公顕僧正と合流し、十月二十日に鎌倉に参着した。範頼は自らの言葉で頼朝に報告できなかったというのであるから、頼朝が西海遠征に派遣した二人の代官に対する憤りは大きかったのであろう。(33)

この時期、京都では源義経謀叛へと政局が大きく動いている。文治元年十一月五日、高倉範季の子範資は軍勢を集めて追捕の総大将となり、義経を追って大物浦に向かった。(34)九条兼実はこの軍勢を範頼郎党と聞いているが、範頼は公顕を迎えるために京都に立ち寄っただけなので配下の軍勢を京都に残してはいない。範頼の配下として西海遠征を戦った御家人が、高倉範資を担いで義経追捕に向かったとみてよいだろう。この一件を聞いた高倉範季は、頼朝の逆鱗に触れることを恐れ、まったく知らなかったと弁明している。(35) 鎌倉において頼朝に対して恐懼の姿勢をみせる範頼と、頼朝への対応に過剰なまでの神経を使う高倉範季、この養親と養子の組み合わせが範頼を鎌倉幕府の宿老として生き残らせることになる。

五、範頼誅殺

鎌倉幕府が安定してくると、源範頼は五位の位階で国司を勤めた頼朝の弟として、鎌倉幕府の儀礼で上席を占めるようになった。建久元年の上洛でも、源頼朝から右近衛大将補任の拝賀で参上する日に随行を命じられている。この選に洩れた源広綱が出家の動機のひとつにあげる晴れの儀式であるから、頼朝が最も信頼を置く源氏の一人と認めてよいだろう。(36)

文治元年に西海遠征が終わってから建久四年の曾我兄弟仇討の間で、範頼が起こした問題といえば、院庁官中原康貞が行った讒訴を取り次い一件ぐらいである。(37) この時は頼朝から諭されて一件落着しているので、鎌倉幕府の宿老として大過なく過ごしていたとみてよいのであろう。

建久四年の富士巻狩は、源頼朝が嫡子頼家を後継者として御家人に披露するために催した盛大な儀礼であった。ところが、この儀礼は曾我兄弟の仇討ちによって台無しになった。

この事件は全体像の見えない不可解なものだけに、北条時政黒幕説やクーデター説が語られている。(38) まず、範頼がこの事件に絡んだのか経緯を見ていこう。曾我兄弟の仇討ちが起きたのは建久四年五月二十八日、源範頼が「企叛逆之由、依聞食、御尋之故也」という頼朝の対して起請文を提出したのが八月二日である。

『吾妻鏡』建久四年八月二日条

二日丙申、参河守範頼書起請文、被献将軍、是企叛逆之由、依聞食及、御尋之故也、其状云、

敬立申

起請文事

右、為御代官、度々向戦場畢、平朝敵盡忠以降全無貳、雖為御子孫将来、又以可存貞節者也、且又無御疑叶御意之条、具見先々嚴札、秘而蓄箱底、而今更不誤而預此御疑、不便次第也、所詮云当時、云後代、不可挿不忠、早以此趣、可誡置子孫者也、萬之一仁毛、令違犯此文者、

上梵天帝釋、下界伊勢春日賀茂、別氏神正八幡大菩薩等之神罰於、可蒙源範頼身也、仍謹慎以起請文如件、

建久四年八月　日　　参河守源範頼

此状付因幡守広元、進覧之處、殊被咎仰曰、載源字、若存一族之儀歟、頗過分也、是先起請矢也、可召仰使者、広元召参州使大夫属重能、仰含此旨、重能陳云、参州者、故左馬頭殿賢息也、被存御舎弟儀之条、勿論也、随而去元暦元年秋之比、為平氏征伐御使、被上洛之時、以舎弟範頼、遣西海追討使之由、載御文、御奏聞之間、所被載其趣於官符也、全非自由之儀云々、其後無被仰出旨、重能退下、告事由於参州、参州周章云々、

曾我兄弟の仇討から二ヶ月、源頼朝は「是企叛逆之由、依聞食及、御尋之故也、」と範頼に起請文の提出を求めた。この条文は、範頼謀反が風聞などの出所の明らかでない情報として広まったのではなく、源頼朝に伝えた人物のいることを示唆している。将軍御所に出入りして頼朝と話せる人物に、情報の出所が限定される。「保暦間

記」は、曾我兄弟仇討の一件を聞いて動揺する北条政子を元気づけるために「範頼左候ヘハ、御代ハ何事カ候ヘキト慰メ申タリケルヲ、」とかけた言葉を、「拟ハ世ニ心ヲ懸タルカトテ被誅ケルトカヤ、不便ナリシ事也」と誤解したのが理由と伝える。この記述を信じれば、北条政子やその周辺にいる人物が情報源となる。[39]

八月二日のやりとりで、源頼朝が冷静さを失っていることは明らかである。頼朝は範頼が源姓で起請文を作成したことを咎めたが、頼朝の弟として文書に名前を記したと反論した中原重能が正論である。この一件は、範頼に対する嫌疑が怪しいという印象を周囲の人々に与え、範頼の名誉を救うことになった。しかし、頼朝と範頼の見解が分かれた場合は、常に範頼が折れて頼朝の判断に従ってきた。範頼は頼朝の弟として宿老の地位にいるものの、彼自身が独自の基盤を持っていない。範頼は、陳謝して誤解を解くべきところを、重能が論破して帰ってきたことに周章することになる。この対立により、源範頼と頼朝の対話は断絶した。頼朝が源姓を名乗った範頼を咎めたことを深読みすれば、富士の巻狩で頼家を正統な後継者と示し損なった代替案として、源範頼を源家の門葉から外すことで、後継となる可能性がないことを示したかった可能性がある。頼朝がこのような挙に出るのは、「保暦間記」に記されたやりとりがそのままではないにしても、事実に近いとみてよいのだろう。

八月十日、範頼の家人当麻太郎が将軍御所に忍び込んだことで、範頼の立場は決定的に悪くなる。八月十七日、源範頼は伊豆国に配流となり、狩野介宗茂や宇佐美祐茂に預けられた。[40]『吾妻鏡』の記述はここで終わるが、「鎌倉年代記裏書」は八月に範頼が誅殺されたと伝える。[41] 源範頼の事件は、源頼家の家督継承を快く思わない北条政子が、この事件を利用して源頼朝に忠実な範頼を失脚させようとしたと考えてよいものであろう。北条氏はこの前年に誕生した千幡を後継候補として抱えたことで、源頼朝が嫡子頼家に政権を譲っていく流れを妨げようとした。範頼が頼朝の判断にしたがって頼家を支えようとすることは明らかなので、北条氏が範頼失脚を画策したと推測することは可能であろう。

六、源範頼の立場

源範頼が他の兄弟と異なるのは、文章道を家学とする藤原南家の学者高倉範季に養育されたことで、源頼朝の側で活動するための身の処し方を知っていたことである。

源頼朝は鎌倉幕府を築きあげた孤高の政治家であり、後白河院と互角に渡り合える政治的な読みと手腕を持っている。その頼朝の名代として木曾義仲追討・平氏追討を行ったのが、範頼・義経兄弟である。範頼は預かった軍勢を指揮して頼朝の意向を忠実に実現しようと努力したが、義経には合戦の勝利にこだわって預かった御家人をないがしろにする傾向があった。平氏追討は義経の活躍によって勝利したが、皇位継承問題を軽んじた展開によって西海遠征の政治的な目的は達成したとはいいがたい結果を招いた。頼朝の憤りが解けないことを知った範頼は弁明することをためらって恐懼したが、義経は弁明を繰り返したがゆえに反感を買い、鎌倉に入ることも許されない追放という結末を招いた。この両者を比べると、源頼朝という人物を理解して対応した範頼が、信頼を回復して宿老になっていく理由が理解できる。

建久四年の富士巻狩は、源頼朝が嫡子頼家を後継者として御家人に披露する重要な儀礼であった。この儀礼の最中に曾我兄弟の仇討ちがおこり、頼朝は憤りを隠せない状態になった。源範頼謀反の事件は、範頼に謀反の疑いがあると北条政子が頼朝にささやいたことに始まる。頼朝は範頼が兄弟であることから跡を奪う気があるのかと疑い、源姓を名乗ることに不快感を隠さなかった。これまでの両者のやりとりなら、範頼が陳謝して源姓を名乗らないことを明らかにすることで、頼家の家督継承を再確認する流れをつくることができた。しかし、範頼の使者中原重能は頼朝の詰問を論破し、両者は和解する機会を逃した。このことが、範頼の名誉を守ったが、没落を決定的なものとした。

源範頼は、鎌倉幕府を創った権力者源頼朝の脇にいて、その兄弟として振る舞うことを求められた人である。木曾義仲追討・西海遠征では、大軍を率いる将帥として自らの武勲を封じた合戦をした。鎌倉幕府が成立すると、頼朝の兄弟にあたる源氏の宿老として振る舞った。源頼朝との接し方を心得ていて、自らに与えられた立場を理解した行動をとるが故に、目立たずに重責を果たした人と考えるのがよいのであろう。

注

(1)『鎌倉』六五号、一九九一年。野口実著『武家の棟梁源氏はなぜ滅びたか』(新人物往来社、一九九八年)に収録。

(2) 平生町郷土史調査研究会編『一門六家　大野毛利氏と平生開作』(平生町教育委員会、一九八六年)に毛利親頼の伝記があり、江戸来府の日程と大寧寺に残る記録との整合性が確認される。

(3)『愚管抄』巻第五順徳に「コノ範季ハ、後鳥羽院ヲヤシナイタテマイラセテ、践祚ノ時モ、ヒトヘニサタシマイラセシ人也、」の一文がある。

(4) 石井進「志太義広の蜂起は果たして養和元年の事実か」(『石井進著作集　第五集　鎌倉武士の実像』岩波書店、二〇〇五年)。初出は『中世の窓』第十一号(一九六二年)。

(5) 志太義広は、保元の乱の後に常陸国志太庄に下向した清和源氏である。常陸国志太庄は平頼盛の母藤原宗子が美福門院に寄進し、美福門院から八条院に継承された八条院領荘園である(『鎌倉遺文』三〇九七号)。志太義広は平頼盛を領家とする八条院領の荘官であるから、八条院の世界に属する源頼政や以仁王の戦いを継承する木曾義仲と、坂東に独自の勢力を築いた源頼朝を比較すれば、義仲の方が近いことになる。菱沼氏が『源範頼』総説で

（6）野木の宮合戦を坂東の地方政治の枠組みで評価するのは、事件の矮小化するものである。『吾妻鏡』文治五年七月二十五日条で、小山政光は源頼朝が平氏追討で身命を顧みずに戦った熊谷直家を褒めたことに対し、私は郎従を遣わして抜きんずべき忠節を尽くしていると語っている。軍勢を率いる者がとるべき態度を語るものである。
（7）『吾妻鏡』元暦元年二月一日条。
（8）平氏追討が決定したのは正月二十九日（『玉葉』元暦元年正月二十九日条）。その前日にあたる『玉葉』元暦元年正月二十八日条は、平氏が書札を京都に送ったこと、それを持参したのが史大夫だったので、大夫史小槻隆職が追捕と館の捜索を受けたことを伝えている。
（9）『玉葉』元暦元年二月六日条、同八日条。朝廷は福原旧都に派遣した人々を全て官軍と認識したが、『吾妻鏡』は源頼朝が上洛させた軍勢のみを記した。この両者の立場の違いが、摂津源氏の多田行綱を記載するか否かの違いになる。
（10）一ノ谷合戦の後、平宗盛と後白河院は密使をやりとりし、安徳天皇・建礼門院と三種の神器を帰洛させること、平宗盛は在国することを条件に和平の交渉が行われた（『玉葉』寿永三年二月二十九日条・同三月一日条）。
（11）『吾妻鏡』元暦元年二月七日条。
（12）『玉葉』元暦元年二月六日条。
（13）『吾妻鏡』元暦元年二月七日条。
（14）源義経が屋島に向けて自ら率いた軍勢は八十騎、軍船は三十艘と伝える（『吾妻鏡』文治元年二月二十一日条）。一方、軍奉行の梶原景時が後を追った軍勢の軍船は百四十艘と伝える（『吾妻鏡』文治元年二月二十二日条）。義経が屋島に向けて自ら率いた軍勢は、預かった御家人の二割にも満たない状況である。源頼朝から代官に任命されて御家人を預かった総大将として、一軍を束ねる資格を問われ兼ねない行動である。
（15）源頼朝が一門の待遇を与えた源氏の人々については、拙稿「源家一門考」（『金沢文庫研究』三一九号、二〇〇七年）。
（16）『吾妻鏡』元暦元年五月二十一日条。
（17）頼兼は、美濃源氏を通称とする（『玉葉』安元二年六月二十九日条）。『吉記』寿永二年七月三十日条に木曾義仲が洛中警固を配分した時には源三位頼政入道子息分として「大内裏至于替川」が配分されている。この分担を受け持ったのが、治承四年の宇治川合戦を生き延び、京の武者として復活した源頼兼と考えられる。後白河院政の中で復活を遂げた頼兼に対し、頼朝に仕える摂津源氏のまとめ役として重く用いる必要があったのが広綱であろう。
(18)延慶本『平家物語』(「征夷将軍院宣」)。
(19)史巡による史大夫の国司補任は、拙著『官史補任』本文編に史巡を項目を立てているので、参照していただきたい。目代については、『官史補任』考証編の備考欄に記述した。
(20)源範頼に仕えた中原重能の経歴は拙著『官史補任』考証編、源義経の右筆平信康は拙著『式部省補任』考証編を参照のこと。
(21)『吾妻鏡』文治元年四月二十四日条。
(22)『吾妻鏡』元暦元年八月十七日条。
(23)『吾妻鏡』元暦元年三月二十五日条。
(24)源範頼が西国で発給した文書には、源範頼下文(『東京大学史料影印叢書　五　平安鎌倉古文書集』)や源範頼下文案(『平安遺文』四二一八号)がある。
(25)『吾妻鏡』元暦元年十二月七日条。
(26)『玉葉』元暦元年七月二十二日条・十二月七日条。
(27)『吾妻鏡』文治元年正月十二日条は、範頼の軍勢を「粮絶無船」と伝える。また、『吾妻鏡』文治元年正月二十六日条は、下河辺行平が持参した兵粮も尽き、周防国から九州に渡るための費用を捻出するために甲冑を売り払ったと伝える。下河辺行平は西海遠征の帰りに下河辺庄から輸送中の物資を受け取っている(『吾妻鏡』文治元年八月二十四日条)。
(28)『吾妻鏡』文治元年二月一日条。
(29)『吾妻鏡』文治元年二月十四日条。
(30)『玉葉』文治二年三月四日条。
(31)『吾妻鏡』文治元年五月九日条。
(32)『吾妻鏡』文治元年九月二十一日条。
(33)『吾妻鏡』文治元年十月二十日条。『玉葉』文治元年十一月十四日条。『玉葉』は、上洛した糟屋有久が源範頼が頼朝に報告する時の様子を「成憚直不申、粗披露傍輩」と伝えている。頼朝の憤りを恐れて恐懼する様を伝える。
(34)『玉葉』文治元年十一月八日条。
(35)『玉葉』文治元年十一月十日条。
(36)『吾妻鏡』建久元年十二月一日条・『吾妻鏡』建久二年十一月二十七日条。
(37)『吾妻鏡』建久元年八月二十八日条。
(38)坂井孝一『曾我物語の史的研究』第一部第六章「源頼朝政権における曾我事件」（吉川弘文館、二〇一四年）。
(39)『群書類従』第二十六輯所収。
(40)『吾妻鏡』建久四年八月十日条。同十七日条。
(41)「鎌倉年代記裏書」建久四年条。

あとがき

北条氏研究会と武蔵国の関係から説明したい。本会発祥の地である東京都豊島区目白の学習院大学は武蔵国に所在する。昭和五十三年（一九七八）に発足し、毎月北条時政の発給文書を輪読した。当時私は学習院大学大学院博士課程の二年目であった。当時の構成メンバーは、菊池の他、伊藤正義・川島孝一・久保田和彦・下山忍たちで、一部相模国の住民がいるが、ほとんど武蔵国の住民であった。歴史的に見ても、鎌倉北条氏にとって、武蔵国は相模国と並んで軍事的にも経済的にも重要な国のひとつである。

時政の発給文書の輪読が終わった頃、修士課程に在籍していた会員が就職し、一時休止状態となった。その約一年後、川島孝一・下山忍らの希望もあり、北条氏の発給文書の輪読会を再開することになった。月例会の会場は当時の与野市（現さいたま市中央区）大戸の拙宅である。参考文献がすぐに見られるということを前提とした選択であったと思う。

その後、研究会の活動も多様化し、毎年夏休みの研修旅行を実施、これまで北は北海道から南は鹿児島県（種子島）の各地を歩いてきた。一方、関東近県の鎌倉武士の史跡や展示会等を廻る見学会も適宜行っている。その中でも、平成十三年（二〇〇一）六月から始めた武蔵武士巡検（武蔵武士の関連史跡を廻る見学会）は、現在も年三～四回行っており、本論文集を作成するきっかけとなった。例会とは別に、こうした研修旅行や見学会に参加する会員も増えている。

その他に、私が尊経閣文庫在職中にはじめた古文書輪読会の活動がある。毎月一回、同文庫所蔵の古文書を中心に輪読し、毎年八月上旬に原本を確認する作業を行った。『尊経閣文庫所蔵石清水文書』（史料纂集古文書編、八木書店、二〇一五年二月）、『鎌倉遺文研究』への史料紹介（十二回）や『鎌倉遺文補遺編・尊経閣文庫文書』（東京堂出版、二〇一六年四月）は、その成果である。

さて、本書の企画の端緒となったのは、平成十七年（二〇〇五）三月に行われた武蔵武士巡見第十三回（秩父方面二回目）の時であったと思う。この時は秩父に一泊しているが、その際に武蔵武士関係の本の刊行を目指そうという話になり、同年五月十五日に拙宅で編集会議が行われた。この時、一冊は論文集（例会会員を主に）、一冊は一般市民向けのガイドブック（武蔵武士巡見参加会員の執筆）の刊行を目指すことが決まった。但し、すぐに論文集の執筆に入るのは難しいこともあり、後者のガイドブックを作成し、その成果をもとに論文集の執筆に入ることになった。平成二十七年（二〇一五）正月刊行の『武蔵武士を歩く　重忠・直実のふるさと　埼玉の史跡』（勉誠出版）がこのガイドブックにあたる。企画段階からほぼ十年の月日が流れていた。

そして、その二年後、論文集『武蔵武士の諸相』の刊行まで漕ぎ着けることができた。前回の論文集『北条時宗の時代』（八木書店、二〇〇八年）から九年を経過している。会員諸氏の研鑽の賜物である。ただ残念なことに、仕事の関係もあり古参の会員が執筆を断念している。一方、若い会員の執筆が増えたことは、うれしいことであった。

それでは簡単に本書所収の論文の内容を紹介したい。

第一部は、序論である。「武蔵武士の概念と特色」（菊池紳一）は、武蔵武士の定義とその特徴を述べたもので、近年盛んな武士論が果たして武蔵武士に当てはまるのか、考えることを提言したものである。「軍記物語と武蔵武士――『保元物語』を中心に――」（コラム、菊池紳一）は、『保元物語』の諸本の記載を比較して、史料としてどこまで使えるのかを検討しようとしたもの。テキストによって登場する武士が異なる点など、その記述の武士に源平合戦から承久の乱にかけての影響を感じさせる。

第二部は、平姓秩父氏のうち畠山流に関する論考を収め、「畠山流の興亡」と題した。

「大蔵合戦・畠山重忠の乱再考」（菊池紳一）は、筆者がこれまで平姓秩父氏に関して述べてきた中で疑問として判断を保留してきた課題について、考察及び試案を提示したもの。秩父氏の家督はこの時期には存在しないこと。苗字が分かれると、それぞれが鎌倉殿と主従関係を結び、世代が下ると一族意識は薄れていき、それぞれに家長が存在するようになること。畠山氏と畠山・菅谷との関係及び大蔵を奥州藤原氏と比較。最後に畠山重忠がなぜ二俣川を通ったのかを検討し、試案を提示した。

「大蔵合戦の記憶」（コラム、永井晋）は、大蔵合戦から治承寿永の内乱にかけての、斎藤実盛の行動や生き方を軸に、畠山重能・重忠父子の生き方にも注目して、この時代を生き抜いた武蔵武士の世界観を語っている。

「鎌倉御家人畠山重忠と二俣川合戦」（久保田和彦）は、二俣川合戦を中心に、畠山重忠とその史跡や伝説について論じたものである。島津家文書中の書状を畠山重忠のものと指摘する。

「畠山重忠の政治的遺産」（山野龍太郎）は、島津家文書の中に残る畠山重忠の関連文書を分析することによって、畠山氏と島津氏との関係やなぜ畠山重忠の文書が島津家文書中に残ったのかを検討し、そのことが後世島津氏に畠山重忠の遺産・記憶として影響を与えたのかを考察している。

「小山田氏の汚名について」（コラム、池田悦雄）は、畠山重忠の乱後、重忠を陥れる役割を果たした小山田一族の榛谷重朝・稲毛重成に焦点をあて紹介したもの。なぜこの一族が滅亡しなければならなかったのか推察する。

第三部は、個々の武蔵武士に関する論考を収め、「武蔵諸氏の動向」と題した。

「足立遠元と藤九郎盛長」（菊池紳一）及び「鎌倉時代の足立氏」（菊池紳一）は、前者は『吾妻鏡』の両者の記事を比較検討し、足立・安達両氏が『尊卑分脈』では同族とされるが、別族であることを指摘、後者は足立氏の出自から鎌倉幕府滅亡後までの足立氏の足跡をまとめたものである。

「鎌倉幕府と「丹」「丹党」――安保氏から見た考察――」（泉田崇之）は、丹党の安保氏に着目し、鎌倉時代の安保氏の動向と「丹」「丹生神社」、そして水銀等との関係を分析考察している。

次の二つのコラム「武蔵武士の系図について――その開発と展開を見る――」（コラム、菊池紳一）・「金子氏に関する系図について――鎌倉時代を中心に――」（コラム、菊池紳一）は、武蔵武士の系図の特徴について指摘したもので、前者は武蔵七党系図の特徴と猪俣党の系図の分析、後者は村山党の系図と金子氏の系図の特徴を述べている。

「承久の乱に京方についた武蔵武士――横山党の異端小野氏――」（菊池紳一）は、武蔵武士の中で、承久の乱の際に京方についた武蔵武士を紹介したもの。小野氏の持っていた所職等は、乱後一族の中条氏に継承された。この論文は、かつて『埼玉地方史』二十号（一九八七年）に掲載したもので、少々筆者の現在の考え方を加筆し、訂正したものである。

第四部は、武蔵国の特徴である緑泥片岩を素材とする武蔵型板碑と鎌倉街道・武士の居館等に関する論考を収め、「武蔵型板碑と鎌倉街道」と題した。

「武士名を刻む板碑」（磯野治司）は、武士の名が刻まれている板碑に注目し、その人名比定を行うとともに、表記や銘文配列等の整理を行い、造立した武士の階層・宗派等について推定し、今後の課題を提示している。

「板碑にみる鎌倉武士の習俗――嘉暦三年十二月晦日銘板碑を手がかりに――」（中西望介）は、年紀のうち造立日の「十二月晦日」に着目して一覧にして、様式や造立者等の特徴を指摘し、十二月晦日銘の板碑は祖先供養のために造立されたものと指摘している。

「武蔵武士宮寺氏と居館」（コラム、北爪寛之）は、村山党の宮寺氏に注目して、その事跡等を検証、宮寺氏館跡とされる西勝院の周囲の小字名や地形等からその特徴を指摘する。

「鎌倉街道をめぐる武蔵武士と鎌倉幕府――関渡と地域開発――」（川島優美子）は、最初に鎌倉街道の研究史を通覧して名称・遺構等についてまとめ、鎌倉街道の機能として軍事的な道路から商業的な道路に発展したと指摘する。

第五部は、武蔵武士が発展するきっかけとなった承久の乱と西国への移住をテーマとした論考を収め、「承久の乱と西遷」と題した。

「武蔵武士　西国へ――その一大契機としての承久の乱――」（鈴木宏美）は、承久の乱における武蔵武士の活躍とその結果、戦功の御恩として宛行われた西国所領とその支配についてまとめている。

「九州における武蔵武士の足跡」（コラム、甲斐玄洋）は、九州に所領を得て活動した武蔵武士の足跡をまとめている。

「南北朝初期における河野通盛の軍事統率権」（磯川いづみ）は、表題からは武蔵武士に関わりないように見えるが、南北朝時代の河野善恵手負注文写の分析を通して、江戸氏・仙波氏等の武蔵武士の活動を紹介している。

第六部は、武蔵武士は源家（河内源氏）とどのような関係を持っていたのかをテーマとした論考を収め、「武蔵武士と源家」と題した。

「源頼朝の構想――子供たちと武蔵武士――」（菊池紳一）は、源頼朝が頼家・実朝等の子供たちの背景にどのような人脈（武士）を配したのか、それがどのような構想に基づくのかを想定したもの。比企の乱の際の『吾妻鏡』の記事をヒントにまとめている。

「源範頼の人物像」（永井晋）は、吉見氏の祖とされ、中世の吉見郡（現吉見町内）や足立郡（現北本市内）に伝承地が残る源範頼の活動分析を通して、鎌倉幕府における範頼の立場を検討したものである。

以上が本書の大凡の内容である。武蔵武士に関する新しい視点も多く見られ、力作が多い。ただ、これで武蔵武士研究についての我々の歩みが終わったわけではない。私自身書き残したテーマや疑問点が散見する。北条氏研究会では、現在も武蔵武士巡見を続けており、『武蔵武士を歩く』の東京・神奈川編の作成を念頭に歩いて行きたい。

北条氏研究会は、毎月の例会で北条氏発給文書をひとつひとつ読み進めることを基本としている。地味な作業で、亀の歩みのごとくであるが、来年の四十周年を記念して何かまとめることも考えたい。現在企画し作業を進めている鎌倉時代の諸補任や『北条氏系譜人名辞典』の改訂版、『吾妻鏡人名辞典』等、一歩ずつ作業を進めていくつもりである。

ここで一言、戦国武将甲斐国の武田信玄の歌を模範にしたとされる出羽米沢藩主上杉治憲（鷹山）の「為せば成る、為さねば成らぬ何事も、成らぬは人の為さぬなりけり」という歌を思い出す。

最後になるが、勉誠出版の吉田祐輔・松澤耕一郎両氏にはたいへんお世話になった。記して御礼にかえたい。

平成二十九年九月吉日

北条氏研究会代表

菊池紳一

執筆者一覧（掲載順）

菊池紳一（きくち・しんいち）

一九四八年生まれ。元前田育徳会常務理事、明星大学非常勤講師。

専攻は、日本中世政治史。

著書・論文に、「鎌倉幕府の政所と武蔵国務」（『埼玉地方史』六十五号、二〇一一年）、「平姓秩父氏の性格――系図の検討を通して――」（『埼玉地方史』六十六号、二〇一二年）、『加賀前田家と尊経閣文庫――文化財を守り、伝えた人々――』（勉誠出版、二〇一六年）、『鎌倉遺文　補遺編・尊経閣文庫所蔵文書』（東京堂出版、二〇一六年）などがある。

永井　晋（ながい・すすむ）

一九五九年生まれ。神奈川県立歴史博物館企画普及課長。

専攻は、日本中世政治史。

著書・論文に、『金沢北条氏の研究』（八木書店、二〇〇六年）、『式部省補任』（編著、八木書店、二〇〇八年）、『源頼政と木曽義仲』（中公新書、二〇一五年）などがある。

久保田和彦（くぼた・かずひこ）

一九五五年生まれ。神奈川県立鎌倉高等学校教諭、鶴見大学文学部文化財学科非常勤講師。

専攻は、日本中世史。

著書・論文に、「黒田荘出作・新荘の成立過程と国司政策」（『ヒストリア』一二八号、一九九〇年）、「六波羅探題発給文書の研究――北条泰時・時房探題期について――」（『日本史研究』四〇一号、一九九六年）、「北条時房と重時――六波羅探題から連署へ――」（平雅行編『公武権力の変容と仏教界』清文堂、二〇一四年）などがある。

山野龍太郎（やまの・りゅうたろう）

一九八四年生まれ。狭山ヶ丘高等学校教諭。

専攻は、日本中世の東国武士論。

著書・論文に、「鎌倉期武士社会における烏帽子親子関係」（山本隆志編『日本中世政治文化論の射程』思文閣出版、二〇一二年）、「東国武士の浄土宗受容と政治的発展――武蔵国の津戸氏を中心として――」（『鎌倉遺文研究』第三十一号、二〇一三年）などがある。

池田悦雄（いけだ・えつお）

一九五六年生まれ。元高等学校教諭。

専攻は、鎌倉時代を中心とした地域史。

著書・論文に、『共編、武蔵武士を歩く――重忠・直実のふるさと　埼玉の史跡――』（共著、勉誠出版、二〇一五年）などがある。

泉田崇之（いずみだ・たかゆき）
一九八六年生まれ。川口市立川口総合高等学校非常勤講師。
専攻は、日本中世村落史。
著書・論文に、「応仁・文明の乱期の大沢久守と山科七郷の動向」（立教大学大学院文学研究科史学研究室編『立教史学』第二号、二〇一〇年）などがある。

磯野治司（いその・はるじ）
一九六二年生まれ。北本市教育委員会教育部副部長兼文化財保護課長。
専攻は、中世考古学。
著書・論文に、「板碑と中世墓の相関について」（『埼玉の考古学Ⅱ』六一書房、二〇〇六年）、「古墳の石棺材を転用した板碑」（『考古学ジャーナル』№.六〇二、ニューサイエンス社、二〇一〇年）、「13世紀前半　武蔵型板碑の型式編年」（『板碑の考古学』高志書院、二〇一六年）などがある。

中西望介（なかにし・もちゆき）
一九四七年生まれ。重永・横田記念板碑研究所理事。
専攻は、相模・武蔵の中世史。
著書・論文に、「太田渋子郷と佐々木文書」（『川崎市文化財調査集録』第二十四集、川崎市教育委員会、一九八九年）、『横浜緑区史』（共著、緑区史編集委員会、一九九三年）、「板碑からみる府川郷」（『川越市中世府川郷調査報告書』川越市中世府川郷調査研究会、二〇一四年）などがある。

北爪寛之（きたづめ・ひろゆき）
一九八二年生まれ。瑞穂町郷土資料館学芸員。
専攻は、中世史。
著書・論文に、「下河辺庄の交通と合戦」（研究代表・永井晋『金沢北条氏領下総国下河辺庄の総合的研究』科学研究費調査報告書、二〇一〇年）、『尊経閣文庫所蔵　石清水文書』（校訂、八木書店、二〇一五年）、『吾妻鏡地名寺社名等総覧』（共編、勉誠出版、二〇一五年）などがある。

川島優美子（かわしま・ゆみこ）
一九六三年生まれ。放送大学非常勤講師。
専攻は、日本中世史。
著書・論文に、「中世関東における水運システム解明のための一試論」（『茨城県史研究』第七十一号、一九九三年）、

「中世関東内陸水運における香取社の位置」（地方史研究協議会編『河川をめぐる歴史像』雄山閣出版、一九九三年）、「女性たちの鎌倉――流人時代の頼朝と民間伝承――」（『「鎌倉」の時代』山川出版社、二〇一五年）などがある。

鈴木宏美（すずき・ひろみ）

一九三二年生まれ。元埼玉県文化財保護審議会委員。

専攻は、鎌倉時代史。

著書・論文に、「安達泰盛の支持勢力――高野山町石を中心に――」（『埼玉地方史』第十号、一九八一年）、「「六条八幡宮注文」にみる武蔵国御家人」（『埼玉地方史』第四十号、一九九八年）、「安達一族」（『北条時宗の時代』八木書店、二〇〇八年）、「北条氏と和歌」（『北条時宗の時代』八木書店、二〇〇八年）などがある。

甲斐玄洋（かい・としひろ）

一九七八年生まれ。佐伯市歴史資料館学芸員。

専攻は、日本中世史。

著書・論文に、「建武政権の太政官符発給――政権の理念と構想の一断面――」（『学習院史学』第四十五号、二〇〇七年）、「岡田清一著『鎌倉幕府と東国』」（『千葉史学』第五十号、二〇〇七年）、「鎌倉前期における朝幕交渉の形態的特質」（小原仁編『『玉葉』を読む――九条兼実とその時代――』勉誠出版、二〇一三年）などがある。

磯川いづみ（いそかわ・いづみ）

一九七二年生まれ。坂出市史編さん委員会編さん調査委員。

専攻は、日本中世史、とくに瀬戸内地域史。

著書・論文に、「忽那家文書「前常陸介書状」の再検討――伊予守護の確定に向けて――」（『鎌倉遺文研究』第二十二号、二〇〇八年）、「「大山積神社文書」所収元久二年の二通の下文について」（『四国中世史研究』第十二号、二〇一三年）、「天文期河野氏の内訌――「天文伊予の乱」の再検討――」（『四国中世史研究』第十四号、二〇一七年）などがある。

武蔵武士《むさしぶし》の諸相《しょそう》

編　者　北条氏研究会

発行者　池嶋洋次

発行所　勉誠出版㈱

〒101-0051 東京都千代田区神田神保町三―一〇―二
電話　〇三―五二一五―九〇二一㈹

二〇一七年十月二十七日　初版発行

印刷
製本　太平印刷社

ISBN978-4-585-22199-9　C3021